Peter C. Hartmann

Französische
Könige und Kaiser
der Neuzeit

# Französische Könige und Kaiser der Neuzeit

Von
Ludwig XII. bis Napoleon III.
1498–1870

*Herausgegeben von*
*Peter C. Hartmann*

Verlag C.H.Beck München

Mit 16 Abbildungen

Die Deutsche Bibliothek – CIP-Einheitsaufnahme

*Französische Könige und Kaiser der Neuzeit :*
von Ludwig XII. bis Napoleon III. 1498–1870 /
hrsg. von Peter C. Hartmann. –
München : Beck, 1994
  ISBN 3-406-38506-0
NE: Hartmann, Peter Claus [Hrsg.]

ISBN 3 406 38506 0

© C.H. Beck'sche Verlagsbuchhandlung (Oscar Beck), München 1994
Satz: Fotosatz, Otto Gutfreund GmbH, Darmstadt
Druck und Bindearbeiten: Ebner Ulm
Gedruckt auf säurefreiem,
aus chlorfrei gebleichtem Zellstoff hergestelltem Papier
Printed in Germany

# INHALT

Vorwort  7

Einleitung  9

Ludwig XII. (1498–1514) von *Neidhard Bulst*  24

Franz I. (1515–1547) von *Alfred Kohler*  52

Heinrich II. (1547–1559) von *Rainer Babel*  71

Franz II (1559–1560) von *Rainer Babel*  91

Karl IX. (1560–1574) von *Rainer Babel*  99

Heinrich III. (1574–1589) von *Ilja Mieck*  120

Heinrich IV. (1589–1610) von *Ernst Hinrichs*  143

Ludwig XIII. (1610–1643) von *Albert Cremer*  171

Ludwig XIV. (1643–1715) von *Klaus Malettke*  189

Ludwig XV. (1715–1774) von *Peter Claus Hartmann*  237

Ludwig XVI. (1774–1789/92) von *Peter Claus Hartmann*  272

Napoleon I. (1799/1804–1814/15) von *Hans Schmidt*  308

Ludwig XVIII. (1814–1824) von *Hans-Ulrich Thamer*  367

Karl X. (1824–1830) von *Hans-Ulrich Thamer*  389

Louis-Philippe (1830–1848) von *Michael Erbe*  402

Napoleon III. (1848/52–1870) von *Michael Erbe*  422

Anhang

Bibliographie  455

Abbildungsnachweis  477

Die Autoren  478

Register  481

# Vorwort

Wenn auch der Satz Treitschkes «Männer machen Geschichte» nur eingeschränkt gilt, wie die jüngere Geschichtsforschung mit ihrer Betonung der Strukturgeschichte zeigt, so haben doch gerade französische Könige und Kaiser der Neuzeit die Entwicklung in Frankreich und Europa entscheidend geprägt. Deshalb ist es von großem Interesse, hier in diesem Band einmal die bunte Reihe von Herrscherpersönlichkeiten zu präsentieren, die Menschen aus Fleisch und Blut mit ihren Stärken und Schwächen, Tugenden und Fehlern waren. Da diese diversen Charaktere nicht nur geschildert, sondern auch in den Rahmen und den Kontext ihrer politischen Aktionen in Innen- und Außenpolitik gestellt werden, soll hier, gegliedert nach Monarchen, eine Geschichte Frankreichs in dieser Zeit mit starkem Bezug auf den jeweiligen Herrscher geboten werden, angefangen von Ludwig XII. 1498, bis 1870, als mit Napoleon III. der letzte französische Herrscher abgesetzt wurde.

Als der Verlag C.H. Beck an mich herantrat, ich möge die Herausgeberschaft eines solchen vielseitigen Bandes übernehmen, sagte ich trotz anderweitiger großer Belastungen spontan zu, da mich diese Aufgabe reizte. Es war vom Verlag vorgesehen, diesen Band nach der Art des von A. Schindling und W. Ziegler herausgegebenen Buches «Kaiser der Neuzeit» zu gestalten. Deshalb diente dieses Werk, was die formalen Richtlinien betrifft, als Modell für unseren Band. Ähnlich wie dort wird auch hier bewußt auf Anmerkungen verzichtet, aber in einer eigenen «Bibliographie raisonée» ein kurzer Überblick über den Forschungsstand geboten. Jeder Autor wurde auch gebeten, er möge seinen Text gut verständlich und lesbar für einen weiteren Leserkreis gestalten und möglichst die Persönlichkeit und den Charakter des jeweiligen Herrschers, die Innenpolitik und innere Entwicklung sowie die Außen- und Kriegspolitik voll berücksichtigen.

In Klammern oder im Text erwähnte oder zitierte Autoren sollen in der jeweiligen Bibliographie mit ihrer entsprechenden Schrift zu finden sein. Im Rahmen dieser groben Richtlinien ließ man den Verfassern der Beiträge eine große Freiheit, wie sie ihre Artikel gestalten wollten.

Es war für mich eine schöne Erfahrung, bei der einen oder anderen Ablehnung doch recht schnell geeignete und kompetente Kollegen aus allen Teilen Deutschlands und aus Österreich gefunden zu haben, die bereit waren, einen oder mehrere Beiträge zu übernehmen. Ich möchte ihnen allen hier nochmals herzlich dafür danken. Dies gilt auch besonders für Hans Schmidt, der verspätet und deshalb mit kürzerer Bearbeitungszeit noch bereit war, bei einem solch zentralen Artikel, wie dem über Napoleon einzuspringen. Auf die Betrauung französischer Kollegen wurde auf Wunsch des Verlags wegen sonst anfallender hoher Übersetzungskosten bewußt verzichtet.

Dank gilt schließlich den Bibliotheken und Institutionen, die Abbildungen zur Verfügung gestellt haben, ferner meinen Schülern A. Begert, Ch. Ohler, L. Pelizaeus, H. Schmahl für ihre Hilfestellungen und ganz besonders den Lektoren des C.H. Beck Verlages für die gute Zusammenarbeit.

Mainz, im Januar 1994                                                Peter C. Hartmann

*Peter Claus Hartmann*

# Einleitung

Welcher Franzose, aber auch welcher historisch interessierte Deutsche kennt nicht das Bild Ludwigs XIV., des mit aller Pracht eines «absoluten» Monarchen ausgestatteten Sonnenkönigs oder das der Krönung des fast ganz Europa beherrschenden Kaisers Napoleon I.? Ganz allgemein gehören die französischen Herrscher der Neuzeit zum geistigen Besitz der meist geschichtsbewußten Menschen der gallischen Nation, aber auch Europas. Die Reihe ihrer Könige und Kaiser enthält sehr farbige, bedeutende und charakteristische Persönlichkeiten, die nicht nur die Geschichte Frankreichs wesentlich geprägt, sondern auch die ganz Europas mitbestimmt haben. Deshalb sind viele dieser Monarchen nicht nur in Frankreich, sondern auch in Deutschland und Europa viel stärker im Bewußtsein als die Kaiser des Heiligen Römischen Reiches deutscher Nation in der frühen Neuzeit. Das liegt zum Teil an der viel stärkeren verfassungsmäßigen Stellung der Herrscher der französischen Erbmonarchie bis 1789 gegenüber den Reichsoberhäuptern im deutschen Wahlreich. Aber auch im 19. Jahrhundert spielten die Monarchen in Frankreich eine zentrale Rolle.

Wenn im folgenden so wichtige, beherrschende Persönlichkeiten behandelt werden wie ein Franz I., der Gegenspieler Kaiser Karls V., ein Heinrich IV., der Frankreich den religiösen Frieden brachte, ein Ludwig XIV., der viel bewunderte und nachgeahmte Sonnenkönig auf dem Höhepunkt des Absolutismus, ein Ludwig XV., dessen Regierung die Blütezeit der Aufklärung brachte und dessen Mätressenwirtschaft die Phantasien ganz Europas beflügelte, ein Napoleon I., von dem Th. Nipperdey am Beginn seiner «Deutschen Geschichte» schreibt, «am Anfang war Napoleon», und ein Napoleon III., dessen unglückliches Ende so eng mit der Gründung des neuen kleindeutschen Reiches verknüpft war, so beschäftigt man sich hier nicht nur mit französischer, sondern auch mit allgemeiner Historie. Alle diese Herrscher waren Menschen mit Fehlern, Schwächen, aber z. T. auch mit großen Fähigkeiten, zentrale Figuren französischer und europäischer Geschichte, deren Lebenswege, politische Entscheidungen und deren Wirken wesentliche Elemente der historischen Entwicklung darstellen. Wenn auch diesen agierenden Herrschern, ihrer jeweiligen Persönlichkeit eine bedeutende historische Rolle zukommt, so ist es wichtig, sich auch kurz ein Bild von der Verfassungs-, Wirtschafts-, Gesellschafts-, Geistes- und Kulturentwicklung Frankreichs zu machen; denn diese Aspekte bilden gleichsam den strukturellen Rahmen, innerhalb dessen die Monarchen agierten, und zeigen deren Möglichkeiten und Grenzen auf.

## I. Das Ancien Régime

Frankreich erlebte ab 1453 nach Beendigung des Hundertjährigen Krieges eine ganz andere Entwicklung als das Heilige Römische Reich deutscher Nation. Während in Deutschland die Partikularkräfte immer mächtiger und die monarchische Spitze immer schwächer wurden, konnte sich die königliche Gewalt im westlichen Nachbarreich zunehmend konsolidieren. So wurden in Frankreich unter dem Königtum der Renaissancezeit von Ludwig XI. bis zum Tod Heinrichs II., also von 1461 bis 1559, die zentrale Verwaltung und das Steuerwesen vereinheitlicht, die königliche Herrschaft gefestigt. Während sich damals die Außenpolitik besonders gegen die habsburgische Umklammerung im Süden (Spanien) und Osten richtete, blühten Kunst und Kultur. Es entstanden damals u. a. die unvergleichlich schönen Loireschlösser.

Eine schwere Erschütterung für die Monarchie und die Einheit des Landes bedeuteten die 1562 beginnenden acht Religions- und Hugenottenkriege, als die katholische Partei gegen eine calvinistische stand, die sehr mächtig und einflußreich wurde, obwohl die Hugenotten zu allen Zeiten weniger als zehn Prozent der Bevölkerung ausmachten. Es gelang erst dem zum Katholizismus übergetretenen Protestantenführer und neuen König Heinrich IV., den Religionsfrieden und damit die Einheit des Königreiches wieder herzustellen. Er gewährte durch das Edikt von Nantes 1598 den Protestanten Religionsfreiheit, Ansprüche auf bestimmte Positionen und feste Sicherheitsplätze, Rechte, die damals in Europa kaum je einer anderskonfessionellen Minderheit zugestanden wurden. Der agile, sehr intelligente erste Bourbone Heinrich IV. vermochte es, die Zentralgewalt zu festigen. Ab 1624 setzten die Kardinalpremiers Richelieu und Mazarin unter Ludwig XIII. und Ludwig XIV. zielstrebig sein Werk fort und bauten die «absolutistische» Monarchie weiter aus. Gleichzeitig gelang es ihnen, im 30jährigen Krieg und nachher bis 1661 die Vormachtstellung Frankreichs in Europa zu begründen. Als Ludwig XIV. 1661 selbst die Regierung übernahm, erreichte der höfische Absolutismus seinen Höhepunkt. Der «Sonnenkönig» wurde von ganz Europa als Vorbild nachgeahmt; sein Hof, französische Etikette und Sprache wurden richtungsweisend, sein prächtiges Schloß Versailles bewundertes Modell für die Bauten unzähliger Fürsten. Er hielt als Entscheidungszentrum alle politischen Fäden des Landes in der Hand und bildete den strahlenden Mittelpunkt seines streng durch Zeremonien geregelten Hofes in Versailles. Allerdings war dieser «Absolutismus» sogar unter Ludwig XIV. durch Grundgesetze, Privilegien, besonders auf Provinz- und Lokalebene, und durch zahlreiche Faktoren eingeschränkt. Innenpolitisch versuchte Ludwig nach dem Grundsatz ein König und eine von ihm beherrschte Religion, die religiöse Einheit der Untertanen im Konflikt mit dem Papsttum, den Jansenisten und durch Verfolgung der Hugenotten zu erzwingen. Außenpolitisch stieß im Spanischen Erbfolgekrieg (1701–1714) sein Hegemoniestreben auf europaweiten Widerstand. Seine auf militärischen Ruhm ausgerichteten Kriege stürzten Frankreich in ernste finanzielle Schwierigkeiten. Um sein Land als «absoluter» Monarch zu beherrschen, spielte Ludwig XIV. wie kein anderer meisterhaft die zentrale, schwierige Rolle eines «allgegenwärtigen» Königs. Diese Rolle konnte jedoch nur eine Persönlichkeit mit so robuster Gesundheit, einer so großen Selbstdisziplin, einem gewaltigen Fleiß und einer ungeheuren täglichen Arbeitskraft wie der Sonnenkönig gerecht werden. Er machte jedoch dadurch, wie Philippe Erlanger betont, «das Königtum zur Last, die menschliche Kräfte überstieg. Weil er den Staat in seiner Person zusammenfaßte, unterwarf er ihn den Schwächen der Natur».

Unter Ludwig XV. (1715–74) gelang es dann dem Premierminister Fleury (1726–1743) durch Friedenspolitik, Aufbauarbeit und Währungsstabilisierung das Land wieder zu konsolidieren. Dieses verlor jedoch durch unglückliche Kriege (Österreichischer Erbfolgekrieg 1740–48 und Siebenjähriger Krieg 1756–63) gegen England weiter an Terrain in Europa und Übersee. Dadurch erhöhten sich die Schulden immer mehr. Die erforderlichen sozialen und administrativen Reformen scheiterten am Widerstand der Privilegierten, so daß 1789 Ludwig XVI. (1774–1789/ 92) gezwungen war, die Generalstände einzuberufen, die letztlich die politische Revolution einleiteten.

*Verfassung*

Im Gegensatz zur römisch-deutschen Wahlmonarchie handelte es sich in Frankreich um eine Erbmonarchie mit männlicher Erbfolge. Der jeweilige König verkörperte als Souverän des Landes die Staatsspitze und die drei Gewalten, die nach moderner Staatsauffassung getrennt sein sollten: die oberste Judikative, die Legislative und die Exekutive, im Prinzip sogar in unbegrenzter Kompetenz. Der ‹Allerchristlichste König›, wie sein Titel lautete, hatte – so die Theorie der Zeit – als weltlicher Stellvertreter Gottes auf Erden seine Befugnisse unmittelbar von Gott und war deshalb nur diesem allein verantwortlich. Er mußte, wie er es bei der Herrscherweihe beschwor, seine Macht in den Dienst der Kirche stellen und den rechten (katholischen) Glauben verteidigen. Der König war, so betont Mousnier, «ein christlich-katholischer Herrscher, oberster Lehensherr in Frankreich und ‹absoluter› Monarch», dem als Regierungszentrum des Staates das absolute Recht der Entscheidung zustand.

In der Praxis hing das Ausmaß dieser absoluten Herrschaft des Königs stark von dessen Persönlichkeit, seiner Willensstärke, Fähigkeit und Durchsetzungskraft, seinem Fleiß und seiner Intelligenz ab. Eingeschränkt wurde dieser Absolutismus auch, wie neuere Forschungen zeigen, durch zahlreiche andere Faktoren, nämlich die Privilegien von Provinzen, Städten, Korporationen, Ständen, durch das Herkommen, durch die Grundgesetze des Königreiches (männliche Erbfolge, Machtfülle des Nachfolgers unabhängig von Salbung und Krönung, Unveräußerlichkeit königlicher Domänen, Prinzip der Katholizität des französischen Königtums). Ferner schwächten die «absolute» Herrschaft des Königs auch die immense Weite des Raumes dieses sehr großen Landes im Zeitalter des Pferdes und der schlechten Wege. Hinzu kamen Kommunikationsprobleme sowie die Schwierigkeit, bei ungenügendem Verwaltungsapparat, die Ausführung der königlichen Befehle und Gesetze zu überwachen. All dies ließ den Lokalgewalten viel freie Initiative, alles wurde mit starker Anpassungsfähigkeit, Passivität, manches schlecht oder gar nicht ausgeführt. Dieser Kontrast zwischen dem hohen Anspruch und dem allbekannten, weitverbreiteten Ungehorsam war, wie Pierre Goubert mit Recht betont, ein Grundzug des französischen Ancien Régime. In der Praxis erfaßte und reglementierte diese «absolute» Monarchie das Leben des einzelnen Untertanen viel weniger als unsere heutigen demokratischen Staaten das Leben ihrer Staatsbürger.

Durch die oben erwähnten Einschränkungen, aber auch durch die Bindung an Gott, an seine Gebote und das Naturrecht unterschied sich die «absolute» Monarchie außerdem grundlegend von modernen totalitären Diktaturen.

Im Prinzip regierte der König durch den Staatsrat (Conseil d'Etat), der höchsten Verwaltungs- und Beratungsstelle des Monarchen. Dieser Rat bestand aus verschiedenen Sektionen. Die wichtigste war der geheime Rat, am ehesten mit unserem modernen Ministerrat vergleichbar, in dem unter dem Vorsitz des Königs die Staatsminister tagten. Unseren heutigen Ministern entsprachen die Staatssekretäre, die bestimmte Ressorts leiteten, der Kanzler, der für die Justiz, und der Generalkontrolleur, der für die Finanzen zuständig war.

Frankreich war damals in zwei große Rechtsbereiche aufgespalten, die Länder mit Gewohnheitsrecht (das nördliche Königreich) und die, in denen das geschriebene römische Recht galt (der Süden). Die wichtigsten Gerichte waren die Parlamente (im 18. Jahrhundert 14) mit räumlich begrenzten Zuständigkeitsbereichen, die als oberste Instanzen der Rechtsprechung agierten und Verwaltungsbefugnisse wie das Registrierungsrecht der königlichen Erlasse und die Verweigerung dieser Registrierung ausübten. Sie bestanden aus geadelten Richtern, die ihre Ämter gekauft oder geerbt hatten. Als oberster Gerichtsherr konnte der König allerdings die Registrierung der Gesetze durch eine feierliche Sitzung (lit de justice) erzwingen.

Dem Monarchen standen im ganzen Königreich die drei Generalstände gegenüber, der Klerus, der Adel und der Dritte Stand (tiers état). Diese Vertretung des Königreichs, bei der seit dem 15. Jahrhundert im dritten Stand jeder volljährige Mann, der direkte Steuern zahlte, wählen durfte, tagte in der zweiten Hälfte des 15. Jahrhunderts und im 16. Jahrhundert noch siebenmal, im 17. Jahrhundert jedoch nur einmal 1614/15 und im 18. Jahrhundert erst wieder 1789 nach 174 Jahren durch den «Absolutismus» verordneter Pause. Dies geschah nicht unbedingt zum Vorteil der Monarchie und bot der Richterkaste der Parlamente die Möglichkeit, die Rolle einer gewissen Repräsentation der Nation für sich zu beanspruchen.

Neben den Generalständeversammlungen gab es solche der Provinzialstände in der jeweiligen Provinz, die jedoch im Laufe der Zeit vielfach nicht mehr tagten. Sie blieben aber in einigen Provinzen, wie der Bretagne, dem Languedoc, der Provence bis zuletzt lebendig.

Die Staatseinkünfte bestanden wie in allen Staaten Europas aus den Domänen und Regalien, den direkten Steuern sowie den indirekten Steuern und Zöllen. Die verschiedenen direkten Steuern (Taille, Dixième, Vingtième etc.) lasteten vor allem auf den Schultern der nichtadeligen Landbevölkerung, während die finanziell leistungsfähigsten Bevölkerungsschichten (Klerus, Adel und teilweise auch das städtische Bürgertum) Steuerprivilegien genossen oder sogar exemt waren. Auch bei den indirekten Steuern (Aides, Gabelle [Salzsteuer] u. a.) gab es viele regionale und soziale Ungerechtigkeiten. Besonders verhaßt war deshalb die Salzsteuer. So ertönte z. B. im 17. Jahrhundert bei zahlreichen Aufständen immer wieder der Ruf: «Es lebe der König – ohne Gabelle». Nicht nur die finanzielle Situation war in den Städten viel besser als auf dem Land, sondern auch die rechtliche Lage.

In der französischen Monarchie fielen der katholischen Kirche als Staatsreligion wichtige Aufgaben zu, die heute zum großen Teil vom Staat geleistet werden (Unterrichtswesen, Sozialfürsorge, Zivilstandsregister, Verkündigung staatlicher Nachrichten auf der Kanzel). Finanziell lebte die Kirche vom umfangreichen Besitz und vom Kirchenzehnt. Aufgrund des Konkordats von 1516, das bis zum Ende des Ancien Régime in Kraft blieb, besaß der König das Recht, alle Bischöfe und die Äbte der wichtigsten Klöster des Landes zu ernennen, die allerdings vom Papst durch die «institutio» bestätigt werden mußten. So konnte der Monarch seine Staatskirche weitgehend beherrschen. Demgegenüber waren die protestantischen Kirchen immer nur mehr oder weniger geduldete, zeitweise aber verfolgte Minderheitenkirchen.

*Wirtschaftliche Entwicklung*
Nach den großen Schwierigkeiten des Hundertjährigen Krieges setzte ab etwa 1480 in Frankreich eine Epoche des wirtschaftlichen Aufschwungs ein, die bis 1640 dauerte. Damals nahmen die Bevölkerung, aber auch Handel und Produktion und Geldverkehr, im ganzen gesehen, trotz kürzerer Krisen zu. Ab 1650 folgte hierauf eine Phase

wirtschaftlicher Depression mit Geldmanipulationen, Bankrotten und Arbeitslosigkeit, verbunden mit hohen Sterblichkeitsraten und Kriegseinwirkungen. Unter Kardinal Fleury begann dann 1730 wieder der Wirtschaftsaufschwung, verursacht durch das Ende der Epidemien, durch die Friedenszeit und die Stabilisierung der Währung. Damals wuchs die Bevölkerung wieder. Erhöhte Preise und Produktionen kamen den obersten Schichten zugute, während die niedrigen Löhne der Handarbeiter mit der Preisentwicklung nicht mithalten konnten.

Wie fast alle Staaten Europas war Frankreich damals ein überwiegend agrarisches Land, die Landwirtschaft blieb in diesem Königreich, wo 85% bis 90% der Bevölkerung auf dem Lande lebten, der entscheidende Schlüsselfaktor, der das ganze Wirtschaftsleben dominierte und die meisten Staatseinnahmen lieferte. Demgegenüber blieben das Handwerk, die Manufakturen (besonders Textilien), ab 1750 die Industrie und der Handel untergeordnete Faktoren. Der Fernhandel beschränkte sich auf wenige Städte wie Paris, Lyon, Bordeaux u. a., und das vor allem von Protestanten beherrschte Bankwesen war weniger entwickelt als etwa in Holland oder England. Im Gegensatz zu diesen Ländern gab es keine dauerhafte Staatsbank und keine wirklich bedeutende Börse. So könnte man die Wirtschaftsstruktur charakterisieren als eine Ansammlung agrarischer Provinzen mit einer archaischen, robusten, traditionellen Wirtschaft, wo weder Banken, Maschinen, Industrie noch Kapitalkonzentrationen bestimmend waren. Letztlich war das französische Ancien Régime, wie Pierre Goubert es ausdrückt, eine agrarische Gesellschaft, die von Rentiers beherrscht war.

*Die Gesellschaft*

Wie in Deutschland war im Frankreich des Ancien Régime, das im 16. Jahrhundert etwa 15 Millionen, um 1700 18 bis 20 Millionen und 1789 ca. 26 Millionen Einwohner hatte, die Gesellschaft ländlich-agrarisch bestimmt. Auf der einen Seite standen die ländlich-bäuerliche Schicht (über 80% der Bevölkerung) und die städtischen Unter- und Mittelschichten, auf der anderen eine kleine Oberschicht, die vor allem Nutznießer der Arbeit der bäuerlichen Bevölkerung war, nämlich der Adel, der Klerus und ein Teil des Bürgertums. Rechtlich gesehen handelte es sich um eine Ständegesellschaft mit zwei privilegierten oberen Ständen (Klerus und Adel) und dem Dritten Stand, zu dem formal die restlichen 98% der Bevölkerung zählten, der aber vom gehobenen Bürgertum dominiert wurde. Wenn man auch im allgemeinen (abgesehen vom Klerus) in einen Stand hineingeboren wurde, so waren doch Aufstieg und Abstieg in einen anderen Stand durchaus möglich und auch üblich. Besonders das gehobene Bürgertum strebte danach, in den Amtsadel und dieser, in den Schwert- oder Altadel aufzusteigen. Der Klerus bestand praktisch aus zwei Ständen, dem immer mehr zum Adelsmonopol werdenden meist reichen hohen Klerus (Bischöfe, Domkapitulare, Äbte) und dem armen, aus bürgerlichen und bäuerlichen Schichten stammenden niederen Klerus (Pfarrer, Vikare). Auch beim Adel gab es große Unterschiede, angefangen von den Prinzen von königlichem Geblüt, den Herzögen und Pairs mit oft riesigen Besitztümern, bis hin zu den kleinen, oft verarmten Provinzadeligen. Völlig heterogen war selbstverständlich der Dritte Stand, zu dem reiche Bankiers, Fabrikanten, Rentiers genauso zählten wie die Zunfthandwerker der Städte, die Bauern und Pächter des Landes oder die Tagelöhner, Armen und Bettler.

### Entwicklung von Kultur und Geistesleben

Im Frankreich des Ancien Régime wurden Kultur und Geistesleben vom jeweiligen König und seinem Hof beeinflußt und teilweise sogar bestimmt. Schon die französische Renaissance stand im Zeichen des erstarkenden Königtums. Zeugen dieser Zeit sind die herrlichen Loireschlösser wie Blois (Flügel Franz I.) oder Chambord (1519–37), ferner der West- und Südflügel des Louvre (1546–74) in Paris. Während in der Musik u. a. das Chansonwerk eines C. Janequin (1485–1558) blühte, wurde in der zweiten Hälfte des 16. Jahrhunderts Jean Bodin (1530–1596) zum Begründer der modernen Staatsrechtstheorie und der Lehre von der Souveränität. M. E. de Montaigne (1533–1592) bereitete in der Philosophie den Rationalismus mit skeptizistischer Grundhaltung vor.

In der Kunst nahm Frankreich und besonders der Hof eine europäische Sonderentwicklung ein. Die Gegensätze von Renaissancestil und Barock bildeten sich nämlich hier im Unterschied zu den anderen Ländern Europas viel weniger aus, und es entstand jener für Frankreich charakteristische Klassizismus des 17. Jahrhunderts vor allem in der Schloßbaukunst. Nach der Grande Galérie du Louvre und der (heutigen) Place des Vosges (1605 ff.) wurden u. a. das Palais du Luxembourg (1615–31), das Schloß Vaux-le-Vicomte (1656–58) und schließlich das große Vorbild für ganz Europa, das 1661 begonnene Versailles als Schloß des Sonnenkönigs Ludwig XIV. geschaffen. Hier wurde modellhaft der riesige französische Park in die Gesamtkonzeption einbezogen. Letztlich läßt sich im Stil eine kontinuierliche Linie dieser klassizistischen Schlösser des 17. Jahrhunderts bis hin ins späte 18. Jahrhundert mit den Bauten J. A. Gabriels ziehen, der 1764–68 das Petit Trianon errichtete.

Wie bei der Baukunst, Malerei und Plastik Paris und dann vor allem Versailles im 17. und 18. Jahrhundert die Zentren waren, so wurde auch für Literatur, Geistesleben und Musik der Hof der wichtigste Anziehungspunkt und teilweise auch der bedeutendste Mäzen. Nach dem Reformator und Reiniger der französischen Sprache und Dichtung François de Malherbe (1555–1628) und dem Wirken des richtungsweisenden Philosophen und Mathematikers René Descartes (1596–1650) tauchte die erste Generation der großen französischen Klassiker des 17. Jahrhunderts auf. Zu ihr zählte der Mathematiker, Physiker, Philosoph und Schriftsteller Blaise Pascal (1623–1662). Der asketische Gelehrte, der den Jansenisten in der Abtei Port-Royal-des-Champs nahestand, schrieb seine «Provinciales» und seine «Pensées», eine Apologie der christlichen Religion. Der wichtigste Repräsentant dieses heroischen Zeitalters war jedoch Pierre Corneille (1606–1684), der große Tragödiendichter mit Le Cid (1636), Horace (1640), Cinna (1641) u. a. Die zweite Periode der französischen Klassik (1660–1690), die in die besten Jahrzehnte der Regierung des Sonnenkönigs fiel, stellte das bedeutendste klassische Zeitalter des Königtums dar mit Dichtern wie Molière, Bossuet, Racine, La Fontaine und Boileau. Diese Literatur zeichnete sich durch eine Harmonie der Kräfte, eine gelungene Symbiose aus moderner Vernunft und antiker Kunst aus. Neben dem Dichter und Literaturtheoretiker Nicolas Boileau mit seiner «Art poétique» prägten vor allem seine Freunde Molière (eigentlich Jean Baptiste Poquelin, 1622–1673) mit seinen noch heute zur Weltliteratur gehörenden Komödien wie Tartuffe (1664–69), L'Avare (1668), Le Bourgeois Gentilhomme (1670), Le Malade imaginaire (1673) u. a. und Jean Racine (1639–1699) mit seinen klassischen Tragödien Andromaque (1667), Britannicus (1669), Bérénice (1670), Iphigénie (1674) usw. die literarische Blüte einer Epoche. Gerade Racine verkörperte wohl am reinsten die französische Klassik mit ihrer einfachen Harmonie, ausgewählten Sprache und Dichtung. Schon Ende des 17. Jahrhunderts begann mit der «Querelle des Anciens et des Modernes» der Umschwung und die Zersetzung des klassischen Ideals. Auch die letzten Klassiker La Bruyère (1645–1696) und Fénelon (1651–1715) waren schon teilweise vom neuen Geist der Vernunft geprägt.

Die Musik der Zeit Ludwigs XIV. war vor allem von den Kompositionen eines J.-B. Lully (1632–1687) mit seiner «Tragédie lyrique» und eines M.-A. Charpentier (1634–1704) bestimmt, später kam noch J. Ph. Rameau (1683–1764) hinzu.

Dem stark christlich und monarchisch geprägten 17. Jahrhundert folgte ein 18. Jahrhundert, in dem die führenden Geister zunehmend die bisher unangefochtenen Autoritäten Religion, Monarchie, bestehende soziale Ordnung im Namen der Vernunft in Zweifel zogen. Die Mißbräuche und Mißstände in Kirche, Monarchie und Adel boten genug Anlaß für ätzende Kritik und die Bekämpfung der traditionellen Autoritäten. So wurde in den geistig führenden Schichten bald antichristliches, antimonarchisches und kosmopolitisches Denken vorherrschend, das sich vor allem ab 1750 durch immer heftigere Attacken gegen das monarchische Regime und die diese Monarchie stützende katholisch-gallikanische Kirche manifestierte, die Herrschaftsordnung dadurch weitgehend zersetzte und die revolutionäre Mentalität schuf, die *eine* wichtige Ursache für den Ausbruch der Revolution von 1789 darstellte.

Einleitung 17

In diesem Zeitalter der Aufklärung trat die Kunst in der Literatur und in anderen Bereichen zurück; denn jetzt fanden vor allem politische und soziale Fragen das besondere Interesse. Dominierend wurde in den gebildeten Schichten die Philosophie der französischen Aufklärung mit ihrer Kritik der Metaphysik und der Autoritäten, mit ihrem Empirismus und Deismus, der oft zum Materialismus und Atheismus führte. War der Kampf der «Philosophen» von 1715 bis 1750 noch gemäßigt, als Montesquieu (1689–1755) in seinem «Esprit des Lois» die Gewaltenteilung forderte, so bedeutet die Periode von 1750 bis 1789 einen heftigen Kampf gegen das Ancien Régime. Der beherrschende Schriftsteller und Philosoph dieser Aufklärung war der wortgewaltige, religionskritische und recht aggressive Voltaire (1694–1778). Eine große Wirkung hatten auch die Enzyklopädisten mit d'Alembert (1717–1783) und Denis Diderot (1713–1784) an der Spitze, die den Sieg der Vernunft und auch den des Atheismus propagierten. Eine besondere Rolle spielte der aus Genf stammende Jean-Jacques Rousseau (1712–1778), der glaubte, der Mensch sei von Natur aus gut und nur durch die Zivilisation und das Eigentum verdorben. Er forderte die Erneuerung der Gesellschaft im «Contrat social», einer theoretischen Gedankenkonstruktion, die jedoch stark von der calvinistischen Lehre der Volkssouveränität geprägt war, die er in seiner Heimatrepublik Genf kennengelernt hatte. Gerade diese Schrift von Rousseau wurde später zu einer Bibel der Revolutionäre, besonders auch für Robespierre, hatte Einfluß auf die Menschenrechtserklärung, aber auch auf spätere sozialistische und kommunistische Ideologien.

II. Frankreich unter den Herrschern des 19. Jahrhunderts

Nachdem das «absolute» Königtum angesichts des Widerstandes der Privilegierten die nötigen Reformen nicht durchführen und die katastrophale Finanz- und Schuldensituation nicht mehr hatte meistern können, berief Ludwig XVI. für Anfang Mai 1789 die Generalstände ein. Dies bildete den Anfang vom Ende des Ancien Régime; denn sehr bald wurde durch drei revolutionäre Akte 1789 Frankreich stark verändert. In einer politischen Revolution erklärte sich am 17. 6. 1789 der durch Geistliche erweiterte Dritte Stand gegen das historische Verfassungsrecht zur Nationalversammlung und erhob den Anspruch, alleiniger Repräsentant des Willens der Nation zu sein. Durch diesen ersten revolutionären Akt entstand in Frankreich eine neue Souveränität. Um diese politische Revolution auch endgültig durchzusetzen, waren als zweiter revolutionärer Schritt die Gewaltaktionen der Volksmassen in Paris von entscheidender Bedeutung, aber auch die in den anderen Städten der Provinz und die Bauernrevolten auf dem Land. In einem dritten revolutionären Akt wurden dann in der Nacht vom 4./5. August 1789 und in den folgenden Tagen die Feudalrechte abgeschafft. Diese soziale Revolution bedeutete den Zusammenbruch des Ancien Régime.

Von eminenter Wichtigkeit war auch die berühmte Erklärung der Menschen- und Bürgerrechte am 26. 8., welche u. a. die Freiheit und Gleichheit an Rechten, die Meinungsfreiheit, die Gewaltenteilung und die Souveränität der Nation verkündete. Sie ging nicht nur in die Präambel der ersten geschriebenen französischen Verfassung von 1791 ein, die in Europa praktisch das Zeitalter des Konstitutionalismus eröffnete, sondern auch in die meisten modernen Verfassungen bis heute.

Die nach Zensuswahlrecht neubestimmte Constituante stellte die nationale Einheit her, betrieb durch Einteilung in ahistorische Departements die weitere Zentralisierung und versuchte durch Einziehung aller Kirchengüter und Ausgabe von durch diese Güter gesicherten Assignaten (Papiergeld) die Finanzkrise zu überwinden. Besonders einschneidend für die weitere Geschichte Frankreichs war die völlige Verstaatlichung der katholischen Kirche und all ihrer bisherigen Funktionen. Nach der von der Versammlung einseitig beschlossenen «Constitution civile» des Klerus von 1790 wurden die Priester zu staatlichen «Beamten der Moral», gewählt von den (vermögenden) Aktivbürgern ohne Rücksicht auf deren Konfession oder Glauben. Weil sich viele Priester weigerten, den Eid auf diese Zivilkonstitution von 1790 zu leisten, kam es bald zum kirchlichen Schisma und zur Spaltung Frankreichs in zwei Lager.

Da die politischen und sozialen Spannungen zunahmen und 1792 der Erste Koalitionskrieg begann, wurden die führenden Revolutionäre immer radikaler, der inzwischen konstitutionelle König am 10. 8. 1792 abgesetzt, die Erste Republik ausgerufen, eine neue Zeitrechnung eingeführt und Ludwig XVI. vom soeben gewählten Konvent zum Tode verurteilt und am 21. 1. 1793 hingerichtet. Im bald folgenden Terrorregime Robespierres, dessen Vertreter von etwa fünf bis sechs Prozent der Wahlbürger bestimmt worden waren, die aber im Namen der Volkssouveränität agierten, griff der Volkstribun in einer innen- und außenpolitisch äußerst schwierigen Situation mit großer Härte durch, um sein Regime zu halten und Frankreich nach außen hin zum Erfolg zu führen. Es gelang ihm, sich gegen zwei Drittel der Departements und die Mehrheit der Bevölkerung, die vor allem wegen der harten Kirchenverfolgung im Aufstand war, durchzusetzen. Der Preis dafür waren allerdings 35 000 bis 40 000 politische Hinrichtungen in eineinhalb Jahren, Hunderttausende politische Gefangene und, wie neueste Forschungen (Secher, Chaunu, Martin) hervorheben, der «franco-französische Genozid». In der aufständischen Vendée wurde demnach ein Drittel der Bevölkerung systematisch ausgerottet.

Nach dem Ende der Schreckenszeit, in der die Republikaner trotz Menschenrechtserklärung keine Toleranz gegen Andersgesinnte kannten, folgte nach dem Sturz Robespierres das Direktorium (1795–99) mit bürgerlich-konservierender Zielsetzung. Diese Zeit war bestimmt durch chaotische Zustände, wirtschaftliche Schwierigkeiten und Komplotte, bis mit dem Korsen Napoleon Bonaparte durch den Staatsstreich des 19. Brumaire des Jahres VIII (10.11. 1799) der inzwischen ersehnte «starke Mann» an die Macht kam und die bonapartistische Militärdiktatur errichtete. Napoleon fungierte als erster Konsul und war damit Staats- und Regierungschef zugleich. Ausgestattet mit diktatorischer Gewalt gelang es ihm, die Ruhe im Inneren nach einer Zeit weitgehender Anarchie wiederherzustellen und wenigstens vorerst durch die Friedensschlüsse von Lunéville (1801) mit dem Kaiser und Amiens (1802) mit England den Krieg mit den auswärtigen Mächten zu beenden, den er allerdings 1803 schon wieder aufnahm.

Im Inneren schuf er ein ausgezeichnet organisiertes, stark zentralisiertes Ordnungssystem, später den Code civil und andere Rechtskodifikationen sowie ein neues Finanz-, Schul- und Universitätswesen. Besonders wichtig für den inneren Frieden war die Beendigung des Kampfes gegen die katholische Kirche durch das Konkordat von 1801. Damit band er die Kirche an den Staat, konnte über sie weitgehend verfügen, ließ aber andererseits den Klerus durch den Staat besolden.

Nachdem er schon 1802 sein Konsulat in ein lebenslängliches umgewandelt hatte, ließ er sich durch Volksabstimmung am 18. Mai 1804 zum erblichen Kaiser der Franzosen wählen. Obwohl dies laut Verfassung von 1804 nicht vorgesehen war, wollte er sich wie einst Karl der Große vom Papst salben lassen. Aber im Gegensatz zu damals zog er nicht nach Rom, sondern zitierte Pius VII. nach Paris und setzte sich in dessen Anwesenheit selbst die Krone auf. Dieses denkwürdige Ereignis ist in einem berühmten Gemälde von Jacques Louis David verewigt worden. 1805 krönte sich Napoleon nach dem Vorbild Karls des Großen auch zum König von (Ober-)Italien und setzte im Stil des mittelalterlichen Kaisers bald seine Brüder Joseph Ludwig, Jérôme und seinen Schwager Joachim Murat zu Königen bzw. zum Großherzog von Staaten ein, die erobert und unter französischen Einfluß gebracht worden waren.

Im Inneren baute der neue Kaiser der Franzosen durch ein Polizeispitzelsystem und geschickte Propaganda seine diktatorische Herrschaft weiter aus, die viel intensiver und machtvoller war als die der «absoluten» Könige. Durch seine straffe, zentralistische Organisation der Verwaltung, des Rechtswesens sowie des Unterrichts- und Bildungswesens legte er die Fundamente für die neue Struktur Frankreichs, die sich nicht nur im 19. Jahrhundert, sondern in wesentlichen Zügen bis heute erhalten hat. Es herrschte überall «Autorität und Einheit auf nationaler Ebene» mit einer rationalen Ordnung.

Die Epoche Napoleons wurde bestimmt durch den Empirestil, von dem besonders die Innenarchitektur und gehobene Möbelstücke geprägt waren, aber auch Bauwerke wie der Arc de Triomphe du Carrousel

(1806–08) oder die Fassadenfront des Louvre in der Rue de Rivoli in Paris.

Solange der geniale Feldherr bei seinen Kriegszügen in ganz Europa erfolgreich war, blieb die absolute Autorität des Kaisers unangetastet. Als er sich jedoch 1812 nach der Vernichtung der Grande Armée geschlagen aus Rußland zurückziehen mußte, geriet seine Herrschaft zum ersten Mal ins Wanken. Deshalb führten letztlich seine verlustreichen Feldzüge in Deutschland und die Niederlage in der Völkerschlacht bei Leipzig vom Oktober 1813 das Ende seines Kaisertums herbei.

Dem großen Feldherrn gelang es nicht mehr, die Heere seiner vereinigten europäischen Gegner abzuwehren, und er konnte es sogar nicht verhindern, daß seine Hauptstadt Paris am 30. 3. 1814 kapitulierte und von alliierten Truppen besetzt wurde.

Jetzt, als die Sache Napoleons verloren war, wachten die bisher zur Bedeutungslosigkeit verurteilten beiden Kammern Frankreichs auf und nahmen die bisher nie gerügten Verfassungsbrüche Napoleons zum Vorwand, um ihn am 2. 4. 1814 für abgesetzt zu erklären. Dem Kaiser blieb nichts anderes übrig, als abzudanken. Er wurde hierauf von den Siegern auf die Insel Elba verbannt. Die beiden früher so unterwürfigen Kammern baten nun den älteren Bruder des letzten Monarchen des Ancien Régime, Ludwig XVIII., der damals im Exil in England lebte, den Thron zu besteigen. Während jetzt ein neues Zeitalter anbrach, blieb doch in den folgenden Jahrzehnten die Kaiserlegende lebendig und «der Bonapartismus als Mythos und politische Bewegung» bestehen.

In der Epoche der Restauration, des Bürgerkönigtums und des Zweiten Empire (1814–1870) entstand in Frankreich trotz aller unterschiedlichen Verfassungen dieser Zeit die parlamentarische Regierungsform. In diesen 56 Jahren triumphierte, wie Malafosse gut herausarbeitet, die demokratische Legitimität im Gegensatz zur Zeit der Revolution und des Empire, die durch einen Legitimitätskonflikt geprägt waren. Von 1814 bis 1870 diente das parlamentarische System zunehmend der Legitimierung. Damit schuf diese Epoche eine neue, bisher unbekannte Regierungsform, obwohl man, wie Maurice Duverger betont, für diese bewegte Zeit einen wesentlichen, eher gegenläufigen Grundzug feststellen kann: Man ahmte bewußt die vorhergehende Periode nach. Ludwig XVIII. trachtete danach, die Formen der alten Monarchie wieder freizulegen, während sein Bruder deren Substanz restaurieren wollte. Ebenso versuchte die Zweite Republik die Erste zu imitieren und Napoleon III. den Kaiser des Ersten Empire. Aber, so kann man feststellen, diese Nachahmungen bildeten meist nur einen schwachen Abglanz der Vorbilder, und sie führten, da sich die Geschichte nie völlig wiederholt, zu eigenen, neuen Formen des Verfassungslebens.

Von 1814, mit kurzer Unterbrechung der Hundert-Tage-Herrschaft Napoleons 1815, bis 1830 wurde Frankreich von der Restaurationsmonarchie (Ludwig XVIII. und Karl X.) regiert. Basis war die relativ liberale, auch für andere europäische Staaten vorbildhafte, oktroyierte Verfassung, die Charte constitutionelle von 1814. Die restaurative Politik Karls X., der ab 1824 regierte, führte 1830 zur Revolution und Errichtung der Juli-Monarchie, deren König Louis-Philippe, Herzog von Orléans, wurde. Nach der Revolution von 1848 mußte auch dieser Bürgerkönig abdanken, und es kam zur Zweiten Republik, die durch eine konfliktträchtige Struktur der Verfassung sowie politische und soziale Spannungen geprägt war. Als am 10. Dezember 1848 mit Louis-Napoléon Bonaparte ein Mann mit überwältigender Mehrheit zum Präsidenten der Republik gewählt wurde, der von der Idee erfüllt war, seinen Onkel Napoleon nachzuahmen, war bereits das Ende der Republik vorprogrammiert. Als er für eine Verfassungsänderung etwa zwei Drittel, aber nicht die von der Konstitution geforderten drei Viertel der Stimmen der Nationalversammlung gewinnen konnte, griff er wie sein Onkel zum Staatsstreich und ließ sich die Vollmacht, eine neue Verfassung zu schaffen, durch ein Plebiszit direkt vom Volk bestätigen. Nachdem er zunächst als Chef de l'Etat bestätigt worden war, ließ er sich in einer Volksabstimmung vom 21.11.1852 auch die Kaiserwürde legitimieren. Mit 7,8 Millionen Ja-Stimmen und nur 250000 Nein-Stimmen bedeutete das Plebiszit für ihn einen überwältigenden Erfolg. Grob gesehen umfaßte das Zweite Empire Louis-Napoléons zwei charakteristische Zeiträume, eine autoritäre Phase, die von 1852 bis 1860 dauerte, und eine Phase liberaler Entwicklung, die bis 1870 währte.

Entsprechend dem damals verbreiteten Wunsch, frühere Regierungssysteme nachzuahmen, begünstigten die Restaurationszeit (1814–1830) und das Zweite Kaiserreich (1852–1870) in der Kunst und Architektur den Historismus, der Stilelemente aller Epochen wieder aufgriff. Damals wurden dementsprechend viele öffentliche Gebäude und Kirchen in solchen Stilen geschaffen, z. B. die neubarocke Grande Opéra in Paris (1860–74). Unter Napoleon III. wurde von G. E. Haussmann die Hauptstadt im Sinne modernen Städtebaus mit Schaffung breiter Verkehrsadern völlig umgestaltet.

In der Philosophie gab es eine Reaktion gegen die Aufklärung und Revolution, gegen Individualismus und kritischen Rationalismus. Wichtige philosophische Richtungen propagierten jetzt den Traditionalismus und Fideismus und hoben die Notwendigkeit der Religion hervor. Gleichzeitig wurde aber schon der frühe moderne Sozialismus begründet (Saint-Simon) und das Fundament für den Positivismus gelegt (A. Comte).

In der Malerei blühte die Romantik auf (Delacroix, Delaroche), ebenso in der Literatur (Lamartine, Victor Hugo u. a.), die jedoch in der zweiten Hälfte des Jahrhunderts zum Realismus überging. Man denke an

Gustave Flauberts Roman «Madame Bovary» (1857) oder die Pariser Sittenromane eines A. Daudet (1840–1897).

Als Napoleon III. im Deutsch-Französischen Krieg von 1870/71 in der Schlacht bei Sedan am 2. 9. 1870 eine schwere Niederlage erlitt und in preußische Kriegsgefangenschaft geriet, war die Regierungszeit des letzten französischen Herrschers der Neuzeit zu Ende. Die nun folgende Dritte Republik war zwar zunächst eine «Republik ohne Republikaner» (Malafosse) mit Versailles als Sitz der Exekutive und mit MacMahon (seit 1873) einem konservativen, monarchistischen Präsidenten an der Spitze. Die Republik konnte sich jedoch 1879 endgültig durchsetzen. Erst jetzt zogen die beiden Kammern wieder nach Paris, die alte Hauptstadt und das Zentrum der Revolution. Gleichzeitig erklärte man als Zeichen des Triumphes der Republik den 14. Juli zum Nationalfeiertag und die Marseillaise zur Nationalhymne.

Was die wirtschaftliche Konjunktur betraf, so dauerte die 1787 begonnene kurze Depressionsphase bis 1791, dann setzte sich der seit 1730 zu beobachtende Aufschwung fort. Während der Depression litten gerade einfachere Volksschichten besonders unter den Brotpreiserhöhungen bei sinkendem Reallohn und wachsender Arbeitslosigkeit. 1795 kam es angesichts der Inflation zu bedeutenden Versorgungskrisen und zum Massenelend. Der spürbare Aufschwung setzte erst um 1800 wieder ein und blieb bis 1815 bestimmend, als die wirtschaftlichen Probleme wieder zunahmen. Nach einer Epoche weitgehender Stagnation erlebte Frankreich im Zweiten Kaiserreich einen allgemeinen Wirtschaftsaufschwung, der durch kurze Krisen unterbrochen wurde.

Mit der Französischen Revolution hatte sich in Frankreich eine liberale Marktwirtschaft etabliert mit Aufhebung der Zünfte, Freiheit der Berufswahl, Beseitigung von dirigistischen Maßnahmen bei der Produktion und beim Absatz. Durch den Abbau von binnenländischen Zöllen und sonstige Schritte schuf man einen einheitlichen, relativ großen Wirtschaftsraum. Während die Arbeitgeber dadurch gefördert wurden, erhielten die Arbeiter bis 1874 Streikverbot.

Trotz dieser neuen Rahmenbedingungen begann die Industrialisierung Frankreichs – viel später als in England – erst langsam in den Jahren nach 1820. Landwirtschaft und Handwerk blieben deshalb besonders starke Faktoren der Wirtschaft und bildeten ein beharrendes Element. Ein Grund dafür war auch, daß die Klein- und Kleinstbetriebe weiterhin vorherrschten.

Die Masse der kleinen Bauern hatte nämlich von der Abschaffung des Feudalismus und vor allem von der Enteignung und dem Verkauf der Kirchen- und Emigrantengüter wenig profitiert. Der Hauptnutznießer der relativ billigen Versteigerung dieser Güter war das gehobene städtische Bürgertum, das dadurch stark an die Revolution gebunden wurde und alles Interesse an der Erhaltung der revolutionären Errungenschaften hatte. Die Französische Revolution, so betont W. Mager, «hatte auf dem platten Lande im wesentlichen die Beseitigung des kirchlichen Grundeigentums, die Stärkung der spannfähigen Betriebe, die Vermehrung des ländlichen Eigentums städtischer Notabeln und eine gewisse Verkleinerung und Verringerung der Güter des Adels zur Folge». Aber letztlich war die Verteilung des französischen Grundbesitzes im 19. Jahrhundert nicht weniger ungleich als im Ancien Régime.

Ganz allgemein kann man deshalb sagen, daß eigentlich die große Revolution von 1789 in der Zusammensetzung der Unter- und Mittelschichten wenig Veränderungen gebracht hat. Die größten Verlierer waren der Klerus und die Kirche, während der Adel nur teilweise zu den Leidtragenden gehörte, vor allem in der Restaurationszeit wieder gefördert, und unter Napoleon durch einen zusätzlichen neuen Adel ergänzt wurde. So war das gehobene reiche Bürgertum, das neben den Adeligen die Notabelnschicht bildete, der große Gewinner der Revolution. Dies gilt besonders für die Städte, aber auch für die Dörfer. Angesichts des Zensussystems, das bis 1848 bei den Wahlen galt, blieb diese Notabelnschicht auch neben den Monarchen die bestimmende Bevölkerungsgruppierung, bis Napoleon III. nach dem kurzen parlamentarisch-demokratischen Zwischenspiel der Zweiten Republik seine autoritäre Herrschaft u. a. durch das typisch bonapartistische plebiszitäre Element diesem gehobenen Bürgertum gegenüber absicherte.

Neithard Bulst

# LUDWIG XII.
## 1498–1514

Ludwig XII., geb. 27. Juni 1462 in Blois; Herzog von Orléans 1465; König von Frankreich 7. April 1498; Salbung in Reims 27. Mai 1498; gest. 31. Dezember 1514 in Paris, begr. in Saint-Denis.
Vater: Herzog Karl von Orléans (1394–1465), Sohn von Ludwig I. von Orléans (gest. 1407) und Valentine Visconti, Tochter des Herzogs von Mailand Giangaleazzo Visconti (1351–1402); Mutter: Maria von Cleve (gest. 1487), Tochter von Adolf von Cleve (1370–1448) und Maria von Burgund (gest. 1482).
Erste Heirat mit Jeanne de France (1464–1505), Tochter des Königs Ludwig XI., am 8. September 1476, Ehe kinderlos am 22. Dezember 1498 annulliert; zweite Ehe mit der Witwe König Karls VIII., Anna, geb. 1477, der Herzogin der Bretagne, am 8. Januar 1499; Tod Annas am 9. Januar 1514; zwei Töchter: 1. Claude, geb. 15. Oktober 1499, gest. 20. Juli 1524, Heirat am 18. Mai 1514 mit Herzog Franz von Angoulême, als Franz I. Nachfolger von Ludwig XII.; 2. Renée, geb. 25. Oktober 1510, gest. 12. Juni 1575, Heirat am 20. Juli 1527 mit dem Herzog von Ferrara, Hercules von Este. Dritte Ehe mit Maria (1496–1533), Schwester König Heinrichs VIII. von England, am 9. Oktober 1514, kinderlos. Ein illegitimer Sohn aus einer Verbindung mit einer bürgerlichen Frau, Michel de Bucy (Bussy), geb. 1485, Erzbischof von Bourges (1505–1511) und Kardinal. Geschwister Ludwigs: Maria (1457–1493), verheiratet mit dem Vizegrafen von Narbonne, Jean de Foix; Anna (1461–1491), Äbtissin von Fontevrault (1477–1491).

## Der Herzog von Orléans

Die Ständeversammlung von 1506 gab ihm den Ehrentitel «Père du Peuple» – «Vater des Volkes», sein jüngster Biograph Bernhard Quilliet (1986) nannte ihn mediokre und seine Herrschaft unauffällig aber doch bedeutender, als man gemeinhin annimmt.
Wer war dieser König, bei dessen Geburt am 27.6.1462 auf dem väterlichen Schloß in Blois die Voraussage, daß er einmal den französischen Königsthron besteigen würde, obwohl er hinter dem Bruder des Königs und seinem Vater in der Reihe der Thronanwärter an dritter Stelle stand, nicht wahrscheinlich war – selbst wenn für Ludwig XI. die Geburt dieses «Thronfolgers» ein offen bekanntes Ärgernis war, und er die Legitimität dieser späten Geburt im privaten Kreis – wenn auch nie offiziell – offen in Frage stellte?

## Ludwig XII. (1498–1514)

Sein Vater Karl, Herzog von Orléans (gest. 1465), bei Ludwigs Geburt schon 22 Jahre mit Maria von Cleve verheiratet, fast 70 Jahre alt und kränkelnd, war ein Enkel König Karls V. von Frankreich. Wie der regierende König Ludwig XI. (1461-1483) war Ludwig XII. also ein Urenkel König Karls V. Diese Herkunft begründet seinen Thronanspruch unter der Voraussetzung, daß König Ludwig XI. und sein Bruder sterben würden, ohne männliche Erben zu hinterlassen, oder diese Erben wiederum ohne Erben vor Ludwig sterben würden. Dieser Thronerbe König Ludwigs, der zukünftige Karl VIII. (1483-1498), wurde am 30.6.1470 als einziger Sohn Ludwigs XI. geboren. Wohl ohne Hoffnung auf den französischen Thron nährte Ludwig vielleicht doch einen anderen Anspruch, der nach dem Tode seines Vaters 1465 auf ihn überging: die Anwartschaft auf das Herzogtum Mailand. Über seine Mutter Valentine Visconti, die Tochter des Mailänder Herrschers Giangaleazzo Visconti, der nach dem Tode ihres Bruders Filippo Maria (gestorben 1447) das Herzogtum hätte zufallen müssen, da Filippo Maria keine Söhne hatte, betrachtete sich Karl von Orléans als rechtmäßiger Erbe Mailands ebenso wie nach ihm sein Sohn Ludwig. Die Realisierung dieses Erbanspruchs sollte eines der wichtigsten Anliegen Ludwigs nach seiner Thronbesteigung sein.

Die Abneigung König Ludwigs XI. gegen das Haus Orléans hatte zwei Ursachen: zum einen dessen Nähe zum Thron und zum anderen dessen Machtposition als eines der großen Lehnsfürstentümer, die das Königtum in seiner Machtausübung einschränkten. Diese Abneigung fand einen beinahe diabolischen Weg, die Zukunft des Hauses Orléans zu kompromittieren. Als dem König bald nach Ludwigs Geburt am 23.4.1464 eine mißgestaltete Tochter Jeanne geboren wurde, gelang es ihm, bevor die körperlichen Defekte allgemein bekannt geworden waren, mit dem nichtsahnenden Vater Ludwigs eine Heirat der beiden Kinder zu vereinbaren. Daß diese Ehe nicht glücklich sein und vielleicht auch kinderlos bleiben würde, stand zu erwarten. Als der Zustand der unglücklichen Königstochter offenbar geworden war, und Mutter und Sohn später versuchten, die geplante Heirat zu annullieren, blieb der König unerbittlich und erzwang schließlich gegen alle Widerstände 1476 die Eheschließung. Was er nicht erzwingen konnte, war die Akzeptanz dieser Ehe durch den Herzog von Orléans. Jeanne, die ihren Gatten wohl aufrichtig liebte und ihn, als er 1483 an Blattern erkrankte – der Beginn einer langen Serie von Krankheiten – ungeachtet des hohen Ansteckungsrisikos pflegte, gelang es nie, die demütigende Abneigung des Herzogs zu überwinden. Das Erscheinungsbild der Brautleute beim prächtigen Essen am Tag der Hochzeit, als der junge Herzog aus Wut und Ohnmacht ohne zu essen unentwegt weinte, desgleichen seine Braut aus Enttäuschung über die Zurückweisung, versprach nichts Gutes. Nur die Drohungen des Königs zwangen den jungen Ehemann zu seltenen und kurzen Besuchen an die Seite seiner Frau, die getrennt von ihm auf Schloß Lignières lebte. In dem Prozeß der Annullierung dieser Ehe, den Ludwig wenige Monate nach seiner Thronbesteigung anstrengte, um die Königswitwe Anna, die Herzogin der Bretagne, heiraten zu können, behauptet er, gegen den Widerspruch seiner Frau, in den zweiundzwanzig Jahren ihres Zusammenseins die Ehe nicht vollzogen zu haben.

Zahlreiche Liebschaften, Jagden und andere «standesgemäße» Vergnügungen scheinen das Leben des durch den König politisch kaltgestellten Herzogs, der sich deshalb in öffentliche Ausschweifungen und Luxus flüchtete, bestimmt zu haben. Doch der Tod von König Ludwigs XI. Bruder, der keine Erben hinterließ, und die Tatsache, daß Karl der einzige Sohn des Königs blieb, steigerten erheblich die Bedeutung des Herzogs von Orléans, der nun die Stelle als zweiter Thronanwärter unmittelbar hinter dem Thronfolger Karl einnahm. Welche Gefahr daraus dem noch unmündigen Thronerben erwuchs, war dem zunehmend schwächer werdenden Ludwig XI. wohl bewußt, als er den Herzog im Oktober 1482 zu einem Treueid gegenüber dem Thronfolger und zum Verzicht auf eine Regentschaft, auf die er zu Recht Anspruch erheben konnte, eidlich verpflichtete. Diese sollte vielmehr nach dem Tode des Königs der Obhut der Tochter und des Schwiegersohns Ludwigs XI., Anne und Pierre de Beaujeu, anvertraut werden. Ludwig von Orléans fühlte sich jedoch durch einen Eid auf die Evangelien ebensowenig gebunden wie später als König. Die zahlreichen von ihm abgeschlossenen Verträge wurden von ihm ebenso häufig wie von den übrigen Vertragspartnern gebrochen.

Vor allem in den traditionell guten Beziehungen des Hauses Orléans zum bretonischen Herzog Franz II., dem Feind Ludwigs und Verbündeten des Burgunderherzogs Karls des Kühnen, sowie zu Ludwigs Bruder Karl – während der Auseinandersetzungen um den Besitz der Normandie in den Jahren 1467 und 1468 – sah Ludwig XI. eine potentielle Gefahr für seinen Sohn, vor der er ihn durch eidliche Verpflichtungen des Herzogs zu schützen suchte.

Diese Befürchtungen waren keineswegs grundlos. Sobald mit dem Tode des Königs am 30. 8. 1483 der Druck vom Herzog gewichen war, begann er, wenn auch zuerst noch verdeckt, politische Aktivität im Bündnis mit den alten Gegnern des verstorbenen Königs gegen seinen Nachfolger und dessen Platzhalter, die Beaujeu, zu entwickeln und ein eigenes Profil zu gewinnen. Wie eilig es ihm damit war, zeigen Geheimverhandlungen, die er noch im August 1483 mit dem bretonischen Herzog anstrengte, um sich von der lästigen Bürde, die ihm Ludwig XI. auferlegt hatte, zu befreien, nämlich von seiner Frau Jeanne.

Nach Annullierung seiner Ehe mit Jeanne wollte er Anna, die einzige Tochter des Herzogs und Erbin des Herzogtums Bretagne heiraten – ein Angebot, worauf der Herzog bereitwillig einging. Erst 15 Jahre später sollte es ihm gelingen, diese Absicht zu verwirklichen, nachdem zuerst die Beaujeu seine Pläne durchkreuzt hatten und 1491 eine Heirat ihres Schützlings Karls VIII. mit Anna durchzusetzen vermochten, um so der Krone die Anwartschaft auf das Herzogtum Bretagne zu sichern.

Auch bei seinem zweiten Versuch, politische Macht und Einfluß zu gewinnen, scheiterte der noch unerfahrene junge Herzog an seinen ihm weit überlegenen Gegenspielern. Diesen gelang es durch scheinbar großzügige Vergabe von Ämtern, Titeln, Pensionen und anderen Vergünstigungen an den durch Ludwig XI. entmachteten hohen Lehnsadel, den ersten Manifestationen offener Gegnerschaft gegen die Fortsetzung des verhaßten Regimes des verstorbenen Königs die Spitze zu nehmen. Auch Ludwig von Orléans kam in den Genuß dieser Freigebigkeit. Ein militärisches Kommando, eine hohe Pension von 24 000 Pfund, der Zugriff auf eigentlich dem König zustehende Einkünfte sowie die Aufnahme in den von König Ludwig gegründeten Michaelsorden waren Auszeichnungen, die seinem Rang als erstem Prinzen von Geblüt nach außen Rechnung trugen, ohne ihm allerdings den Weg zur Mitsprache bei Regierungsgeschäften zu öffnen. Diesen erhoffte sich Ludwig von den Generalständen, die allein in der Lage waren, den jungen König dem Einfluß der Beaujeu zu entziehen und einen in seinem Sinne zusammengesetzten königlichen Rat und eine Regentschaft unter seiner Führung einzusetzen. Dies zumindest dürften seine Zielvorstellungen gewesen sein, als er noch im September 1483 die Einberufung der Generalstände forderte und auch durchsetzte. In seiner Unerfahrenheit entging es ihm ebenso wie der sich um ihn versammelnden Opposition, an ihrer Spitze die Mitglieder des königlichen Rats, der Herzog Johann II. von Bourbon, der ältere Bruder von Pierre de Beaujeu, François d'Orléans, der Graf von Dunois, der Graf von Comminges sowie die Bischöfe von Périgueux und Coutances, daß die Beaujeu ein Wahlverfahren zu den Generalständen durchgesetzt hatten, das letztlich auf den vom Januar bis März tagenden Generalständen ihren Interessen zum Durchbruch verhalf. Nachteilig für Ludwig war auch die praktisch in letzter Minute erfolgte Verlegung des Tagungsorts von Orléans in das königstreue Tours. Der dem Herzog von Orléans von der Ständeversammlung zuerkannte Vorsitz im königlichen Rat hatte nur formalen Charakter, da er nur in Abwesenheit des Königs gelten sollte. Als schließlich auch ein weiterer propagandistisch untermauerter Anlauf Ludwigs, dem sich auch der bretonische Herzog anschloß, zu einer erneuten Einberufung einer Generalständeversammlung im Januar 1485 scheiterte, sah Ludwig von Orléans nur noch den Ausweg, den schon andere Große unter Ludwig XI. zur Durchsetzung ihrer Ansprüche gefunden hatten, die offene Auflehnung bis hin zum bewaffneten Kampf gegen den König. Ein Erfolg blieb ihm allerdings ebenso versagt wie der Adelsopposition gegen Ludwig XI. Bündnispartner in diesem Kampf, mit unterschiedlichem Engagement und jeweils anderen Zielen, was nicht gerade den Erfolg förderte, waren der Graf von Dunois, der Prinz von Orange, der bretonische Herzog und Alain d'Albret sowie als «ausländische» Partner der englische König und der deutsche König, Maximilian. Wie Ludwig von Orléans versuchten auch Maximilian und Alain d'Albret sich durch eine Heirat mit Anna, der Tochter des bretonischen Herzogs, in den Besitz der Bretagne zu setzen.

Die schon in der Geschichtsschreibung des frühen 16. Jahrhunderts als «unsinniger Krieg» – «insana militia» (frz. guerre folle) bezeichneten kriegerischen Zusammenstöße endeten für Ludwig beinahe tödlich. In der Schlacht bei Saint-Aubin-du-Cormier, einer kleinen Stadt in der Bretagne, unterlag am 28. 7. 1488 die schlecht ausgerüstete und ihrem Gegner auch zahlenmäßig unterlegene Armee der Verbündeten dem königlichen Heer, das unter dem Oberbefehl des 27jährigen Louis II. de La Trémoille, des Grafen von Benon und Guines und Prinzen von Talmond, stand, der später einer der bedeutendsten und Ludwig treu ergebenen Heerführer in den italienischen Feldzügen werden sollte. Ludwig, der in den vergangenen Jahren militärische Erfahrungen sammeln konnte, fehlte es nicht an Sachverstand und persönlicher Tapferkeit. Nur die Umsicht von La Trémoille bewahrte ihn vor dem Tod durch die aufgebrachten Schweizer Landsknechte, die ihn unter großen eigenen Verlusten schließlich noch mit der Waffe in der Hand überwältigen konnten.

Ludwig wurde, ohne daß ihm der Prozeß gemacht wurde, eingekerkert und verbrachte die nächsten drei Jahre in verschiedenen Gefängnissen unter entwürdigenden Bedingungen und einem Kerkermeister, der ihn durch schlechte Behandlung quälte, bis er schließlich nach Bourges in das am sichersten geltende Verlies des Königreichs kam. Daß er allein unter den Führern der Opposition auf Dauer gefangengesetzt wurde, zeigt erneut, welche Gefahr er in den Augen der Beaujeu für den König, der noch immer unter ihrem Einfluß stand, darstellte, dennoch fehlte es bei Hofe nicht an Fürsprechern für seine Freilassung. Doch dürfte sie letztlich erst der Intervention seiner ungeliebten Frau Jeanne zu danken sein. Nach vergeblichen Versuchen bei ihrer Schwester, Anne de Beaujeu, wandte sie sich direkt an ihren Bruder Karl VIII. und hatte schließlich Erfolg. Knapp drei Jahre nach seiner Gefangennahme, am 27. 6. 1491, entschloß sich Karl, ohne die Zustimmung von Anne de Beaujeu einzuholen, Ludwig persönlich freizulassen, ihn in Gnaden aufzunehmen und wieder in seine angestammten Rechte einzusetzen.

Anders als seine Schwester Anne, die dem Herzog ganz offensichtlich feindlich gesinnt war, hegte der König Ludwig gegenüber wohl eher freundschaftliche Gefühle. Nicht zuletzt war es ja auch Ludwig gewesen, der ihn bei seiner Krönung zum Ritter geschlagen hatte, ein zweifellos, gemessen an dem gesellschaftlichen Ehrenkodex, höchst bedeutsames persönliches Band. Die Befreiung ohne Vorankündigung und ohne Vorbedingungen und die Versöhnung mit dem König, der von Tours nach Vierzon geritten war, von wo er den Befehl erteilte, den im nahen Bourges gefangenen zu ihm zu bringen, dürfte auf Ludwig wie ein beglückender Schock gewirkt haben. Das mit großer Bewegung gefeierte Wiedersehen, wonach der König und der Herzog nachts im selben Bett schliefen, kann zugleich als doppelter Wendepunkt im Leben Ludwigs angesehen werden.

Mit der Wiedereinsetzung in seine Güter und dem Oberbefehl über die Normandie, die ihm anstelle der Ile-de-France übertragen wurde, gewann er nicht nur seine alte Position als erster Prinz von Geblüt zurück, sondern, was er so lange vergeblich angestrebt hatte, auch der König öffnete sich nun seinem Rat und Einfluß. Eine Gegenleistung war allerdings zu erbringen, die er, wenn auch nur sehr widerstrebend, akzeptierte. Alle Versuche, sich von seiner Frau Jeanne zu trennen, mußten unterbleiben. Dies bedeutete, so mußte es zumindest erscheinen, einen endgültigen Verzicht auf eine Heirat mit Anna, die nun nach dem Tode ihres Vaters, der bald nach der vernichtenden Niederlage in Saint-Aubin-du-Cormier und einem demütigenden Friedensvertrag gestorben war, Herzogin der Bretagne geworden war. Dabei ging Ludwig in seiner neuen Rolle als loyaler Ratgeber seines Königs sogar soweit, bei Anna als Fürsprecher einzutreten, als Karl unter doppelter Brüskierung Maximilians seinerseits eine Heiratsverbindung mit Anna anstrebte, um so einen möglichen Gegner an den Grenzen Frankreichs zu vermeiden und die Bretagne dem Königreich eingliedern zu können. Denn um Anna zu heiraten, mußte Karl die noch unter seinem Vater beschlossene Heirat mit Maximilians Tochter Margarete, die schon 1483 als Dreijährige nach Frankreich gekommen war und dort auf ihre zukünftige Stellung als Königin vorbereitet wurde, widerrufen. Außerdem hatte Anna, wenn auch unter Bruch der Bestimmungen des Friedensvertrags von 1488, Maximilian die Ehe versprochen und hatte 1490 zu diesem Zweck mit einem Bevollmächtigten des deutschen Königs an dessen Stelle das Verlöbnis gefeiert. Daß Karl sich durchsetzte, sollte zumindest für Ludwig noch nachteilige Folgen haben, da Margarete als Regentin der Niederlande eine nicht unbedeutende Gegnerin Ludwigs XII. werden sollte. Die Ehe zwischen Karl VIII. und Anna wurde im Dezember 1491 gefeiert. Ob Ludwig hinter der Klausel des Ehevertrags stand, wonach Anna nach dem Tod des Königs nur dessen Nachfolger oder den nächsten Thronerben heiraten durfte, sei dahingestellt. Daß Ludwig noch immer an eine Heirat mit Anna dachte und trotz seiner vielen Krankheiten den acht Jahre jüngeren König zu überleben hoffte, ist zwar möglich, aber eher unwahrscheinlich, auch wenn sich an seiner ablehnenden Haltung gegenüber seiner Frau Jeanne trotz ihres Eintretens für seine Befreiung nichts geändert hatte.

## Ludwig XII. (1498–1514)

In dieser Hinsicht war Ludwig sich gleichgeblieben. Im übrigen aber – und dies ist die zweite, wichtige Veränderung in seinem Leben infolge seiner langen Gefangenschaft – scheint Ludwig in seinem ganzen Wesen durch diese drei Jahre nachhaltig geprägt worden zu sein. Nicht nur lenkte ihn die erzwungene Muße auf die Bahn seines gebildeten Vaters Karl, der selbst gedichtet, Prosatexte verfaßt und Übersetzungen gemacht hatte, und ließ ihn zur Lektüre von Froissarts Chroniken, zu den «Tröstungen durch die Philosophie» von Boetius sowie den Heiligenleben des Jacobus de Voragine, der «Legenda aurea», greifen, sein ganzes Wesen schien verändert, die frühere Sorglosigkeit und Leichtfertigkeit abgelegt. Selbst wenn Turniere, Festivitäten, Verschwendung und Ausschweifungen und infolgedessen Finanzprobleme auch jetzt in seinem Leben nicht fehlten, so traten sie doch in den Hintergrund und hinderten ihn z. B. nicht daran, sich ernsthaft und effizient um die Verwaltung der ihm übertragenen Normandie zu kümmern. So war es auch seinen umsichtigen Vorsichtsmaßnahmen zu danken, daß die Engländer von einer wohl in der Normandie geplanten Landung Abstand nahmen und statt dessen nach Calais übersetzten.

Als die Königin Anna am 11. 10. 1492 einen gesunden Sohn zur Welt brachte, der auf den Namen Charles-Orland getauft wurde, schienen Ludwigs Hoffnungen auf den Thron, so er denn bis dahin solche noch gehegt hatte, in weite Ferne gerückt zu sein. Der geplante Italienzug Karls, mit dem der König die auf die Königsfamilie vom Haus Anjou übergegangenen Ansprüche auf das Königreich Neapel durchsetzen wollte, war für Ludwig die Gelegenheit, so hoffte er wenigstens, seinerseits die Ansprüche seines Hauses auf das Herzogtum Mailand, das sich in der Hand von Ludovico Sforza, genannt «il Moro», befand, einzulösen. Durch ein klug eingefädeltes Bündnis Ludovicos mit Karl VIII., den er bei seinem Zug nach Neapel zu unterstützen sich verpflichtete, wurden solche Pläne jedoch vereitelt. Eine derartige Mehrung seiner Macht, wie sie der Zugewinn des Herzogtums Mailand für Ludwig bedeutet hätte, konnte dem König und seinen Beratern nicht wünschenswert erscheinen. Die Krankheit, die Ludwig während des Italienzugs an der weiteren Begleitung seines Königs nach Süditalien hinderte und es ihm erlaubte, in seinem Lehnsbesitz Asti zu bleiben, dürfte für Ludwig nicht ungelegen gekommen sein. Denn Karl hatte ihm statt des erhofften Oberbefehls über das Heer nur den Oberbefehl über die Flotte übertragen, eine für ihn ungewohnte und sicherlich nicht als Gunstbeweis zu verstehende Aufgabe. Durch erfolgreiche Gegenwehr gegen Ludovico Sforza ermutigt, der unter Vertragsbruch Asti, das einen wichtigen Brückenkopf auf dem Weg von Frankreich nach Italien bildete, vergeblich gegen den sich geschickt verteidigenden Ludwig zu erobern suchte, gelang es Ludwig, im Handstreich seinerseits beinahe kampflos Novara einzunehmen, wo er von der Bevölkerung freudig begrüßt wurde. Die

Chance, nun den von seinen Untertanen nicht geliebten Usurpator Ludovico zu stürzen, ließ er jedoch ungenutzt verstreichen, so daß es diesem gelang, Truppen zusammenzustellen und ihn in Novara einzuschließen.

Obwohl Karl VIII. in Neapel erfolgreich gewesen und bei seiner Rückkehr als Sieger aus der Schlacht bei Fornovo gegen die Truppen der lombardischen Liga am 6. 7. 1495 hervorgegangen war, ließ er mehr als einen Monat verstreichen, ehe der dem belagerten und noch an einem ersten Ausbruch von Syphilis leidenden Ludwig in seiner mißlichen und zunehmend gefährlicher werdenden Lage zu Hilfe kam. In der Stadt machten sich die Folgen der Belagerung immer spürbarer, Krankheiten breiteten sich aus und Stadtbevölkerung und Truppen litten unter einer gravierenden Hungersnot, da die Lebensmittelvorräte schnell aufgebraucht waren und außerdem nicht ausreichend Trinkwasser zur Verfügung stand. Obwohl Karl schon am 27. 7. im nahen Asti eingetroffen war, begann er erst am 8. 9., seine Truppen gegen Ludovico in Bewegung zu setzen, ohne allerdings dabei eine große Eile an den Tag zu legen. Erst am 22. 9. konnte Ludwig die Stadt verlassen, nachdem sich Karl und Ludovico kampflos auf den Abbruch der Belagerung und freien Truppenabzug geeinigt hatten, wofür der Herzog von Mailand im Gegenzug Novara wieder besetzen durfte. Dieses Verhalten Karls, das einem Verrat an Ludwig gleichkam, war dazu angetan, erneut die beiden Männer zu entzweien, obwohl sich Ludwig auch in der Folgezeit keine Verfehlungen gegen den König zuschulden kommen ließ. Zusätzlich trug auch der plötzliche Tod von Karls einzigem Sohn, der nach kurzer Krankheit im Dezember 1495 starb, zur Entfremdung bei. Nachdem die Königin Anna in den folgenden Jahren 1496 und 1497 noch zwei Söhne geboren hatte, die aber beide bald nach der Geburt starben, und Anfang 1498 noch mit einer totgeborenen Tochter niederkam, rückte die Thronfolge Ludwigs in immer greifbarere Nähe, zumal auch der Gesundheitszustand des Königs sich deutlich verschlechterte. Nur durch taktisches Verhalten, wobei er alles unterließ, was das Königspaar und seine Gegner bei Hofe gegen ihn hätte aufbringen können, vermied Ludwig den erneuten Ausbruch offener Feindseligkeiten und jeglichen Anlaß, der Sanktionen gegen ihn gerechtfertigt hätte.

Mit dem Tode Karls VIII., der am 7. April 1498 starb, war der Weg zum Thron für Ludwig frei und damit auch zur Verwirklichung seiner weiteren Ziele, die er seit mehr als zwei Jahrzehnten vor Augen hatte: die Trennung von seiner mißgestalteten und ungeliebten Frau Jeanne sowie die Rückeroberung des Herzogtums Mailand, als dessen rechtmäßigen Herrscher er sich betrachtete. Schließlich waren auf ihn nun auch die ehemaligen Rechtstitel des Hauses Anjou übergegangen, d. h. das Königreich Neapel.

## Der König

Die Nachricht vom Tod des Königs in Amboise erreichte Ludwig im nahen Blois. Sein Anspruch auf den Thron stand zweifelsfrei fest. Keiner machte ernsthafte Anstrengungen, ihn zu bestreiten. Im Gegenteil: viele, die vorher gegen ihn gearbeitet hatten, beeilten sich, ihm ihre Ergebenheit zu versichern. Andere, die mit Recht erwarten konnten, im politischen Abseits zu verschwinden oder noch Schlimmeres zu befürchten hatten, gewann er durch großzügige Gesten und machte sie so zu verläßlichen Stützen seiner Herrschaft – so etwa Louis de La Trémoille, seinen Bezwinger in Saint-Aubin-du-Cormier, was seine dreijährige Kerkerhaft zur Folge gehabt hatte, oder Anne und Pierre de Beaujeu, denen der Verlust ihres Lehnsfürstentums, des Bourbonnais, drohte, da ein männlicher Erbe fehlte. Ihnen gestattete er, ihre Tochter als Erbin einsetzen zu dürfen. Auch der königliche Rat erfuhr keine einschneidenden Veränderungen, selbst wenn sein Schwager, Jean de Foix, der Mann seiner Schwester Maria, in der Rangfolge an die Spitze rückte. Diese Politik, über die Ludwig gesagt haben soll, «der König von Frankreich hat das dem Herzog von Orléans angetane Unrecht vergessen», gestaltete den Thronwechsel von der Hauptlinie der Valois auf die Nebenlinie Orléans reibungslos.

Schon in den letzen Jahren König Karls VIII., nach dem Tode des Thronfolgers Charles-Orland, als die Wahrscheinlichkeit größer wurde, daß die Thronfolge ihm zufallen würde, hatte Ludwig begonnen, sich intensiver auf die Aufgaben vorzubereiten, die auf ihn als König warten würden, und sich Kenntnisse über das geltende Recht sowie über die Geschichte und Bewohner des Königreiches anzueignen. Sein wichtigster Berater war dabei Georges d'Amboise (1460–1510), dem seine Nähe zu Ludwig schon 1487 Verfolgung und Kerkerhaft eingetragen hatte. Wieder in Gnaden bei Hofe aufgenommen, war er einer der eifrigsten Fürsprecher des in Bourges gefangenen Ludwig. Mit Erfolg konnte er schließlich auch Karl dazu bewegen, Ludwig im belagerten Novara zu helfen. Nachdem er mit Unterstützung Ludwigs eine der reichsten Pfründen Frankreichs, das Erzbistum Rouen, 1493 erhalten hatte, bot die Normandie, wo Ludwig Gouverneur war, ein erstes gemeinsames Betätigungsfeld für den Herzog und seinen einflußreichsten Berater, dem Ludwig 1494 auch das Amt seines Stellvertreters (‹lieutenant›) in der Normandie übertrug. Angesichts des engen Verhältnisses beider ist kaum entscheidbar, wann und in welchem Ausmaß in den folgenden Jahren Georges d'Amboise den König beeinflußte und lenkte, und wann er sich vornehmlich um die Umsetzungen der Wünsche und Beschlüsse seines Königs bemühte.

Die finanzielle Situation der Krone, die Ludwig vorfand, war schlecht. Das italienische Abenteuer Karls VIII. hatte die Kassen geleert. Gleichwohl verzichtete Ludwig darauf, was in dieser Situation wohl durchsetzbar gewesen wäre, das Land mit neuen Steuern zu belasten, sondern gewährte sogar noch eine Reduzierung von 200 000 Pfund. Es war sicher nicht nur der Ausdruck eines geschickten politischen Kalküls, sondern auch eines ehrlichen Gefühls, wenn die von ihm angeordneten Feierlichkeiten zum Begräbnis Karls VIII. äußerst aufwendig und prunkvoll gestaltet und geradezu als Modell für die letzte Ehrerweisung gegenüber dem Vorgänger gerühmt wurden. Vollends zu seinen Gunsten mußte für ihn einnehmen, daß er mit den Kosten nicht, was rechtens gewesen wäre, die ohnehin leeren Staatskassen belastete, sondern selbst aus eigenen Mitteln dafür aufkam. Auch für die Salbung in Reims mit dem heiligen Öl am 27. 5. 1498, die Krönungsfeierlichkeiten und schließlich den Einzug in Paris am 2. 7. ließ er im Bruch mit der Tradition keine zusätzlichen Steuern erheben. Seinem Vorgänger zum Beispiel hatten die Generalstände von 1484 noch 300 000 Pfund zu diesem Zweck als «don de joyeux avènement» bewilligt. Unter den Teilnehmern an diesen Feierlichkeiten fehlte nur eine Person, die Frau des Königs, Jeanne de France. Ihr Fehlen machte deutlich, was kommen würde. Ohne Zeit zu verlieren ging Ludwig nun daran, sein nächstes Ziel zu erreichen, die Trennung von seiner Frau. Sie schien in doppelter Hinsicht auch staatspolitisch erforderlich zu sein. Zum einen war es im Interesse einer reibungslosen Thronfolge sicherlich von Vorteil, wenn die Krone vom Vater auf den Sohn übergehen konnte, weshalb Ludwig an einer Ehe, aus der Kinder hervorgehen konnten, interessiert sein mußte – ganz abgesehen von seiner unüberwindlichen Abneigung gegen seine Frau. Zum anderen aber galt es, durch eine Verheiratung des Königs mit der Königinwitwe Anna, zu der Anna vertraglich auch verpflichtet war, den drohenden Verlust des Herzogtums Bretagne abzuwehren. Denn schon war Anna in die Bretagne zurückgekehrt und hatte begonnen, dort wieder ihre Stellung als Souverän einzunehmen.

Sollte zumindest dem Anschein nach den geltenden Gesetzen Genüge getan werden, war der einzig gangbare Weg nur die Annullierung der Ehe durch den Papst. Gegen diese unheilige Allianz des Königs mit dem skrupellosen Papst aus dem Hause Borgia, Alexander VI. (1492–1503), der hier die Chance sah, sich eine Entscheidung zugunsten des Königs reichlich entgelten zu lassen, blieb der unglücklichen Jeanne kaum eine realistische Chance auf den Erhalt ihrer Ehe. Gleichwohl widerstand sie ersten Angeboten des Königs zu einer einvernehmlichen Trennung und setzte sich auch im Prozeß unerwartet heftig zur Wehr. Alle vom Papst angeführten möglichen Ehehindernisse erklärte sie als in ihrem Fall unzutreffend und bestätigte unter Eid, daß die Ehe vollzogen worden war. Der Ausgang des am 10. 8. 1498 eröffneten Prozesses war absehbar. Die Zusammensetzung des Gerichts mit den drei vom Papst ausgewählten Richtern, dem Vorsitzenden, dem Kardinal und Bischof von Le Mans, Philippe de Luxembourg, schon auf den Generalständen in Tours einer der hochrangigen Interessenvertreter Ludwigs von Orléans, dann dem Bruder von Ludwigs engstem Berater, Georges d'Amboise, dem Bischof von Albi, Louis d'Amboise, sowie einem weiteren, dem Papst ergebenen Bischof ließen an dem Ausgang des Prozesses keinen Zweifel. Nachdem der König schließlich unter Eid die Aussagen seiner Frau zum Vollzug ihrer Ehe geleugnet hatte, wurde am 17.12.1498 vom Gericht die Annullierung der Ehe verkündet. Um Jeanne gleichwohl ein standesgemäßes Leben und Einkommen zu sichern, verlieh ihr Ludwig das Herzogtum Berry zum Lehen. In Bourges, wo sie in der Folgezeit lebte, gründete sie den Orden der Annuntiatinnen (1501), in den sie dann auch eintrat und wo sie kurz vor ihrem Tode das Ordensgelübde ablegte.

Gegenleistungen Ludwigs an den Papst waren die Übergabe der Grafschaft Valentinois und Diois (August 1498) – die einige Monate später zum Herzogtum erhoben wurde (April 1499) – an den Sohn des Papstes, Cesare Borgia, dessen Verheiratung mit Charlotte d'Albret und schließlich seine Ernennung zum Ritter des Michaelsordens sowie als höchste Auszeichnung die Adoption durch den König mit dem Recht, als Mitglied der königlichen Familie den Namen «de France» tragen zu dürfen und die drei goldenen königlichen Lilien im Wappen zu führen. Georges d'Amboise, der maßgeblichen Anteil am Prozeß und an den Verhandlungen mit dem Papst hatte, wurde zum Kardinal ernannt. 1501 wurde er päpstlicher Legat in Frankreich, was ihn zur höchsten kirchlichen Autorität im Lande machte. Nachdem schließlich der Papst auch den nötigen Ehedispens für die Heirat von Ludwig und Anna, die wegen ihrer engen Verwandtschaft nach dem kanonischen Recht verboten war – im Falle der Annullierung der Ehe mit Jeanne war die enge Verwandtschaft als eines der Ehehindernisse angeführt worden! –, schon vor der Annullierung der ersten Ehe ausgestellt hatte und das Einverständnis der bretonischen Herzogin zu einer Ehe mit dem neuen König grundsätzlich vorlag, d. h. nach einer Annullierung der Ehe des Königs, stand dieser Ehe nichts mehr im Wege. Schon am 8.1.1499 wurde die Hochzeit gefeiert. In einem ausführlichen Ehevertrag war festgelegt worden, daß Anna weiterhin allein die Herrschaft der Bretagne, verbunden mit allen Einkünften, innehaben würde und nach ihrem Tod durch eine detaillierte Erbschaftsregelung die Unabhängigkeit der Bretagne vom Königreich gewahrt bliebe. Die Zustimmung der bretonischen Stände gewann der König durch die Zusicherung, ihre angestammten Rechte nicht anzutasten. Ganz wie bei der Beerdigung Karls VIII. und wie bei seiner Krönung verstand Ludwig es auch dieses Mal, aus diesem Ereignis Kapital zu schlagen. Nicht nur verzichtete er auf die ihm zustehende Bezahlung der Hochzeitsfeierlichkeiten aus Steuermitteln, sondern er verfügte aus diesem Anlaß noch eine einmalige Reduzierung der Steuerbelastung um zehn Prozent und ließ die schon voreilig von übereifrigen Amtsträgern eingezogenen Summen wieder zurückzahlen. Zudem wartete er bis zum Jahre 1504, ehe er mit Rücksicht auf den öffentlichen Skandal, den trotz aller gerichtlichen Absicherungen die Annullierung seiner ersten Ehe hervorgerufen hatte, Anna zur Königin krönen ließ.

Zwar gebar Anna in dieser Ehe noch einmal vier Kinder, doch überlebten nur die beiden Töchter Claude (geb. 15. 10. 1499) und Renée (geb. 25. 10. 1510), während von den beiden 1503 und 1512 geborenen Söhnen der eine nur wenige Stunden seine Geburt überlebte und der andere tot geboren wurde. Mit dieser Ehe ging auch eine Veränderung im Lebenswandel des Königs einher, der nun seinen zahlreichen Liebschaften zu entsagen schien. Ob dies mehr aus Liebe zu seiner Frau geschah oder ob auch die körperliche Verfassung des Königs, der, von vielen Krankheiten gezeichnet, in der zeitgenössischen Chronistik als «altersschwach» beschrieben wird, dafür verantwortlich war, sei dahingestellt. Insgesamt scheint die Ehe, folgt man der Überlieferung, relativ harmonisch gewesen zu sein, wenn auch Zerwürfnisse nicht ausblieben. Anlaß boten vor allem zwei Vorhaben Ludwigs: Erstens die Ehe ihrer gemeinsamen Tochter Claude mit Ludwigs Neffen (zweiten Grades) und Mündel, Franz von Angoulême, der, sollte Ludwig XII. ohne männlichen Erben sterben, der erste Anwärter auf den Thron war. Zweitens die Wiederaufnahme der Italienpolitik, die schon bei Karl VIII. auf den Widerstand Annas gestoßen war.

Ludwigs erstes Regierungsjahr, bevor am 18. 7. 1499 französische Truppen ins Herzogtum Mailand einmarschierten, stand neben der Regelung seiner Eheangelegenheiten auch im Zeichen grundlegender innenpolitischer Maßnahmen, die vom König wohl aus dem richtigen Bemühen heraus eingeleitet wurden, daß ein stabiles, wirtschaftlich florierendes Frankreich, in dem Recht und Ordnung herrschten, die notwendige und verläßliche Basis für seine außenpolitischen Ambitionen darstellte. So fallen in diese Zeit – wie auch in die folgenden Jahre – eine Reihe von Maßnahmen, die, wenn auch kaum ein strukturiertes Gesamtkonzept, so doch den Willen zu grundlegenden Verbesserungen und Reformen im Bereich von Recht und Verwaltung sowie von Finanzen und Wirtschaft erkennen lassen. Ohne im allgemeinen grundlegende neue Ideen zu entwickeln, wurden hierbei zum Teil schon unter Karl VIII. begonnene Ansätze weitergeführt, erweitert oder intensiver vorangetrieben. Im Juli 1498 wurde der schon von Karl VIII. konzipierte «Grand Conseil» als oberster Gerichtshof mit zwanzig Mitgliedern, zehn Geistlichen und zehn Laien, mit außerordentlichen Kompetenzen eingerichtet. Alle auf Befehl des Königs den zuständigen Gerichten entzogene Fälle wurden ihm zugewiesen. Ein solcher Fall war z. B. die Verfolgung sogenannter Waldenser im Dauphiné durch den Erzbischof von Embrun, die schon bald nach seiner Einrichtung dem «Grand Conseil» vorgelegt wurde, und nach langer Untersuchung mit einem Freispruch der beschuldigten «Waldenser» endete. Die Zahl der Parlamente, der regionalen obersten Gerichtshöfe, wurde um den Echiquier der Normandie in Rouen (1499) und das Parlament der Provence in Aix (1501) auf sieben erweitert. Die große, im Anschluß an die Beratung in einer Notabelnversammlung erlassene Ordonnanz mit 162 Artikeln zu «justice et police» des Königreichs vom März 1499 griff viele der Reformanliegen wieder auf, die fünfzehn Jahre zuvor als Forderungen der Generalstände an den König formuliert worden waren, ohne jedoch trotz Zustimmung Karls und seines Rats in den meisten Fällen tatsächlich umgesetzt worden zu sein. Weniger und besser qualifizierte Amtsträger, wobei zum ersten Mal bestimmte Universitätsgrade als Mindestqualifikationen für Richter und andere hohe Ämter festgelegt wurden, sollten die Effizienz von Justiz und Verwaltung stärken, die Kosten des teuren Apparates senken und damit zur steuerlichen Entlastung führen und schließlich auch eine schnellere Rechtsprechung ermöglichen. Auch wichtige Detailfragen wurden hier geregelt, wie etwa die Befragung von Angeklagten unter Folter, was in der Vergangenheit Anlaß zu Willkür und Mißbrauch gewesen war. Eines der strukturellen Hemmnisse bei der Rekrutierung geeigneter Amtsträger war die Ämterkäuflichkeit. Ihr Verbot wurde erneuert. Wieweit der König sich mit diesen Vorschriften durchzusetzen vermochte – die Ordonnanz wurde erst 1512 vom Pariser Parlament akzeptiert und registriert –, ist fraglich. Einiges wurde in späteren Ordonnanzen wieder aufgegriffen. Vor allem aber in Fragen der Käuflichkeit und des Amtserwerbs durchbrach der König selbst die von ihm gesetzten Vorschriften, indem er z. B. fortfuhr, hohe Amtsträger zu ernennen, anstatt sie, wie vorgeschrieben, wählen zu lassen. So blieb die Erlangung von Ämtern über Geld, Beziehungen und Verwandtschaft ein gängiger Weg, der nicht unbedingt jeweils die Geeignetsten in die richtigen Positionen brachte.

Noch ins Jahr 1498 fallen die wohl besonders von Georges d'Amboise angestrengten Bemühungen zu Reformen im Mönchtum und in der Universität. Falsche Studenten, die ohne zu studieren aus ihrem privilegierten geistlichen Stand Nutzen zogen, sollten ebenso ihren Sonderstatus verlieren wie Studierende, die über die für einzelne Studien festgelegten Zeiten studierten und sich folglich nicht länger den für sie zuständigen ordentlichen Gerichten entziehen können sollten. Die für das Generalkapitel der Prämonstratenser ausgestellte Ordonnanz – in den folgenden Jahren wurden noch andere Orden mit Reformen konfrontiert – verpflichtete den Orden zur Einhaltung seiner Regeln, nachdem üppiges Leben, Umgang mit Frauen und andere Mißstände offensichtlich weite Verbreitung gefunden hatten. In beiden Fällen bedurfte es der ganzen Autorität des Königs, den massiven Widerstand von seiten der betroffenen Institutionen und ihrer Mitglieder zu brechen.

Eine dichte Serie von königlichen Ordonnanzen dieser ersten Regierungsjahre betraf Fragen der Wirtschaft und der Finanzen. Ordonnanzen zum Geldumlauf, zur Münzprägung, zur Besteuerung, zu Zöllen, zum Handel und anderem zeugen von dem Bemühen, durch Vereinheitlichung, klarere Vorschriften und Straffung der Verfahrensabläufe den Reichtum des Landes und seiner Bewohner zu mehren. So führte, wie Claude de Seyssel in seinem «Lob auf König Ludwig XII.» (1508) ausführte, die Zunahme der Bevölkerung nicht zur Verarmung, sondern zu einem Wachstum an Gütern, Einkünften und Reichtum.

Zu den obrigkeitlichen Bemühungen um Systematisierung, Rationalisierung und Vereinheitlichung, die schon vielfach unter Ludwig XI. eingesetzt hatten, ohne jedoch zum Erfolg zu kommen, gehörte auch die Kodifizierung des außerhalb des Geltungsbereichs des – im Süden Frankreichs geltenden – römischen Rechts angewandten Gewohnheitsrechts. Auch hier scheint der Kardinal von Amboise die treibende Kraft gewesen zu sein. Jedenfalls war er bei der Verabschiedung der Coutumes von Tours durch die drei Stände, die 1505 erfolgte, als Zeuge beteiligt. Wenn es auch nicht gelang, während der Regierungszeit Ludwigs dieses große Unternehmen, das allein schon durch sein Verfahren kompliziert war, da die Vertreter der drei Stände sich auf einen Text einigen mußten, zum Abschluß zu bringen, so wurden doch wesentliche Fortschritte erzielt. Das Corpus von neun Kodifizierungen seit der Ordonnanz Karls VIII. vom Januar 1494 bis zu Karls Tod wurde bis zum Ende der Herrschaft Ludwigs um fünfundzwanzig erweitert.

Als Ergebnis dieser Politik erlebte Frankreich eine Periode innerer Ruhe und wirtschaftlicher Konsolidierung. In vielen Bereichen läßt sich sogar auch ein ökonomischer Aufschwung feststellen. Dabei ist nicht auszumachen, inwieweit Frankreich ganz allgemein von der günstigen Gesamtentwicklung Europas an der Wende zum 16. Jahrhundert profitierte und inwieweit die geschilderten und andere Maßnahmen der Regierung Ludwigs diesen Aufschwung bedingten. Festzuhalten ist, daß es während der gesamten Regierungszeit gelang, die jährliche Steuerlast etwa auf einer Höhe von 1 500 000 Pfund festzuschreiben, was im Vergleich mit Ludwigs beiden Vorgängern, unter denen die Steuerlasten ständig angestiegen waren, eine von der Bevölkerung nicht zu Unrecht geschätzte Leistung war. Die Verbesserung des Straßennetzes kam dem Handel zugute, der Warenaustausch weitete sich aus. Der Produktanbau in der Landwirtschaft diversifizierte sich, das Gewerbe florierte.

Der Regierungsstil Ludwigs unterschied sich allerdings nicht von dem seiner Vorgänger. Er, der 1483 beim Regierungsantritt Karls die Einberufung der Generalstände gefordert hatte, der in seiner großen Ordonnanz von 1499 sich ausdrücklich auf die Generalstände berief, vermied es, während seiner Herrschaft zu diesem Instrument der Befragung und

Mitsprache seines Volkes zu greifen. Anstelle der Generalstände begnügte er sich mit Notabelnversammlungen oder ständischen Versammlungen mit begrenztem Teilnehmerkreis. Zusammen mit wenigen engen Beratern leitete er die Regierungsgeschäfte. Neben Georges d'Amboise waren dies vor allem der Marschall von Gié, Pierre de Rohan, der vor allem die Reform des Militärwesens betrieb, eine wichtige Voraussetzung für Ludwigs Erfolge in Italien, bis er 1504 in Ungnade fiel. Vor allem sein Eintreten für Franz von Angoulême, den noch unmündigen möglichen Thronfolger, solange der König keinen Sohn hatte, dessen Obhut ihm vom König anvertraut worden war, zog dem Marschall die Feindschaft der Königin zu. Hinzu kamen Rivalitäten mit Georges d'Amboise, dessen Einfluß auf den König ebenfalls durch den vor allem innenpolitisch sehr tätigen Marschall geschmälert wurde. Unter den mit Abstand am häufigsten nachgewiesenen Teilnehmern an den Sitzungen des königlichen Rats figurierten diese beiden Männer zusammen mit dem Bruder von Georges d'Amboise, dem Bischof von Albi, Louis d'Amboise (gest. 1503), sogar noch vor dem Kanzler, Guy de Rochefort, den Ludwig aus den Diensten seines Vorgängers übernommen hatte. Besonders nach dem Tode von Georges d'Amboise (1510) schlug die Stunde des Mannes, der schon vom Sturz des Marschalls profitiert hatte, als dieser nach dem Ende seines Prozesses (1506), in dem er von den wesentlichen Punkten der Anklage freigesprochen worden war, für immer den Hof verließ: Florimond Robertet, Notar der Königin Anna, Karls VIII. und schließlich Ludwigs XII., bevor er nach dessen Tod in den Dienst von Franz I. wechselte.

Wesentlich ereignisreicher, wenn auch nicht gerade ergebnisreicher – nimmt man die gesamte Regierungszeit Ludwigs in den Blick – war die Außenpolitik. Hier lag das eigentliche Interesse Ludwigs. Sie hat auch in der Geschichte das Bild dieses Königs geprägt. Trotz dieser Interessen konnte jedoch vermieden werden, daß das Königreich selbst unmittelbar in den Sog der kriegerischen Ereignisse geriet. Das Land selbst blieb vom Krieg verschont, auch wenn der Blutzoll der französischen Truppen in Italien hoch war und die Liste der Adelsfamilien, aus denen einzelne oder mehrere Mitglieder auf den italienischen Schlachtfeldern den Tod fanden, lang ist. Das Königreich blieb auch weitgehend von den Kosten dieser Kriege entlastet, da die Mittel des reichen Herzogtums Mailand ausreichten, die teure Kriegführung und Truppenbeschaffung zu bezahlen.

Nachdem Ludwig seine innenpolitischen Ziele erreicht hatte und die ihm am wichtigsten erscheinenden Maßnahmen zur Neuordnung des Königreichs eingeleitet waren, konnte er, dieses Mal mit der ganzen Machtfülle des französischen Königtums ausgestattet, endlich das Vorhaben in Angriff nehmen, das dem Herzog von Orléans wieder seinen rechtmäßig ererbten Besitz zuführen würde, die Wiedereroberung Mailands und die Vertreibung von Ludovico Sforza. Als am 18.7. 1499 französische Truppen ins Herzogtum Mailand einmarschierten, hatte Ludwig in den vorausgegangenen fünfzehn Monaten seit seinem Regierungsantritt die notwendigen diplomatischen Schritte unternommen, um diesem Kriegszug zum Erfolg zu verhelfen. Veränderungen in der politischen Landschaft Italiens konnten kaum einer europäischen Macht gleichgültig sein, zumal wenn das französische Königtum durch Gebietszuwachs in Italien eine Ausdehnung seiner Macht erfahren sollte. Unmittelbar betroffen waren in Italien selbst das Papsttum mit seinen Ansprüchen, auch als Territorialmacht aufzutreten, und Venedig, das sein eigenes Herrschaftsgebiet sowohl auf Kosten Mailands als auch des Papstes zu erweitern trachtete. Venedig bot sich mithin als Bündnispartner für Frankreich an. Die Schweiz als «Anrainerstaat» war in doppelter Hinsicht involviert. Zum einen kämpften Schweizer Söldner trotz der vielen Anwerbeverbote in fast allen europäischen Heeren, z. B. bei den Franzosen, bei Ludovico Sforza, in den Truppen des Papstes oder Maximilians, und zum anderen bestanden Gebietsansprüche bzw. Annexionswünsche auf das Tessin mit Locarno und Bellinzona. Der Kaiser als oberster Lehnsherr Mailands war in der Person Maximilians auch persönlich vom Angriff Ludwigs auf Ludovico Sforza betroffen. Er hatte 1494 Bianca Maria Sforza, die Nichte Ludovicos, geheiratet. Völlig unerwartet und für Ludovico sehr gelegen – ganz offen wurde vermutet, daß er für diesen Tod verantwortlich war – starb wenige Monate nach Maximilians Hochzeit Biancas Bruder Giovanni-Galeazzo, als dessen Vormund Ludovico fungiert hatte, der eigentlich der rechtmäßige Sforza-Erbe des Mailänder Herzogtums war – wenn man den Sforza überhaupt Erbansprüche zugestehen wollte, was Ludwig XII. natürlich nicht tat. Mit der Belehnung durch den Kaiser, die sich unmittelbar anschloß, war Ludovico nun auch rechtlich unangreifbar zum Herzog von Mailand geworden – de facto war er es schon während seiner Vormundschaft gewesen. Die fünfte, von jedem Italienkonflikt tangierte Macht schließlich waren die spanischen Königreiche Kastilien, Katalonien und Aragón, die seit der Heirat Isabellas von Kastilien mit Ferdinand von Aragón 1469 in Personalunion vereint waren. Mit Maximilian hatten sie über die Doppelhochzeit ihrer Kinder 1496 ein Bündnis geschlossen. Der spanische Erbprinz Johann wurde mit Margarete von Österreich, der ehemaligen Braut Karls VIII., und die Tochter Johanna, die später gemütskrank wurde und den Beinamen «die Wahnsinnige» erhielt, mit Philipp dem Schönen verheiratet. Margarete und Philipp stammten aus der ersten Ehe Maximilians mit der früh verstorbenen Maria von Burgund (1457–1482), der einzigen Tochter und Erbin des Burgunderherzogs Karls des Kühnen (gest. 1477). Ihnen fiel das burgundische Erbe ihrer Mutter zu. Diese Doppelheirat zielte jedoch keineswegs auf eine

## Ludwig XII. (1498-1514) 41

dynastische Verschmelzung der Habsburger mit den «katholischen Königen», wie Ferdinand und Isabella vom Papst nach dem erfolgreichen Abschluß der Reconquista, der Eroberung Granadas, der letzten islamischen Herrschaft in Spanien, genannt wurden, und auch nicht auf eine Vereinigung der spanischen Königreiche mit dem Reich. Wohl niemand hätte vorhergesagt, daß Karl, dem Sohn Philipps und Johannas, dem späteren Karl V., beide Reiche zufallen sollten: Der spanische Thronfolger Johann starb fünf Monate nach seiner Hochzeit mit Margarete. Isabella und Ferdinand blieben ohne weitere Erben, so daß die Erbansprüche ihrer Tochter Johanna aufgrund ihrer Krankheit zuerst auf ihren Vater Ferdinand und dann, nach dessen Tod (1516) - Isabella war schon 1504 gestorben -, auf ihren Sohn Karl (geb. 1500) überging. Da Karls Vater, Philipp der Schöne, 1506 lange vor seinem Vater Maximilian starb, fiel Karl 1519 beim Tod seines Großvaters Maximilian auch das habsburgische Erbe zu. Die letzte Macht, die, wenn auch nicht direkt betroffen, da ohne italienische Interessen, so doch auf dem Hintergrund des Hundertjährigen Krieges als potentieller Feind Frankreichs und Verbündeter seiner Gegner anzusehen war, war England unter den Tudorkönigen Heinrich VII. (1485-1509) und Heinrich VIII. (1509-1547).

Unter den einzelnen Schritten, die Ludwigs Italienzug absichern sollten, ist vor allem die Erneuerung des Vertrages von Etaples (1492) mit Heinrich VII. (1498) zu nennen, der Frankreich den Rücken freimachen sollte. Wichtiger jedoch war es, wenn möglich, die Zustimmung des als Lehnsherrn Mailands unmittelbar betroffenen Königs Maximilian zu gewinnen. Nach einem fehlgeschlagenen Kriegszug Maximilians gegen das französische Burgund, auf das der deutsche König Anspruch erhob, schien seine Situation jedoch so geschwächt, daß von ihm kein militärisches Eingreifen zu befürchten war. Der Vorstoß gegen Burgund war gescheitert, nachdem die angemieteten Söldner das Heer verlassen hatten, so daß es gar nicht zu einer militärischen Konfrontation mit französischen Truppen kam. Außerdem hatte Ludwig sich noch mit einem klassischen Mittel der Diplomatie gegen den deutschen König abzusichern versucht, indem er ein Bündnis mit den Mächten im Rücken des Gegners abschloß. Wie im Falle Englands, dessen Neutralität sich Ludwig zusätzlich noch durch ein Bündnis mit König Jakob IV. von Schottland zu versichern suchte, schloß Ludwig im Juli 1498 ein Bündnis mit König Hans von Dänemark ab. Wichtiger war zweifellos aber die Einigung mit Maximilians Sohn Philipp, der zur gleichen Zeit Ludwig als seinem Lehnsherrn für Flandern, das Artois und das Charolais den Lehnseid leistete. Auch mit den spanischen Königen war es zu einer vertraglichen Einigung gekommen (Juli 1498), wobei man sich nicht nur gegenseitiger Freundschaft versicherte, sondern sogar auch bei Angriffen vertragliche Hilfe versprach. Während all diese Abmachungen und Verträge im Ernstfall zu wenig verpflichteten, war Ludwig darüber hinaus auf konkrete Hilfe angewiesen. In langwierigen Verhandlungen mit Venedig gelang es schließlich im Vertrag von Blois am 9. 2. 1499, sich mit der Republik auf ein gemeinsames militärisches Vorgehen gegen Mailand zu einigen.

Nachdem die Franzosen einige Wochen später die Schweiz hatten dazu überreden können, Schweizer Landsknechte für das französische Heer anwerben zu lassen, der Papst und vor allem sein Sohn, die ebenfalls auf Landgewinne in Italien aus waren, ohnehin zu den Verbündeten der Franzosen zählten, war Ludovico Sforza nicht nur politisch isoliert, sondern auch militärisch, da er ohnehin kein großer Heerführer war, gegen den gemeinsamen französisch-italienischen Angriff ohne Chance. Den Oberbefehl über die französischen Truppen erhielt Gian Giacomo Trivulzio, ein von Ludovico exilierter Mailänder, der schon 1495 erfolgreich Asti, wo sich auch Ludwig aufhielt, gegen Ludovico verteidigt hatte.

Ohne auf großen Widerstand zu treffen, wurde Mailand knapp zwei Monate nach dem Einmarsch ins Herzogtum eingenommen. Ludovico hatte sich nach Deutschland geflüchtet. Als es ihm zu Anfang des folgenden Jahres mit deutschen und schweizerischen Söldnern gelang, Mailand und Novara wieder einzunehmen, stellte Ludwig ihm Georges d'Amboise als Gesamtverantwortlichen für die italienische Kriegführung und La Trémoille als militärischen Oberbefehlshaber entgegen. Als sich in Novara die Heere gegenüberstanden, befanden sich auf beiden Seiten Schweizer Landsknechte. Gegeneinander wollten sie nicht kämpfen, so daß es La Trémoille schließlich gelang, den von seinen Truppen verlassenen Ludovico am 8. 4. 1500 gefangenzunehmen. Der Gefangene wurde nach Frankreich gebracht, wo er schließlich in Loches in strenger Kerkerhaft und völliger Vergessenheit wahrscheinlich 1508 starb. In Mailand ließ Ludwig schon nach der ersten Eroberung am 11. 11. 1499 eine große Ordonnanz verkünden, in der ein Militär- und ein Zivilgouverneur sowie ein Senat als oberstes Entscheidungsgremium eingesetzt wurden. Zwar wurden je dreizehn Italiener und Franzosen zu Mitgliedern ernannt, doch konnten sich im Konfliktfall jeweils die Franzosen durchsetzen. Gleichwohl verblieb dem Herzogtum auf diese Weise eine gewisse Autonomie. Dreizehn Jahre sollte es dauern, ehe Ludwig Mailand wieder verlieren sollte.

Um allerdings die tatsächliche Inbesitznahme des Herzogtums auch rechtlich zu untermauern, bedurfte es noch der Belehnung durch den deutschen Kaiser, denn Ludovico war, obgleich gefangengenommen, der vom Kaiser eingesetzte Herzog von Mailand.

Die Situation zwischen Frankreich und dem Reich war gespannt, zumal Ludwig auch noch im Juli 1500 einen Vertrag mit Ladislaus, dem König von Ungarn und Böhmen, und König Johann I. Albrecht von Polen schloß, der zwar in erster Linie den gemeinsamen Kampf gegen die Türken zum Ziel hatte und das Reich als Gegner ausdrücklich ausschloß, aber auch als Einkreisung des Reichs verstanden werden konnte. Im Gegensatz zu anderen, die wie Maximilian häufig vom Kreuzzug redeten, aber kaum etwas unternahmen, war es Ludwig mit dem Kampf gegen die Türken durchaus ernst, wie er es schon mit einem ersten, 1499 gescheiterten Feldzug bewiesen hatte. Das gemeinsame Kreuzzugsinteresse zwischen Ludwig und Maximilian schien eine Basis für ein gemeinsames Vorgehen zu bieten. Vielleicht hegte Ludwig bei den Vorbereitungen seines zweiten Türkenzuges, der ihm und Anna ein wirkliches Anliegen war, so daß sie auch bereit waren, ihm mit dem Großeinsatz von Schiffen und Truppen zum Erfolg zu verhelfen, den Wunsch, sich über einen Kreuzzug mit Maximilian zu verständigen. Die Situation schien günstig zu sein. Im August 1500 wurde ein sechsmonatiger Waffenstillstand zwischen Ludwig und Maximilian vereinbart, der danach noch bis Ende 1502 verlängert wurde. Obwohl alle Herrscher des christlichen Europas sich verbal dem Kreuzzugsunternehmen angeschlossen hatten, blieb praktische Hilfe aus. Als 1501 die französische Flotte die türkische Festung auf Lesbos einzunehmen suchte, kämpften lediglich noch Genueser an ihrer Seite. Venedig hielt sich ebenso zurück wie die Johanniter, die Unterstützung zugesagt hatten. Damit war der Kreuzzug gescheitert. Die Flotte mußte sich zurückziehen und wurde auf der Rückfahrt durch Stürme fast völlig aufgerieben. Auch Philipp von Ravenstein, der Bruder von Ludwigs Mutter, dem der König den Oberbefehl über die Flotte übertragen hatte, entging nur mit knapper Not dem Tod.

Trotz all dieser diplomatischen und militärischen Aktivitäten verlor Ludwig jedoch nicht sein zweites italienisches Ziel aus den Augen, nämlich das Königreich Neapel, das schon König Karl VIII. erobert, aber wenig später wieder verloren hatte, zurückzugewinnen. Ob das Königreich Neapel Ludwig ebenso wichtig war wie seinerzeit Karl, den er ja nicht nach Neapel begleitet hatte, oder ob hier seine Berater stärker engagiert waren als der König selbst, sei dahingestellt. Zweifellos war ihm Mailand, das er als sein Hauserbe betrachtete, wichtiger als das Königserbe Neapel. Dies mag auch erklären, daß er sich mit dem Verlust Neapels schnell abfinden sollte. Da Ludwig wußte, daß eine Eroberung des Königreichs Neapel eine Verletzung spanischer Interessen bedeutete und wohl auch, weil er einen Verbündeten suchte, schloß er mit König Ferdinand von Aragón in Granada am 11. 11. 1500 einen Geheimvertrag, indem sie eine gemeinsame Eroberung verabredeten und die Teilung des eroberten Landes vereinbarten. An Frankreich sollte mit Neapel und Gaeta der Norden fallen, während der Süden mit Sizilien unter spanische Herrschaft gestellt werden sollte. Vor dem gemeinsamen Vorgehen der Spanier und Franzosen mußte König Friedrich von Neapel, der versuchte, die Städte gegen die Eindringlinge zu halten, schnell kapitulieren. Nach dem Fall Gaetas und Capuas ergab er sich dem französischen Heerführer in Neapel und zog es vor, nach Frankreich zu Ludwig zu gehen und nicht zu seinem engen Verwandten Ferdinand nach Spanien. Gegen eine hohe Pension von 50000 Pfund, die ihm Ludwig aussetzte, und die Übertragung der Grafschaft Maine stimmte Friedrich im Mai 1502 den Regelungen des Vertrags von Granada zu und verzichtete auf sein Königreich.

Damit stand Ludwig am Ziel seiner Wünsche. In nur vier Jahren hatte er seine zentralen außenpolitischen Ziele verwirklicht, sieht man einmal von der noch ausstehenden Investitur mit Mailand ab. Die Eroberungen schienen vertraglich gut abgesichert. Keine der europäischen Mächte drohte, mit kriegerischen Aktionen gegen Frankreich und seine Eroberungen vorzugehen.

Doch der Schein trog. Ob die Truppen der Eroberer im Königreich Neapel geplant oder eher zufällig aneinandergerieten, ist nicht entscheidbar. Jedenfalls entwickelte sich aus gelegentlichen Zusammenstößen schnell ein regelrechter Krieg. Im Februar 1503 sollte – in einem in die Geschichte eingegangenen Massenkampf zwischen elf spanischen und elf französischen Rittern, unter denen sich auch berühmte Namen wie La Palisse, d'Urfé und vor allem der Ritter Bayard befanden – vor Trani vor den Augen Tausender von Zuschauern eine Entscheidung gesucht werden. Ohne Sieger und Besiegte trennte man sich nach langem Kampf. In den über das ganze Jahr 1503 andauernden Kämpfen mußten die Franzosen trotz bravouröser Einzeltaten ihrer Anführer, die aber untereinander ihre Aktionen kaum koordinierten, gegen den spanischen Großkapitän Gonzalo de Cordoba nach Niederlagen in Cerignola und Garigliano sich nach Gaeta, ihren letzten an den Grenzen zum Kirchenstaat gelegenen Stützpunkt, zurückziehen. Auf die Dauer war aber auch Gaeta nicht zu halten. Die Franzosen mußten kapitulieren. In einem zunächst auf drei Jahre abgeschlossenen Waffenstillstandsvertrag akzeptierte Ludwig im März 1504 die Niederlage und den Verlust Neapels. Die Schuldigen am Desaster fielen in Ungnade und wurden nach Mailand verbannt, allerdings mit Ausnahme von Georges d'Amboise. Ihn hatte Ludwig mit der Führung eines starken Entsatzheeres beauftragt, das aber erst viel zu spät herangeführt wurde.

Inzwischen war auf dem politischen Parkett eine Wende eingetreten, die sich sehr zum Nachteil der bisherigen Vormachtstellung Frankreichs auswirken und alles bisher Erreichte in Frage stellen sollte. Papst Alexander VI. starb nach langer Krankheit am 18.8.1503. Damit verlor Ludwig einen wichtigen Bündispartner. Sein Tod machte außerdem deutlich, wie stark Einzelpersonen in führenden Positionen die Machtkonstellation und den Gang der Ereignisse bestimmten. Ein plötzlicher Tod konnte sehr schnell grundlegende Veränderungen in einem scheinbar stabil wirkenden System zur Folge haben.

Unter den Anwärtern auf die Nachfolge Alexanders gab es vor allem einen Mann, dessen Erfolg Ludwig sicher den entscheidenden Rückhalt bei der Sicherung seiner italienischen Herrschaftsgebiete gewährt hätte, Kardinal Georges d'Amboise, sein langjähriger Berater. Mit einem Heer im Rücken, dem französischen Entsatzheer für Neapel, einer Mehrheit von Kardinälen auf seiner Seite – so glaubte er wenigstens – schien sich Georges d'Amboise seiner Wahl sicher sein zu können. Im Konklave erwiesen sich jedoch die politischen Gegnerschaften als so dominant, daß es ihm nicht gelang, gegen die gegnerische Partei, die vor allem aus den deutschen, römischen und spanischen Kardinälen bestand, sich durchzusetzen. Besonders ein Mann, der als Freund Frankreichs galt, wo er lange gelebt hatte, dürfte mit ausschlaggebend für das Scheitern von Georges d'Amboise gewesen sein, Giuliano della Rovere, der spätere Julius II. Schließlich einigte man sich auf Pius III., der wegen seiner Krankheit sicher als Interimskandiat zu gelten hat. Ganz im Stil der Zeit gab Georges d'Amboise gegen die Zusicherung der Verlängerung seines Amtes als päpstlicher Legat und eines Kardinalshuts für einen Neffen seine Zustimmung. Sollte er gehofft haben, nach dem Tod von Pius III. erfolgreicher zu sein, so mußte er sich bald eines Besseren belehren lassen. Als Pius nach einigen Wochen starb, einigte sich das Konklave schon nach einem Tag auf Julius II. (1503–1513) als neuen Papst. Georges d'Amboise wurde mit der Ernennung zum päpstlichen Legat auf Lebenszeit abgefunden.

Damit war ein Mann gewählt worden, der in den zehn Jahren seines Pontifikats vor allem zwei Ziele verfolgte, Ausbau und Stärkung des Kirchenstaats, wozu Ludwig unwillentlich schon durch seine Zugeständnisse und militärische Unterstützung von Alexander VI. und Cesare Borgia beigetragen hatte, und die Vertreibung der «Barbaren» aus Italien, womit wohl in erster Linie die Franzosen und die Deutschen gemeint waren. Im Gegensatz zu Ludwig, dem zur Finanzierung seiner Feldzüge vor allem die Finanzkraft des reichen Herzogtums Mailand zugutekam, und der ohne ständische Mitsprache Truppen ins Feld führen konnte, war Maximilian in seinem Handeln stark eingeschränkt. Ohne Zustimmung der Reichsstände war er nicht in der Lage, militärisch mit Aussicht auf Erfolg gegen den französischen König in Oberitalien vorzugehen. Diese Einsicht mag ihn bewogen haben, dem Drängen seines Sohnes, Philipps des Schönen, nachzugeben und mit Ludwig eine dauerhafte vertragliche Einigung zu suchen. Die Basis dieses Vertrages, der am 22. 9. 1504 in Blois geschlossen wurde, sollte wie so oft eine Heiratsverbindung sein. Gegen die Zusicherung der Investitur mit dem Herzogtum Mailand durch Maximilian versprach Ludwig die Ehe seiner Tochter Claude mit Maximilians Enkel Karl. Die Anwartschaft auf das Herzogtum Mailand, Burgund und die Bretagne sowie weitere Gebiete wurde dem Paar in Aussicht gestellt. Diese Abmachung, die

Frankreich um fast all das gebracht hätten, was es seit Ludwig an territorialem Zugewinn erreicht hatte, ist vielfach in der Forschung als staatspolitisch desaströs beurteilt worden. Nicht zu Unrecht sah man dahinter Anna als treibende Kraft, die dem zu dieser Zeit schwerkranken König das Vertragszugeständnis abgerungen habe. Ihr war ohnehin nicht an einer Verbindung Frankreichs mit der Bretagne gelegen, und außerdem schien dieser Vertrag ein anderes Heiratsprojekt verhindern zu können, gegen das sie sich wohl aus persönlichen Animositäten heraus Zeit ihres Lebens wandte. Gemeint ist die Ehe zwischen Claude und dem Neffen des Königs und möglichem Thronfolger, Franz von Angoulême. Zwar hatte es schon in den Jahren vor dem Vertragsabschluß Verhandlungen über eine mögliche Verbindung von Karl und Claude gegeben, doch standen diese Verhandlungen einer geheimen Erklärung Ludwigs entgegen, daß Claude mit Franz zu verheiraten sei. Aber auch Maximilian hatte seine Vorbehalte gegen Ludwig keineswegs aufgegeben und zögerte immer wieder die zugesicherte Investitur hinaus, bis er sich schließlich Mitte April des folgenden Jahres dazu bereit fand.

Eine erneute Annäherung an Spanien bot sich nach dem Tode von Ferdinands Frau, Isabella von Kastilien, 1504 an. Im Ehevertrag zwischen Ferdinand und Germaine von Foix, der Nichte Ludwigs, übertrug der König von Frankreich seine Rechte am ohnehin verlorenen Königreich Neapel auf seine Nichte, wofür ihm der spanische König die gewaltige Summe von 900 000 Florin zahlte.

Um sich nach der Investitur mit Mailand der Verpflichtungen des Vertrages von Blois zu entledigen, bedurfte es einer etwas aufwendigeren Inszenierung. Von einer nach Tours im Mai 1506 einberufenen Ständeversammlung – keine Generalständeversammlung – ließ sich der König autorisieren, die Abmachungen zur Eheschließung von Karl und Claude für ungültig zu erklären und statt dessen Claude mit Franz von Angoulême zu verheiraten. Dem deutschen Vertragspartner wurde dieser Bruch der Abmachungen mit dem Hinweis erklärt, daß ein älterer Eid des Königs im Interesse der Staatsräson nicht durch später eingegangene vertragliche Verpflichtungen invalidiert werden könne.

Versuche der Schadensbegrenzung der französischen Diplomatie nach diesem Vertragsbruch waren insofern von Erfolg gekrönt, als es dem Kaiser nicht gelang, gegen Ludwig militärische Sanktionen einzuleiten, weder in Italien noch in Burgund. Doch bewirkten personelle Veränderungen im Kreis der Herrschaftsträger eine Verschiebung der Gewichte zu Lasten Ludwigs. An die Stelle des eher um Ausgleich bemühten Philipps des Schönen trat nach seinem plötzlichen Tod seine Schwester Margarete, die aufgrund ihrer Vergangenheit keine Freundin Frankreichs war. Als Regentin der Niederlande und als Vormund ihres Neffen Karl verstand sie es, eine vom Vater Maximilian unabhängige Politik zu betreiben, bei der die Interessen der Niederlande eindeutig

Priorität vor denen des Reichs genossen. Auch der englische Thronwechsel (1509) von Heinrich VII., zu dem gute Beziehungen bestanden, zu Heinrich VIII., der den Krieg gegen Frankreich wieder aufnahm, verstärkte den Kreis der Gegner Frankreichs.

Ein Aufstand der Genuesen gegen die französische Herrschaft im Februar 1507, bei dessen Niederschlagung König Ferdinand mit vier Galeeren Ludwig zu Hilfe kam, verstärkte die Differenzen mit Maximilian, da Genua zum Reichsgebiet zählte. Nachdem die Nachricht von der schnellen Niederschlagung des Aufstandes und dem feierlichen Zusammentreffen Ludwigs mit König Ferdinand und seiner französischen Frau in Savona sich verbreitet hatte, glaubte Maximilian vor dem Konstanzer Reichstag (April bis August 1507) vor der Gefahr, die dem Reich durch Ludwig XII. drohe, warnen zu können. Der französische König strebe nach der Kaiserkrone, verkündete er. Ob er selbst daran glaubte, darf bezweifelt werden. Jedenfalls erhielt er, wenn auch nicht in dem gewünschten Maße, Hilfe für einen Krönungszug. Da die Grenzsperren Venedigs und der Franzosen einen weiteren Vormarsch nicht gestatteten, ließ Maximilian sich Anfang Februar 1508 in Trient mit Zustimmung des Papstes zum «erwählten römischen Kaiser» ausrufen. Weiteres militärisches Vorgehen gegen Venedig scheiterte an dem Mangel an Truppen und Geld.

Die Jahre nach 1506/1507 waren gekennzeichnet durch einen ständigen Wechsel der Allianzen und Bündnisse der verschiedenen direkt oder indirekt in die Auseinandersetzungen um Italien verwickelten Parteien. Am Ende sollte Ludwig der große Verlierer sein. Das erste große Bündnis dieser Jahre, das eine Veränderung der bisherigen Fronten brachte, war der in Cambrai im Dezember 1508 zwischen Maximilian und Ludwig XII. geschlossene Vertrag. Diese sogenannte Liga von Cambrai, in der außer Ludwig und Maximilian noch der Papst und König Ferdinand sowie die Könige von England und Ungarn zusammengeschlossen waren, richtete sich gegen Venedig, den alten Verbündeten Frankreichs, dessen Machtzuwachs in Italien als bedrohlich angesehen wurde, und dem Ludwig mit einem gewissen Recht fehlende Bündnistreue vorwerfen konnte. Konkrete Kriegsziele wurden benannt: Ravenna für den Papst, Brescia für Ludwig XII., Verona für den Kaiser und Otranto für Ferdinand. Gleichwohl darf man annehmen, daß für Ludwig das Bündnis selbst, die Einigung mit dem Kaiser, vor dem Territorialgewinn von Bedeutung war. Wie so oft in der Vergangenheit hatte Frankreich die eigentlichen Kriegslasten zu tragen. Während Maximilian sich gar nicht am Kampf beteiligte, zog Ludwig XII. zum vierten und letzten Mal während seiner Königsherrschaft nach Italien, wobei er sich wegen seiner fortgeschrittenen Gicht sogar tragen lassen mußte. Im Unterschied zu früher kamen die Fußsoldaten im wesentlichen aus Frankreich, da die Schweizer eigene politische Ambitionen zu entwikkeln begannen und sich den französischen Versuchen zur Anwerbung von Söldnern widersetzten. Nach dem Sieg der Franzosen über das Heer der Venezianer bei Agnadello (Mai 1509) gelang es Venedig, seinen Hauptgegner Frankreich mehr und mehr zu isolieren, indem es seine übrigen Angreifer mit Territorialabtretungen bzw. der Herausgabe eroberter Territorien auf seine Seite zog. Gegen den Widerstand der deutschen und französischen Kardinäle willigte Julius in die Aufhebung des gegen Venedig verhängten Interdikts ein (24. 2. 1510), was ein eindeutiger Verstoß gegen die Liga von Cambrai war und den Beginn eines neuen, diesmal gegen Ludwig gerichteten Bündnisses darstellte. König Ferdinand wurde vom Papst durch die Belehnung mit dem Königreich Neapel zum Seitenwechsel bewogen. Die Schweizer schlossen sich dem Papst in der Erwartung territorialer Zugewinne im Norden des Herzogtums Mailand an. Wichtigster Fürsprecher des Papstes war dabei der Kardinalbischof von Sitten, Matthäus Schiner. Der Papst bot geistlichen Schutz. Die Schweizer verpflichteten sich, dem Papst ein Heer mit 6000 Landsknechten zu stellen (1510). Heinrich VIII. wurde gleich nach seiner Thronbesteigung vom Papst umworben und schloß sich den Gegnern Ludwigs an. Zwar stand der Kaiser noch auf Seiten Ludwigs, doch war es Julius II. gelungen, sowohl das Herzogtum Mailand von drei Seiten einzukreisen als auch gegen Ludwig im Süden Frankreichs den spanischen König zu mobilisieren, der dort Navarra an sich zu bringen suchte, und im Norden den englischen König, der bereit war, den Krieg gegen Frankreich wieder aufzunehmen.

Ludwig war damit zum erstenmal praktisch isoliert und in die Defensive gedrängt, wenn auch Maximilian, allerdings ohne ihn zu unterstützen, noch auf seiner Seite stand. Die Auseinandersetzung mit dem Papst erforderte zudem andere als nur militärische Hilfe. Da der machthungrige, ungeistliche Papst nur wenige Anhänger im französischen Klerus gewonnen hatte, stellte sich die von Ludwig nach Tours einberufene Versammlung des französischen Klerus (September 1510) hinter den König und billigte dessen Vorgehen gegen den Papst. Darüber hinaus wurden ihm von der Versammlung noch 240 000 Pfund aus Mitteln des Klerus bewilligt. Ein weiteres Druckmittel des Königs gegen den Papst war eine ausführliche Ordonnanz, die unter Berufung auf die Konzilien in Konstanz und Basel gallikanische Prinzipien neu verkündete und Regelungen der pragmatischen Sanktion von Bourges wieder einführte (Juni 1510). Auf einer weiteren Versammlung des Klerus im März des folgenden Jahres wurde die Einberufung eines allgemeinen Konzils gefordert, das am 1. 11. mit Zustimmung des Kaisers in Pisa zusammentrat. Neben diesem Angriff auf die päpstliche Autorität, mit dem auch die Legitimation des Papsttums von Julius II. in Frage gestellt wurde, sah sich Julius auch militärisch in die Defensive gedrängt, da die päpstlichen Truppen dem französischen Gegner nicht gewachsen waren. Diese wurden von Charles de Chaumont, dem Neffen des kurz zuvor verstorbenen Kardinals von Amboise, geführt. Nach dessen Tod wurde der junge Gaston de Foix, der Neffe des Königs, der sich als genialer Heerführer erwies, eingesetzt.

Die Antwort des Papstes war die sogenannte Heilige Liga, in der er sich mit Venedig und Spanien am 4.10. 1511 vereinigte. Wie schon der Name andeutet, hatte der Konflikt jetzt endgültig die Ebene der rein militärischen Auseinandersetzungen verlassen. Schon am 18.7. hatte Julius II. in Reaktion auf die französische Konzilseinberufung seinerseits für den April 1512 ein allgemeines Konzil nach Rom einberufen. Wenig später schloß sich der englische König der Heiligen Liga an, dessen offizielles Ziel, die Rückeroberung der Territorien des Kirchenstaates, nur vorgeschoben war. Was man wollte, war die Vertreibung der Franzosen aus Italien und, weitergehend, der Sturz Ludwigs XII. Gleichzeitig planten die Bündnispartner der Liga, Spanien und England, die Eroberung der Guyenne und einen Angriff Frankreichs im Norden. Der Sieg, den der geschickt manövrierende Gaston de Foix im April 1512 bei Ravenna mit seinem deutsch-französischen Heer gegen die päpstlich-spanischen Truppen errang, war mit seinem Tod in dieser Schlacht für die Franzosen zu teuer erkauft. Vor den vorrückenden Schweizern mußten sie sich, nachdem sie über keinen Gaston de Foix vergleichbaren militärischen Führer mehr verfügten, zurückziehen. In dem wiedereroberten Mailand wurde Maximilian Sforza, der Sohn Ludovicos, als Herzog eingesetzt. Maximilian erkannte die Zeichen der Zeit, wechselte die Seiten und schloß sich im November 1512 der Heiligen Liga an. Ludwig stand allein. Der Krieg an allen Fronten, dem sich Frankreich jetzt ausgesetzt sah, schien seine Kräfte endgültig zu übersteigen. Überall erlitten die französischen Heere, die jetzt auf sich allein gestellt waren, Niederlagen: gegen die Spanier in Navarra (Dezember 1512), das endgültig dem Königreich und dem Haus Albret verlorenging, gegen die in Calais gelandeten Engländer in Guinegatte (August 1513), gegen die Schweizer in Novara im Juni 1513, nachdem im Monat zuvor Ludwig mit einem neuen Heer noch einmal den Versuch einer Wiedereroberung des Herzogtums befohlen hatte. Schließlich drohte eine Invasion auch im Osten des Königreichs durch die von Margarete herbeigeholten Schweizer. Mit ihrer Hilfe hoffte sie, das Burgund ihres Großvaters, Karls des Kühnen, wieder für sich gewinnen zu können. Am 7. September 1513 stand ein großes Heer schweizerischer Landsknechte vor Dijon und drohte es einzunehmen. Ein weiteres Vorrücken in Richtung Paris war nicht auszuschließen.

So bedrohlich die Situation auch erschien, so hatte das Jahr 1513 neben all den Niederlagen seiner Heere auch ein für Ludwig erfreuliches Ereignis zu verzeichnen, nämlich den Tod des Papstes Julius II. im Februar 1513. Sein Nachfolger wurde Leo X., ein friedfertiger und weniger machtbesessener Papst als seine beiden Vorgänger. Zwar brachte er kurz nach seiner Inthronisierung noch einmal in Malines eine Liga zwischen dem Papsttum, Maximilian, Heinrich VIII., Ferdinand und den Schweizern zusammen, um die Rückkehr Ludwigs nach Italien zu verhindern, nachdem es diesem gelungen war, Venedig aus der Heiligen Liga im März 1513 herauszubrechen und wieder auf seine Seite zu ziehen. Doch war der Papst grundsätzlich zu einer Einigung mit Ludwig bereit, zumal dieser Italien nach der Niederlage in Novara hatte räumen müssen. Ein Ausgleich mit dem Papst konnte auch die Basis für eine allgemeinere Friedensordnung unter Einbeziehung der übrigen Bündnispartner der Heiligen Liga bieten.

So kam es Ende Dezember 1513 zu einer Versöhnung zwischen Leo X. und Ludwig XII. Als Zugeständnis mußte Ludwig von den Entscheidungen des Konzils von Pisa, das Julius II. für abgesetzt erklärt hatte, abrücken und sich hinter die Entscheidung des Laterankonzils von Julius II. stellen. Leo X. vermittelte eine Einigung zwischen Maximilian und Venedig. Ein Waffenstillstand beendete den Krieg Frankreichs mit Spanien. Als letzter Partner der Heiligen Liga einigte sich Heinrich VIII. trotz heftiger diplomatischer Störmanöver Margaretes, die diesen Bundesgenossen gegen Frankreich nicht verlieren wollte, mit Ludwig. Über einen bloßen Friedensvertrag hinaus kam es sogar zu einer sehr viel engeren Allianz, da Ludwig, der durch Annas Tod im Januar 1514 verwitwet war, noch einmal heiraten wollte, da ihm noch immer ein Thronerbe fehlte. Seine Wahl fiel auf Maria, die junge, lebenslustige und schöne Schwester Heinrichs VIII. Am 9. 10. fand die Hochzeit statt. Am 31. 12. starb der König. Viele Zeitgenossen meinten, die Heirat mit der jungen Frau habe das Ende des kranken Mannes beschleunigt. Böse Zungen sprachen von einem perfiden Schachzug Heinrichs VIII. Nach Annas Tod war die lange aufgeschobene Hochzeit zwischen Claude und Franz von Angoulême gefeiert worden. Da Ludwig keinen Erben hinterließ und Maria bei Ludwigs Tod kein Kind erwartete, konnte Franz als König Franz I. den Thron besteigen.

Versucht man das Lebenswerk Ludwigs XII. zu umreißen, so ist festzuhalten, daß Frankreich alles das, was zu Beginn der Regierungszeit unter hohem Einsatz in Italien erobert worden war, am Ende wieder verloren hatte. Dazwischen lag ein «scheinbar regellose(s) großes Hin und Her der Bündnisse, die nach den Bedürfnissen des Augenblicks geschlossen wurden» (W. P. Fuchs, S. 10). Man könnte resümieren, Ludwigs Lebenswerk war gescheitert. Doch greift ein solches Urteil zweifellos zu kurz. Richtiger sah ihn zweifellos seine Nachwelt im 16. Jahrhundert, die anderes in den Vordergrund stellte: die wirtschaftliche Blüte, die Frankreich unter Ludwig erlebt hatte, und der bis auf die letzten Jahre ungetrübte innere Friede. Das Bild des Königs, der als gerecht und sparsam, was seinen eigenen Aufwand betraf, aber freigebig gegenüber anderen galt, ließ nicht zu Unrecht seine Regierungszeit in späteren Jahrzehnten als Referenz für gesellschaftliche Zustände erscheinen, nach denen sich das durch innere Kriege zerrissene Land wieder zurücksehnte. Seine Zeitgenossen haben ihn, was nicht überrascht, in höchsten Tönen gelobt, wie auch sein Hofhistoriograph, Claude de Seyssel. Spätere Historiker, beginnend mit Michelet, der von einer «royale stupidité» (Quilliet, S. 448) sprach, glaubten, stärker eine gewisse Beschränktheit herausstellen zu sollen. Zweifellos waren manche seiner Gegner skrupelloser in der Wahl ihrer Mittel, raffinierter bei deren Anwendung und ideenreicher in ihrem Vorgehen. Gleichwohl scheinen Beurteilungen wie charakterschwach, mittelmäßig intelligent, engstirnig und unflexibel ungerechtfertigt zu sein. Gerade in den Zeiten äußerster Bedrängnis in den Jahren 1512 bis 1514 hat Ludwig XII. bewiesen, daß er fähig war, Frankreich aus einer ausweglos erscheinenden Lage, in der ihn seine Gegner sogar vom Thron zu vertreiben hofften, herauszuführen. Franz I. konnte ein wohlgeordnetes Erbe antreten.

*Alfred Kohler*

# FRANZ I.
## 1515–1547

*Franz I., geb. 12. September 1494 in Cognac, 1515 König von Frankreich als Nachfolger von Ludwig XII. (1462–1515), gest. 31. März 1547 in Rambouillet. Begraben in St. Denis. Grabmal aus der Mitte des 16. Jahrhunderts.*
*Vater: Karl Graf von Angoulême (1459–1496), Sohn des Johann von Angoulême (1404–1467). Mutter: Luise von Savoyen (1476–1531), Tochter Herzog Philipps I. von Savoyen (1438–1497). Schwester: Margarete (1492–1549), in erster Ehe verheiratet mit Karl IV., Herr von Alençon (1489–1525), in zweiter Ehe mit Heinrich II. von Albret, König von Navarra (1503–1555).*
*Franz I. war in erster Ehe (1514) mit Claudia (1499–1524), Tochter Ludwigs XII., in zweiter Ehe (1530) mit Eleonore (1498–1555), Tochter Philipps des Schönen, Herzog von Burgund, König in den spanischen Königreichen verheiratet. Kinder: Luise (1515–1517), Charlotte (1516–1524), Franz (1517–1536), Heinrich II. (1519–1559), folgte seinem Vater als König von Frankreich, war seit 1533 mit Katharina von Medici (1519–1589) verheiratet, Magdalena (1520–1537), heiratete 1537 König Jakob V. von Schottland (1512–1542), Karl, Herzog von Orléans (1522–1545), und Margarete (1523–1574), die 1559 Herzog Emanuel Philibert von Savoyen (1528–1580) heiratete.*

Franz I. ist als politisch erfolgreicher Monarch, der die französische Monarchie stärkte und gegen die habsburgische Übermacht erfolgreich verteidigte, in die französische Geschichte eingegangen. Am Beginn seiner über 30jährigen Regierung steht ein großer außenpolitisch-militärischer Erfolg in Italien, der Sieg bei Marignano; am Ende seines Lebens ist der Kampf gegen die Universalmonarchie Karls V. noch nicht entschieden. Zu Recht wird Franz I. aber auch als großer Mäzen, als ein Freund und Förderer der Künste und Wissenschaften gesehen. Unverkennbar ist sein großes Interesse an der Kunst und Kultur Italiens; auch war er der Sprache dieses Landes mächtig. Nach J. Meyer war der König «ein Renaissancefürst mit den charakteristischen Zügen, wie der Leidenschaft für die Kunst... Und in der Politik? König Franz ließ sich kaum dazu bewegen, daß man seine Autorität begrenzte; er war ein absoluter Monarch und davon überzeugt, Frankreich zu verkörpern...» (S. 156). Ähnlich, doch epochenbezogener urteilt R. Guerdan: «Die Regierung Franz' I. bezeichnet bekanntlich einen Wendepunkt in der französischen Geschichte. Einerseits legte er das Fundament für die absolute Monarchie und die Religionskriege, andererseits gab er in einer Epoche, in der Frankreich sich der Renaissance öffnete, den Frauen und den

## Franz I. (1515–1547)

Künsten den gebührenden Platz wieder zurück.» (S. 5) Alle Biographen haben hervorgehoben, daß Franz I. während seiner Herrschaft die Förderung der Künste ebenso wie die höfische Pracht und die Machtentfaltung des Königs als Renaissancefürst betrieb und sich dabei wiederum insbesondere der europäischen Politik angenommen hat. Schon der Geschichtsschreiber Florimond de Raemond hat 1611 dem König das Wort in den Mund gelegt: «Qu'un Roy non lettré, estoit un âne couronnée.»

Zahlreiche Humanisten haben ihm Kunstwerke und Huldigungsgedichte zugeeignet. Der englische Chronist Edward Hall schilderte Franz I. als «einen schönen Fürsten mit heiteren braunen Augen, einer starken Nase, kräftigen Lippen, breiter Brust und breiten Schultern, schlanken Beinen und langen Füßen». Anderen Beobachtern fiel die gute Figur des Königs, sein blasser Teint, seine angenehme Stimme, seine Freundlichkeit, Beredsamkeit und sein Charme auf. Seine würdevolle Erscheinung bewahrte er sich bis zuletzt. So schrieb der venezianische Gesandte Cavalli ein Jahr vor Franzens Tod: «Seine Erscheinung ist durch und durch königlich, so daß man, auch wenn man nie sein Gesicht oder sein Porträt gesehen hätte, beim ersten Sehen sagen würde: Das ist der König! Jede seiner Bewegungen ist so nobel und majestätisch, daß es keinen solchen Fürsten wie ihn weit und breit gibt» (Knecht, S. 114). Auch die Historiker haben diese Gaben Franz' I. hervorgehoben. So schreibt A. Bourde (S. 745): «Von ritterlichem Geiste, ein Freund von Turnier und Krieg, von einem etwas oberflächlichen Ehrbegriff beherrscht, sind seine Gaben eher brillant als solide. Seine Lobredner haben seine große Schönheit hervorgehoben; immer wünscht er zu gefallen; sein lebhafter Geist befähigt ihn zu einer großen Freiheit des Urteils, er gibt sich kultiviert und als aufgeklärter Protektor von Kunst und Wissenschaft.»

Franz I. hatte keine feste Residenz, vielmehr reiste er mit Hof und Haushalt im Lande umher. Diese Art «Reisekönigtum» war für die damalige Zeit nicht untypisch, brachte jedoch auch die mangelnde Hauptstadtfunktion von Paris zum Ausdruck. Die Hofgesellschaft unter Franz I. hatte sich, verglichen mit der Zeit Ludwigs XI. (1480), verdoppelt und war auf mindestens 600 bis 1000 Personen angewachsen. Wenn der Hof komplett war, benötigte man 18 000 Pferde (nach einer Quelle, die einen Mittelwert verbürgt), um sich fortzubewegen. Vor allem schon deshalb, weil auch Wandteppiche, Möbel, Gold- und Silbergeschirr, Zelte und vieles mehr mitgeführt wurden. Wegen der permanenten Unterkunftsprobleme wohnte der König, wenn es nur möglich war, in seinen eigenen Schlössern. Das war insofern bequemer, als er dann die Dienerschaft in seiner unmittelbaren Umgebung zur Verfügung hatte. Mußte Franz I. beispielsweise in einer Abtei oder in einem einfachen Gasthaus absteigen, so war sein Gefolge gezwungen, sich um eine Unterkunft in der Nähe zu bemühen, oder es mußte die eigenen Zelte aufschlagen.

Diese Mühen des höfischen Wanderlebens bekam auch Benvenuto Cellini nach seiner Ankunft bei Franz I. zu spüren. Er schreibt darüber in seiner Autobiographie: «Nun mußten wir aber gleich dem Hofe folgen, und das war eine rechte Qual. Denn es schleppt sich hinter dem König beständig ein Zug von zwölftausend Pferden her, und das ist das geringste; denn wenn in Friedenszeiten der Hof ganz beisammen ist, so sind es achtzehntausend Mann, und darunter mehr als zwölftausend Berittene. Nun kamen wir manchmal an Orte, wo kaum zwei Häuser waren, und man schlug nach Art der Zigeuner Hütten aus Leinwand auf, und ich hatte oft gar viel zu leiden» (Leben des Benvenuto Cellini, S. 288). Zeit seines Lebens besuchte Franz I. in regelmäßigen Abständen sein Königreich; er hatte dafür bis zuletzt keine Mühen gescheut. Dahinter stand bewußte Politik. «Im Zeitalter der wachsenden nationalen Einheit und der Zentralisation war es für den König eminent wichtig, sein Königreich aus erster Hand zu kennen und zu seinen Untertanen einen persönlichen Kontakt herzustellen» (Knecht, S. 102). Wir wissen, daß Franz I. 1516 die Provence, 1517 und 1520 die Picardie, 1518 das Anjou und die Bretagne, 1519 das Poitou und das Angoumois und 1521 Burgund bereiste.

Es gab auch die Gewohnheit des feierlichen königlichen Einzugs in einzelnen Städten, die sogenannte «Entrée joyeuse». Am bekanntesten ist das Beispiel von Lyon, wo man Franz I. im Juli 1515 am Beginn seines Italienfeldzuges feierlich in die Stadt geleitete.

Auf seinen «Rundreisen» besuchte Franz I. auch Kirchen und Klöster, ferner inspizierte er Festungen, Burgen und Häfen. Gelegentlich konnte er auch seine Jagdleidenschaft ausleben. Der englische Gesandte Anthony Browne schrieb darüber an Heinrich VIII. im August 1527: «Um Eurer Hoheit mitzuteilen, welchem Zeitvertreib sich der französische König hingibt: Die meiste Zeit verbringt er mit Jagen, und an dem Tag, an dem er jagt, diniert er irgendwo um acht Uhr früh im Wald mit seinem Gefolge und seinen Jägern, die den Geruch und Dunst des Wildes an sich haben, und ein solches liegt auch vor ihm auf dem Tisch... Und nachdem er entschieden hat, welches Wild er töten will, nimmt er sein Reitpferd und reitet los und verfehlt niemals den tödlichen Schuß... Des Königs Bett wird immer auf den Jagden mittransportiert, und wenn das Wild erlegt ist, begibt er sich zu einem Haus in der Nähe, wo sein Bett aufgestellt wird, und ruht sich hier drei oder vier Stunden aus...» (Knecht, S. 116).

Der Unterhalt einer ortsgebundenen Hofhaltung war jedenfalls schwerfällig und teuer geworden. Man schätzt die Kosten auf 1½ Mill. écus pro Jahr. Franz I. hat deshalb den Schloßbau sehr forciert. Das gilt für die Loire-Schlösser, für Fontainebleau, aber auch für den Louvre in

Paris. Bis 1528 ließ der König an den Loire-Schlössern bauen. Blois, das Schloß, das seiner ersten Gattin Claudia gehörte, ließ er um einen Flügel und Loggien sowie um eine Außentreppe erweitern. Für die Fassade diente Bramantes Arbeit am Vatikan als Modell. In Chambord, südlich von Blois, entstand ein Schloß, das der italienischen Renaissance in hohem Maße verpflichtet war. Das gilt für die Dachverzierungen ebenso wie für den Grundriß, der der Villa in Poggio a Caiano, erbaut von Giuliano da San Gallo für Lorenzo de' Medici, nachempfunden ist. Wahrscheinlich war Domenico da Cortona, ein Schüler von Giuliano de San Gallo, der Architekt von Chambord. Jedenfalls wissen wir, daß er 1531 dem König Holzmodelle vorgelegt hat. Die Loire-Schlösser hatten allerdings den Nachteil, daß sie von Paris weit entfernt waren. So wandte sich die Bautätigkeit des Königs auch dieser Stadt zu. Hier ließ er am Louvre bauen, ebenso im Bois de Boulogne das sogenannte Schloß von Madrid und Saint-Germain-en-Laye errichten.

Der Umbau des mittelalterlichen Schlosses Fontainebleau nahm Franz I. seit 1528 stark in Anspruch. Gilles de Breton, ein Pariser Maurermeister, baute einen neuen Eingang, die «Porte dorée», und eine lange Galerie und zwei Wohntrakte. Auch der italienische Architekt Sebastiano Serlio war an den Arbeiten beteiligt. Seit 1531 wurde die Innenausstattung durch die Italiener Giovanni Battista Rosso aus Florenz und Francesco Primaticcio aus Mantua, einen Schüler von Giuliano Romano, ausgeführt.

Franz I. residierte keinswegs dauernd in den Loire-Schlössern und in Fontainebleau. Vielmehr hielt er sich in der Regel mindestens einen Monat pro Jahr in Paris auf, meist im Winter oder Frühling. Denn Paris blieb, trotz der schlechten Bedingungen einer Residenz, schon allein deshalb von größter politischer und herrschaftsrechtlicher Bedeutung, weil hier das Parlament seinen Sitz hatte, das jeden legislativen Erlaß ratifizierte. Wenn es in seiner Rolle als Justizbehörde die königliche Gesetzgebung behinderte, mußte der König überdies seine persönliche Präsenz zur Geltung bringen, um eine Entscheidung in seinem Sinne herbeizuführen.

Betrachtet man die höfische Umgebung Franz' I., so gilt sicherlich die Feststellung, daß Frauen im Leben des Königs eine wichtige Rolle spielten, obgleich vieles, was darüber geschrieben wurde, reine Erfindung ist. Zweifellos hat der König den Status der Frauen an seinem Hof sehr gehoben. «Un roi qui s'amuse?» Das mag ein Klischeebild sein, das, bis heute tradiert, seinen Ursprung in der Geschichtsschreibung des 16. und 17. Jahrhunderts haben dürfte. In Wahrheit ist das Privatleben des Königs schwer zu fassen. Daß den Mätressen am Hofe Franz' I. ein nicht zu unterschätzender politischer Einfluß zukam, ist hingegen unbestritten. Das gilt weniger für seine erste Geliebte, Madame de Chateaubriand, als für Anne d'Heilly, die Herzogin d'Etampes, über deren Wertschätzung der englische Gesandte Anthony Browne 1527 bemerkte: «Wie man hört, zieht er (Franz) allen Damen ein Mädchen... vor, die Hely heißt und deren Schönheit meiner Ansicht nicht sehr erwähnenswert ist.» Die Herzogin d'Etampes stand im Mittelpunkt jener Damengesellschaft, mit welcher sich der König jeden Abend amüsierte.

Seit seiner Kindheit ist Franz I. von Frauen nachhaltig geprägt worden, zuerst von seiner Mutter. Luise von Savoyen, selbst schon mit 12 Jahren verheiratet und seit ihrem 18. Lebensjahr Witwe, hat ihren Sohn nicht nur erzogen, sondern sie fungierte auch später während dessen Abwesenheit von Frankreich (1515 und 1524/25) als dessen Regentin. Bis zu ihrem Tod (1531) war sie eine integrative Figur am Hofe ihres Sohnes, tarierte die Gegensätze der Hofgruppen aus und bestimmte die Politik entscheidend mit.

Claudia de France, die erste Gattin Franz' I., eine gefühlvolle und mit einem körperlichen Gebrechen behaftete Frau, schenkte dem König drei Söhne und vier Töchter, von denen allerdings nur zwei (Heinrich und Margarete, die den Herzog von Savoyen heiratete) ihren Vater überlebten. Als Eleonore, die ältere Schwester Karls V., die zweite Gattin Franz' I., im Juli 1530 nach Frankreich kam, stand der König stark unter dem Einfluß seiner Mätresse, der Herzogin d'Etampes. Eleonore mußte sich fortan mit einer politisch untergeordneten Rolle begnügen. Dazu hat auch das Faktum beigetragen, daß ihre Ehe kinderlos blieb.

Margarete von Angoulême, die Schwester Franz' I., seit 1527 Königin von Navarra, war ihrem Bruder sehr zugetan; die persönlichen Bande wurden nach dem Tod ihrer Mutter (1531) noch enger. Margarete stand den Ideen des Kreises von Meaux nahe. Diese, mit dem Namen von Guillaume Briconnet, Bischof von Meaux, verbundene mystische Frömmigkeitsbewegung nach den Ideen des Lefèvre d'Etaples stand dem paulinisch-augustinischen Gedankengut und damit der reformatorischen Gnadenlehre nahe. Aus diesem Grund gerieten ihre Anhänger häufig in den Verdacht, Lutheraner zu sein.

Betrachtet man nun die wichtigsten Räte des Königs, so fällt auf, daß sie ein breites Spektrum an politischen Ansichten und Einstellungen repräsentieren. Antoine Duprat, Erzbischof von Sens, Kardinal und Kanzler des Königs, und als solcher Chef der Justiz und überdies «superintendance des finances», galt als intransigenter Katholik. Er hatte 1528 auf der Provinzialsynode von Sens Urteile gegen Lutheraner und ein Bücherverbot durchgesetzt. 1533 plädierte er bei Franz I. für die Verfolgung der Protestanten. Auch der Kardinal von Tournon, Erzbischof von Embrun und Bourges, stand der religionspolitischen Auffassung Duprats und der Königinmutter Luise nahe. Tournon war ein äußerst gebildeter Mann, der Stifter des Collège de Tournon und Mäzen von Dichtern und Humanisten. In Fragen der Außenpolitik vertrat er eine antikaiserliche Linie, die allerdings ohne eine Annäherung an die protestantischen Fürsten im Reich auskommen wollte. Als erfolgreicher Diplomat hatte er beispielsweise großen Anteil am Zustandekommen der Ehe zwischen Heinrich II., dem Sohn des Königs, und Katharina von Medici.

Anne de Montmorency war ein Jugendgefährte des Königs gewesen und bekleidete bis 1535, als er in Ungnade fiel, das Amt des Grandmaître. Er war dem Humanismus wie dem Protestantismus abgeneigt. In außenpolitischen Fragen vertrat er als «L'Imperial», wie er am Hof genannt wurde, das Konzept einer Allianz zwischen Franz I. und dem Kaiser. Montmorencys Ungnade dauerte nur kurz; nach seiner erfolgreichen Verteidigung der Provence (1536) gegen die Truppen Karls V. wurde er zum Connétable von Frankreich ernannt.

Guillaume du Bellay, Seigneur de Langey, folgte seinem Intimfeind Montmorency 1535 in der Würde des Grand-maître. Er vertrat eine Außenpolitik, die die Protestanten im Kampf gegen den Kaiser einbezog. Auch hatte er großen Anteil an der Unterstützung jener antihabsburgischen Koalition im Reich (zwischen Hessen, Württemberg und Bayern), die 1534 Württemberg zurückeroberte. Guillaume du Bellay war Humanist, Diplomat, Jurist, Mäzen und Geschichtsschreiber in einer Person; er kannte auch die führenden protestantischen Theologen seiner Zeit persönlich: Melanchthon, Bucer, Bullinger, Hedio und Johannes Sturm. Seinem Bruder Jean, Bischof von Paris, warf die Sorbonne 1533 Ketzerbegünstigung vor. Den Auffassungen von Guillaume du Bellay und des Admirals Chabot de Brion, der Allianzen mit den Reichsfürsten sowie mit England befürwortete, stand auch Franzens Schwester Margarete nahe.

Zu den bedeutendsten Adelsfamilien gehörten auch die Guisen, die jüngere Linie des Hauses Lothringen. Jean de Guise, Kardinal von Lothringen, Erzbischof von Reims, war der erste Vertreter seines aufsteigenden Hauses, der am Hof Franz' I. eine Rolle spielte, auch wenn er dort kein Amt bekleidete.

Franz I. scharte nicht nur bedeutende Humanisten um sich, voran den berühmten Guillaume Budé, sondern widmete sich auch der institutionellen Förderung der Wissenschaften. Wohl nach italienischem Vorbild gründete er eine Akademie der Klassischen Sprachen, die «lecteurs royaux» – königliche Lehrstühle für Griechisch und Hebräisch, später ergänzt durch Fächer wie Mathematik, Latein und Arabisch. In dieser, die Sorbonne konkurrierenden Institution ist die Vorläuferin des «Collège de France» zu sehen. Allerdings gelang es dem König nicht, die bedeutendsten europäischen Humanisten wie Erasmus von Rotterdam für die Aufgaben seiner Akademie zu gewinnen.

Unter den günstigen außenpolitischen Bedingungen am Beginn seiner Regierung hatte der König mit Papst Leo X. 1516 ein Konkordat abgeschlossen, das ihm künftig eine Summe wichtiger Rechte über die französische Kirche sicherte. So war ihm die Einberufung von Synoden vorbehalten, ebenso konnte er über kirchliche Einkünfte, die Vergabe von Pfründen, die Einkünfte aus vakanten Pfründen und die Erhebung des geistlichen Zehnten verfügen.

Die Frömmigkeit Franz' I. war traditionsgebunden, wohl auch unreflektiert und nach außen gewandt. Aber in seiner Ablehnung der Häretiker und der «luthériens» war er unnachgiebig, und dies nicht erst im Zuge der sogenannten «affaire des placards». Wenn er in religiösen Fragen unschlüssig erscheinen mag, wie dies die ältere Forschung betonte, so deshalb, weil er beides vertrat: «Verfolgung der religiös-kirchlichen Abweichler, der Ketzer, königliche Gnade für die Gelehrten, die humanistisch Gebildeten, selbst wenn sie einmal die Normen der geltenden Orthodoxie verletzten» (Seidel, S. 136). Die Konflikte mit der Sorbonne haben dazu beigetragen, daß der König die Anhänger des «Evangélisme» und «Réformisme» in Schutz nahm, etwa, wenn er für Lefèvre d'Etaples oder Louis de Berquin, den Übersetzer von Lutherschriften, gegen die theologische Fakultät der Sorbonne intervenierte. Aber Franz war ein Gegner der Reformation, die seit 1519 in sein Königreich eindrang und schon 1521 von der Sorbonne offiziell verurteilt wurde. Mit der «affaire des placards» (1534) erreichte die Auseinandersetzung des Königs, seiner Räte und der Parlamente mit dieser Bewegung einen ersten Höhepunkt und hatte weitreichende Folgen.

In der Nacht von Samstag, den 17. auf Sonntag, den 18. 10. 1534 fand man in Paris, aber auch in anderen Städten, Plakate mit folgendem Titel angeschlagen: «Articles véritables sur les horribles, grands et importables abus de la messe papale, inventée directement contre la Saincte Cène de Nostre Seigneur, seul mediateur et seul Sauveur Jesus-Christ.» Es handelte sich um ein Pamphlet gegen die hl. Messe, in welchem neben dem herkömmlichen Opferbegriff gegen die Realpräsenz Christi in der Hostie polemisiert wurde. Diese «placards» waren eine Gemeinschaftsproduktion von Antoine Marcourt, einem aus Lyon stammenden Prediger in Neuchâtel, und Pierre Viret, Drucker in Neuchâtel, der die Werke Farels herausgab.

Die Motivation Franz' I. für sein hartes Durchgreifen in Kooperation mit den Parlamenten wird oft mit der legendenhaften Übersteigerung in Zusammenhang gebracht, daß ein «placard» an seiner Schlafzimmertüre befestigt gewesen sei. Jedenfalls wurde innerhalb kurzer Zeit eine nicht genau bekannte Zahl (mindestens 200) Personen verhaftet und hingerichtet (wenigstens 25). Im Edikt von Coucy vom 17. 6. 1535 setzte Franz I. den offiziellen Schlußpunkt der «affaire des placards», indem er sich von jeder Art der «sacramentaires» abgrenzte. Allerdings wurde damals auch der Begriff der «luthériens» damit in Verbindung gebracht. Diese breite Anwendung des Begriffs in Frankreich ist auffallend, obwohl der französische Protestantismus von Farel bis Lambert von Avignon dem Zwinglianismus weitaus näher stand als dem Luthertum. Aufgrund dessen hat die Placards-Affäre die französischen Beziehungen zu den lutherischen Fürsten im Heiligen Römischen Reich so stark belastet, daß sich der König sogar veranlaßt sah, in einem offenen Brief vom 1. 2. 1535 seine Position zu verteidigen und Vorwürfe zurückzuweisen, die von der habsburgischen Propaganda mitgetragen worden sind. Franz I. betonte, keinen einzigen Reichsangehörigen verhaftet oder gar getötet zu haben. Nur seine Feinde würden ihm unterstellen, daß er die Reichsbewohner insgesamt für Häretiker halte. Das war eine Anspielung auf die Propaganda Karls V., die vermerkte, daß der König an seinem Hof wohl Leute in türkischer Kleidung dulde, Deutsche aber verfolge. Der französische König als Freund der Osmanen (in Kenntnis seiner Bündnisbemühungen beim Sultan) – im Heiligen Römischen Reich ein besonders wirksamer Propagandatrick zur Verunglimpfung der Glaubwürdigkeit des Königs! Unverkennbar war allerdings die Langzeitwirkung (bis zum Schmalkaldischen Krieg, 1546/47) dieser Irritation, was das Verhältnis zu den protestantischen Reichsfürsten betrifft, als bei kaisertreuen Vertretern wie Kursachsen die an sich schon geringe Bereitschaft zu einem Bündnis mit dem katholischen König von Frankreich auf den Tiefpunkt sank.

Die Machtsteigerung im Inneren Frankreichs hat Franz I. nur zum Teil über institutionelle Neuschöpfungen, in der Regel mehr durch die Effizienzsteigerung der vorhandenen Einrichtungen erreicht. So hat der König die von seinen Vorgängern überkommenen Regierungsinstitutionen zwar nicht grundlegend verändert, jedoch in ihrer Effizienz im Sinne einer frühabsolutistischen Machtentfaltung erheblich gesteigert. Die Stärkung der Krone haben auch schon die Zeitgenossen zu Recht empfunden. Das hieß, daß beispielsweise die höchsten Regierungsämter ausschließlich dem königlichen Willen unterworfen wurden. So enthob Franz I. 1544 seinen Kanzler Guillaume Poyet seines Amtes, obwohl dies rechtlich unzulässig war. Auch ließ er das Amt des Connétable nach der Rebellion des Charles de Bourbon (1523) über zehn Jahre unbesetzt, ehe er es 1536 an Anne de Montmorency vergab, der es bis zu seinem Tod (1567) innehaben sollte. Die Illoyalität Bourbons gab dem König überdies die willkommene Gelegenheit, dieses letzte große Lehen den Krondomänen einzuverleiben. Dieser antiaristokratischen Linie seiner Politik entsprach auch die Einschränkung der Befugnisse der Provinzialgouverneure, deren Vertreter in der Regel dem hohen Adel entstammten. Lediglich in den Grenzprovinzen sollte die Aristokratie diese Ämter weiterhin ausüben, und dies in rein militärischer Funktion.

Die größten Veränderungen nahm Franz I. auf dem Gebiet der Finanzverwaltung vor. Die Verurteilung des obersten Finanzbeamten Jacques de Semblancay im Jahre 1523 nahm der König zum Anlaß, den «Trésor de l'Epargne», das Schatzamt als Zentralstelle aller Einnahmen des Königreiches – Domäneneinkünfte, Steuern/tailles, Hilfen/aides, Salzsteuer/ gabelles und die aus dem Ämterverkauf erzielten Einkünfte – unter königlicher Aufsicht zu errichten. Zur Vereinfachung der Steuereinhebung teilte man das Königreich überdies in 16 Finanzbezirke auf. Das «frühabsolutistische Regiment» Franz' I. ließ sich schwer mit der Macht des Adels und dem Fortbestand großer Lehen vereinbaren. Schon unter seinem Vorgänger Ludwig XII. hatten die Fehden ein Ende gefunden. Die letzten großen Lehensherren, die Herzöge von Bourbon, sollte allerdings erst Franz I. entmachten. Noch dazu hatte Charles de Bourbon seit seiner Heirat mit Susanne aus dem Hause Beaujeu zwei große Familienbesitzungen in seiner Hand vereinigt. Bei Susannes Tod (1522) zog der König die zur Apanage gehörenden Güter wieder ein, ohne einen Gerichtsbeschluß abzuwarten. Diese eigenmächtige Vorgangsweise des Königs hatte die Rebellion von Charles de Bourbon zur Folge. Zehn Jahre später, 1532, konnte Franz I. die Bretagne auf Dauer an die Krone binden und der Einheit des Königreiches («l'unification de territoire») einen entscheidenden Schritt näher kommen, die er seitdem auch mit militärischen Mitteln abzusichern versuchte, indem er 1534 erstmals die Rekrutierung einer französischen Infanterie in Angriff nahm. Der Großteil der Infanterie kam jedoch weiterhin aus der Eidgenossenschaft und aus dem Heiligen Römischen Reich. Die Mitglieder des französischen Adels wurden unter Franz I. immer mehr zu Gefolgsmannen des Souveräns, die sich um Funktionen an dessen Hof bemühten. Die Italienkriege eröffneten ihnen überdies, wenn auch nur für kurze Zeit, ein neues Betätigungsfeld. Die Lehensfolge, «le ban et l'arrière-ban», funktionierte kaum mehr, hingegen stellten die sich aus dem Adel rekrutierenden «compagnies d'ordonnance ou gendarmerie», einschließlich der «cavallerie légère», die unter Franz I. geschaffen wurden, die Grundlage der französischen Kavallerie dar.

Auf dem Gebiet der Außenbeziehungen hatte Franz I. von seinem Vorgänger die Niederlage in Italien geerbt. Mit Hilfe der Eidgenossen waren die Franzosen von dort vertrieben worden. Auf den französischen König wartete daher eine zweifache Aufgabe: die Rechte der französischen Krone wahrzunehmen und die Demütigungen des französischen Heeres rückgängig zu machen. Das Eingreifen in Italien noch im Jahre seines Regierungsantritts war symbolisch für den Herrschaftsanspruch und den politischen Willen des neuen Königs. Sein Motto lautete: Wahrung der europäischen Geltung seiner Dynastie durch Rückgewinnung der verlorenen Positionen in Italien. Mit dem Sieg bei Marignano gegen die Eidgenossen am 13./14. 9. 1515 machte er diese politischen Ansprüche geltend. Zugleich kam die europäische Staatenwelt wieder in Bewegung. In Spanien entstand beispielsweise die Frage, welche Rückwirkungen der französische Sieg in Italien auf Neapel haben würde.

Mit den Kantonen der Eidgenossenschaft hatte Franz I. nach langen Verhandlungen am 29. 11. 1516 den Freiburger oder sogenannten Ewigen Frieden abgeschlossen, der ihm den exklusiven Zugriff auf das eidgenössische Söldnerpotential auf Dauer sicherte. Schon vor Marignano hatte Franz I. mit seinem künftigen Konkurrenten, Karl V., am 2. 4. 1515 einen Freundschaftsvertrag geschlossen, der eine Heirat in Aussicht stellte und die Rückgabe Navarras an Frankreich vorsah. In lehensrechtlichen Streitfragen konnte sich die anläßlich der Krönung Franz' I. in Paris verhandelnde habsburgische Gesandtschaft mit der französischen Seite einigen. Die Höflichkeiten hatten damals auch durchaus den Vorrang. So machten Heinrich von Nassau und Michel de Sempy Franz das Kompliment: «Majestät, sie sind jung wie unser Fürst. Sie sind beide unbeschriebene Blätter und könnten zusammen einen segensreichen Anfang machen für die gesamte Christenheit» (Brandi 1, S. 47). Der Friede von Noyon vom 13. 8. 1516, in welchem Karl V. dem französischen König weitgehende Versprechungen – eine künftige eheliche Verbindung mit Franzens einjähriger Tochter Luise, verbunden mit einer jährlichen Tributzahlung und die Übergabe von Navarra an die Familie d'Albret – machte, sollte nur ein Augenblickserfolg für Franz sein. Aber es war ungewiß, ob die habsburgische Seite nach dem Antritt des spanischen Erbes sich noch daran halten würde.

Die nächsten Jahre standen im Zeichen zunehmender Gegensätze zwischen den Häusern Valois und Habsburg, die ihren ersten Höhepunkt im Ringen um die Kaiserwürde 1519 erreichten. Franz wie Karl V. bemühten sich um diese Würde mit allen zur Verfügung stehenden Kräften. Für Franz mußte das Kaisertum die rechtliche Unantastbarkeit seiner italienischen Positionen bedeuten. Den kurfürstlichen Wählern im Heiligen Römischen Reich präsentierte die französische Propaganda einen Kandidaten mit den besten Herrschertugenden und betonte die französisch-deutschen Gemeinsamkeiten, wenn es in einer Flugschrift heißt: «Es ist kain ursach verhanden, darauß die Teutschen der Frantzosen früntschafft und gemainsame fliehen oder nit annemen solten, diweil die Frantzosen von natur, art und gewohnhait under allen menschen die miltisten und senfftmütigisten sein, auch sich alzeit gegen den Teutschen, so sy in kaufmans und andern hendlen zu jnen kommen sein, gästlich und am früntlichisten gehalten haben, und zum maisten die Teutschen und Frantzosen vor zeytten ain gemain wesen gehept und sy zu baider seyt jren ursprung von ainander genomen hond...» (Kohler, Quellen, S. 51 f.). Die Franzosen haben damals «Kreuzzugsidee, Türkenfurcht und die Leistungsscheu der deutschen Fürsten in geschickter Kombination für ihren Zweck auszunutzen versucht. Sie malten die türkische Bedrohung der Christenheit in düstern Farben, wiesen besonders darauf hin, daß die Macht des Sultans nach seinen letzten Siegen über die Perser noch größer und geschlossener sei als je zuvor, und betonten das namenlose Elend, das durch die letzten Vorstöße und Eroberungen der Türken auf dem Balkan über Abertausende von christlichen Seelen gekommen sei. Daran knüpften sie die Überlegung, daß einem neuen Angriff mit noch schlimmeren Folgen nur mit einer großen Streitmacht erfolgreich zu begegnen sein werde, und erklärten, daß König Franz schon jetzt aufs beste dafür gerüstet sei» (Laubach, S. 211).

Die Entscheidung der Kurfürsten für den habsburgischen Kandidaten Karl hat zur Umgruppierung der europäischen Mächte und zum Dauerkonflikt zwischen den Häusern Habsburg und Valois geführt. Aus der Zeit Ludwigs XII., der noch 1514 Maria Tudor, die jüngere Schwester Heinrichs VIII., geheiratet hatte, bestand ein dynastisch-politisches Einvernehmen mit England, das jedoch bald auf die Probe gestellt wurde, als Franz I. die Rückgabe von Marias Mitgift verweigerte. Auch im Sommer 1520 hatte das Treffen Heinrichs VIII. mit Franz I. auf dem «Camps d'Or» bei Calais den noch recht guten Beziehungen symbolischen Ausdruck verliehen. Die Politik des englischen Königs wandte sich dann abwechselnd Karl V. und Franz I. zu, wobei die Verfolgung der hergebrachten Kontinentalinteressen Kollisionen mit Franz unvermeidlich machte. Für das politische Verhältnis zwischen den drei Monarchen war es typisch, daß jeder von ihnen die Allianzfähigkeit des anderen ständig prüfte. Dies tat beispielsweise Heinrich VIII. im Hinblick auf seine Ehescheidungsangelegenheit, die seit 1530 zum Zerwürfnis mit dem Kaiser führte. Der venezianische Gesandte in Frankreich hat das französisch-englisch-habsburgische Verhältnis am Beispiel der Situation von 1536 so ausgedrückt: «Ein Grund, der die Verbindung mit dem König von England für Frankreich sehr nützlich macht, ist dessen Reichtum – also ein sehr angenehmer und wünschenswerter Verbündeter. Dann vereint sie die gemeinsame Feindschaft, denn es ist wohlbekannt, daß der größte Feind der Könige von England und Frankreich der Kaiser ist. England, das sich bewußt ist, ihn beleidigt zu haben, erwartet jeden Tag den Krieg in seinem Land. Die beiden Könige sind auch durch ihre günstige Lage verbunden, da ja England und Frankreich Flandern angreifen und nehmen können...» (Baumann, S. 112).

Am Beginn des Dauerkonflikts zwischen Franz I. und Karl V. im Jahre 1521 wechselte Heinrich VIII. auf die Seite des Kaisers, wenn auch getarnt durch die Vermittlungsverhandlungen in Calais und Brügge, die Kardinal Wolsey mit Gattinara und Duprat im Sommer 1521 führte. Er verständigte sich mit Karl und dem Papst im November 1521; mit Karl, der von Frankreich Burgund zurückforderte, beabsichtigte er 1523 einen gemeinsamen Krieg gegen Frankreich zu führen. Der Wechsel von Papst Leo X., der 1515 Franz I. unterstützt hatte, auf die Seite Karls machte es möglich, daß eine kaiserliche Armee unter dem Kommando von Pescara und Colonna (für den Papst) am 19.11.1521 den Franzosen Mailand entreißen konnte, um Herzog Francesco Sforza wieder einzusetzen.

Eine weitere schwere Niederlage erlitt der französische General Lautrec am 27. 4. 1522 bei La Bicocca; es war der erste namhafte Sieg deutscher Landsknechte gegen Schweizer Söldner. Ein persönliches Erscheinen des französischen Königs in Italien – wie 1515 – schien immer gebotener. Im Zuge des Konflikts mit seinem Lehnsherrn um den Besitz seiner verstorbenen Gattin war Charles de Bourbon, Connétable von Frankreich, bereit, auf die Seite des Kaisers zu treten. Im August 1523 versprach die habsburgische Seite, ihm Eleonore zur Gattin zu geben. Karl wollte von Spanien aus militärisch operieren, Heinrich VIII. in der Normandie. Bourbon sollte dafür den Aufstand im Inneren Frankreichs organisieren. Als die Verschwörung entdeckt wurde, konnte Charles de Bourbon gerade noch fliehen. Eine neue Aufgabe erhielt er im Dienste der kaiserlichen Sache, als er den Südfrankreichfeldzug befehligte, der nach anfänglichen Erfolgen, verbunden mit dem Einzug in Aix (9. 8. 1524), vor Marseille, das im August und September vergeblich belagert wurde, scheiterte.

Schon im Jahre 1523 hatte der französisch gesinnte Kardinal Soderini Franz I. zum Eingreifen in Italien gedrängt, war jedoch bei Papst Hadrian VI. damit nicht durchgedrungen. Erst nach dem mißlungenen Feldzug des kaiserlichen Heeres in Südfrankreich stieß Franz I. nach Oberitalien vor, schnitt den Truppen Karls V. die Rückzugslinie ab und eroberte innerhalb kürzester Zeit Mailand zurück, wo er am 26. 12. 1524 einzog. Mit dem neuen Papst Clemens VII. und Venedig verbündet, war der französische König nun offenbar davon überzeugt, seine militärischen Erfolge von 1515 wiederholen zu können. Doch die Schlacht von Pavia, am 24. 2. 1525, ging für ihn katastrophal aus, geriet er doch in Gefangenschaft der kaiserlichen Armee. Der König hatte Antonio Leyva, den kaiserlichen General, der sich nach Pavia zurückgezogen hatte, belagert und gegen die berechtigten Warnungen seiner Offiziere zu früh von seiner noch nicht gesicherten Stellung aus angegriffen. Nach anfänglichen Erfolgen der überlegenen französischen Artillerie konnte Leyva im Zuge eines Ausfalls aus der Stadt die bereits geschwächte Infanterie von der Seite fassen und die Schlacht für sich entscheiden. Franz I. ergab sich Charles de Lannoy, Vizekönig von Neapel, als Gefangener, ein ähnliches Schicksal erlitt ein Teil des mitkämpfenden französischen Adels. Lannoy schrieb damals an Karl V.: «Gott hat Euch jetzt Eure Gelegenheit gegeben, und niemals werdet Ihr besser Eure Kronen empfangen können als jetzt. Dies Land (Italien) kann sich zur Zeit so wenig auf Frankreich stützen wie Navarra, dessen Erbe mitgefangen ist. Meine Meinung wäre, daß Ihr jetzt nach Italien kommen müßtet» (Brandi 1, S. 184). Doch kam der Kaiser nicht. So bereitete Lannoy die Reise des französischen Königs nach Spanien vor, indem er Montmorency beurlaubte, der für die Bereitstellung der Schiffe sorgte. Am 19. 6. 1525 traf Franz I. in Barcelona ein; seit dem 20. 7. hielt er sich in Madrid auf.

Die Aufnahme des Königs am Hof Karls V. war keineswegs freundlich; man ignorierte ihn längere Zeit, bis Franzens Schwester Margarete in Toledo eintraf. Doch weder die nun Mitte Oktober hier, noch die in Lyon seitens des kaiserlichen Gesandten de Praet geführten Verhandlungen führten zunächst zu einem Ergebnis. Franz war zwar bereit, auf Italien und auf die Lehnshoheit in Flandern und im Artois zu verzichten, zudem bot er auch ein Lösegeld in der Höhe von 3 Mill. Soleils d'Or, doch rückte Karl von seiner Forderung nach der Rückgabe Burgunds nicht ab. Ende November ging der französische König auf diese Forderung unter der Bedingung ein, die Übergabe Burgunds selbst erst nach seiner Rückkehr nach Frankreich vornehmen zu können. Als Garantie bot er seine Ehe mit Eleonore, der Schwester des Kaisers, ebenso seine beiden Söhne, die er als Geiseln zu stellen gedachte. Am 19. 12. 1525 war man in Madrid handelseinig. Franz versprach die kaiserlichen Forderungen zu erfüllen; seine Freilassung sollte unter Zurücklassung seiner beiden Söhne erfolgen, sechs Wochen nach seiner Rückkehr nach Frankreich sollte er den Vertrag ratifizieren, auch das Parlament sollte innerhalb von vier Monaten seine Ratifikation folgen lassen.

Der Friede von Madrid war «schon tot», als er am 14. 1. 1526 «feierlich beschworen und von den burgundischen Rittern so gutgläubig hingenommen wurde. Als Gattinara ihn siegeln sollte, weigerte er sich unter Berufung auf seine Pflicht gegenüber dem Kaiser» (Brandi 1, S. 195). Franz I. hatte übrigens schon am 16. 8. 1525 seinen geheimen Protest notariell beglaubigen lassen, alles für null und nichtig zu betrachten, was ihm während seiner Gefangenschaft gegen seine Ehre und Pflicht abgerungen würde. Am Vortag der Unterzeichnung des Madrider Friedensvertrages wiederholte er diesen Protest vor seinen Gesandten, dem Kardinal Tournon, dem Parlamentspräsidenten Jean de Selve und Montmorency.

Nach Frankreich zurückgekehrt, erklärte man im Mai 1526 dem kaiserlichen Gesandten de Praet in Cognac, der König betrachte den Vertrag von Madrid als erzwungen, er fühle sich deshalb nicht an ihn gebunden. Zur gleichen Zeit schloß Franz am 22. 5. mit dem Papst, dem Herzog von Mailand, mit Florenz und Venedig die Liga von Cognac ab. Es war die erste großangelegte anithabsburgische Koalition seit dem Kaisertum Karls V. Ihr Ziel war die Vertreibung der Spanier aus Neapel, die Rückgewinnung Mailands für die angestammte Dynastie und die Befreiung der Söhne Franz' I. All das hatte die Fortsetzung des Krieges in Italien zur Folge. Doch hielten sich Erfolg und Mißerfolg der Koalition die Waage: Im Zuge des «Sacco di Roma» wurde Papst Clemens VII. gestürzt und zur Kapitulation gezwungen. Erfolgreich hingegen waren die venezianisch-genuesischen Flottenoperationen vor den süditalienischen Küsten, die den Spaniern bei Amalfi (28. 4. 1528) unter maßgeblichem Anteil des genuesischen Kapitäns Andrea Doria eine empfindliche

Niederlage bereiteten. Verärgert durch Reibereien mit dem französischen Oberkommando und den Streit um die Beute, wechselte Doria wenige Wochen später auf die kaiserliche Seite. Dadurch konnte nicht nur die Seeblockade Neapels aufgehoben werden, sondern mit der Rükkendeckung Genuas gelang es de Leyva, die Truppen der Koalition bei Landriano (21. 6. 1529) vernichtend zu schlagen. Franz I. mußte zum Frieden mit dem Kaiser einlenken; er unterzeichnete in Cambrai am 3. 8. 1529 einen Friedensvertrag, der ihn zum Verzicht auf alle italienischen Ansprüche verpflichtete. Die italienischen Verbündeten Frankreichs mußten die Herrschaft Karls V. in Italien anerkennen. Außerdem mußte Franz der Zahlung der im Madrider Frieden vorgesehenen 200000 Soleils zustimmen. Auch die Souveränitätsrechte im Artois und in Flandern mußte er aufgeben. Karl seinerseits verzichtete auf eine gewaltsame Durchsetzung der «querelle de Bourgogne». Schließlich wurde die Eheschließung Eleonores mit dem französischen König vereinbart. Die italienische Frage schien zwischen Habsburg und Valois nun entschieden, der Kaiser hoffte auf eine Unterstützung seiner Politik im Reich und gegen die Osmanen. Diese Hoffnung war jedoch nicht von Dauer.

Im Reich nahm der französische König nach der Wahl Ferdinands I. zum Römischen König (1531) Kontakte zu den Gegnern, die eine Anerkennung der Königswürde des jüngeren Habsburgers verweigerten, auf. Es waren dies neben den schmalkaldischen Fürsten Hessen und Sachsen vor allem die katholischen Herzöge von Bayern. Dem Saalfelder Bündnis dieser Fürsten vom Oktober 1531 trat Franz I. im Vertrag von Scheyern in Bayern (Mai 1532) bei und sagte Subsidiengelder für den Konfliktfall mit dem Kaiser zu. Der französische König hat auf diese Weise zur Rückeroberung Württembergs ermuntert und damit den Verlust der wichtigsten oberdeutschen Position des Hauses Habsburg begünstigt. Der zweite Angelpunkt für eine Distanzierung von der Politik des Kaisers lag für Franz I. wiederum in Italien, und zwar bei Clemens VII., dessen Verhältnis zum Kaiser seit 1531 wieder getrübt war. Diese Mißstimmung nützte die französische Diplomatie zur Wiederannäherung an den Papst, indem sie diesem ein Eheprojekt vorschlug, das Katharina von Medici, die elfjährige Nichte Clemens' VII., und Heinrich, den zweitgeborenen Sohn Franz' I. und Herzog von Orléans betraf. Eine geheime Abrede darüber kam im Juni 1531 zustande; als Mitgift sah der Papst Pisa, Livorno, Modena, Reggio, Parma und Piacenza vor. Die Ehe wurde schließlich im Oktober 1533 in Marseille vom Papst persönlich eingesegnet.

War dies ein neuerlicher Schritt Frankreichs zur Rückgewinnung Mailands? Der Tod des Herzogs Francesco Sforza am 1. 11. 1535 hat Franz I. jedenfalls veranlaßt, seine Erbansprüche auf das wichtigste oberitalienische Fürstentum zu erneuern. Noch einmal suchte der französische König die militärische Entscheidung in Italien, zugleich auch als eine

Franz I. (1515-1547) 67

Antwort auf das starke mediterrane Engagement Karls V., das in dessen Tunisunternehmen (1535) seinen Höhepunkt ereicht hatte. Das mußte zwangsläufig zu einer engeren Kooperation Frankreichs mit dem Osmanischen Reich führen. Dieses, von einer antifranzösischen Warte aus oft kritisierte «Zusammenspiel» Franz' I. mit den Osmanen, hatte seinen Ursprung in den levantinischen Handelsinteressen Frankreichs, dem seit der Eroberung des Mamelukensultanats Ägypten durch die Osmanen (1517) eine bevorzugte Stellung im Orienthandel zukam. Das führte in weiterer Folge auch zu einer politischen Verbindung zwischen Frankreich und der Hohen Pforte in Konstantinopel (1523), die allerdings zunächst nicht in ein förmliches Bündnis mündete. Dazu sollte es erst im Februar 1536 kommen. Es brachte dem französischen König die maritime Unterstützung der Osmanen im westlichen Mittelmeer. Auf diese Weise gelang es, den Ausfall der genuesischen Flotte von 1528 zu kompensieren.

Die französisch-osmanische Kooperation im Mittelmeer muß aber auch als Folge des französisch-habsburgischen Dauerkonflikts gesehen werden, der Frankreich geradezu zwang, sich außerhalb der christlichen Staatengemeinschaft Bündnispartner zu suchen. Die Rolle eines Verbindungsgliedes kam dabei den nordafrikanischen Barbareskenstaaten zu. So hatte Chaireddin Barbarossa, der Beherrscher des algerischen Piratenstaates, eine Flotte aufgebaut und war von der Pforte zum Kapitän-Pascha ernannt worden. Im Mai 1534 hatte Franz I. mit ihm einen Vertrag abgeschlossen. Gegen Barbarossas Kaperfahrten an den süditalienischen Küsten war Karl V. im folgenden Jahr eingeschritten. Den Krieg gegen den Kaiser im Jahr 1536 begann Franz I. jedoch in Oberitalien. In einem Präventivschlag gegen Herzog Karl III. von Savoyen konnten französische Truppen innerhalb kürzester Zeit Savoyen und Piemont erobern. Franz I. nahm diese Gebiete in Besitz und machte Ansprüche seiner verstorbenen Mutter geltend. An der Grenze zum Herzogtum Mailand hielt er allerdings an. Karl V. nahm die Eroberung von Turin am 3. 4. 1536 zum Anlaß, in Rom, wo er sich gerade aufhielt, den französischen König vor der italienischen Öffentlichkeit als Friedensstörer zu denunzieren. In einer großangelegten Ostermontagsrede (17. 4.) vor Papst und Kardinälen versuchte der Kaiser (allerdings vergeblich), Paul III. zum Aufgeben seiner neutralen Haltung zu bewegen.

Der bis 1538 dauernde militärische Konflikt war geprägt von der Kombination von Land- und Seeoperationen. Karls Feldzug gegen Marseille war dafür typisch. Allerdings konnten die Franzosen ein zweites Mal (seit 1524) der Belagerung durch die kaiserliche Armee und Flotte standhalten. Anne de Montmorency hatte den Kaiser jeder Möglichkeit beraubt, seine Armee im Lande einzuquartieren. So wurde diese auf ihre Ausgangsposition in der Lombardei zurückgeworfen. Die französisch-osmanische Flottenkooperation blieb wenig wirkungsvoll; die von ihr ausgehende Bedrohung der italienischen Küsten führte allerdings Papst, Kaiser und Venedig in einer Türkenliga zusammen. Zwischen Karl V. und Franz I. vermittelte Papst Paul III. im Juni 1538 in Nizza persönlich einen zehnjährigen Waffenstillstand, der den Status quo in Italien sanktionierte. Das hieß, daß Frankreich Piemont besetzt hielt und daß Mailand habsburgisch blieb. Erneut versprachen Franz I. und Karl V. einander während des familiären Treffens in Aiguesmortes bei Nizza, vom 14. bis 16.7. 1538, die Zusammenarbeit in der Osmanenabwehr und in der Glaubensfrage im Reich. War damit die Freundschaft der «princes chrétiens» eingekehrt? Wie argwöhnisch man sich gegenseitig hinsichtlich der Beziehungen zu den Osmanen betrachtete, verdeutlicht der sogenannte «Gesandtenmord bei Pavia». Am 3.7. 1541 fingen spanische Soldaten, die dem Kommando Vastos in Mailand unterstanden, den mit seinem genuesischen Begleiter Fregoso nach Istanbul zurückreisenden französischen Gesandten Rincone (eigentlich Rincón und ehemals Untertan Karls V.) auf dem Po ab und töteten sie. Im Zuge dieses Skandals bezichtigte Franz I. den Kaiser sogar der Mitwisserschaft.

Der Hintergrund dieses Vorfalls bildet das Faktum, daß 1538 kein Friede zustandegekommen war und daß somit alle Streitfragen ungelöst blieben. Das betraf zunächst die französischen Ansprüche auf Mailand. Schon unmittelbar nach dem Tod von Francesco Sforza hatte Franz I. im Winter 1535/36 mit Karl V. darüber verhandeln lassen, ob sein Haus mit dem Visconti-Sforza-Erbe belehnt werden könnte. Doch der Kaiser stellte hohe Bedingungen, und zwar die Belehnung mit Karl, Herzog von Orléans, dem dritten Sohn des französischen Königs, und die Beibehaltung der kaiserlichen Festungen im Herzogtum Mailand. Im Grunde wollte Karl V. die Territorialgewinne von 1529 nicht als Apanage für einen französischen Prinzen preisgeben, vielmehr war er damals wohl schon eher entschlossen, Mailand seinem eigenen Haus, speziell seiner Linie, zu sichern, wie die geheime Investitur seines Sohnes Philipp mit dem Herzogtum im Jahre 1540 deutlich zu machen scheint. Doch auch danach sollte der Kaiser das Herzogtum im Zuge eines dynastischen Projekts neuerlich zur Disputation stellen, als nämlich im ostensiblen Friedensinstrument von Crépy vom 20./22. 9. 1544 binnen Jahresfrist eine Heirat des Herzogs von Orléans mit der Infantin Maria (der Tochter des Kaisers) oder der Erzherzogin Anna von Österreich (einer Tochter Ferdinands I.) verabredet wurde. Als Apanage waren Mailand oder die Niederlande vorgesehen. Der Kaiser entschied sich für ersteres, doch starb der Herzog von Orléans am 9.9. 1545. Vergeblich verlangte Franz I. eine Ersatzlösung.

Diese damals vereinbarte dynastische Lösung war ein Teil jenes Friedensprogramms, das dem letzten Feldzug Karls V. gegen Franz I. gefolgt war. Dieser Krieg war für Franz I. der bedrohlichste aller mit Habsburg geführten militärischen Auseinandersetzungen. Denn in Absprache mit dem englischen König drang der Kaiser in das Königreich ein, und Franz I. stand ohne Bündnispartner da, seinen einzigen, den Herzog von Jülich-Kleve, hatte Karl V. 1543 vernichtend geschlagen. Herzog Wilhelm der Reiche, der Jeanne d'Albret, die Nichte Franz' I. geheiratet hatte, war 1542 ein Bündnis mit Frankreich eingegangen, um sich im Kampf um das Geldernsche Erbe gegen Karl V. Rückendeckung zu holen, nachdem ihm der Schmalkaldische Bund die Aufnahme in seine Organisation verweigert hatte. Auf dem Speyrer Reichstag sagten die Reichsstände, auch die protestantischen Fürsten, dem Kaiser am 4.4. 1544 eine Waffenhilfe in der Größenordnung von 28000 bis 29000 Mann für sechs Monate zu. Karl V. selbst steuerte erhebliche militärische Kräfte bei. Der gemeinsame englisch-habsburgische Feldzug war schon 1543 abgesprochen worden. «Dem Kaiser war es um die Niederwerfung Frankreichs zu tun. Er wollte in Paris dem besiegten König den Frieden diktieren, wie er ihn einst in Madrid dem gefangenen hatte diktieren können. Heinrich erstrebte zunächst nichts weiter als Landgewinn. Boulogne – so hat er später offen zu den Gesandten seines Verbündeten geäußert – sei ihm wichtiger als Paris» (Cardauns, S. 324). Franz I. nützte die Vorteile der inneren Linie, außerdem vermied er jede Schlacht und hoffte, die vorstoßenden kaiserlichen Truppen an den Festungen aufzuhalten. In der Tat konnte der Kaiser die Festungen nicht umgehen, ohne Gefahr zu laufen, von seinen Verbindungs- und Rückzugslinien abgeschnitten zu werden. Die siebenwöchige Belagerung der Festung St-Dizier, vom 4.7. bis zum 17.8., kostete der kaiserlichen Armee nicht nur wertvolle Zeit, sondern zeigte auch gravierende Versorgungsmängel auf. Nur in der ersten Phase des Feldzuges funktionierte das Proviant- und Munitionswesen fast reibungslos, mit fortschreitendem Krieg blieben Sold und Nahrung jedoch aus.

Der französische König hatte 18000 Schweizer Söldner angeworben und einen Teil seiner Truppen (10000 Mann) zur Verteidigung von Paris, den anderen, größeren Teil (35000 Mann) 100 km östlich von Paris bei Jaalons postiert. Hier befanden sich auch der Dauphin Heinrich und der Herzog Karl von Orléans. Heinrich wurde der Oberbefehl übertragen, während sein Vater die meiste Zeit im Schloß St-Maur-Les-Fossées an das Krankenbett gefesselt war. Nach der Einnahme von St-Dizier mutete der Vormarsch des Kaisers nur noch als strategisches Manöver zur Beendigung des Krieges an. So umging Karl V. beispielsweise am 2.9. das stark befestigte Châlons, um am rechten Marneufer nach Epernay vorzustoßen. Mit Verhandlungen suchte der französische König den Kaiser von einem Marsch auf Paris abzuhalten. Eine führende Rolle spielte dabei der gebürtige spanische Dominikaner Gabriel de Guzman, der als Beichtvater das Vertrauen von Königin Eleonore genoß. In seinem Auftrag verhandelten ab Mitte August im kaiserlichen Lager Herzog Franz von Lothringen, Nicolas de Bossut, Seigneur de Longueval, stellvertretender Gouverneur der Champagne, der Marschall Annebaut, Africain de Mailly, Aubespine und Bayart. Sie trugen dem Kaiser das später in Crépy vereinbarte dynastische Projekt vor. Spätestens Anfang September mußte der Feldzug als gescheitert gelten, deshalb nahm der Kaiser das französische Friedensangebot, das ihn sein Gesicht wahren ließ, in Absprache mit seinem englischen Verbündeten an. Auch mit Heinrich VIII. hatte der französische König seit seiner Landung bei Boulogne verhandeln lassen. So war Ende August eine französische Delegation unter Kardinal du Bellay dorthin gegangen. Wenig später kapitulierte Vervins, der französische Kommandant von Boulogne. Erst im Juni 1546 sollte ein Friedensvertrag zustandekommen, der Boulogne die nächsten Jahre den Engländern als Pfandbesitz beließ. Das war zu einem Zeitpunkt, als der Friede von Crépy, zusammen mit dem Geheimvertrag von Meudon, schon an Bedeutung und Wirksamkeit verloren hatte. Dieser geheime Vertragsannex hatte den französischen König zur Beschickung des Konzils und zur Unterstützung der kaiserlichen Religionspolitik im Reich verpflichtet. Noch einmal hatte der Kaiser versucht, den französischen König in die Rolle eines «Trabanten» seiner Universalpolitik zu drängen. Doch erfüllten sich diese Erwartungen nicht. Der Kooperationswille Franz' I. war seit dem Scheitern des dynastischen Projekts, das mit der Apanage Mailand verbunden war, sehr gesunken.

Die beiden letzten Regierungsjahre Franz' I. standen im Zeichen zunehmender Krankenstände, wie man aufgrund zeitgenössischer Berichte weiß. Die Leiden des Königs waren älteren Ursprungs. So sprach Martin du Bellay schon 1538 von einem lebensgefährlichem «apostume», einem Abszeß/Tumor im Bauch. Entgegen der älteren Auffassung nimmt man heute an, daß Franz I. an einem Tumor litt, der die Harnröhre abklemmte und der wahrscheinlich eine Spätfolge einer Trippererkrankung in seiner Jugend gewesen ist. Dem Autopsiebericht zufolge hatte der König «un apostume en son estomac, les rognos gatés et les entrailles pourries, le gosier en chancre et le poumon ja (déja) quelque peu entamé» (ein Magengeschwür, verdorbene Nieren und Eingeweide, Geschwüre an der Kehle und eine zerfressene Lunge — so der kaiserliche Gesandte Saint-Mauris am 10. 4. 1547; vgl. Guerdan, S. 407). Gegen Ende des Jahres 1546, drei Monate vor seinem Tod am 31. 3. in Rambouillet, versuchten die Ärzte, dem sich ständig vergrößernden Tumor am Unterleib durch Verödungen beizukommen. Diese mit Infektionen verbundenen Eingriffe haben zwar kurz zu einer Linderung beigetragen, letztlich aber den gesundheitlichen Verfall Franz' I. nur beschleunigt.

Rainer Babel

# Heinrich II.
## 1547–1559

*Heinrich II., geb. am 31. März 1519 in Saint-Germain-en-Laye, als zweiter Sohn König Franz I., trägt zunächst den Titel eines Herzog von Orléans, 1536 Dauphin, 1547 König von Frankreich, 25. Juli 1547 Weihe und Krönung in Reims, gest. 10. Juli 1559 in Paris.*

*Vater: Franz I., König von Frankreich (1494–1547), Sohn Karls von Angoulême (1450–1496) und Louises von Savoyen (1476–1531). Mutter: Claudia von Frankreich (1499–1525), Tochter König Ludwigs XII. von Frankreich. Sechs Geschwister, nämlich: a) Louise (1515–1518), b) Charlotte (1516–1524), c) Franz (1518–1536), d) Magdalena (1520–1537), seit 1537 mit König Jakob V. von Schottland verheiratet, e) Karl, Herzog von Angoulême (1522–1545), f) Margarethe (1523–1574), seit 1559 mit Emmanuel Philibert von Savoyen verheiratet.*

*Heirat: am 28. Oktober 1533 mit Katharina von Medici (1519–1589), Tochter Herzog Lorenzos von Urbino (1492–1519) und seiner Gemahlin Magdalena aus dem französischen Haus der de la Tour-d'Auvergne (1501–1519). Legitime Kinder: a) Franz (1544–1560), seit 1559 als Franz II. König von Frankreich, b) Elisabeth (1546–1568), seit 1559 Gemahlin König Philipps II. von Spanien, c) Claudia (1547–1575) seit 1558 Gemahlin Herzog Karls III. von Lothringen, d) Ludwig (1549–1550), e) Karl Maximilian, Dauphin 1559, 1560 als Karl IX. König von Frankreich, seit 1570 verh. mit Elisabeth, Tochter Kaiser Maximilians II., f) Eduard Alexander Heinrich, Herzog von Anjou (1551–1589), Dauphin 1560, 1573 König von Polen, seit 1574 als Heinrich III. König von Frankreich, verh. mit Louise von Vaudémont, g) Margarethe (1553–1615), seit dem 18. August 1572 verh. mit Heinrich von Bourbon, König von Navarra (ab 1589 als Heinrich IV. König von Frankreich, h) François-Hercule, Herzog von Alençon, dann von Anjou (1555–1584), Dauphin seit 1574, i) Victoria (1556), j) Jeanne (1556). Zwei natürliche Kinder: a) mit Filippa Duci: Diana von Frankreich (1538–1619), verh. seit 1553 mit Horatio Farnese, seit 1557 mit Franz von Montmorency, b) mit Jane Fleming: Heinrich Herzog von Angoulême (1551–1586).*

«Die Geschichte Heinrichs II., die ich Ihnen hier vorlege, handelt von der Herrschaft desjenigen Ihrer Vorgänger, der sein Werk unter den glücklichsten Umständen begann und unter den unglücklichsten endete» – so leitete am Ende des 17. Jahrhunderts ein französischer Hofhistoriker die an König Ludwig XIV. gerichtete Widmung seiner Arbeit ein, um in den nächsten Sätzen das problematische Ergebnis der heinricianischen Ära in den denkbar schärfsten Kontrast zur überlegenen Leistung seines eigenen Herrn zu setzen.

Seither hat Heinrich II. nur wenige Historiker gefunden, die ein grundsätzlich günstigeres Urteil über ihn hätten fällen mögen. Weniger begabt und weniger glänzend als sein Vater, König Franz I., schien er zu sein, von Favoriten wie dem Konnetabel von Montmorency oder seiner Mätresse Diane de Poitiers beherrscht, beeinflußbar und ohne echten politischen Sinn. Gewiß ist die Detailforschung inzwischen in vielen Bereichen entscheidend vorangekommen, und gerade jüngste biographische Versuche haben Heinrich mehr Gerechtigkeit widerfahren zu lassen versucht, doch bleiben das Profil dieses Königs und die vorläufige Bilanz seiner Leistung in vielen Aspekten noch recht zwiespältig.

Heinrichs Herrschaft war an einem Wendepunkt angelangt, als er am 30.6.1559 bei einem Turnier die Wunde empfing, an der er, eben vierzigjährig, wenige Tage später sterben sollte. Dieses Turnier war Teil der Festlichkeiten aus Anlaß der Doppelhochzeit zwischen Heinrichs Tochter Elisabeth mit Philipp von Spanien und seiner Schwester Margarethe mit dem Herzog von Savoyen. Sinnfällig sollte hier die Versöhnung alter Gegner besiegelt werden, welche kurz zuvor im Frieden von Cateau-Cambrésis ein Jahrzehnt unablässigen Ringens definitiv beendet hatten.

Heinrich hatte diesen Frieden aus mehreren Gründen gesucht: Die wichtigsten waren die unerträglich werdende finanzielle Bürde des Krieges und das Erstarken des Protestantismus in Frankreich, auf dessen Bekämpfung der König sich vordringlich konzentrieren wollte. Bevor er in die Agonie verfiel, diktierte er an einem seiner letzten Tage auf dem Krankenlager einen Brief an den Papst, in dem er von der Verhaftung einiger der «lutherischen Häresie» verdächtigter Mitglieder des Parlaments von Paris berichtete und das Oberhaupt der Kirche seiner unerbittlichen Gegnerschaft gegen alle Formen konfessioneller Abweichung versicherte – eine Handlung, die umso bezeichnender erscheint, als sie die vielleicht letzte bewußte Manifestation seines königlichen Willens darstellt.

Doch war der Frieden von Cateau-Cambrésis teuer bezahlt worden. Fast alles, was Frankreich in beinahe unausgesetzten und verlustreichen Kriegen seit einem Vierteljahrhundert für sich gewonnen hatte, mußte es zurückerstatten; seine Rolle einer europäischen Vor- und Ordnungsmacht im Kampf gegen das Haus Habsburg gab es hiermit für unabsehbare Zeit auf. Nicht wenige Zeitgenossen hielten dies für eine falsche und alles andere als ehrenvolle Politik, ein Urteil, dem auch moderne Historiker nicht selten beigepflichtet haben. Daß Heinrich in einem Augenblick von der Bühne des Geschehens abtrat, in dem er durch die Tat das Scheitern einer lange verfolgten Politik eingestanden hatte, daß nach seinem vorzeitigen Tod Frankreich in die schlimmsten Wirren seiner Geschichte taumelte, erschwert dem nachgeborenen Historiker das Urteil über ihn ungemein.

Was aber waren seine eigentlichen Ziele gewesen, und wie hatte er diese zu erreichen versucht? War jener Heinrich von Valois, der 1547 als

*Heinrich II. (1547–1559)*

zweiter König seines Namens und als zweiter Sproß seines Hauses auf den französischen Thron gelangte, nur ein Vorläufer des Untergangs oder barg seine Herrschaft Chancen, gingen von ihr trotz allem positive Wirkungen aus?

Der 1519 geborene Heinrich wuchs als mittlerer der drei Söhne des Königs Franz I. auf und war damit nicht unmittelbar zur Thronfolge bestimmt. Wenn es in seinem Leben eine Epoche gegeben hat, die die Formung seines Charakters nachhaltig bestimmte, so waren es die annähernd fünf Jahre, die er zusammen mit seinem älteren Bruder als Geisel in Spanien zubringen mußte, um ihrem nach der Schlacht von Pavia (1525) in kaiserliche Gefangenschaft geratenen Vater die Rückkehr nach Frankreich zu ermöglichen. Den weitaus größten Teil dieser Zeit – bis zum Abschluß und zur Durchführung des Friedens von Cambrai (1530) – verbrachten die beiden Königssöhne – da man Flucht- oder Befreiungsversuche unmöglich machen wollte –, unter teilweise ungünstigen, wenn nicht unwürdigen Bedingungen in mehreren kastilischen Festungen. Die mit dieser Gefangenschaft verbundene Demütigung hat Heinrich niemals vergessen und Karl V. als ihrem Urheber immer unauslöschlichen Haß entgegengebracht.

Wenige Jahre nach der Rückkehr nach Frankreich vermählte Heinrich sich mit Katharina von Medici, der Tochter des Herzogs von Urbino, Lorenzo di Medici, und Magdalena, seiner aus dem alten französischen Haus der La Tour d'Auvergne stammenden Gemahlin. Früh elternlos geworden, war Katharina von Medici eine Verwandte und Schutzbefohlene des Papstes; die Heirat stand mithin im Zentrum eines groß angelegten französisch-päpstlichen Allianzplanes, der neben kurialen Zugeständnissen in bezug auf einige Kardinalserhebungen und die Erhebung des Zehnten durch Franz I. die Eroberung eines aus Mailand, Parma, Pisa und Montferrat gebildeten Herrschaftsbereichs vorsah, in dem die jungen Eheleute regieren sollten. Clemens' VII. Tod wenige Monate später vereitelte diese Aussicht und beraubte Franz I. wieder seiner neuen und wichtigen Stütze in Italien. Der politische Profit der Verbindung mit Katharina war dahingeschwunden, und manche Zeitgenossen, wenn nicht sogar der Ehegatte selbst, mochten sie unter den Gesichtspunkten der Ebenbürtigkeit nun als Mißgriff empfinden, und dies vielleicht umso mehr, als Heinrich nach dem plötzlichen Tod des Dauphin Franz 1536 an den ersten Platz der Thronfolge rückte. Zu dieser Zeit war jedoch wohl Heinrichs Beziehung zu Diane de Poitiers schon entstanden oder doch im Entstehen begriffen. Bis zu seinem Tode sollte die um zwanzig Jahre ältere und ob ihrer Schönheit berühmte Witwe des Louis de Brézé an Heinrichs Seite bleiben, eine Begleiterin von schwer zu fassendem, aber wohl bedeutendem Einfluß auf das Denken und Handeln des Kronprinzen und dann des Königs. Katharina von Medici trat in all diesen Jahren kaum in den Vordergrund und ließ durch nichts die ungemeine politische Begabung erkennen, die sie während der aufeinanderfolgenden Regierungen ihrer drei Söhne zur beherrschenden Figur des Königreichs machte. Allenfalls ihre stete Bereitschaft zur Protektion antihabsburgisch eingestellter italienischer Landsleute, die als «fuorusciti» ein Refugium am Hof von Frankreich fanden, brachte sie in engere Berührung mit eigentlich politischen Fragen. So wie Diane de Poitiers klug genug war, ihren Geliebten im Rahmen des Möglichen immer wieder zu honorigem Verhalten seiner Gattin gegenüber anzuhalten, sicherte sich die hochgebildete, doch physisch kaum attraktive Katharina durch ihre Zurückhaltung wenn schon nicht die Liebe, so doch vielleicht das Wohlwollen und den Respekt Heinrichs.

Wenig verband den Dauphin mit seinem Vater. Franz' I. Vorliebe hatte immer – auch zu Lebzeiten des Dauphin Franz – seinem ihm wesensähnlichen jüngsten Sohn Karl gegolten. Seit Heinrich als Kronprinz eigenen politischen Sinn zu entfalten begann, vertiefte sich der Graben noch durch manche Unterschiede der Auffassung. Am deutlichsten zeigt sich dies in Heinrichs Haltung zum Frieden von Crépy, den Franz I., durch eine kaiserlich-englische Allianz bedrängt, 1544 mit Karl V. schloß und der den Austausch aller seit einem gewissen Zeitpunkt gegenseitig gemachter Eroberungen vorsah, so die Restitution des 1536 von Frankreich eroberten Savoyen (unter Einschluß Piemonts). Waffenhilfe gegen die Türken und – in einer Geheimklausel – die französische Zustimmung zur Einberufung eines Generalkonzils mit dem Ziel der Bereinigung der konfessionellen Streitigkeiten sowie nötigenfalls Unterstützung des Kaisers gegen die deutschen Protestanten wurden ebenso festgelegt wie die Vermählung von Franz' I. jüngstem Sohn mit einer territorial reich ausgestatteten Habsburgerin; ob es die Tochter des Kaisers mit der Morgengabe der Niederlande oder die Tochter seines Bruders Ferdinand mit dem Herzogtum Mailand sein sollte, behielt Karl V. innerhalb einer gewissen Frist zu entscheiden sich vor. Sollte der Kaiser Mailand als Mitgift bestimmen können, mußte freilich zuvor unbestritten sein, daß er es auch rechtens besaß, d. h. der ins Auge gefaßte Transfer an Heinrichs jüngeren Bruder setzte den Verzicht auf einen traditionellen Rechtsanspruch der Krone Frankreich voraus, so wie der Vertrag im übrigen auch die Aufgabe alter Ansprüche auf das Königreich Neapel und die Grafschaften von Asti, Flandern und Artois bestimmte. Obwohl der Kaiser im Gegenzug seinen Anspruch auf Burgund fallenließ, war ein solcher Verzicht problematisch, denn die Grundgesetze der französischen Monarchie legten die Unveräußerlichkeit des gesamten Kronbesitzes fest.

Der Dauphin legte gegen diesen Friedensvertrag vor ausgesuchten Zeugen einen geheimgehaltenen Protest ein. Die Furcht vor der unabhängigen und für ihn selbst durchaus unbequemen Stellung, die sein

Bruder zu erwerben drohte, leitete ihn dabei wohl kaum weniger als sein stark ausgeprägtes Verständnis von der Integrität der Monarchie.

Der Tod des Heiratskandidaten Karl von Orléans im Jahre 1545 verhinderte zwar den Vollzug des Friedens, Heinrich wahrte jedoch auch in der Folge Distanz zu seinem Vater und dessen Politik. Vor allem die Kontakte zu den deutschen Protestanten ließ er nicht abreißen und nährte bei ihnen sogar aus Gründen politischer Berechnung gewisse Hoffnungen auf die Einführung der Reformation in Frankreich – in einem Augenblick, als Franz I. ihre französischen Glaubensgenossen härter und massiver als je zuvor zu verfolgen begann.

Heinrich, um den sich bereits ein eigener Kreis von Vertrauten und eine eigene Klientel gebildet hatten, schien in diesen letzten Lebensjahren des Königs in mancher Hinsicht neue Orientierungen vorzubereiten: Es war bereits abzusehen, daß nach seinem Herrschaftsantritt die einflußreichen Personen bei Hofe nicht mehr die gleichen sein würden wie zuvor, und es war ferner abzusehen, daß er die mit dem Vertrag von Crépy vorerst aufgegebene aggressive Linie gegenüber Karl V. bei erster Gelegenheit wieder aufzunehmen gedachte.

Am 31. 3. 1547 starb König Franz I. Viele, die ihm nahegestanden hatten, mußten nun weichen: Seine einflußreiche Mätresse, die Herzogin von Etampes, wurde unverzüglich des Hofes verwiesen, der Admiral d'Annebaut eines Teils seiner militärischen Ämter entkleidet und aus dem engeren Rat ausgeschlossen, dem Kanzler Olivier das königliche Siegel entzogen.

Manche ehemals Mächtigen kehrten zurück, wie der Franz I. früher einmal eng verbundene, dann aber in Ungnade gefallene Konnetabel Anne de Montmorency. Montmorency hatte die Freundschaft des Dauphin zu erwerben gewußt, als dieser in mehreren Feldzügen unter seiner Anleitung militärische Erfahrung sammeln konnte. Wieder in die Würde eines Konnetabel von Frankreich eingesetzt, genoß Montmorency künftig eine quasi vizekönigliche Autorität, und er blieb bis zu Heinrichs Tode die beherrschende Figur an dessen Seite.

Seine schärfsten Rivalen im Ringen um Einfluß auf den König und seine Politik waren die zwei ältesten Söhne des Herzogs von Guise. Die Guise bezogen hohes Selbstbewußtsein aus ihrer Zugehörigkeit zum lothringischen Herzogshaus, dessen jüngerer Zweig sie waren. Der Herzog Franz von Aumale, der nach dem Tod seines Vaters seinerseits den Titel eines Herzogs von Guise annahm, war ein glänzender Militär und ein begabter Politiker; eine im Feld empfangene Verletzung hatte ihm den Beinamen «le Balafré» eingebracht. Zumindest an politischem Sinn stand ihm sein jüngerer Bruder Karl nicht nach, der schon in jungen Jahren Erzbischof von Reims geworden war und durch Heinrichs Unterstützung bald nach dem Herrscherwechsel in den Kardinalsrang erhoben wurde.

In Montmorency und den Brüdern Guise verkörperten sich während der gesamten Ära Heinrichs II. nicht nur die Konflikte zweier um Macht und Einfluß ringender Familien samt ihrem jeweiligen Anhang, sondern darüber hinaus zwei entgegengesetzte Konzepte wenigstens der äußeren Politik. Der schroffe und unzugängliche Konnetabel neigte – in seltsamem Gegensatz zu aller Härte, ja Grausamkeit, die er gegen die Feinde seines Königs auf dem Schlachtfeld durchaus an den Tag legen konnte – als Militär wie als Politiker zur Vorsicht, ja selbst immer zu einer grundsätzlichen Friedensbereitschaft. Die Guise waren meist auf der Seite der Partei der kühnen Aktion und des kalkulierten Wagnisses zu finden, unter anderem auch deswegen, weil Bewährung als Feldherr für den Herzog Franz das beste Mittel war, den Abstand zu dem einflußreicheren Montmorency zu verringern.

Heinrichs II. Herrschaft, die an diesem 31.3.1547 nun also begann, stand von Anfang an stark unter den Vorzeichen der äußeren Politik. Nach dem Vertrag von Crépy war 1546 in Ardres auch mit England ein Frieden geschlossen worden, der für Frankreich unter anderem den vorläufigen Verzicht auf das im Krieg verlorengegangene Boulogne brachte. Wenn nun – nach dem Tode auch König Heinrichs VIII. von England, der wenige Monate vor Franz I. gestorben war – dieser Konflikt wieder ausbrach, so lag der Grund im scheinbar so weit entfernten Problem der schottischen Erbfolge: In Schottland übte seit dem Tode König Jakobs V. seine Witwe Maria von Guise, eine Schwester des Herzogs und des Kardinals von Lothringen, die Regentschaft für ihre kleine Tochter, Maria Stuart, aus. Eine Eheverbindung der Thronerbin mit dem gleichfalls minderjährigen König Eduard VI. von England, wie sie der englische Regent Somerset favorisierte, wäre für Frankreichs Interessen höchst abträglich, gar gefährlich gewesen, war Schottland doch der traditionell wichtigste Bundesgenosse gegen den alten Feind England. In dieser Situation faßte Heinrich den Entschluß, selbst die Initiative zu ergreifen und die Vermählung seines ältesten Sohnes Franz mit Maria Stuart anzubahnen. Nachdem im Sommer 1548 die schottische Thronfolgerin an den französischen Hof gebracht worden war, erklärte Heinrich sich zum Protektor Schottlands und unterstützte die Regentin durch die Entsendung von Truppen. Daß er den folgenden Krieg mit England für sich entscheiden konnte, lag nicht zum wenigsten an der Zurückhaltung Karls V., der den Frieden mit Frankreich nicht der von Somerset gewünschten Koalition opfern wollte. Doch war der englisch-französische Vertrag von 1550, der nicht nur Schottland wieder befriedete, sondern auch die Rückgabe Boulognes gegen die Zahlung einer gewissen Summe vorsah, ein erster, recht bedeutender Erfolg des jungen Königs auf dem Feld der Außenpolitik und ein ermutigendes Zeichen für die Zukunft.

Was aber hatte Heinrich sich für diese Zukunft vorgenommen? Schon die heimlich eingelegte Verwahrung gegen den Frieden von Crépy hatte in gewisser Weise die Richtung gewiesen, die durch die Kontakte des Dauphin mit den Feinden des Kaisers im Reich dann ja konsequent eingehalten wurde. Die protestantischen Fürsten des Reiches freilich, die bei Franz I. einst Rückhalt gegenüber ihrem Kaiser gefunden hatten, waren nach dem Ende des Schmalkaldischen Krieges in ihrem Bewegungsspielraum stark eingeengt. Wollte Heinrich, wie es schien, den Kampf Frankreichs gegen Habsburg wieder aufleben lassen, boten sich Ansatzpunkte vorerst eher in Italien, obwohl dem fest verankerten habsburgischen Einfluß sowohl im Herzogtum Mailand als auch im Königreich Neapel und in Sizilien hier zunächst nur Frankreichs Präsenz im 1536 annektierten Piemont entgegenstand. Als einzig sicherer Parteigänger Frankreichs durfte auf der Apeninnenhalbinsel der Herzog von Ferrara gelten, dessen Gattin Renée de France eine Enkelin König Ludwigs XII. war.

Doch kam Heinrich ein unerwartetes Ereignis zu Hilfe: die Ermordung Piero Luigi Farneses, des Herzogs von Parma. Farnese war der natürliche Sohn Papst Pauls III. und von seinem Vater in das vom Kirchenstaat abhängige Herzogtum Parma eingesetzt worden. Der Gouverneur von Mailand, Don Ferrante Gonzaga, profitierte von der Situation und ließ das Herzogtum kurzerhand von spanischen Truppen besetzen. Dies aber führte den bislang kaiserlich gesonnenen Paul III., der die Parteigänger Karls V. für die Ermordung seines Sohnes verantwortlich machte, vollständig auf die Seite Frankreichs.

Eine Allianz, welche Heinrich durch den anläßlich seiner Kardinalserhebung in Rom befindlichen Karl von Lothringen vorschlagen ließ, kam allerdings aufgrund der ablehnenden Haltung des umworbenen Venedig nicht zustande. Daß Heinrich dennoch die für einen Italienfeldzug im Zusammenhang dieses Bündnisses aufgestellte Streitmacht über die Alpen nach Piemont führte, bevor ihn eine in Südwestfrankreich ausgebrochene Steuerrevolte zur Rückkehr zwang, zeugte von seinem festen Willen, die französische Präsenz in Italien augenfällig und unmißverständlich unter Beweis zu stellen.

Als bald darauf Paul III. verstarb, wandelte sich die Situation von Grund auf, denn Julius III., sein Nachfolger, geriet bald in Gegensatz zu Frankreich. Die Verstimmung resultierte unter anderem aus der französischen Weigerung, das zur Lösung der konfessionellen Fragen einberufene Konzil von Trient zu beschicken – Heinrich fürchtete nicht zu Unrecht, die Position des Kaisers durch eine Teilnahme zu stärken –, daneben entstand aber noch ein päpstlich-französischer Konflikt um Parma, welches Julius III. den Farnese wieder zu entreißen wünschte.

Diese Situation gedachte Heinrich zu einer Stärkung seines eigenen Einflusses in Italien auszunutzen. Er vermählte im Mai des Jahres 1551 seine natürliche Tochter Diana mit Horatio Farnese und nahm das Herzogtum Parma unter seinen Schutz. Eine eilends entsandte Armee sollte die päpstlich-kaiserlichen Truppen, die unter Don Ferrante Gonzaga in Parma standen, vertreiben und dabei auch durch Seestreitkräfte des Sultans, des alten Alliierten bereits Franz' I., unterstützt werden. Als er solchermaßen unter Druck zu geraten drohte, lenkte der Papst ein und befahl die Restitution Parmas an Ottavio Farnese. Daß er in den ersten Monaten des Jahres 1552 auch das Konzil von Trient suspendierte, hing jedoch auch mit den Entwicklungen jenseits der Alpen zusammen.

Denn noch während auf dem italienischen Schauplatz die französische Intervention ihren erfolgreichen Lauf nahm, waren auch hier die Dinge wieder in Fluß gekommen. Schon seit längerem hatte die französische Diplomatie damit begonnen, im Reich das Terrain gegen den Kaiser neu zu bereiten. Die Schlüsselfigur in dieser Konstellation war Moritz von Sachsen, der Kurfürst aus dem Hause Wettin. Als Alliierter des Kaisers nach der Beendigung des Schmalkaldischen Krieges mit der Kurwürde seines geächteten ernestinischen Vetters ausgestattet, war Moritz seit einiger Zeit auf Distanz zu Karl V. gegangen. Groll über die fortgesetzte Gefangenschaft seines Schwiegervaters, des Landgrafen von Hessen, aber auch Zweifel, ob angesichts der herrschenden Machtverhältnisse sein neuer Besitz an der Seite des Kaisers wirklich am aussichtsreichsten zu verteidigen sei, hatten ihn veranlaßt, über einen Frontwechsel nachzudenken. Zusammen mit zwei anderen Reichsfürsten schloß Moritz mit Frankreich im Oktober 1551 in Lochau eine Allianz, die im folgenden Februar von Heinrich zu Chambord ratifiziert wurde.

Die Vereinbarung sah eine gemeinsame Aktion Heinrichs mit den deutschen Fürsten gegen Karl V. vor. Begründet wurde das Vorgehen mit dem gerechten Kampf gegen die «viehische spanische servitut», die der Kaiser dem Reich auferlegen wolle, Frankreich nahm als Schutzmacht der «Libertät» der deutschen Fürsten an dem Bündnis teil. Heinrich verpflichtete sich zu umfassender Militär- und Finanzhilfe; um einen französischen Feldzug ins Reich strategisch zu sichern, wurden ihm von seinen deutschen Vertragspartnern – in reichsrechtlich höchst fragwürdiger Weise – die lothringischen Reichsstädte Metz, Toul und Verdun sowie Cambrai als Reichsvikar anvertraut. Die deutschen Fürsten versprachen ferner, bei der nächsten Kaiserwahl einen Frankreich genehmen Kandidaten zu berücksichtigen oder eine Kandidatur des Königs von Frankreich zu unterstützen.

Im Frühjahr 1552 nahmen die militärischen Operationen ihren Anfang. Eine königliche Armee stieß gegen den Rhein vor, und Metz, Toul und Verdun erhielten französische Garnisonen. Auch das von Frankreich unabhängige Herzogtum Lothringen wurde unter französischen Einfluß gebracht, sein minderjähriger Herzog formell unter den Schutz der Krone gestellt und zur weiteren Erziehung an den königlichen Hof gesandt. Frankreich beherrschte nun die strategischen Linien zwischen Maas und Rhein, die in mehrfacher Hinsicht bedeutend waren: für eine Offensive gegenüber dem Reich wie für die Sicherung des eigenen Territoriums gegen Angriffe von Osten sowie für die Unterbrechung der Kommunikationslinien des räumlich getrennten habsburgischen Einflußbereichs im Süden des Reichs und in den Niederlanden.

Wenn die Absicht, die Heinrich mit dem Feldzug verbunden hatte, nicht verwirklicht werden konnte, so lag dies vor allem am Verhalten der deutschen Fürsten. Moritz, der den Kaiser militärisch schon fast in die Enge getrieben hatte, ließ es nicht zum Letzten kommen und begann, sich in erneuter Wendung Karls moderatem Bruder Ferdinand, dem römischen König und Regenten der österreichischen Erblande, anzunähern. Heinrich blieb nichts anderes übrig, als den Rückzug anzutreten, zumal eine eilig zusammengebrachte kaiserliche Armee von den Niederlanden her Nordostfrankreich zu bedrohen begann.

Metz wurde bald von starken kaiserlichen Kräften belagert, jedoch von Herzog Franz von Guise, dessen bereits bedeutende militärische Reputation hier auf ihren Höhepunkt gelangte, hartnäckig und erfolgreich verteidigt. Nachdem Heinrichs unter dem Namen der «voyage d'Allemagne» bekannt gewordenes Unternehmen sein eigentliches Ziel verfehlt hatte, blieb die Behauptung der französischen Präsenz in den Städten Metz, Toul und Verdun in der Form einer Schutzherrschaft somit das einzig greifbare Ergebnis der zu Lochau und Chambord geschlossenen Allianz.

Die nun folgende jahrelange Konfrontation zwischen Valois und Habsburg vollzog sich im wesentlichen auf zwei Schauplätzen. In Italien, wo der Erfolg von Metz das französische Prestige gewaltig steigerte, bedrohten von ihren Basen im Piemont aus französische Truppen Mailand; eine Fortführung der Entente mit der Pforte ermöglichte gar gemeinsame französisch-türkische Seeoperationen gegen die Häfen des habsburgischen Einflußbereichs. Von allergrößter Bedeutung allerdings war die Haltung der Stadtrepublik Siena, wo im Sommer 1552 die spanische Garnison vertrieben und daran anschließend ein Schutzbegehren an Frankreich gerichtet wurde. Siena war in mehrfacher Hinsicht von strategischem Wert: Es bedrohte die Südflanke des prokaiserlichen Florenz, beherrschte wichtige Häfen entlang der Küste der Maremma und war überdies dem Kirchenstaat unmittelbar benachbart, bildete also nach Parma einen weiteren ausgezeichneten Ansatzpunkt, um die habsburgische Vorherrschaft in Italien aufzubrechen. Ein weiterer wichtiger Stützpunkt für Frankreich kam mit dem genuesischen Korsika hinzu, dessen Besetzung etwa ein Jahr später durch die im Verein mit der türkischen Flotte aufgebaute Seeherrschaft Frankreichs im westlichen Mittelmeer möglich wurde, allerdings um den hohen Preis der Wendung des bisher neutralen Genua ins spanisch-habsburgische Lager.

Diese unbestreitbaren Erfolge auf dem italienischen Schauplatz fanden auf dem näher gelegenen Aktionsfeld im Nordosten Frankreichs allerdings kaum Entsprechungen. Nach der Aufhebung der Belagerung von Metz hatte Heinrich, hierin von Montmorency bestätigt, eine neue kaiserliche Initiative an den Grenzen Frankreichs ausgeschlossen. Indessen hatte Karl V. seine in die Niederlande abgezogenen Kräfte dort durchaus zu regenerieren verstanden. Die Belagerung und Eroberung der französischen Grenzfeste Thérouanne im April des Jahres 1553 und die anschließende Eroberung Hesdins zerstörten jäh die Illusion von der kaiserlichen Handlungsunfähigkeit. Nur langsam kam die französische Gegenwehr in Gang, da Heinrich und Montmorency ihre Truppen nach dem Ende der Belagerung von Metz in falscher Einschätzung der Lage nicht zusammengehalten hatten. Es gelang gerade noch rechtzeitig, die Belagerung des nur 20 Kilometer vor Amiens gelegenen Doullens aufzuheben, doch verhinderte die übervorsichtige Taktik Montmorencys einen energischen Gegenstoß. Mit mehr Schwung sollte eine französische Offensive im Folgejahr 1554 vorangetragen und dabei Brüssel selbst erobert werden. Nach anfänglichen Erfolgen scheiterte jedoch auch jetzt der französische Vormarsch an der meisterlichen Ablenkungstaktik des kaiserlichen Feldherrn, des Herzogs Emmanuel Philibert von Savoyen. Ein unerwarteter Erfolg über die Kaiserlichen bei Renty, nahe Thérouanne, der Karl V. in arge Bedrängnis hätte bringen können, wurde von Montmorency nicht ausgenutzt.

Überhaupt begann sich in diesem Jahr 1554 eine Reihe von Rückschlägen für Heinrich einzustellen. Nicht nur war es zu der von Frankreich außerordentlich gefürchteten und mit allen Mitteln bekämpften Eheschließung zwischen Karls V. Sohn Philipp und der Halbschwester und Nachfolgerin des 1553 verstorbenen Königs Eduard von England, Maria Tudor, gekommen, auch in Italien traten ungünstige Entwicklungen ein. Im Mai 1554 wurde Piero Strozzi, der Gouverneur Sienas, bei Marciano in offener Feldschlacht vom Herzog der Toskana, Cosimo di Medici, vernichtend geschlagen und damit der Weg zur Belagerung der Stadt durch florentinisch-kaiserliche Kräfte freigemacht. Genau ein Jahr später, im Mai 1555, fiel Siena – und mit ihm die Hauptstütze des französischen Einflusses in Mittelitalien.

Auch wenn die französische Stellung wenigstens in Piemont und in Korsika gehalten oder sogar verbessert werden konnte, mochten diese Vorgänge Heinrich Verhandlungen gegenüber geneigt machen, die von Karl V., der zunehmend mit inneren Schwierigkeiten zu kämpfen hatte und seine Nachfolge geregelt sehen wollte, gewünscht und vom Papst sowie der auf ihre innere Bewegungsfreiheit bedachten Königin von England vermittelt wurden. In Ardres, unweit von Calais, traten im Frühjahr des Jahres 1555 unter der Vermittlung des englischen Kardinals Reginald Pole die besten Diplomaten beider Lager zusammen. Die französische Delegation stand unter der Führung des Kardinals von Lothringen, der Kaiser wurde von Granvelle vertreten. Beide Seiten präsentierten Maximalforderungen und zeigten wenig Kompromißwillen, so daß die Unterhändler ergebnislos auseinandergingen. Die französische Intransigenz dürfte zumindest zu einem gewissen Teil auch auf die Tatsache zurückzuführen sein, daß in Paul IV. unmittelbar zuvor ein ausgesprochen antihabsburgisch gesinnter Papst Oberhaupt der Kirche geworden war. Die Berechtigung dieses Kalküls erwies sich schon im folgenden Herbst, als es dem Kardinal von Lothringen gelang, ein Defensivbündnis zwischen Frankreich, dem Papst und dem Herzog von Ferrara zustande zu bringen.

Es ist wohl vor allem die Abdankung Karls V. gewesen, welche trotz dieses diplomatischen Erfolges den Dingen nochmals eine neue Wendung gab und weitere Verhandlungen ermöglichte. Heinrichs tiefsitzende Abneigung gegen die Person des Kaisers war nun weniger hinderlich; die Aufteilung des habsburgischen Machtbereichs zwischen Philipp, der Spanien, die Niederlande und die italienischen Besitzungen erhielt, und Karls Bruder Ferdinand mußte auch in französischen Augen die Gefahr einer Universalmonarchie in milderem Licht erscheinen lassen.

Unter diesen gewandelten Umständen verständigten sich beide Seiten zu Anfang des Jahres 1556 in der Abtei Vaucelles auf einen fünfjährigen Waffenstillstand unter vorläufiger Wahrung des jeweiligen Besitzstandes. Metz, Toul und Verdun, Korsika und die noch bestehenden italienischen Positionen waren somit für Heinrich wenigstens vorläufig gesichert. Die Verhandlungen in Vaucelles hatte freilich der Admiral Coligny, ein Neffe Montmorencys, geführt und in der Tat dürfte der Konnetabel seinen Anteil an Heinrichs Entschluß zu diesem Waffenstillstand gehabt haben. Die Guise hingegen verharrten in entschiedener Opposition: Der Kardinal von Lothringen, der ja gerade den Weg zu einer erneuten machtvollen Aktion in Italien freigemacht hatte, sah die von ihm vermittelte Allianz desavouiert, dem Herzog von Guise, der seit der Belagerung von Metz kein wirklich bedeutendes Kommando mehr erhalten hatte und als Feldherr vor Montmorency zurücktreten mußte, entging im letzten Moment die von Heinrich bereits beschlossene Ernennung zum Generalleutnant des italienischen Kriegsschauplatzes.

Doch sollte auch Vaucelles noch nicht das letzte Wort der französischen Politik darstellen. Die erneute Wendung der Situation, diesmal im Sinne der Brüder Guise, ging einmal mehr von Italien aus. Der Papst hatte den Waffenstillstand denkbar schlecht aufgenommen und ließ nichts unversucht, Frankreich doch noch zum Bruch mit Spanien zu bewegen. Die Situation spitzte sich dramatisch zu, als der Papst Karl V. sowie Philipp II. in der Folge der spanischen Protektion für zwei exkommunizierte Mitglieder der römisch-aristokratischen Opposition mit dem

Kirchenbann belegte. Unter dem Eindruck der spanischen Reaktion –
von Süden her überzog der Herzog von Alba den Kirchenstaat unverzüglich mit Krieg – entschied der König sich für eine radikale Änderung
seines bisherigen Kurses. Was immer für eine zurückhaltende Politik auf
der Linie der Übereinkunft von Vaucelles gesprochen haben mochte,
nun war ein Eingreifen zugunsten des Papstes auch unter den gewichtigen Gesichtspunkten des königlichen Prestiges angezeigt – immer noch
trug der französische Monarch den Ehrentitel eines Schützers der Kirche. Man muß bei der Beurteilung seiner Handlungsweise Heinrich zugute halten, daß er sich dem aus dieser moralischen Verpflichtung resultierenden Handlungsdruck nur schwer entziehen konnte, wollte er
nicht erheblichen Schaden für die Reputation seiner Krone in Kauf nehmen. Daneben stand freilich die lockende Aussicht, mit einem Schlag
die spanische Präsenz im Königreich Neapel zu beenden und hier einem
der jüngeren französischen Königssöhne zu einer eigenen Herrschaft zu
verhelfen. Der Herzog von Guise wurde erneut als Generalleutnant des
italienischen Kriegsschauplatzes bestätigt. Im Frühjahr 1557 traf Guise,
der zuvor in Piemont eine stattliche Armee versammelt und sich mit
dem Herzog von Ferrara verständigt hatte – der der letzte französische
Verbündete von Bedeutung in Norditalien war, nachdem auch der Herzog von Parma die Seiten gewechselt hatte –, in Rom ein.

Die nun einsetzenden militärischen Operationen brachten jedoch
nicht den gewünschten Erfolg. Nicht nur war Guises Armee den Kräften
Albas deutlich unterlegen, schwächten Seuchen die Kampfkraft der
Franzosen, brachte die mißliche finanzielle Situation Frankreichs die geregelte Versorgung und Bezahlung der Truppen durcheinander, auch
die eigenwillige Haltung des Papstes sorgte für alle möglichen Verstimmungen. Zu allem Überfluß blieb auch die von der Pforte ursprünglich
zugesagte Flottenhilfe, die benötigt wurde, um die spanischen Verbindungslinien dauerhaft zu unterbrechen, aus. Als sich dann die französische Belagerung vor der Veste Civitella brach, war dies ein sicheres
Zeichen dafür, daß an eine erfolgreiche Invasion in Neapel nicht zu
denken war. Einige Erfolge der in Norditalien operierenden französischen Truppen konnten die Gesamtlage nicht wesentlich verbessern.

So befand Guise sich bereits in einer schwierigen Situation, als eine
katastrophale Entwicklung an der französischen Nordostgrenze eintrat.
Dort hatte im August 1557 Emmanuel Philibert von Savoyen Montmorency eine vernichtende Niederlage beigebracht: Die meisten militärischen Führer, die nicht mit Guise in Italien standen, waren gefallen oder,
wie Montmorency selbst, in spanische Gefangenschaft geraten. Im Anschluß daran gelang es den Spaniern überdies, die von Montmorencys
Neffen Coligny tapfer verteidigte Festung Saint Quentin einzunehmen.
Die Konsequenzen dieser Entwicklung waren dramatisch: das Kernland
des Königreichs, ja Paris selbst, gerieten unter akute Bedrohung.

Eilig ordnete Heinrich unter dem Druck der Ereignisse die Rückberufung des Herzogs von Guise und seiner Truppen an. Diese Preisgabe der italienischen Verbündeten freilich brachte die Fundamente des französischen Einflusses auf der Apeninnenhalbinsel zum Einsturz, denn der Papst konnte angesichts der drohenden Nähe Albas, dessen Vorhut bereits vor Rom auftauchte, nicht anders als die Verständigung mit Philipp II. zu suchen. Die spanische Vorherrschaft in Italien aber ging aus dieser letzten Kraftprobe fester denn je gegründet hervor.

Im Norden, wo die Lage noch einmal durch den – freilich seit längerem absehbaren – Kriegseintritt Englands an der Seite Spaniens verschärft wurde, lag die Leitung der militärischen Operationen nun ganz in den Händen des Herzogs von Guise, dem als Generalleutnant des Königreichs zumindest für die Zeit der Gefangenschaft Montmorencys die vollen Verantwortlichkeiten des Konnetabels übertragen wurden.

Die Rückschläge an der Grenze zu den Niederlanden machten entschiedenes und schnelles Handeln dringend erforderlich. Doch wie – und vor allem wo – konnte der französische Gegenangriff vorangetragen werden, um mit den verbliebenen Truppen, die nicht unnötig exponiert werden durften, den größten möglichen Erfolg zu erzielen? Im königlichen Rat setzte sich bald der Gedanke durch, daß eine Rückeroberung von Saint Quentin, auf die der Feind freilich vorbereitet war, zugunsten eines anderen Unternehmens aufgegeben werden sollte, das einen beträchtlichen strategischen Vorteil mit einem wichtigen psychologischen Effekt zu verbinden versprach: die Eroberung, besser die Rückeroberung, von Calais, das sich seit über anderthalb Jahrhunderten in englischer Hand befand. Hier konnte England am empfindlichsten getroffen und von hier aus konnten auch die spanischen Kräfte in den Niederlanden wirkungsvoll in Schach gehalten werden.

An dem kühnen Entschluß, die Operation unter den ungünstigen klimatischen Bedingungen der Wintermonate durchzuführen, hatte Heinrich erheblichen persönlichen Anteil, während der Herzog von Guise hiervon eher abriet. Dennoch gelang es Guise, das Unternehmen zu einem glücklichen Ausgang zu bringen: Am 8. 1. 1558 konnte er die Kapitulation der englischen Besatzung entgegennehmen.

Die mit großen Feierlichkeiten begangene Einnahme von Calais war der letzte große Erfolg der Waffen Heinrichs in diesem Krieg. Denn die weitere militärische Auseinandersetzung nahm, bedingt durch die finanzielle Erschöpfung auf beiden Seiten, mehr und mehr die Züge eines letztlich unentschieden bleibenden Ringens an.

Auch Heinrich konnte nicht entgehen, daß wachsende Finanznot und die anderen inneren Probleme seines Reiches – und hier in erster Linie die ungehinderte Entfaltung des Protestantismus – nunmehr eine Konzentration aller Kräfte erforderten und einen Primat der äußeren Politik nicht länger zuließen; ferner litt er unter der Trennung von Montmorency und gab wohl auch zunehmend einem gewissen Mißvergnügen über den wachsenden Einfluß der Guise, die sich nun ohne Widerpart entfalten konnten, Raum.

Der Konnetabel, zu diesem Zeitpunkt immer noch Gefangener der Krone Spanien, wurde mit sondierenden Gesprächen beauftragt, die schließlich in Waffenstillstandsverhandlungen einmündeten. Heinrich machte sich von Anfang an wenig Illusionen über das, was die Spanier und die Engländer ihm an territorialem Verzicht zumuten würden. Wirklich fest entschlossen war er nur zur Wahrung von Calais sowie von Metz, Toul und Verdun. Selbst das 1536 eroberte Piemont hatte er insgeheim schon zur Disposition gestellt.

Da sich eine Verständigung mit Spanien auf der Basis gegenseitiger Restitutionen des jeweils Eroberten bald als möglich erwies, stellte Englands Beharren auf Calais das eigentliche Hindernis für einen Abschluß dar. Maria Tudors Tod im November 1558 bewirkte zunächst zwar eine Unterbrechung der Verhandlungen, ermöglichte auf längere Sicht aber auch eine Entspannung der englischen Position. Marias Halbschwester und Nachfolgerin Elisabeth schlug Philipps Heiratsangebot aus und schickte sich an, das Inselreich ins protestantische Lager zu führen, Spanien aber stand in der Folge zumindest nicht mehr unter dem Druck, englische Interessen mitverteidigen zu müssen.

Als die Unterhändler sich im Februar 1559 in der Nähe von Cambrai wieder trafen, einigten sich Frankreich und England auf einen bedingten Verbleib Calais' bei Frankreich auf zunächst acht Jahre. Mit Spanien wurde ein vollständiger Austausch der gegenseitigen Eroberungen vereinbart, der Herzog von Savoyen erhielt seine Stammlande einschließlich Piemonts mit Ausnahme einiger wichtiger Festungen (Turin, Chieri, Pignerolo, Chivasso, Villanova d'Asti) zurück. Die Grafschaft Montferrat überließ Frankreich dem Herzog von Mantua, Montalcino, das letzte Refugium unbeugsamer Sieneser, dem Großherzog der Toskana und Korsika den Genuesen. Der Verbleib der Städte Metz, Toul und Verdun kam nicht zur Sprache, da es sich hier um eine Angelegenheit des Reiches handelte. Besiegelt wurde dieser Frieden von Cateau-Cambresis durch ein doppeltes Eheband: Der seit dem Tod Maria Tudors verwitwete Philipp von Spanien sollte Heinrichs Tochter Elisabeth, der wieder in seine Länder eingesetzte Herzog Emmanuel Philibert von Savoyen des Königs Schwester Margarethe heiraten.

Der erste Artikel des Friedens freilich hatte keine territoriale Frage zum Inhalt, sondern unterstrich den Willen der Vertragsparteien, ein allgemeines Konzil zur Behebung der konfessionellen Spaltung zu fördern. Bislang hatte Heinrichs Furcht vor der möglichen kaiserlichen Dominanz bei einem Konzil überwogen und ihm eine Haltung, die von äußerster Distanz geprägt war, auferlegt. In seinem eigenen Herrschaftsbereich hatte er jedoch von Anfang an die Konfessionspolitik seines Vaters fortgesetzt und die Protestanten kompromißlos verfolgt. Schon im Oktober 1547, also wenige Monate nach seiner Thronbesteigung, war eine spezielle Kammer des Parlaments von Paris mit der Verfolgung der Reformierten betraut worden, die wegen der hohen Zahl von gefällten Todesurteilen bald unter dem Namen der «chambre ardente» bekannt wurde. Eine Reihe von Verordnungen präzisierte die verfolgungswürdigen Tatbestände und die zu ergreifenden Maßnahmen, so etwa das 1551 erlassene Edikt von Châteaubriand, welches alle Untertanen des Königs zur Denunziation von Anhängern der reformierten Religion aufforderte, die Unterstützung von Reformierten mit drakonischen Strafen bedrohte und jeden Kontakt mit Genf, dem Zentrum der Reformation calvinistischer Ausprägung und Zufluchtsort eines immer breiter anschwellenden Stromes französischer Emigranten, verbot. Die konsequente Durchsetzung solcher Erlasse scheiterte freilich immer wieder an den von der Dominanz der äußeren Politik geprägten Rahmenbedingungen und teilweise auch am Widerstand der königlichen Gerichtshöfe, wie im Fall der Inquisition, die 1557 durch eine päpstliche Bulle und ein begleitendes königliches Edikt in Frankreich eingeführt werden sollte. Solange der Krieg andauerte, war die Durchsetzung der königlichen Prärogative mit großen Schwierigkeiten verbunden; hingegen zeigte sich immer deutlicher, daß die Theologie des Johannes Calvin immer mehr Anhänger sowohl in der unmittelbaren Umgebung des Königs als auch im Milieu der hohen Amtsträgerschaft und selbst im höheren Klerus zu finden begann. Frei von den Zwängen des Krieges gedachte Heinrich, diesen Entwicklungen mit aller Entschiedenheit entgegenzutreten. Zu einer bezeichnenden Szene kam es, als er Anfang Juni des Jahres 1559 einer gemeinsamen Sitzung aller Kammern des Pariser Parlaments beiwohnte, einer sogenannten Mercuriale. Eine ganze Reihe von Angehörigen dieses Gerichtshofes gaben ohne Rücksicht auf die Folgen ihre Sympathie mit der Sache der Reformation zu erkennen, forderten die Beilegung der religiösen Streitigkeiten durch ein freies und allgemeines Konzil und kritisierten in offenen Worten die Härte und Intoleranz der königlichen Religionspolitik. Zwei von ihnen, Anne du Bourg und Louis du Faure, wurden auf Geheiß des zornbebenden Königs unter Mißachtung ihrer traditionellen Immunität auf der Stelle, einige andere später verhaftet und der Ketzerei angeklagt.

Das Erstarken der reformatorischen Bewegung, das sich in diesem Vorgang sinnfällig manifestiert, war ein wichtiger, jedoch nicht der einzige Grund für die Abkehr von einer ambitiösen Außenpolitik gewesen. Mehr und mehr war Frankreich trotz einer in vieler Beziehung beachtlichen und anhaltenden wirtschaftlichen Prosperität während der Ära Heinrichs II. durch die wachsenden Kriegskosten in eine kaum mehr zu behebende Staatsverschuldung hineingeraten. Die Einnahmen aus dem königlichen Domänenbesitz sowie den traditionellen Hauptsteuern der «taille», der «aides» und der «gabelle» sowie aus neugeschaffenen Steuern wie dem 1549 eingeführten «taillon» reichten schon bald bei weitem nicht mehr aus, um die Ausgaben der Krone zu decken. Ein Mittel, auf das Heinrich massiver als alle seine Vorgänger zurückgriff, um seinen Finanzbedarf zu decken, waren Renten, d. h. der Verkauf von Einnahmen aus bestimmten Gerechtigkeiten, die während einer festgelegten Zeit als Zins für die Überlassung einer rückzahlbaren Summe dienten.

Wohl noch wichtiger waren die großen Anleihen, die Heinrich bei den Bankiers des wichtigsten französischen Finanzplatzes Lyon aufnahm. Die Praxis der Einzelanleihe freilich barg viele Tücken: Da sie im allgemeinen von Bedarfsfall zu Bedarfsfall abgeschlossen wurde, stand das benötigte Geld nicht immer sofort und rechtzeitig zur Verfügung, bei einer Akkumulation mehrerer Anleihen wurde die Schuldensituation unübersichtlich, und durch den steigenden Zinsdruck geriet die Rückzahlung immer mehr in Gefahr. Eben dieser Mechanismus hatte Spanien bereits in arge Bedrängnis geführt; Heinrich gedachte ihn durch eine durchaus geschickte finanzpolitische Maßnahme in den Griff zu bekommen. Ab 1555 einigten sich der König und die betroffenen Banken quasi auf die Bildung eines Bankenkonsortiums, der «grand parti de Lyon», das als Gesamtgläubiger für alle kontraktierten Anleihen auftrat. Bei einem Zins von 16% per annum wurde die Rückzahlung eines Betrages von 5% der Gesamtschulden anläßlich jeder der jährlich viermal stattfindenden Messen von Lyon vereinbart. Dieses Verfahren sollte eine geregelte und überschaubare Zinszahlung sowie eine stetige Tilgung der Gesamtschuld garantieren, konnte aber freilich nur so lange funktionieren, als die Aufnahme neuer Schulden unterblieb oder wenigstens gewisse Grenzen nicht überschritt. Die durch den Krieg gesetzten finanziellen Notwendigkeiten brachten das durchaus nicht unkluge System der «grand parti» denn auch nur zu bald durcheinander und ließen den Schuldenberg bis zum Ende von Heinrichs Regierungszeit auf die phantastische Summe von 43 Millionen livres – fast das Dreifache der jährlichen Staatseinnahmen – steigen.

Ein weiteres Mittel zur Steigerung der Kroneinnahmen war der Verkauf von königlichen Ämtern, den Heinrich durchaus ausgiebig praktizierte; mancher in seiner Ära vollzogene Wandel in der administrativen Struktur des Königreichs hatte seinen Grund im Finanzbedarf der Krone. Die Suche nach Geld stand 1552 bei der Errichtung des Parlaments von Rennes ebenso Pate wie im gleichen Jahr bei der Einführung des Semestersystems für die Finanzgerichte und kurz darauf auch für die Parlamente. Dort wurde jedes Amt nun zweimal besetzt und jeder der beiden Amtsinhaber übte seine Funktion für jeweils sechs Monate aus. Manchmal waren solche lukrativen administrativen Umgestaltungen auch von der Sache her durchaus sinnvoll: Als 1551 mit den «sièges présidiaux» eine den regionalen Verwaltungseinheiten von «baillage» bzw. «sénéchaussée» vorgesetzte mittlere Gerichtsinstanz geschaffen wurde, führte dies zu einer erheblichen Entlastung der bislang von Appellen aus der unteren jurisdiktionellen Ebene überschwemmten Parlamente.

Überhaupt bewirkte der Druck der äußeren Umstände in der Ära Heinrichs II. einen beschleunigten Wandel der französischen Institutionen, der, wenn auch die Vermutung naheliegt, daß manche Maßnahmen schon zur Zeit Franz' I. vorbereitet worden waren, doch langfristig wichtige Grundlagen für ein modernes Staatswesen schuf. In diesen Zusammenhang gehört die erstmalige Ernennung von vier Staatssekretären im Jahre 1547, die sich mit jeweils festgelegter geographischer Zuständigkeit nach Provinzen und Staaten der den eigentlichen Entscheidungsprozeß vorbereitenden Bearbeitung innerer und äußerer Angelegenheiten anzunehmen hatten. In diesen Zusammenhang gehört ferner die weitere Ausdifferenzierung der königlichen Finanzverwaltung und die Designation eines «premier conseiller» im Rat, der den «principal ministre» des folgenden Jahrhunderts präfigurierte. Aus dem Gabelle-Aufstand des Jahres 1548, der während Heinrichs Zug ins Piemont losgebrochen war, zog man Lehren für eine auch in außerordentlichen Situationen aktionsfähige Regentschaft, wie sie an der Seite Katharinas von Medici in Gestalt eines Rates und mehrerer «lieutenants-généraux» dann vor der «voyage d'Allemagne» installiert wurde. In die Zukunft wiesen die Organisation des Amtes der «maîtres de requête» im Edikt von Compiègne 1553, welche durch regelmäßige Missionen in bestimmten Bezirken die Zentralgewalt in den Provinzen des Königreichs vertreten sollten, und vielleicht mehr noch die Verwendung außerordentlicher Kommissare, die in den eroberten, okkupierten oder annektierten Provinzen (Piemont, Toskana, Korsika, Metz, Toul und Verdun) den Militärgouverneuren an die Seite gestellt wurden: Hier zeichnete sich schon das im 17. Jahrhundert so bedeutende Amt des Intendanten ab. 1559 hatte Frankreich also zweifellos eine solide administrative Struktur gewonnen, die ihm in seiner dunkelsten Epoche zugute kommen sollte – nach den Worten des französischen Verwaltungshistorikers Michel Antoine, des vielleicht besten Sachkenners, hatte es erst auf dieser Basis die Voraussetzungen gewonnen, «den ärgsten Stürmen zu widerstehen».

War das alles Heinrichs eigenes Werk gewesen oder hatte seine Umgebung ihn zu diesen Schritten veranlaßt, wer auch immer hier als treibende Kraft im Hintergrund gestanden haben mag? Wie es bei seiner Biographie so oft der Fall ist, läßt sich auch hier keine sichere Aussage treffen. Wenn er auch kaum der eigentliche Urheber der geschilderten administrativen Reformen gewesen sein dürfte, so zeigte er durch seine positive Rolle bei ihrer Umsetzung doch wenigstens, daß es ihm weder ganz an politischem Verständnis noch an Urteilsvermögen fehlte.

Genügt dies freilich, um Heinrichs Ära in der Gesamtbeurteilung mit positiveren Vorzeichen als bisher meist geschehen zu versehen? Man hat es zweifellos nicht leicht mit ihm, zumal bei ihm auch die noch bei seinem Vater so anziehende Seite des kunstfreudigen Renaissancefürsten weniger entwickelt war. Die Zeitgenossen berichten in weitgehender Übereinstimmung von seiner Vorliebe für körperliche Übung und strengen Sport, wenn er auch sicher nicht ohne jeden Zugang zur Kunst oder den Werken der Literatur gewesen ist. Er förderte zwar den bedeutenden Architekten Philibert de l'Orme, der unter anderem für Diane de Poitiers das Schloß von Anet errichtete, sorgte für den Ausbau der königlichen Schlösser von Fontainebleau und Saint Germain und ließ von Pierre Lescot den mittelalterlichen Pariser Louvre zu einer zeitgemäßen Residenz umgestalten, doch hält sein mäzenatisches Wirken einem Vergleich mit dem seines Vaters nicht stand.

Trotz weniger ausgeprägter ästhetischer Neigungen war Heinrich für die symbolischen Formen der Repräsentation seiner Autorität und Würde, wie sie etwa in den Zeremonien königlicher «entrées» verkörpert wurden, allerdings sehr empfänglich. Und in gewisser Weise hatte dieses Motiv monarchischer Größe und Würde vielen Aspekten seiner Herrschaft zugrundegelegen. Selbst wenn man den Blick auf ein scheinbar von so konkreten Interessen beherrschtes Feld wie die Außenpolitik zurücklenkt, wird man gewahr, welche Rolle ideelle Momente in ihrer Begründung und in ihrer Darstellung nach außen gespielt haben. Die auswärtige Intervention ist meist in das Gewand ideeller Motivation gekleidet: Es geht dabei um «Schutz», Schutz der deutschen Libertät, der ständischen Freiheit, Schutz Parmas oder Sienas gegen das habsburgische Übergewicht in Italien. Gewiß bemäntelte dieses Gewand auch strategische Eigeninteressen, wurde der damit verbundene Anspruch durch schnöde Taktik – man denke an das Paktieren mit den Türken – teilweise auch ad absurdum geführt, doch darf man nicht außer acht lassen, daß in ihm daneben auch ein sehr bedeutendes Element der Auffassung Heinrichs von seiner Rolle steckte. Denn indem sie Schutz gegen einen Unruhestifter, nämlich das zur Universalmonarchie tendierende Haus Habsburg zu gewähren beanspruchte, reklamierte die Krone Frankreich gleichzeitig die Position einer regulierenden Ordnungsmacht innerhalb der Christenheit für sich und erhob einen eigenen universalen Anspruch.

Gemessen an Heinrichs ursprünglichem Wollen war seine ambitiöse Politik am Ende gescheitert; das was Frankreich blieb, war wenig, der Hauptgegner Spanien hingegen schien die Auseinandersetzung in vieler Beziehung gestärkt zu verlassen. Manche von Heinrichs Weggefährten, der ehrgeizige Herzog von Guise etwa, haben dies bitter empfunden und dem König gegenüber mit ihrer Enttäuschung über die Wendung der Dinge auch nicht hinter dem Berg gehalten. Doch wenn man im Lichte seiner ursprünglichen Erwartungen und Hoffnungen Heinrichs schließliche Entscheidung für den Frieden und ihre Gründe bedenkt, wird man annehmen dürfen, daß ihm dieser Verzicht nicht leicht gefallen ist und vielleicht ermessen können, welchen Stellenwert die konfessionelle Frage für ihn gewonnen haben mußte – wenn er denn, was freilich unbeweisbar bleibt, sich nicht ein Revirement zu gebotener Stunde insgeheim vorbehalten haben sollte.

Heinrichs Herrschaft ist nicht ohne einige bleibende Ergebnisse zu Ende gegangen. Die Erneuerung der administrativen Strukturen, die unter ihm, mag sie auch schon unter seinem Vorgänger in manchem vorgezeichnet gewesen sein, ins Werk gesetzt wurde, war eines von ihnen. Territorial gesehen waren trotz aller Anstrengungen der vergangenen Kriege vorerst nur Calais und die lothringischen Städte Metz, Toul und Verdun für Frankreich gewonnen. Doch könnte es – in einer ironischen Wendung der Dinge – gerade das Ende der kostspieligen und kräftezehrenden Interventionspolitik in Italien und die leidliche Konsolidierung des französischen Territoriums an strategisch besonders exponierten Stellen gewesen sein, die Frankreich für die Zukunft eine gute Ausgangsbasis verschafften und es befähigten, nach der Ära Heinrichs IV. und dann Richelieus Habsburg-Spanien endgültig zu überrunden. Nur wird man nicht den Fehler begehen dürfen, solchermaßen positiv fortwirkende Aspekte uneingeschränkt unter die Leistungen Heinrichs zu subsumieren. Aus seiner Sicht waren die genannten Erwerbungen wichtige Schritte, aber doch nur Elemente eines größeren Gesamtplanes gewesen, von dem er sich unter dem Druck der Umstände abwenden mußte.

Vielleicht ist das letzte Wort über Heinrich und die Bilanz seiner Herrschaft ja noch nicht gesprochen, werden neue Quellen und andere Forschungsperspektiven vertiefte Einblicke geben. Welches Bild Heinrichs II. dann vor uns auftauchen wird, ob es dann gelingen wird, das Profil dieses Königs von der Zwiespältigkeit, die ihm nach wie vor zu eigen ist, ein Stück weit zu befreien, muß der Zukunft überlassen bleiben.

Rainer Babel

# Franz II.
## 1559–1560

*Franz II., geb. 19. Januar 1544 in Fontainebleau, durch seine Heirat mit Maria Stuart 1558 nominell König von Schottland, König von Frankreich nach dem Tod Heinrichs II. am 10. Juli 1559; am 18. September 1559 Weihe und Krönung zu Reims, gestorben am 5. Dezember 1560 zu Orléans.*
*Vater: Heinrich II., König von Frankreich (1519–1559), zweitältester Sohn Franz I. Mutter: Katharina von Medici (1519–1589), Tochter Herzog Lorenzos von Urbino (1492–1519) und seiner Gemahlin Magdalena aus dem französischen Haus der de la Tour-d'Auvergne (1501–1519). Geschwister: a) Elisabeth (1546–1568), seit 1559 Gemahlin König Philipps II. von Spanien, b) Claudia (1547–1575) seit 1558 Gemahlin Herzog Karls III. von Lothringen, c) Ludwig (1549–1550), d) Karl Maximilian, Herzog von Orléans (1550–1574), Dauphin seit 1559, 1560 als Karl IX. König von Frankreich, seit 1570 mit Elisabeth, Tochter Kaiser Maximilians II. verh., e) Eduard Alexander Heinrich, Herzog von Anjou (1551–1589), Dauphin 1560, 1573 König von Polen, seit 1574 als Heinrich III. König von Frankreich, verh. mit Louise von Vaudémont, f) Margarethe (1553–1615), seit dem 18. August 1572 verh. mit Heinrich von Bourbon, König von Navarra (ab 1589 als Heinrich IV. König von Frankreich), g) François-Hercule, Herzog von Alençon, dann von Anjou (1555–1584), Dauphin seit 1574, h) Victoria (1556), i) Jeanne (1556), zwei illegitime Geschwister: Diana von Frankreich (1538–1619), seit 1553 mit Horatio Farnese, seit 1557 mit Franz von Montmorency verh., Heinrich von Angoulême (1551–1586).*
*Heirat: 24. Mai 1558 mit Maria Stuart, Tochter König Jakobs V. von Schottland und seiner Gemahlin Maria von Lothringen aus dem Hause Guise, keine Nachkommen.*

Franz II., König von Frankreich und durch seine Heirat mit Maria Stuart im Jahr 1558 zumindest nominell auch König von Schottland, war ein unvorbereiteter, kränklicher und psychisch labiler Jüngling von nicht einmal sechzehn Jahren, als der Turnierunfall seines Vaters ihn im Juli 1559 auf den Thron Frankreichs brachte. Im Sinne der gängigen Rechtsauffassung war der König volljährig, weshalb trotz seiner gebrechlichen Verfassung keine Regentschaft in Frage kam. Doch konnte kein Zweifel daran bestehen, daß die Auswahl seiner engsten Ratgeber angesichts der natürlichen Schwäche seiner Autorität eine ganz besondere Bedeutung gewinnen mußte.

Nun war freilich die Stunde der Brüder Guise gekommen, des Herzogs Franz und seines Bruders Karl, des geschliffenen und scharfzüngigen Kardinals von Lothringen. Unter Heinrich II. hatten die beiden Vertreter eines jüngeren Zweiges der lothringischen Herzogsfamilie mehr als einmal vor dem Konnetabel von Montmorency zurückstehen müssen; in der neuen Königin Maria Stuart, der Tochter König Jakobs V. von Schottland und ihrer Schwester Maria von Guise, fanden sie jetzt einen bedeutenden Rückhalt. Ferner wirkte sich für sie günstig aus, daß die Königinmutter, Katharina von Medici, ihre Enttäuschung über die von Montmorency inspirierte und in Cateau-Cambrésis besiegelte Friedenspolitik geteilt und sich ihnen in den letzten Monaten Heinrichs II. angenähert hatte.

So vollzog sich mit dem Herrschaftsantritt Franz II. ein bedeutender Wandel im Macht- und Einflußgefüge am französischen Hof, dessen erstes Opfer der Konnetabel wurde. Franz II. nahm die Führung der Staatsgeschäfte aus seinen Händen und übertrug sie den Brüdern Guise. Allerdings empfahl sich eine allzu große Demütigung des alten Favoriten Heinrichs II., der immer noch über einen bedeutenden Anhang verfügte, nicht. Montmorency verlor zwar die reale Macht, behielt aber den prestigeträchtigen Titel eines Konnetabel von Frankreich, der zumindest in der Theorie den Oberbefehl über die königliche Armee in Kriegszeiten einschloß, und wurde auch im bedeutenden Gouvernement des Languedoc bestätigt.

Tiefer sank hingegen der Stern Dianes von Poitiers, der alten Vertrauten und Mätresse Heinrichs II., die den Hof verlassen und obendrein ihr an der Loire gelegenes Schloß Chenonceaux im Tausch gegen das weniger prächtige Chaumont an Katharina von Medici abtreten mußte. Wer im Zeichen ihrer Protektion im königlichen Dienst aufgestiegen war, mußte zugunsten von Männern des Vertrauens Katharinas oder der Brüder Guise weichen.

Doch hatten letztere nicht nur auf alte Rivalen wie Montmorency und seinen Anhang zu achten. Auch die traditionellen Ansprüche der mit dem Königshaus verwandten – und bei Aussterben der direkten Linie nachfolgeberechtigten – Adligen, der sogenannten «princes du sang», auf Beteiligung an den Staatsgeschäften stellten bei der gegenwärtigen Schwäche der Monarchie eine überaus ernstzunehmende Gefahr für ihre neue Stellung als leitende Minister dar. Zwei Abkömmlinge des Hauses Bourbon waren in dieser Beziehung die gefährlichsten Gegner der Guise: Antoine, Herzog von Vendôme und – durch seine Vermählung mit Jeanne d'Albret – König von Navarra und sein jüngerer Bruder, Louis de Condé. Durch ihr besonderes Verhältnis zum Königshaus konnten sie leicht zum Kristallisationspunkt der unterschiedlichsten oppositionellen Strömungen werden – und dies umso mehr, als beider Neigungen zum protestantischen Bekenntnis durchaus kein Geheimnis waren.

Denn gerade auf dem Feld der Religionspolitik bestimmten die Guise Franz II. zu einer unerbittlichen Fortsetzung der rigorosen Linie seines

LE TRES CHRESTIEN FRANCOIS II DE
CE NOM ROY DE FRANCE ET D'ECOSSE.

*Moncornet excudit*

Vorgängers. Heinrich II. hatte noch durch das Edikt von Ecouen vom 2. 6. 1559 das Vergehen der Häresie mit dem Feuertod bedrohen lassen; nun schlossen sich weitere Verordnungen an, mit denen der Lebensnerv der im Untergrund existierenden protestantischen Kirchenorganisation getroffen werden sollte: Häuser, die als Versammlungsorte dienten, sollten zerstört, Duldung oder Organisation geheimer Versammlungen mit dem Tod bestraft werden. Inhabern von Grundherrschaften mit jurisdiktionellen Befugnissen wurde bei zu nachlässiger Verfolgung konfessioneller Vergehen der Verlust ihrer Gerichtsrechte angedroht, und die kirchlichen Autoritäten förderten die Denunziation von Protestanten, indem sie die Exkommunikation für den Fall ankündigten, daß Häresie nicht zur Anzeige gebracht würde. Gleichzeitig wurde allerorten durch Wellen von Durchsuchungen der Zugriff auf die Anhänger der neuen Lehre verstärkt. Der konfessionelle Antagonismus begann nun auch die populären Bevölkerungsteile zu durchdringen: gegenseitige Provokationen und blutige Zusammenstöße zwischen Katholiken und Protestanten wurden immer häufiger.

Unausbleiblich war in der Folge eine Radikalisierung des französischen Protestantismus, dem durch den Zustrom vieler Adliger zunehmend ein aktives Element zufloß. Die Beseitigung der «fremden» Favoriten, in denen man die Urheber der unversöhnlichen Politik der Krone erkannte, und die stärkere Beteiligung des heimischen Adels, zumal der «princes du sang», an der Macht wurde zum vornehmlichen Ziel einer Bewegung, an deren Spitze sich alsbald Louis de Condé stellte. Ganz im Unterschied zu seinem eher zögerlich veranlagten Bruder Navarra neigte Condé zu entschiedenem Handeln und kühnen Entschlüssen. Mit seinem Wissen und seiner Billigung fand unter Führung eines aus dem Périgord gebürtigen und in Genf zum Protestantismus konvertierten Landadeligen namens La Renaudie im Februar 1560 in Nantes ein geheimes Zusammentreffen von Malkontenten statt. Diese Versammlung, die sich selbst als eine legitime Vertretung der geknebelten Gesamtnation betrachtete, beschloß eine baldige bewaffnete Aktion, die allein gegen den Herzog von Guise und den Kardinal von Lothringen als Usurpatoren, aber nicht gegen die Krone gerichtet sein sollte.

Freilich konnten die aufwendigen Vorbereitungen zu einem solchen Unternehmen letztlich nicht verborgen bleiben. Als die ersten Warnungen vor einer Verschwörung laut wurden, hatten der König und sein Gefolge gerade das offene Blois verlassen und sich auf eine Reise loireabwärts begeben. Die beunruhigenden Nachrichten bewogen den Hof zum Rückzug in das Schloß von Amboise, das vom Herzog von Guise unverzüglich verteidigungsbereit gemacht wurde.

Am 16. März versuchte La Renaudie mit seinen Kräften vergeblich den Sturm auf Amboise. Bei ihrem Gegenstoß trieben die königstreuen Truppen die schlecht organisierten Angreifer, unter denen sich viele kriegsunerfahrene Handwerker befanden, völlig auseinander und brachten scharenweise Gefangene ein. La Renaudie selbst wurde bei den Kämpfen getötet, doch wer überlebt hatte, fiel nun als Hochverräter einem furchtbaren Strafgericht anheim. Amboise wurde in den folgenden Tagen zum Schauplatz zahlreicher Hinrichtungen; den zeitgenössischen Berichten zufolge waren selbst die Mauern und Tore des Schlosses voll von den Körpern Erhängter, die an den Galgen keinen Platz mehr gefunden hatten.

Obwohl der bewaffnete Aufstand mit dem Ziel der Beseitigung der Guise vollständig gescheitert war, blieben die Geschehnisse von Amboise langfristig doch nicht ohne Wirkung. Denn immer deutlicher artikulierten sich nun auch in der unmittelbaren Umgebung des Königs die Stimmen, die die Intransigenz der Guise für die Insurrektion verantwortlich machten und im Interesse des Staates größere Duldsamkeit gegenüber den Protestanten empfahlen. Erste zögernde Schritte in diese Richtung folgten bald: Schon unter dem Eindruck der ersten Nachrichten von der Verschwörung war am 2. 3. 1560 im königlichen Rat eine Verordnung formuliert worden, die zumindest jenen Protestanten, die konversionswillig waren, eine Amnestie in Aussicht stellte. Das Edikt von Romorantin vom folgenden Mai grenzte die Kompetenz der weltlichen Gerichtsbarkeit in konfessionellen Fragen ein und wies allein der geistlichen Gerichtsbarkeit die Aufgabe zu, über Häresie als Tatbestand zu entscheiden.

Diese Tendenz zu einer geschmeidigeren Politik wurde auch von Katharina von Medici inspiriert und unterstützt. Mehr und mehr begann die Königinmutter angesichts der schwächer werdenden Position der Guise, ihre bisherige Zurückhaltung abzulegen und die Rolle der geschickten, bei Bedarf auch skrupellosen Sachwalterin der Interessen der Monarchie – und damit ihres eigenen Hauses – zu ergreifen, eine Rolle, die sie in den folgenden Jahrzehnten noch ausweiten sollte. Ob sie tatsächlich, wie viele Protestanten hofften und glaubten, manche geheimen Sympathien für die Lehre Calvins hegte, scheint eher zweifelhaft; sicher ist, daß Unversöhnlichkeit in konfessionellen Angelegenheiten ihrem pragmatisch geprägten Naturell ganz und gar nicht entsprach. Was sie jetzt veranlaßte, sich in das politische Geschehen einzumischen, war wohl die klare Erkenntnis, daß die Krone an der Seite der Guise Gefahr lief, in einem Antagonismus der Parteien Schaden zu nehmen.

Die Ernennung Michel de l'Hôpitals, eines humanistisch gebildeten und vom Geist des konfessionellen Ausgleichs geprägten Juristen, als Nachfolger des im Frühjahr 1560 verstorbenen Kanzlers Olivier war Katharinas Werk gewesen. Und auch als der Admiral Coligny, ein Neffe Montmorencys und gemäßigter Exponent des protestantischen Adels, riet, angesichts der ungelösten inneren Probleme eine Versammlung der

Großen des Reiches einzuberufen, unterstützte sie diesen Plan. Den Guise, die nach wie vor die heftigsten Angriffe der protestantischen Propaganda auf sich zogen, blieb kaum etwas anderes übrig als einzulenken, zumal ihre Position auch durch außenpolitische Rückschläge unterminiert worden war: In Schottland hatte im Frühjahr 1560 die von ihren Brüdern mit Geld und Truppen unterstützte Regentin Maria von Guise gegen die mit englischer Hilfe operierenden Protestanten eine entscheidende Niederlage erlitten.

Die von Coligny angeregte Versammlung trat am 10.8. in Fontainebleau zusammen. In einer erheblichen Zahl von Stellungnahmen anwesender Notabeln wurde die konfessionell intransigente Politik der Guise deutlich kritisiert; manche Vertreter des hohen Klerus empfahlen gar ein nationales Konzil für den Fall, daß ein allgemeines Konzil zur Behebung des konfessionellen Zwiespalts an der römischen Haltung scheitern sollte. Die Guise erkannten, daß sie einlenken mußten. Der Kardinal von Lothringen wandte sich in seiner Entgegnung zwar vehement gegen zu weitgehende Zugeständnisse an die Protestanten, stellte aber eine vorläufige und eingeschränkte Duldung der Kultausübung nicht mehr in Frage. Allgemeine Zustimmung fand sein Vorschlag, die Generalstände des Königreichs zum nächsten möglichen Zeitpunkt einzuberufen.

Navarra und Condé freilich, die beiden wichtigsten Repräsentanten des hohen Adels, hatten in Fontainebleau gefehlt. Sowohl Katharina als auch die Guise hatten sich über die Verwicklung Condés in den Aufstand La Renaudies von Anfang an keinen Illusionen hingegeben. Condé hatte sich während des Sturms auf Amboise und auch noch in den Tagen danach am Hof aufgehalten, unter dem Eindruck der zunächst versteckt und schließlich immer offener vorgetragenen Anspielungen auf seine Verbindungen zu den Insurgenten es jedoch bald vorgezogen, sich mit seinem Bruder nach Südwestfrankreich zu begeben. Solange die Bourbonen nicht ausgeschaltet waren, war der immer wieder aufflackernden Revolten in einigen Provinzen, vor allem der Provence und der Dauphiné, allerdings kaum Herr zu werden. Katharina von Medici und die Guise veranlaßten den König, Navarra und Condé mit aller Autorität an den Hof zu rufen, um sich gegen den schwebenden Vorwurf des Hochverrats zu rechtfertigen. Diesen Befehl konnten die Betroffenen kaum ignorieren, ohne sich offener Rebellion schuldig zu machen. Philipp II. von Spanien tat auf Ersuchen Katharinas durch massive Rüstungen an der Pyrenäengrenze ein übriges, um den König von Navarra einzuschüchtern.

Am 31.10.1560 trafen Navarra und Condé in Orléans ein, wo die Generalstände zusammentreten sollten. Condé wurde von Franz II. mit heftigen Vorwürfen empfangen, unverzüglich eingekerkert und vor einen Sondergerichtshof gestellt, der Ende November ein Todesurteil wegen Hochverrats gegen den zweiten «prince du sang» fällte. Allerdings hatten sich nicht alle Richter dem Urteil angeschlossen – was dem Kanzler d'Hôpital die Möglichkeit verschaffte, den Wunsch der Guise nach einer raschen Vollstreckung zu konterkarieren. Denn Katharina von Medici mußte in der Tat befürchten, daß eine Hinrichtung Condés die Krone in noch tieferen Gegensatz zu den französischen Protestanten bringen und wieder stärker den Guise ausliefern würde. Ihr mußte es um die politische Zähmung der «princes du sang» und ihres Anhangs gehen, ohne diese in eine weitere Radikalisierung zu treiben – zumal jetzt bereits abzusehen war, daß die Tage ihres ältesten Sohnes gezählt waren. Denn kurz nach dem Eintreffen der Bourbonen in Orléans hatte die schwache Gesundheit Franz' II. den Folgen seiner exzessiven Jagdleidenschaft nicht mehr standgehalten: In seinem linken Ohr war eine Fistel entstanden, die von den Ärzten nicht entfernt werden konnte und ein Siechtum ohne Aussicht auf Heilung einleitete. Franz' präsumtiver Nachfolger war sein erst zehnjähriger Bruder Karl, was den Schatten einer Regentschaft mit allen ihren Risiken für das Königreich heraufbeschwor – einer Regentschaft, an der nach hinlänglich bekannter Auffassung der Protestanten die «princes du sang» entscheidenden Anteil haben mußten. Für die Königinmutter ging es folglich darum, die Zeit bis zum voraussehbaren Tode ihres Sohnes zu nutzen, um die Machtverhältnisse in ihrem Sinne neu zu ordnen und das Versinken der Monarchie in einem Strudel von Fraktions- und Parteikämpfen zu verhindern. Und an nichts konnte ihr weniger gelegen sein, als den Einfluß der Guise, der mit dem Tode ihres Sohnes erlöschen mußte, durch die Herrschaft eines bourbonischen Regenten abgelöst zu sehen.

Der König von Navarra war nach seinem Eintreffen anders als Condé zwar in Freiheit belassen worden, schwebte jedoch während seines gesamten Aufenthalts am Hof in ständiger Angst nicht nur um das Leben seines Bruders, sondern auch um sein eigenes. Katharina machte sich diese Verunsicherung des ersten «prince du sang», dem ohnehin nicht der Ruf eines Mannes von besonderer Charakterfestigkeit vorauseilte, nach Kräften zunutze. Während einer geschickt inszenierten Unterredung beschuldigte sie in Gegenwart der Guise auch den eingeschüchterten Navarra des Hochverrats und sprach ihm rundheraus das Recht ab, eine Regentschaft für den minderjährigen Nachfolger des todkranken Königs zu führen. Um seinen Unschuldsbeteuerungen Nachdruck zu verleihen und auf das vage Versprechen des Titels eines «lieutenant général du royaume» hin, bot Navarra einen Verzicht auf seine eigenen Regentschaftsrechte zugunsten der Königinmutter an – ein Vorschlag, auf den Katharina nur zu gerne und unverzüglich einging. Gleichzeitig erwies Katharina den Guise, die sich keinen Illusionen darüber hingaben, daß die Zeit der unmittelbaren Teilhabe an der Macht für sie vorerst beendet war, im Gegenzug für ihre Zustimmung zu diesem Manöver einen für die Zukunft wichtigen Dienst: Durch eine von dem sterbenden König erwirkte Erklärung, aus freiem Entschluß gehandelt zu haben, wurden der Herzog und der Kardinal von dem Odium der Verantwortlichkeit für Condés Verhaftung und Verurteilung befreit – was ihre wenigstens äußerliche Versöhnung mit den Bourbonen ermöglichte.

Als die Schattenherrschaft Franz II. am 5. 12. 1560 ihr Ende fand, hatte Katharina von Medici durch geschicktes Taktieren vorerst ihr Ziel erreicht, der Krone in einem sich immer mehr vertiefenden Parteienzwist zwischen Alt- und Neugläubigen, Anhängern der für einen kämpferischen Katholizismus stehenden Guise auf der einen und der «princes du sang» auf der anderen Seite, die Unabhängigkeit zu bewahren. Ob es gelingen würde, diesen Zustand zu erhalten, konnte freilich erst die Zukunft weisen.

Rainer Babel

# KARL IX.
## 1560-1574

*Karl IX., geb. als Karl Maximilian, Herzog von Orléans, am 27. Juni 1550; nach dem Herrschaftsantritt seines älteren Bruders Franz 1560 Dauphin, dann, zunächst unter der Regentschaft Katharinas von Medici, ab dem 5. Dezember 1560 dessen Nachfolger, Weihe und Krönung in Reims am 15. Mai 1561, am 17. August 1563 volljährig; gestorben am 30. Mai 1574 in Vincennes.*
*Vater: Heinrich II., König von Frankreich (1519–1559), zweitältester Sohn Franz I. Mutter: Katharina von Medici (1519–1589), Tochter Herzog Lorenzos von Urbino (1492–1519) und seiner Gemahlin Magdalena aus dem französischen Haus der de la Tour d' Auvergne (1501–1519). Geschwister: a) Franz (1544–1560), seit 1559 als Franz II. König von Frankreich, b) Elisabeth (1546–1568), seit 1559 Gemahlin König Philipps II. von Spanien, c) Claudia (1547–1575) seit 1558 Gemahlin Herzog Karls III. von Lothringen, d) Ludwig (1549–1550), e) Eduard Alexander Heinrich, Herzog von Anjou (1551–1589), Dauphin 1560, 1573 König von Polen, seit 1574 als Heinrich III. König von Frankreich, verh. mit Louise von Vaudémont, f) Margarethe (1553–1615, seit dem 18. August 1572 verh. mit Heinrich von Bourbon, König von Navarra (ab 1589 als Heinrich IV. König von Frankreich) g) François-Hercule, Herzog von Alençon, dann von Anjou (1555–1584), Dauphin seit 1574, h) Victoria (1556), i) Jeanne (1556), zwei illegitime Geschwister: Diana von Frankreich (1538–1619), seit 1553 mit Horatio Farnese, seit 1557 mit Franz von Montmorency verh., Heinrich von Angoulême (1551–1586).*
*Heirat: am 26. November 1570 mit Elisabeth (1554–1592), Tochter Kaiser Maximilians II., Nachkommen: eine legitime Tochter, Elisabeth-Maria (1572–1578), ein natürlicher Sohn mit Marie Touchet, Karl von Valois, Herzog von Angoulême (1573–1650).*

Wenn heute der Name König Karls IX. von Frankreich fällt, wird man wohl zuerst an jenes Blutbad des Jahres 1572 denken, das unter dem Namen der Bartholomäusnacht so traurige Berühmtheit erlangt hat: Das Massaker, dem in Paris und in der Provinz so viele seiner protestantischen (und nicht wenige seiner katholischen) Untertanen zum Opfer fielen, prägt die historische Erinnerung an diesen zweitältesten Sohn Heinrichs II. und Katharinas von Medici doch überwiegend, unabhängig davon, wie es um seine persönliche Verantwortlichkeit für die Ereignisse bestellt gewesen sein mag.

Obwohl auch Karl IX. verhältnismäßig früh starb, wird sein Profil als Person wie als König in den Quellen deutlicher faßbar als das seines älteren Bruders Franz. Wie dieser war Karl von fragiler Gesundheit und sehr begrenzter körperlicher Widerstandskraft, und so wie dieser liebte er leidenschaftlich das kräfteverzehrende Vergnügen einer langen Jagd zu Pferde. Daneben fand er Gefallen an manuellen Arbeiten und betätigte sich gern zurückgezogen in einer Schmiede, die er sich im Louvre eingerichtet hatte, doch besaß er auch ein gewisses Interesse und Gefühl für Kunst, versuchte sich an Versen im Stil Ronsards und verfaßte einen Traktat über die Hirschjagd. Persönlich konnte er seiner an sich gutartigen Natur nach durchaus Großzügigkeit und Leutseligkeit zeigen, und er war in seiner persönlichen Lebensführung trotz einer Existenz an einem nach allen zeitgenössischen Berichten wenig sittenstrengen Hof eher ernst und anspruchslos. Doch machte ihn äußerste nervliche Fragilität über die Maßen erregbar, und sie war auch der Ursprung eines oft hochfahrenden Verhaltens und unkontrollierter Zornausbrüche. Das furchtbare Ereignis der Bartholomäusnacht scheint ihn dann ganz verändert zu haben; es verschüttete, was einmal anziehend und liebenswert an ihm gewesen sein mochte. Die Zeitgenossen, die danach in seine Nähe kamen, berichten von einem König, der den offenen Bick vermeide, Melancholie verbreite und kaum das Wort ergreife. «Es steht zu fürchten», urteilte ein venezianischer Diplomat in dieser Zeit über ihn, «daß er von einem strengen vollends zu einem grausamen Herrn werden möchte.»

Im ersten Jahrzehnt seiner Herrschaft freilich stand er zunächst im Schatten anderer, vornehmlich seiner politisch hochbegabten und ambitionierten Mutter. Ab seinem zwanzigsten Lebensjahr sollte er zunehmend mit eigenem politischen Willen hervortreten, freilich niemals ganz frei und niemals unangefochten von der lastenden Autorität Katharinas, die bis dahin geschmeidig die Interessen der Monarchie und ihrer Söhne über alle Wirren hinweg zu behaupten gewußt hatte.

In den prekären Tagen nach dem Tod ihres ältesten Sohnes am 5. 12. 1560 war es Katharina gelungen, sich gemäß dem Versprechen des nächsten Anwärters auf die Regentschaft, des Königs Anton von Navarra, die Regierungsmacht zu sichern. Als «gouvernante de France» – den eigentlichen Titel einer Regentin vermied sie – saß sie den Ratsversammlungen vor, übte alle Kontroll- und Initiativrechte aus, bestimmte über die Außenpolitik und entschied über Ernennungen und Gratifikationen. Anton von Navarra beschied sich mit dem nachrangigen Titel eines Generalleutnants der Krone, was ihm aber zumindest den Oberbefehl über die königlichen Truppen sicherte. Der Herzog von Guise, zusammen mit seinem Bruder, dem Kardinal von Lothringen, unter Franz II. der eigentliche Inhaber der Macht, fand sich auf die ihm schon unter Heinrich II. verliehene Würde eines «grand maître de la couronne» beschränkt – seine Reputation und seine Autorität bei den intransigenten Katholiken am Hof und im Königreich konnte ihm freilich niemand

## Karl IX. (1560–1574)

nehmen. Auch blieb die Mitgliedschaft beider Guise im königlichen Rat erhalten. Ihre Nichte und einstige Garantin ihres Einflusses, Maria Stuart, wurde von Katharina schnell und mit Nachdruck zur Rückkehr nach Schottland aufgefordert.

In konfessioneller Hinsicht stand das Königreich nun mehr denn je vor einer Zerreißprobe. Trotz aller Verfolgungsedikte hatte der Protestantismus seine Lebenskraft unter Beweis gestellt. Zwar waren die Anhänger des reformierten Bekenntnisses in der Gesamtbevölkerung gewiß eine kleine Minderheit, doch eine Minderheit mit einem überdurchschnittlich hohen Anteil an den adeligen und bürgerlichen Eliten und einer bereits sehr ausgeprägten kirchlichen Organisation. Die Zahl der französischen Protestanten ist nicht zuverlässig zu ermitteln, zeitgenössische Angaben, die von einem Viertel der Bevölkerung sprechen, sind sicher stark übertrieben. Doch gab es um 1560 wohl schon über 2000 reformierte Gemeinden, die sich – mit Schwerpunkten im Westen und Süden – über ganz Frankreich verteilten.

Daß Konzilianz und Duldsamkeit angesichts dieser Tatsachen die einzigen Mittel seien, um die Klippen und Untiefen der religiösen Antagonismen zu umschiffen, hatte sich bei Katharina schon lange als innerste Überzeugung festgesetzt. In diesem Sinne hatte ihr von erasmisch-humanistischen Idealen geprägter Kanzler Michel de l'Hôpital bei der Eröffnung der Generalstände von Orléans im Dezember 1560 in religiösen Angelegenheiten Mäßigung gefordert und an die Besinnung auf die allen Glaubensparteien gemeinsamen Grundlagen im Christentum appelliert.

Katharina glaubte zunächst an eine mögliche Versöhnung der Gegensätze und brachte – hierin von einem so ausgeprägten Vertreter der katholischen Sache wie dem Kardinal von Lothringen bestätigt und unterstützt – angesichts der päpstlichen Vorbehalte und Zögerlichkeiten gegenüber einem allgemeinen Konzil, eine nationale Synode auf den Weg. Diese trat im Rahmen einer weiteren Generalständeversammlung im Jahr 1561 zusammen und ist als das «Kolloquium von Poissy» bekannt geworden. In Poissy tagten die Vertreter der Geistlichkeit, während die beiden anderen Stände, Adel und Bürgertum, im nahen Pontoise blieben. Der nach Calvin berühmteste Geistliche der Genfer Konfession, Theodor von Beza, vertrat an herausragender Stelle den Standpunkt der französischen Reformierten, auf katholischer Seite fand sich – neben den großen Prälaten des Königsreichs wie den Kardinälen von Lothringen und Tournon – im Gefolge des päpstlichen Legaten auch der Jesuitengeneral Lainez ein. Allein, schon bald legten die in Anwesenheit des kleinen Königs und Katharinas stattfindenden Diskussionen die unversöhnliche Gegensätzlichkeit der Lehrauffassungen bloß; gegen seine ursprüngliche Intention trug das Kolloquium von Poissy somit nachgerade dazu bei, die konfessionelle Kluft zu vertiefen, anstatt sie zu überbrücken.

Es mag die Sorge gewesen sein, sich mit den offensichtlichen Kräften der Zukunft nicht zu überwerfen, welche die Regentin nun zu großer Nachgiebigkeit gegenüber der reformierten Religion inspirierte – allen mißtrauischen Protesten und Drohungen der katholischen Vormacht Spanien zum Trotz, die mit guten Gründen den Einfluß der französischen Calvinisten auf die Niederlande fürchtete. Sie gab manchen Gunstbeweis an protestantische Große und ließ in die religiöse Unterweisung ihrer Kinder, wenn auch in vorsichtiger Dosierung, gewisse Elemente der neuen Lehre einfließen. Unmittelbarster Ausdruck dieser Haltung war jedoch ein neuer Religionserlaß, der die Verhältnisse mit einem Schlage änderte: Nach Beendigung des Kolloquiums von Poissy wurden im Spätherbst 1561 Abgesandte aller königlichen Obergerichte nach Saint Germain gerufen, um mit den Mitgliedern des Rates über die Rechte, die den Protestanten gewährt werden sollten, zu beraten. Auf dem Votum dieser Versammlung beruhte ein Edikt, das am 17. 1. 1562 verkündet wurde und den Anhängern der neuen Lehre Kultfreiheit außerhalb von Stadtmauern und innerhalb derselben zumindest ein Versammlungsrecht in Privathäusern zugestand. In atemberaubendem Tempo hatte sich damit – gemessen an den letzten Edikten Heinrichs II. und Franz II. – die Stellung der Reformierten von kompromißloser Entrechtung zu weitgehender Duldung entwickelt.

Katharinas offensichtliche Nachgiebigkeit gegenüber den Protestanten hatte freilich schon seit geraumer Zeit die Katholiken mobilisiert und sogar vermocht, alte Gegner wie den Konnetabel von Montmorency und den Herzog von Guise zusammenzuführen, die zusammen mit einem ehemaligen Favoriten Heinrichs II., dem Marschall von Saint-André, schon im Sommer 1561 ein Triumvirat mit dem Ziel der Verteidigung der Katholizität der Monarchie und Frankreichs gebildet hatten. Kurz danach wurde die katholische Sache durch die Konversion des Königs von Navarra gestärkt, den die Aussicht auf eine von Philipp II. vage ins Gespräch gebrachte Restitution des von Spanien beanspruchten Teiles seines Königreichs oder auf einen Ersatz wie die Krone Sardiniens zum Seitenwechsel veranlaßte. Die Guise knüpften ferner unter geschickter Ausnutzung der gemeinsamen Distanz zur calvinistischen Doktrin Beziehungen zu den protestantischen deutschen Fürsten lutherischer Observanz an, vor allem zum Herzog von Württemberg, um eine Unterstützung der Hugenotten von dieser Seite zu verhindern.

Eine Konfrontation zwischen den verfeindeten Religionsparteien schien nun immer näher zu rücken; sie entzündete sich im Gefolge eines an sich eher isolierten Ereignisses: Der Herzog von Guise war in einem Dorf namens Vassy, das zum Witwengut seiner Nichte Maria Stuart gehörte, auf die Teilnehmer eines reformierten Gottesdienstes gestoßen. Sein Versuch, die Versammlung als unrechtmäßig auflösen zu lassen, mißlang und führte zu einer unglücklichen und von Guise sicher nicht gewollten Eskalation, doch wurden mehr als sechzig Protestanten im Verlauf einer Auseinandersetzung mit der Begleitung des Herzogs getötet (1. 3. 1562).

Vassy war der Funke, dessen es bedurft hatte, um das Pulverfaß zur Explosion zu bringen. In Paris wurde Guise nach der Nachricht von dem Geschehen von der mehrheitlich tief hugenottenfeindlichen Bevölkerung begeistert empfangen; der Prinz von Condé freilich, der nach der Konversion seines Bruders Navarra zum Führer der französischen Protestanten geworden war, nahm eine drohende Haltung ein und warb offen Soldaten an. Die Tendenz der Regentin zu den Protestanten, die sie fürchteten, machte für die drei Häupter der katholischen Sache, Guise, Montmorency und Saint-André, entschiedenes Handeln notwendig: Sie sorgten für die Rückführung des gerade in Fontainebleau weilenden Hofes nach Paris, wo Katharinas Bewegungsspielraum angesichts einer zuverlässig katholischen Bevölkerung eingeschränkt und Condé die Möglichkeit genommen war, sich des Königs zu bemächtigen und so gewissermaßen die Legalität auf seine Seite zu bringen.

Nun vermochte niemand mehr, die Krise beizulegen. Anfang April des Jahres 1552 entlud sich der Antagonismus zwischen den Protestanten und Katholiken erstmals militärisch: Reformierte Truppen eroberten die Stadt Orléans und weitere wichtige Positionen im Tal der Loire. Blutige Aktionen fanatisierter Katholiken an Protestanten und umgekehrt begleiteten einen Bürgerkrieg, der nun zwei Jahre auf Frankreich lasten sollte. Königliche Truppen unter Navarra und den Triumvirn Guise, Montmorency und Saint-André, verstärkt durch deutsche Landsknechte und Schweizer Söldner aus den katholischen Kantonen, standen einer zahlenmäßig sehr viel kleineren, aber hochmotivierten Streitmacht der Protestanten gegenüber, in der adelige Freiwillige eine bedeutende Rolle spielten, zu der aber nach und nach englische und deutsche Hilfsverbände traten.

Im Verlauf der Operationen mußten beide Seiten in gleichem Maße Verluste und Rückschläge hinnehmen: Anton von Navarra fiel im November 1562 bei der erfolgreichen Belagerung von Rouen und hinterließ den Oberbefehl über die königliche Armee Montmorency; kurz danach, vor Dreux, fiel Saint-André und geriet der Konnetabel in die Gefangenschaft der Hugenotten, Condé, in ironischer Umkehrung der Dinge, aber in die der Katholiken. Der Herzog von Guise aber wurde im Februar 1563 das Opfer eines Mordanschlags.

Guises Tod beraubte das königliche Heer seines fähigsten Führers, doch verschaffte er Katharina von Medici, die seit dem Ausbruch des Bürgerkrieges kaum eigene Initiativen entfalten konnte, neue Bewegungsspielräume. Die Regentin hatte – ob in realpolitischer Erkenntnis der trotz aller Widerstände ungebrochenen Kraft des französischen Katholizismus oder aus anderen Gründen sei hier dahingestellt – ihre vorsichtige Nähe zum Protestantismus bereits seit langem wieder aufgegeben. Doch bedurfte sie dringend eines Ausgleichs mit den Protestanten, die ohne Guise und Montmorency militärisch nicht niederzuwerfen waren und unter Führung des Admirals Coligny, eines Neffen Montmorencys, noch einmal wichtige Erfolge in der Normandie erringen konnten. Umgekehrt wünschten auch immer mehr protestantische Kämpfer, deren Güter und Besitz für die Dauer des Krieges verwaist waren, den Frieden herbei. Die Verhandlungen, die so in Gang kamen, mündeten in ein Pazifikationsedikt, genannt das Edikt von Amboise, dessen Bestimmungen in vieler Beziehung ungünstiger als die des Januarediktes von Saint Germain waren. Es gewährte religiöse Freiheiten gleichsam nur in gesellschaftlich abgestufter Weise: Das Recht auf freie Kultausübung stand auf ihrem Besitz uneingeschränkt fortan nur noch mit vollen grundherrlichen Rechten ausgestatteten Adligen zu, im Bereich der Städte – und das heißt für die große Masse der bürgerlichen Protestanten – wurde es stark beschnitten, denn künftig durfte nur noch eine Stadt in jedem unteren Verwaltungsbezirk (baillage) außerhalb ihrer Mauern einen protestantischen Tempel haben.

Viele Protestanten ließ dieses Edikt unbefriedigt zurück; Condé kostete es einen guten Teil seiner Reputation bei seinen Glaubensgenossen. Doch auch auf katholischer Seite waren die Vorbehalte groß und wurden die Zugeständnisse als viel zu weitgehend angesehen. Die unversöhnlichen Gegensätze zwischen den Religionsparteien waren, wie man sieht, durch den Krieg nicht abgeschliffen worden, und die Ausgleichspolitik Katharinas beruhte nach wie vor auf gefährlich brüchigen Voraussetzungen. Doch begann der prekäre Friede sich bald leidlich zu festigen und erlaubte Katharina, die Hugenotten von ihrem Bundesgenossen England zu trennen, welches sich als Preis für seine Hilfe Le Havre ausbedungen hatte, ja, gar diese Stadt unter Mitwirkung protestantischer Verbände von ihrer englischen Besatzung zu befreien.

Das Ende der Feindseligkeiten brachte bei aller Fragilität des inneren Friedens nun doch auch die Chance mit sich, die Stellung der Krone in dem von Fraktionen beherrschten Staat behutsam, aber zielstrebig auszubauen. Wohl wissend, was eine unmittelbare Vergegenwärtigung der königlichen Autorität und Majestät im ganzen Reich für die Stellung der Krone bedeuten konnte, begab Katharina sich im März 1564 mit dem inzwischen für volljährig erklärten Karl IX. auf eine zwei Jahre dauernde Reise durch die Provinzen Frankreichs. Das Edikt von Crémieux (12.7. 1564), das den Einfluß des Königs auf die Zusammensetzung von Munizipalverwaltungen betraf, war ein nicht unwichtiger Schritt auf dem Weg der Wiederbefestigung der Kronautorität; noch mehr aber gilt dies von einer in Moulins im Februar 1566 erlassenen «Ordonnance», die auf Betreiben des Kanzlers de l'Hôpital in 88 Artikeln wichtige Elemente einer Justizreform festschrieb. Vor allem sollten die königlichen Obergerichte (Parlamente) zu Erlassen und Verordnungen der Krone nur im Rahmen eines aufschiebenden Remonstranzrechtes Stellung nehmen, jedoch keine mit der Autorität des Monarchen als oberstem Gesetzgeber unvereinbaren Interpretations- oder Kontrollrechte ausüben dürfen – eine einschränkende Präzisierung der Befugnisse der Parlamente, die sich unter anderem auch aus ihrem großen Widerstand bei der Registrierung des Januaredikts von 1562 erklärt.

Als dann 1566 in den Niederlanden bilderstürmerische Ausschreitungen einen protestantischen Aufstand gegen die spanische Herrschaft einleiteten, gerieten auch in Frankreich die Dinge wieder in Bewegung. Philipp II. entsandte 1567 den gefürchteten Herzog von Alba in die Niederlande. Als Katharina und Karl IX. angesichts der eindrucksvollen Streitmacht, die an den Grenzen ihres Reichs entlang nach Norden zog, zu eigenen Rüstungen schritten und 6000 Schweizer für den königlichen Dienst anwarben, führte dies nicht nur zu einigen Verstimmungen mit Alba, sondern weckte auch das Mißtrauen der französischen Protestanten, die sich durch diese Truppen unmittelbar bedroht fühlten.

Angesichts der neuen Qualität der Ereignisse, des brennenden Wunsches, ihren calvinistischen Glaubensbrüdern in den Niederlanden zu Hilfe zu kommen und in der Furcht vor einem durch Spanien dominierten Kurs der Krone entschlossen sie sich zu erneutem Handeln: Wie einst die Triumvirn in Fontainebleau wollten sie sich der Person des Königs bemächtigen. Als der auf Schloß Monceaux im Osten von Paris befindliche Hof von diesen Absichten Kenntnis erhielt, zog er sich unverzüglich nach Meaux zurück, von wo aus er sich unter Deckung der inzwischen eilig herangeführten Schweizer auf den Weg nach Paris machte. Unterwegs wurden sie von den Kräften Condés erwartet, der vergeblich den König zu sprechen wünschte. Zwar riskierte Condé nicht, die starke Bedeckung des Königs anzugreifen und ließ Karl IX. auf einem unbehaglichen, von ständiger Präsenz der protestantischen Streitkräfte überschatteten Marsch unbehelligt nach Paris gelangen, doch war die mit diesen Vorgängen verbundene Demütigung für Katharina und den jungen Monarchen groß. Die Gespräche, die sie dennoch mit den Hugenotten anknüpften, verliefen bald im Sande: Diese begründeten ihr Vorgehen zunächst mit allgemein gehaltenen Beschwerden über die katholische Partei, vor allem die Guise, über die Anwerbung der Schweizer und mit Hinweisen auf ein angeblich Philipp von Spanien gegenüber bestehendes Versprechen des Königs, die französischen Protestanten auszurotten, ließen darüber hinaus aber auch gewisse Forderungen nach einer temperierten und vom Adel bzw. den Generalständen kontrollierten Monarchie anklingen. Als sie hiermit auf harsche Ablehnung stießen, beschränkten sie sich auf die einzige Forderung der Wiederherstellung des Edikts von Saint Germain, hatten nun jedoch die Krone so weit herausgefordert, daß ihnen kühl beschieden wurde, es stehe allein im Ermessen des Königs, Edikte aufrechtzuerhalten, zu ändern oder abzuschaffen. Nun mußten die Waffen sprechen. Die zahlenmäßig kleine protestantische Armee versuchte Paris, das von Montmorency mit ca. 20 000 Mann verteidigt wurde, von seinen Versorgungslinien abzuschneiden. Ein Ausfall der königlichen Truppen führte zu keiner klaren Entscheidung – nicht zuletzt, da der Konnetabel selbst im Lauf der Gefechte tödlich verwundet wurde. Condé und Coligny aber wandten sich mit ihrer Streitmacht nun nach Osten, wo sie zu Beginn des Jahres 1568 auf eine Entsatzarmee von etwa 10 000 Mann stießen, die ihnen der calvinistische Kurfürst Friedrich III. von der Pfalz zu Hilfe gesandt hatte. Nach Süden und Westen ausweichend, bewegte sich dieses Heer, dem immer neue Verstärkungen aus Südfrankreich und aus der Dauphiné zuflossen, gegen die Loire und die Kornkammer des Landes um Chartres, während die royalistischen Kräfte in und um Paris konzentriert blieben. Es waren letztlich die aus finanzieller Erschöpfung beider Seiten herrührenden Probleme, die, vor einem Aufeinandertreffen der beiderseitigen Hauptkontingente, eine Verhandlungslösung begünstigten. Condé unterzeichnete am 23. 3. 1568 in Longjumeau einen Vertrag mit der Krone, der das Edikt von Amboise in seinem ganzen Umfang wieder herstellte und mit weiteren Garantien versah.

Von einer echten Befriedung des Landes konnte freilich auch diesmal kaum – und vielleicht noch weniger als nach dem Ende des ersten Bürgerkrieges – die Rede sein; am ehesten läßt der eingetretene Zustand sich als Abwesenheit einer organisierten militärischen Konfrontation beschreiben. Der konfessionelle Antagonismus mit allen seinen uns auch heute noch nicht genügend bekannten sozialstrukturellen Unterströmungen entlud sich nach wie vor in lokal immer wieder aufflammenden Gewalttätigkeiten und durchdrang die gesamte Gesellschaft umso tiefer, als sich nun auch auf der Seite zumindest der intransigenten Katholiken straffe Organisationsformen durchzusetzen begannen. Immer mehr Bruderschaften wurden gegründet, die religiöse Praxis mit militanten antiprotestantischen Zielen verbanden und gleichsam die erste Erscheinungsform und der Kern einer katholischen Liga waren, wie sie Jahre später erstehen sollte.

Im innersten Kreis der Macht, im königlichen Rat, begann nun auch der Kardinal von Lothringen wieder mehr Einfluß zu enfalten. Dieser hochbegabte Prälat aus dem Hause Guise war einst ein Theologe gewesen, der einen Kompromiß, wenn auch nicht mit den Reformierten, so doch mit einem gemäßigtem Protestantismus lutherischer Prägung durchaus für möglich gehalten hatte. Während eines Aufenthaltes in Rom und bei den Sessionen des Konzils von Trient im Anschluß an das Kolloquium von Poissy war er zum entschiedenen Verfechter der erneuerten kirchlichen Linie geworden und kämpfte im königlichen Rat fortan um die absolute Ächtung des protestantischen Bekenntnisses und die Durchsetzung der Konzilsbeschlüsse – erfolglos, da diese in zu vielen Belangen die traditionellen Sonderrechte der französischen Kirche berührten. Er war nach der Ermordung seines Bruders unbestritten an die Spitze der kompromißlosen Katholiken in Frankreich getreten und stützte sich dabei auf seine mächtige Familie, die eine weitläufige Klientel mobilisieren konnte und stets ihre Unversöhnlichkeit gegenüber denen kundgetan hatte, die sie für die Hintermänner der Ermordung des Herzogs von Guise hielt – an erster Stelle Coligny. Den Unschuldserklärungen des Admirals schenkte man im Hause Guise keinen Glauben und wagte gar, einen Freispruch aus dem Munde des Königs offen als unerheblich beiseite zu schieben.

Es ist in letzter Konsequenz nicht recht auszumachen, wie sich die Machtverhältnisse am königlichen Hof nach dem Frieden von Longjumeau gestalteten, doch wird in der neueren Forschung dem Kardinal von Lothringen die Hautpverantwortung für die Fortsetzung oder Wiederaufnahme einer zutiefst antiprotestantischen Politik zum Teil sehr entschieden angelastet (Sutherland). Wie dem auch sei, wieder waren es die Vorgänge in den Niederlanden, die nur wenige Monate nach Longjumeau den Zündstoff im Inneren Frankreichs erneut zur Explosion brachten. Dort hatte Alba im Sommer 1568 die Grafen Egmont und Horn als Rebellen hinrichten lassen. Französische Protestanten, die ihren Glaubensbrüdern zu Hilfe eilen wollten, wurden von königlichen Truppen aufgehalten, ihre Anführer zum Tode verurteilt. Auch in Frankreich schien nun die Gelegenheit gekommen, einer von Alba schon vor langer Zeit offen ausgesprochenen Empfehlung folgend, die Führer der protestantischen Partei zu eliminieren. Solche Pläne waren allem Anschein nach auf energisches Betreiben des Kardinals von Lothringen tatsächlich in ernsthafter Vorbereitung, als Condé und Coligny mißtrauisch wurden und ihren Aufenthaltsort verließen, um sich gegen die stark befestigte protestantische Stadt La Rochelle zurückzuziehen. Dies war der Auftakt eines erneuten Zusammenstoßes zwischen den Streitkräften der Protestanten und den königlichen Armeen, an deren Spitze der jüngere Bruder Karls IX., der Herzog von Anjou, stand. Dieser bevorzugte Sohn Katharinas von Medici war schon 1567 als Sechzehnjähriger zum mit weitreichenden Vollmachten ausgestatteten Generalleutnant des Königs ernannt worden, nicht zuletzt, um Ansprüche Condés als erster «prince du sang» auf diese Position abzuwehren. Anjou wurde durch seine Stellung als Oberbefehlshaber der königlichen Truppen und noch mehr durch die Tatsache, daß er der präsumtive Nachfolger des bislang kinderlosen Königs war, zum natürlichen Bezugspunkt aller militant-intransigenten Katholiken mit dem Kardinal von Lothringen und den Guise an ihrer Spitze – und damit für die königliche Autorität ein höchst gefährlicher Konkurrent.

Die Operationen dieses dritten Bürgerkriegs innerhalb eines einzigen Jahrzehnts entwickelten sich für die königlich-katholische Armee zunächst durchaus nicht zum schlechtesten. Im März 1569 kam es bei Jarnac zu einem Gefecht, in dessen Verlauf Condé gegen das Versprechen, an Leib und Leben verschont zu werden, erst gefangengenommen, dann aber von einem Hauptmann der Garde Anjous kaltblütig getötet wurde. Coligny jedoch konnte mit einem Teil der protestantischen Armee entkommen. Neue Kräfte flossen dem Admiral, dem nun die ungeteilte Führung der französischen Protestanten zufiel, durch eine von seinem Religionsverwandten Wolfgang von Zweibrücken aus Deutschland herangeführte Armee zu, während der aus den Niederlanden herbeieilende Wilhelm von Nassau-Oranien, Albas großer Gegner, seinen Truppen keinen Sold mehr vorstrecken konnte und von Katharina geschickt zur Umkehr bewogen wurde, als er bereits die Grenzen Frankreichs überschritten hatte. Im September konnten die königlichen Kräfte bei Montcour noch einmal einen bedeutenden Erfolg gegen Coligny erringen, der dabei einen großen Teil seiner Infanterie verlor.

Freilich zeigte sich – wie in den vorausgegangenen Kriegen – daß die Protestanten, wenn sie auch nicht siegten, ebensowenig besiegt werden konnten. An der Belagerung der festen Plätze um La Rochelle brach sich der Schwung der königlichen Armee; hinzu kamen Zwistigkeiten ihrer Unterführer, die Coligny unerwartete Freiräume gaben. Im Sommer 1570 hatte sich die protestantische Partei im Westen Frankreichs wieder weitgehend erholt und ihre Positionen gefestigt.

In dem Maße, in dem eine Verhandlungslösung unumgänglich wurde, sank auch der Einfluß des Kardinals von Lothringen am Hof. Katharina von Medici vermochte in der gegebenen Konstellation, diesen allzu mächtig gewordenen Exponenten einer von Spanien und dem Papst unterstützten, die Interessen des universalen Katholizismus über die Frankreichs oder der Krone stellenden Fraktion aus dem Zentrum der Macht entfernen und den Einfluß seiner Familie zu brechen. Am 14. 7. 1570 mündeten ihre Verhandlungen mit Coligny in einen Waffenstillstand; am 8. 8. erließ Karl IX. ein Edikt, das neben Gewissensfreiheit die Ausübung des protestantischen Kultes in allen Städten, in denen sie vor dem Krieg üblich gewesen war, sowie in zwei Städten eines jeden «gouvernements» gewährte. Die Rechte des grundbesitzenden Adels blieben im Umfang des Edikts von Amboise gewahrt. Neu war, daß die Protestanten nun eine Garantie ihrer Rechte erhielten, die über eine bloße Deklaration königlichen Willens weit hinausging: Auf zwei Jahre erhielten sie hier vier strategisch wichtige Sicherheitsplätze zugewiesen, die ihnen im Notfall ein Refugium bieten konnten.

Mit Ende dieses dritten Bürgerkrieges innerhalb weniger Jahre gelangte die Regierung Karls IX. an einen Wendepunkt. Bisher waren alle politischen Energien Frankreichs von seinen inneren Zwistigkeiten aufgesogen worden. Im katholischen Europa gab hingegen Spanien den Ton an – Spanien, das zu keinem Moment einen Zweifel daran offenließ, wie es die inneren Angelegenheiten der Lilienmonarchie geregelt sehen wollte, und das im Kreis der extremen Katholiken um die Guise eine wichtige Stütze hatte. Katharina von Medici hatte stets versucht, alle Reibungen mit Philipp II., den sie mehr als jeden anderen fürchtete, tunlichst zu vermeiden. Nach dem Tod ihrer Tochter Elisabeth, die seit 1559 mit dem spanischen König verheiratet war, hoffte sie vergeblich darauf, daß ihr Schwiegersohn nun ihre jüngste Tochter Margarethe zur Frau nehme. Der König von Spanien entschied sich aber für die ältere Tochter Kaiser Maximilians, welche Katharina eigentlich für Karl IX. zu gewinnen gehofft hatte. Der König von Frankreich mußte sich mit Maximilians jüngerer Tochter Elisabeth begnügen, was von Katharina als deutliche Zurücksetzung empfunden wurde. Ein Plan der Vermählung Margarethes von Valois mit dem König von Portugal war ebensowenig erfolgreich.

Das Ende des dritten Protestantenkrieges eröffnete freilich eine ganz neue Aussicht für eine politisch einträgliche Heirat Margarethes. War Coligny der tatsächliche Führer der Hugenotten, so war ihre wichtigste Symbol- und Integrationsfigur doch ein anderer, nämlich Heinrich von Navarra. Dieser nächste Verwandte des Königshauses, von dem noch niemand wissen konnte, daß er einmal als König Heinrich IV. den Thron Frankreichs besteigen sollte, war der Sohn König Antons und der glühenden Protestantin Jeanne d'Albret, die dem Bourbonensproß einst das kleine Pyrenäenreich mit in die Ehe gebracht hatte. Konnte der junge Heinrich von Navarra an den Hof gezogen werden, waren die Vorteile für die königliche Seite offenkundig: So ließen sich die Hugenotten besser kontrollieren und ihr designiertes Haupt – wer konnte es wissen? – auf lange Sicht vielleicht sogar für den Katholizismus zurückgewinnen. Zu dieser Aussicht trat bald ein weiterer Vermählungsvorschlag von größter politischer Tragweite: Elisabeth von England ließ ihr eventuelles Interesse an einer Heirat mit dem jüngeren Bruder Karls IX., dem Herzog von Anjou, andeuten. Der Vorschlag schmeichelte der in diesen Dingen sehr empfänglichen Katharina von Medici gewiß über die Maßen, auch wenn sie zu keinem Zeitpunkt voll auf die Aufrichtigkeit Elisabeths baute. Doch blieb die Eventualität einer englischen Heirat und damit eines Bündnisses mit England für die kommende Zeit ein wichtiges Element im Kalkül der französischen Politik, denn hier eröffnete sich die Möglichkeit, der spanischen Übermacht ein Gegengewicht zu schaffen.

Der weitere Gang der Entwicklung wurde nun auch immer wesentlicher dadurch bestimmt, daß der junge König sich selbst zunehmend in das Geschehen einschaltete. Freilich war sein Wille zu keinem Zeitpunkt der einzige Faktor der politischen Dynamik: Zu viele Interessen, zu viele

Konzeptionen liefen in einem von Faktionen zerrissenen Frankreich teils neben-, teils gegeneinander. Karl IX. wie auch Katharina von Medici standen für die Interessen einer von den Parteien unabhängigen Monarchie, doch wählten sie nicht immer die gleichen Mittel: Karl war in jugendlichem Ehrgeiz schnell bereit, Risiken auf sich zu laden, Katharina hielt die spanische Macht in viel zu hohem Respekt, um gewagte Manöver gutzuheißen, und sie blieb stets vorsichtig und auf Absicherung bedacht. Rechnen konnten beide nur auf eine begrenzte Loyalität der intransigent katholischen Gruppierung um die Guise, die Anjou zu ihrer Galionsfigur gemacht hatte. Doch auch ihr Gegenspieler auf protestantischer Seite, Coligny, war in seinem Handeln nicht ganz frei, denn auch die Protestanten hatten ihren militanten Flügel, der schwierig unter Kontrolle zu halten war. Die berühmte Bartholomäusnacht des August 1572 war dann in gewisser Weise eine Folge dieser Verhältnisse, unten denen niemand wirklich Herr des Geschehens sein konnte.

Doch folgen wir den Ereignissen der Reihe nach. Der jetzt zwanzigjährige Karl IX. hatte in den langen Jahren innerer Wirren und lastender Abhängigkeit vom Wohlwollen Madrids eine heftige Abneigung gegen Spanien und die spanische Dominanz ausgebildet und schien fest entschlossen, bei erster Gelegenheit in die alten Bahnen einer antihabsburgischen Politik zurückzulenken. Eine erste Gelegenheit bot sich, als der Papst – ohne vorher die Zustimmung des Kaisers und Philipps II. eingeholt zu haben – Cosimo von Medici zum Großherzog der Toskana erhob. Angesichts einer durchaus möglichen Reaktion dieser beiden mit starken Interessen in Italien ausgestatteten Habsburger suchte Cosimo erfolglos Rückhalt auch bei den deutschen Fürsten. Als Wilhelms von Oranien zu dieser Zeit in La Rochelle weilender Bruder, Ludwig von Nassau, die Angelegenheit an Karl IX. herantragen ließ, zeigte der König sich aufgeschlossen: Er ließ Cosimo gegen die Aussicht auf territoriale Vorteile in den Niederlanden ein Bündnisprojekt unterbreiten, ohne seine Mutter ins Vertrauen zu ziehen. Dieser erste Versuch, selbständig eine antispanische Politik zu konzipieren, scheiterte zwar bald an der vorsichtigen Haltung des Florentiners, doch bewegte Karl sich weiter auf den einmal eingeschlagenen Bahnen: Allem Anschein nach kam es im Juli 1571 in Fontainebleau zu einem Treffen zwischen ihm und Nassau, in dessen Verlauf die Idee einer Eroberung und Aufteilung der Niederlande zwischen England, Frankreich und Wilhelm von Oranien erörtert wurde.

Dies war eine Politik, die schon unter der Voraussetzung, daß England sich auf eine Allianz einlassen würde, äußerst kühn erschien; ohne die bedingungslose Unterstützung Elisabeths war sie schlicht abenteuerlich. Anjous Heirat aber, die ein solches Bündnis im Gefolge haben konnte, wollte nicht zustandekommen. Der Herzog weigerte sich für den Fall seiner Vermählung mit Elisabeth, das Bekenntnis zu wechseln.

Sein jüngster Bruder Alençon, den Katharina von Medici an seiner Stelle ins Spiel brachte, hatte solche Skrupel nicht. Doch lief auch dieser Versuch ins Leere, da die englische Königin ihre Hand nicht allein für gute Worte zu vergeben gedachte. Calais, das sie forderte, war freilich Katharina wie Karl ein zu hoher Preis.

Die Rückkehr des seit dem letzten Friedensschluß in der zuverlässig protestantischen Stadt La Rochelle weilenden Admirals Coligny an den Hof im Sommer 1571 hatte zwei Gründe: Einmal erhofften sich Katharina wie Karl IX. von seiner Anwesenheit einen positiven Einfluß auf die schleppende Entwicklung der Heiratsverhandlungen mit Navarra, zum anderen die Erleichterung der Verständigung mit England. Coligny hätte es wohl vorgezogen, seine Bewegungsfreiheit nicht durch die Nähe zum königlichen Machtzentrum einschränken zu lassen. Was einen Krieg gegen Spanien und Hilfe für die Niederlande anging, hegte er Skepsis gegenüber einer Bindung an die Politik der Krone und hätte sich lieber mit England direkt ins Einvernehmen gesetzt. Doch hatte Nassau bei seinen Kontakten mit Karl IX. die Sache wohl zu weit vorangetrieben und eine Dynamik in Gang gesetzt, die in der Tat Colignys Anwesenheit am Hof verlangte, wollte er die Ereignisse – und den aktionistischen Flügel der Protestanten – unter Kontrolle behalten.

Allerdings unterschied sich Colignys Auffassung von einer Intervention in den Niederlanden in einem ganz entscheidenden Punkt von der Ludwigs von Nassau: Eine offene Kriegserklärung Karls IX. an Spanien, die die Krone formell und feierlich verpflichtete, eine spätere Isolierung und vielleicht gar Preisgabe der Protestanten ausschloß und möglicherweise England in die Aktion hineinziehen konnte, schien ihm unabdingbare Voraussetzung zu sein.

Dies war freilich ein Ziel, das dem Admiral die unerbittliche Gegnerschaft der katholischen Fraktion und der Königinmutter sicherte, die nach dem großen Seesieg Don Juan d'Austrias über die Türken bei Lepanto ihre Furcht vor der spanischen Macht nur umso eindrücklicher bestätigt sah. Dazu ließen die Guise wissen, daß sie den Admiral nach wie vor für die Ermordung des Herzogs von Guise verantwortlich hielten und wichen den Vermittlungsversuchen des Königs aus. Wie eifrig Karl IX. in diesen Tagen immer seine eigene politische Linie zu klären versuchte, ihm mußte bewußt sein, daß ohne eine wirklich sichere Aussicht auf Englands Hilfe Colignys Wunsch nicht entsprochen werden konnte. Eine Kriegserklärung an Spanien hätte vermutlich auch die aus innenpolitischen Gründen so wichtige Heiratsverbindung zwischen Heinrich von Navarra und Margarethe von Valois, die von den intransigenten Katholiken ohnehin bekämpft wurde, schwer kompromittiert, wenn nicht unmöglich gemacht.

Es war eine Situation ohne klare Perspektiven, in die am 28.3. die Kriegserklärung des deutschen Schützers und Führers der niederländischen Protestanten, Wilhelms von Oranien, an Spanien hineinbrach. Karl IX. hatte die Voraussetzungen für ein aktives Eingreifen in diesen Konflikt bislang nicht zu schaffen vermocht und vermochte sie auch in nächster Zukunft nicht zu schaffen. England fand sich unter dem Eindruck der neuen Situation zwar schnell zum Abschluß eines Bündnisses bereit, jedoch waren dessen Bestimmungen rein defensiv ausgelegt und verpflichteten Elisabeth nicht zur Unterstützung eines Angriffs.

Auf Albas Sondierungen betreffend die französische Haltung in diesem Konflikt reagierte Karl IX. mit eiligen Zusicherungen wohlwollender Neutralität; ebenso desavouierte er im Mai offiziell ein Unternehmen Ludwigs von Nassau, das zu einer Besetzung von Mons und Valenciennes führte.

Coligny, der dem König verzweifelt den offenen Eintritt Frankreichs in den Krieg abzuringen versuchte und sich hierin immer wieder von Katharina von Medici konterkariert sah, war im Juli 1572 wohl schon entschlossen, mit einer protestantischen Armee allein gegen Alba ins Feld zu ziehen. Auch um dies zu verhindern, stimmte Karl IX. einer Aktion zu, bei der ein protestantisches Kontigent unter dem Herrn von Genlis Cateau-Cambrésis besetzen sollte, ohne daß die verdeckte Unterstützung der Krone offenbar würde. In erster Linie diente dieses Unternehmen einem Zeitgewinn: Denn konnte die Hochzeit Navarras und Margarethes unter Dach und Fach gebracht und doch noch die Beteiligung Englands an einer Offensive erreicht werden, so wollte Karl sich im Sommer 1572 wohl zu der von Coligny gewünschten Kriegserklärung verstehen. Allein, eine Eigenmächtigkeit Genlis', der entgegen seinem Auftrag das belagerte Mons zu entsetzen versuchte und dabei gefangengenommen wurde, führte zu einer dramatischen Zuspitzung der Situation. Karl versuchte, seine Verantwortung erneut von sich zu weisen und gratulierte Alba gar zu seinem Erfolg, doch kompromittierten ihn bei Genlis aufgefundene Dokumente und dessen unter Folter erpreßte Geständnisse zutiefst.

Colignys Absicht, mit oder ohne den König den Kampf gegen Alba aufzunehmen, wurde nun manifest. In dramatischen Auftritten bestürmte Katharina von Medici ihren schwankenden Sohn, dem Drängen des Admirals nicht nachzugeben; der königliche Rat verwarf bei einer außerordentlichen Debatte Ende Juli strikt jeden Gedanken an einen Krieg mit Spanien. Am Rande dieser bewegten Ereignisse und Diskussionen kam es zu heftigen Wortwechseln und manchen zumindest mißverständlichen Äußerungen, die, wie immer sie gemeint gewesen sein mochten, als Beweis einer drohenden Haltung Colignys und seiner Anhänger aufgefaßt werden konnten.

In jedem Fall konnte sich aus der Sicht der Gegner des Admirals der Eindruck ergeben, daß die Dinge außer Kontrolle zu geraten drohten und eine Rebellion der Hugenotten zu befürchten stehe, denen ihre für die Niederlande bestimmten Streitkräfte in einer Gesamtstärke von etwa 15 000 Mann zur Verfügung standen. Die unmittelbaren Ereignisse, die hieraus resultierten und die schließlich in das blutige Massaker der Bartholomäusnacht mündeten, sind aufgrund der großen Widersprüchlichkeit der Quellen nicht in jeder Beziehung zu erhellen. Alles spricht jedoch für die Annahme, daß die große Gefahr, die von einem nicht mehr kontrollierbaren Coligny ausging, innerhalb eines Kreises um Katharina von Medici, dem Anjou, der junge Herzog von Guise und mehrere Mitglieder des königlichen Rates angehörten, die Überzeugung entstehen ließ, die Beseitigung des Admirals sei das letzte Mittel, die Situation zu retten. Am Freitag, dem 22. 8. – nachdem die lange angestrebte Hochzeit zwischen Navarra und Margarethe von Valois gerade stattgefunden hatte – kam es dann zu einem Attentatsversuch, bei dem Coligny erheblich verletzt wurde, aber dem Tode entging.

Karl IX. war über das Geschehen außerordentlich bestürzt und ordnete eine sofortige gründliche Untersuchung des Vorgangs an. Die in Paris anwesenden Protestanten freilich waren durch das Attentat in größte Erregung versetzt worden; ihre Drohungen und Racheschwüre erhielten angesichts ihrer tatsächlichen militärischen Möglichkeiten eine bedrückende Glaubwürdigkeit.

Die Situation, die man durch die Ermordung Colignys wieder unter Kontrolle zu bringen gehofft hatte, war nun vollends aus den Fugen geraten. In dieser Lage und bedrückt von der Aussicht, der König möge ihre Verantwortung entdecken, faßte der Kreis um Katharina von Medici allem Anschein nach den Gedanken, daß die ganze protestantische Partei mit einem Schlag enthauptet, d. h. ihre mit Coligny in Paris versammelten Führer beseitigt werden müßten. Die Möglichkeit eines protestantischen Losschlagens mit seinen Folgen für die Krone und gar das Leben der königlichen Familie diente als Argument, um dem bei aller Ambition unsicheren und leicht zu beeindruckenden König Karl IX. am Abend des 23. 8. in einer dramatischen Auseinandersetzung die Autorisierung zu dieser blutigen, aber auf einen Kreis von etwa 20 bis 30 Opfern beschränkten Aktion abzuringen.

Allein, die Dinge nahmen ein andere Wendung als geplant. Vor dem Morgen des 24. 8. begann die Liquidierung der führenden Hugenotten; Coligny wurde in seiner Behausung von Leuten des Herzogs von Guise getötet. Doch bildeten sich im Gefolge dieser Ereignisse in der Pariser Bevölkerung radikale Banden, die ein Massaker unter den Protestanten anrichteten und zuweilen auch Katholiken nicht verschonten. Niemand konnte das, was jetzt in Paris geschah, noch kontrollieren. Erst drei Tage später, am 27. 8. kehrte wieder Ruhe in die Stadt ein, doch kam es in einer ganzen Reihe weiterer Städte kurz darauf zu ganz ähnlichen Ausschreitungen.

## Karl IX. (1560–1574)

Viele Fragen im Zusammenhang mit dieser «Bartholomäusnacht», die in Paris 1500–2000 Menschen das Leben gekostet haben dürfte (Babelon), und ihren Folgeereignissen in der Provinz sind noch offen; die letzten Verantwortlichkeiten sind nicht restlos geklärt, werden vielleicht auch niemals ganz geklärt werden können. Doch steht fest, daß niemand, auch nicht die Gruppe um Katharina von Medici, das, was geschehen war, gewollt hatte. Der protestantischen Partei sollte ihre politische Spitze genommen, doch es sollten nicht – wie oft behauptet worden ist – die in Paris lebenden Protestanten samt und sonders getötet werden.

Bei der Erklärung des Massakers muß mit Sicherheit eine ganze Reihe sozialgeschichtlicher und sozialpsychologischer Faktoren in Betracht gezogen werden. Gerade in Paris war ein militanter, ja fanatischer Katholizismus in der Bevölkerung fest verwurzelt; der «menu peuple», die kleinen Leute, die nicht zur Elite gutsituierter Handwerker oder Kaufleute gehörten – in welcher der Anteil an Protestanten ja überdurchschnittlich hoch war ,– standen fest zum alten Bekenntnis. Die Hauptstadt war insofern immer ein Rückhalt der intransigent-katholischen, um die Guise und um Anjou sich gruppierenden Partei gewesen. Doch wäre eine schlichte Zuweisung der Schuld für das Blutbad an eine vage definierte «Volksmasse» eine recht einfache Antwort. Der augenblickliche Forschungsstand bietet allerdings schon einige wichtige Hinweise zu einer differenzierten Betrachtung der Akteure: Die fanatisierten Gruppen, die in der Nacht vom 23. auf den 24.8. und danach die Verantwortung für das blutige Gemetzel auf sich luden, bestanden neben einem Bodensatz an sozial Unterprivilegierten zu einem erheblichen Teil wohl auch aus Angehörigen jener Schicht, welche sich seit dem Einsetzen der Verfolgung und bürgerlichen Entrechtung der Protestanten an konfisziertem Hugenottenbesitz bereichert und aus dem Gebot der Vermögensrestitution des Edikts von 1570 Nachteile erlitten oder zu befürchten hatten. Das letzte Wort zu Genese, Verlauf und tieferen Ursachen der Bartholomäusnacht, die mit Sicherheit auch als Explosion eines mit religiösen Komponenten untrennbar verwobenen sozialen Konflikts zu verstehen ist (Mieck), muß freilich künftiger Forschung vorbehalten bleiben. Zu dieser mangelt es, wie man sieht, an Anstößen jedenfalls nicht (vgl. neben Mieck zuletzt Bourgeon).

Karl IX. selbst hatte nicht die geringste Kontrolle über die Vorgänge gehabt und der begrenzten Mordaktion aller Wahrscheinlichkeit nach nur in höchster Bedrängnis zugestimmt, doch vor dem Parlament übernahm er am 26.8. die Verantwortung für das Geschehen. Die Protestanten hätten, so erklärte er, vor der offenen Rebellion gestanden, sein Thron, sein Leben und das der königlichen Familie seien in Gefahr gewesen. Coligny wurde nun posthum der Prozeß gemacht, diejenigen aus seiner engeren Umgebung, die das Massaker überstanden hatten, in aller Form zum Tode verurteilt und hingerichtet.

Daß die schrecklichen Pariser Ereignisse von lebhaften Glückwünschen der katholischen Mächte, vor allem Spaniens und des Papstes, begleitet wurden, erscheint uns heute als Perversität und kann nur aus der religiösen Erregung der Zeit her verstanden werden, denn hier wurde – von allen Seiten – nicht um ein gutes Leben auf Erden, sondern um das Heil der unsterblichen Seele gerungen. In dem Maße, in dem das katholische Europa triumphierte, wurde freilich der Kredit der Krone in den protestantischen Ländern erschüttert und alle nach außen wie gegenüber seinen eigenen hugenottischen Untertanen abgegebenen Erklärungen des Königs, trotz allem an den Bestimmungen des Edikts von Saint Germain festhalten zu wollen, konnten hieran nichts ändern. Sie illustrierten für die Zeitgenossen allenfalls, wie wenig der Träger der Krone vom 23. bis zum 26. 8. Herr der Ereignisse gewesen war.

Die knappen zwei Jahre, die einem nunmehr unter größter seelischer Belastung lebenden und körperlich mehr und mehr verfallenden Karl IX. noch blieben, sahen im Inneren erneut Anarchie und Bürgerkrieg erstehen, doch sahen sie auch die Anfänge der Reorganisation eines furchtbar getroffenen, aber nicht zerstörten Protestantismus, dessen Adepten die Ereignisse des August 1572 als eine Prüfung Gottes begriffen, aus der sie mit ungebrochenem Selbstbewußtsein hervorgingen.

Zu Widerstand gegen die Krone und zu militärischen Operationen kam es nun hauptsächlich im Zusammenhang mit der Belagerung der Festung La Rochelle und im Süden Frankreichs, im Languedoc. La Rochelle hatte sich nach der Bartholomäusnacht geweigert, einen vom König entsandten Gouverneur aufzunehmen und wurde von starken katholisch-royalistischen Kräften unter Anjou hartnäckig, doch vergeblich belagert. Das Ende dieser Belagerung im Juli 1573 – das im Zusammenhang mit der Nachricht von der erfolgten Wahl Anjous zum König von Polen stand, die Katharina von Medici seit dem Tod des letzten Jagellonen (1572) gegen die Kandidaturen einiger protestantischer Fürsten sowie des Zaren und eines österreichischen Habsburgers verfolgt hatte – wurde durch eine Vereinbarung besiegelt, deren wesentliche Bestimmungen wenig später unter dem Namen des Edikts von Boulogne Geltung für ganz Frankreich erhielten. Darin wurden die 1570 im Edikt von Saint Germain zugestandenen Rechte allerdings stark beschnitten: Bei allgemeiner Gewissensfreiheit sollte die Kultfreiheit auf La Rochelle und einige andere Städte beschränkt und sollten auch die religiösen Freiheitsrechte adliger Grundherren nur unter bestimmten Voraussetzungen erhalten bleiben. Vor allem die Protestanten des Languedoc, die mit dem Gouverneur der Region, einem gemäßigten Katholiken namens Damville aus der Familie der Montmorency und damit Verwandten Colignys, zuvor einen Waffenstillstand geschlossen hatten, waren mit diesen Bedingungen unzufrieden und schritten auf mehreren Versammlungen in Nîmes und Montauban zur Formulierung eigener Forderungen. In einer bemerkenswerten Denkschrift legten sie Karl IX. diese vor. Sie betrafen im einzelnen die Gewissens- und Kultfreiheit im ganzen Königreich, die Freiheit von Vorschriften oder Abgaben, die der refomierten Religion widersprachen, und die Herstellung größerer Rechtssicherheit, die durch die Einführung von «chambres miparties», d. h. aus Katholiken und Protestanten gebildete Gerichte für Fälle, die Angehörige beider Konfessionen betrafen, garantiert werden sollte. Im Zentrum dieses Forderungskatalogs stand freilich die Frage nach einer umfassenden Sicherheitsleistung, die die Anhänger Calvins zu ihrer endgültigen Befriedung und Reintegration in den Staat bereit machen sollte: Die Hugenotten des Languedoc legten den Vorschlag einer internationalen Garantie durch protestantische Schutzmächte wie England, die reformierten Schweizer Kantone oder deutsche Fürsten, vor. Auf diese – aus der Sicht einer auf den vollen Besitz ihrer Autorität bedachten Monarchie freilich unannehmbaren – Bedingungen reagierte Karl IX. zunächst hinhaltend, doch ohne den Verhandlungsfaden abreißen zu lassen.

Der Hof wurde in diesem Sommer und Herbst des Jahres 1573 vor allem vom Ereignis der Wahl Heinrichs von Anjou zum König von Polen beherrscht. Karl IX. war über die Gelegenheit, seinen ungeliebten und als Bezugspunkt der intransigenten Katholiken immer potentiell gefährlichen Bruder aus Frankreich entfernen zu können, alles andere als unglücklich. Katharina von Medici hätte die Abreise gerne noch länger hinausgezögert – auch angesichts eines sich immer weiter verschlechternden Gesundheitszustands Karls, der Anjou den baldigen Tausch der polnischen mit der französischen Krone in Aussicht stellte. Allein, gegen die Entschlossenheit des Königs war nicht anzukommen, und so begab sich der König von Polen im November des Jahres auf die Reise in sein Reich. Katharina begleitete ihn bis Nancy. Unterwegs traf sie in Blamont mit Ludwig von Nassau zusammen, vor dem sie aus schwer zu ergründenden Motiven heraus einmal mehr den Plan einer gemeinsamen Intervention in den Niederlanden entwickelte. Es ist allerdings sehr zweifelhaft, ob sie hiermit mehr bezweckte, als ihrem Sohn einen ungehinderten Durchzug durch die Gebiete der reformierten deutschen Fürsten zu sichern, denn eine schriftliche Verpflichtung konnte Nassau trotz aller Bemühungen nicht erwirken.

Für Karl IX. bedeutete die Entfernung Anjous freilich nicht das Ende eines Faktionalismus, der auf dem ungesunden Boden einer bittern konfessionellen Entzweiung erwuchs und immer wieder drohte, die Monarchie für seine eigenen Interessen in Anspruch zu nehmen oder zu zermahlen. Eine neue Kristallisationsfigur für solche Bestrebungen bot sich in Karls jüngstem Bruder an, dem Herzog von Alençon, der, anders als Anjou, keine Skrupel bekenntnishafter Natur kannte und der Chimäre einer eigenen Herrschaft in den Niederlanden oder anderswo nachjagte. Gerade aufgrund seiner religiösen Indifferenz aber war Alençon für jene Katholiken, die mit der intransigenten Gruppe um die Guise nicht auf gutem Fuß standen – wie beispielsweise die Angehörigen des Hauses Montmorency – ebenso eine potentielle Bezugsfigur wie für die Hugenotten.

Alençon war unter anderem verbittert, weil Karl IX., der die Entstehung eines nur bedingt in der Reichweite seines Einflusses liegenden Machtzentrums wie zu Zeiten Anjous nicht mehr dulden wollte, ihm die Ernennung zum königlichen Generalleutnant in der Nachfolge des nach Polen gezogenen Bruders verweigerte. Als er zusammen mit dem nach der Bartholomäusnacht zwangskonvertierten und am Hof festgehaltenen Heinrich von Navarra, dem ungeliebten Gatten seiner Schwester Margarethe, zu Ludwig von Nassau fliehen wollte, verhinderte Katharina von Medici diesen ersten Konspirationsversuch noch rechtzeitig. Doch waren damit Alençons Verwicklungen nicht beendet. Im Dezember 1573 spannten sich die Beziehungen zwischen der Krone und den Protestanten des französischen Südens erneut, als diese in Millau die Grundzüge einer «union civile de l'Eglise réformée» proklamierten, die angesichts der für die reformierten Gläubigen nicht kleiner gewordenen Gefahren eine straffe Organisation der hugenottischen Gemeinschaften mit quasi-staatlichen Zügen, nämlich Kompetenzen im Militär-, Finanz-, Justiz- und Polizeibereich vorsah. Solche Übergriffe auf Hoheitsrechte der Krone konnte Karl IX. freilich nicht akzeptieren und bereitete, die Verhandlungen trotz allem fortführend, die Entsendung von Truppen vor. Ein neuer Konflikt zeichnete sich drohend am Horizont ab, zumal kurz darauf auch die Protestanten des Westens wieder unruhig wurden und ihre Solidarität mit den Glaubensbrüdern in Südfrankreich bekräftigten. Ihr Haupt, La Noue, wurde an die Spitze des hugenottischen Heeres gewählt, in Erwartung eines Anführers, der, wie es hieß, höhergestellt sein sollte als ein anderer zuvor – eine Ankündigung, die nur auf Alençon gemünzt sein konnte.

Ein neuer Versuch des Herzogs, den Hof zu verlassen und zu Ludwig von Nassau zu gelangen, scheiterte im März 1574. Diesmal freilich offenbarte sich eine Verschwörung beunruhigenden Ausmaßes, in die auch mehrere Mitglieder der katholischen, doch mit den Guise nach wie vor verfeindeten Montmorency verwickelt waren, allen voran der älteste Sohn des Konnetabels, Marschall Franz von Montmorency. Ins Zwielicht geriet auch Damville, der mit königlichen Truppen im Languedoc stand. Als Karl IX. ihn zurückrief, um ihn durch einen über jeden Zweifel erhabenen Gouverneur zu ersetzen, leistete Damville diesem Befehl keine Folge, verschanzte sich in Montpellier und ging bald darauf ein offenes Bündnis mit den Protestanten der Region ein.

Was auch immer hinter diesen Verschwörungen stand, ob sie nur persönlichen Interessen dienen sollten, oder ob sie vielleicht auch schon erste Keime einer die Einheit von Katholiken und Protestanten favorisierenden Koalition gegen die Frankreich zersetzende Kraft der konfessionellen Unversöhnlichkeit waren, sicher ist, daß die allgemeine Situation des Königreichs im Frühjahr 1574 wieder beunruhigend, konfliktgeladen und von hoffnungsloser Zerrissenheit gekennzeichnet war. Karl IX. blieb es erspart, sich an der gigantischen Aufgabe der Befriedung seines Reiches und der Rettung der Monarchie aufreiben zu müssen. Am 30. 5. 1574 starb er, am Ende eines langsam fortschreitenden Verfalls seiner körperlichen Kräfte angelangt, und hinterließ seine Krone dem einstigen Herzog von Anjou, jetzigen König von Polen und künftigen König Heinrich III. von Frankreich.

Ilja Mieck

# HEINRICH III.
## 1574–1589

*Heinrich III. geboren 19. September 1551 in Fontainebleau, Vorname Edouard-Alexandre, geändert in Henri 1565, Dauphin 1560, Herzog von Anjou 1566, König von Polen 1573–74, König von Frankreich 30. Mai 1574, Krönung und Weihe in Reims 13. Mai 1575, Attentat 1. August 1589, Tod 2. August 1589, Grablegung zunächst in der Abtei Saint-Corneille in Compiègne, 1610 in der Krypta der (1719 abgerissenen) Rotonde des Valois in Saint-Denis, dann in der dortigen Kapelle Notre-Dame-la-Blanche. Grabschändung während der Revolution; seit 1818 erinnert in Saint-Denis eine früher in Saint-Cloud befindliche barocke Säule mit einer Bronze-Urne, in der sich das Herz Heinrichs III. befinden soll, an den letzten Valois-König.*

*Vater: Heinrich II. König von Frankreich (1519–1559). Mutter: Katharina von Medici (1519–1589). Brüder: u. a. Franz (1544–1560), als König Franz II.; Karl (1550–1574), als König Karl IX.; Hercule (1566–1584), der spätere François, Herzog von Alençon (bis 1576) und Herzog von Anjou. Schwester: u. a. Margarete (1553–1615), genannt Margot, spätere Gemahlin Heinrichs III. von Navarra.*

*Heirat mit Louise de Vaudémont (1553–1601), Tochter Karls III. von Lothringen, am 15. Februar 1575; keine Kinder.*

### Kindheit und Jugend
### 1551–1566

Henri III\* sah den 18. 9. 1551 als seinen Geburtstag an, obwohl er 40 Minuten nach Mitternacht, also am 19. 9., zur Welt gekommen war. Er wurde auf den Namen Alexandre-Edouard getauft und erhielt den Titel eines duc d'Angoulême. Seine Eltern, König Henri II (1519–1559) und Catherine von Medici (1519–1589), hatten 1533 geheiratet, doch war die Ehe elf Jahre kinderlos geblieben.

Henri hatte vier ältere Geschwister: François (II), den 1544 geborenen *Petit Dauphin*, der bei der Thronbesteigung seines Vaters (1547) zum *Dauphin* (Thronfolger) wurde, Elisabeth (1545–1568), die spätere Gemahlin Philipps II. von Spanien, Claude (1547–1574), die 1559 Charles III von Lothringen heiratete und Charles-Maximilien (1550–1574), den der frühe Tod des erstgeborenen Bruders 1560 als Charles IX auf den Thron brachte. Ein fünftes Kind, Louis, war im Oktober 1550 im Alter von 20

---

\* Grundsätzlich wird auf eine Übersetzung der Vornamen, Titel und Sachbegriffe verzichtet.

Monaten gestorben. Die jüngeren Geschwister von Henri waren Marguerite, genannt Margot (1553-1615), die eine Woche vor der Bartholomäusnacht mit dem späteren Henri IV von Frankreich vermählt wurde, und Hercule (1555-1584), der es als einziger der vier Söhne nicht zu einer Königskrone brachte. Die lange Reihe der Geburten endete 1556 mit den Zwillingsschwestern Jeanne und Victoire, die während bzw. bald nach der Niederkunft ihrer Mutter starben.

Bemerkenswert ist, daß die hohe Kindersterblichkeit, die das gesamte Ancien Régime auszeichnete, zwar auch vor Königsthronen nicht haltmachte, aber dank der besseren medizinischen Betreuung und der insgesamt gesicherteren Lebensverhältnisse nicht so einschneidende Folgen hatte wie bei den unteren Volksschichten.

Von seinen sechs Geschwistern, die der Kindersterblichkeit nicht zum Opfer gefallen waren, starben fünf vor Henri. Nur Marguerite überlebte ihn und wurde 62 Jahre alt. Sie und Henri waren die einzigen der zehn Kinder, die beim Tod ihrer Mutter am 5.1.1589 noch lebten. Eine schwächliche Konstitution und die Anfälligkeit für Krankheiten sind zwar bei allen Angehörigen der letzten Valois-Generation zu beobachten, ihre wahre Geißel war aber die Tuberkulose, gegen die man medizinisch machtlos war.

Anläßlich seiner Firmung erhielt Alexandre-Edouard am 18. 3. 1565 zu Ehren seines Vaters den Namen Henri. Neuesten Forschungen zufolge soll der jüngere Bruder Hercule, dessen «physical and intellectual deficiencies» (Holt, Anjou, 16) ganz und gar nicht zu seinem Namen paßten, erst ein Jahr später den Namen seines Großvaters François erhalten haben. Seit Februar 1566 trug er jedenfalls den Titel eines duc d'Alençon, während Henri künftig als duc d'Anjou auftrat. Im übrigen wurde er als ältester Bruder des regierenden Königs zunächst als *Monseigneur* angesprochen, später als *Monsieur* – dies wurde fortan die offizielle Bezeichnung für den ältesten Bruder des regierenden Königs. In der historischen Literatur werden die beiden Brüder Henri und François seit 1566 kurz als ‹Anjou› und ‹Alençon› bezeichnet. Als Henri König wurde, fielen die Titel *Monsieur* (1574) und duc d'Anjou (1576) an François, den früheren ‹Alençon›.

Alexandre-Edouard/Henri war ein lebhaftes, freundliches und intelligentes Kind, das sich im Unterschied zu seinen fast ständig kränkelnden Geschwistern körperlich und geistig gut entwickelte. Der Junge las und diskutierte gern, lernte fleißig und geduldig, wußte sich gut auszudrücken, versuchte sich mit Erfolg in der italienischen Sprache, verstand gut zu tanzen und zu fechten und bezauberte den Hof durch seinen Charme und seine Eleganz. Bei der Krönung seines Bruders in Reims im Februar 1561 hinterließ er einen besseren Eindruck als Charles.

Catherine liebte Henri über alles. Sie nannte ihn «mon tout» und «mon petit aigle», unterzeichnete ihre Briefe mit «votre bonne et affec-

tionnée mère» und entdeckte bei ihm Charakterzüge, die sie an ihre
Medici-Vorfahren erinnerten. Henri wurde ihr Lieblingssohn, später ihr
Vertrauter.

Das Verhältnis zwischen Charles, dem König, und Henri, dem Thronfolger, war nicht spannungsfrei – zweifellos eine Folge der intellektuellen Überlegenheit des Jüngeren, der obendrein von der Mutter bevorzugt wurde. Wahrscheinlich haben diese Animositäten während der über zweijährigen Reise zugenommen, die den königlichen Hof mit einem Troß von etwa 500 Personen durch ganz Frankreich führte. Mit dieser Reise, auf der Henri am 8. 2. 1566 durch die Apanagierung mit den Herzogtümern Anjou, Bourbonnais und Maine seine finanzielle Unabhängigkeit erlangte, endete die erste Phase seines Lebens.

Kindheit und Jugend von Henri fielen in eine Zeit, da die französische Monarchie ihre politischen Prioritäten anders zu setzen begann. Die Schwerpunktverlagerung von der die erste Jahrhunderthälfte beherrschenden Außenpolitik zu den innerfranzösischen Problemen markierte der Frieden von Cateau-Cambrésis (3. 4. 1559) zwischen Frankreich und Spanien. Mit ihm fand die erste Phase der französisch-habsburgischen Auseinandersetzung ihren Abschluß. Das Herzogtum Burgund blieb bei Frankreich, während es in Italien nur einige Stützpunkte behielt. Der Vertrag, auch *pax catholica* genannt, gab beiden Herrschern die Möglichkeit, sich der religiösen Angelegenheiten in ihren Ländern energischer anzunehmen.

Das galt in besonderem Maße für Henri II, in dessen Regierungszeit die hugenottische Bewegung trotz schärfster Verfolgungsmaßnahmen weiteren Zulauf erhalten hatte. Seit etwa 1550 schlossen sich mehr und mehr Angehörige der höheren Gesellschaftsschichten der Lehre Calvins an: Juristen, Kaufleute, Ärzte, Adlige. Dieser Aufstieg des Protestantismus in die Spitzen der sozialen Hierarchie erreichte 1558 einen Höhepunkt, als sich einige Vertreter des Hochadels der reformierten Kirche anschlossen: Antoine de Bourbon, König von Navarra; dessen Bruder, der Prinz von Condé, sowie die Brüder François d'Andelot und Gaspard de Coligny. Höhepunkt der Bemühungen um eine das ganze Reich erfassende Organisation der neuen Kirche war die erste hugenottische Synode, die am 25. 5. 1559 in Paris stattfand.

Seit 1558/59 war es offenkundig, daß sich die Krone mit dieser gut organisierten religiösen Minderheit arrangieren mußte: «Es galt, die konfessionelle Koexistenz grundsätzlich als unabänderlich hinzunehmen und Mittel und Wege zu finden, um diese Koexistenz zu organisieren. Es war ein Programm, das nur langfristig zu realisieren war, da es ein totales Umdenken erforderlich machte» (Mieck, Entstehung, 238).

Catherine von Medici nutzte die durch den erneuten Thronwechsel 1560 gebotene Chance, die Staatsgeschäfte selbst in die Hand zu nehmen, für einen Kurswechsel. Mit erstaunlicher Zielstrebigkeit leitete sie eine neue Konfessionspolitik ein. In einer Welt der Intoleranz und des Hasses tastete sie sich vorsichtig, zuweilen auch etwas umständlich, auf der *terra incognita* konfessioneller Duldung – von Toleranz war noch kaum zu reden – voran. Daß Catherine diese ganz unzeitgemäße Zielvorstellung über Jahrzehnte hinweg zu realisieren versuchte, stellt diese Frau, die bis 1559 durch ihren Mann und dessen Mätresse Diane de Poitiers von aller Politik ferngehalten worden war, in die erste Reihe der staatsmännischen Persönlichkeiten, die Frankreich jemals regiert haben. Daß sie ihrem Sohn Henri diese Überzeugung vermittelte, verdient im Rahmen dieser biographischen Skizze besondere Beachtung.

Der bedeutendste Versuch, den Catherine zu Beginn ihrer nationalen Versöhnungspolitik unternahm, war das Toleranz-Edikt vom 17. 1. 1562, das infolge der Militanz der Guise-Anhänger scheiterte. Das von diesen zu verantwortende Massaker von Vassy löste den ersten Bürgerkrieg aus, der die Fronten weiter verhärtete. Die große Reise, die auch der Überwindung der religiösen Gegensätze dienen sollte, brachte in dieser Hinsicht keine Fortschritte. Geschürt durch die Extremisten beider Seiten, führten die wachsenden Spannungen 1567/68 zum zweiten und 1569/70 zum dritten Bürgerkrieg.

## Lehrjahre
## 1567–1571

Für Henri begann in diesen Jahren die eigentliche politische Karriere. Da sich sein Bruder als König militärisch nicht zu sehr exponieren durfte, wurde Anjou am 14. 11. 1567 zum *lieutenant général du royaume* bestellt und erhielt dadurch den Oberbefehl über die königlichen Truppen. Natürlich standen dem 16jährigen erfahrene Militärs zur Seite, aber Anjou bewies Talent, Geschick und Mut, so daß die beiden Siege über die hugenottischen Truppen bei Jarnac (13. 3. 1569) und Moncontour (3. 10. 1569) in erster Linie ihm zugeschrieben wurden.

Aber der junge Kriegsheld, der sich im Gegensatz zu seinem königlichen Bruder schon immer *in politicis* sehr interessiert gezeigt hatte, stieg noch höher: Auf Drängen Catherines machte ihn Charles zum *intendant général du roi*. Mit diesem bisher nie vergebenen Titel wurde er zu einer Art Vizekönig, an den man sich, angeblich zur Entlastung von Catherine, in allen Fällen («en tout et pour tout») zu wenden hatte.

Außerdem war Anjou immer noch Thronfolger, wenn auch nur auf Abruf, denn sobald dem noch unverheirateten König in legitimer Ehe ein Sohn geboren werden würde, wäre das Thronfolgerecht zwangsläufig auf diesen übergegangen. Henri hatte indessen Glück. Aus der Ehe, die Charles IX am 26. 11. 1570 mit Elisabeth von Österreich (1554–1592), der Tochter Kaiser Maximilians II., schloß, ging nur eine Tochter namens Marie-Elisabeth (1573–1578) hervor, während der aus der Verbindung

## Heinrich III. (1574–1589)

mit seiner Mätresse Marie Touchet (1549–1638) stammende Sohn Charles de Valois (1573–1650), der spätere duc d'Angoulême, natürlich nicht erbberechtigt war. So blieb Henri, der ungeliebte Bruder des Königs, auch der ungeliebte Thronfolger.

Als nach fast dreijähriger Ehe des Königs noch immer kein Thronerbe geboren war und sich sein Gesundheitszustand rapide verschlechterte, sprang Charles IX über seinen Schatten: Am 22.8.1573 erkannte er Henri offiziell als seinen Nachfolger an.

Die glänzende politische Karriere, die Anjou bevorzustehen schien, hätte durch eine Heirat mit Elizabeth von England ihre Krönung erfahren, aber das Projekt scheiterte, nicht zuletzt an der Abneigung, die Henri selbst gegen diese Verbindung empfand, weil sie ihn aus Frankreich entfernt hätte. Schließlich entschied der Staatsrat, den Heiratskandidaten Anjou durch Alençon, der 22 Jahre jünger war als die umworbene Elizabeth, zu ersetzen.

Die Popularität des Thronfolgers wurde durch das Scheitern der englischen Heiratspläne nicht beeinträchtigt, ebensowenig durch die Tatsache, daß der sehr modebewußte und ein wenig exzentrische Henri begann, ziemlich große Ohrgehänge zu tragen, nicht anders als sein königlicher Bruder und zahlreiche Edelleute, die damals am Hof lebten. Daß auch Männer Ohrringe tragen, versteht man heutzutage sicher besser als im 16. Jahrhundert, als man diese Tatsache als ersten Hinweis auf eine besonders effeminierte Einstellung und eine beginnende Homosexualität wertete.

Nach dem Friedensedikt von Saint-Germain vom 8.8.1570 nahm Catherine ihre konfessionelle Aussöhnungspolitik wieder auf. Fast als Symbol dafür kann man die Heirat zwischen ihrer Tochter Marguerite und Henri, dem Sohn der streng calvinistischen Königin von Navarra, Jeanne d'Albret, ansehen. Der Vater des Bräutigams, Antoine de Bourbon, war 1562 gestorben. Durch den überraschenden Tod von Jeanne am 9.6.1572 in Paris wurde Henri noch vor der Hochzeit, die am 18.8.1572 stattfand, als Henri III König von Navarra, dessen südlicher Teil allerdings 1512 von Spanien annektiert worden war. In Anlehnung an diesen Titel wird Henri in der Literatur bis zum Jahre 1589 häufig als ‹Navarra› bezeichnet.

Thronfolgerechte ergaben sich für Henri durch diese Heirat nicht, wohl aber durch Verwandtschaftsverhältnisse mit dem Königshaus, die auf das 13. Jahrhundert zurückgingen. Aber noch hoffte man auf einen legitimen männlichen Erben des Königs, und außerdem lebten noch die beiden Thronfolger Anjou und Alençon, bei denen sich, einmal verheiratet, ebenfalls noch männlicher Nachwuchs einstellen konnte.

Eine andere Hochzeit, die in diesem ereignisreichen August 1572 stattfand, brachte Anjou völlig aus dem Gleichgewicht, weil er in die Braut, Marie de Clèves (1550–1574), unsterblich verliebt war. Die 21jährige, «ein Kind aus der Provinz mit reinem Herzen, frischen Wangen, einem schlanken und gesunden Körper und einem herzlichen Lachen» (Bordonove, Henri III, 135), war von bezaubernder Schönheit und ließ den Thronfolger alle seine bisherigen Liebeleien vergessen. Er war fest entschlossen, dieses Mädchen, das seine Liebe erwiderte, zu heiraten.

Catherine war über das Ansinnen ihres Sohnes, der doch die englische Königin verschmäht hatte, entsetzt, weil Marie nicht zum Hochadel zählte. Außerdem hatte ihr Catherine eine besondere Rolle in ihrer interkonfessionellen Verständigungspolitik zugedacht. Das calvinistisch erzogene Mädchen, das seit 1569 unter der Vormundschaft des Königs stand, sollte den hugenottischen Prinzen Henri de Condé heiraten. Von diesem Plan ließ sich Catherine nicht abbringen. Anjou mußte sich der Staatsräson beugen, und die Hochzeit fand am 10. 8. 1572 statt, genau zwei Wochen vor der Bartholomäusnacht.

## Vor und nach der Bartholomäusnacht
### 1571–1573

Die mit dem Frieden von Saint-Germain wieder aufgenommene Aussöhnungspolitik Catherines ermöglichte es, daß der 1569 zum Tode verurteilte und *in effigie* aufgehängte Chef der Hugenotten, der Admiral Coligny, 1571 an den Hof und in den Staatsrat zurückkehren konnte. Dort versuchte er, seine politischen Pläne durchzusetzen. Er beabsichtigte, den seit 1566 gegen Spanien kämpfenden Niederlanden militärisch zu Hilfe zu kommen und hoffte, dadurch eine gesamteuropäisch-protestantische Allianz gegen Philipp II. zustandezubringen. Nichts aber fürchtete Catherine seit der schweren Niederlage von Saint-Quentin (10. 8. 1557) mehr als einen Krieg gegen Spanien. Alle Fachleute waren mit ihr einer Meinung: Einen solchen Krieg konnte Frankreich nur verlieren. Die Niederlage eines französischen Hilfskorps, dessen Entsendung Charles IX stillschweigend toleriert hatte, bestätigte die einhellige Auffassung des Kronrates, einen Krieg mit Spanien unter allen Umständen zu vermeiden.

Dennoch hielt Coligny an seinen Plänen fest und erhob sie durch die von ihm erfundene, überhaupt nicht zwingende Alternative: Krieg gegen Spanien oder Bürgerkrieg in den Rang einer politisch-militärischen Erpressung. Dadurch wurde er – so die bisherige Forschungsmeinung – zum rebellierenden Untertan, dessen Beseitigung die Staatsräson gebot: In enger Zusammenarbeit bereiteten Catherine und Anjou, ohne Wissen des Königs, ein Attentat auf Coligny vor, das am 22. 8. 1572 stattfand.

Eine neuere Untersuchung sieht dagegen die Situation ganz anders: Coligny war Mitte August 1572 politisch völlig isoliert und militärisch geschwächt. Vielleicht wurde er, der den König zu lenken glaubte, in

Wirklichkeit sogar ausgenutzt, indem dieser ihm zuredete, protestantische Truppen in die Niederlande, d. h. in das sichere Verderben zu schicken. Coligny war demnach eine zwar schwache, gleichwohl politisch wichtige Figur auf dem politischen Schachbrett: «Die französische Monarchie brauchte Coligny viel zu nötig, um daran zu denken, sich seiner zu entledigen» (Bourgeon, L'assassinat, 29).

Mit dieser These fällt das über Jahrhunderte errichtete Gedankengebäude über Zeit und Art der vorbereitenden Mitwirkung Anjous und Catherines in sich zusammen. Beide hatten mit dem Attentat nichts zu tun, waren nicht einmal darüber informiert. In einem ausschließlich auf *zeitgenössische* Quellen gestützten Indizienverfahren werden die in Wahrheit Verantwortlichen ins Licht gerückt: «Die Seele des Komplotts ist niemand anders als Philipp II.» (ebd., 58), während der Herzog von Alba in besonderem Maße verdächtig ist, «den Anschlag auf den Admiral ferngesteuert (‹télécommandé›) zu haben, unter aktiver Beteiligung einer Handvoll ultra-katholischer Guise-Anhänger» (ebd., 49).

Auch die Vorgeschichte der zwei Tage nach dem mißglückten Attentat hereinbrechenden Bartholomäusnacht wird von Bourgeon ganz neu interpretiert. Dabei ist es aufgrund der diffizilen Quellenlage leichter zu sagen, wie es nicht war, als präzise positive Aussagen zu treffen. Immerhin erscheint es wahrscheinlich, daß weder Catherine noch Anjou noch der König die am frühen Morgen des 24. 8. einsetzenden Mordaktionen in irgendeiner Weise vorab planerisch beeinflußt haben. Die Bartholomäusnacht war alles andere als eine königliche Machtdemonstration; sie resultierte im Gegenteil aus einem totalen, wenn auch vorübergehenden Zusammenbruch der königlichen Gewalt. Irgendwann in der Nacht muß Charles IX einem von der Spanien-Guise-Partei vorgebrachten Ultimatum nachgegeben und die Ermordung der Hugenottenführer, und nur darum ging es, zugestanden haben – «im Stich gelassen von allen Autoritäten, der städtischen, der juristischen, der religiösen und der militärischen, ... blieb ihm nichts übrig als sich zu verleugnen (d. h. sein königliches Schutzversprechen für die Hugenotten zu ignorieren – I. M.) und zu kapitulieren» (ebd., 108f.).

Die Ermordung des hugenottischen Generalstabs durch die Guise-Anhänger war die eine Sache, die Niedermetzelung von Hunderten von Protestanten eine andere. Dieses blutige Geschäft besorgte das aufständische Paris, das die Gelegenheit ergriff, auf diese Weise gegen die seit 1570/71 praktizierte Religions-, Finanz- und Außenpolitik zu protestieren. Die Bartholomäusnacht war auch eine Revolution gegen das Königtum.

Die Ereignisse der nächsten Tage gingen über die königliche Familie hinweg: Als ob es König und Munizipalität nicht gebe, übernahm eine von dem ehemaligen Bürgermeister und Guise-Freund Marcel rekrutierte Hilfstruppe für etwa drei Tage die Macht in der Stadt. Es waren aus diesem Kontingent stammende Mord- und Terrorkommandos, «die vorwiegend, aber keineswegs ausschließlich die hugenottischen Einwohner mit dem Ziel der skrupellosen Bereicherung ausplünderten und umbrachten», um «ihre als ungerecht empfundene Position im Sozialgefüge unter dem Deckmantel des Konfessionskampfes zu korrigieren» (Mieck, Bartholomäusnacht, 106). Diese Auffassung widerspricht der schon von den Zeitgenossen vertretenen, neuerdings reaktivierten These, daß sich die Bürgermiliz geschlossen («en corps») an dem Pogrom beteiligt habe. Um diesen Sachverhalt zu klären, bedarf es noch weiterer Forschungen.

Die Protestanten antworteten auf die Bartholomäusnacht mit dem vierten Bürgerkrieg. Er fand seinen Höhepunkt in der Belagerung von La Rochelle. Da Charles IX offiziell die Verantwortung für die Bartholomäusnacht übernommen hatte, ließen die Hugenotten von nun an die Loyalität gegenüber dem König, die sie bisher immer bewahrt hatten, fallen. La Rochelle fühlte sich wie eine unabhängige Republik und weigerte sich, den vom König entsandten Gouverneur Biron überhaupt in die Stadt zu lassen.

Am 11. 2. 1573 traf Anjou vor La Rochelle ein und übernahm das Kommando über die Belagerungsarmee. Nach schweren Bombardements versuchten die königlichen Truppen wiederholt vergeblich, die Mauern zu überwinden. *Monsieur*, am 14. 6. sogar leicht verwundet, hoffte langfristig auf die Wirkung der Blockade, aber auch die im Mai und Juni erneut durchgeführten Sturmangriffe scheiterten allesamt.

Dennoch hätte La Rochelle wohl bald aufgeben müssen, doch am 19. 6. erhielt Anjou die Nachricht, daß er zum König von Polen gewählt worden sei. Die Verhandlungen mit den Belagerten führten rasch zum Frieden (2. 7. 1573), der die Gewissensfreiheit in ganz Frankreich garantierte, die Kultfreiheit für die Hugenotten aber nur in den Städten La Rochelle, Montauban und Nîmes gestattete. «Es war ein unglücklicher Vertrag, übereilt geschlossen und flüchtig aufgesetzt; sein wahrer Zweck war, den Herzog von Anjou von La Rochelle zu befreien» (Sutherland, Huguenot Struggle, 360).

## König von Polen
## 1573-1574

Auch unter der Herrschaft der Jagellonenkönige hat der polnische Adel im Prinzip an seinem Recht der freien Königswahl festgehalten. Als Sigismund II. August im Juli 1572 starb, ohne einen Nachfolger designiert zu haben, wurde die Frage der polnischen Thronfolge eine Angelegenheit von europäischem Interesse. Da es keinen wahlfähigen Kandidaten aus der jagellonischen Dynastie gab, präsentierten die Habsburger einen Sohn Kaiser Maximilians II., den Erzherzog Ernst, während Catherine von Medici, immer auf der Suche nach Ehefrau und/ oder Thron für ihre Söhne, ernsthaft die Kandidatur Anjous betrieb. Ihr Emissär, der 70jährige Jean de Monluc, Bischof von Valence und erfahrener Diplomat, verließ Paris am 17. 8. 1572 – eine Woche vor der Bartholomäusnacht. Die Nachricht über das Hugenottenmassaker erreichte ihn unterwegs. Um die Polen, unter denen es viele Protestanten gab, zu besänftigen und vor allem den Herzog von Anjou von jeder Mitschuld freizusprechen, veröffentlichte Monluc in Krakau eine Rechtfertigungsschrift in lateinischer Sprache, die viele Polen zur Überraschung der Franzosen glänzend beherrschten. Nach monatelangen Verhandlungen, bei denen Monluc, wie ein polnischer Magnat bemerkte, mehr versprach als die ganze Christenheit hätte halten können, entschied sich auf dem Wahlreichstag (5. 4.–10. 5. 1573), zu dem 40 000 Adlige erschienen waren, eine Mehrheit für Henri de Valois. Um die politischen und konfessionellen Privilegien des Adels zu sichern, legte der Reichstag dem französischen Abgesandten noch zwei Dokumente vor, die eine regelrechte Wahlkapitulation darstellten: Am 15. 5. unterschrieb Monluc sowohl die *Pacta Conventa* als auch die *Articuli Henriciani*. Erst danach wurde der bereits gewählte Henri zum König ausgerufen.

So kurz die Regierungszeit Anjous in Polen auch werden sollte, so wegweisend waren die von Monluc unterzeichneten Dokumente für die politische Zukunft Polens. Die beiden Urkunden, die später zusammengefaßt wurden und bis zum Ende des Staates Bestand hatten, reduzierten die königlichen Rechte auf ein Minimum und ebneten den Weg zu einer fast unbeschränkten Adelsherrschaft. Die Stellung des Königs war schwächer als die eines Monarchen in einer konstitutionellen Monarchie des 20. Jahrhunderts.

In Frankreich, wo Jean Bodin drei Jahre später seine Lehre von der unteilbaren und absoluten Souveränität des Monarchen propagierte, zeigte man für diese Art Königtum wenig Verständnis. Henri war entsetzt, als ihm die in Paris eingetroffene polnische Delegation am 24. 8. 1573 die von Monluc unterzeichneten Dokumente zur Bestätigung präsentierte.

Trotz der fast ultimativen Drohung der polnischen Delegation («Iurabis aut non regnabis!») folgten tagelange zähe Verhandlungen, die für Henri zwar kleine optische Verbesserungen brachten, aber an der Grundstruktur der Verfassungskonstruktion nichts änderten. Im Rahmen einer feierlichen Zeremonie, die in der Kirche Notre-Dame stattfand, leistete Henri am 10. 9. den geforderten Eid. Drei Tage später wurde ihm während einer weiteren Prunksitzung die Prachtausfertigung der seine Wahl bestätigenden Urkunde in einer silbernen Kassette überreicht.

Zur Enttäuschung seiner neuen Untertanen, die auf die Einlösung der zahlreichen politischen, finanziellen, militärischen und dynastischen

Versprechungen warteten, hatte es Henri aus mehreren Gründen gar nicht eilig, nach Polen zu reisen. Zweifellos scheute er davor zurück, seine geachtete und gesicherte Position in Frankreich gegen ein eher obskures Königtum im weit entfernten Polen einzutauschen. Außerdem war die rapide Verschlechterung des Gesundheitszustandes des Königs offenkundig, und der designierte Nachfolger Anjou mochte daran zweifeln, ob der ehrgeizige Alençon im Falle des Todes die nötige Loyalität zeigen würde.

Nachdem Henri mit einem Troß von etwa 1200 Personen endlich aufgebrochen war, verabschiedete er sich am 2. 12. 1573 in Blâmont/Lothringen von Catherine und befand sich zwei Tage später auf dem Boden des Deutschen Reiches, das er ohne Eile durchquerte, um – nach zahlreichen Empfängen, Gesprächen und Kontakten – am 24. 1. 1574 die polnische Grenze zu überschreiten. Am 18. 2. zog er in Krakau ein. Die «Herrschaft der 146 Tage» (Chevallier, Henri III, 209–231), gerechnet vom Grenzübertritt, begann mit einer langen Reihe von Festen und glanzvollen Zeremonialakten (Grablegung des letzten Königs; Weihe und Krönung von Henri am 21. 2.), wurde aber von Anfang an auch durch Probleme belastet, die sich aus der besonderen verfassungsrechtlichen Situation und aus der Mentalität der polnischen Aristokratie ergaben. Henri lavierte so gut er konnte, zeigte sich flexibel und diplomatisch, blieb aber fest entschlossen, die wenig attraktive 48jährige Prinzessin Anna, Schwester des letzten Königs, auf keinen Fall zu heiraten – Marie de Clèves war unvergessen.

Die politischen Querelen mit Senat und Reichstag, die der königlichen Autorität immer wieder Fesseln anlegen wollten, und die Heiratsfrage verleideten Henri seine polnische Herrschaft gründlich. Er konnte sich nicht abfinden mit diesem «republikanischen Königtum, dessen offenkundiges Prinzip die Anarchie war» (Bordonove, Henri III, 141). Doch zur freudigen Überraschung seiner Untertanen zeigte sich Henri ab Mitte Mai ganz verändert: Er kleidete sich auf polnische Art, machte den stolzen Aristokraten Komplimente und erklärte ihnen, daß er sich daran gewöhnen wolle, wie sie Bier zu trinken und das Tanzen à la polonaise zu erlernen; er pflegte sogar freundlichen Umgang mit der altjüngferlichen Prinzessin Anna – aber alles war nur Täuschung, um die Polen in Sicherheit zu wiegen.

Vom Tod seines königlichen Bruders, der am 30. 5. gestorben war, erfuhr Henri am 14. 6. vormittags durch eine Mitteilung des Kaisers Maximilian II. Noch am gleichen Tage erschienen zwei Boten aus Frankreich, der eine mit einem langen Brief von Catherine, die für Henri die Regentschaft übernommen hatte, um Bestätigung dieser Position bat und ihn zur umgehenden Rückkehr aufforderte. Für Henri gab es keinen Zweifel: «Frankreich und Sie selbst sind wichtiger als Polen», schrieb er seiner Mutter einige Tage später.

Mit bemerkenswerter Geschicklichkeit bereitete Henri seine Flucht aus dem ungeliebten Königreich vor. Vier Tage lang erweckte er den Anschein, daß er Catherine vorläufig die Regentschaft überlassen und vielleicht einen Vizekönig für Frankreich ernennen wolle. Doch am 18. 6., gegen Mitternacht, verließ er mit einer Handvoll Vertrauter heimlich Krakau. Der Ritt der kleinen Gruppe führte teilweise durch unwegsames und unbekanntes Gelände, aber der Vorsprung vor den Verfolgern reichte aus: Erst nachdem man bei Auschwitz die österreichische Grenze überschritten hatte, erreichte Graf Tenczynski, der den König als Oberster Kammerherr sechs Stunden vorher zu Bett gebracht hatte, den Flüchtenden. Henri erläuterte ihm die Notwendigkeit seiner augenblicklichen Anwesenheit in Frankreich und versicherte ihm, daß er stark genug sei, um zwei Kronen zu tragen; im übrigen gedenke er bald nach Polen zurückzukehren. Tenczynski, mit einem Diamanten beschenkt, war zu Tränen gerührt, trank, entsprechend einem polnischen Brauch, einen Schluck seines eigenen Blutes, um dem König seine Verehrung zu erweisen, und ritt nach Krakau zurück. In Mährisch-Ostrau wartete eine Kutsche auf Henri, und am Abend des 19. 6. konnte er sich in Vescovo (Mährisch-Weißkirchen?) zur Ruhe legen – über 34 Meilen hatten die Flüchtenden fast ohne Pause zurückgelegt.

Dem Rat Catherines folgend, vermied Henri auf seiner Rückreise die protestantischen Territorien. In Wien traf er Maximilian II., der ihm seine zur Witwe gewordene Tochter Elisabeth ans Herz legte, aber Henri dachte nur an Marie de Clèves. In Venedig, wo er eine Woche blieb, folgte eine Festveranstaltung der anderen, hatte doch nie zuvor ein französischer König die Inselrepublik besucht. Für den feierlichen Einzug des zweifachen Königs, dem Catherine zur Bestreitung seiner Unkosten 100 000 livres nach Venedig überwiesen hatte, wurde sogar das berühmte Prunkschiff *Bucintoro* mobilisiert.

Über Padua, Ferrara, Mantua, Cremona und Monza (wo er den asketischen, 1610 heiliggesprochenen Reformkleriker Carlo Borromeo [1538–1584] kennen- und schätzenlernte) reiste Henri nach Turin weiter, um mit dem Herzog von Savoyen politische Gespräche zu führen. Dort traf er auch mit dem protestantenfreundlichen Marschall Montmorency-Damville, dem von Charles IX abgesetzten Gouverneur des Languedoc, zusammen. So sah sich Henri, noch bevor er nach Frankreich zurückkehrte, mit dem Kardinalproblem der französischen Innenpolitik konfrontiert, einen *modus vivendi* zwischen der katholischen Mehrheit und der starken protestantischen Minderheit zu finden.

Am 3. 9. 1574 betrat Henri wieder französischen Boden. Zwei Tage später traf er Catherine, die ihm von Lyon entgegengekommen war. Das polnische Abenteuer hatte damit, zu ihrer aller Freude, ein Ende gefunden.

König von Frankreich
1574-1589

Um die 15 Regierungsjahre des letzten Valois-Königs darzustellen, empfiehlt es sich, den chronologischen Leitfaden zu verlassen und statt dessen einzelne Bereiche gesondert zu betrachten. Das führt zu größerer Klarheit, läßt die meist dominierende Bürgerkriegsperspektive etwas zurücktreten und ermöglicht eine ausgewogenere Gesamtbeurteilung, die Henri, nach Jahrhunderten einer eher negativen Einschätzung, als Mensch und als Herrscher zweifellos verdient.

1. Das Ende der Dynastie

Marie de Clèves, die große Liebe des Königs, war seit dem Frühjahr 1574 Strohwitwe, da ihr Mann nach Deutschland geflohen war. Marie weigerte sich, ihm zu folgen. Aber während Henri über eine Annullierung der Condé-Ehe nachdachte, bemühte sich Catherine, die in der aufgeweckten Marie wohl auch eine Konkurrentin fürchtete, ihren Sohn von Paris, wo die Prinzessin war, fernzuhalten. So erfuhr Henri in Lyon, daß Marie am 30. 10. 1574 im Wochenbett gestorben war. Die Nachricht streckte ihn regelrecht nieder. Tagelang schloß er sich ein, lag mit Fieber im Bett und vergrub sich in seinem Schmerz. Die leichtlebigen Höflinge waren konsterniert, daß ein König von Frankreich so viel Gefühl zeigte. Vollends machten sie sich über ihn lustig, als sie bei seiner Rückkehr in die Öffentlichkeit an seiner Kleidung zahlreiche aufgenähte Totenköpfchen entdeckten.

Noch unter dem Eindruck des Verlustes der über alles geliebten Marie entschloß sich Henri zur Heirat, um die Dynastie zu sichern und den aufsässigen Alençon (jetzt ‹Anjou›) vom ersten Platz der Thronfolge zu verdrängen. Zur allgemeinen Überraschung fiel seine Wahl auf ein sanftmütiges und freundliches Mädchen, das er 1573 in Blâmont flüchtig gesehen hatte: Louise de Vaudémont (1553-1601), die aus einer jüngeren Linie des lothringischen Herzogshauses stammte, ohne Ansprüche und Vermögen war, aber, das stand zu erwarten, dem König treu ergeben sein würde. Die Entscheidung Henris für Louise war auch eine Entscheidung gegen Catherine, war ein erster Schritt der Emanzipierung des Lieblingssohnes von der übermächtigen, an allen Entscheidungen teilhabenwollenden Mutter, die natürlich ganz andere Heiratskandidatinnen in Aussicht genommen hatte. Aber sie fügte sich diesmal.

Am 13. 2. 1575 fand in der Kathedrale von Reims die mit der Krönung verbundene feierliche Weihe *(sacre)* des Königs statt, der am 15. 2. die Vermählung mit Louise folgte. Henri («assoiffé de perfection») kümmerte sich persönlich so intensiv um Kleidung, Schmuck und Frisur seiner Braut, daß die Hochzeitsmesse auf den Nachmittag verschoben werden mußte.

Louise wurde ihm eine gute Königin, auf die er sich verlassen und stützen konnte. Sie war nicht machthungrig und vergaß nie, zu welchem Rang sie Henri erhoben hatte. Treu und dankbar blieb sie zeitlebens im Schatten des Königs.

Über die Kinderlosigkeit dieser Ehe, an der das ganze Königreich Anteil nahm, haben sich schon die Zeitgenossen den Kopf zerbrochen. Offensichtlich ist Louise infolge einer künstlich herbeigeführten Fehlgeburt, die zu einer chronischen Gebärmutterentzündung führte, steril geworden. Unter den Nachwirkungen dieser Behandlung hat sie jahrelang gelitten.

Am Hof schob man die Verantwortung für die Kinderlosigkeit gern Henri zu, weil er – für einen französischen König ganz ungewöhnlich – auch keine außerehelichen Kinder hatte, obwohl er seit 1569 mit mehreren Hofdamen intime Beziehungen gepflegt hatte. Eine *maîtresse en titre* gab es jedoch nicht, und nach seiner Heirat waren Seitensprünge selten. Im Sommer 1582 gelobte er, künftig auf sexuelle Beziehungen zu anderen Frauen zu verzichten, weil ihm ein Beichtvater erklärt hatte, daß die Kinderlosigkeit eine Strafe Gottes für gelegentliche Eskapaden sei. Auch mehrere Pilgerreisen zu den großen Wallfahrtskirchen von Chartres, Liesse, Cléry und L'Epine, die er, teilweise zusammen mit Louise, zwischen 1579 und 1586 unternahm, blieben vergeblich.

Obwohl Henri die Hoffnung auf männlichen Nachwuchs bis zuletzt nicht aufgab, fand er seit etwa 1582 seine innere Ruhe in einer tiefen Religiosität. Willig unterwarf er sich den unergründlichen Ratschlüssen Gottes. Als der Thronfolger Anjou 1584 überraschend starb, akzeptierte er, wenn auch zuerst zögernd, den neuen Prätendenten Navarra, an dessen Legitimität es nicht den geringsten Zweifel gab. Als sich die politisch-konfessionelle Konstellation 1588/89 radikal wandelte und Henri III faktisch allein gegen das widerspenstige Land, die aufständische Hauptstadt und die nach der Krone greifenden Guises stand, bewies er staatsmännische Größe, als er sich mit dem einzig legitimen Thronerben Navarra verständigte. Seine feste Entschlossenheit sorgte dafür, daß auch bei dem Dynastiewechsel die Kontinuität des Staates bewahrt blieb.

2. Gesetzgebung und Verwaltung

Henri III war ein fleißiger Monarch. Er besaß ein ausgezeichnetes Gedächtnis und verfügte über eine beachtliche Intelligenz. Wenn es irgend ging, führte er die Staatsgeschäfte selbst. In seinem bürokratischen Eifer erinnert er sogar an Philipp II. von Spanien. Wegen seiner vielen gesetzgeberischen Initiativen nannten ihn die Zeitgenossen «le roi de la basoche», den König der Juristen.

Von besonderer Bedeutung für zahlreiche Bereiche des öffentlichen und privaten Lebens war die Ordonnanz von Blois (1579), die in 363

Artikeln auf die Wünsche und Beschwerden einging, welche die 1576 zusammengetretenen *Etats généraux* vorgebracht hatten.

In finanzieller Hinsicht gelang es Henri, den an sich steuerfreien Klerus zu den Staatsausgaben heranzuziehen. 1579/80 erreichte er, daß eine Versammlung des Klerus ihm für sechs Jahre eine *subvention du clergé* von jeweils 1,3 Millionen livres zusicherte. 1586 wurde diese Bewilligung um zehn Jahre verlängert. Da sich die Krone diese Einnahmequelle auch künftig nicht entgehen lassen wollte, tolerierte sie die sich herausbildende Praxis, diese vom Klerus auch als *don gratuit* ( = freiwillige Zuwendung) bezeichnete Steuer von der *assemblée générale du clergé* beschließen zu lassen, die bis zum Ende des Ancien Régime alle zehn Jahre zusammentrat.

Neben dem Kirchenzehnt *(décime)*, den die Krone ebenfalls vom Klerus forderte, wurde unter Henri III in einigen Jahren auch eine Kirchturmsteuer erhoben. Alle diese Zahlungen erschienen dem Klerus als das geringere Übel gegenüber einer drohenden Enteignung der Kirchengüter, in der die Krone immer wieder ein willkommenes Druckmittel sah: Dreimal veräußerte Henri Teile des geistlichen Besitzes (1574, 1576, 1586). Von allen französischen Herrschern war Henri III «derjenige König, der vom Klerus das meiste gefordert hat» (Zeller, Institutions, 356).

Erst seit der Studie von Aline Karcher kennt man die Bedeutung der von Henri III einberufenen Notabelnversammlung für die «Modernisierung» Frankreichs. Vom November 1583 bis Ende Januar 1584 diskutierte in Saint-Germain die politische und administrative Elite des Landes, 66 Köpfe insgesamt, einen vom König vorgelegten umfangreichen Fragenkatalog, der das Steuersystem, den Staatshaushalt, die Ämterkäuflichkeit, die Verwaltungsstrukturen, die Armee, die Wirtschaft u. a. betraf. Es ging, wie der kaiserliche Gesandte bemerkte, um eine *réforme générale* des Königreichs, die der König von dieser Versammlung von Spezialisten erwartete. Die Ergebnisse der Beratungen wurden als *Avis de l'assemblée* der Regierung vorgelegt, von dieser überarbeitet und publiziert. Im 17. und 18. Jahrhundert galten diese Beschlüsse als ein «Denkmal der Staatsklugheit, das nur infolge der ungünstigen politischen Umstände keine Früchte tragen konnte» (Karcher, L'assemblée, 142), denn noch im gleichen Jahr ging die seit 1577 dauernde Friedensperiode faktisch ihrem Ende entgegen. Die zahlreichen, von Henri noch 1584 eingeleiteten Maßnahmen blieben stecken; in dem sich erneut abzeichnenden Bürgerkrieg war an eine Staatsreform nicht zu denken.

3. Hofleben, Freundschaften, Vorlieben und Eigenheiten
Daß Henri am Ende seiner Regierungszeit von allen Seiten angefeindet wurde, spiegelte sich bereits in der zeitgenössischen Historiographie, die keine Gelegenheit ausließ, den König und seine Eigenheiten zu ver-

## Heinrich III. (1574-1589)

spotten, Gerüchte und falsche Behauptungen zu verbreiten und regelrechte Verleumdungskampagnen zu initiieren. Die negative Überzeichnung der Vorlieben und Interessen des Königs führte zu einer pauschalen Diskreditierung dieses Herrschers, den Katholiken und Hugenotten gleichermaßen mit Haß und Polemik überzogen.

Diese abwertende Beurteilung prägte die Geschichtsschreibung bis ins 20. Jahrhundert. Eine Neuorientierung der Henri-Biographik begann erst mit den Arbeiten von Pierre Champion. Ihm hat Pierre Chevallier seine 1985 erschienene, über 750 Seiten starke Biographie gewidmet, in der er die seit Jahrhunderten akkumulierten Gerüchte, Halbwahrheiten, Schmähungen und Beschuldigungen mit den überlieferten Dokumenten konfrontiert. Das Ergebnis ist beeindruckend: Auch wenn manche Einzelheiten noch ungeklärt bleiben müssen, ergibt sich aus der quellenkritischen Analyse eine völlig neue Bewertung des Menschen und des Königs Henri III. Seit diesem Werk kennen wir Henri III mit all seinen Licht- und Schattenseiten genauer als je zuvor.

Im Zentrum der Attacken standen von jeher die «Mignons», eine Gruppe von vier jungen Adligen, die Henri an den Hof holte und mit Vergünstigungen, Ehrungen und Geschenken überhäufte. Sie hatten sich militärisch ausgezeichnet, waren ihm treu ergeben und durften sich gegenüber dem konservativen Hochadel manche Provokation erlauben. Diese vier Musketiere, zu denen später noch einige andere stießen, kleideten sich auffällig, liebten das Amüsement und (nicht nur) galante Abenteuer. Traurige Berühmtheit erlangte das Duell der Mignons vom 27. 4. 1578, das vier Tote kostete und eigentlich ein Stellvertreterkampf zwischen den verfeindeten katholischen Faktionen war.

Von den ersten vier Favoriten wurde Saint-Sulpice 1576 ermordet, Caylus starb 33 Tage nach dem erwähnten Duell, Saint-Luc verriet seiner Frau königliche Schlafzimmergeheimnisse, fiel 1580 in Ungnade und entging nur knapp einem Prozeß; der vierte, François d'O, den Henri wegen seiner vorzüglichen Finanzführung «mon grand économique» nannte, zog sich, als sein Stern zu sinken begann, 1581 vom Hof zurück.

Seit 1577/78 rückten zwei andere Favoriten des Königs ins Blickfeld, Anne de Joyeuse und Jean-Louis de la Valette. Beide, von den Zeitgenossen als *archimignons* bezeichnet, stiegen höher als ihre Vorgänger und wurden zu Herzögen erhoben (de Joyeuse, d'Epernon). Die Stellung des Königs zu diesen beiden Favoriten, die er manchmal «meine Brüder» nannte, drückte wohl am besten der toskanische Gesandte Cavriana aus, als er 1586 ihre militärischen Erfolge kommentierte: «Der Vater ist sehr erfreut, seine beiden Adoptivsöhne ihre Qualitäten beweisen zu sehen» (zitiert nach Chevallier, Henri III, 431).

Schon Michelet hat davor gewarnt, die Mignons zu negativ zu bewerten. Dodu nannte sie zwar «ministres de ses voluptés», doch dürften weder sie noch der König homosexuell gewesen sein. Das gut begründete Diktum von Chevallier verdient an dieser Stelle zitiert zu werden: «Henri III und seine Favoriten: Eine ungerechtfertigte und verleumderische Legende» (ebd., 432–441).

Auch andere Eigenarten des Königs, die zum Teil auf sein mediceisches Erbgut zurückgehen, waren jahrhundertelang Zielscheibe der Kritik, beispielsweise seine Vorliebe für luxuriös ausgestattete Kleidung, wertvollen Schmuck und wohlriechende Essenzen. Er besaß einen ausgeprägten Sinn für Schönheit und Eleganz, aber auch für eine etwas kokettierende Form der Selbstdarstellung. Er liebte den Karneval, Bälle und Maskeraden, schätzte Literatur, Poesie und Theater, achtete aber auch streng auf das Hofzeremoniell und die Etikette. Gern entwarf er für bestimmte Sachverhalte genaue Regeln und Vorschriften, etwa bei der Stiftung des katholisch-ritterlichen *Ordre du Saint-Esprit* 1578.

Henri liebte kleine Hunde, von denen er einige hundert gehabt haben soll, seltene Vögel und exotische Tiere, die er auch gern verschenkte. Die charakteristischen Vergnügungen des Adels, Ritterspiele, Fechtwettkämpfe und die Jagd, schätzte er weniger. Gelegentlich überraschte er seine Umgebung durch Kinderspiele wie «bilboquet», bei dem es darum ging, einen Ball mit einem spitz oder konkav geformten Holzstück aufzufangen. Gern schnitt er auch Miniaturen aus, die er dann als Dekorationen, oft bei Andachtsübungen, verwendete.

Andererseits war Henri von einer nervösen Sensibilität und dadurch anfällig für Krankheiten. Seine Kinderlosigkeit und die Sorge um den moralischen Verfall des im Bürgerkrieg zerrütteten Königreichs trieben ihn seit 1582/83 zu einer tiefen Frömmigkeit, die sich in Wallfahrten, tagelangen Klosteraufenthalten und verschiedenen Bußübungen äußerte. Das wohl auch politisch motivierte Bestreben des Königs, seine Devotion öffentlich kundzutun und dem Ganzen noch einen etwas mystischen Glanz zu verleihen, ließ ihn bis etwa 1587, oft im weißen Büßergewand, häufig an Prozessionen teilnehmen, besonders an denen der von Henri selbst im März 1583 gegründeten *Congrégation des Pénitents de l'Annonciation (de) Notre-Dame*. Ihre Mitglieder, darunter die zwei *archimignons*, viele Höflinge, Parlamentsräte und vornehme Stadtbürger, trugen Kapuzenmäntel aus weißem holländischen Leinen mit zwei Augenlöchern. Kurz vor dem erneuten Ausbruch des Bürgerkriegs, als Henri die von ihm verfolgte Ausgleichspolitik als endgültig gescheitert ansehen mußte und eine Phase tiefer Melancholie durchlebte, stiftete er, diesmal ohne jedes öffentliche Aufsehen, die *Confrérie de la mort et de la passion de Notre Seigneur Jesus-Christ*. Diese kleine Gemeinschaft traf sich jeden Freitagabend im Louvre, um gemeinsam zu beten, Psalmen zu singen, geistliche Exerzitien und Bußübungen bis hin zu Selbstgeißelungen durchzuführen.

Seit einem ersten Aufenthalt im Kloster der Paulaner im Januar 1583 zog sich Henri immer wieder von der Welt zurück. In der Abgeschiedenheit hinter den Klostermauern fühlte er sich wohl, zufrieden mit dem, womit sich auch die Mönche begnügten. Für die Hieronymiten ließ er im Wald von Vincennes eine alte Priorei zu einer Klosteranlage ausbauen, in der für ihn und seine oft recht zahlreichen Begleiter (denn er verlor die Politik trotz allem nie aus den Augen) einige Zellen reserviert waren. Seit 1584 hat Henri drei Jahre lang regelmäßig einige Tage in diesem, später den Paulanern übergebenen Kloster verbracht. Kaum jemand verstand Henri, weder Catherine, noch seine Frau, noch seine Untertanen. Selbst der Papst äußerte seinen Unmut über Henri, der den Zeitgenossen gelegentlich als «roi-moine» oder sogar «roi-prêtre», als Mönchs- oder Priesterkönig, erschien.

Diese unbestreitbaren Übertreibungen, die bis zum Exzeß führen konnten, hingen mit einer spezifischen Eigenheit des Königs zusammen, die er selbst einmal folgendermaßen ausdrückte: «Was ich liebe, liebe ich mit aller Intensität» (zitiert nach Chevallier, Henri III, 539). Darin lag die eigentliche Schwäche des Königs: Seine nervöse Grundstimmung verleitete ihn immer wieder zu Übertreibungen: «Was der König auch tat, er tat es aufgrund seines Temperaments exzessiv» (ebd., 554).

Die verschiedenen Varianten des königlichen Zeitvertreibs deuten auf eine gewisse Extravaganz, die auf einer bestimmten charakterlichen Disposition beruhten. Obwohl ihre Harmlosigkeit auf der Hand lag, reizten sie, da sie manchmal lächerlich wirkten, die Gegner des Königs zu Spott und Häme. Henri war eben ein besonderes Kind seiner Zeit und seiner Eltern. Aber dies wollte man jahrhundertelang nicht wahrhaben.

4. Bürgerkrieg, Staatskrise und Königsmord
Die komplizierten Abläufe der Bürgerkriege lassen sich wie folgt zusammenfassen:

a) Nach dem 1576 geschlossenen Frieden von Beaulieu, der für die Hugenotten außerordentlich günstig war, formierte sich die von Henri de Guise angeführte katholische Opposition zur (Ersten) *Ligue* oder *Sainte-Union*, die den Kampf gegen die Hugenotten, aber auch die Beschränkung der königlichen Gewalt proklamierte. Als die seit Dezember 1576 in Blois versammelten *états généraux* die Wiederherstellung der religiösen Einheit des Königreiches forderten, gab Henri nach, kassierte das Edikt von Beaulieu und nahm den Bürgerkrieg wieder auf. Der nach einigen katholischen Erfolgen geschlossene Frieden von Bergerac/Poitiers (14./17. 9. 1577) war für die Hugenotten erheblich ungünstiger.

b) Schon vor der Bartholomäusnacht hatte sich eine von gemäßigten Vertretern beider Konfessionen getragene Gruppierung gebildet, die sich für eine politische und rechtliche Anerkennung der konfessionellen Koexistenz und für eine Stabilisierung der Krongewalt einsetzte. Diese Gruppe nannte man seit Mitte der 80er Jahre *les politiques*. In Anjou, der zeitweise mit den *politiques* kooperierte, glaubte man lange eine Führungsfigur dieser Gruppe erkennen zu können. In Wirklichkeit fehlte *Monsieur*, diesem «ewigen Verschwörer», jeder politische Weitblick. «Niemals hat sich Anjou dem Kampf der *politiques* wirklich angeschlossen, noch viel weniger wurde er der Führer in diesem Kampf» (Holt, Anjou, 214). Sein Tod am 10. 6. 1584 löste eine Staatskrise aus. Das seit einigen Jahren in relativer Ruhe lebende Land wurde durch eine staatsrechtlich unanfechtbare Tatsache aufgeschreckt: Der Hugenottenführer Navarra rückte an die erste Stelle der Thronfolge.

c) Gegen den drohenden Übergang der Krone Frankreichs an einen (rückfällig gewordenen!) Häretiker gründeten die intransigenten Katholiken unter Führung der Brüder Guise die (Zweite) *Ligue de défense de la Sainte Eglise Catholique*, verbündeten sich mit Spanien (Joinville, 31. 12. 1584) und proklamierten den Kardinal Charles de Bourbon zum Thronfolger. Angesichts der geschlossenen Front seiner Gegner war Henri zum Nachgeben bereit, doch die 66jährige Catherine kämpfte noch einige Wochen wie eine Löwin. Dann war auch sie mit ihren Kräften am Ende und unterzeichnete am 7. 7. 1585 das Edikt von Nemours, das die protestantische Religion in Frankreich verbot und alle hugenottischen Aktivitäten mit der Todesstrafe bedrohte. Dieses Edikt war für Catherine mehr als eine Niederlage, «es war eine Kapitulation. Bis jetzt war es ihr in allen Verhandlungen gelungen, die schiedsrichterliche Rolle des Königs zu wahren. In Nemours beugte sie sich dem Diktat, das ihr die Aufständischen vorschrieben. Sie verzichtete auf die Politik der nationalen Einheit wie auf das Prinzip der religiösen Freiheit, das sie seit 25 Jahren verteidigt hatte» (Chevallier, Henri III, 576).

Es war nur konsequent, daß Navarra am 18. 7. von der Thronfolge ausgeschlossen wurde. Die Exkommunizierung durch Sixtus V. folgte am 9. 9. 1585. Der nun beginnende «Krieg der drei Heinriche» führte zu einer zunehmenden Isolierung des Königs. Henri de Guise demütigte ihn ein ums andere Mal. Nachdem Joyeuse in der von Navarra gewonnenen Schlacht bei Coutras (20. 10. 1587) gefallen war, rückte Epernon zum engsten Berater des Königs auf. Daß es Henri III gelang, die fremden Hilfstruppen Navarras, die Schweizer und die deutschen *reîtres*, durch Geldzahlungen zur Rückkehr zu bewegen, änderte seine desolate Lage kaum, da man ihm vorwarf, die Truppen der Liga auf diese Weise an einem leichten Sieg gehindert zu haben. Vor allem in Paris, wo er sich seit dem 23. 12. aufhielt, brodelte es an allen Ecken und Enden. Die Atmosphäre heizte sich von Tag zu Tag weiter auf, verstärkt durch eine ausgedehnte Teuerungs- und Versorgungskrise, für die natürlich der König verantwortlich gemacht wurde. Angesichts der latenten Spannungen in der Stadt befahl Henri dem Herzog von Guise, nicht nach Paris zu kommen. Als der «König von Paris», wie er seit längerem genannt wurde, am 8. 5. dennoch in der Stadt erschien, wurde er von der

## Heinrich III. (1574–1589)

Bevölkerung begeistert empfangen. Da jede Aktion gegen den ungehorsamen Liga-Chef Paris zum Aufstand getrieben und das Leben des Königs gefährdet hätte, sah Henri von Strafmaßnahmen ab. Warum er die wenigen ihm verbliebenen Truppen am 12. 5. früh in die Stadt einmarschieren ließ, ist nicht ganz sicher; doch die Schweizer wurden von der erregten Bevölkerung angegriffen und teilweise massakriert. Überall in der Stadt erhoben sich Barrikaden: Paris rebellierte gegen den König, der in der Falle saß (12. 5.: *journée des barricades*).

In dieser, im Grunde hoffnungslosen Situation zeigte sich Catherine noch einmal als Meisterin der klugen Diplomatie. Auf dem Verhandlungswege versuchte sie, die Initiative zurückzugewinnen und dabei mehrere Ziele zu erreichen: Zuerst begab sie sich zum Herzog von Guise, der erklärte, «daß in seinen Augen die Abdankung des Königs das einzige Mittel sei, sein Leben zu retten« (Héritier, Catherine, 658). Wie eine Unterhändlerin zwischen dem König von Paris und dem König von Frankreich pendelte die Königinmutter mehrmals zwischen dem Louvre und dem Hôtel de Guise hin und her, spielte auf Zeitgewinn und deckte dadurch die Flucht ihres Sohnes, der unter dem Schutz loyaler Truppen und mit seinen wichtigsten Beratern am Abend des 13. 5. aus Paris entkam.

Nach dieser geglückten Aktion wandte sich Catherine einem neuen Projekt zu, das sie wegen seiner möglichen politischen Fernwirkung faszinierte: Sie wollte den Sohn ihrer Tochter Claude, den Marquis de Pont-à-Mousson, einen Neffen des Königs und zugleich der Guise-Brüder von Henri III adoptieren lassen und dadurch den Thron für die Valois-Dynastie retten. Sollte dieser Plan Aussicht auf Erfolg haben, mußte zuerst der Herzog von Guise gewonnen werden.

Die seltsame Allianz zwischen Henri de Guise und Catherine richtete sich zuerst gegen den gemeinsamen Feind Epernon, den die Liga als engsten Berater des Königs verteufelte und der Catherine aus ihrer einflußreichen Position an der Seite ihres Sohnes verdrängt hatte. «Ihr praktischer Machiavellismus brachte sie dazu, sich mit dem Stärkeren zu verbinden, um nicht von ihm beherrscht zu werden» (Chevallier, Henri III, 643). Es gelang ihr tatsächlich, Henri davon zu überzeugen, daß Epernon jeder Ausgleichsmöglichkeit im Wege stand. Zähneknirschend enthob der König am 22. 7. Epernon und dessen Bruder fast aller ihrer Funktionen.

Damit schien der Weg wieder frei für die von Catherine immer wieder angestrebte Verständigung. Sie ging freilich diesmal auf Kosten des Königs, der im Sommer 1588 nicht mehr als ein Spielball in den Händen der Liga war. Er wurde gezwungen, die uneingeschränkte Katholizität Frankreichs zu bestätigen (*Edit d'Union*, 21. 7.) und Guise zum *lieutenant général du royaume* zu ernennen (4. 8.). Den Schlußpunkt unter diese Politik der permanenten Demütigungen und der fortschreitenden Aushöhlung der königlichen Macht setzten die im Oktober in Blois zusammentretenden *Etats généraux*, die sich in exorbitanten Forderungen überboten.

Im Herbst 1588 war das französische Königtum am tiefsten Punkt seiner Geschichte angelangt. Der Weg zu einem Dynastiewechsel zugunsten des Hauses Guise, das seine Ahnherren in den Karolingern erblickte, schien frei. Freimütig sprach man im Guise-Clan davon, Henri, wie einst den letzten Merowinger Childerich, ins Kloster zu schicken, und Catherine-Marie de Montpensier, die haßerfüllte Schwester der Guise-Brüder, trug sichtbar an ihrem Gürtel die goldene Schere, die sie seit Jahren dafür reserviert hatte, Henri III seine «dritte Krone», nämlich die Tonsur, zukommen zu lassen.

Ohne Zweifel hat die Niederlage der spanischen Armada im August 1588 Henri ermutigt, aus dem Teufelskreis, in dem ihn die Liga gefangenhielt, auszubrechen. Einen ersten Schritt hatte er Anfang August unternommen, als er auf Drängen Catherines in Chartres mit Guise zusammentraf, gute Miene zum bösen Spiel machte und so tat, als habe es den Barrikadentag nie gegeben. Der zweite Schritt erfolgte am 8. 9.: Er ersetzte den Kanzler Cheverny und die Minister Bellièvre, Villeroy, Brulart und Pinart durch andere, unter denen sogar zwei Ligisten waren. Die einzige, die diese *révolution ministérielle* richtig zu deuten wußte, war Catherine: «Sie begriff, daß die Ungnade der Minister das Ende ihrer Macht bedeutete» (Chevallier, Henri III, 648).

Henri hat seiner Mutter nicht verzeihen können, ihn mit dem Sieger von Paris offiziell versöhnt zu haben. Nach all den erlittenen Demütigungen konnte er der immer auf Ausgleich bedachten Politik Catherines, die letztlich zu einer Verleugnung seines eigenen Königtums führte, nicht mehr folgen. Das Revirement der Minister war der Schritt, mit dem sich der König, 37 Jahre alt, endlich und nun auch endgültig von der dominierenden, immer nach der Macht drängenden Mutter emanzipierte. Er werde künftig, so schrieb Henri dem Nuntius, nach seinem eigenen Gutdünken regieren. Catherine war tief verletzt, doch die Würfel waren gefallen: In den letzten vier Monaten ihres so wechselvollen Lebens, in dem sie drei Jahrzehnte lang die französische Politik maßgeblich bestimmt hatte, liefen die Ereignisse an ihr vorbei.

Den dritten Schritt bereitete Henri seit dem 18. 12. sorgfältig und umsichtig vor. Ohne Catherine zu konsultieren, ließ er am 23./24. 12. 1588 Henri und Louis de Guise als Rebellen ermorden. Er habe, so erklärte er Catherine, keine andere Wahl gehabt, um die königliche Autorität, den Staat, die Ehre und sogar sein Leben zu retten.

Der ligistische Thronprätendent wurde verhaftet, und am 3. 4. 1589 verständigte sich Henri mit Navarra über eine Allianz. Sie richtete sich gegen Paris und die anderen in der *Sainte-Union* vertretenen Städte, die sämtlich in offener Rebellion gegen den König standen, denn die Exekution der Guise-Brüder hatte zwischen Henri und der Liga einen Graben aufgerissen, den nichts wieder zuzuschütten vermochte. In Paris bildete sich in einer explosiven Atmosphäre eine revolutionäre Stadtverwaltung unter Leitung der 16 Bezirksvorsteher, die von der Sorbonne und vom Parlament unterstützt wurde. Vor der formellen Absetzung des Königs schreckte man zwar noch zurück, aber die Theologen der Universität entbanden alle Untertanen von ihrem dem König geleisteten Treueid und strichen seinen Namen aus dem Meßkanon. Jean Boucher verfaßte seine Schrift *De iusta Henrici tertii abdicatione e Francorum regno*, in der die Lehre vom erlaubten, ja sogar erforderlichen Tyrannenmord propagiert wurde.

Chef dieser Revolutionsregierung der *Seize* ( = Sechzehn) wurde der Herzog von Mayenne, der Bruder der beiden Ermordeten, der die Exekutivgewalt und den Oberbefehl über die Truppen erhielt. Der auf sein Betreiben eingerichtete *Conseil général de l'Union des catholiques* beanspruchte Entscheidungsbefugnisse in Staatsangelegenheiten und stellte damit eine regelrechte Gegenregierung dar. Am 13. 3. 1589 leistete Mayenne vor dem Parlament seinen Eid als *lieutenant général de l'Etat royal et de la couronne de France*. Er war damit zum revolutionären Regierungschef Frankreichs aufgestiegen.

Die beiden Träger der Legitimität, Henri III und Navarra, rückten noch enger zusammen: Der berühmten Begegnung im Park von Plessislès-Tours (30. 4. 1589) folgte der gemeinsame Marsch auf das rebellische Paris (Mai bis Juli 1589). Trotz der Erfolge bei Senlis und Bonneval war in diesem Kampf auf Leben und Tod zwischen dem legitimen und dem revolutionären Herrscher Frankreichs nichts entschieden, als Henri III, den der Papst im Mai exkommuniziert und abgesetzt hatte, am 1. 8. 1589 einem Attentat zum Opfer fiel. Der tödlich verletzte Henri III erkannte den herbeigerufenen Navarra, den legitimen Thronerben, als seinen Nachfolger an und forderte alle Anwesenden auf, ihm sogleich den Treueid zu leisten. Durch die von Jacques Clément, einem Dominikaner, verübte Tat war eingetreten, was viele seit 1584 befürchtet hatten: Der König von Frankreich war Protestant.

Am 31. 5. 1585 hatte Catherine die Sorge geäußert, daß es für Frankreich keinen sicheren Frieden geben könne, solange Navarra nicht zum Katholizismus zurückgekehrt sei. Auf seinem Totenbett prophezeite Henri III seinem anwesenden Nachfolger, daß er als König von Frankreich mit vielen Widrigkeiten rechnen müsse, wenn er sich nicht entschließe, die Religion zu wechseln. Aus dieser Feststellung spricht eine kluge Einschätzung der politisch-konfessionellen Realitäten. Henri IV brauchte noch vier Jahre, bis er zu derselben Einsicht gelangte.

So präsentiert sich Henri III noch in seinen letzten Stunden als Realpolitiker, der sich in den 38 Jahren seines Lebens als gelehriger Schüler seiner Mutter erwiesen hat und in seinen Handlungen viel differenzierter beurteilt werden muß, als es die Historiographie jahrhundertelang getan hat. Der viel zitierte Satz von Pierre de l'Estoile, Henri III wäre ein sehr guter Fürst gewesen, «wenn er auf ein gutes Jahrhundert getroffen wäre», wird diesem König nicht gerecht. Henri III wurde in eine höchst komplexe Situation hineingeboren, in der es für den König nur die Möglichkeit gab, zwischen den Extremisten beider Seiten einen mittleren Kurs zu steuern, um das Land und die Krone vor dauerhaftem Schaden zu bewahren. Nach der Exekution der Guise-Brüder und der Verständigung mit Navarra hätte der Fall von Paris, der im Sommer 1589 abzusehen war, die endgültige Wende im Bürgerkrieg eingeleitet. Noch am 31. 7. meinte Henri, von Saint-Cloud auf Paris blickend, daß er schneller in der Stadt sein werde als die rebellischen Einwohner glaubten. Das Attentat änderte alles und verlängerte den Bürgerkrieg um Jahre.

Ernst Hinrichs

# Heinrich IV.
## 1589–1610

Heinrich IV., geb. 13. Dezember 1553 in Pau, 1584 erbberechtigter Thronanwärter, 1. August 1589 König von Frankreich, 25. Juli 1593 Übertritt zum katholischen Glauben, 27. Februar 1594 Salbung in Chartres, 22. März 1594 Einzug in Paris, 13. April 1598 Erlaß des Edikts von Nantes, 14. Mai 1610 Ermordung durch Ravaillac in Paris, begr. 1. Juli 1610 in der Kathedrale von Saint Denis.

Vater: Antoine de Bourbon (1518–1562), Herzog von Vendôme und Beaumont, 1555 König von Navarra. Mutter: Jeanne d'Albret (1528–1572), Königin von Navarra. Brüder: Henri, Herzog von Beaumont (1551–1553), Louis-Charles, Graf von Marle (1555–1557). Schwestern: Madeleine (1556 geb. u. gest.), Cathérine (1559–1604).
1. Heirat mit Marguérite de Valois, 24. August 1572, Tochter Heinrichs II. und Katharinas von Medici. 2. Heirat, 25. April 1600, mit Maria von Medici, Prinzessin von Toskana. Söhne: Ludwig, ab 1610 als Ludwig XIII. König von Frankreich, 27. September 1601, Nicolas, Herzog von Orléans (1607–1611), Gaston-Jean-Baptiste, Herzog von Anjou, später von Orléans (1608–1610). Töchter: Elisabeth (1602–1644), Christine (1606–1663), dazu zahlreiche legitimierte Kinder mit Gabrielle d'Estrees, Henriette d'Entragues, Jacqueline de Bueil und Charlotte des Essarts und ein weiteres, nicht-legitimiertes Kind.

*Einleitende Gesamtbetrachtung*
Heinrich IV. von Frankreich und Navarra ragt in vieler Hinsicht aus der langen Reihe bedeutender französischer Könige heraus. Da ist zunächst sein bemerkenswerter Regierungsantritt und, damit aufs engste verbunden, das Problem der Nachfolge. Nach langer Agonie kam mit der Ermordung Heinrichs III. im Jahre 1589 die Dynastie der Valois an ihr verdientes Ende. Heinrich von Navarra war alles andere, als er nach dem Willen des Vorgängers hätte sein sollen – ein von den Untertanen bereitwillig akzeptierter Nachfolger. Nicht nur sein protestantisches Bekenntnis stand seiner Anerkennung in der mehrheitlich katholischen Bevölkerung und vor allem bei den radikal-katholischen Bürgern von Paris entgegen, obwohl es sich bald als das Haupthindernis erweisen sollte. Auch die verwandtschaftliche Ferne des Bourbonen zu den Valois stellte in der aufgeheizten Situation der Ligazeit ein Problem dar. Heinrich von Navarra war – väterlicherseits, was allein zählte – Vetter Heinrichs III. im 22. Grad. War das noch eine akzeptable Erbfolge im Sinne jener im 14. Jahrhundert (1328) vollzogenen, öffentlich-rechtlichen

Adaptation des alten Salischen Gesetzes, die den nächsten männlichen Verwandten des verstorbenen Königs unter Ausschluß der Töchtersöhne zum Erben des Capet-Throns machte? Da Navarra vielen Franzosen aus religiösen Gründen ohnehin verhaßt war, war auch dieses Argument gegen ihn leicht zur Hand. Einzelne Anhänger der Guisen, der lothringischen Anführer der mächtigen katholischen Hofpartei, gingen gar noch einen Schritt weiter und ließen die Idee verbreiten, daß die Lothringer direkte Abkömmlinge Karls des Großen seien und daher bessere Ansprüche hätten als die Erben des «Usurpators» Hugos Capet.

Auch die regionale Herkunft dieses Königs war bemerkenswert. Heinrich IV. ist von der Peripherie her, gleichsam von außen König von Frankreich geworden. Mütterlicherseits kam er aus dem Südwesten Frankreichs, und er war und blieb, auch im Bewußtsein der Bevölkerung, zeitlebens der Béarner, der Gascogner auf dem französischen Thron. Er entstammte damit einer anderen Welt als die letzten Valois, die in Paris und an der Loire – im «Herzen» Frankreichs – ihre Lebensmitte hatten. In der langen Friedensepoche zwischen 1598 und 1610, der er seinen sehr persönlichen Stempel aufdrückte, nahm Heinrich Paris dann zwar ganz und gar in sich auf und begründete hier die letzte dynastische Tradition des königlichen Frankreich, die seine glanzvollste werden sollte. Doch bis dahin war er neun lange Jahre sehr wenig in Paris, sehr wenig König gewesen, sehr oft dagegen Feldhauptmann, adeliger Heerführer vornehmlich im Südwesten, Reitersmann, der große Teile Frankreichs mehrfach zu Pferde durchquerte, dabei hochpolitische oder militärische Termine gern mit solchen verbindend, die ihn für einige Stunden in die Arme einer Mätresse oder Geliebten führten.

Schließlich war da seine Stellung zur Religion. Heinrich IV. hat in seinem Leben sechsmal die Konfession gewechselt, zumeist als junger Mensch und mehrfach unter Zwang. Alles spricht dagegen, deshalb auf einen areligiösen oder gar zynischen Charakter zu schließen, wie es protestantische und katholische Polemiker nach 1593 gleichermaßen taten. Allerdings war dieser König völlig undogmatisch, als Enkel der großen Humanistin Margarete von Navarra stand er der zeitgenössischen, von Skepsis bestimmten, humanistischen Toleranzidee nahe. Sein gutes Verhältnis zu Montaigne, seine das zeitgenössische Toleranzvokabular kräftig nutzende Briefsprache, nicht zuletzt auch seine intensive Lebenserfahrung zwischen Bartholomäusnacht und Konversion wiesen ihm um 1589 einen Platz im Kreis jener Minderheit von Franzosen zu, die nach 1593 für einige friedliche Jahre zu einer Mehrheit wurde. Und von diesem Platz aus hat er ein zentrales Kapitel französischer Geschichte eingeleitet und bestimmt, das ihn zu einer der bedeutendsten Erscheinungen auf dem Lilienthron werden ließ.

## Heinrich IV. (1589–1610)

Rex Galliarum, ac Navarre,
HENRICUS.IV.

## Jugend und erste Erfahrungen

Heinrich IV. wurde am 13.12.1553 als Sohn Antons von Bourbon und Jeanne d'Albrets in Pau geboren. Diese Herkunft barg für ihn beachtliche Chancen. Im Süden war er Erbanwärter auf die Hinterlassenschaft der Albrets, d. h. auf eine von Frankreich unabhängige Krone (Navarra) und ausgedehnte, wenn auch sehr zersplitterte Einzelherrschaften am Rande der Pyrenäen, die seinen Inhaber zu einem der großen «Feudalen» Frankreichs machten. In der Mitte, im Bourbonnais und angrenzenden Gebieten, und im Norden stand ihm die Nachfolge in den bourbonischen Erbschaften zu. Diese waren zwar nach dem Erlöschen der älteren Linie und dem Einzug eines Teils des Besitzes des «Verräters» Karl von Bourbon (1527) nicht mehr von früherer Größe und früherem Glanz, enthielten aber nach wie vor eine höchst reizvolle Aussicht: Aufgrund des Salischen Gesetzes war die jüngere Linie Bourbon zur Erbfolge in Frankreich berechtigt für den zur Zeit der Geburt Heinrichs freilich noch recht unwahrscheinlichen Fall, daß die Valois aussterben würden.

Zwei wesentliche Erfahrungen prägten Heinrich von Navarras Jugend: die gegensätzlichen Persönlichkeiten seiner Eltern und ein langjähriger Aufenthalt am Hof von Frankreich. Jeanne d'Albret, seit 1555 definitive und bedingungslose Anhängerin des Calvinismus, tat alles, um aus ihrem Sohn auf Dauer einen Protestanten zu machen, was eine – nicht übermäßig intensive – humanistische Erziehung im Geiste ihrer Mutter Margarete von Navarra nicht ausschloß. Der Vater, Calvinist seit Mitte der 50er Jahre auch er, doch mehr unter dem Einfluß Colignys als dem seiner Frau stehend, hielt nicht auf Dauer zur Genfer Sache, sondern wandte sich dem alten Glauben zu, sobald er, von Katharina von Medici geschickt gelockt, als «Generalleutnant» des französischen Königs in dessen Dienste trat. Daraus ergaben sich für den jungen Heinrich merkwürdige und widersprüchliche Erfahrungen. Das elterliche Verhältnis ging entzwei, da die Mutter den Schritt des Vaters auf das heftigste mißbilligte und die Welt des Hofes nachdrücklich ablehnte. Der Vater jedoch wandelte sich vom protestantischen Heerführer zum umworbenen Hofmann, was, zusammen mit seinen beachtlichen Feldherrnfähigkeiten, ganz sicher nicht ohne Eindruck auf den Jungen blieb.

Am Hof in Paris und während der berühmten «großen Tour» des Hofstaats durch Frankreich (1564–1566) lernte der junge, intelligente, lebhafte und lebensgewandte Königssohn aus den Pyrenäen das Valois-Hofleben intensiv und bis in seine tiefsten Verästelungen kennen. Er wurde dort unter dem Einfluß des Vaters wieder katholisch, kehrte aber sogleich nach dessen Tod zur Religion seiner Mutter zurück, die auf seine Erziehung auch aus der Ferne ihrer Höfe von Pau und Nérac – unter freundlicher Duldung der um diese Zeit sehr flexiblen Katharina von Medici – Einfluß auszuüben wußte.

Am Hof lernte er auch seine Vettern, die Reihe der letzten Valoiskönige und deren Schwester, Margarete von Valois, kennen und mindestens diese und einen ihrer Brüder schätzen. Daß seine Beziehungen zum jungen Herzog von Anjou, dem späteren König Heinrich III., schon hier freundschaftlich waren, sollte sich im Jahre 1589 auszahlen. Daß er in den Augen der allzeit nach dynastischer Verbindung und Absicherung ihrer Kinder suchenden Regentin Katharina ein geeigneter Partner für ihre Tochter Margarete war, sollte sich in anderer Weise auswirken.

*Die Bartholomäusnacht und ihre Folgen*
Erst als Mitglied des Hofgefolges lernte Navarra die Bedeutung des Religionsproblems für die zeitgenössische Politik richtig einzuschätzen. In den 50er und 60er Jahren war durchaus noch nicht entschieden, daß den Hugenotten der Weg zu dem ersehnten protestantischen Königtum in Frankreich auf Dauer verwehrt bleiben würde. Zeitweise waren einzelne Führer der calvinistischen Partei wie Gaspard de Coligny, der Fürst von Condé, Henri de Bourbon, Colignys Bruder Odet de Châtillon u. a. der Hofpolitik sehr nah; dies galt insbesondere für Coligny, den Admiral von Frankreich, die überragende militärische und politische Gestalt des französischen Protestantismus vor 1572. Katharina von Medici selbst und auch ihre Königssöhne Franz II. und Karl IX. mißtrauten gelegentlich der katholischen Hofpartei wegen ihrer intensiven Kontakte zu Spanien weit mehr als den Hugenotten. Ihr Kurs zwischen den Parteien, der zwischen 1560 und 1568 wesentlich von Michel de l'Hôpital (1505-1573), dem erasmianisch gesinnten Kanzler dieser Zeit bestimmt wurde, war politisch nichts anderes als der Versuch, sich zwischen zwei radikalen Positionen nicht definitiv entscheiden zu müssen. Nur so wird verständlich, daß Katharina 1567, nicht lange vor dem zweiten Ausbruch von Feindseligkeiten zwischen beiden Parteien, dem jungen König, seiner seit kurzem am Hof weilenden Mutter und den führenden Protestanten «Urlaub» vom Hof gewährte. Dieser Entschluß brachte für Navarra ein erstes intensives Kennenlernen des Religionskriegs «vor Ort» mit sich, bei den Hugenottenheeren im Südwesten, vor allem in der späteren calvinistischen Musterfestung La Rochelle.

Katharina indes trieb ihre Heiratspläne voran und war nach dem Friedensschluß von St. Germain-en-Laye (1570) so weit, daß die Hochzeit für 1572 geplant werden konnte. Daß dieses Ereignis dann nicht als großes Jubelfest der königlichen Linien von Valois und Bourbon, sondern als Pariser «Bluthochzeit» in die Geschichte einging, lag an zwei zunächst sehr persönlichen Dingen: dem allzu abrupten, fast stürmischen politischen Taktieren Colignys, der in dieser Zeit die Chance sah, König Karl IX. von seiner Mutter zu lösen und in das protestantische Lager herüberzuziehen, und an der heftigen Reaktion der Regentin, die jetzt in dem Admiral eine größere Gefahr für sich und ihre Söhne sah als in den Spaniern. Der Entschluß zur Ermordung des Admirals, das Scheitern des Attentats und die sich anschließende, in einen Pogrom ausartende Ermordung zahlloser Calvinisten in Paris und im ganzen Land zeigen, daß sich hinter dem persönlichen Taktieren, insbesondere auf Seiten der altgläubigen Mehrheitsmeinung, viel gewaltigere Kräfte verbargen, die das Geschehen von nun an immer stärker bestimmen sollten – die Kräfte des unbändigen Hasses gegen Andersgläubige und die der massiven, mörderischen, rituellen Gewalt.

Wir wissen sehr wenig darüber, wie Navarra, der die Bartholomäusnacht als Bräutigam vom Louvre aus miterleben mußte, auf die Schlächtereien persönlich reagierte. Er war in einer prekären Lage, denn als protestantischer Hochadeliger war er persönlich in Gefahr, ähnlich wie sein mit am Hof weilender Gefährte und Vetter Condé. Beide konnten sich schließlich dem Druck nicht entziehen, der von den Ereignissen und den Personen am Hof ausging. Noch im Jahr 1572 kehrten sie, Gefangene des Königs, die sie nun waren, in den Schoß der alten Kirche zurück.

## Der «chef de parti» der Hugenotten

Die Aktion gegen die Calvinisten, die weit über jene Grenzen hinaustrieb, die man sich am Hof gesetzt hatte, war politisch ein Mißerfolg. Trotz aller Verluste schwächte die Bartholomäusnacht die Hugenotten nicht, sie stärkte vielmehr ihre praktische und theoretische Widerstandskraft. Von nun an festigte sich das politische Lehrgebäude des französischen Protestantismus, von nun an erhielt die Konfession einen politischen Unterbau, jetzt wurde sie zu einer «Partei». Zugleich meldeten sich immer mehr beachtenswerte Stimmen zu Wort, die eine ausgleichende, vermittelnde Position über den Parteien einnahmen und dabei religiöser Duldung aus politischen Gründen das Wort redeten. Sie waren noch keine Partei, wurden aber als «Politiker» in der Öffentlichkeit zunehmend wahrgenommen. Jean Bodin, gelehrter Jurist und Staatsrechtler, durch seinen Versuch über die Geschichtsmethodik schon weithin bekannt, lieh dieser Gruppe 1576 seine Feder. In seinem grundlegenden Werk «De la République» verband er die Idee der politisch begründeten Toleranz mit der einer Stärkung der souveränen Monarchie und brachte damit ein zukunftsträchtiges politisch-theoretisches Konzept an den Tag.

Die persönlich gewiß erträgliche «Gefangenschaft» Navarras am Hof dauerte bis 1576. Schon längst steuerte Katharina um diese Zeit wieder einen vermittelnden Kurs, während der junge Béarner das Hofleben, vor allem die Jagd, genoß und noch keinen festen, zielgerichteten politischen Willen erkennen ließ. So waren es vermutlich mit ihm zusammenlebende hugenottische Berater, die schließlich eine der nicht seltenen

Fluchtmöglichkeiten nutzten und den jungen König mit entschiedener Hand zu den calvinistischen Heeren im Südwesten Frankreichs und damit zu seinen Zukunftsaufgaben zurückführten.

Heinrich von Navarra ist den folgenden Jahren keinesfalls wie selbstverständlich in die Rolle des protestantischen Parteiführers hineingewachsen. Dem stand nicht nur die Konkurrenz mit seinem in mancher Hinsicht ernsthafteren, weit mehr auch zum Kampf für die protestantische Sache entschlossenen Vetter Condé entgegen. Navarra kannte um diese Zeit seine eigene Bestimmung noch nicht, und er hatte seine 1572 verstorbene Mutter nicht mehr zur Seite, die ihm diese immer wieder hätte vor Augen führen können. Und wenn er auch nach seiner Flucht erneut den Glauben wechselte, blieben doch gerade die konsequenten, «rigiden» Protestanten, unter ihnen auch Theodor de Bèze, der Nachfolger Calvins in Genf, sehr skeptisch angesichts eines Lebenswandels, der nicht der eines gotterwählten hugenottischen Parteimannes zu sein schien. Es gehört zu den entscheidenden Weichenstellungen im Leben Heinrichs IV., daß er in den folgenden Jahren dem Druck der Protestanten in seiner Umgebung nicht nachgab und nicht ausschließlich protestantischer Parteichef wurde, sondern sich die Alternative eines Versöhnungskurses dem Hof gegenüber offenhielt. Wenn es auch gewiß Charakter, Instinkt und Neigung waren, die ihn in diese Richtung drängten, so gibt es doch Anzeichen dafür, daß er allmählich einer sehr bewußten politischen Linie folgte. Als Beispiel können die innerprotestantischen Debatten um den Frieden von Fleix (1580) dienen. Dieser Friedensschluß, einer der vielen im Verlauf der Religionskriege, brachte den Hugenotten keinen Gewinn gegenüber den vorigen und wurde von Navarra praktisch im Alleingang mit dem Bruder des Königs («Monsieur») ausgehandelt. Zum ersten Mal seine Verhandlungs- und Überzeugungskunst zu voller Meisterschaft entwickelnd und dabei den Gedanken der notwendigen Versöhnung der zerstrittenen Parteien zum Wohle Frankreichs deutlich akzentuierend, gelang es Navarra auf einer repräsentativen Versammlung der Hugenotten (Montauban 1581), die Anerkennung des Friedens durchzusetzen. Danach war er, wie Jean-Pierre Babelon es in seiner vorzüglichen Biographie Heinrichs IV. formuliert hat, «eine Art protestantischer Vizekönig Frankreichs».

## 1584: Der Thronerbe

Und er wurde noch mehr, als 1584 der letzte noch lebende Bruder Heinrichs III., der Herzog von Anjou, seit 1574 «Monsieur», nach einem Leben voll von Ambitionen, Hoffnungen und Mißerfolgen starb. Der König, von dem niemand mehr männliche Erben erwartete, stand nun ohne Thronanwärter aus dem eigenen Haus da. Der so oft befürchtete oder herbeigesehnte Fall war eingetreten, die jüngere Linie Bourbon würde den Thronfolger stellen, und dies konnte kein anderer sein als der Chef des Hauses, Heinrich von Navarra. Die inneren Auswirkungen dieses Ereignisses waren gewaltig. Seit 1576 hatte der katholische Hochadel unter Führung der Guisen ein Bündnis, eine Liga unterhalten, in der sich, ganz ähnlich wie auf Seiten des protestantischen Adels, religiöse Motive und ständisch-separatistisches Freiheitsbewußtsein mischten. Die Guisen erneuerten dieses Bündnis jetzt und nahmen nun auch enge Beziehungen zur popularen Basis der katholischen Sache im Kleinbürgertum von Paris in Kauf. Die Protestanten ihrerseits, insbesondere ihre politisch-theoretischen Köpfe, die seit 1572 äußerst kritische Töne gegenüber der Monarchie im allgemeinen und der Dynastie der Valois im besonderen angeschlagen hatten, änderten ihre Strategie. Sie wurden nun zu vehementen Verfechtern des monarchischen Prinzips in Frankreich und, natürlich, der legalistischen Beachtung der vorgesehenen Erbfolge.

Unter solchen Vorzeichen war an eine Beruhigung der inneren Lage nicht zu denken. Im Gegenteil: Von den Ereignissen des Sommers 1584 an steigerte sich der Religionskrieg in seine letzte, heftigste Phase hinein, die auf katholischer Seite ganz wesentlich von der Liga in Paris, auf hugenottischer von ihrem jetzt völlig unbestrittenen Führer Heinrich von Navarra bestimmt wurde. 1585 kam es erneut zum direkten Krieg. Die katholische Seite gewann nun nicht nur den Papst für eine Bulle, in der alle Thronansprüche Navarras für hinfällig erklärt wurden, es gelang ihr auch, den König auf ihre Seite zu ziehen und ihn zu einer Widerrufung sämtlicher Religionsedikte zu veranlassen. Navarra seinerseits betrieb eifrigst Bündnispolitik in Richtung auf die europäischen Protestanten, fand aber in Deutschland nur bei dem Calvinisten Johann Kasimir von der Pfalz Gehör, während sich Elisabeth von England zu einigen relativ unbedeutenden Subsidienzahlungen bereitfand.

Zum Glück für Navarra war die gegnerische Front trotz allem nicht wirklich geschlossen. Zwischen dem adeligen Kern und der popularen Basis der Liga gab es schwere ideologische Gegensätze, zudem trieb die Entwicklung in Paris in den Jahren 1586 bis 1589 ganz ähnlich, wie das in der Revolution gut zweihundert Jahre später geschehen sollte, immer radikaler voran, was der Einheit der Liga nicht zustatten kam. Den Pariser Ligisten mißfiel das Bündnis mit dem König zutiefst, weil sie in ihm keinen konsequenten Vertreter der katholischen Sache sahen. Als Heinrich III. 1588 die militärischen Kräfte um Paris verstärkte, kam es zu einem regelrechten Volksaufstand, vor dem der Hof die Flucht in das besser gesicherte Blois ergriff. Von nun an bis zum Jahr 1594 war Paris «königsfrei». Nachdem Heinrich III. von Blois aus noch einmal vergeblich den Versuch unternommen hatte, sich selbst an die Spitze der Liga zu stellen, beschloß er, das Gesetz des Handelns an sich zu reißen, und ließ die anläßlich der Generalstände von 1588 in Blois weilenden Anführer der Liga, Herzog Heinrich von Guise und seinen Bruder, den Kardinal von Lothringen, ermorden.

Heinrich IV. (1589–1610) 151

Nicht anders als die Ermordung Colignys in der Bartholomäusnacht verfehlte dieser Mord seinen Zweck vollkommen. Heinrich III. gewann das Gesetz des Handelns nicht etwa zurück, er verlor es nun vielmehr völlig aus der Hand. Die Pariser Liga radikalisierte sich erneut und bildete neben dem ligatreuen Magistrat ein neues, revolutionäres Stadtregiment. Die Sorbonne zog mit und entpflichtete in einem Akt universitärer Amtsanmaßung alle französischen Untertanen von ihrem Treueid gegenüber dem König. Im März 1589 bestimmte das Pariser Parlament, das von königstreuen Räten gereinigt worden war, den Herzog von Mayenne, einen jüngeren Bruder der Guise, zum «Generalleutnant des Staates und der Krone Frankreichs» – ganz so, als sei ein «normaler» König nicht mehr vorhanden. Diesem, Heinrich III., blieb nun nichts anderes übrig, als sich seinem Vetter und früheren Spielgefährten, Heinrich von Navarra, anzunähern. König und Protestanten vereinigten ihre verbliebene Heeresmacht und zogen auf Paris, um die Stadt und ihre ligatreuen Institutionen in den Gehorsam zurückzuzwingen. Vor Paris angekommen, wurde Heinrich III. am 1. 8. 1589 von dem Dominikanermönch Jacques Clément ermordet. Auf dem Totenbett fand er noch die Kraft, die Anwesenden zu bitten, Heinrich von Navarra als König anzuerkennen. Zugleich ermahnte er seinen Nachfolger noch einmal, in den Schoß der alten Kirche zurückzukehren.

## 1589: König ohne Königreich

Der Form und Tradition nach war Heinrich IV. unmittelbar nach der Ermordung seines Vorgängers König von Frankreich. Doch ab wann war er es tatsächlich? Bis zu seinem Übertritt zum katholischen Glauben (1593) blieb er das, was er vorher war: protestantischer Hauptmann und «Parteichef». Die Hauptstadt Paris öffnete sich ihm erst 1594. Ein befriedetes Land regieren aber konnte er erst nach der Überwindung des letzten hochadeligen Ligaanhängers, des Herzogs von Mercoeur in der Bretagne, und nach der Beendigung des Kriegs mit Spanien im Jahr 1598. Noch neun weitere, schwere Jahre stand das Land ganz im Zeichen des Bürgerkriegs, dessen heftigste Laute nun aus der Hauptstadt drangen, die ihrem König den Einlaß verweigerte und von diesem monatelang belagert wurde. Denn Paris war nun ganz in der Hand der Liga, ihrer radikalsten Priester und ihres kleinbürgerlichen Gefolges. Zum König hielten, außer den Protestanten, nur jene bürgerlichen und amtsadeligen Schichten, die zwar mehrheitlich katholisch-gallikanisch dachten, denen der Radikalismus der Pariser Geistlichkeit, die Orthodoxie der Sorbonne und die offene Gewaltbereitschaft der Pariser Bevölkerung jedoch zuwider war.

Vier lange Jahre versuchte Heinrich IV., der Lage militärisch Herr zu werden. Das wichtigste Ziel, die Einnahme von Paris, das seit 1590 durch eine spanische Garnison geschützt wurde, gelang nicht. Und auch dort, wo Heinrich IV. Siege gegen die Truppen des ligistischen Adels errang, so bei Arques 1589 und bei Ivry 1590 – beide Schlachten wurden nicht zuletzt wegen des persönlichen, so mutigen wie wagemutigen Einsatzes des Königs gewonnen –, auch dort blieb der politische Erfolg aus. Hier tritt ein bemerkenswerter, in der Forschung bisher wenig beachteter Zug in der Persönlichkeit dieses Königs hervor, den Babelon schön herausgearbeitet hat: Heinrich IV. war ein glänzender Diplomat, ein König mit sicherem Gespür für das politisch Notwendige und das Machbare, er war ein hervorragender militärischer Taktiker, der Schlachten durch schnelle, auch unkonventionelle Entscheidungen aus dem Sattel des Pferdes zu lenken wußte; er war ein exzellenter Reiter und Heerführer, er war aber kein Stratege, der militärische Erfolge schnell in politische umzuwandeln wußte. Zwischen 1590 und 1592 begegnet uns ein König, der das Bild eines leicht ablenkbaren, in sehr kleinen Schritten denkenden Zauderers bietet, nicht aber das eines neuen Cäsar, der ohne Umschweife auf das wichtigste politische Ziel zusteuert und auch seine militärischen Möglichkeiten in diesem Sinne nutzt.

## 1593: Der «Salto mortale»

So war es kein Wunder, daß der König in diesen Jahren immer stärker unter Druck geriet, hinsichtlich seines religiösen Bekenntnisses endlich für klare Verhältnisse zu sorgen. Vehement bedrängten ihn seine katholischen Anhänger, den «saut périlleux» zu tun, in den Schoß der alten Kirche zurückzukehren und damit die Voraussetzung für eine breite Anerkennung seines Königtums zu schaffen. Persönlich zu diesem Schritt seit langem bereit, zögerte der Béarner aus Rücksicht auf seine Glaubensbrüder, schob immer wieder sein wichtigstes Argument vor, er wolle zunächst durch ein freies Konzil über seine Irrtümer belehrt werden. Denn nur die wenigen, «politisch» denkenden Protestanten wußten, daß der «Sprung» nicht zu vermeiden war, und berieten den König in diesem Sinne. Sein fähigster politischer Berater, der dem Parteiführer und dem jungen König über Jahre wertvollste Dienste geleistet hatte, Philippe Duplessis-Mornay, wußte von dieser Notwendigkeit, glaubte bis zum Schluß jedoch, durch ein Konzil und durch Verhandlungen mehr zu erreichen als nur einen glaubwürdigen Vorwand für den erneuten Konfessionswechsel seines Herrn. Für Mornay barg ein Nationalkonzil immer noch die Chance einer allgemeinen Versöhnung, einer nationalkirchlichen Einigung über Glaubensinhalte und damit über die Gründung einer neuen, gallikanischen Kirche im Sinne der englischen Entwicklung. Es gehört zur perönlichen Tragik dieses äußerst fähigen hugenottischen Staatsmanns und politischen Theoretikers, der nach der Katastrophe der Bartholomäusnacht als monarchiekritischer Polemiker und Mitautor der berühmten monarchomachischen Streitschrift «Vindiciae contra tyrannos» (1579) hervorgetreten war, daß er zwischen zwei Loyalitäten stand, die bis 1589 leicht zur Deckung zu bringen waren, jetzt aber immer deutlicher auseianderdrifteten – der Ergebenheit für den Herrn, dem sich der Adelige Mornay bedingungslos verpflichtet hatte, und der Treue zur «Partei», die auf kompetente politische Führer wie ihn nicht verzichten konnte.

Heinrich IV. hat gerade nach 1589 sehr lange auf seine ergebenen Kampfgefährten gehört. Als jedoch 1593 die Gefahr heraufzog, daß die königstreuen Katholiken von ihm abfielen und sich mit den gemäßigten Ligaanhängern verbündeten, um erneut eine «dritte Partei» – diesmal zwischen Liga und König, zugunsten eines anderen, katholischen Mitglieds des Hauses Bourbon – zu bilden, als der spanische König immer offener für eine spanische Lösung der ganzen Frage agierte, schwor Heinrich IV. am 25. 7. in St. Denis dem neuen Glauben ab.

Der Charakter eines Durchbruchs, der dieser Entscheidung später zugeschrieben wurde und den sie auf lange Sicht auch trug, trat nicht sogleich ans Licht. Die Konversion öffnete Heinrich IV. die Tür zur Hauptstadt nicht wie von selbst; das ihm später von Protestanten in den Mund gelegte, berühmte Wort «Paris ist eine Messe wert» traf die Situation nicht. Deutlich wurde nur, daß er seinen verständigungsbereiten Gegnern ihr wichtigstes Argument genommen hatte. Schritt für Schritt ging er nun auf diplomatischem Weg weitere notwendige Aufgaben an: Anfang 1594 ließ er sich in Chartres zum König weihen – der traditionelle Ort für diese Zeremonie, Reims, war in der Hand der Liga –, im März darauf zog er in Paris ein und setzte auf dem Verhandlungsweg den Abzug der spanischen Garnison durch. 1595 hatten seine Diplomaten in Rom nach langen Bemühungen Erfolg und erreichten die Absolution des Königs durch den Papst. Sie nahmen damit allen gutwilligen Katholiken die letzte Hemmung, sich offen und ohne Vorbehalt zu Heinrich IV. zu bekennen. Daß das Papsttum im Westen Europas ein zu starkes Gewicht Spaniens fürchtete, war der tiefere politische Grund für diesen beachtlichen französischen Verhandlungserfolg.

*Die Eroberung und Befriedung Frankreichs*

Danach blieben drei große Aufgaben zur endgültigen Befriedung des Landes übrig – die Überwindung des ligistischen Adels, der in zahlreichen Gouvernements des Landes schwer überwindbare Machtpositionen gewonnen hatte; der Krieg gegen Spanien und, ein besonders wichtiges Anliegen, der Erlaß eines neuen Toleranzedikts für die Hugenotten. Heinrich IV. ging alle drei Aufgaben mit größtem Elan an und zeigte hier nun zum ersten Mal, worin seine politische Meisterschaft bestand: In Sachen Liga setzte er ausschließlich auf Verhandlungen und Geld. Den ohnehin notleidenden Staatsschatz und alle denkbaren Anleihquellen rücksichtslos auspressend, erkaufte er sich zwischen 1595 und 1598 die

Loyalität sämtlicher Gegner und band sie einzeln an sich, darunter auch den Guisen Mayenne. Auch mit Spanien suchte der König, sehr zum Unwillen seiner englischen und niederländischen Verbündeten, schnell zum Frieden zu kommen. Als die Spanier 1597 aufgrund einer Unachtsamkeit der eigenen Einwohner Amiens einnehmen konnten und damit Paris direkt bedrohten, akzeptierte der König die Vermittlerdienste Papst Clemens' VIII. Am 2.5.1598 wurde in Vervins ein auf beiden Seiten von finanziellem Ruin und militärischer Erschöpfung gekennzeichneter Frieden unterzeichnet. Für Philipp II. leutete Vervins die politische Götterdämmerung ein, denn er konnte über den Status quo hinaus keinerlei politischen oder gar territorialen Gewinn erzielen. Als er wenige Monate später starb, neigte sich die Epoche der spanischen Vorherrschaft in Europa ihrem Ende zu.

*Das Edikt von Nantes*
Nach innen war zweifellos der Erlaß des Edikts von Nantes (13.4.1598) die bedeutendste Befriedungsaktion Heinrichs IV. Weder die rigiden Protestanten noch die orthodoxen Katholiken zählten nach der Konversion zu den Anhängern des Königs. Beide Seiten warfen ihm, mehr oder minder offen, religiöse Heuchelei vor und setzten auf seine Kosten die publizistischen Grabenkämpfe fort, von denen Frankreich seit mehr als 30 Jahren widerhallte. Die Protestanten, ihres Chefs beraubt, taten zudem alles, um die Schlagkraft ihrer politischen, militärischen und synodalen Organisationsstruktur zu erhalten. So lernte Heinrich IV. schon bald nach seiner Konversion – nun aus der Sicht des Königs – die Gefahren einzuschätzen, die der Protestantismus mit seiner Tendenz, sich zum «Staat im Staat» zu entwickeln, für die Einheit des Königreichs bedeutete. Dennoch entschloß sich der König zu einer ehrlichen, nicht nur taktisch verstandenen Politik gegenüber seinen ehemaligen Glaubensbrüdern. Er war zutiefst davon überzeugt, daß nur ein friedliches Nebeneinander beider Konfessionen Frankreich jenen inneren Frieden sichern könnte, von dem so viele Menschen träumten. Zudem half ihm seine Lebenserfahrung einzusehen, daß nicht nur die Protestanten jener Tendenz zur ständischen Verselbständigung frönten. «Staaten im Staat» gab es zwischen 1589 und 1598 viele in Frankreich, und der hartnäckigste war gewiß die Stadt Paris mit einer spanischen Garnison in ihren Mauern und dem ligistischen Gedankengut in ihrem Herzen gewesen. Und selbst ihr war der König 1594 mit der Tugend der herrscherlichen clémence begegnet. Warum dann nicht auch ein neues Edikt für die Hugenotten? Unter solchen Vorzeichen nahm er die zu erwartenden Widerstände offen ins Visier und erließ zügig das Edikt.

Dieser anläßlich der Versöhnung mit Mercœur in Nantes unterzeichnete Text ging in seinem Kern nicht wesentlich über das hinaus, was den Protestanten immer wieder einmal zugestanden worden war: Gewissensfreiheit im ganzen Land; Kultfreiheit überall dort, wo Gottesdienste zwischen 1596 und August 1597 ausgeübt worden waren sowie in je einem Amtsort und auf den Schlössern des Adels; kein Gottesdienst in Paris und einem Umkreis von fünf Meilen; dafür jedoch uneingeschränkte Rechtsfähigkeit, ungehinderter Zugang zu allen Ämtern und die Einrichtung von gemischtkonfessionellen Untersuchungskammern an einigen Parlamenten. Im übrigen gewährte der König den Hugenotten in einem Sondererlaß auf acht Jahre mehr als 100 Sicherheitsplätze und machte auf diese, von katholischer Seite heftig kritisierte Weise deutlich, wie ernst es ihm mit der Sicherung seiner ehemaligen Glaubensbrüder und Kampfgefährten war. Zwar war dies nur, wie nachher von protestantischer Seite kritisch bemerkt wurde, ein befristetes Zugeständnis. Doch ging es deutlich über alle bisherigen Konzessionen in diesem Bereich hinaus, und es sollte sich für den französischen Protestantismus in den kommenden Jahrzehnten als überaus wertvoll erweisen. Dies um so mehr, als der König auch über eine erneute Verlängerung dieses Zugeständnisses nach Ablauf der Frist mit sich reden und verhandeln ließ.

Die eigentliche Neuigkeit der Religionspolitik Heinrichs IV. war denn auch nicht dieses Edikt, sondern das Verhalten dessen, der es erlassen hatte: Zum ersten Mal im Verlauf der Religionskriege löste ein französischer König sein Versprechen, für die Umsetzung eines Toleranzedikts zu sorgen, in den folgenden Jahren ein. Immer wieder suchte Heinrich IV. die direkte Auseinandersetzung mit den Mitgliedern des Pariser und anderer Parlamente, die sich der Einregistrierung des Edikts beharrlich widersetzten. Um ihnen die Nichtigkeit ihres Widerstands und die Beengtheit ihres Blickwinkels vor Augen zu führen, wies er auf seine eigene Vergangenheit hin und zog aus dem Schatz seiner Erfahrungen gerade auch in religiösen Fragen den Schluß, über bessere politische Konzepte zu verfügen als die engstirnigen Dogmatiker beider Parteien: «Seit 20 Jahren befehlige ich die Partei der Religion (d. h. die Hugenotten, d. Verf.), das verschafft mir dort Kenntnis von allen. Ich weiß, wer dort den Krieg will, wer den Frieden. Ich kenne diejenigen, die Krieg für die katholische Religion führten, die dies aus Ehrgeiz taten oder für die spanische Partei, und ich kenne auch solche, die nur Lust hatten zu stehlen. Bei den Protestanten gab es Leute von jedweder Art ebenso wie bei den Katholiken.» (16. 2. 1599 vor Mitgliedern des Pariser Parlaments). Und wenn es nötig war, zeigte der König seinen Parlamentsräten auch den Weg der Zukunft, beschwor er die nationale Alternative zu den langen, fruchtlosen, selbstzerstörerischen Jahren des Bürgerkriegs: «Wir sollten keinen Unterschied zwischen Katholiken und Hugenotten machen, wir sollten alle gute Franzosen sein...» (Ebd.)

Im Laufe solcher Auseinandersetzungen stilisierte der König sein Bild konsequent in Richtung auf den von Parteienstreit und Partikularinteressen unabhängigen, über den Tageskonflikten stehenden Monarchen, dem es seine Lebenserfahrungen erlauben, nahezu alles besser zu wissen als seine Untertanen. Es war noch nicht die Argumentation Ludwigs XIV., der sich allein schon deshalb weit über allen Untertanen wußte, weil er König war. Und doch trat auch bei Heinrich IV. nach 1598 ganz deutlich ein Zug zum autoritären Hochmut gegenüber Politikern jeder Couleur hervor. Vor allem die ausgemachten Parteileute der vergangenen Jahrzehnte – Katholiken wie Hugenotten, darunter auch Duplessis-Mornay – mußten sich diesen Hochmut des Königs, der sich gelegentlich in Spott zum Ausdruck brachte, immer wieder gefallen lassen. «Ich danke Ihnen», so wies der König eine heftig remonstrierende Delegation des Pariser Parlaments anläßlich der Wiederzulassung der Jesuiten (1603) zurecht, «für die Sorge, die Sie um meine Person und meinen Staat haben. All ihre Vorstellungen sind in meinem Denken enthalten, meines aber nicht in Ihrem. Sie haben mir die Schwierigkeiten vor Augen geführt, die Ihnen groß und beachtenswert erschienen, und Sie haben nicht daran gedacht, daß alles, was Sie gesagt haben, von mir vor acht oder neun Jahren schon bedacht und erwogen wurde; die besten Entscheidungen für die Zukunft lassen sich aus einer Betrachtung der vergangenen Dinge ableiten, und da verfüge ich über bessere Kenntnisse als jeder andere.» (Lettres Missives, Bd. 6, 24.12.1603). Das war schon ein absoluter Monarch des 17. Jahrhunderts, der hier sprach. Und Heinrich IV. argumentierte nicht nur, er zeigte auch, daß er es ernst meinte.

*Vom Parteichef zum absoluten König*
Heinrich IV. wird von der neueren Forschung zu Recht als Begründer der absoluten Monarchie in Frankreich angesehen. Das will nicht heißen, daß Regierungssystem und Regierungstechnik in seiner Amtszeit so aussahen wie unter Ludwig XIV. Und es will auch nicht heißen, daß er nicht in vielem anknüpfen konnte an Vorgänger wie Ludwig XI., Franz I. oder Heinrich III. Gerade der Vergleich mit seinem unmittelbaren Vorgänger zeigt jedoch, worin seine Originalität lag. Er erfand keine neuen Mittel und Wege der Stärkung der monarchischen Gewalt – hier bot ihm die Vergangenheit, insbesondere die Regierungszeit Heinrichs III., genügend Vorbilder und Anregungen. Er setzte sie jedoch um und sorgte in der Gestalt eines intensiven «persönlichen Regiments» dafür, daß Aufsicht und Kontrolle durch den König stattfanden.

Kern dieses persönlichen Regiments war die effektive Gestaltung des Vorgangs der Ratgebung. Heinrich IV. hat den *conseil du Roi* im Prinzip nicht verändert. Er hat jedoch den großen, traditionellen Ratsgremien in allen Fragen der «großen Politik» – der inneren wie der äußeren – die Kompetenzen genommen und sie einem kleinen Kreis von Vertrauten übertragen. Auch dies war keine Erfindung des Königs, nach vielen zeitgenössischen Berichten nutzte er dieses Instrument jedoch so un-

## Heinrich IV. (1589–1610)

konventionell, dauerhaft und effektiv, daß dies auffiel und als Neuigkeit wahrgenommen wurde. Für die Besetzung dieses kleinen, je nach Sachgebiet zudem noch wechselnden Gremiums hat sich Heinrich im wesentlichen des Valois-Personals bedient – auch das ein auffallender Zug im politischen Handeln dieses Bon-sens-Politikers; denn ohne Frage fand er hier die besten und erfahrensten Machttechniker: Cheverny, Bellièvre, die Kanzler Heinrichs IV., Villeroy, einer der vier Staatssekretäre und der «beste Mann» des Königs neben Sully, daneben Sillery, Jeannin, de Thou, Harlay u. a. entstammten alle der Robe und hatten schon hohe Staatslaufbahnen hinter sich, als sie nach der Konversion des Königs in seine Dienste traten. Heinrich IV. mochte solche Leute nicht besonders und liebte es, ihr Amtsstubengehabe zu ironisieren; doch wußte er genau, daß er ohne sie nicht auskommen konnte, und ließ keinen Zweifel aufkommen, daß Loyalität ihren Lohn finden würde. Zudem stellten sie nur die Hälfte seiner personalpolitischen Weisheit dar; die andere bildete ganz allein Maximilien de Béthune, Herzog von Sully, der diesen hohen Titel erst seit 1607 trug, aber schon in den Zeiten der Bartholomäusnacht als hugenottischer adeliger Kriegs- und Gefolgsmann zu Heinrich von Navarra gestoßen war und von da an ohne Wenn und Aber zu diesem König hielt.

Die Karriere Sullys war, verglichen mit dem übrigen 16. Jahrhundert, einzigartig. Sully brachte eine Fülle von klangvollen und einträglichen Titeln zusammen, darunter 1598 den eines «Oberintendanten der Finanzen», den er zur dominanten Funktion in der gesamten königlichen Finanzverwaltung ausbaute; er wuchs aber zeitlebens nicht in die Rolle eines ersten Ministers hinein, wie es Richelieu unter Ludwig XIII. tun sollte. Er war und blieb loyaler und vertrauter Gefolgsmann des Königs, und zu keinem Zeitpunkt bestand die Gefahr, daß Sully anderes tat, als der König wollte. Insofern dürfen wir vermuten, daß der Ausbau der Finanzverwaltung und mit ihr der gesamten Staatsverwaltung in Richtung auf ein zentralisiertes bürokratisches System, der unter Sullys Einfluß stattfand, unmittelbar dem Willen des Königs entsprach und Ausfluß und Erfüllung seines persönlichen Regiments war.

Wesentliche Kennzeichen dieses neuen Systems waren folgende: Mit Hilfe des Finanzrats *(conseil des finances)*, einer Unterabteilung des königlichen Rats, die er vollkommen beherrschte, gelang es Sully innerhalb weniger Jahre, einen Überblick über die Finanzressourcen des Königreichs zu gewinnen. Er tat dies weitgehend unabhängig von den lokalen und provinzialen Finanzbeamten, deren Ersetzung er zugleich betrieb, worin ihm aber ebensowenig dauerhafter Erfolg beschieden war wie allen anderen Regimen des 17. und 18. Jahrhunderts. Zugleich drängte er, wo er irgend konnte, den Einfluß der provinzialen Ständeversammlungen zurück, sofern diese Mitspracherechte in der Finanzverwaltung einer Provinz besaßen. Auch die Pariser und provinzialen Rechnungshöfe *(chambres des comptes),* zuständig für die Kontrolle und die Streitsachen der Finanzverwaltung, stellte Sully massiv in Frage; viermal ließ er sogenannte «Justizkammern» einrichten, außerordentliche Tribunale, mit loyalen Beamten besetzt, die den Rechnungskammern zumindest befristet wesentliche Befugnisse abnahmen. Heinrich IV. und Sully bedienten sich intensiv des Mittels, Kronbeamten mit befristeten Aufträgen in die Provinzen zu schicken und dabei die vorhandenen Instanzen außer Kraft zu setzen. Solche «commissions» waren direkte Vorläufer der späteren Intendanten, und in einigen Provinzen, vor allem in Lyon, wo es weder ein Parlament noch Provinzialstände gab, sehen wir in der Zeit Heinrichs IV. (und seines Vorgängers) einen Intendanten sogar fest installiert, ohne daß er schon so hieß. Beachtet man zudem, daß weder Sully noch sein Herr großen Respekt vor den Rechten der übrigen obersten Gerichtshöfe hatten und diese einzuschränken oder auszuschalten versuchten, wo immer es ging, dann festigt sich das Bild: Hinter dem nach außen gekehrten, freundlich-jovialen Gesicht des ersten Bourbonen wird ein anderes, strenges sichtbar, in dem man neben den Zügen des treuen calvinistischen Gefolgsmanns die des großen Kardinals und selbst des Enkels zu erkennen glaubt – das Gesicht eines machtbewußten absoluten Königs, der, im Gegensatz zu seinen barocken Nachfahren, die Ansprüche eines absolutistischen politischen Wollens hinter einem Schleier «aufgeklärter Bonhommie und kommunikativer Leutseligkeit zu verbergen wußte.

*Der Wiederaufbau des Landes*
Gerade in ihrer letzten Phase hatten die Religionskriege dem ganzen Land schweren wirtschaftlichen Schaden zugefügt. Aus den Rechnungsbüchern der großen Grundbesitzer und den kirchlichen Zehntakten wissen wir, wie sehr die Getreideproduktion, das Herzstück der französischen Renaissancewirtschaft, in diesen Jahren zurückging. Überall nahmen die brachliegenden Ländereien zu. Auch die Gewerbe in Stadt und Land, insbesondere die Leinen- und Seidenwebereien, erlitten Einbußen bis zur Hälfte ihrer früheren Produktion. Die marodierenden Heerhaufen aus dem In- und Ausland brachten Hunger und Seuchen mit sich, so daß sich gegen Jahrhundertende die Pest wieder einmal gefährlich über Frankreich verbreitete. Es gab nicht nur den Religionskrieg zwischen den großen Parteien, sondern auch den Kleinkrieg zwischen den Bauerngemeinden und herumziehenden Soldaten- und Banditenbanden. Im Süden, im Limousin und im Périgord, gab es 1594 und 1595 größere Bauernaufstände. Die unzufriedenen Landleute kämpften für eine Entlastung vom dreifachen Steuerdruck, den Grundherren, Zehntherren und der König auf sie ausübten.

Wie Heinrich IV. auf diese Situation reagierte, war typisch für seine Regierungszeit und seine Verhaltensweisen. Mit Hilfe seines ingenieu-

## Heinrich IV. (1589–1610)

sen Oberintendanten Sully nahm er zwischen 1599 und 1602 den Druck allzu hoher, direkter Steuern vom Land, indem er die *taille*, eine «Bauernsteuer» par exellence, erheblich reduzierte. Das brachte spürbare Erleichterung, wenn die Kehrseite der Medaille auch bei den indirekten Steuern, insbesondere der Salzsteuer (*gabelle*), sichtbar wurde: Sie stiegen in dieser Zeit kräftig an. Ohnehin darf die Regierungszeit dieses der Landbevölkerung besonders zugewandten Monarchen nicht im Sinne der von ihm selber geförderten Legende idealisiert werden: Gewiß hatten viele französische Bauern es schon deshalb besser, weil der Krieg und die schlimmen inneren Unruhen vorüber waren. Doch den Bauern entstanden gerade durch die Ruhe neue Gegner: die erholte Kirche einerseits, die ihre Zehntverwaltung nun wieder in Ordnung brachte, die alten und vor allem neuen Landadeligen andererseits, die begierig nach dem Besitz verschuldeter oder ruinierter Bauern schielten. Es waren diese Jahre des Wiederaufbaus, in denen in nahezu allen französischen Provinzen der Besitzanteil des selbständigen Bauerntums deutlich unter 50 % sank. Das goldene Zeitalter Franz' I. war wirklich vorüber.

Hochbedeutsam war die Leistung Heinrichs IV. im Bereich der Gewerbe- und Handelspolitik. Persönlich förderte er, wo er konnte, Initiativen auf diesem Gebiet und erwies sich damit als erster «Merkantilist» Frankreichs, dem Richelieu und Colbert viel verdankten. Die Textilindustrie für Massen- wie Luxuskleidung erholte sich kräftig, die Seidenproduktion wurde durch die gezielte Förderung des Anbaus von Maulbeerbäumen und durch die Zucht von Seidenraupen gefördert. Von kompetenten Wirtschaftsfachleuten (Olivier de Serres, Barthélemy de Laffemas u. a.) beraten, sah der König auf eine Politik der aktiven Handelsbilanz und ermutigte die französischen Kaufleute zum Vordringen in die nordamerikanischen Kolonien.

Zumindest ein kurzer Hinweis sollte Heinrich IV. als Förderer der Künste gewidmet sein. Tritt seine Leistung auf dem Gebiet der Literatur und der Malerei hinter der seiner Nachfolger des Barockzeitalters zurück, so hat er in einer Hinsicht Überragendes, bis heute Wahrnehmbares geleistet: In der Zeit, in der der König aus der Gascogne im Louvre oder in einem der um Paris herum liegenden Schlösser – besonder häufig in Fontainebleau – residierte, haben sowohl diese als auch die Stadt Paris ihr Aussehen ganz erheblich verändert. Heinrich IV. ist als einer der großen Baumeister in die Geschichte des französischen Königtums eingegangen. Im Louvre war es u. a. die *grande gallerie*, in Fontainebleau die *cour ovale*, die unter seiner sehr persönlichen Anregung Gestalt gewannen. In beiden Fällen war der König noch mehr Fortsetzer, Vollender. In Paris jedoch wirkte er ganz selbständig, hier war er Städtebauer: Die *Place royale* im Marais, seit frühen Revolutionstagen als *Place des Vosges* bekannt, ist ebenso sein Werk wie die *Place Dauphine* an der Westspitze der *Ile de la Cité*, die auch heute noch in ganz besonderer Weise den Geist atmet, der das Paris der Spätrenaissance kennzeichnete.

*Die Gesellschaft Heinrichs IV.*

Heinrich IV. hat die Gesellschaftsstrukturen Frankreichs im Verlauf seiner Regierungszeit nicht bewußt verändert, sie haben sich allerdings unter den Einflüssen seiner Politik nicht unbeträchtlich zu wandeln begonnen. Der König selber, der gewiß sehr präzise Vorstellungen von der Aufgabe eines Monarchen und vom Wesen des politischen Handelns hatte, hat keine ausführlichen theoretischen Schriften, gar «politische Testamente», hinterlassen, wohl dagegen eine Fülle von «Staatsmaximen», die wie selbstverständlich in seine Briefe und Ansprachen eingestreut sind. Aus ihnen geht hervor, daß er die soziale Rollenverteilung in seinem Staat dem Herkommen entsprechend sah, wobei seine Äußerungen über die militärischen Pflichten des Adels und die produktiven Leistungen von Bauern, Handwerkern und Gewerbetreibenden diejenigen über den Klerus an Intensität übertrafen. Heinrich IV. war ein Mann der Praxis, die theoretische Spekulation lag ihm fern, auch die intensive Lektüre in der zeitgenössischen politisch-theoretischen Literatur. Wenn er las, galt sein Interesse den schon in der Jugend verschlungenen Amadistexten, ansonsten war er ein Mann des Gesprächs, des unmittelbaren Kontakts, des Lernens durch interessiertes Schauen, Zuhören und Verarbeiten.

Es gibt kein Anzeichen dafür, daß er den Adel in seiner traditionellen Rolle und Funktion in Frage stellte. Er wollte keine tiefgehenden Einflüsse der Ducs et Pairs auf die Staatsgeschäfte, die für ihn allein Angelegenheit des Königs und seiner Leute waren. Ansonsten aber sah er im Adel, dem er sich zeitlebens zugehörig fühlte, die führende, in militärischer Hinsicht unverzichtbare Kraft seines Staates. Sofern dieser Adel vor sich selbst zu schützen war, hat Heinrich IV. die nowendigen Maßnahmen, z. B. Duelledikte, erlassen und, ohne durchschlagenden Erfolg, auf ihre Umsetzung gedrängt. Richelieu wurde hier in jeder Hinsicht sein Schüler.

Freilich gab es Wahrnehmungsunterschiede zwischen dem König und seinem Adel, die letztlich in der seit langem spürbaren Krise des französischen (wie des gesamten europäischen) Adels im ausgehenden 16. und in der ersten Hälfte des 17. Jahrhunderts ihre Ursachen hatten. Wenn der König von der sozialen Bedeutung des Adels zutiefst überzeugt war, so war das eine Seite; wenn er diesen aus den wichtigen Positionen im Rat heraushielt und den adeligen Gouverneuren in den Städten und Landschaften Frankreichs zunehmend Kontroll- und Aufsichtspersonen zur Seite stellte, so lag hier einer der wesentlichen Gründe für adelige Unzufriedenheit und Rebellionsbereitschaft, von der auch die Regierung Heinrichs IV. nicht verschont blieb.

## Heinrich IV. (1589–1610)

Auch eine andere Entwicklung machte dem altadeligen Selbstverständnis schwer zu schaffen – die Ämterkäuflichkeit und -erblichkeit. Heinrich und Sully förderten beides nachdrücklich. Zwischen 1602 und 1604 trieben sie das seit Franz I. aus fiskalischen Gründen immer intensiver praktizierte Verfahren noch voran und machten im Jahr 1604 (Edit de Paulet) durch die Einführung einer jährlichen Beamtenabgabe (droit annuel) die Vererbung bzw. den Privatverkauf von Ämtern möglich. Zudem verpachteten sie die Durchführung des ganzen Systems an einen privaten Finanzfachmann (Paulet) und entzogen auf diese Weise einen beträchtlichen Teil von Staatsämtern der Verfügungsgewalt durch die Krone – gegen gutes Geld, gewiß, aber auch das Risiko bewußt eingehend, daß die Beamten letztlich dem Pfründencharakter ihrer Stelle weit mehr Wert beimaßen als der mit dem Amt verbundenen Aufgabe.

Der alte Adel kritisierte die Ämterkäuflichkeit. Er sah die Gefahr, daß viele «neue Leute» über den Ämterhandel von unten allmählich in den Adel aufsteigen und damit die alten ständischen Grenzen allmählich aufgeweicht würden. Doch auch notable Mitglieder des königlichen Rats, an ihrer Spitze Bellièvre, bekämpften das System und setzten die traditionellen, justizstaatlichen Werte der französischen Monarchie dagegen. Jedes Amt gehe aus der Person des Königs als des obersten Rechtsprechers des Landes hervor, es dürfe nur auf der Basis von Ehre und Qualifikation, nicht aber von Geld und Kommerz vergeben werden.

Beide Gruppen hatten keinen Erfolg mit ihrem Widerstand, im Gegenteil. Heinrichs und Sullys Entscheidung trug wesentlich zur Generalisierung des Ämterhandels im absolutistischen Frankreich bei und setzte die Ämtererblichkeit recht eigentlich erst durch. Und dies war offenbar ein unvermeidlicher und unumkehrbarer Prozeß in einer Monarchie, die sich schon seit langem entschlossen hatte, den schwierigen Weg der Bürokratisierung, und das heißt ja in erster Linie der Rekrutierung ihrer wachsenden Beamtenscharen, nicht mit Hilfe von ehrenamtlich tätigen Mitgliedern der Oberstände, sondern mit Hilfe eines ganz neu geschaffenen Personals zu gehen. Wie anders hätte dieser Staat seine Beamten bezahlen bzw. versorgen sollen, wenn nicht durch eine weitgehende Privatisierung ihrer Pfründen?

In der Tat erwies sich die Entscheidung zunächst in mehrfacher Hinsicht als Erfolg. Die Einkünfte aus dem Ämterhandel und -verkauf stellten in den folgenden Jahrzehnten einen beachtlichen Gewinn für die Krone dar, so daß sie sich immer mehr veranlaßt sah, die Schaffung und den Verkauf von Ämtern aus fiskalischen Gründen voranzutreiben. In den auf diese Weise rekrutierten Beamten (officiers) erwuchs ihr zudem eine solide soziale Stütze; zwar besaßen die officiers durch den Eigentumscharakter des Amtes ein hohes Maß an Selbständigkeit, doch waren sie grundsätzlich auf gute Beziehungen zur Krone als der Garantin ihres Amtes (und seines materiellen Werts) angewiesen.

So veränderte die französische Renaissancegesellschaft unter Heinrich IV. ganz allmählich ihr Gesicht. Der Adel, vor allem der Hochadel, im Zeitalter der Religionskriege noch die weithin dominierende Kraft, trat in seiner Bedeutung für die Staatsverwaltung endgültig zurück. «Neue Leute» begannen das Feld zu beherrschen und die entscheidenden Positionen im Zentrum, aber auch in den Regionen, Städten und Gemeinden zu besetzen. Diese «Leute» waren von ihrem Ursprung her Bürger, viele von ihnen waren schon vor der Zeit Heinrichs IV. adelig geworden, andere wurden es unter ihm oder waren auf dem Sprung dahin. Die Konturen eines neuen Standes zeichneten sich ab, des Robenadels (noblesse de robe), der zur dauerhaften sozialen Basis der Bourbonenmonarchie wurde.

*Die Frauen Heinrichs IV.*

Frauen haben im Leben Heinrichs IV. eine Rolle gespielt wie in dem kaum eines anderen Königs, und doch scheint er zeitlebens einsamer gewesen zu sein als viele seiner Vorgänger und Nachfolger. Eine Kurzbiographie kann dieses Thema nur streifen, nicht aber zur Zufriedenheit all jener, die an mehr als nur amourösem Klatsch interessiert sind, ausleuchten. Angesichts unzähliger Episoden, die Stoff zu einer Flut von populären Biographien (und Filmen) über das Liebesleben des Vert Galant abgegeben haben, ist es nicht ganz einfach, durch das Dickicht von Halbwahrheiten und Übertreibungen hindurch die lebensgeschichtlichen und politisch-biographischen Bedeutsamkeiten zu erkennen.

Relativ einfach liegen die Dinge im Hinblick auf die erste Frau, die Königin Margarete von Valois (la reine Margot), die Braut der Bluthochzeit. Wie das anschließende Morden war diese Verbindung ein Werk Katharinas von Medici, Heinrich scheint, wie übrigens seine Mutter, diesem Plan keinen ernsthaften Widerstand entgegengesetzt zu haben. Die Ehe freilich wurde zur Nichtehe, obwohl sie formal bis 1599 aufrechterhalten blieb. Schon während der «Gefangenschaft» Navarras im Louvre zeigte sich, daß hier zwei Charaktere miteinander verbunden worden waren, die vor lauter Unabhängigkeits- und Selbständigkeitsbegehren, insbesondere auch bei der feinsinnigen, die höfische Valois-Raffinesse kultivierenden, den schönen Künsten zugewandten Margot, kaum zueinander finden konnten. Zudem erwies es sich bald, daß die Ehe unfruchtbar bleiben sollte, was, wie sich zweifelsfrei belegen ließ, nicht an Heinrich, sondern an der Valoisprinzessin lag. Daß nur gelegentlich Aufregung in der Ehe entstand – so etwa anläßlich der Affaire Heinrichs mit einer Ehrendame der Königin –, lag an der «liberalen» Einstellung beider Partner, an monate- und jahrelanger Trennung, an kurzen Phasen sehr erträglichen, die Königinmutter befriedigenden Zusammenlebens und daran, daß Margarete von Valois in schwierigen Zeiten durchaus loyal zu ihrem Mann zu halten wußte.

Nicht übersehen werden darf auch, wie sehr die Valoisprinzessin für Navarra ein Unterpfand darstellte für selbst in schlimmsten Zeiten des Religionskriegs nicht abreißende Kontakte zum Hof, zum Zentrum der Macht.

Die erste bedeutende Mätresse im Leben Heinrichs von Navarra war Diane d'Andoins («Corisande»), die seinem heutigen Biographen vor allem als Briefpartnerin des unablässig durch die Lande hetzenden Parteiführers von Nutzen ist, besonders zwischen 1582 und 1584, dem Zeitraum intensivster Verbindung zwischen dem protestantischen Parteiführer und der verwitweten katholischen Gräfin. Daß Heinrich sich von ihr leicht trennen konnte, lag einerseits, wie immer, an den Umständen, die ihn allzu oft in die Ferne führten und so der Untreue auf beiden Seiten Vorschub leisteten. Es lag aber auch an der Persönlichkeit dieses Königs, der stets zu verehren und zu verfallen bereit war, sich aber ebenso schnell von Menschen, insbesondere von Frauen, abwandte, so daß sich der Biograph fragt, ob dieser König wirklich zu lieben vermochte.

Anders lagen die Dinge im Fall der Gabrielle d'Estrées, «la belle Gabrielle», mit der Heinrich IV. zwischen 1592 und 1599 die längste und intensivste Liäson seines Lebens verband. Diese Geliebte aus picardischem Adelsgeschlecht wuchs in die Rolle einer wirklichen Mätresse hinein und nahm über Jahre die Position einer Beinahe-Königin ein. Gerade deshalb zog sie den Haß der Königin Margarete auf sich, die weitab in der Auvergne leben mußte. Margarete setzte manch üble Nachrede und Intrige gegen die Mätresse in Gang. Vom König um 1595 mit dem Titel einer Marquise ausgestattet, wurde Gabrielle in ihrer quasi-offiziellen Position von da an anerkannt. «Der ganze normale Apparat einer offiziellen Favoritin ist seit Ende 1594 zur Stelle» (Babelon, 643). Sie gebar Heinrich IV. drei Kinder, die später legitimiert wurden, und nicht zuletzt daran lag es, daß der König so lange Zeit zu ihr hielt. Denn seine Kinderliebe und, damit verbunden, seine Verehrung für eine Frau, die ihm solche geboren hatte, sind vielfach belegt. Ihr ältester Sohn, César de Vendôme, wurde gar zum Begründer einer bourbonischen Nebenlinie. Gabrielle war, Schicksal jeder königlichen Favoritin, heftig umstritten. Sie trug zur Vermehrung ihrer Feinde am Hof durch ihr beharrliches Bemühen bei, aus der Position der Favoritin in die einer offiziell legitimierten Königin zu gelangen. Es ist nicht ausgeschlossen, daß Heinrich IV., dieser Frau verfallen wie keiner anderen zuvor oder danach, ihrem Drängen nachgegeben hätte, wäre sie nicht 1599 einem plötzlich auftretenden Leiden erlegen, über dessen Ursachen noch lange danach spekuliert wurde. In den entscheidenden Jahren der Befriedung Frankreichs hat sie Heinrich IV. bei dem schwierigen Geschäft der Vermittlung und des Ausgleichs intensiv zur Seite gestanden. Vor allem bei der Vorbereitung des Edikts von Nantes sehen wir sie tätig. Es ist daher kein Zufall, daß sie, ohne «zur Religion» zu gehören, auf protestantischer Seite, unter anderem in dem kämpferischen Dichter Agrippa d'Aubigné, ihre besten Freunde hatte.

Der plötzliche Tod Gabrielles nahm eine Last vom offiziellen Frankreich, nicht nur, weil man den König hier in einer sehr schwierigen persönlichen Situation wußte; weit wichtiger war noch, daß endlich der Weg frei wurde für eine neue, vor allem der Entschuldung Frankreichs dienende Ehe Heinrichs IV. Zu den größten Gläubigern des Landes gehörte immer noch Florenz. Florentinisches Interesse an einer französischen Hochzeit war seit langem vorhanden, eine entsprechende Prinzessin – Maria von Medici – stand zur Verfügung, zudem war Margarete schnell bereit, in die Scheidung einzuwilligen. Nach langen Verhandlungen gab auch der Papst seinen Dispens wegen eines Vorwandes, der zwar seit den Trienter Konzilsbeschlüssen nicht mehr galt, aber für diesen Fall noch einmal aktiviert wurde und der die Ehe zwischen dem Béarner und der Valois als von vornherein ungültig hinstellen ließ: Pate Heinrichs im Jahr 1553 war kein geringerer als der damals herrschende französische König, Heinrich II., der Vater Margots gewesen. Heinrich und seine Frau verband demnach eine «spirituelle Verwandtschaft», die als Ehehindernis gelten mußte. So war der Weg frei für Maria von Medici, Enkelin Cosimos I. und Nichte des regierenden Großherzogs Ferdinand I. Sie wurde die neue Königin von Frankreich und trug mit ihrer Mitgift von 600 000 Ecus kräftig zur Entschuldung und Budgetverbesserung des Königreichs bei.

Mit dieser erneuten, engen Verbindung zum florentinischen Stadtstaat gewann Frankreich zudem soliden Einfluß auf die innenpolitische Situation in Norditalien. Heinrich IV. sah den eminenten außen- und finanzpolitischen Nutzen dieser Verbindung und behandelte die Gattin bei aller amourösen Nebentätigkeit überaus korrekt und aufmerksam. Maria wurde nicht nur Königin von Frankreich, sondern auch, höchstes Ziel der Wiederverheiratung eines mit 47 Jahren schon alten Monarchen, Mutter mehrerer legitimer Erben. Schon 1601 erblickte der erste Sohn das Licht der Welt – Ludwig, der Thronerbe. Sexuell ließ Heinrich IV. sich von diesen erfolgreichen familiären Entwicklungen allerdings nicht fesseln. Sein Interesse für das andere Geschlecht wuchs in den folgenden Jahren noch und nahm geradezu don-juanhafte Ausmaße an, was in dem gewiß nicht prüden Königreich zu einiger Beunruhigung führte und den florentinischen Gesandten einmal vom französischen Hof als einem «bordello» sprechen ließ. Mit Henriette d'Entragues, von Heinrich zur Marquise von Verneuil befördert, deren Verbindung zum König von ihrer – übrigens der Welt der «Lieblinge» Heinrichs III. entstammenden – Familie schon vor der Hochzeit mit Maria auf ähnlich raffinierte Weise eingefädelt worden war wie zuvor bei Gabrielle, war auch bald eine neue Großmätresse zur Stelle.

In einer Hinsicht war die Affaire d'Entragues biographisch bedeutsamer als alle vorangehenden. Henriette selbst und ihr gesamter Familienclan sahen die Verbindung mit Heinrich IV. von vornherein als Instrument des Familienaufstiegs, und sie wußten sich noch vor der Eheschließung Heinrichs mit Maria von Medici ein für solche Zwecke überaus wertvolles Dokument zu besorgen: ein schriftliches Eheversprechen des Königs, das dieser zwar durchaus nicht ernst gemeint, aber – nicht zum ersten Mal übrigens – «vor Gott» geschworen und ohne jeden Zweifel persönlich unterschrieben hatte. Mit diesem wichtigen Papier in der Hand machte die Familie in den folgenden Jahren Politik. Da die Eheschließung mit der Florentiner «banquière», wie Henriette Maria von Medici respektlos nannte, den König von jeder weiteren ernsthaften Überlegung hinsichtlich seines Eheversprechens abhielt, wurden die Marquise und ihr Clan wie zwangsläufig Teil jener Welt, die Heinrichs Regiment in der Zeit des Friedens und der Ruhe zwischen 1602 und 1606 kontinuierlich beunruhigte: der Welt des Verrats, des Aufstands und der Rebellionen.

*Aufstände und Rebellionen*

Nicht erst unter Ludwig XIII. wurde die französische Monarchie Schauplatz von Volksaufständen und Adelskomplotten, schon die Regierungszeit Heinrich IV. bot in dieser Hinsicht das Bild des unruhigen Jahrhunderts zwischen 1560 und 1660, in dem der französische Adel einerseits, die schwer belastete Landbevölkerung andererseits mit sich ständig wandelnden und verschlechternden Lebensbedingungen fertig werden mußten. Dabei dürfen freilich die vielen Erhebungen der Jahre 1590 bis 1595 in der Normandie, in weiten Teilen des Südens, in Burgund und im Limousin nicht der Regierung Heinrichs IV. angelastet werden. Er war zu dieser Zeit nicht wirklich König und konnte erst nach der Befriedung des Landes jene beiden Lasten etwas mindern, die die Landbevölkerung – die *Gauthiers, Bonnets rouges* und *Croquants* – zum Aufstand trieben: die umherziehende Soldateska und der Hunger.

Von wenigen städtischen Steuererhebungen im Süden (Limoges, Poitiers) am Anfang des neuen Jahrhunderts abgesehen, blieb das Reich Heinrichs IV. dann von Volksaufständen verschont. Um so mehr rumorte es im Adel, insbesondere im Kreis jener «Großen», die unter den Valois, aber auch unter Heinrich von Navarra lange Dienst getan hatten und jetzt mitansehen mußten, daß für sie im neuen Regierungssystem kein rechter Platz mehr war. Der Herzog von Biron war so ein Fall. Von Heinrich für seine Dienste in mancher Schlacht zwischen 1589 und 1594 mit hohen Hofämtern (Admiral, Marschall) und Titeln belohnt, verlockten den charakterlich schwankenden, religiös ungefestigten, dem Okkultismus verfallenen Kampfgefährten Angebote von außen zu neuen Zielen, die er schließlich in konspirativem Benehmen mit dem Herzog von Savoyen zu verwirklichen versuchte. Was alles ihm von Savoyen wirklich versprochen wurde, ist nicht bekannt. Immerhin scheinen der Sturz Heinrichs IV. und die Aufteilung Frankreichs in autonome, föderierte Provinzen zum Ideengut Birons gehört zu haben, in das möglicherweise auch andere französische Hochadelige (der Graf von Auvergne, der Herzog von Bouillon) Einblick hatten. Heinrich IV. durch Verrat gut über Details aufgeklärt, entledigte sich dieses Falls in entschlossener Verbindung mit dem Krieg gegen Savoyen (1601/1602). Nach mehrfachen, vergeblichen Angeboten der Selbstentdeckung wurde Biron festgesetzt und dem Pariser Parlament zur Aburteilung übergeben; am 31.7.1602 wurde er enthauptet. Zum ersten und einzigen Mal in seinem Leben war der König nicht bereit, Gnade vor Recht ergehen zu lassen, obwohl der gesamte Hochadel für den ranghohen und sehr «populären» Marschall von Frankreich eintrat. Es ist darüber gerätselt worden, warum Heinrich sich, gegen die Tradition, dem Begnadigungsbegehren verweigerte. Neben dem Ausmaß der Pläne und Verbindungen Birons und der Vorstellung, daß bei diesem ersten Hochverrat ein Exempel statuiert werden müsse, scheint vor allem persönliche Enttäuschung des Königs eine Rolle gespielt zu haben: In gewisser Weise wurde Biron damit für Heinrich IV., was Essex für Elisabeth I. gewesen war.

Die anderen beiden Komplotte erreichten nicht das Ausmaß des Bironschen Verrats, zumindest nicht in der Bewertung des Königs. 1604 versuchte die Familie Entragues, das Heiratsversprechen des Königs in Händen, einen Teil des Hochadels gegen den König aufzuwiegeln; Ziel war es offenbar, den der Verbindung Heinrichs mit Henriette entstammenden Sohn nach der Beseitigung des Königs zum Nachfolger zu machen. Der König war geheimdienstlich erneut gut bedient und reagierte schnell und entschlossen. Wieder fielen Todesurteile in Paris. Doch diesmal kam es zur Begnadigung und bald darauf zur Freilassung des Grafen d'Entragues und seiner Tochter, die zudem in das Bett des Königs zurückkehrte; der erneut beteiligte Auvergne – ein natürlicher Sohn Karls IX. und (mütterlicherseits) Halbbruder Henriettes – wurde zu lebenslanger Bastillehaft begnadigt. Die Öffentlichkeit mokierte sich kräftig über diesen durch die immer noch wirksamen Verführungskräfte der Marquise bewirkten Ausgang und erfreute sich an deftigen Pasquillen über den König «und seine Huren». Und auch in seiner engsten Umgebung war man unzufrieden; selbst Villeroy, sein bester Mann, nörgelte: «Voilà comme Sa Majesté ne peut se désaccoutumer de bien faire à ceux qui lui font mal...»

Weit besser brachte Heinrich IV. schließlich die Affaire des Herzogs von Bouillon hinter sich. Seit 1602 hatte sich dieser langjährige hugenottische Kampfgefährte Heinrichs von Navarra – er entstammte dem Hause La Tour d'Auvergne, war vormals Vicomte de Turenne und wurde 1611 Vater des «großen» Turenne – um eine Verschwörung von

Hugenotten und deutschen Protestanten bemüht, offensichtlich in Nostalgie einstiger Religionskriegsfreiheiten gedenkend und handelnd. Basis waren seine Besitzungen im Süden Frankreichs, wo Heinrich ihn 1606 mit bedeutender Heeresmacht bedrohte. Seine Flucht in das ihm seit 1591 gehörende, souveräne Fürstentum Sedan machte auch seinen Fall zu einem außenpolitischen, denn nun waren die deutschen Protestanten als interessierte Zaungäste im Spiel, unter anderen Vorzeichen vergleichbar den bisherigen Komplotten, an denen neben Savoyen auf irgendeine Weise immer auch Spanien beteiligt war. Heinrich IV., glücklich darüber, daß Bouillon im Süden die französischen Hugenotten nicht hatte mobilisieren können, was der König zu Recht als Erfolg seiner «positiven Protestantenpolitik» nach 1598 bewertete, folgte dem Herzog mit großer, demonstrativer Heeresmacht nach Sedan. Die Souveränität des Fürstentums blieb unangetastet, doch kehrte Bouillon, nach seiner Flucht aus dem Süden ohnehin desillusioniert, bald reumütig in die Obödienz des Lehnsherrn zurück. Zwei Jahre mußte er fern von Sedan am Hof verbringen, dann durfte er das Fürstentum erneut in Besitz nehmen. Der König aber, nur im Fall der Familie Entragues privatamourösen Erwägungen mehr Raum gebend als politisch-rationalen, hatte dem interessierten In- und Ausland ein weiteres Mal bewiesen, daß Frankreich jetzt von einem Monarchen regiert wurde, der zwischen den Herrschertugenden der *rigueur* und der *clémence* zu wählen und dabei die Stellung eines Herrn gegenüber seinen «Dienern» zu behaupten wußte, ohne daß allzuviel Blut floß.

*Außenpolitik und «große Pläne»*
Ausländisches Ansehen war Heinrich IV. nicht unwillkommen, denn er entwickelte in den Ruhejahren seines Regiments schließlich auch außenpolitischen Ehrgeiz. Was Savoyen angeht, so verbietet sich fast das Wort «Außenpolitik». Denn die dauernden Versuche des Herzogs von Savoyen, im Mächtespiel zwischen Frankreich und Spanien sein Glück zu mehren, nahmen sich nicht viel anders aus als das, was Biron und andere im Inneren Frankreichs versuchten. Und nicht zufällig fand Biron in Charles-Emmanuel, dem regierenden Herzog Savoyens, einen stets aufmerksamen Zuhörer und Förderer. Der Krieg, den Heinrich IV. nach intensiven diplomatischen Vorbereitungen 1601 gegen Charles-Emmanuel führte, stand in erster Linie unter strategischen Überlegungen: Die Möglichkeiten Spaniens, seine Truppen über die savoyischen Alpenpässe in die Niederlande zu schicken, sollten so stark wie möglich beschnitten werden. Daß es Heinrich dabei gelang, dem Herzog ein großes Gebiet nordwestlich von Genf (Bresse, Bugey, Valromey und Gex), zwischen Rhône und Saône gelegen, definitiv zu entreißen, war eine angenehme Zugabe, die der König in Frankreich angemessen feiern ließ.

Im Jahr 1609 bot sich dann eine perspektivenreichere Möglichkeit zum Handeln. Im Herzogtum Jülich-Cleve, im Westen des Heiligen Römischen Reichs, war die Erbfolge offen, und sowohl Österreich-Habsburg, von Spanien unterstützt, als auch deutsche protestantische Fürsten (Brandenburg, Pfalz-Neuburg) machten neben weiteren europäischen Fürsten Erbansprüche geltend. Heinrich IV., die grundsätzliche Gegnerschaft Frankreichs gegen gesamthabsburgische Expansionspläne an den Grenzen Frankreichs von seinen Vorgängern erbend und an seine Nachfolger vermachend, entschloß sich nach langem Zögern zu einer Unterstützung der protestantischen Interessen. Er hatte dabei vermutlich keinen «großen Plan» im Sinne einer umfassenden europäischen Friedensordnung im Auge, wie es sein Minister Sully in seinen Memoiren später behauptete. Ihm ging es um eine Begrenzung Habsburgs, zumindest um die Aufrechterhaltung des Status quo zwischen Habsburg und Frankreich. Daß er dieses Ziel durch die Festsetzung Habsburgs an der Westgrenze des Reichs gefährdet sah, läßt sich leicht denken, zumal auch die bis zum Waffenstillstand von 1609 massiv von Frankreich unterstützten nördlichen Niederlande eine Stärkung Habsburgs an ihrer Südostflanke unter allen Umständen vermeiden wollten. Daß sich Heinrich IV., dessen führende Berater (vor allem Villeroy) schon lange auf energisches Handeln gedrängt hatten, erst nach dem Eintritt sehr persönlicher Umstände zum Krieg entschloß – die heiß begehrte Charlotte de Montmorency war 1609, getrieben von ihrem Ehemann, dem Prinzen von Geblüt Condé, ausgerechnet nach Brüssel geflohen und bot dem König nun gleichfalls Anlaß zu kriegerischem Vorgehen gegenüber dem in Brüssel residierenden, seit 1601 formal souveränen, de facto von Spanien abhängigen österreichischen Erzherzog Albrecht und seiner spanischen Frau Isabella –, ist dem König von vielen seiner Berater (und Biographen) verübelt worden.

Durch das Verhalten Condés und seiner Frau scheint Heinrich über alle Maßen gereizt worden zu sein, zumal die Flucht nicht nur den Liebhaber, sondern auch den König zum Narren werden ließ; Condé war vornehmster Prinz von Geblüt und durfte Frankreich nicht ohne königliche Zustimmung verlassen! Die Affäre trug wesentlich dazu bei, in dem inzwischen deutlich gealterten König letzte Zweifel zu beseitigen, ob es ratsam sei, die Zeit des Wiederaufbaus und Friedens in Frankreich zu beenden und sich erneut auf das unkalkulierbare Abenteuer eines Kriegs vorzubereiten, eines Krieges zudem, dessen Ziele längst nicht jedem Franzosen einleuchteten.

Militärisch war Heinrich IV. bestens vorbereitet. Vom rastlos tätigen Sully geplant und überwacht, hatte sich im Militärwesen Frankreichs inzwischen ein Wandel vollzogen, den man in der Forschung gemeinhin erst der Epoche Ludwigs XIV. zuschreibt: Das Land verfügte jetzt über eine kleine, aber glänzend ausgestattete Armee, der die wesentlichen

Merkmale eines stehenden Heeres zukamen. Politisch jedoch spürte der König bis in seine letzten Tage hinein, daß dieser Krieg wegen der außenpolitischen Schieflage – der allerchristlichste König im Einsatz für deutsche Ketzer! – zutiefst unpopulär war. Denn Heinrich IV. war in keiner Weise mehr in der Situation Franz' I. oder Heinrichs II., die mit dem Teufel selbst hätten paktieren können, ohne innenpolitische Konflikte befürchten zu müssen. Die Nerven des katholischen Frankreichs lagen nach den Religionskriegen und nach dem Bürgerkrieg der Ligazeit bloß, und es war nicht bereit, diesem König, gerade weil er sich seit Jahren demonstrativ bemühte, als katholischer König zu erscheinen, etwas durchgehen zu lassen. Die Briefe Heinrichs IV. (und die seiner engsten Vertrauten) aus den letzten Monaten seiner Regierungszeit spiegeln seine Unsicherheit und Nervosität vor der Entscheidung. Und diese hielt an, als der Entschluß zum Kampf um Jülich und Cleve längst gefallen und Maria von Medici schon zur Regentin für die Zeit der Abwesenheit des zur persönlichen Führung seiner Armee entschlossenen Königs feierlich gekrönt war (13. 5. 1610). War es da vielleicht Glück für den König und seinen Nachruhm, daß es nicht mehr zur Ausführung seiner Pläne kam?

*Das Ende Heinrichs IV.*
Heinrich IV. wurde am 14. 5. 1610 auf dem Wege vom Louvre zu einem Besuch beim erkrankten Sully im Arsenal in der Rue de la Ferronnerie von zwei Dolchstößen des Laienbruders Ravaillac tödlich getroffen. Die Geschichte dieses Todes, die Spekulationen über die Motive des Mörders und über dessen mögliche Komplizen sind immer wieder mit kriminalistischer Akribie untersucht und erzählt worden, ohne daß mehr herausgekommen wäre als bei den vielen anderen Attentaten auf diesen König: Ravaillac war ein Einzeltäter und handelte aus religiösen Motiven; er erdolchte einen König, der ihm als Gegner Gottes und Christi erscheinen mußte, weil er dabei war, gegen die Führungsmächte des europäischen Katholizismus und gegen den Papst ins Feld zu ziehen. Roland Mousnier freilich hat in seiner vorzüglichen Arbeit über die Ermordung Heinrichs IV. deutlich gemacht, daß viele Franzosen als geistige Komplizen den Dolch Ravaillacs führten, weil sie um 1610, nur zwölf Jahre nach Beendigung des Bürgerkriegs, noch nicht in der Lage waren, jene politische Konstellation als einzige Ratio französischer Politik zu akzeptieren, zu der sich das Handeln des Königs in seinen letzten Jahren wie zwangsläufig gefügt hatte: Katholische Reform, Rekatholisierung und behutsam-friedliche Zurückdrängung des Protestantismus im Innern, Stützung des protestantischen Europas gegen Habsburg draußen. Erst nach den Wirren der Regentschaft Marias von Medici und nach den – über lange Jahre in Frage stehenden – Erfolgen der Politik des großen Kardinals trat in dieser Hinsicht ein Konsens ein, der gleichsam

das innenpolitische Fundament bildete, auf dem Richelieu, Mazarin und Ludwig XIV. die Hegemonie Frankreichs in Europa errichten konnten. Erst aus der Rückschau der nachfolgenden Entwicklungen ist das Regiment Heinrichs IV. dann auch zu jenem Glanz erstrahlt, der ihm um 1610 durchaus fehlte. Maria von Medici und ihre italienischen Favoriten taten durch ihre unglückliche Politik alles, um die Leistung des guten Königs Henri schnell in hellem Licht erstrahlen zu lassen; Richelieu verwies zur Stützung seines schwierigen machtpolitischen Kalküls immer wieder auf den ersten Bourbonen auf dem Lilienthron, und Ludwig XIV. sah sich in vieler Hinsicht in der Tradition des Vorfahren, nicht zuletzt auch bei der Widerrufung des Edikts von Nantes im Jahr 1685, die er ausdrücklich unter Berufung auf den «verehrten Großvater» begründete. Ob dies Zynismus war, wie die Aufklärer des 18. Jahrhunderts in ihrem Haß auf den Despoten und viele, vor allem deutsche protestantische Historiker nach ihnen meinten, ob nicht vielleicht nur konsequente Verfolgung einer im Edikt von Nantes, wenn auch nicht angelegten, so doch nicht ausgeschlossenen Politik, ist eine offene Frage, die sich letztlich nicht an Ludwig XIV., sondern an Heinrich IV. selbst richtet. Dieser war gewiß nach 1598 zu keiner Zeit bereit, seine ehemaligen Glaubensgefährten irgendeiner neuerlichen materiellen oder physischen Verfolgung auszusetzen. Er ließ jedoch auch keinen Zweifel mehr aufkommen an der Ernsthaftigkeit seines Bekenntnisses zum Katholizismus: Er rief seine vermeintlichen Todfeinde, die Jesuiten, nach Frankreich zurück; er trat intensiv für die Rückgewinnung führender Hugenotten zum alten Glauben ein und förderte den Übertritt hugenottischer Pastoren durch die Einrichtung von Pensionskassen zur materiellen Erleichterung eines solchen Schritts – ein Stück aus dem Schatzkästlein antiprotestantischer Repressalien, wie sie das 17. Jahrhundert noch viele hervorbringen sollte. Nachdem er sich sein Königreich erobert hatte, war der Béarner, der ehemalige hugenottische Feldhauptmann, eben nichts anderes mehr als nur französischer König; er tat Dienst für eine Institution und eine Idee, die ihm noch 1589 sehr fern gewesen waren, die ihn jetzt aber mit ihrem Glanz und ihrer Wirkungskraft wie noch jeden seiner Vorgänger in den Bann geschlagen hatten. Es war sein Verdienst, daß er seinerseits dieser Institution (und ihrer Idee) für die letzten 200 Jahre ihrer Existenz noch einmal neue, zukunftsträchtige Wege wies.

*Albert Cremer*

# LUDWIG XIII.
# 1610–1643

*Ludwig XIII., geb. 27. September 1601 in Fontainebleau; König von Frankreich und Navarra 14./15. Mai 1610; Krönung 17. Oktober 1610 in Reims; volljährig 2. Oktober 1614; gest. 14. Mai 1643 in Saint-Germain-en-Laye; begr. in Saint-Denis.*

*Vater: Heinrich IV. (1553–1610), König von Frankreich und Navarra. Mutter: dessen zweite Gattin, Maria de' Medici (1573–1642), Tochter des Großherzogs Franz I. von Toskana (gest. 1587). Geschwister: Elisabeth de France (1602–1644), sie heiratete König Philipp IV. von Spanien; Christine de France (1606–1663), Gattin des Herzogs Victor-Amadeus von Savoyen; Nicolas de France (1607–1611), Herzog von Orléans; Gaston Jean-Baptiste de France (1606–1660), Herzog von Anjou und nach dem Tod von Nicolas seinerseits Herzog von Orléans; Henriette-Marie de France (1609–1669), Gattin König Karls I. von England.*

*Halbgeschwister: von vier Mätressen Heinrichs IV. Die Gruppe Vendôme, Mutter Gabrielle d'Estrées: César de Bourbon (1594–1665), Herzog von Vendôme; Catherine-Henriette de Bourbon (1596–1663), Herzogin von Elbeuf; Alexandre de Bourbon (1598–1629), Ritter von Vendôme. Die Gruppe Verneuil, Mutter Henriette d'Entragues: Gaston-Henri de Bourbon (1601–1682), Herzog von Verneuil; Gabrielle-Angélique de Bourbon (1602–1627), Herzogin von Epernon. Moret, Mutter Jacqueline de Bueil: Antoine de Bourbon (1607–1632), Graf von Moret. Die Romorantin, Mutter Charlotte des Essarts: Jeanne Baptiste de Bourbon (1608–1670) und Marie-Henriette (1609–1629), die nicht mehr legitimiert wurde.*

*Heirat am 25. November 1615 in Bordeaux mit Doña Ana de Austria (1601–1666), Infantin von Spanien, Tochter König Philipps III. von Spanien und der Erzherzogin Margarete von Österreich. Kinder: Louis de France, Dauphin, später König Ludwig XIV. von Frankreich, geb. am 5. September 1638 in Saint-Germain-en-Laye, gest. am 1. September 1715 in Versailles; und Philippe de France, geb. am 1. September 1640, Herzog von Anjou, ab 1660 von Orléans, gest. am 9. Juni 1701 in Saint-Cloud. Favoris, Charles d'Albert (1617–1621), Herzog von Luynes; François de Barradat (1625–1626); Claude de Saint-Simon (1627–1636), Herzog von Saint-Simon; Henri Coeffier de Ruzé d'Effiat (1638–1642), Marquis de Cinq-Mars.*

Nach der Ermordung Heinrichs IV. folgte diesem sein ältester Sohn auf dem Thron: Ludwig XIII. Er hat dem Zeitalter seinen Namen gegeben, obwohl schon während seiner Herrschaft seine Politik und deren überaus gewaltsame Durchsetzung insbesondere dem Ersten Minister, dem

Kardinal Richelieu, zugeschrieben oder eher angelastet wurden. Die Witwe Ludwigs ebenso wie Ludwig XIV. waren bestrebt, die Erinnerung an den verstorbenen König aus dem kollektiven Gedächtnis zu verdrängen. Auch die Historiker des 19. und 20. Jahrhunderts, die sich der Erforschung der Entstehung des modernen Frankreich widmeten, sahen bis in die letzten Jahre ausschließlich Richelieu als seinen Schöpfer an, als denjenigen, der durch die Zurückdrängung der ständischen Elemente – also der Nivellierung der Gesellschaft – die Zerstörung des hugenottischen Staates im Staate und den Kampf gegen den habsburgischen und katholischen Universalismus die Grundlagen gelegt hätte, auf denen aufbauend Ludwig XIV. die Französische Revolution und die Dritte Republik, den modernen zentralistischen und laizistischen Staat und die Großmacht Frankreich geschaffen hätten. Jedoch tritt in der neueren Forschung Ludwig XIII. wieder deutlicher in den Vordergrund.

Nach dem Tod Heinrichs IV. am 14. 5. 1610 übernahm Maria de Medici für den unmündigen König die Regentschaft. Sie fand ein zutiefst verunsichertes, gespaltenes Land vor, dessen konfliktträchtige Gegensätze nach dem Fortfall der sie überbrückenden Autorität des Königs offen ausbrachen. Drei großen Problemkreisen sah sich die Regentin konfrontiert: den religiösen Spannungen, den äußeren Gefahren, den Adelsunruhen. Der Sorge der Hugenotten, der von Jesuiten erzogene neue König könnte ihre Freiräume einschränken, weshalb sie begannen, die Ausweitung ihrer militärischen Macht zu erwägen, begegnete die Regentin mit der umgehenden und wiederholten Bestätigung des Edikts von Nantes. Aber auch der Katholizismus, der nach 1610 einen starken Aufschwung erlebte, spaltete sich in politisch unterschiedliche Tendenzen, die in der Innen- wie der Außenpolitik ihren Einfluß geltend machten. Strebten die einen im Interesse eines internationlen Katholizismus Bündnisse nur mit katholischen Mächten an, also besonders mit dem habsburgischen Spanien, standen für die anderen die originär französischen Interessen im Vordergrund, die Durchbrechung der Umklammerung durch die Habsburger. Um dieses oberste Ziel zu erreichen, suchte man auch unter den protestantischen Staaten Verbündete.

Die Außenpolitik Heinrichs IV. war unverkennbar von einem Gegensatz zu Habsburg geprägt gewesen. Demgegenüber suchte die Regentin den Ausgleich. Höhepunkt dieser Politik war das französisch-spanische Bündnis von 1612. Im Vertrag war auch eine spanisch-französische Doppelhochzeit vereinbart worden. Elisabeth de France wurde mit dem späteren König Philipp IV. von Spanien vermählt, während Ludwig XIII. mit der Infantin Doña Ana de Austria verbunden werden sollte. Diese Ehe wurde aus politischen Gründen, obwohl Braut und Bräutigam erst vierzehnjährig waren, 1615 in Bordeaux vollzogen, was für Ludwig dauerhafte psychische und sexuelle Konsequenzen hatte, wie auch die Beziehungen zur Königingattin irreparabel beschädigt wurden.

Das Bündnis hatte aber auch ein Jahrzehnt außenpolitischer Abstinenz zur Folge, die Aufgabe von Ansprüchen im Rheinland und in Italien, die Entfremdung protestantischer Verbündeter in der Schweiz, im Rheinland sowie den Niederlanden, und damit die ungehinderte Steigerung der kaiserlichen Macht.

Die Innenpolitik war für die Regentin jedoch erheblich schwieriger in den Griff zu bekommen. Viele Große sahen nach dem Tod Heinrichs IV. die Chance, wieder politischen Einfluß ausüben zu können, aber auch Teile des von Sully angehäuften Staatsschatzes für sich zu gewinnen. Insbesondere zwei nahe Verwandte des Königs, der Cousin Henri de Condé und der Halbbruder César de Vendôme, stürzten zusammen mit anderen großen Herzögen Frankreich in eine offene, durch weiträumige militärische Aktionen gekennzeichnete Krise. Ihre Argumente und Ziele waren: Eintritt in den Staatsrat als natürliche Ratgeber der Regentin, die Verhinderung der spanischen Hochzeiten, die Einberufung von Generalständen vor Erreichen der Volljährigkeit des jungen Königs.

Zwar ging die Regentin im Vertrag von Sainte-Menehould weitgehend auf die Forderungen ein, doch ließen die Rebellen nicht von militärischen Operationen ab, so daß nunmehr auch die Regentin zur übergroßen Freude des jungen Ludwig in einer Sommerkampagne, an der er teilnahm, eine militärische Lösung durchsetzte. Am 2. 10. 1614 wurde Ludwig XIII. in einer Sitzung des Pariser Parlaments für volljährig erklärt – Maria de Medici blieb dennoch weiterhin Regentin –, und am 27. 10. wurden nach deutlicher Stärkung der königlichen Autorität die Generalstände eröffnet. Die großen behandelten Themen, die Rezeption des Konzils von Trient, die Abschaffung der Ämterkäuflichkeit blieben jedoch ohne Lösung. Erneut griffen die Großen zu den Waffen. Im Vertrag von Loudun 1616 konnten sie sich durchsetzen: Condé wurde zeitweilig Vorsitzender des Staatsrates, bis die Regentin ihn gefangensetzen ließ.

Ein anderes Problem hatte sich im Laufe der Jahre in den Vordergrund geschoben. Maria de Medici hatte zunächst die alte Regierungsmannschaft Heinrichs IV. übernommen. Lediglich Sully war 1611 entlassen worden. Aber andere Berater der Regentin gewannen sehr bald die Oberhand, die Hofdame der Königin-Mutter, Leonora Galigaï, und ganz besonders deren Gatte, Concino Concini. Beide waren mit Maria de Medici nach Frankreich gekommen und hatten nach dem Tod Heinrichs IV. allmählich eine dominierende Stellung erlangt, Leonora Galigaï als Vertraute und überaus einflußreiche Ratgeberin der Regentin, während Concini als Staatsrat, Gouverneur wichtiger Festungen in der Picardie, Gouverneur der Normandie, Marquis von Ancre und schließlich als Marschall von Frankreich eine Position einnahm, die derjenigen des Regierungschefs gleichkam.

Concini stand den alten Ministern ebenso wie den Großen feindlich gegenüber. Nach der Verhaftung Condés nutzte er die Chance und ernannte drei neue tatkräftige Minister, unter ihnen den Bischof von Luçon, Richelieu. Concinis Bemühen, die Zentralgewalt des Staates zu stärken und die Macht der Prinzen zu brechen, scheiterte jedoch an seinem Unvermögen, den Grad seiner Unpopularität und den seiner Gattin zu erkennen. Beide galten als intrigant, waren umgeben von einer italienischen Camarilla, sammelten gewaltige Reichtümer an und verletzten mit ihrer unerhörten Arroganz die Gefühle der Franzosen. War der Kampf gegen die Prinzen nicht auch ein Bruch der tradierten Verfassung, die diesen während der Regentschaft die aktive Mitwirkung an der Leitung der Staatsgeschäfte zuerkannte? Schlimmer noch als der Haß des einfachen Volkes wie des Adels wirkte sich für den Marschall von Ancre, wie er gemeinhin genannt wurde, seine völlige Gleichgültigkeit und Rücksichtslosigkeit gegen den jugendlichen König aus. Dieser wurde systematisch von der Regierung des Landes ferngehalten.

Ludwig XIII., gedemütigt und in höchstem Maße aufgebracht, beschloß mit Unterstützung seiner Freunde Charles d'Albert und Déageant die Ausschaltung Concinis. Am 24. 4. 1617 erschoß der Hauptmann der königlichen Garde, Vitry, den Italiener. Vitry wurde daraufhin zum Marschall und Herzog erhoben. Leonora Galigaï wurde nach einem Prozeß hingerichtet, die Regentin Maria de Medici zunächst in ihrem Appartement sequestriert, dann nach Blois exiliert, wohin ihr Richelieu folgte.

War dies ein Staatsstreich, der Ludwig aus der Abhängigkeit emanzipieren sollte, gewann der Favori, Charles d'Albert, jetzt einen alles beherrschenden Einfluß. Der Großmeister der Falkenjagd erhielt nach der Ermordung Concinis aus dessen Besitz das Marquisat Ancre, das Gouvernement der Normandie und wurde Erster Edelmann der königlichen Kammer. Ferner wurde er zum Konnetabel von Frankreich und zum Herzog von Luynes erhoben. Er heiratete die Tochter des Herzogs von Montbazon, Marie de Rohan, die spätere Herzogin von Chevreuse. Besonders aber gewann er aufgrund der sehr persönlichen Nähe zum König eine starke Stellung als Favori und leitender Minister.

Ludwig XIII. und Luynes riefen die alten Minister in ihre Ämter zurück: Brûlart als Kanzler, Du Vair als Siegelbewahrer, Villeroy als Staatssekretär des Auswärtigen anstelle Richelieus, und Jeannin als Oberintendant der Finanzen.

Ein Reformprogramm wurde von einer Notabelnversammlung erarbeitet, aber bevor es verwirklicht werden konnte, sahen sich der König und Luynes einer Revolte des hohen Adels unter der Führung des Herzogs von Epernon, der von Maria de Medici unterstützt wurde, konfrontiert. Am 7. 8. 1620 gelang es Ludwig, die Armee des Adels niederzuzwingen. Nach der Lösung dieses Problems wandte er sich dem Béarn zu, dem Stammland Heinrichs IV., das noch ganz von Protestanten dominiert wurde und nur lose mit Frankreich verbunden war.

Nach der Erneuerung des katholischen Kultus und der Eingliederung von Béarn und Navarra in die französische Krondomäne ergriffen die Hugenotten nach den Versammlungen von Loudun und La Rochelle unter der Führung des Herzogs von Rohan die Waffen. In einem Feldzug in den Südwesten Frankreichs versuchte Ludwig, auch diesen Widerstand zu brechen. Zahlreiche Städte wurden belagert, vor Montauban jedoch scheiterte er.

Bemerkenswert ist, daß der junge König sehr schnell bereit war, zu den Waffen zu greifen, wenn er seine Autorität beeinträchtigt sah. Problemlösungen erblickte er mehr in der Disziplinierung der Untertanen als in der Möglichkeit, zwischen divergierenden Interessen zu vermitteln. Es ging ihm nicht darum, die Hugenotten auszuschalten oder sie in der Ausübung ihrer Religion zu behindern. Er war vielmehr bestrebt, beiden Konfessionen Gerechtigkeit widerfahren zu lassen und das bedeutete in seinem Verständnis, die dogmatische, ungebrochene Verwirklichung des prinzipiell unveränderbaren Edikts von Nantes zu verwirklichen. Er war Vertreter einer neuen Generation, die das Elend der Bürgerkriege der zweiten Hälfte des 16. Jahrhunderts nicht erlebt hatte. Andererseits bezog er unter dem Einfluß des erstarkenden Katholizismus und eines undifferenziert denkenden Adels, der aus der öffentlichen Verwaltung weitgehend ausgeschaltet war, kompromißlose Positionen und setzte diese durchweg gewaltsam durch. Insbesondere dieser Adel fühlte sich, obwohl im Gegensatz zur allgemeinen und säkularen Tendenz der Entwicklung eines juristisch geprägten Verwaltungsstaates, durch Ludwigs XIII. in seinem Selbstverständnis als kriegerischer Adel bestätigt.

Der Favori Luynes starb am 15. 12. 1621. Daß Ludwig auch im folgenden Jahr wieder zu einem langen Feldzug aufbrach, macht deutlich, daß es sich nicht um eine ministerielle, sondern um seine persönliche Politik handelte. Jedoch war er nach etlichen Erfolgen genötigt, vor Montpellier, das er nicht einzunehmen vermochte, mit dem Herzog von Rohan Frieden zu schließen.

Das Edikt von Nantes wurde bestätigt, die Religionsausübung für beide Konfessionen überall dort wieder ermöglicht, wo sie zuvor unterbunden worden war. Die Hugenotten verloren etwa achtzig feste Plätze, nur noch La Rochelle und Montauban behielten ihre vollen Verteidigungsanlagen, vier weiteren Städten wurden nur zwei Drittel zuerkannt.

1624 berief Ludwig XIII. Armand-Jean du Plessis, Cardinal de Richelieu, in den Staatsrat. Obwohl dieser bislang im Dienst der zuletzt exilierten Königin-Mutter gestanden war, ließ er von nun an keinen Zweifel darüber aufkommen, daß er in Zukunft Minister des Königs und des Staates war. Zwar war er in den folgenden Jahren noch nicht berechtigt, den Titel des *principal ministre* zu führen, jedoch nahm er gleich die Position des einflußreichsten Ratgebers des Königs ein. Obwohl es ihm in den folgenden Jahren gelang, den Staatsrat mit ihm ergebenen Personen zu besetzen, und er eine immer stärkere Position gewann, scheint es doch nicht angebracht, in Ludwig lediglich einen schwächlichen König hinter einem übermächtigen Minister zu erblicken.

Beide trafen sich vielmehr in ihren Auffassungen, ihren Wertungen und ihren politischen Zielen, beide waren harte, unsensible Verfechter von Gesetz und Ordnung. Sie hatten höchste Begriffe von der Autorität des Staates und des Königs, sie kannten keine Zweifel oder Skrupel bei der Wahl der Mittel in der Durchsetzung des von ihnen für richtig und notwendig Erachteten. Die Regierung Ludwigs XIII. und Richelieus war ein repressives und blutiges Regime. Jeder Widerstand, sei es, daß er sich als Adelsopposition, als religiös motiviertes, nicht konformes Verhalten, als Steueraufstände, als geargwöhnte Illoyalität manifestierte, wurde brutal niedergeschlagen. Dem inneren Krieg korrelierte der äußere.

Richelieu war zweifellos maßgeblich an der Formulierung der Politik beteiligt, aber er hat es stets verstanden, den König in die Entscheidungsfindung verantwortlich einzubinden. Konkret hat er ihm in den Vorlagen Alternativen und Fragen formuliert, zu denen Ludwig Stellung zu beziehen hatte und bezog. Das schloß nicht aus, daß der Kardinal Richtungen insinuierte. Auf jeden Fall aber führte er die königlichen «Gedanken» aus, auch wenn sie lediglich als Empfehlungen ausgesprochen waren.

Wie sehr Ludwig XIII. darauf achtete, die königliche Autorität mit ihrer Verantwortlichkeit für das Königreich nicht nur unbeschadet zu erhalten, sondern überhaupt von persönlich-intimen Affekten abzuschirmen, wurde in seinem Verhältnis zu seiner Gemahlin wie auch zu seinen Favoris deutlich. Während Anne d'Autriche für ihn von Anbeginn und bis zu seinem Tod zuallererst eine unversöhnbare Feindin, eine «Spanierin» war, bei der er keine Scheu trug, spektakulär eine Hausdurchsuchung durchführen zu lassen und sie faktisch unter Arrest zu stellen, verfuhr Ludwig mit seinen Favoris nicht minder streng.

Als François de Barradat, trotz seines jugendlichen Alters bereits Erster Edelmann der königlichen Kammer, Gouverneur der Residenz Saint-Germain-en-Laye und Generalleutnant der Champagne, die königliche Politik konterkarierte, indem er sich über das Duellverbot hinwegsetzte, wurde er ohne Umstände aus der Gunst des Königs entlassen. Mag Richelieu kurze Zeit nach seiner eigenen Erhebung am Sturz Barradats nicht ganz unbeteiligt gewesen sein, so war es zweifellos in seinem Interesse, nachdem er sich fest etabliert hatte, Ludwig mit für ihn unschädlichen jungen Höflingen verbunden zu sehen.

Barradats Nachfolger, Claude de Rouvroy, Herr von Saint-Simon, Favori von 1626–1636, seinerseits Erster Edelmann der Kammer des Königs, Ehrenstaatsrat, Gouverneur der Stadt Blaye, Herzog und Pair von Frankreich, fiel ebenfalls dem außerordentlichen Pflichtbewußtsein Ludwigs zu Opfer. Nachdem ein Onkel Saint-Simons eine Stadt ohne größere Gegenwehr den spanischen Invasoren übergeben hatte, verteidigte der Favori diese Aktion gegenüber dem König und riet zudem dem Onkel zur Flucht. Ludwig verbannte ohne Zögern den langjährigen Freund.

Tatsächlich drohte Richelieu von den Favoris des Königs selten Gefahr. Sein Bestreben mußte zunächst darauf ausgehen, in den Staatsrat ihm ergebene Gefolgsleute zu plazieren.

Kurz vor dem Eintritt Richelieus in den Staatsrat 1624 waren der Kanzler Brûlart und dessen Sohn, der Staatssekretär des Auswärtigen, Puisieux, in Ungnade gefallen, im Herbst desselben Jahres wurde der Oberintendant der Finanzen, La Vieuville, verhaftet. Als Siegelbewahrer und schließlich Kanzler berief Ludwig XIII. d'Aligre, ohne präzisen Geschäftsbereich den Marschall Schomberg, für die Finanzen Bochart de Champigny und Michel de Marillac. Richelieu führte trotz seiner tatsächlichen Stellung den Titel des *principal ministre* erst ab 1629.

Der Staatsrat, von Ludwig XIII. nach eigenem Urteil und aus Rücksicht auf Maria de Medici zusammengesetzt, hatte so nicht lange Bestand. Innere Widersprüche und unversöhnliche Gegensätze trafen bis zur endgültigen Klärung 1630 hart aufeinander. Die «Partei der Devoten» mit ihrem Führer Michel de Marillac, die von der Königin-Mutter protegiert wurde, orientierte die Politik an konfessionellen Bedürfnissen, sah in der Außenpolitik in den spanischen und österreichischen Habsburgern die natürlichen Verbündeten, während auf der anderen Seite Richelieu und auch Ludwig XIII. den Staatsinteressen Frankreichs den Vorrang gaben, was Bündnisse mit protestantischen Fürsten und den Krieg gegen Habsburg einschloß.

In der Krise des Jahres 1626 gelang es Richelieu, den Kanzler d'Aligre aus dem Staatsrat zu drängen, jedoch gingen die Siegel an Marillac. Dessen Nachfolger als Oberintendant der Finanzen wurde der Marquis von Effiat, während Bochart an das Parlament abgeschoben wurde.

Das immer noch ungeklärte Machtverhältnis zwischen Devoten und Richelieu wurde am 11.11.1630, dem «Tag der Getäuschten», zugunsten des Kardinals entschieden. Nachdem Maria de Medici bereits im September vom todkranken König die Entlassung Richelieus gefordert hatte, entzog sie letzterem nach einer Sitzung des Staatsrates, in dem er den Bruder des Siegelbewahrers, Louis de Marillac, zum Oberbefehlshaber der Armee in Italien ernennen ließ, am 10.11. das Amt des Oberintendanten ihres Hauses und entließ alle Verwandten Richelieus aus ihrem Dienst. Nach einer überaus heftigen Auseinandersetzung zwischen der Königin-Mutter, dem König und dem Kardinal tagsdarauf, in der Maria de Medici den König vor die Wahl zwischen ihr und Richelieu stellte, zog sich Ludwig nach Versailles zurück. Während die Devoten bereits den Sturz Richelieus und die Erhebung Marillacs zum ersten

Minister feierten, beschloß Ludwig XIII. hingegen die Vernichtung der Feinde Richelieus. Der Siegelbewahrer, Michel de Marillac, wurde verhaftet, zwei Jahre später starb er im Gefängnis. Der Marschall, Louis de Marillac, wurde nach einem rein politischen Prozeß hingerichtet, Maria de Medici nach Compiègne verbannt, von wo sie jedoch fliehen konnte und schließlich nach verschiedenen Stationen 1642 in Köln starb. Wie schon 1626 nutzten Ludwig und Richelieu auch jetzt die Gelegenheit, einschneidende Veränderungen im höfischen und administrativen Personal vorzunehmen.

Richelieu gelang es in den folgenden Jahren, alle Spitzenpositionen mit ihm bedingungslos ergebenen «Kreaturen» zu besetzen. Charles de l'Aubespine, Marquis von Châteauneuf, übernahm die Siegel des Königreichs, Le Jay folgte Bochart de Champigny nach dessen Tod als Erster Präsident des Parlaments, Abel Servien, Richelieus Agent in der Italien-Armee, wurde Staatssekretär des Krieges. Nach dem Tode Effiats 1632 übernahmen zwei Vertraute Richelieus auch die Finanzen, Claude Bullion und, nachdem er zunächst das Auswärtige geleitet hatte, Claude Le Bouthillier, obwohl Ludwig XIII. gegen diesen Bedenken äußerte. Als Châteauneuf während einer schweren Krankheit Richelieus sich von diesem distanzierte, wurde er von Ludwig XIII. entlassen. Als sein Nachfolger als Siegelbewahrer und nach d'Aligres Tod als Kanzler von Frankreich trat der aus einer mächtigen Parlamentsdynastie kommende Pierre Séguier dieses Kronamt an. Im Äußeren folgte auf Claude Le Bouthillier dessen Sohn, Léon Le Bouthillier, Graf von Chavigny. Ihm oblag nicht nur die Verwaltung seines Ressorts, die eigentliche Leitung der Außenpolitik hielt Richelieu ohnehin fest in seinen Händen, vielmehr war es besondere Aufgabe des jungen Mannes, sich um das emotionale Leben des Königs zu kümmern.

Der letzte bedeutende Wandel im Staatsrat erfolgte 1636, als Servien wegen Streits mit den anderen Ministern und unzureichender Vorbereitungen für den Krieg gegen Spanien von Ludwig XIII. von seinem Amt entbunden wurde. Seine Stelle nahm François Sublet des Noyers ein. Mit Chavigny oblag es ihm, auf die Stimmungslagen des Königs einzugehen. Damit verfügten Richelieu und durch ihn Ludwig XIII. über ein ergebenes, harmonisch und effizient arbeitendes politisches Instrumentarium.

Als Richelieu 1624 in den Staatsrat berufen wurde, versprach er Ludwig XIII., ihn bei der Durchführung bestimmter Ziele zu unterstützen. Nach Auffassung der Historiker waren es vor allem drei Anliegen, die es durchzusetzen galt: die Zerstörung des Hugenotten-Staates innerhalb des Staates, die Durchsetzung der königlichen Autorität gegen Adel und Untertanen, die Auseinandersetzung mit den Habsburger Staaten, «dem Haus Österreich». Tatsächlich hat Richelieu es verstanden, die Ziele geschickt miteinander zu verknüpfen. In der Innenpolitik stellte sich das Problem, daß die hugenottischen Brüder, Rohan und Soubise, die südfranzösischen Städte von Montauban bis Castres befestigt und sich überdies der Inseln Oléron und Ré an der atlantischen Küste bemächtigt hatten. Für die Regierung galt es, die Hugenotten außenpolitisch zu isolieren. In der Veltlin-Affäre, auf die zurückzukommen ist, überzeugte Richelieu den König, die protestantischen Graubündner gegen die katholischen Veltliner, die Habsburger und den Papst zu unterstützen. Im Mai 1625 wurde die jüngste Schwester des Königs, Henriette Marie de France, mit König Karl I. von England verheiratet. Verhandlungen verpflichteten die Niederländer, Seestreitkräfte gegen Soubise zu entsenden. Die Hugenotten schienen keine auswärtige protestantische Unterstützung erwarten zu können. Als Ludwig XIII. Truppen unter Toiras in die Gegend von La Rochelle entsandte, räumte Soubise umgehend Oléron und Ré. Ein neuer Friedensschluß (Februar 1626), zu dem die Hugenotten nicht zuletzt von England gedrängt wurden, sollte den katholischen Kultus und die alte Munizipalitätsverfassung in La Rochelle wiederherstellen. Das Ergebnis wurde von beiden Seiten als unbefriedigend angesehen. Besonders aber hatte England gegen die Intention Frankreichs erreicht, in gewisser Weise als Schutzmacht der Hugenotten aufzutreten.

Ihren Höhepunkt erreichte die Krise erst, als zu den religiösen Ursachen ökonomische hinzukamen. In dem Bestreben, die Einnahmen des Landes zu steigern, hatte sich Richelieu zum Großmeister und Oberintendanten der Seeschiffahrt und des Handels von Frankreich bestellen lassen. Sorge um die wirtschaftlichen Privilegien La Rochelles, das Kontakt mit England suchte, die Furcht dieses Landes vor der Errichtung einer französischen Seemacht, veranlaßten Buckingham, die Ile de Ré mit der englischen Flotte zu besetzen. Die folgenden, intensiven Verhandlungen zwischen der königlichen Regierung und der Stadt La Rochelle scheiterten am 10.9.1627. Der Herzog von Rohan und sein Bruder Soubise schürten den Aufstand. Die Rochelais eröffneten das Feuer auf die königliche Armee. Dieser gelang es unter dem persönlichen Befehl Ludwigs XIII. und Richelieus, Buckingham auf der Insel so zu binden, daß er mit seinen Truppen den Rückzug antreten mußte.

Da La Rochelle in allen letzten Religionskriegen unbesiegt geblieben und zum Symbol für den Widerstand gegen die Zentralregierung geworden war, legten dieses Mal Ludwig XIII. und Richelieu größten Wert darauf, die Übergabe der Stadt zu erzwingen. Die Belagerung von Land aus wurde durch eine gewaltige Deichanlage auf See ergänzt. Englische Versuche, die Blockade zu durchbrechen, scheiterten, so daß die Stadt im Oktober 1628 insbesondere aufgrund des Hungers zu kapitulieren genötigt war. Von 28 000 Einwohnern zu Beginn der Belagerung war die Bevölkerung auf weniger als 6000 am Ende zurückgegangen. Die Stadt verlor ihre Privilegien, ihre Munizipalität, die Festungsanlagen wurden geschleift, der katholische Kultus wurde wiederherstellt. In der Folge wurde als Konkurrent der benachbarte Hafen Brouage als großer befestigter Seestützpunkt ausgebaut.

Um zu verdeutlichen, daß «dieser Krieg eine Staats- und keine Religionsangelegenheit» war, ließ Ludwig XIII. königliche Milde walten. Er bestätigte die freie Ausübung des reformierten Kultus in La Rochelle und gewährte den Verteidigern der Stadt ohne Ausnahme eine Gesamtamnestie. Lediglich sehr wenige Personen, darunter der Bürgermeister und die Herzogin von Rohan, die den Widerstand um jeden Preis verkörpert hatten, wurden aus der Stadt verbannt.

Als die aufständischen Fürsten Rohan und Condé den Krieg jedoch im Languedoc fortführten, zeigte Ludwig XIII. zunächst unerbittliche Strenge, ja Grausamkeit. Nach der Kapitulation der Stadt Privas im Mai 1629 ließ er sie plündern und brandschatzen; die Bevölkerung wurde teils niedergemetzelt, teils vertrieben. Nachdem sich das Vivarais unterworfen, der König sich nach Alès (Alais) gewandt hatte, das im Juni kapitulierte, suchte der Herzog von Rohan um einen allgemeinen Frieden nach.

Der König gewährte ihn. Er verhandelte mit den Hugenotten nicht mehr als Macht, sondern erließ in königlicher Milde ein Gnadenedikt. Er unterzeichnete das Edikt von Alès am 27.6.1629. Es enthielt wiederum eine Generalamnestie für alle Ereignisse seit 1627. Darüber hinaus drückte es den Willen des Königs aus, «alle Untertanen, die sich zur angeblich reformierten Religion bekannten, in der freien Ausübung der Religion und im Genuß der ihnen gewährten Edikte» zu bewahren. Alle Kirchen und Friedhöfe waren ihnen zu restituieren, während andererseits in allen Städten, in denen der protestantische Kultus gestattet war, die Befestigungsanlagen abzutragen waren. In diesen Städten gab es keine Garnisonen. Ohne es ausdrücklich zu formulieren, bereitete damit das Edikt von Alès dem System der Sicherheitsplätze des Edikts von Nantes und damit der politischen Macht der Hugenotten ein Ende.

Nach der Unterzeichnung des Ediktes von Alès begaben Ludwig XIII. und Richelieu sich nach Nîmes. Das hier am 15.7.1629 erlassene Edikt bestätigte und erweiterte dasjenige von Alès. Die katholische Religion sollte überall dort wiederhergestellt werden, wo sie beseitigt worden war, während den Protestanten die freie, ruhige und störungsfreie Ausübung ihrer Religion garantiert wurde, in der Hoffnung freilich, daß sie einmal in den Schoß der Kirche zurückfänden. Auf jeden Fall wünschte der König eine «ewige Union» der Untertanen.

Die Edikte sollten nach dem Willen Ludwigs XIII. das definitive Ende der «Religionskriege» festschreiben. Die offene politische Macht der Protestanten, des Staats im Staat, war gebrochen. Es war aber auch ein Sieg Ludwigs XIII. und Richelieus über einen religiös gefärbten Aufstand eines Teils des großen Adels gegen die Zentralregierung, und bei La

Rochelle hatten zudem die nationalen und internationalen Wirtschaftsinteressen eine nicht unbedeutende Rolle gespielt.

Bestimmten innenpolitisch die Religions- und Adelskriege im Südwesten Frankreichs weitgehend die zwanziger Jahre des 17. Jahrhunderts, war Ludwig XIII. doch gewillt, im Land Reformen durchzuführen. Die Adelsrevolten während der Regentschaft hatten den unter Heinrich IV. angelegten Tresor aufgezehrt. Die Kriege im Innern und Äußern beanspruchten den Staatshaushalt sehr. Als Michel de Marillac Oberintendant der Finanzen geworden war, schuf er sogleich eine Justizkammer zur Verfolgung der Veruntreuung öffentlicher Gelder. Zum Siegelbewahrer aufgestiegen, begab er sich daran, aus den Texten der an sich erfolglosen Generalstände von 1614 und der Notabelnversammlungen von 1617 und 1626 eine Synthese zu erarbeiten. Eine große Ordonnanz (430 Artikel) sollte alle Bereiche der Regierung reformieren. Obwohl er umgehend auf eine heftige Opposition seitens Richelieus und des Parlaments von Paris stieß, erzwang Ludwig XIII. in einer Königssitzung im Parlament die Registrierung des Textes, den man bereits familiär den Code Michau nannte (1629). Als jedoch im Jahr darauf Ludwig XIII. am Tag der Getäuschten sich gegen die Königin-Mutter und die Partei der Devoten und für Richelieu entschied, nutzte letzterer die Gelegenheit, Marillac zu eliminieren.

Andere Reformvorhaben Ludwigs, noch in die Zeit vor Richelieus Eintritt in den Staatsrat zurückreichend, zielten auf teils kleinliche und der sozialen Entwicklung nicht mehr angemessene Hierarchisierungen (Kleiderordnungen), teils auf die Disziplinierung der Untertanen.

Im Jahr 1626 erließ Ludwig XIII. ein Edikt, das, wieder einmal, das Duell untersagte. Die vorausgegangenen hatten das Übel nicht abzustellen vermocht. Nur allzu offenkundig war, daß die Könige und die Gesellschaft bei aller grundsätzlichen Ablehnung des Duells den Duellanten jedoch ein außerordentlich hohes soziales Prestige zuerkannten, wie umgekehrt die Vermeidung des Duells mit sozialer Ächtung sanktioniert wurde. Nunmehr war der König jedoch entschlossen, das Gesetz auch anzuwenden. Nach einem spektakulären Duell auf der Place Royale wurden die Duellanten, darunter ein Montmorency, hingerichtet. Die öffentliche Meinung billigte die harte Durchsetzung des Ediktes nicht und ordnete sie, obwohl sie zweifellos den Intentionen Ludwigs XIII. entsprach, der immer offener und brutaler werdenden Repressionspolitik Richelieus zu.

Tatsächlich war die Innenpolitik der folgenden eineinhalb Jahrzehnte von Rebellionen, Aufständen, Sondertribunalen, kaum verschleierten willkürlichen Hinrichtungen, jahrelangen Inhaftierungen ohne Urteil markiert. Ein Netz von Denunzianten informierte Richelieu über jeden Widerstand, und der «Henker des Kardinals», Isaac de Laffemas, erledigte in Scheinprozessen die grobe Arbeit.

Hinter Teilen der Rebellion, die sich weniger gegen den König als gegen die harte Politik Richelieus richteten und in aller Regel an älteren politischen Vorstellungen und Wertungen orientiert waren, standen der Bruder des Königs, Gaston d'Orléans, und die Herzogin von Chevreuse. Der Kardinal wagte lange nicht, sie auszuschalten. Bereits 1626 ließ er den Gouverneur Gastons, den Marschall d'Ornano, in die Bastille werfen, wo er den Tod fand. Ebenfalls 1626 meinten Ludwig XIII. und Richelieu, einen von der Herzogin von Chevreuse und Gaston inspirierten Plan zu ihrer Tötung aufgedeckt zu haben. Der Graf von Chalais wurde hingerichtet; ein Halbbruder des Königs, Herzog César von Vendôme, wurde inhaftiert und floh nach seiner Freilassung nach England; der Großprior Alexandre de Vendôme starb im Gefängnis. Die Herzogin von Chevreuse wurde auf ihre Güter verbannt, floh aber nach Lothringen, ein Cousin des Königs, der Graf von Soissons, wich nach Italien aus. Nach dem «Tag der Getäuschten» 1630 starb der Kanzler Michel de Marillac im Gefängnis, der Oberbefehlshaber der Italien-Armee, der Marschall Louis de Marillac, wurde hingerichtet. In der «großen Kabale» von 1632–1634 organisierte der Bruder des Königs, Gaston d'Orléans, der gegen dessen Willen Marguerite de Lorraine heiraten wollte, von Brüssel aus einen bewaffneten Widerstand mit einer spanischen Armee und dem Gouverneur des Languedoc, dem Herzog von Montmorency. Bei Castelnaudary erlitten die Verschwörer eine Niederlage. Der Graf von Moret, ein Halbbruder des Königs, fand den Tod; der Herzog von Montmorency, letzter der älteren Linie des Hauses, wurde hingerichtet. Gaston d'Orléans setzte sich nach Brüssel ab, von wo er schließlich eine Aussöhnung mit dem König aushandelte. Zwar beteiligt, aber mehr im Hintergrund bleibend, war Gaston d'Orléans auch an den Komplotten des Großmeisters von Frankreich, des Grafen von Soissons, der das königliche Heer 1641 bei La Marfée besiegte, und des Marquis de Cinq-Mars, 1642, beteiligt. Ersterer verunglückte nach dem Sieg, letzterer wurde mit François Auguste de Thou in einem aufsehenerregenden Spektakel in Lyon hingerichtet.

Als Feindin im Haus hat Ludwig XIII. auch seine Gemahlin angesehen und behandelt. Schon als Kind war Anne d'Autriche für ihn die «Spanierin», also die Gegenerin schlechthin. Nach der schlimmen Hochzeitsnacht vergingen vier Jahre, bis er sie wieder aufsuchte. Wenige normale Jahre des Zusammenlebens folgten. Fehlgeburten schwächten die Position Annes am Hof ganz außerordentlich, der König vernachlässigte sie. Entschiedene Gegnerin Richelieus, zu ihrem engsten Kreis gehörte die Herzogin von Chevreuse, wurde sie als Schwester des spanischen Königs beargwöhnt. Als sie auch nach der Kriegserklärung an Spanien ihre Korrespondenz nicht einstellte, schreckte Ludwig XIII. nicht vor dem ebenso spektakulären wie unwürdigen Schritt zurück, die Räume der Königin auch in der Abtei Val-de-Grâce, wohin sie sich gelegentlich zurückzog, durchsuchen zu lassen, ein schriftliches Schuldeingeständnis sowie die Zusage eines besseren Lebenswandels zu erzwingen, um ihr dann die Bewegungsfreiheit deutlich einzuschränken. Ein Jahr später war Anne d'Autriche schwanger.

Die Opposition der Großen war jedoch nur der eine Teil des Widerstandes gegen Ludwig XIII. und seinen Minister Richelieu. Ihre Herrschaft endete in einer Folge schwerster Bauernaufstände. Um den Krieg zu finanzieren, war die ordentliche Steuer, die Taille, verdreifacht worden, neue Steuern (Salz) kamen hinzu. Begonnen hatten die Aufstände 1635 in der Guyenne. Blutig verlaufende Erhebungen erfaßten epidemieartig die meisten Städte entlang der Garonne. Im Jahr darauf erhoben sich die Gemeinden des Angoumois und des Saintonge. Das Epizentrum der Aufstände, der Croquants, verlagerte sich 1637 in das Périgord, wo mehrere zehntausend Landleute unter der Führung von Adligen schließlich von den königlichen Truppen in La Sauvetat-du-Dropt geschlagen wurden und über eintausend Tote auf dem Feld zurückließen.

1639 erhob sich die Normandie. Die Nu-pieds bildeten Truppen bis zu viertausend Mann, die «Armee des Leidens». Sie wurden im November des Jahres vor Avranches geschlagen, dreihundert Mann wurden im Kampf getötet. Gleichzeitig gab es Aufstände in Rouen, Bayeux und Caen.

Die offenkundige innere Entwicklung Frankreichs wird so durch eine Folge von Rebellionen, Aufständen und deren gewaltsame Unterdrückung markiert. Als Ursachen der Konflikte und Unruhen sind einerseits der moralisierende Rigorismus, die intransigente Starrheit Ludwigs XIII. wie andererseits das außerordentliche Finanzbedürfnis in Folge des Krieges zu nennen.

Die Regierung Ludwigs XIII. war keine Zeit der Reformen. Michel de Marillacs Eliminierung war ein Fanal gewesen. Dennoch ist unübersehbar, daß der Politik Ludwigs XIII. und des Kardinals Richelieu eine neue, andere Qualität innewohnte als zuvor. Weder in der politischen Theorie noch in den Institutionen gab es Neuerungen, wenngleich nicht zu übersehende Verschiebungen in der politischen Praxis neue Gewichtungen mit erheblichen Konsequenzen nach sich zogen. Über Jahrhunderte hin war die Vorstellung vom «absoluten» König entwickelt worden, der nur noch durch das göttliche Gesetz und wenige Grundgesetze des Königreichs gebunden war. Höhepunkte dieser «politischen Philosophie» waren in der zweiten Hälfte des 16. Jahrhunderts Jean Bodin und unter Ludwig XIII. Cardin Le Bret. So radikal diese Theorien unter bestimmten Blickwinkeln auch waren, so zielten sie auf eine gemäßigte Monarchie. Der König hatte nicht nur göttliche und staatliche Grundprinzipien zu achten, vielmehr war er ebenso gehalten, das Herkommen, die Gewohnheiten, die Privilegien zu berücksichtigen, und ebenso die alten, fundamentalen römischen Tugenden der *pietas*, der *iustitia* und der *clementia*.

Das letzte Viertel des 16. und das erste Drittel des 17. Jahrhunderts waren auch die Epoche, in der die Idee der Staatsräson ihren großen Aufschwung nahm. Nach dem weit zurückliegenden Werk Machiavellis fand diese Idee nun eine außerordentliche Blüte im Tacitismus. Der Staat, befreit von moralischen und metaphysischen Beschränkungen, nahm in der Wahrnehmung seiner Interessen keine Rücksichten auf althergebrachte Verhaltens- und Wertvorstellungen.

Der Staat, wie ihn Ludwig XIII. und Richelieu praktizierten, verlor seinen patriarchalischen Charakter und wurde zu einem Abstraktum von äußerster Rigorosität und Unerbittlichkeit. Der doktrinäre Absolutismus war in einen praktisch, zumindest aber tendenziell zu realisierenden umgeschlagen. Die Staatsräson, der König forderten unbedingte Unterwerfung. Ungehorsam wurde zum Staatsverbrechen, das ohne Rücksicht auf Stand und Privilegien unnachsichtig verfolgt und mit größter Härte sanktioniert wurde. Die Vielzahl der Sondertribunale und der Gefangensetzungen in der Bastille als politisches Mittel skandalisierten die Zeitgenossen.

Genügten zur Durchsetzung dieser repressiven Politik in aller Regel die bestehenden Institutionen, Richelieu regierte und stützte seine Macht in überkommener Weise mit Hilfe von Klientelen, Nepotismus und Heiratsstrategien, ist doch eine Ausweitung der Kompetenzen des Staatsrates in den Bereichen der Jurisdiktion und der Verwaltung zu beobachten, und zwar auf Kosten der höchsten Gerichte, der Parlamente. Denn verhielten sich diese eher skeptisch, ja ablehnend gegen alle Neuerungen, besonders die fiskalischen, waren die Staatsräte gehalten und genötigt, die Steuerforderungen der Regierung gegen alle Widerstände durchzusetzen. Die in die Provinzen entsandten Kommissare, die Intendanten, stellten die Armee den Steuerpächtern und -einnehmern als Zwangsorgan zur Verfügung. Dieser institutionell und sozial bedeutende Wandel von der traditionellen Jurisdiktion zur außerordentlichen Kommission und vom Amtsträger zum Kommissar erreichte seine Vollendung unter Ludwig XIV. und stellt das eigentliche Kennzeichen des «Absolutismus» dar.

Neben dem allgemeinen Ziel der unbedingten Durchsetzung der königlichen Autorität bestimmte die innere Politik das Bestreben, die Finanzmittel für die Kriegführung bereitzustellen. Da jedoch die inneren Unruhen der zwanziger Jahre und der Krieg um La Rochelle die Reserven aufgezehrt hatten, mußten die Kriege durch Behelfsmittel finanziert werden. Neben neuen Kreditaufnahmen wurden die Steuern verpachtet, die Tailles, die Salz- und andere Steuern erhöht, neue Konsumsteuern geschaffen, die Kirche zu größeren Abgaben veranlaßt, zusätzliche öffentliche Ämter verkauft, der Münzwert gemindert.

Wurde so der Steuerdruck auf die Bevölkerung erheblich erhöht, hat es andererseits nur eine sehr rudimentäre Wirtschaftspolitik gegeben.

Im merkantilistischen Sinne sollten die Importe vermindert werden. So wurden die Manufakturen gegen das Ausland durch Zolltarife und Kleiderordnungen, die unter dem rigiden Ludwig XIII. durchaus auch moralischen Zielen dienten, geschützt. Den darniederliegenden Überseehandel versuchte Richelieu durch den Bau einer Flotte zu beleben, jedoch ohne wirtschaftlichen Erfolg.

Daß Frankreich in der ersten Hälfte des 17. Jahrhunderts eine außerordentliche kulturelle Blüte erlebt hat, daran war der für die Künste unsensible Ludwig XIII. nicht beteiligt. Sie war vielmehr ein Erfolg des Mäzenatentums Richelieus.

Die Außenpolitik Frankreichs gilt wohl zu Recht als das Werk Richelieus. Dennoch wird man auch hier feststellen, daß die Ziele des Königs und des Ersten Ministers sich weitgehend deckten. Handelte es sich bei Ludwig XIII. um einen originären Spanienhaß, vor dem selbst seine Gattin nicht veschont blieb, bestimmten als Leitlinie der Politik Richelieus die Sorge und das Bestreben, die Position der Habsburger wo immer möglich zu schwächen, um Frankreich aus der Defensivlage zum Haus Österreich zu befreien. Ludwig XIII. war in den zwanziger und den frühen dreißiger Jahren direkter beteiligt, als er etwa nach der Kapitulation La Rochelles im Winter persönlich das Heer über die Alpen führte, um in die Mantuaner Erbfolge einzugreifen, oder als er in Nancy einritt. Dennoch ist nicht zu übersehen, daß Richelieu auf Dauer immer mehr mit Hilfe seiner «Kreaturen» und Diplomaten (Pater Joseph und viele andere) die auswärtige Politik fest in seinen Händen hielt. Die Übereinstimmung über die Ziele erleichterte die Arbeitsweise. Richelieu unterbreitete Vorlagen und Entscheidungshilfen und überließ die endgültige Anordnung dem König.

Nach dem Versuch Maria de Medicis, einen Ausgleich mit Spanien zu finden, wurde Frankreich nach abwartender Passivität während der ersten Jahre des Dreißigjährigen Krieges außenpolitisch erstmals in der Veltlin-Frage aktiv. Dieses alpine Hochtal hatte eine besondere strategische Bedeutung erhalten, nachdem Heinrich IV. 1601 die Bresse und das Bugey annektiert und so die Verbindung von Spanien über Savoyen und die Freigrafschaft nach Norden abgeschnitten hatte. Das Veltlin-Tal bot eine Alternative, von Mailand nach Tirol und Österreich zu gelangen. Als die katholischen Veltliner gegen ihre protestantischen Graubündner Herren revoltierten, ergriff Spanien die Gelegenheit und besetzte 1620 das Tal. Der Konflikt mit Frankreich konnte noch vermieden werden, als die spanischen Truppen durch päpstliche ersetzt wurden. 1624 beschloß der Staatsrat jedoch, gemeinsam mit Savoyen militärisch zu intervenieren. Obwohl im Jahr darauf die Spanier die französisch-savoyische Streitmacht zurückwarfen und Richelieu die von den Hugenotten ausgehende Gefahr größer einschätzte und sich den inneren Problemen zuwenden wollte, erreichte er dennoch im Vertrag von Monçon, daß das Veltlin an Graubünden restituiert und für spanische Truppen gesperrt wurde.

Die Sicherung eines Alpenpasses war wohl auch das vorrangige Ziel im Krieg um die Mantuaner Erbfolge. Um die Ansprüche des Herzogs von Nevers, Charles de Gonzague et de Clèves, durchzusetzen, zogen Ludwig XIII. und Richelieu nach Italien. Sie bezwangen den Paß von Susa, bemächtigten sich der Festung Pinerolo vor Turin und eroberten Savoyen (1630). Im Vertrag von Cherasco 1631 wurde die Mantuaner Frage zugunsten Nevers geregelt, Savoyen wiederhergestellt, aber Pinerolo an Frankreich abgetreten, das so ein Einfallstor nach Italien gewonnen hatte.

Auch zu den nördlichen Nachbarn wurden solche Tore angestrebt. Hier entwickelte sich eine Gemengelage aus Strafexpeditionen Ludwigs XIII. gegen seinen Bruder Gaston und dem großen Ziel der Schwächung der Habsburger Macht. Letzteres wurde zunächst diplomatisch und finanziell vorbereitet. Unter französischer Vermittlung kam 1629 ein Waffenstillstand zwischen Schweden und Polen zustande, der Gustav Adolf die Möglichkeit gab, in Deutschland einzugreifen. Es folgten Bündnisse mit Schweden, den Niederlanden, Rákóczy in Ungarn, Bayern. Im Vertrag von Bärwalde übernahm Frankreich Subsidienzahlungen an die schwedische Armee in Deutschland.

Die Entwicklung nahm eine Wende, als 1632 Gaston d'Orléans gegen den Willen des Königs Marguerite de Vaudémont heiratete, die Schwester des Herzogs von Lothringen. Ludwig XIII. entschloß sich zur militärischen Intervention in Lothringen. In den Verträgen von Vic und Liverdun erhielt Frankreich das Clermontois sowie die Plätze Stenay, Dun und Jametz. Dennoch eroberte Ludwig XIII. auch Nancy, das Karl IV. von Lothringen ihm im Vertrag von Charmes 1633 abtreten mußte. Die Stadt war wichtig, um den Rücken für die bevorstehenden Aktionen im Reich freizuhalten: der Kurfürst von Trier wurde unter französische Protektion gestellt, die wichtigsten Plätze des Elsaß erobert.

Zwar schloß Gaston d'Orléans im Mai 1634 ein erneutes Bündnis mit Spanien, der Vertrag von Ecouen im Oktober desselben Jahres brachte jedoch die Aussöhnung mit Ludwig XIII. Nachdem im März 1635 spanische Truppen Trier besetzt und den Kurfürsten gefangen genommen hatten, erklärte Frankreich am 19.5.1635 Spanien den Krieg.

Die folgenden Jahre waren von dem für Frankreich wechselvollen Kriegsverlauf bestimmt. Von Nordfrankreich erstreckten sich die Kämpfe über das Elsaß, erneut über das Veltlin bis in das Roussillon. Um Spanien zu schwächen, unterstützte Frankreich zudem die Aufstände in Katalonien und in Portugal.

Weder Richelieu, er starb am 4.12.1642, noch Ludwig XIII., der am 14.5.1643 verschied, haben das Ende des Krieges (1659) erlebt.

Sie haben ein auf der internationalen Bühne starkes Frankreich hinterlassen. Der Preis freilich war hoch: extremer Finanzdruck auf die Bevölkerung, äußerst harte Durchsetzung der königlichen Würde und Autorität. «Nicht ich spreche, sondern der Staat», sagte Ludwig XIII. einmal im Jahre 1637. Der damit verbundene Verzicht auf paternalistische Milde und Fürsorge haben ein anderes, «moderneres» Frankreich hinterlassen.

Père Griffet hat im 18. Jahrhundert für die Person Ludwigs XIII. das Fazit gezogen, daß er sehr wenige Schwächen hatte, aber über viele Tugenden verfügte, die jedoch alle ohne Glanz blieben. War er unfähig, selbst große Projekte zu entwerfen und die Wege zu ihrer Verwirklichung aufzuzeigen, verwendete er seine ganze Autorität darauf, ihren Erfolg zu sichern. Er liebte den Krieg und die Jagd, hatte aber Mühe, diffizilen Verhandlungen, Diskussionen und Argumentationen zu folgen. Er war durchdrungen vom Bewußtsein seiner Autorität und Würde und der des Staates. Zudem besaß er die Größe und Selbstbescheidung, sich selbst im Staatsinteresse hinter seinen großen Minister zurückzunehmen.

Klaus Malettke

# Ludwig XIV.
## 1643–1715

*Ludwig XIV., geb. am 5. September 1638 in Saint-Germain-en-Laye, 14. Mai 1643 König von Frankreich, 7. September 1651 Volljährigkeit, 7. Juni 1654 Salbung und Krönung in Reims, gest. am 1. September 1715 in Versailles, am 9. September 1715 beigesetzt in der Basilika von Saint-Denis, der Grablege der Bourbonen.*
*Vater: Ludwig XIII. (1601, König 1610–1643). Mutter: Anna von Österreich (1601–1666), Spanische Infantin. Bruder: Philippe de France (1640–1701), duc d'Anjou (1640–1660), duc d'Orléans (1660–1701).*
*Heirat mit der Spanischen Infantin Maria-Theresia (1638–1683) am 3. und 9. Juni 1660 in Fuenterrabia und in Saint-Jean-de-Luz; 10. März 1661 Beginn der persönlichen Regierung Ludwigs XIV., Kinder: 1. November 1661 Geburt des Dauphins Louis de France, gen. «Monseigneur» (1661–1711), 2. Oktober 1666 Geburt von Marie-Anne de Bourbon, Mademoiselle de Blois (I) aus der Liaison Ludwigs XIV. mit der Herzogin von La Vallière (1644–1710); 2. Oktober 1667 Geburt von Louis de Bourbon, Graf von Vermandois (1667–1683) aus der Liaison Ludwigs XIV. mit der Herzogin von La Vallière, 31. März 1670 Geburt von Louis-Auguste de Bourbon, Herzog von Maine (1670–1736) aus der Verbindung Ludwigs XIV. mit der Marquise de Montespan (1641–1707); 1. Juni 1673 Geburt von Louise-Françoise de Bourbon, Mademoiselle de Nantes (1673–1743) aus der Verbindung Ludwigs XIV. mit der Marquise de Montespan; aus dieser Verbindung gingen auch Françoise-Marie de Bourbon (1677–1749), Mademoiselle de Blois (II) und Louis-Alexandre de Bourbon, Graf von Toulouse (1678–1737) hervor. Am 30. Juli 1683 stirbt die Königin Maria-Theresia und am 9. oder 10. Oktober 1683 heiratet Ludwig XIV. insgeheim Françoise d'Aubigné, Marquise de Maintenon (1635–1719); 14. April 1711 Tod des Dauphins Louis de France (1661–1711), am 18. Februar 1712 stirbt der zweite Dauphin, Louis de France, duc de Bourgogne (1682–1712), der Enkel Ludwigs XIV., 8. März 1712 Tod des dritten Dauphins, Louis de France, duc de Bretagne (1707–1712), des ältesten Urenkels Ludwigs XIV.*

Ludwig XIV., der zweiundsiebzig Jahre lang die Geschicke des damals meistbevölkerten, reichsten und mächtigsten Staates in Europa gelenkt hat, gehört zu den herausragenden Herrschergestalten, die nicht nur in vieler Hinsicht ihrem Land und ihrer Zeit ihren Stempel aufgedrückt haben, sondern bis in die Gegenwart hinein auch Gegenstand kontroverser Beurteilung geblieben sind. Am Sonnenkönig, wie er gelegentlich auch genannt wird, an der Bewertung seiner Person, seines Wirkens und seiner Leistung scheiden sich immer wieder die Geister. In ihrer Beurteilung schwankt das Pendel oft zwischen harscher, genereller Kritik und mehr oder minder uneingeschränkter Bewunderung. Die Ergebnisse der modernen Forschung ermöglichen jedoch ein differenziertes Urteil, in dem Licht und Schatten den ihnen gebührenden Platz finden.

## Geburt, Kindheit und Jugend

Als Ludwig gegen Ende des Vormittags am 5. 9. 1638, einem Sonntag, im Neuen Schloß (château-neuf) von Saint-Germain-en-Laye auf die Welt kam, wurde diese lange vergeblich erwartete Geburt des Thronfolgers (der sofort durch den Großalmosenier, den Bischof von Meaux, notgetauft wurde) von den Zeitgenossen als ein Geschenk des Himmels überschwenglich begrüßt. Weil die Ehe Ludwigs XIII. (1610–1643) mit der spanischen Infantin Anna von Österreich (Anne d'Autriche, 1601–1666) zweiundzwanzig Jahre kinderlos geblieben war, sahen die Franzosen in der glücklichen Geburt, um die sie während der vorausgegangenen Monate der Schwangerschaft der Königin Gott inbrünstig angefleht hatten, ein Zeichen göttlicher Gnade und nannten den neugeborenen Dauphin den «von Gott Gegebenen» (Dieudonné). Noch Jahrzehnte später wertete der Bischof Fléchier (1632–1710) dieses Ereignis als eine an «ein Wunder grenzende Geburt, die dem ganzen Universum ein Leben voller Wunder versprach».

Den Regeln des Zeremoniells an einem Königshof entsprechend, begannen die öffentlichen Verpflichtungen des Thronfolgers am Tage seiner Geburt. Schon am 6. 9. gab Ludwig Audienzen. Eine Delegation des Pariser Parlaments, des ältesten und angesehensten obersten Gerichtes des Königreichs, und der übrigen obersten Gerichtshöfe (cours souveraines) wurde an diesem Tage von Ludwig XIII. empfangen, die dem König die Glückwünsche ihrer Körperschaften überbrachten. Diese Delegation wurde auch in das Zimmer des Thronfolgers geführt. Über dieses erste Treffen des zukünftigen Ludwig XIV. mit den Repräsentanten des Pariser Parlaments und der übrigen obersten Gerichtshöfe berichtet der damalige Generalprokurator und spätere Siegelbewahrer Mathieu Molé (1584–1656): Der königliche Sproß habe unter einem großen Betthimmel aus geblümtem weißen Damast auf einem von seiner Gouvernante, Madame de Lansac, gehaltenen weißen Satinkissen gelegen. Vor seinem Bett habe sich eine große Balustrade befunden, so daß man den Thronfolger nur aus einer Entfernung von zwölf bis fünfzehn Fuß habe sehen können. Madame de Lansac habe gesagt, der Dauphin habe seine Augen geöffnet, um seine treuen Diener zu sehen (Molé, Mémoires).

Obwohl Ludwig XIV. unter den aufmerksamen Augen des königlichen Hofes aufwuchs, verfügen wir nur, alles in allem, über recht spär-

## Ludwig XIV. (1643–1715)

liche Informationen über seine frühe Kindheit, die einigermaßen verläßlich sind. Seinen Vater, Ludwig XIII., den der Dauphin bereits als Fünfjähriger am 14. 5. 1643 verlor, hat er kaum gekannt. Er hat aber seinem Vater, der auf seinen ältesten Sohn stolz war und die spontane Hinwendung des Kleinkindes zu seiner Mutter mit deutlichen Zeichen einer gewissen Eifersucht registrierte, während seines ganzen Lebens die Anhänglichkeit eines treuen Sohnes bewahrt. Dies zeigt sich u. a. darin, daß er später beim Bau der grandiosen Residenz in Versailles gegen die Einwände der Architekten auf der Erhaltung des kleinen Jagdschlosses des verstorbenen Königs und auf der Einbeziehung dieses Gebäudes als Zentrum in die neue Gesamtanlage bestanden hat. Die hohe Wertschätzung für den Vater fand aber auch ihren greifbaren Ausdruck, als Ludwig XIV. auf dem Sterbebett anordnete, daß sein Herz nach seinem Tod bei den Jesuiten in der Straße Saint-Antoine an der Seite des Herzens Ludwigs XIII. beigesetzt werde.

Ob der kleine Dauphin die gespannten Beziehungen zwischen seinen Eltern, die auch nach seiner Geburt und der seines Bruders, Philippe, duc d'Anjou (21. 9. 1640), nicht zu dauerhafter Eintracht zurückfanden, gespürt oder gar bewußt wahrgenommen hat, bleibt ungewiß. Gesichert ist jedoch seine bereits erwähnte Anhänglichkeit gegenüber seinem Vater und seine Zuneigung für seine Mutter, die einen beachtlichen Einfluß auf ihren erstgeborenen Sohn bis zu seiner Volljährigkeit (7. 9. 1651) und in gewisser Hinsicht darüber hinaus bis zu ihrem Tode (20. 1. 1666) ausgeübt hat. Gelegentlich nannte der kleine Ludwig seine Mutter nicht «Madame», wie es in den höheren gesellschaftlichen Schichten üblich war, sondern wie ein Angehöriger kleinbürgerlicher oder bäuerlicher Familien «Maman».

Auf seinem Sterbebett ordnete Ludwig XIII. die feierliche Taufe des Dauphins an, die am 21. 4. 1643 in Saint-Germain-en-Laye vollzogen wurde. Der sterbende König bestimmte auch die Taufpaten. Es waren Charlotte-Marguerite de Montmorency, Prinzessin von Condé († 1646) und der Kardinal Jules Mazarin (1602–1661). Die Entscheidung des sterbenden Königs war von weitreichender Bedeutung für die Zukunft des Dauphins, ja für ganz Frankreich.

Der damals üblichen Praxis gemäß lagen die Betreuung und die Erziehung des kleinen Dauphins bis September 1645 vornehmlich in den Händen von Frauen. Das änderte sich, als er das «Alter der Vernunft» (âge de raison) erlangte, in dem ein Kind nach dem kanonischen Recht in der Lage ist, Gutes von Bösem zu unterscheiden. Gleichwohl hatte er bereits nach dem Tode Ludwigs XIII. (1643) als unmündiger König immer wieder Herrscheraufgaben wahrzunehmen. So hielt er am 18. 5. 1643 ein in seiner Bedeutung nicht zu unterschätzendes Lit de justice (Bett der Gerechtigkeit). Bei diesem Staatsakt, bei dem der König mit seinem Gefolge im Parlament erschien, um die Einregistrierung eines königlichen Gesetzes durch die Pariser Körperschaft durchzusetzen und damit dessen Anwendung zu gewährleisten, wurde das Testament des verstorbenen Königs kassiert, mit dem er die Regierungsbefugnisse der Regentin Anna von Österreich hatte wesentlich eingrenzen wollen. Dank der tätigen Mithilfe des Pariser Parlaments, dessen Mitglieder natürlich von ihrem Entgegenkommen gegenüber den Wünschen der Regentin profitierten, konnte sich Anna von Österreich als uneingeschränkte Regentin Frankreichs durchsetzen. Die Worte, die der kleine Ludwig XIV. bei dieser Gelegenheit murmelte, wurden im Protokoll des Lit de justice wie folgt wiedergegeben: «Der König hat gesagt, daß er gekommen sei, um dem Parlament seinen guten Willen zu bezeugen. Der Kanzler wird den Rest sagen.»

Im März 1646 übertrug die Königin-Mutter Mazarin die Charge eines «surintendant au gouvernement et à la conduite du Roi» und Nicolas de Neufville, Marquis d'Alincourt, Seigneur de Villeroy, dem späteren Herzog und Marschall von Villeroy (1598–1685) die Funktion eines «gouverneur sous lui (= Mazarin), de la personne de Sa Majesté». Zu jener Zeit leitete Mazarin bereits rund drei Jahre als Premierminister (5. 12. 1642) die Geschicke des Landes. Anna von Österreich begründete die Übertragung der Oberaufsicht über die Erziehung des jungen Königs an Mazarin mit dem Hinweis, daß dies auch im Sinne des verstorbenen Ludwigs XIII. geschehen sei, der den Italiener bereits zum Taufpaten bestellt habe. Unter der Oberaufsicht Mazarins und Villeroys wurde die Erziehung des Königs Hardouin de Péréfixe, «abbé de Beaumont» (1605–1671), der später zum Erzbischof von Paris (1664–1671) aufstieg, anvertraut. Péréfixe kontrollierte eine kleine Mannschaft von Fachlehrern: Jean Le Bê (Schreiben), Le Camus (Rechnen), Antoine Oudin (Latein, Spanisch), H. Davire (Zeichnen), Bernard (Lektor). Letztlich haben aber weder Villeroy noch Péréfixe die Erziehung und Ausbildung des Königs wirklich geleitet oder gar maßgeblich bestimmt. Dieses Verdienst gebührt, entgegen der Legende, Mazarin, der seine Aufgabe als «Oberintendant» sehr ernst nahm.

Als Siebzigjähriger hat sich Ludwig XIV. in seinen Gesprächen mit Madame de Maintenon, die der König nach dem Tode von Marie-Thérèse (31. 7. 1683) am 9. oder 10. 10. 1683 im geheimen in zweiter Ehe geheiratet hatte, über die Unzulänglichkeit der ihm in seiner Kindheit vermittelten Schulkenntnisse beklagt. So war der König noch im Alter irritiert über seine lückenhaften Lateinkenntnisse. Eine genauere Analyse dieses Gesamtkomplexes läßt jedoch erkennen, daß der gealterte König in seinem rückschauenden Urteil wohl zu streng war. Zwar hat Mazarin Péréfixe nicht geradezu gedrängt, sehr früh mit dem Lateinunterricht zu beginnen, aber die Ludwig XIV. zuzuschreibenden lateinischen Texte lassen erkennen, daß seine Unterweisung im Lateinischen von hoher Qualität gewesen sein muß. Vergleichsweise gut war wohl auch der von Péréfixe erteilte Geschichtsunterricht. Grundkenntnisse besaß der König aber auch im Staatsrecht, im Kirchenrecht, in der Mathematik und auf dem Sektor der lebenden Sprachen.

Mazarin wollte aus seinem Mündel keinen Pedanten machen, sondern den jungen König behutsam, aber zielstrebig auf die Leitung der Staatsgeschäfte vorbereiten. Der Kardinal führte ihn in die Feinheiten der Diplomatie und in die vielschichtigen Probleme des Kriegswesens ein. Er brachte ihm aber auch die Liebe zur Kunst sowie die Verpflichtung zum Mäzenatentum nahe. Frühzeitig veranlaßte Mazarin den jungen König, an Sitzungen des Staatsrates teilzunehmen. Schon sehr bald zeigte sich der Kardinal sehr zufrieden mit den Fortschritten seines Schülers. Dennoch scheint Voltaire der Wahrheit recht nahe gekommen zu sein, als er in seinem 1752 erschienenen Werk «Le Siècle de Louis XIV» (Das Jahrhundert Ludwigs XIV.) feststellte: «Mazarin hat die Kindheit des Monarchen soweit wie möglich verlängert.»

Nachhaltig geprägt wurde der junge Ludwig XIV. durch einige innenpolitische Vorgänge und Ereignisse, die seine schulische Erziehung durch unmittelbare Erfahrungen ergänzten. Als der Bürgerkrieg der Fronde, der das Königreich, das seit 1635 in den Dreißigjährigen Krieg verwickelt war, von 1648 bis 1653 erschüttern sollte, ausbrach, war der König noch keine zehn Jahre alt. In den Jahren vom neunten bis zum fünfzehnten Lebensjahr erlebte ein intelligenter Knabe, der über einen wachen Verstand und ein erstaunliches Gedächtnis verfügte, aus unmittelbarer Nähe die dramatischen Höhepunkte einer für das Königreich gefährlichen Rebellion, die in einen Bürgerkrieg einmündete. Der junge König wurde nicht nur mit dem Verrat naher Verwandter, seiner Vettern und zahlreicher Herzöge und Marschälle, sondern wiederholt auch persönlich mit aufrührerischen Aktionen konfrontiert. So verließ die königliche Familie in Begleitung einiger Höflinge und der Minister in der Nacht vom 5. auf den 6. 1. 1649 fluchtartig Paris und begab sich nach Saint-Germain-en-Laye, das für die plötzliche und standesgemäße Aufnahme der Königsfamilie nur sehr unzureichend vorbereitet war, um von außen das aufrührerische Parlament und die Kapitale zur Kapitulation zwingen zu können. Schließlich wurden in der Nacht vom 9. zum 10. 2. 1651 der König und die Regentin faktisch zu Gefangenen in ihrem eigenen Palast, und eine größere Zahl von Parisern konnte bis in das Gemach Ludwigs XIV. im Palais-Royal vordringen. Andererseits führte eine Reise des Königs, die er während der Fronde durch Frankreich machte, diesem drastisch die Fragilität der durch den auswärtigen Krieg belasteten Wirtschaft, die auf Dauer unerträgliche exzessive fiskalische Belastung der Masse der Bevölkerung sowie die administrative Anarchie im Königreich vor Augen. Diese, während der Fronde gemachten Erfahrungen haben sich tief in das Gedächtnis des jungen Königs eingegraben, was nicht nur zahlreiche spätere Äußerungen, sondern auch eine Reihe von innenpolitischen Maßnahmen Ludwigs XIV. belegen.

Die Fronde stellte ein Krisensyndrom dar, bei dem politische, verfassungsrechtliche, wirtschaftliche und soziale Faktoren, die zumeist eng ineinander verschränkt waren, eine zentrale Rolle gespielt haben. Die Fronde ist als erste große Krise des französischen Absolutismus zu interpretieren, die der junge König miterlebte. Sie richtete sich aber nicht nur gegen die Omnipotenz der Kardinal-Premiers und der in ihrem Schutz agierenden Steuerpächter und Kriegsgewinnler. Sowohl das Pariser Parlament als auch die frondierenden «gentilshommes» reagierten mehr oder minder offen auf die sie in vielen sozialen, wirtschaftlichen und politischen Bereichen direkt tangierende Politik der ausgreifenden Machtkonzentration des monarchischen Absolutismus. Die Fronde war keineswegs nur eine «Kinderkrankheit des Absolutismus» (la maladie infantile de l'absolutisme, Denis Richet), sondern vielmehr ein durchaus ernstgemeinter und ernstzunehmender Versuch, die bisher von der Krone erzielten Erfolge beim Ausbau und der Verfestigung des monarchischen Absolutismus mit allen daraus für die Betroffenen resultierenden Konsequenzen zu revidieren.

Im Jahre 1648 wurde der junge Ludwig XIV. aber nicht nur mit dem beginnenden Bürgerkrieg der Fronde konfrontiert, sondern er konnte auch von den großen außenpolitischen Erfolgen Richelieus und Mazarins profitieren, die im Frieden von Münster (24. 10. 1648) ihren für Frankreich sehr positiven Niederschlag fanden. Der Allerchristlichste König und die Krone Frankreichs erlangten die definitive Abtretung der drei Bistümer Metz, Toul und Verdun, die österreichischen Besitzungen und Rechte im Elsaß, Breisach sowie das Besatzungsrecht in der Festung Philippsburg von Kaiser und Reich. Es ist immer wieder und bis in die Gegenwart hinein behauptet worden, Frankreich habe im Elsaß *nicht mehr* erhalten, als was Österreich dort vor ihm besessen habe. «Das ist richtig, sofern man damit nur die räumliche Ausdehnung der gewonnenen Gebiete und den Umfang der erworbenen Rechte meint. Die blieben, wie sie unter Habsburg gewesen, und wenn Ludwig XIV. später darüber hinausgriff, etwa bei der Aneignung Straßburgs (30. 9. 1681), war das eine klare Verletzung des beschworenen Friedens. Aber wo Habsburg je ein Recht besessen hatte, das jetzt an Frankreich überging, veränderte es mit diesem Übergang seine rechtliche Natur. Es hörte auf, ein Recht des Reiches zu sein. Es wurde ein Souveränitätsrecht des Königs von Frankreich mit allen Konsequenzen, die sich daraus für die diesem Recht Unterworfenen ergaben. Nicht nur für die habsburgischen Territorien, auch für die Immediatstände im Elsaß, soweit Habsburg über sie irgendwelche Rechte besessen hatte, ergab sich... eine neue Rechtslage» (Fritz Dickmann, Der Westfälische Frieden, 299f.). Die vollständige Erwerbung des Elsaß war indessen das Ergebnis kontinuierlicher und mit den Friedensbestimmungen häufig kollidierender Maßnahmen Ludwigs XIV., die mit der Kapitulation Straßburgs (1681) ihren Höhepunkt erreichten.

## Von der Erlangung der Volljährigkeit bis zum Tode Mazarins

Die während der Fronde gemachten Erfahrungen, die seinen Geist und seinen Charakter nachhaltig prägten, haben aus dem Kind einen Erwachsenen gemacht. Seine Volljährigkeit erlangte Ludwig XIV. noch während der Fronde. Gemäß dem französischen Staatsrecht wurden die französischen Könige mit dreizehn Jahren, d. h. zu Beginn des vierzehnten Lebensjahres, für volljährig erklärt. Es war üblich, diesen Akt in einem feierlichen «Lit de justice» zu vollziehen. Die offizielle Volljährigkeit Ludwigs XIV. wurde am 7. 9. 1651 während einer derartigen Sitzung des Pariser Parlaments, an der der Hof und zahlreiche hohe Würdenträger teilnahmen, proklamiert. In einer kurzen Erklärung stellte der König fest: «Meine Herren, ich bin in mein Parlament gekommen, um Ihnen zu erklären, daß ich gemäß dem Gesetz meines Staates zukünftig selbst dessen Regierung und Verwaltung in die Hände nehmen werde. Ich hoffe auf die Güte Gottes, daß ich dies mit Gottesfurcht und Gerechtigkeit tun werde. Der Herr Kanzler wird Ihnen meine Absichten im einzelnen darlegen.» Damit endete rechtlich die Regentschaft Annas von Österreich, die Existenz des Regentschaftsrates und die Funktion Gastons von Orléans (1608–1660), des Bruders des verstorbenen Ludwigs XIII., als «lieutenant général du royaume». Der König dankte seiner Mutter und bat sie, ihn auch weiterhin mit ihrem Rat zu begleiten. «Ich wünsche, daß Ihr nach mir Chef in meinem Rat seid.»

Die Proklamation der offiziellen Volljährigkeit Ludwigs XIV. markierte einen Wendepunkt während der Fronde insofern, als zukünftig bestimmte Aktionen gegen die Partei des Kardinals Mazarin als Landesverrat oder gar als Majestätsverbrechen geahndet werden konnten. Zukünftig hatte der König die wichtigsten Gesetzesakte und Entscheidungen zu unterzeichnen und neue Minister zu ernennen, was er dann auch tat, allerdings mit der Unterstützung Annas von Österreich, die er höflich darum bat. Mazarin, seinem Paten, ließ Ludwig XIV. seit 1653, nachdem der Kardinal aus einem zweiten Exil (19.8. 1652–3.2. 1653) nach Frankreich zurückgekehrt war, den Anschein absoluter Gewalt. In der Realität vertraute der König seinem Premierminister auf den Feldern der Außenpolitik, der Diplomatie und des Kriegswesens. Hingegen schien er weniger mit dessen Leistungen auf den Sektoren der Innenpolitik, der Finanzen, der Verwaltung und der Justiz zufrieden zu sein, denn in seinen «Memoiren» (Mémoires pour l'instruction du Dauphin) beklagte er später die «Unordnung, die überall herrschte» (Le désordre régnait partout. Pierre Goubert, Hg., Mémoires pour l'instruction du Dauphin, 46). Nach 1661, als Ludwig XIV. nach dem Tode Mazarins (9. 3. 1661) die Regierung des Landes tatsächlich in die eigenen Hände genommen hatte, erkannte er – trotz seines nach wie vor gegenüber dem Kardinal bekundeten Respekts – besser die Unzulänglichkeiten der Regierung seines Premierministers. Dabei hat der König aber übersehen, daß Mazarin nach dem Ende der Fronde so bald wie möglich die Intendanten, die effektiven Werkzeuge der königlichen Verwaltung, wieder in die Provinzen entsandt und damit eine wesentliche Voraussetzung für die Verwirklichung der Reformen nach 1661 geschafft hat. Es kann auch kein Zweifel an der uneingeschränkten Loyalität des Kardinals gegenüber dem König bestehen. Er hat dessen Autorität bis zu seinem Tode stets respektiert.

Man hat oft behauptet, daß nach dem Ende der Fronde Ruhe und Ordnung im Königreich eingetreten seien. In solchen Aussagen verbirgt sich jedoch eine simplifizierende Sicht der Fakten und der Geschehnisse. Die Parlamente und Teile des Adels, insbesondere des Provinzadels, bekundeten auch noch nach 1653 ihre Ansprüche und politischen Ambitionen, mit denen sich der König, im wesentlichen geleitet durch Mazarin, auseinanderzusetzen hatte. Sehr treffend bezeichneten die Zeitgenossen die Regierung als Trias (Dreiheit) – Guy Patin (1601–1672) sprach von der «Trinität» –, in der dem König allein – rein rechtlich gesehen – die Entscheidung zustand, in welcher aber Mazarin in den meisten Fällen die entscheidende Rolle spielte und in der die Königin-Mutter sich mehr und mehr höfliches Schweigen auferlegte. Die wichtigsten politischen Beschlüsse fielen im «Engen Rat» (Conseil étroit), dem nach seiner Reorganisation nach 1653 neben dem König, dem Präsidenten, die Königin-Mutter, Mazarin und die Minister angehörten.

Die feierliche Salbung und Krönung Ludwigs XIV. am Sonntag, dem 7. 6. 1654 in Reims markierte zweifellos einen Höhepunkt im Leben des jungen Königs, sie hatte aber auch für das Königreich und das Volk eine nicht zu unterschätzende Bedeutung. Für das Volk war sie ein Symbol für das Ende der inneren Unruhen, für den König bedeutete sie den Vollzug des gewohnheitsrechtlichen Kontrakts, der den Souverän mit Gott, mit seinem Volk und den Großen des Landes verbindet. Mit diesem sakralen Akt verbanden sich uralte Heilsvorstellungen. Weihe, Salbung mit dem in der «Heiligen Ampulle» (Saint Ampoule) aufbewahrten heiligen Öl, die Investitur mit Ring und Schwert und Krönung verliehen dem König sein besonderes Charisma und heilende Kräfte. Am folgenden Dienstag, dem 9. 6. 1654, erwarteten zweitausend an Skrofeln (écrouelles) Erkrankte den wundertätigen König (roi thaumaturge) im Park der Kirche Saint-Remi. Wie seine königlichen Vorgänger berührte Ludwig XIV. die Kranken, indem er die magische Formel sprach: «Der König berührt Dich, Gott heilt Dich» (Le Roi te touche, Dieu te guérit). Im Verlauf seiner Herrschaft sollte der König diese sehr anstrengende Zeremonie mehrfach wiederholen.

Bei aller, nicht nur anläßlich des Aktes der Salbung, sondern auch bei späteren Anlässen sich manifestierenden Religiosität des Königs, die sowohl von seiner sehr frommen Mutter als auch von seinen jesuitischen Beichtvätern gefördert wurde, die jedoch auch von den Prinzipien des Konzils von Trient (1545–1563) sowie von einem ausgeprägten Gallikanismus und Unabhängigkeitsbewußtsein gegenüber dem Papsttum gekennzeichnet war, war der gutaussehende und mit natürlichem Charme ausgestattete junge Ludwig XIV. auch den Zerstreuungen der Hofgesellschaft, dem Theater sowie den Freuden des Lebens und der Liebe zugetan. Nach seinen oberflächlichen Erfahrungen mit gewissen Fräuleins, die seinem unermüdlichen und faunenhaften Appetit zu Diensten waren, entwickelte der König nach seiner ernsthaften Erkrankung im Jahre 1658 wohl erstmals tiefergehende Beziehungen zu Maria Mancini, einer der Nichten Mazarins. Seine Empfindungen und Gefühle zu diesem nicht gerade schönen, aber intelligenten und ehrgeizigen Mädchen, das – wie er – gerade zwanzig Jahre alt war und seine Liebe erwiderte, waren so stark, daß er sich über die Zwänge der Staatsräson hinwegsetzen und sie heiraten wollte. Mazarin und die Königin-Mutter, die ganz andere Heiratspläne verfolgten, waren über diese nicht standesgemäße Beziehung zutiefst beunruhigt und bemühten sich von Anfang an, dieser Affäre ein Ende zu bereiten; zunächst jedoch ohne Erfolg. Die Hartnäckigkeit der beiden Liebenden, vor allem das unnachgiebige Festhalten Ludwigs an der Möglichkeit einer unstandesgemäßen Ehe gefährdeten die Friedensverhandlungen mit Spanien, gegen das Frankreich seit 1635 Krieg führte. Der greifbare Frieden und die insbesondere von Anna von Österreich angestrebte Aussöhnung zwischen dem Hause Bourbon und den spanischen Habsburgern sollten durch eine Eheschließung Ludwigs XIV. mit der spanischen Infantin Maria-Theresia von Österreich (Marie-Thérèse d'Autriche, 1638–1683) besiegelt werden. Mazarin und Anna von Österreich mußten schließlich ihren ganzen Einfluß beim König aufbieten und bei diesem immer wieder politische Überzeugungsarbeit leisten, um der Staatsräson zum Siege zu verhelfen. Noch am 6.7. 1659 beschwor der Kardinal Ludwig, sich endlich von Maria Mancini zu trennen «im Interesse Eures Ruhmes, Eures Glückes, zum Wohlgefallen Gottes, zum Wohl Eures Königreiches» (Je vous en conjure pour votre gloire, pour votre honneur, pour le service de Dieu, pour le bien de votre royaume. François Bluche, Louis XIV, 131).

Am 7.11. 1659 wurde der Pyrenäenfriede auf der Fasaneninsel im Grenzfluß Bidassao zwischen Frankreich und Spanien unterzeichnet. Spanien trat das Roussillon, die Cerdagne, das Artois (ohne Aire und

Saint-Omer), Thionville, Montmédy und Damvillers im Luxemburgischen, Landrecies, Le Quesnoy und Avesnes im Hennegau sowie Gravelines, Bourbourg und Saint-Venant an die französische Krone ab. Die spanische Seite erkannte außerdem die Elsaß-Bestimmungen des Münsteraner Friedens (1648) an. Schließlich wurden die näheren Bedingungen für die Eheschließung zwischen Ludwig XIV. und der spanischen Infantin Maria-Theresia fixiert. Der 7. 11. 1659 war zweifellos ein großer Erfolg für den König und für Frankreich, er war aber in erster Linie ein Erfolg der Außenpolitik Mazarins. Dieser Friedensschluß beendete ein Jahrhundert spanischer Weltgeltung, machte den politischen Abstieg Spaniens offenkundig und die Bahn frei für den Aufstieg Frankreichs und Englands, der für wenige Jahre verbündeten Sieger.

Die Eheschließung zwischen Ludwig XIV. und seiner Kusine zur rechten, der frommen und etwas faden Maria-Theresia, erfolgte in einem stellvertretenden Akt (par procuration) auf spanischer Seite am 3. 6. 1660 in Fuenterrabia und wurde wenige Tage später am 9. 6. auf französischem Territorium in Saint-Jean-de-Luz vollzogen. Am 26. 8. hielt das Paar seinen feierlichen Einzug in Paris. Auf der Reise dorthin erlaubte sich der König mit kleinem Gefolge einen Umweg nach Brouage zu Maria Mancini, um die Episode seiner Jugendliebe endgültig abzuschließen. Maria Mancini heiratete am 15. 4. 1661 Lorenzo Onofrio Colonna, Herzog von Tagliacoli, Fürst von Paliano und Castiglione, Konnetabel des Königreichs Neapel.

Mazarin überlebte nur relativ kurze Zeit die Tage seiner wohl größten politischen Erfolge. Er starb in der Nacht vom 8. auf den 9. 3. 1661, nachdem er dank seines geschickten Verhaltens sein zumeist mit – auch nach damaligen Maßstäben – recht zweifelhaften Mitteln angehäuftes, immenses Vermögen in Höhe von fünfunddreißig Millionen «livres tournois» testamentarisch seinen Erben hatte sichern können. Es handelte sich um das größte Vermögen im Frankreich des 17. Jahrhunderts und übertraf bei weitem das Vermögen Richelieus von zumindest zwanzig Millionen. Mazarin hinterließ rund 8,7 Millionen an Bargeld, was damals einem Wert von siebzig Tonnen Silber oder fünf Tonnen Gold entsprach.

Man ließe sich in unzulässiger Weise den Blick für die Realität verstellen, würde man bei einem abschließenden Urteil über die politische Leistung Mazarins der geifernden Kritik seiner Gegner aus den Zeiten der Fronde folgen. Es ist und bleibt das Verdienst des Kardinals, Ludwig XIV. alles in allem gut auf seine Aufgaben als regierender König vorbereitet und die wesentlichen innen- und außenpolitischen Grundlagen geschaffen zu haben, auf denen der König nach 1661 aufbauen konnte. Wie man jetzt weiß, hat Mazarin Ludwig XIV. fast «befohlen», nach seinem Tode selbst die Regierungsgeschäfte in die Hand zu nehmen. Es überrascht daher nicht, daß der König bereits am Tage nach dem Tode des Kardinals, am Morgen des 10. 3. um sieben Uhr, den Staatsrat berief und zum Kanzler Pierre Séguier (1588–1672) gewandt, erklärte: «Ich habe Sie mit meinen Ministern und Staatssekretären hierher kommen lassen, um Ihnen zu sagen, daß ich es bisher zufrieden war, meine Angelegenheiten durch den verewigten Kardinal leiten zu lassen; es ist nunmehr an der Zeit, daß ich sie selbst in die Hand nehme. Sie werden mir mit Ihrem Rat zur Seite stehen, wenn ich Sie darum bitte.» Er verbot dem Kanzler, ohne seinen ausdrücklichen Befehl irgend etwas zu siegeln, und wies die Staatssekretäre an, keine Schriftstücke ohne seine Einwilligung zu expedieren. «Die Szene ändert sich», fuhr er fort, «ich werde in der Regierung meines Staates, der Verwaltung meiner Finanzen und den auswärtigen Angelegenheiten anderen Grundsätzen folgen als der verstorbene Kardinal. Sie wissen, was ich will; es liegt nun bei Ihnen, meine Wünsche auszuführen» (Pierre Gaxotte, Ludwig XIV., 7f.). Und zur allgemeinen Überraschung der Höflinge hielt sich der König an seine Ankündigung.

Ludwig XIV.,
sein Hof und höfische Feste

Ludwig war von angenehmer, gewinnender Gestalt und verfügte über einen natürlichen Charme. Im Umgang mit Höflingen, Ministern, Diplomaten und weniger hochgestellten Untertanen wirkte er stets sehr beherrscht und legte eine bemerkenswerte Höflichkeit an den Tag, «die je nach Rang, Alter und Verdiensten seines Gegenüber zahlreiche Nuancen kannte» (Weis, Frankreich von 1661 bis 1789, 175). Er war sicher im Ausdruck, besaß die Fähigkeit, sich frei und dabei klar, nuanciert und wohlabgewogen auszudrücken. Außerdem verfügte er über ein ausgezeichnetes Gedächtnis, das ihm z. B. in den Sitzungen des «Conseil d'En Haut», der politisch wichtigsten Sektion des Königlichen Rates, sowie in den zahlreichen Besprechungen mit seinen Ministern sehr zustatten kam. Sein Verhalten in der Öffentlichkeit war von Vorsicht, Takt und einem hohen Sinn für das Maß geprägt. Manche Indizien sprechen jedoch dafür, daß diese charakterlichen Tugenden des Königs seit dem vierten bzw. fünften Lebensjahrzehnt durch seine Überzeugung von der eigenen politischen Unfehlbarkeit wenn nicht verdrängt, so doch erheblich beeinträchtigt wurden. Zu seinen eher negativen Charaktereigenschaften gehörte ebenfalls die Entfaltung einer beachtlichen Egozentrik, die sich auch auf die verschiedensten Aktivitäten der Minister, der Armee und der Diplomatie erstreckte. Wenn z. B. Colbert eine Manufaktur gründete, so war der Sonnenkönig – seit 1662 hat sich der König der Sonne als Emblem bedient – sofort davon überzeugt, daß die Initiative dazu von ihm ausgegangen sei. Er war auch bestrebt, diesen Eindruck nach außen hin zu vermitteln. Das Sichbescheiden mit wenigem gehörte zweifellos nicht zu seinen Stärken. Zumindest trifft dies ungefähr bis in die Jahre 1690–1695 zu, als er begann, von seinen Vorhaben und Ansprüchen – bis auf Ausnahmen – erhebliche Abstriche zu machen.

Ludwig XIV. regierte mit einer ungewöhnlichen Professionalität, die ihm scheinbar keine Mühe bereitete. Diese Professionalität beruhte auf einer natürlichen Begabung, aber auch auf praktischen Erfahrungen, die ihm Mazarin durch eine gezielte Beteiligung an Sitzungen und Beratungen des Königlichen Rates sowie durch zahlreiche Reisen in die Provinzen des Landes vermittelt hatte.

Das vielzitierte Sprichwort: «Pünktlichkeit ist die Höflichkeit der Könige» trifft auf Ludwig XIV. in besonderem Maße zu. «Er war stets pünktlich, hörte aufmerksam zu und ermüdete fast als einziger auch in den längsten Sitzungen nicht» (Weis, Frankreich von 1661 bis 1789, 175). Hinzu kam ein besonders stark ausgeprägtes Pflichtgefühl. Ein hohes Arbeitsethos gehörte ebenfalls zu seinen besonders positiven Charaktereigenschaften. «Neben seinem anstrengenden Hofleben widmete er acht bis zehn Stunden, später oft mehr, der täglichen intensiven Arbeit am Schreibtisch und in den Konferenzen und übertraf damit die meisten Monarchen, auch späterer Jahrhunderte, bei weitem» (Weis, Frankreich von 1661 bis 1789, 175f.). Bei seiner Arbeit achtete er auf kontinuierliche Regelmäßigkeit. Er interessierte sich für die Details der jeweiligen Vorgänge, verlor sich jedoch nicht in ihnen, sondern war durchaus in der Lage, das Wesentliche und die großen Linien von Entwicklungen zu erfassen. Dabei kamen ihm sein guter politischer Instinkt und eine leichte Auffassungsgabe zustatten. Dagegen gehörte es nicht zu seinen besonderen Stärken, eigene konstruktive Ideen zu entwickeln. Es ist daher verständlich, daß er auf den Feldern der Innen- und Außenpolitik kein langfristig konzipiertes Programm, keinen «Großen Plan» (grand dessein), verfolgt hat. Bei näherer Betrachtung erweist er sich in beiden Bereichen als Pragmatiker, der die in den jeweiligen politischen Konstellationen angelegten Handlungsmöglichkeiten im Interesse der Krone und des Staates aufzugreifen entschlossen war. Dabei verhielt er sich keineswegs abwartend, sondern war stets bestrebt, für Frankreich günstige Konstellationen herbeizuführen, antifranzösische Koalitionen im Ansatz zu verhindern oder – wenn dies nicht möglich war – sie durch präventive militärische Aktionen zu zerschlagen. Aber trotz der bei ihm zweifellos zu konstatierenden Überzeugung von der Überlegenheit seiner Stellung als König – weniger seiner eigenen Person – verschloß er sich jedoch nicht überzeugend begründeten Vorschlägen seiner Minister. Hingegen blieb er stets fest in Fragen der Würde, der Etikette und des Zeremoniells.

Allgemein herrscht in der Forschung Einigkeit darüber, daß sich der König von einem stark ausgeprägten Bedürfnis nach Ruhm und Reputation leiten ließ. Wie ein Leitmotiv ziehen sich die Begriffe «meine Würde, mein Ruhm, meine Größe, meine Reputation» (ma dignité, ma gloire, ma grandeur, ma réputation) durch seine «Memoiren» und durch zahlreiche andere Dokumente. Persönlicher Ruhm, persönliches Ansehen waren für Ludwig XIV. mit der Macht und dem Wohl des Staates auf das engste verknüpft. Aber das Interesse des Staates hatte stets vor dem des Königs zu rangieren. In diesem Sinne ist seine Feststellung zu interpretieren: «Dem Interesse des Staates ist Vorrang zu gewähren... Wenn man sein Augenmerk auf den Staat richtet, wirkt man für sich selbst. Das Wohl des einen macht den Ruhm des anderen aus» (André, Louis XIV et l'Europe, XII). Trotz aller bei Ludwig XIV. nicht zu leugnenden Tendenz, seine Reputation und seine Interessen mit denen des Staates gleichzusetzen, war er – wie dieses Zitat belegt – durchaus fähig, zwischen seiner Person und dem Staat zu differenzieren. Diesen Unterschied betonte er zuletzt auf dem Sterbebett, indem er noch einmal feststellte: «Ich gehe fort, aber der Staat wird immer bleiben» (Hartung, Mousnier, Quelques problèmes concernant la monarchie absolue, 9).

Ludwig XIV. war vielmehr ein Mann der Tat als abstrakter Ideen. Dennoch hielt er sich bei seinen Entscheidungen in Staatsangelegenheiten stets an einige allgemeine Prinzipien. Dazu gehörten seine tiefempfundene Verantwortung für sein Handeln gegenüber Gott, seine hohe Meinung von seinen Pflichten als König und seine Entschlossenheit, in allen Belangen die Interessen des Staates wahrzunehmen. Welch große Bedeutung er seinem persönlichen Ansehen und der Reputation des Staates bei den Zeitgenossen und in der Nachwelt beimaß, darauf ist bereits hingewiesen worden. Solche Prinzipien waren aber keineswegs nur bei Ludwig XIV. anzutreffen. Sie waren zu seiner Zeit innerhalb und außerhalb Frankreichs verbreitet.

Der König nahm aktiv am höfischen Leben teil. Er war ein ausgezeichneter Reiter und liebte die Jagd. Als Kavalier war er vorbildlich. Er tanzte gern, schätzte das Schauspiel und höfische Feste. Dagegen fehlten ihm die Qualitäten des Soldaten und Feldherrn, obwohl er in Situationen persönlicher Gefahr eine bemerkenswerte Furchtlosigkeit bewies.

Ludwig XIV. verfügte über eine insgesamt gute gesundheitliche Konstitution, gepaart mit einer enormen Willenskraft. Starken Schmerzen, ja Augenblicken der Todesgefahr begegnete er mit stoischer Selbstbeherrschung. Diese Charaktereigenschaft zeigte sich bereits im Kindesalter, als er im November 1647 an Windpocken erkrankte und kurzfristig Lebensgefahr bestand. Mit erstaunlicher Haltung ergab er sich der Behandlung der Ärzte, die ihn mehrfach zur Ader ließen. Nach Meinung zahlreicher Zeitgenossen verdankte er es seiner alles in allem robusten Gesundheit und nicht der Kunst der Ärzte, deren oftmals lebensgefährlichen Behandlungsmethoden ein anfälliger Mensch wohl relativ früh

Ludwig XIV. (1643–1715) 203

erlegen wäre, daß er ein so hohes Alter erreichte. Als der König Ende Juni 1658 erneut lebensgefährlich erkrankte und in Calais selbst mit seinem baldigen Ableben rechnete, sagte er am 7.7. zu Mazarin: «Sie sind ein entschlossener Mann und der beste Freund, den ich habe. Deshalb bitte ich Sie, es mir zu sagen, wenn es mit mir zum Äußersten kommen sollte» (Bluche, Louis XIV, 116).

Versailles gilt seit jeher als Musterbeispiel für den Hof und die Hofkultur Ludwigs XIV., der selbst wesentlichen Anteil an der Entstehung des Versailles-Mythos hat. Dies hat manche Verzerrungen der Realität zur Folge gehabt. Um derartigen Mißverständnissen zu entgehen, muß man sich stets vergegenwärtigen, daß die Zeit der persönlichen Regierung des Königs, die mehr als ein halbes Jahrhundert umfaßte, keine einheitliche Periode darstellt. Auch unter Ludwig XIV. hatte der Hof zunächst noch keinen festen Sitz. Er wechselte zwischen Fontainebleau (1661, 1679), dem Louvre (1662–1666) und den Tuilerien (1666–1671) in Paris, wo er den Winter verbrachte, Saint-Germain-en-Laye (1666–1673, 1676, 1678–1681) und Versailles (1674, 1675, 1677), das im Jahre 1682 zum ständigen Sitz des Hofes und der Regierung erhoben wurde, und es bis zum Tode des Königs im Jahre 1715 auch blieb. Außerdem hielt sich der Hof vorher auch in Chambord an der Loire und in Vincennes auf. Bemerkenswert ist, daß Ludwig XIV. zwischen April 1682 und seinem Tode insgesamt nur noch sechzehnmal zu kurzen Stippvisiten nach Paris kam.

Die bis 1682 relativ häufigen Wohnsitzwechsel des Hofes waren stets mit erheblichem Aufwand verbunden. Die Wagenkolonne glich langen Geleitzügen, die sich meilenweit über die Straßen hinzogen. Alles, was man am Hof benötigte und was das dortige Leben angenehm gestaltete, mußte von einem Schloß in das andere transportiert werden: Möbel, Wäsche, Wandteppiche, Beleuchtung, Tafelgeschirr, Küchengerät usw. Bis 1682 hielt sich Ludwig am häufigsten im Neuen Schloß von Saint-Germain-en-Laye auf, das auf Heinrich IV. (1589–1610) zurückging, und wo sein Enkel geboren wurde. Hier ließ er die berühmte und herrliche zweieinhalb Kilometer lange Terrasse bauen, von wo aus man einen ungehinderten Blick in die weite Landschaft hat, den der König so schätzte. Nach seinen Anweisungen wurden in Chambord, Vincennes, Fontainebleau, Saint-Germain-en-Laye, im Louvre und in den Tuilerien Ausbesserungen und Verschönerungen vorgenommen.

Mit der Aus- und Umgestaltung des von Ludwig XIII. stammenden Jagdschlosses in Versailles begann Ludwig XIV. bereits im Jahre 1661. Mehr als fünf Jahrzehnte sollte es dauern, bis die imponierende Schloßanlage in ihren wesentlichen Teilen fertiggestellt war. Vor Beginn seiner persönlichen Regierung im Jahre 1661 hat sich der König vielleicht zwanzigmal dort aufgehalten. Die ersten Veränderungsmaßnahmen begannen kurz nach dem Tode Mazarins und betrafen mehr die Gartenanlagen als das Schloß. Mit der Um- und Neugestaltung der Gärten ist der berühmte Gartenschöpfer André Le Nôtre (1613–1700), seit 1658 «Generalkontrolleur der Gebäude und Gärten des Königs» (contrôleur général des bâtiments et jardins du Roi) beauftragt worden. Die großen Umgestaltungs- und Neubauarbeiten nahmen erst seit der zweiten Hälfte der 6oer Jahre Gestalt an, auf die der König selbst unmittelbaren und kontinuierlichen Einfluß hatte. Dabei wurde er unterstützt von einem seiner bedeutendsten und einflußreichsten Minister, Jean-Baptiste Colbert (1619–1683), der aber als Generalkontrolleur der Finanzen auch den Mut besaß, mehrfach kritisch auf die enormen Kosten hinzuweisen. Zuständig für die Bauarbeiten am Schloß war der berühmte, die französische Architekturgeschichte bis zu seinem Tode bestimmende Louis Le Vau (1612–1670), der mit Le Nôtre seit 1662 vor Ort arbeitete, aber erst seit Herbst 1668 seine große Tätigkeit entfaltete. Mit den vielfältigen Verschönerungsarbeiten und der innenarchitektonischen Ausgestaltung war Charles Le Brun (1619–1690) betraut, der ein Heer von Malern, Stukkateuren, Teppichwirkern und Bildhauern in Versailles beschäftigte. Selbst 1685, als der Hof bereits seit 1682 dauerhaft in Versailles residierte, wurden noch rund 36 000 Arbeiter und 6 000 Pferde an der weiträumigen Schloßanlage beschäftigt.

Die Errichtung der Gesamtanlage hat rund 77 Millionen «livres» gekostet. Zwischen 1661 und 1683, dem Todesjahr Colberts, beliefen sich die Aufwendungen für den Hof und die königlichen Schlösser auf eine Summe, die zwischen zwölf und vierzehn Prozent der gesamten Staatsausgaben lag. Das waren zwischen 10 und 15 Millionen «livres» pro Jahr. Bis 1684 wurden für Versailles etwa 30 Millionen, für den Louvre 10, für das während der Revolution von 1789 zerstörte Marly 7, für Saint-Germain-en-Laye 5 und für das im Nordwesten des Parks von Versailles gelegene sogenannte «Porzellan-Trianon» (Trianon de Porcelaine) 3 Millionen verausgabt. Im Jahresdurchschnitt beliefen sich die Aufwendungen für Versailles während der Jahre zwischen 1678 und 1682 auf 3 853 000 «livres». Mit mehr als 8 Millionen wurde im Jahre 1685 ein Ausgabenrekord erreicht. Zweifellos verschlang die Errichtung der Gesamtanlage von Versailles immense Summen. In der Rückschau werden diese aber als eine alles in allem rentable Investition betrachtet. «Einzigartig in seinen Dimensionen, im Zusammenspiel aller Künste, in der auf einen Punkt des Landes verdichteten grandiosen Selbstdarstellung eines großen Monarchen, eines Regierungssystems, eines Lebensstils und Lebensgefühls, eines Landes, einer Kultur, einer unwiederholbaren Epoche geschichtlicher Entwicklung, wirkt (Versailles) über die Jahrhunderte hinweg» (Weis, Frankreich von 1661 bis 1789, 177).

Während sich in Deutschland das Aufblühen des Hofwesens entweder *vor* oder *gleichzeitig* mit dem Strukturwandel vom patriarchalischen Staat zur absoluten Monarchie vollzog, war dieser Strukturwandel bei

Ludwig XIV. (1643-1715) 205

der Übernahme der Selbstregierung durch Ludwig XIV. im Jahre 1661 bereits weitgehend abgeschlossen. Die Hofpolitik des «Sonnenkönigs» hatte deshalb hauptsächlich die Funktion, diese Errungenschaft nicht nur zu festigen, sondern sie auch weiter auszubauen und ihr den nötigen Glanz zu verleihen. In diesem Kontext gesehen, diente der Hof dem König als ein Instrument zur Kontrolle des mächtigen und einflußreichen Teils des Adels, der sogenannten Großen des Landes, die in «ihren» Provinzen eine beträchtliche Klientel mobilisieren konnten. Diese Hochadligen wurden unter Rekurs auf verschiedene Mittel, u. a. durch die Vergabe von lukrativen Pfründen und Pensionen, an den Hof gezogen, wo sie häufig, bedingt durch die hohen Kosten für Repräsentation und standesgemäßes Leben, mehr und mehr von der Gunst des Königs abhängig wurden. Madame de Maintenon (1635-1719) schätzte im Jahre 1678 die Mindestsumme, die ein kinderloser Adliger mit zwölf Dienstboten für die Finanzierung seines standesgemäßen Lebens in Versailles aufbringen mußte, auf rund 12000 «livres» im Jahr. Derartige Summen konnte auf die Dauer nur eine Minderheit des Adels aufbringen. Der Hof hatte also die Funktion, den Hochadel soweit wie möglich in die Klientel des Königs zu integrieren, ihn durch Etikette, Hofleben und damit gegebene Kontrolle immer mehr an die Person des Königs zu binden.

Der königliche Hof und die ihm zur Verfügung stehenden Schlösser, seit 1682 insbesondere Versailles als dauerhafte Residenz, dienten weiterhin dazu, die Größe, die Macht und die Reputation des Königs und der Monarchie nach außen hin und vor aller Welt zu dokumentieren. Versailles mit seinen von unter Ludwig XIV. angelegten Kanälen durchzogenen Gartenanlagen war auch in seinen Details auf Außenwirkung hin konzipiert, so z. B. die berühmte «Treppe der Botschafter» im Schloß, die zu den Prunkgemächern führte. Sie war aus vielfarbigem, kostbarem Marmor gestaltet, und ihre Fresken stellten Bewohner der ganzen Welt dar. Diese Treppe war auf eine imposante Büste des Königs ausgerichtet.

Schließlich manifestierte sich in der Ausgestaltung des Hofes auch die Absicht des Königs, die besten Künstler, Architekten, Maler, Poeten, Musiker und Schriftsteller Frankreichs um sich zu versammeln sowie die Hofgesellschaft zu unterhalten. Aber es ging ihm dabei um mehr als um praktisches Mäzenatentum eines Herrschers. Er verfolgte damit auch die Intention, das gesamte Kunstleben in Frankreich zu beeinflussen, zu prägen und zu lenken und im Interesse seiner Politik zu instrumentalisieren. In diesem Zusammenhang ist ebenfalls die Jean-Baptiste Colbert übertragene Aufgabe zu sehen, die Förderung von Literatur, Kunst und Wissenschaften zu organisieren und diese im Interesse der Selbstdarstellung des ludovizianischen monarchischen Absolutismus zu nutzen. Diesem Zwecke hatten z. B. auch die seit 1635 bestehende «Académie française», die durch Colbert im Bereich von Kultur und Wissenschaft im Jahre 1663 neubegründete «Académie des inscriptions» – von Zeitgenossen «la petite Académie» genannt –, die im selben Jahr reformierte «Académie de peinture et de sculpture», die 1666 von Colbert errichtete «Académie des sciences», die 1671 geschaffene «Académie d'architecture» sowie die 1672 gegründete «Académie royale de musique» zu dienen.

In den Jahren zwischen 1683 bis 1690 vollzog sich schrittweise ein Wandel in der spezifischen Bedeutung und Außenwirkung des Hofes, ein Wandel, der jedoch zumeist durch den äußeren Schein kaschiert wurde. Für oberflächliche zeitgenössische Beobachter erwies sich die Erhebung von Versailles im Jahre 1682 zur ständigen Residenz des Hofes geradezu als Fortsetzung und Krönung der Tendenzen der vergangenen Jahrzehnte. Seit jener Zeit veränderte sich Versailles indessen immer mehr zu einer trügerischen, äußeren Fassade, weil sich der Hof in jener Phase zunehmend von der Außenwelt abzuschließen begann. Von Versailles gingen immer weniger Impulse nach außen, es hörte auf, den Ton anzugeben. Nach 1690 hatte das königliche Mäzenatentum kaum noch nennenswerte Bedeutung. Zwar wirkte die «Versailler Kulisse nach außen noch eindrucksvoller als früher; nur hat sich das Leben von dort zurückgezogen, um sich, dem königlichen Einfluß entrückt, nach Paris und den Provinzstädten zu verlegen» (François, Der Hof Ludwigs XIV., 730). Zu diesem Wandel haben die aus den Kriegen und wirtschaftlichen Problemen resultierenden finanziellen Schwierigkeiten, das Altern des Königs und nicht zuletzt der wachsende Einfluß der Madame de Maintenon wesentlich beigetragen.

Das tägliche Leben Ludwigs XIV. vollzog sich weitestgehend in der Öffentlichkeit inmitten eines großen Hofstaates, der alles in allem rund 20 000 Personen umfaßte. Unter die vornehme, adlige Hofgesellschaft mischten sich in den weiträumigen Schloßanlagen Besucher, Schaulustige und zumeist eine beträchtliche Zahl von Bittstellern. Im Prinzip stand jedem Untertan das traditionelle Recht zu, dem König Bittgesuche (placets) zu überreichen. Seit 1661 hat Ludwig XIV. jene Praxis reglementiert, zugleich aber auch gefördert. Der Monarch sah darin eine willkommene Möglichkeit, sich mit den unmittelbaren Sorgen und Nöten seiner Untertanen vertraut zu machen. Später wurde in Versailles jeden Montag im Raum der Garde des Königs ein großer Tisch aufgestellt, auf dem die Bittgesuche von ihren Überbringern deponiert wurden. Bis 1683 war der Marquis de Louvois (1641–1691), Staatssekretär für das Kriegswesen und Minister (seit 1672), für die Weiterleitung dieser Gesuche verantwortlich. Sie wurden danach von den zuständigen Staatssekretären bearbeitet und alsbald – mit einem entsprechenden Bericht versehen – dem König vorgelegt, der dann jeden Fall persönlich entschied.

Am Hof gab es – sieht man einmal von der Spätphase ab – neben großen Festveranstaltungen, Theater- und Musikaufführungen auch vielfältige andere Möglichkeiten der Zerstreuung bis hin zum Glücksspiel und zu Vergnügungen flachster Art. Unter den großen, prächtig arrangierten Festveranstaltungen sind der Hofgesellschaft, den vornehmen Familien von Paris (la Cour et la Ville) und der Nachwelt das «Große Karusell» in den Tuilerien vom Juni 1662, das in den Gärten von Versailles im Frühling 1664 veranstaltete mehrtägige höfische Fest der «Vergnügungen der verzauberten Insel» (Plaisirs de l'île enchantée), das «Große Divertissement» von 1668 sowie das «Divertissement von Versailles» im Juli und August 1674 in besonders lebhafter Erinnerung geblieben. Die steigende Zahl der an diesen Veranstaltungen beteiligten Höflinge läßt auch die wachsende Attraktivität des Hofes deutlich erkennen. Waren 1664 auf dem Fest der «Plaisirs de l'île enchantée» nur rund 600 «courtisans» anwesend, so belief sich ihre Zahl vier Jahre später, anläßlich der Festlichkeiten im Zusammenhang mit dem Abschluß des Aachener Friedens (u. a. wurde Molières Komödie «Georges Dandin» aufgeführt) schon auf mehr als 1 500. Um 1680 lebten am Versailler Hof als Dauergäste circa 3 000 Adlige. Der Zustrom von Adligen, aber auch die steigende Zahl des Hofpersonals und der Dienstboten machten den Ausbau der 1671 offiziell gegründeten Stadt Versailles erforderlich.

Der König wirkte auf diejenigen besonders einschüchternd, die ihn nur aus der Ferne beobachten konnten und ihn daher schlecht kannten. Wenn aber einmal diese Barriere überwunden war – auch der König war in seinem Innern eher schüchtern –, dann entdeckten die Gesprächspartner einen liebenswürdigen Fürsten, der über ein hohes Maß an Takt, aber auch über Humor verfügte. Trotz aller durch die höfische Etikette gezogenen Grenzen war Ludwig XIV. bemüht, sein Bedürfnis nach freundschaftlichen Beziehungen dadurch nicht allzu stark einengen zu lassen. Solche freundschaftlichen Beziehungen unterhielt er z. B. zu Mazarin, zu Colbert, zu Louvois, zum Herzog von Saint-Aignan (1607–1687), zu einer Anzahl seiner Minister, zu seinen «Ersten Kammerdienern», aber auch zum «Oberintendanten der Musik des Königs» (surintendant de la musique du Roi) Jean-Baptiste Lully (1632–1687), der – wie man sagte – sich fast alles erlauben konnte, sowie zum berühmten Komödiendichter Jean-Baptiste Poquelin, genannt Molière (1622–1673) u. a.

Colberts lange anhaltendes enges Verhältnis zum König basierte in erster Linie auf dem uneingeschränkten Vertrauen, das Ludwig XIV. ihm entgegenbrachte. Seine Vertrauenswürdigkeit, Diskretion und Ergebenheit hat der Minister bei verschiedenen Anlässen und Gelegenheiten immer wieder unter Beweis gestellt. Er erwies sich aber nicht nur bei der Wahrnehmung der ihm übertragenen politisch-administrativen Funktionen als ergebener Diener des Königs, sondern entledigte sich auch sehr delikater Aufträge, welche die Privatsphäre des Königs betrafen, mit äußerster Diskretion. So ist bekannt, daß Colbert jedesmal, wenn bei der Mätresse des Königs, der Mademoiselle de La Vallière (1644–1710), eine Niederkunft bevorstand, auf Veranlassung des Monarchen alle erforderlichen Vorbereitungen zu treffen hatte. Vor allem mußte er dafür Sorge tragen, daß nur zuverlässige Personen hinzugezogen wurden, um über diese Vorgänge nichts an die Öffentlichkeit dringen zu lassen. Später, als die La Vallière die Gunst des Königs verloren und die Marquise de Montespan (1641–1707) ihren Platz eingenommen hatte, kümmerte sich die Frau Colberts um die Erziehung der Kinder der La Vallière, wohingegen Colbert selbst wiederum die Rolle eines Vertrauten des Königs bei der Montespan zu übernehmen hatte. Über ihn lief die Korrespondenz des Königs mit seinen jeweiligen Mätressen, wobei sich dieser zur Kennzeichnung der fraglichen Briefe fast stets derselben Formulierung bediente. Solche Briefe, «die keine Anschrift haben», so pflegte Ludwig XIV. in einem Begleitschreiben an seinen Minister anzukündigen, «sind für die Person bestimmt, die ich Euch bei meiner Abreise anempfohlen habe; Sie verstehen, wen ich meine.»

Eine Belastung der Beziehungen zwischen dem König und Colbert resultierte aus der sich verschärfenden Rivalität zwischen dem Generalkontrolleur der Finanzen und Louvois, die schließlich in offene Spannungen zwischen beiden Ministern umschlug. Daß man bei Ludwig XIV. auch schnell in Ungnade fallen konnte, belegt u. a. das Beispiel des Staatssekretärs für auswärtige Angelegenheiten Simon Arnauld, Marquis de Pomponne (1618–1699), der im November 1679 plötzlich entlassen wurde. Bei diesem Vorgang hatten aber auch Colbert und Louvois ihre Hände im Spiel. Der König warf Pomponne vor, während der Friedensverhandlungen in Nimwegen (1678/79) Schwäche und zu große Nachgiebigkeit gezeigt zu haben.

Die Lebensführung und seine Affären mit Mätressen sind von renommierten Geistlichen der Zeit, gelegentlich sogar vor versammelter Hofgesellschaft heftig kritisiert worden. Auch der König selbst war sich der Unrechtmäßigkeit und der moralischen Dimension seines Verhaltens bewußt. In seinen Memoiren gab er gegenüber dem Dauphin zu, daß er damit ein schlechtes Beispiel gegeben habe, dem dieser nicht folgen solle. Vor allem warnte der König den Dauphin davor, wegen einer Liebesaffäre die Staatsgeschäfte zu vernachlässigen. Insbesondere dürfe ein König sich von seiner Mätresse nicht in seinen politischen Entscheidungen beeinflussen lassen. Im übrigen müsse der König in derartigen Dingen größtmögliche Diskretion walten lassen. Daran hat sich Ludwig XIV. in allen seinen Affären zwischen 1661 und 1683 gehalten. So hat er z. B. zu Lebzeiten der Königin Maria-Theresia (1638–1883) diese in jeder Nacht aufgesucht.

Ludwig XIV. (1643–1715) 209

Die exakte Zahl der «heimlichen» Liebesaffären des Königs liegt nach wie vor im dunkeln. Am meisten bekanntgeworden sind seine Affären mit der unverheirateten Louise-Françoise de la Baume-le-Blanc, der späteren Herzogin von La Vallière (1644–1710), und mit der verheirateten Françoise-Athénais de Rochechouart, Marquise de Montespan (1641–1707). Aus der Beziehung mit der La Vallière, die wahrscheinlich von 1661 bis 1667 dauerte, gingen vier Kinder hervor, von denen zwei überlebten. Mademoiselle de Blois wurde 1667 legitimiert im Rahmen des Verfahrens, mit dem ihre Mutter zur Herzogin von Vaujours La Vallière erhoben wurde. Im Januar 1680 heiratete die legitimierte Tochter des Königs Louis Armand de Bourbon, Prince de Conti (1661–1709). Der Sohn, Louis de Bourbon, Graf von Vermandois (1667–1683) wurde im Februar 1669 legitimiert und im November desselben Jahres zum Admiral von Frankreich erhoben.

Die Marquise de Montespan schenkte dem König in den Jahren von 1667 bis 1681 acht Kinder, von denen vier das Erwachsenenalter erlangten. Louis-Auguste de Bourbon, Herzog von Maine (1670–1736), wurde im Dezember 1673 legitimiert. Ihm wurden bald darauf hohe militärische Chargen verliehen. Seine 1673 geborene und legitimierte Schwester, Louise-Françoise de Bourbon, Mademoiselle de Nantes, wurde bereits 1685 mit Ludwig III., Herzog von Bourbon-Condé († 1710) verheiratet. Deren 1677 geborene und 1681 legitimierte Schwester, Françoise-Marie de Bourbon, wie ihre Halbschwester Mademoiselle de Blois genannt, ehelichte im Februar 1692 Philippe II., Herzog von Orléans (1674–1723), den späteren Regenten. Das letzte überlebende Kind aus dieser Beziehung, Louis Alexandre de Bourbon, Graf von Toulouse (1678–1737), wurde im Jahre 1681 legitimiert, zwei Jahre später zum Admiral Frankreichs und 1694 zum Herzog und Pair von Damville erhoben. Wie diese Fakten belegen, ließ Ludwig XIV. auch seinen illegitim geborenen Kindern große väterliche Fürsorge zuteil werden.

## Innenpolitik

Der bekannte deutsche Naturrechtslehrer und Reichspublizist Pufendorf hat in seiner 1667 veröffentlichten Schrift «De statu Imperii Germanici» über Frankreich gesagt, daß es über eine «reguläre monarchische Staatsform» verfüge, «in Deutschland dagegen eine aufgelöste Verfassung» zu konstatieren sei (Pufendorf, Die Verfassung des deutschen Reiches, 115). Wie bereits ausgeführt, war in Frankreich der Strukturwandel vom patriarchalischen Staat zur absoluten Monarchie bei der Übernahme der Selbstregierung durch Ludwig XIV. im Jahre 1661 bereits weitgehend abgeschlossen. Der König führte einen neuen Stil ein, den der direkten Regierung durch den Monarchen. Außerdem zeigten sich gegenüber der Renaissance-Monarchie, gegenüber dem von dem

Staatstheoretiker Jean Bodin (1529/30–1596) propagierten Staatsideal der «Monarchie Royale ou legitime», Veränderungen in Theorie und Praxis des monarchischen Absolutismus.

Im Frankreich der sogenannten Religionskriege und der damit verknüpften Krise der Dynastie und Gesellschaft während der zweiten Hälfte des 16. Jahrhunderts waren der weitgehende Konsens zwischen Krone und Untertanen, waren Stabilität und Harmonie der «Monarchie Royale» tiefgreifend erschüttert. Vor diesem Hintergrund betrachtet, erscheinen Bodins Souveränitätslehre, seine Konzeption des absoluten, souveränen Königtums, vor allem als Reaktion auf das Krisensyndrom, von dem die Renaissance-Monarchie, die «Monarchie Royale», befallen war.

Das von Bodin entworfene Konzept des souveränen Fürsten unterscheidet sich aber sowohl in theoretischer als auch in praktischer Hinsicht erheblich von dem Erscheinungsbild des absoluten Monarchen des 17. Jahrhunderts. Zwar wurden sowohl von den französischen Königen als auch von den Theoretikern des monarchischen Absolutismus die von Bodin postulierten Grenzen der Macht des souveränen Fürsten grundsätzlich nicht nur nicht in Frage gestellt, sondern in ihrer Verbindlichkeit auch für den absoluten Monarchen ihrer Zeit immer wieder betont. Gleichwohl läßt jedoch eine genauere Analyse der Schriften der Theoretiker und der praktischen Politik der französischen Könige erkennen, daß sich etwa seit dem Ende der Regierung Heinrichs IV. (1589–1610) sowohl in der politischen Theorie als auch in der Praxis das Herrscherbild des gemäßigten Fürsten zu demjenigen des absoluten Königs wandelte.

Es ist festzustellen, daß der Begriff des «Gottesgnadentums» (droit divin) sowohl in den Schriften der Staatstheoretiker als auch in politischen Verlautbarungen seit den ersten Jahrzehnten des 17. Jahrhunderts zur Rechtfertigung des absoluten Königtums, zur Überhöhung der Position des Monarchen, in zunehmendem Maße an Bedeutung gewann. Die Befürworter des «droit divin» vertraten in Anknüpfung an den Römerbrief 13 des Neuen Testaments die Ansicht, daß der König unmittelbar von Gott eingesetzt sei und daß alle staatliche Gewalt direkt und ohne Einschaltung einer Zwischeninstanz von Gott stamme.

Durch die Rezeption der Doktrin des «droit divin» hat das französische Königtum zweifellos eine erhebliche Steigerung seiner Macht erreicht und die souveräne Staatsgewalt ihre letzte Überwölbung und Fundierung erfahren. Auch Ludwig XIV. und die ihm nahestehenden politischen Theoretiker und Apologeten hatten sich die Lehre des «Gottesgnadentums» zu eigen gemacht. Wenn auch das Prinzip der direkten Delegation der Macht von Gott auf den Monarchen unter Ausschluß «intermediärer Gewalten» in Schriften des Königs nicht direkt erwähnt wird, ist doch wegen der in ihnen so zahlreich enthaltenen eindeutigen

Belege nicht zu bezweifeln, daß der «Sonnenkönig» die Doktrin vom «göttlichen Recht» uneingeschränkt rezipiert hat. Der sich in diesem gesamten Vorgang manifestierende Wandel gegenüber dem gemäßigten Königtum des ausgehenden 16. und des frühen 17. Jahrhunderts stieß jedoch schon während der ersten Hälfte der persönlichen Regierung Ludwigs XIV. auf Kritik.

Dieser Wandel fand auch in anderen Entwicklungen seinen Niederschlag. Er zeigt sich in der seit den 30er Jahren des 17. Jahrhunderts stärker werdenden Betonung der außerordentlichen Befugnisse des Monarchen, die ihm für den Fall äußerster Bedrohung des Staates, über deren tatsächliches Vorhandensein letztlich er selbst entschied, von den Theoretikern des Absolutismus eingeräumt wurden. Aus Gründen der Staatsräson und im Interesse des öffentlichen Wohls (salut public) wurde ihm das Recht zuerkannt, sich über die ihm gesetzten Schranken seiner Macht hinwegzusetzen. «Necessitas omnem legem frangit» (Die Not kennt kein Gesetz), so formulierte der in den Jahren des Dreißigjährigen Krieges schreibende Jurist und Theoretiker der Souveränität, Cardin Le Bret (1558?–1655).

Für die Theoretiker sowie für die Praktiker in Regierung und Administration waren die von Bodin so stark betonten Strukturprinzipien der «Monarchie Royale», der gemäßigten Renaissance-Monarchie, nur noch von untergeordneter Bedeutung. In der französischen absoluten Monarchie, die im 17. Jahrhundert – von relativ kurzen Unterbrechungen abgesehen – mit einer langen Kriegsperiode konfrontiert war, bestand der aus der Achtung der Rechte und Privilegien der sozialen Gruppen resultierende Konsens zwischen König und Untertanen nicht mehr, weil in der Politik das Prinzip der Staatsräson dominierte, das «Notstandsregiment» den Rückgriff auf die «außerordentlichen Befugnisse» (pouvoirs extraordinaires) und damit Eingriffe sowohl in das Eigentum der Untertanen als auch in die Privilegien und Freiheiten der autonomen politischen Organe und Kräfte rechtfertigte, und weil der Staat in einem bis dahin nicht gekannten Maße mystifiziert und von den Untertanen abgehoben wurde. Herrschaftstitel und Herrschaftspraxis von Ludwig XIII. bis zu Ludwig XIV. entsprachen nicht mehr dem traditionellen Fürstenideal der gemäßigten Monarchie, der Renaissance-Monarchie. Dieser Wandel schlug sich natürlich auch in der politischen Organisation Frankreichs nieder, die seit dem Ende des 16. Jahrhunderts – von kurzen Unterbrechungen abgesehen – immer mehr von Zentralisierungstendenzen der Krone geprägt wurde. Gleichwohl dürfen diese in ihrer praktischen Wirkung nicht überschätzt werden, denn ihnen standen zahlreiche Hindernisse entgegen, die auch die absolute Monarchie letztlich nicht überwinden konnte.

Als Ludwig XIV. nach dem Tode Mazarins im März 1661 entgegen allgemeiner Erwartung keinen «Ersten Minister» ernannte, wollte er vor aller Welt seinen Entschluß dokumentieren, die bei der Krone liegende Entscheidungsgewalt in allen staatlich-politischen Angelegenheiten selbst auszuüben. Der französische König wurde sozusagen sein eigener «Erster Minister». Als Berater dienten ihm die Minister, Staatssekretäre und in einem gewissen Umfang der Kanzler, die als einzige an den politischen Entscheidungsprozessen wahrnehmbar beteiligt waren und in den verschiedenen Sektionen des «Königlichen Rates» (Conseil du Roi) eine maßgebliche Rolle spielten. Angehörige des Hochadels schloß der König von der Mitwirkung an den Regierungsgeschäften weitgehend aus, ohne jedoch die wirtschaftlichen und sozialen Privilegien des Adels anzutasten. Seine Minister und Staatssekretäre rekrutierte er – von wenigen Ausnahmen abgesehen – aus dem «Amts- und Dienstadel» bzw. dem niederen Adel und nicht aus dem hohen «Schwert- und Geburtsadel» oder dem hohen Klerus.

Die von Ludwig XIV. zu Beginn seiner persönlichen Regierung durchgeführte Reorganisation des Königlichen Rates (März u. April, September 1661), dessen verschiedene Gremien ihren Funktionen entsprechend hierarchisch gegliedert wurden, bezweckte vor allem die Eliminierung von Einflüssen und Gewalten, die sich in der Vergangenheit – so z. B. während der Fronde – als ernste Belastung für die Krone erwiesen hatten. Von diesem Vorgang, der die Grundstruktur des «Königlichen Rates» bis 1789 ohne wesentliche Veränderungen prägte, wurde hauptsächlich der Hochadel betroffen, dessen Angehörige – von Einzelfällen abgesehen – nicht mehr in die Ratsgremien für Regierungsangelegenheiten (Conseils de gouvernement) berufen wurden. Diese Ratsgremien für Regierungsangelegenheiten, an der Spitze das politisch wichtigste Organ, der «Conseil d'En Haut», der «Depeschenrat» (Conseil des dépêches) für Provinzangelegenheiten, der «Finanzrat» (Conseil des finances), der «Handelsrat» (Conseil de commerce), vereinigten jedes für sich weniger als zehn Personen: Minister, Staatssekretäre, einige Staatsräte, sogenannte «maîtres des requêtes», hochgestellte «Beamte» (officiers), den Kanzler sowie den Generalkontrolleur der Finanzen (Contrôleur général des Finances, der den Titel seit 1665 führte). Die Sitzungen der Ratsgremien für Regierungsangelegenheiten fanden unter der Leitung des Königs statt, zumindest im Prinzip. Dies gilt nicht für die verschiedenen Ratsgremien für Verwaltungs- und Justizangelegenheiten (Conseils d'administration et de contentieux), wo der Kanzler den Vorsitz führte. Kann man dem zu den Kritikern des Königs gehörenden Herzog von Saint-Simon (1675–1755) Glauben schenken, ist Ludwig XIV. in den vierundfünfzig Jahren seiner persönlichen Regierung nur sechsmal nicht der Mehrheit seines Ministerrates gefolgt. Die Sitzungen der verschiedenen Sektionen des Königlichen Rates fanden regelmäßig in zumeist kurzen Abständen an bestimmten Wochentagen statt. Erst gegen Ende der Regierung des Königs verlangsamte sich der Rhythmus der

Sitzungen, was aber der Arbeit des Königs und der Autorität seiner «grands commis», den aus dem Bürgertum aufgestiegenen Ministern (Staatssekretären), zugute kam.

Unter den Ministern und Staatssekretären konkurrierten drei Dynastien mehr oder minder heftig miteinander. Dies trifft insbesondere auf den «Clan» Colbert und den «Clan» Le Tellier de Louvois zu, die beide für die Sektoren der Finanzen, der Wirtschaft, Verwaltung und der auswärtigen Angelegenheiten (Colbert) sowie für das Militär- und Kriegswesen (Le Tellier, Louvois) brillante und einflußreiche Minister gestellt haben. Die dritte «Familiendynastie» bildeten die Phélypeaux, die sich seit Heinrich IV. (1589–1610) in Spitzenpositionen der Monarchie etablieren konnte.

Auch die althergebrachten Vertreter der Krone in den Provinzen, die Gouverneure, die traditionell dem hohen Adel angehörten, wurden aus ihren «gouvernements» entfernt, um ihnen ihre potentiell gefährliche Machtbasis zu entziehen. Seit 1661 durften sie sich nur noch mit formeller Einwilligung des Königs für gewöhnlich wenige Wochen in ihre Amtsgebiete begeben. Die noch während der ersten Hälfte des 17. Jahrhunderts auf administrativem und jurisdiktionellem Sektor von den Gouverneuren wahrgenommenen Aufgaben wurden nun mehr und mehr von den Intendanten ausgeübt. Diese unmittelbaren, jederzeit abberufbaren Kommissare des Königs, die zu seiner Klientel gehörten, haben unter Ludwig XIV. als Instrumente zur Konzentration der Verwaltung und zur Stärkung der Autorität des Königs in den Provinzen eine kaum zu überschätzende Rolle gespielt. Colbert hat sich ihrer bei der Wahrnehmung seiner vielfältigen Aufgaben in hohem Maße seit 1661 bedient.

Das bei den Gouverneuren praktizierte Verfahren, den größten Teil ihrer Funktionen anderen vom König abhängigen Organen zu übertragen, ohne diese Institution «de jure» abzuschaffen, wurde auch gegenüber anderen althergebrachten Einrichtungen und ständischen Korporationen angewendet. Es kann für die Politik des französischen Absolutismus als geradezu charakteristisch angesehen werden. Ebenso kennzeichnend für den monarchischen Absolutismus, selbst eines Ludwigs XIV., ist aber, daß auch dieser zur Durchsetzung seiner Interessen und seiner Politik nicht auf ein weitgefächertes Netz von Patronage- und Klientelbeziehungen verzichten konnte, was ebenfalls ein Beleg für die Grenzen der rein auf der Befehlsgewalt beruhenden Durchsetzungsmöglichkeiten des absoluten Herrschers ist. Charakteristisch für Patronage- und Klientelbeziehungen sind die Ungleichheit der Macht- und Mittelausstattung von Patron und Klient sowie ein relativ dauerhaftes, zunächst persönliches Verhältnis dieser Partner auf Gegenseitigkeit, wobei Schutz und Chancen gegenüber Dienst und Ergebenheit standen.

Ein großer Teil der staatlichen Administration lag aber nach wie vor in den Händen der königlichen «Beamten» (officiers). Ihre Ämter (offices), die in Anlehnung an Charles Loyseau (1564–1627) als «von öffentlichen Funktionen begleitete soziale Würden» definiert werden können, waren seit langem käuflich und konnten von ihren Eigentümern bei Erfüllung bestimmter Voraussetzungen verkauft oder vererbt werden. Von nicht zu unterschätzender materieller Bedeutung waren für die «officiers» die mit den Ämtern verknüpften Privilegien, insbesondere die weitgehende Steuerfreiheit. Hinzu kamen die mit dem Ämterkauf verbundenen Möglichkeiten des sozialen Aufstiegs bis in hohe Staatsstellungen in Verwaltung und Justiz und damit in den Adel, denn bekanntlich war über den Erwerb und die Ausübung bestimmter Ämter die Nobilitierung erreichbar. Diese materiellen Vorteile und Möglichkeiten der sozialen Aufstiegsmobilität sowie die Tatsache, daß der Ämterkauf eine ziemlich risikolose Kapitalanlage war, hatten zur Folge, daß sich der Erwerb von Ämtern größter Beliebtheit erfreute.

Die Unabsetzbarkeit der «Beamten» und die faktische Erblichkeit der Ämter hatten dazu geführt, daß ihre Inhaber sich verhältnismäßig unabhängig von der Staatsspitze fühlten und ein stark ausgeprägtes korporatives Bewußtsein entwickelt hatten. Dies hatte wiederholt zu Widerständen der «officiers» gegen Maßnahmen der Regierung und zu entsprechenden Reaktionen der Krone geführt, die gegen Ende der Regierung Ludwigs XIII. mehr und mehr dazu überging, das Prestige, vor allem aber die Kompetenzen der Justiz- und Finanzbeamten einzuschränken und sie anderen, vom König stärker abhängigen Organen, vor allem den Sektionen des Königlichen Rates und den Intendanten, zu übertragen. So verfügte im Juli 1661 Ludwig XIV. im «Conseil d'En Haut», daß die Parlamente, die obersten Finanz- und Steuergerichte, die neben ihren jurisdiktionellen auch administrative Funktionen ausübten, letztinstanzliche Urteile und Verordnungen (arrêts) der Sektionen des Königlichen Rates anzuerkennen und ihnen Rechnung zu tragen hatten. Aber sowohl der «Conseil Privé» als auch die übrigen Gremien des «Conseil du Roi» gingen in der Wahrnehmung ihrer rechtlichen Möglichkeiten gegenüber den Parlamenten in den Jahren zwischen 1661 und 1715 sehr behutsam vor. Politischen Ambitionen trat die Regierung aber mit Entschiedenheit entgegen. Sie war indessen um Ausgleich und Wahrung entspannter Beziehungen zu den Parlamenten bemüht, solange sich diese im Rahmen ihrer jurisdiktionellen Kompetenzen bewegten. Colbert ist während seiner Ministertätigkeit unter Ludwig XIV. jeglichen Obstruktionsversuchen seitens einzelner Beamtenkorporationen oder Parlamente stets mit Entschiedenheit entgegengetreten.

Wesentlichen Anteil an der Reorganisation und Konzentration von Verwaltung und Justiz unter Ludwig XIV. hatte Colbert. Zunächst im Dienste Mazarins, war er seit 1661 kontinuierlich in höchste Staatspositionen aufgestiegen. Bereits 1661 wurde er nach dem Sturz des Oberintendanten der Finanzen, Nicolas Fouquet (1615–1680), an dessen Fall er maßgeblichen Anteil hatte, vom König in den «Conseil d'En Haut» berufen und mit der Verwaltung des gesamten Bereichs der Staatsfinanzen betraut. Als Colbert schließlich im August 1670, nachdem er in den Jahren zuvor bereits mit einer Reihe anderer Funktionen betraut worden war (secrétaire d'État de la maison du Roi, 1669), noch zum «Großmeister und Oberintendanten der Bergwerke und des Bergbaus in Frankreich» (grand-maître et surintendant des mines et minières de France) ernannt wurde, vereinigte er mit Ausnahme der Ressorts Kriegswesen, auswärtige Angelegenheiten und Polizei fast alle wichtigen Bereiche der Zentralverwaltung und Staatsämter in seinen Händen. Und obwohl er nicht direkt für das Heer zuständig war, erlaubten es ihm seine Kompetenzen als Generalkontrolleur der Finanzen, auch auf jenem Sektor beträchtliche Aktivitäten zu entfalten. Außerdem teilte er sich mit François-Michel Le Tellier, Marquis de Louvois (1641–1691), dem Minister und Staatssekretär für das Kriegswesen, die Verantwortung für die Befestigungswerke. Selbst mit den französischen Botschaftern und diplomatischen Vertretern im Ausland unterhielt er regelmäßige Kontakte, wofür es in seiner – nur teilweise publizierten – äußerst umfangreichen Korrespondenz eindeutige Belege gibt. Dank der außerordentlichen Kumulation von Zuständigkeiten, Chargen und Titeln, die er seit 1661 mit Zielstrebigkeit betrieben hat, war Colbert zur beherrschenden Figur der Zentralregierung geworden. Er verstand es meisterhaft, bei all seinem Tun dem vom König 1661 verkündeten Entschluß, zukünftig die Regierungstätigkeit selbst auszuüben, Rechnung zu tragen und diesen in seiner Überzeugung zu stärken, daß alle wesentlichen Angelegenheiten von ihm selbst entschieden würden.

Bei der Konzeption und Durchführung der bereits angesprochenen Reorganisation des «Königlichen Rates» (Conseil du Roi) zu Beginn der persönlichen Regierung Ludwigs XIV. hat Colbert zwar diskret im Hintergrund, aber dennoch sehr effektiv mitgewirkt. Wichtigstes Instrument Colberts zur Konzentration der Administration und zur Verstärkung der Autorität des Königs in den Provinzen waren die Intendanten. Nach 1661 ging die Ernennung der Intendanten, die lange Zeit eine Domäne des Kanzlers war, fast ausschließlich auf Colbert über. Generell verlor der Kanzler bei diesem Prozeß der Reorganisation und Konzentration von Verwaltung und Justiz erheblich an Einfluß. Mit seiner Entfernung aus dem «Conseil d'En Haut» schied der Inhaber eines der alten Kronämter, der seit jeher an der Spitze der Magistratur und der Sektionen des «Königlichen Rates» gestanden hatte, aus dem politisch wichtigsten Ratsgremium aus. Aber trotz aller nicht zu bestreitenden Erfolge des Generalkontrolleurs beim Ausbau der Institution der Intendanten und der daraus resultierenden – zumindest teilweise – strafferen Unterordnung der alten regionalen und lokalen Gewalten unter die Funktionsträger der Zentrale ist es auch ihm auf Dauer nicht gelungen, das historisch gewachsene und auch selbst für die Zeitgenossen nur schwer überschaubare Übereinander und Nebeneinander regionaler und kommunaler Institutionen, Kräfte und Gewalten, deren Zuständigkeiten nur selten eindeutig fixiert waren, sich vielmehr zumeist überlagerten, grundlegend zu reformieren und eine Entflechtung und Vereinheitlichung der Strukturen der Provinzialadministration herbeizuführen. Auch bei seinen Bemühungen um eine Reduzierung – wenn nicht Abschaffung – der käuflichen Ämter hat er nur Teilerfolge erringen können.

Maßgeblich mitgewirkt hat Colbert an den Arbeiten zur «Reform der Justiz», die zum Erlaß der «Ordonnanz betreffend die Reform der Justiz» (Ordonnance civile touchant la réformation de la Justice) im April 1667 führten. Gleiches gilt für das zweite große Gesetzgebungswerk, die «Ordonnance criminelle» (1670), die den Bereich der Strafprozesse betraf und ebenfalls auf Colberts Initiative zurückging. Die übrigen großen Gesetzeswerke, deren Entstehung und Verwirklichung wesentlich von Colbert betrieben wurden, befaßten sich mit so wichtigen Materien wie dem Forstwesen (Ordonnance portant règlement sur les Eaux et Forêts, 1669), der Handelsgesetzgebung (Ordonnance du commerce, 1673), der Handelsmarine (Ordonnance de la marine, 1681) und der Rechtsstellung der Sklaven in den Kolonien (Code noir, 1685). Diese – von der Sache her leichter einzugrenzenden und besser überschaubaren – Bereiche eröffneten Ludwigs XIV. und Colberts Reformbemühungen größere Möglichkeiten zu wirkungsvoller Tätigkeit. Und in der Tat gehören diese Ordonnanzen zu den erfolgreichsten.

Eine gewisse Neuordnung und Sanierung gelang Colbert auch auf dem äußerst wichtigen Sektor der Finanzen. Die Verbesserung der Einnahmen des Königs sowie die Beseitigung der gravierenden Mißstände auf fiskalischem Gebiet waren die vordringlichsten Aufgaben, vor die sich Colbert 1661 gestellt sah. Trotz beachtlicher Erfolge, die ganz erheblich von einer längeren Friedensperiode begünstigt wurden, kann jedoch den Verbesserungen auf fiskalischem Sektor nicht der Charakter einer grundlegenden und umfassenden Reform zuerkannt werden. Der Minister hatte zwar erste Schritte eingeleitet, das veraltete, überaus komplizierte und für die Betroffenen nur schwer durchschaubare und unpopuläre Steuersystem entscheidend zu reformieren, er scheiterte jedoch an unüberwindbaren Widerständen. Mit dem Beginn des Krieges (1672) gegen die Republik der Vereinigten Niederlande sah sich nun auch Colbert zum Rückgriff auf diejenigen Aushilfsmittel und Finanzierungspraktiken gezwungen, die er bis vor kurzem noch mit aller Energie bekämpft hatte. Enttäuschung und Resignation kennzeichnen daher seine Ausführungen in einer Denkschrift aus dem Jahre 1680, in der er den König mit geradezu beschwörenden Worten zu sparsamerer Haushaltsführung aufforderte: «Was die Ausgaben betrifft, so flehe ich, obgleich mich dies nichts angeht, Eure Majestät an, mir zu erlauben, Ihr zu sagen, daß Ihr in Krieg und Frieden bei Ausgabebeschlüssen niemals den Zustand der Finanzen berücksichtigt habt, was so ungewöhnlich ist, daß es dafür ganz sicher kein Beispiel gibt» (Malettke, Colbert, 64). Wesentlich hinter seinen hochgesteckten Erwartungen zurück blieben auch die Resultate der vielfältigen Aktivitäten Colberts auf den Sektoren der Wirtschaft und des Handels. Dies zeigt sich einmal bei seinen Bemühungen, große französische Seehandelskompanien zu gründen. Es war Colberts ehrgeiziges Ziel, den überaus erfolgreichen Handelskompanien der Vereinigten Niederlande nicht nur nachzueifern, sondern sie im gewinnbringenden Handel mit West- und Ostindien, im Mittelmeer sowie in der Nord- und Ostsee zu überflügeln und auf längere Sicht als Konkurrenten ganz auszuschalten. Alles in allem stießen seine Aktivitäten nicht auf die erhoffte positive Resonanz. Schon im ersten Jahrzehnt nach ihrer Gründung im Jahre 1664 fristete die «Ostindische Handelskompanie» (Compagnie des Indes Orientales) nur ein kümmerliches Dasein. Die Entwicklung der anderen, ebenfalls 1664 geschaffenen «Westindischen Handelskompanie» (Compagnie des Indes Occidentales) nahm einen eher noch ungünstigeren Verlauf. Auch die «Nordkompanie» (Compagnie du Nord, 1669) und die «Levante-Kompanie» (Compagnie du Levant, 1670) blieben für die Eigentümer von Anteilen ein Verlustgeschäft. Die Kompanien konnten die von Colbert in sie gesetzten hohen Erwartungen nicht erfüllen und scheiterten an äußeren und inneren Widerständen. Dennoch wird man trotz der nicht zu bestreitenden Mißerfolge diesen mit so großen Hoffnungen verbundenen Unternehmungen – auf lange Sicht gesehen – wohl nicht jegliche positive Wirkung absprechen können. Sie haben sicherlich dazu beigetragen, daß die sich für wagemutige Reeder und Kaufleute im West- und Ostindienhandel eröffnenden Möglichkeiten in Frankreich stärkere Beachtung fanden.

Bei seinen Bemühungen, die starke Zersplitterung des Königreichs in unterschiedliche Zollgebiete abzubauen und somit den Warenverkehr zu erleichtern, hat der Minister ebenfalls nur einen Teilerfolg erzielen können, der hinter den von ihm bei seinen Vorarbeiten zum Zolltarif von 1664 formulierten weitergehenden Intentionen zurückblieb. Mit zahlreichen Widerständen hatte er sich auch bei seinen Bemühungen um die Steigerung der Warenproduktion und um die in diesem Zusammenhang zu sehende Errichtung von Manufakturen auseinanderzusetzen. Colbert hat diese Aufgabe in vollem Umfang erkannt und sich ihr mit besonderer Energie bis zu seinem Tode (6. 9. 1683) gewidmet. Trotz aller materieller Förderungsangebote entsprach jedoch die Resonanz der privaten Unternehmer und der angesprochenen Städte nicht den hochgesteckten Erwartungen des Ministers. Er scheute deshalb auch in diesem Bereich nicht vor Pressionen und Zwang zurück, um Finanziers, Steuerpächter und städtische Gemeinden zu Beteiligungen an Manufakturbetrieben zu bewegen, Beteiligungen, derer sich diese bei günstiger Gelegenheit wieder zu entledigen trachteten.

Eine exakte Bilanz der Manufakturpolitik Colberts läßt sich beim gegenwärtigen Stand der Forschung noch nicht ziehen. Dennoch gibt es Hinweise dafür, daß manches allzu negative Urteil korrekturbedürftig ist. Sicher ist, daß niemals zuvor über einen Zeitraum von rund zehn Jahren Handel und Manufakturen durch das königliche Budget so nachhaltig und mit solchen Summen unterstützt worden sind, die sich häufig fast auf eine Million «livres» beliefen. Sicher ist ebenfalls, daß Colbert bei seinen Bemühungen um die Erneuerung der königlichen Marine, die bei seiner Berufung in den «Conseil d'En Haut» praktisch nicht mehr existierte, sowie bei seinen vielfältigen Förderungsmaßnahmen zum planmäßigen Ausbau der Handelsmarine bemerkenswerte Erfolge hat erzielen können.

Beim gegenwärtigen Forschungsstand sprechen einige Ergebnisse für die Annahme, daß Frankreich im Friedensjahrzehnt von 1661 bis 1672, das nur durch den kurzen Devolutionskrieg (1667/68) unterbrochen wurde, eine gewisse wirtschaftliche Erholung erfahren hat, die jedoch noch keine Wende in der langfristigen Depressionsphase zur Folge hatte. Ob diese relative Verbesserung der Lage in einzelnen Bereichen der Wirtschaft als Verdienst Colberts und nicht als Folge dieses Friedensjahrzehnts zu werten ist, bleibt auch weiterhin eine offene Frage, deren endgültige Beantwortung weiteren Spezialuntersuchungen vorbehalten bleiben muß. Wahrscheinlich haben sich Colberts vielfältige Bemühungen um die Förderung der Wirtschaft und die positiven Impulse dieser Friedensjahre ergänzt und somit gemeinsam zur zeitweiligen Erholung der wirtschaftlichen Verhältnisse beigetragen.

Ohne große und originelle Konzeptionen versuchten die Nachfolger Colberts im wesentlichen nur den durch Kriege verursachten wachsenden Finanzproblemen durch traditionelle und diskutable Mittel zu begegnen und in ihren negativen Auswirkungen zu begrenzen. «Nur der letzte Generalkontrolleur der Finanzen unter Ludwig XIV., Desmarets [1648–1721, im Amt 1708–1715], war weitblickend und erkannte bereits die Schwächen» der Politik Colberts (Weis, Frankreich von 1661 bis 1789, 191).

Zu den Ludwig XIV. treuergebenen und auf Grund ihrer Leistungen herausragenden Ministern gehörten auch Michel Le Tellier (1603–1685) und sein Sohn François-Michel Le Tellier, Marquis de Louvois (1641–1691). Ihre Domäne waren die Heeresadministration und das Kriegswesen. Die moderne Organisation und Perfektionierung der französischen Armee unter Ludwig XIV., die dadurch zu einem effektiveren Instrument der politischen und militärischen Offensive wurde, waren ihr Werk. Michel Le Tellier, ein kluger, in der Verwaltung äußerst erfahrener, aber auch ehrgeiziger Mann, entstammte einer Familie, deren bedeutendste Angehörige über Ämterkarrieren den sozialen Aufstieg aus dem Kaufmannsstand in den Amtsadel bis in höchste Staatsstellungen vollzogen hatten. Im April 1643 wurde Michel Le Tellier «Staatssekretär für das Kriegswesen» (secrétaire d'État à la guerre) und damit für die französische Armee verantwortlich. Seit 1661 Minister im «Conseil d'En Haut», beteiligte er in den folgenden Jahren seinen Sohn Louvois mehr und mehr an seinen Aufgaben als «Staatssekretär für das Kriegswesen». Seit 1664 übten Vater und Sohn diese Aufgaben gemeinsam aus, bis sich Le Tellier 1677 nach seiner Ernennung zum Kanzler aus seiner bisherigen Funktion völlig zurückzog. Louvois war bereits 1672 durch seine Berufung in den «Conseil d'En Haut» Minister geworden.

Die Le Telliers organisierten nicht nur eine zeitgemäße Militäradministration, die sich ebenfalls vornehmlich auf Angehörige von Amtsfamilien (gens de robe) stützte, sondern modernisierten auch die Ausbildung und die Karrieren der Offiziere, verbesserten die militärische Disziplin und die Ausrüstung. Es ist vor allem dem engagierten Wirken dieser beiden herausragenden Männer zu verdanken, daß die Effektivstärke der französischen Armee von 55000 Mann im Jahre 1662 auf 400000 Mann im Jahre 1690 gesteigert werden konnte.

Natürlich gab es gegen die unter Ludwig XIV. betriebene Politik Widerstände, die nicht nur mehr oder weniger passiver Natur waren, sondern darüber hinausgingen. So stellte angesichts der zunehmenden Entmachtung der obersten Gerichte, Landstände, Provinzialgouverneure und Munizipalitäten durch die Zentralgewalt rund ein Dutzend Autoren meist adliger Herkunft dem seit Richelieu propagierten Credo des «droit divin» die Theorie einer durch Herrschaftsvertrag begründeten und gebundenen Monarchie entgegen. Diese Kritiker forderten institutionelle Kontrollen der königlichen Legislativ- und Exekutivgewalt durch Generalstände (Steuerbewilligungsrecht), Parlamente und aristokratische Regierungsbeteiligung. Manche unter ihnen schlossen sogar den notwehrartigen Widerstand gegen den ungerechten, die «Fundamentalgesetze» (lois fondamentales) des Königreichs mißachtenden «Tyrannen» nicht aus.

Nicht zufällig kam es im Laufe der Jahre 1674/75, also während des Krieges gegen die Vereinigten Niederlande, zu drei Adelskonspirationen, von denen zwei einen deutlich hugenottischen Einschlag aufwiesen. Unter führender Beteiligung von Adligen wurde im Frühjahr 1674 der großangelegte Plan betrieben, das Roussillon für Truppen Spaniens zu öffnen, mit dem sich Frankreich im Krieg befand. Ebenfalls im Frühjahr 1674 versuchten Provinzadlige der Normandie, die in der Monarchie den größten Anteil an der «Taille-Steuer» aufzubringen hatte, unter der Führung des hochadligen Louis de Rohan-Guémené, genannt «Chevalier de Rohan» (1635–1674), und des Edelmanns (gentilhomme) Latréaumont eine allgemeine Erhebung in der Normandie ins Werk zu setzen. Mit aktiver Unterstützung durch den Gouverneur der Spanischen Niederlande und durch Wilhelm III. von Oranien (1650–1702), zu denen die Verschwörer direkte Kontakte hatten, sollte die Normandie zu einer «Freien Republik» (république libre) gemacht werden. Und wiederum im Frühjahr 1674 versuchte der hugenottische Adlige Sardan de Paul eine bewaffnete Erhebung im Süden Frankreichs zu organisieren, die das Languedoc, die Gascogne, die Bretagne, die Provence und die Dauphiné umfassen sollte. Im Verlauf seiner Aktivitäten erreichte er den Abschluß förmlicher Verträge mit Wilhelm III. von Oranien (21.4. 1674) und mit Spanien (23.7. 1674). Am Wiener Hof ging man dagegen auf entsprechende Angebote Sardans, die er 1675 und 1678 unterbreitete, nicht ein. Die in Manifesten, Verträgen und Denkschriften enthaltenen Programme der Konspirateure, die allesamt letztlich mit ihren Vorhaben scheiterten, weisen einen stark aristokratisch-reaktionären Charakter auf. Zwar forderten sie die Einberufung der Generalstände, die Beseitigung des zentralistischen Steuersystems, die Abschaffung der Ämterkäuflichkeit, die politisch-soziale Gleichstellung der französischen Protestanten, aber ihr eigentliches Ziel war nicht das Volkswohl, sondern die Wiederherstellung der ständischen und provinzialen Libertäten. Mit den meisten ihrer politischen und sozialen Zielvorstellungen befanden sich die Verschwörer in der Tradition der Adelserhebungen zur Zeit Richelieus und der Fronde.

Bei seinen Bemühungen, Geist und Gewissen seiner Untertanen im Sinne der Vereinheitlichung zu disziplinieren, ist Ludwig XIV. – insgesamt gesehen – gescheitert. Dies gilt für seine Auseinandersetzungen mit dem Papsttum, mit dem Jansenismus und mit dem französischen Protestantismus.

Als Instrument seiner Herrschaft betrachtete Ludwig XIV. auch die französische katholische Kirche, die er deshalb soweit wie möglich von sich abhängig machen wollte. Dabei kam ihm der in der Monarchie traditionell stark verbreitete Gallikanismus zustatten. Neben anderen Elementen, auf die hier nicht näher einzugehen ist, spielten beim Gallikanismus die Bestrebungen der Legisten, die Freiheiten der französischen Kirche als weitgehende Unabhängigkeit vom Papst sowie die Unterordnung des katholischen Klerus unter den König zu postulieren, die zentrale Rolle. Derartige Zielsetzungen der Krone manifestierten sich in ihren zumeist erfolgreichen Bestrebungen, Bischofssitze und Abteien mit Angehörigen ihrer Klientel zu besetzen. Begünstigt wurde sie in dieser Politik durch das Konkordat von 1516, aber auch durch die Tatsache, daß die Päpste jener Jahrzehnte sich mehr den pastoralen als den politischen Aspekten ihrer Aufgaben widmeten. Auch auf diplomatisch-politischem Sektor hatte Ludwig XIV. dem Papsttum in den ersten beiden Jahrzehnten seiner persönlichen Regierung immer wieder demütigende Niederlagen bereitet. Schließlich kam es bereits in den siebziger

Jahren wegen des Problems der Nutzung der Einkünfte vakanter Bistümer (la régale) zum offenen Konflikt mit der Kurie. Dieser Konflikt erfuhr eine weitere Zuspitzung, als eine dem König willfährige Versammlung des Klerus in Paris die sogenannten «Gallikanischen Freiheiten» ausarbeitete und am 19. 12. 1682 in vier Artikeln verkündete. Darin wurde die Autorität des Papstes frontal angegriffen, so etwa wenn in Artikel 1 konstatiert wurde, daß Könige und Souveräne in keiner weltlichen Angelegenheit dem Papst unterworfen seien. Außerdem sollte die Unfehlbarkeit des Papstes in Glaubensangelegenheiten nur gelten, wenn die gesamte Kirche seine Auffassung gebilligt hätte. Die Folge dieser Aktion war die offene Auseinandersetzung mit Rom, die in den sich anschließenden Jahren immer schärfer wurde. Aber schließlich mußte Ludwig XIV. im Zusammenhang mit dem sogenannten «Pfälzischen Erbfolgekrieg» (1689–1697) doch nachgeben. Im Jahre 1693 entschuldigten sich die gallikanischen Bischöfe bei Papst Innozenz XII. (1691–1700), und der König nahm das Edikt von 1682 mit den vier gallikanischen Artikeln zurück. Gleichwohl wurde dieses Edikt auch weiterhin im Königreich gelehrt. Auf dieser Basis kam es zu einem Ausgleich Ludwigs XIV. mit der Kurie.

Die bereits durch Mazarin gegen die Jansenisten wegen deren Verwicklungen in die Fronde eingeleiteten repressiven Maßnahmen wurden von Ludwig XIV. fortgeführt. Der Jansenismus war – vereinfachend formuliert – eine insbesondere in Frankreich verbreitete religiöse Bewegung, die in kleinen, in sich abgeschlossenen Gruppen der Lehre des niederländischen Theologen Cornelius Jansen (Jansenius, 1585–1638) folgte. In Anknüpfung an den Gnadenstreit hatte Jansenius zwischen der calvinistischen und katholischen Glaubenslehre zu vermitteln versucht. In Frankreich fand der Jansenismus im Bürgertum, im niederen Klerus, aber auch bei Bischöfen Anhänger. Trotz gewisser Analogien zum Protestantismus waren die geistigen Führer der Jansenisten entschiedene Gegner der französischen Reformierten, besonders aber der Jesuiten. Nach 1679, nach dem Sturz des den Jansenisten nahestehenden Außenministers Pomponne und dem Tode ihrer Beschützerin, der Herzogin Anne-Geneviève von Longueville (1619–1679), verschärfte der König die repressiven Maßnahmen gegen den Jansenismus und seine Anhänger, weil deren Lehre, wie er glaubte, zum Calvinismus und Republikanismus führe. Nachdem die bedeutenden Vertreter des Jansenismus, Antoine Arnauld (1612–1694) und Pierre Nicole (1625–1695), auf Dauer oder zeitweilig das Königreich verlassen mußten und der Oratorianerpater Pasquier Quesnel (1634–1719) im September 1703 aus seiner Haft, in der er sich seit dem 30. 5. auf Befehl des spanischen Königs in Malines befand, nach Amsterdam geflohen war, erwirkte Ludwig XIV. 1705 in Rom die Bulle «Vineam Domini», in der die angefochtenen Lehrsätze des Jansenius und der Jansenismus endgültig verurteilt wurden.

Der König ließ am 29.10.1709 das berühmte Kloster Port-Royal des Champs schließen und die Nonnen in mehrere französische Städte vertreiben. Mit Verbot und Vertreibung konnte aber diese geistliche Bewegung nicht mundtot gemacht werden, sie nahm danach vielmehr den Charakter eines politischen Sammelbeckens an. «Der Jansenismus, einst die Glaubensrichtung einer kleinen religiösen und geistigen Elite, eine Ideenwelt, die Pascal, Racine und Boileau mitgeformt hatte, wurde nun zu einem Sammelbecken aller Katholiken, die in Opposition zu Rom, zum König und zu der von Ludwig XIV. 1695 auf Kosten des niederen Klerus und der Klöster so gestärkten Macht der Bischöfe standen» (Weis, Frankreich von 1661 bis 1789, 211).

Ebenso wie der Jansenismus konnte auch der französische Calvinismus letztlich nicht durch Verfolgung und Verbot auf Dauer zum Schweigen gebracht werden. Um 1660/70 lebten vielleicht noch rund 800000 Calvinisten in der Monarchie, um 1681, also am Vorabend des Widerrufs des sogenannten «Toleranzedikts» von Nantes (30.6.1598), waren es bereits nur 730000. Aber obwohl ihre politisch-militärische Organisation schon im Juli 1629 nach achtjährigem, nur von wenigen Pausen unterbrochenem Bürgerkrieg durch das Edikt von Alès wirkungsvoll beseitigt und das Ende der «Politischen protestantischen Partei» (Parti politique protestant; Ligou, Le protestantisme, 97) herbeigeführt worden war, blieben die Hugenotten dem katholischen Klerus, dem König und einigen seiner Minister ein Dorn im Auge. Daran änderte auch die Tatsache nichts, daß die von calvinistischen Professoren und Pastoren propagierte promonarchische Doktrin bei der Mehrheit der Hugenotten nicht ohne Wirkung geblieben war. Darüber darf jedoch nicht übersehen werden, daß es während des gesamten 17. Jahrhunderts mehr oder minder unterschwellig auch protestantische Manifestationen, Aktivitäten und Meinungsäußerungen gegeben hat, die von dieser Doktrin abwichen bzw. ihr sogar diametral entgegenstanden. Daß Ludwig XIV. die Glaubenseinheit im Lande früher oder später wiederherstellen wollte, daran ist nicht zu zweifeln. Daraus ist jedoch nicht zwingend zu schließen, daß seine Politik gegenüber den Protestanten von Anfang an zielgerichtet und planmäßig auf die baldige Aufhebung des sogenannten «Toleranzedikts» von Nantes (1598) angelegt gewesen sei.

Waren es im Zeitraum zwischen 1661 und 1679 nur zwölf offizielle Verordnungen, die sich gegen den Protestantismus richteten, so stieg ihre Zahl zwischen 1679 und 1685 auf rund einhundert an, was die im Jahre 1679 eingetretene Wende dokumentiert, in dem auch der durch den französischen Überfall auf die Republik der Vereinigten Niederlande ausgelöste europäische Krieg beendet wurde. Im letzten Jahrzehnt bis 1685 wurden die Hugenotten von bestimmten Berufsgruppen ausgeschlossen, nachdem man ihnen schon im vorangegangenen Zeitraum mit einigem Erfolg den Zugang zu öffentlichen Ämtern (offices) der Zentral- und Provinzverwaltung sowie der hohen und mittleren Gerichtsbarkeit entgegen den Regelungen des Edikts von Nantes versperrt hatte.

Im Edikt von Fontainebleau (18. 10. 1685), mit dem das Edikt von Nantes widerrufen wurde, erfolgte ein generelles Verbot der reformierten Gottesdienste, auch in Privathäusern und in Herrenhäusern der Lehnsherren. Protestantische Pastoren, die nicht innerhalb kürzester Frist konvertierten, wurden ausgewiesen. Außerdem wurden die Zerstörung aller noch existierenden calvinistischen Kirchen, Maßnahmen zur Durchsetzung obligatorischer katholischer Taufen und Eheschließungen sowie ein Auswanderungsverbot für alle Hugenotten bei Androhung schwerer Strafen verkündet. Wenn auch der König durch hohe katholische Würdenträger zur Aufhebung des Edikts von Nantes gedrängt und Le Tellier, ebenso ein Gegner der Hugenotten wie sein Sohn Louvois, das Edikt von Fontainebleau ausgearbeitet hatten, so trug doch Ludwig XIV. die eigentliche Verantwortung.

Es kann kein Zweifel darüber bestehen, daß die Mehrheit der französischen Protestanten, konfrontiert mit unmittelbaren Terrorakten, ihrem Glauben abschwor, wenn auch großenteils nur nach außen hin. Sie beugten sich zumeist den berüchtigten Dragonaden: Bei den Calvinisten wurden Soldaten einquartiert, die ihre unfreiwilligen Gastgeber auf alle nur erdenkliche Weise quälten und folterten. Es handelte sich dabei um ein im Frankreich jener Zeit häufig praktiziertes Verfahren, mit dem man rebellierende Untertanen und unruhige Landesteile zur Räson brachte.

Nach dem Widerruf des Edikts von Nantes nahm in den folgenden Jahren die Emigrationsbewegung der Hugenotten, die schon früher begonnen hatte, sprunghaft zu. Der Exodus, der in seinen letzten Ausläufern wohl erst 1760 endete, erfaßte maximal 300 000, möglicherweise aber auch nur 200 000 Calvinisten. Entgegen manchen Behauptungen hat dieser Exodus jedoch langfristig nicht zu dauernden und schweren Störungen der französischen Wirtschaft geführt. Der französische Protestantismus erlitt zwar einen sehr schweren Schlag, das von Ludwig XIV. angestrebte Ziel, die Einheit des Glaubens in der Monarchie wiederherzustellen, wurde jedoch nicht erreicht. Die Masse der «Neubekehrten», die dem oftmals brutalen Zwang nur äußerlich nachgegeben hatten, konfrontierte für die nächsten Jahrzehnte die Regierung mit einem ungelösten Problem. Im Verborgenen lebte der Calvinismus trotz aller Gefahren und Widerstände und unterstützt durch geflohene Glaubensbrüder fort. Während des ersten Jahrzehnts des 18. Jahrhunderts kam es in den Cevennen, in Zentralfrankreich und in der Guyenne zu einem sozial-religiösen und von Hugenotten getragenen sogenannten Camisarden-Aufstand, der während der Jahre 1702 bis 1705 in seinen Hauptzentren einen bürgerkriegsähnlichen Charakter annahm. Er konnte nur durch Einsatz von regulärem Militär bis 1710 beendet werden.

## Außenpolitik

Während der gesamten Zeit der persönlichen Regierung Ludwigs XIV. lag die Verantwortung für die französische Außenpolitik beim König. Er allein traf entweder im «Conseil d'En Haut», dem wichtigsten Gremium des Königlichen Rats (Conseil du Roi), oder nach Beratungen mit einzelnen Ministern die Entscheidungen in auswärtigen Angelegenheiten. Dieses Verfahren schloß natürlich nicht aus, daß phasenweise der eine oder andere Minister eine größere Rolle in den politischen Entscheidungsprozessen spielte. Lassen weder die Quellen noch die konkrete Außenpolitik auf die Existenz einer längerfristig zu realisierenden Gesamtkonzeption schließen, so sind doch in den außenpolitischen Aktivitäten des Königs einige charakteristische Merkmale, einige handlungsleitende Grundüberzeugungen erkennbar. Nach Ludwigs Überzeugung waren die Verteidigung des Staates und seine territoriale Ausdehnung nicht nur ein Gebot der Staatsräson, sondern sie gehörten auch zu den Pflichten, die dem französischen König durch die «Fundamentalgesetze» der Monarchie auferlegt waren. Zu diesen zählte der alte Rechtssatz von der Unveräußerlichkeit des Krongutes, der königlichen «Domäne», und der Unverjährbarkeit aller Ansprüche auf sie. Der Devolutionskrieg, die Reunionspolitik und der Spanische Erbfolgekrieg wurden z. B. von Ludwig XIV. bzw. von offiziösen französischen Publizisten auf diese Weise legitimiert. Sosehr aber der König im Verlauf seiner Arrondierungs- und Expansionspolitik bemüht war, die Rechtmäßigkeit seines Handelns zu begründen, so ist doch ebensowenig zu leugnen, daß er sich wiederholt auch ohne jegliche Rechtsbasis für ein militärisches Eingreifen entschied. Der Krieg gegen die Republik der Vereinigten Niederlande und – in gewisser Weise – auch der Pfälzische Erbfolgekrieg, der in Frankreich als «la guerre de la ligue d'Augsbourg» bezeichnet wird, belegen dies. Bei beiden Kriegen dominierte schließlich die Macht- und Expansionspolitik über die in diesem Kontext in der Literatur auch immer wieder angeführten französischen Sicherheitsinteressen. Indessen darf auch nicht übersehen werden, daß der König gegen Ende einer langen Alleinherrschaft seine häufigen Kriege kritisch beurteilte.

Ludwig XIV. ist von Mazarin frühzeitig in die Mittel und Methoden französischer Außenpolitik eingeführt worden. Es kann daher nicht überraschen, daß sein eigenes Vorgehen auf diesem Felde gewisse Kontinuitäten mit der Politik Mazarins und Richelieus aufweist, Kontinuitäten, die aber auch aus der politischen Gesamtkonstellation in Europa um 1661 resultierten, die in ihrem Ergebnis wesentlich das Werk der beiden Kardinäle war. Für Ludwig XIV. blieb wegen der offenen Frage der spanischen Erbfolge die Gefahr der Errichtung einer habsburgischen «Universalmonarchie» ein zentrales Problem seiner Außenpolitik. Durch seine Heirat mit der spanischen Infantin Maria-Theresia eröffnete sich für Frankreich aber auch die Chance, im Kontext der spanischen Erbfolge territoriale Ansprüche anzumelden, wenn nicht gar eine Erbfolgeregelung zu seinen Gunsten anzustreben. Zu konstatieren ist jedenfalls, daß Ludwig XIV. «in der Kontinuität einer europäischen Politik» zu sehen ist, «die einer habsburgischen Vormachtstellung in Europa den Kampf ansagt, und die um die Errichtung einer europäischen Mächteverteilung besorgt ist, die eine solche Vormachtstellung verhindern will, aber so, daß Frankreich selbst dabei die Kontrolle über dieses Europa behält» (Weber, Französische Rheinpolitik, 75).

Für den König und seine politischen Berater spielte die potentielle Bedrohung durch das Haus Habsburg eine zentrale Rolle. Ein französisches Sicherheitsbedürfnis gegenüber einer solchen Bedrohung war – jedenfalls subjektiv – vorhanden, auch wenn sich dessen Berechtigung mit dem Hinweis bestreiten läßt, daß sich das Haus Habsburg, sowohl der spanische als auch der österreichische Zweig, spätestens seit dem Pyrenäenfrieden (1659) in der Defensive, ja auf dem Rückzug befand. Bei aller Kontinuität, die zwischen der Politik Ludwigs XIV. einerseits und derjenigen der beiden Kardinäle Richelieu und Mazarin andererseits besteht, dürfen aber auch die deutlichen Unterschiede nicht übersehen werden. Sie manifestieren sich einmal in den Mitteln und Methoden. An die Stelle der von Richelieu und Mazarin bevorzugten Politik der «friedlichen Durchdringung» (pénétration pacifique) trat der Rekurs auf eine überwiegend kriegerische Machtpolitik. Unterschiede lassen sich aber andererseits auch beim Ausmaß des Strebens nach Territorialgewinn für Frankreich ausmachen. Läßt sich der Erwerb Dünkirchens im Jahre 1662 noch als eine Fortsetzung der «Passagen- und Pfortenpolitik» Richelieus und Mazarins interpretieren, so kann davon für die Politik Ludwigs XIV. im Kontext des Devolutionskrieges, des Krieges gegen die Republik der Vereinigten Niederlande und der Reunionen keine Rede mehr sein. Diese konfrontative Politik hatte größeren Territorialerwerb zum Ziel, was bereits der Devolutionskrieg (1667/68) verdeutlicht. Nach dem Tode Philipps IV. von Spanien (17. 9. 1665) berief sich Ludwig XIV. auf ein in Teilen Brabants geltendes Privatrecht der Devolution, wonach Kinder aus erster Ehe beim Tode des Vaters das ihnen zustehende Erbe anzutreten berechtigt seien, um die gesamten Spanischen Niederlande – mindestens jedoch den größten Teil – als Mitgift seiner Frau mit militärischen Mitteln für Frankreich zu erwerben. Daß es Ludwig XIV. dabei letztlich um die ganzen Spanischen Niederlande ging, beweist der negative Verlauf der bereits 1663/64 zwischen dem holländischen Staatsmann de Witt und dem französischen Gesandten geführten Verhandlungen über das Schicksal der Spanischen Niederlande, bei denen die französische Seite sowohl die von de Witt anfänglich beabsichtigte Teilung der südlichen Niederlande als auch dessen späteren Vorschlag ablehnte, ein südniederländisches «Kantonnement» nach Schweizer Muster zu schaffen. Die Durchsetzung der französischen Ambitionen auf die gesamten Spanischen Niederlande spielte auch beim Ausbruch des Krieges Frankreichs gegen die Republik der Vereinigten Niederlande eine zentrale Rolle. Im Frieden von Nimwegen (1678/79) konnte dieses Ziel dann aber nur teilweise realisiert werden.

Auch die Reunionspolitik der Jahre nach 1679 griff im Ergebnis viel weiter aus, als es bei der «Passagen- und Pfortenpolitik» Richelieus der Fall gewesen war. Ein Blick auf die Karte der französischen Reunionen genügt, um den Unterschied zu erkennen. Allerdings entsprach aus französischer Sicht auch die Reunionspolitik insofern einer defensiven Absicht, als es Ludwig XIV. mit diesen rechtlich zumindest sehr umstrittenen Maßnahmen darum ging, die französischen Grenzen nach Norden und Osten auszudehnen, bestehende Grenzlücken zu schließen und so die Monarchie gegen Angriffe von außen sicherer zu machen.

Generell wird vor allem in der französischen, englischen und amerikanischen Forschung hervorgehoben, daß das Bemühen nicht nur um einen Ausbau, sondern auch um eine Ausdehnung der französischen Nord- und Ostgrenze ein weiteres durchgängiges Ziel der Außenpolitik Ludwigs XIV. gewesen sei. Auf diese Weise sollten die französischen Kernlandschaften und die Hauptstadt Paris vor auswärtigen Invasionen gesichert werden. Bei der Realisierung dieser ausgreifenden und mit aggressiven Mitteln geführten «Grenzpolitik» war die französische Seite alles in allem auch recht erfolgreich. Die dabei erzielten territorialen Gewinne, bei denen es sich zumeist nicht um große geschlossene Gebiete, oft sogar um Enklaven handelte, machten dann aber aus französischer Sicht erneut Arrondierungen notwendig. Bereits im Jahre 1673 hatte Vauban in seinem bekannten Brief an Ludwig XIV. empfohlen, Frankreich vernünftige und besser zu verteidigende Grenzen zu verschaffen, die Monarchie zu einer «pré carré» zu machen. Nach dem Frieden von Nimwegen begann dann die französische Politik in verstärktem Maße, diese Konzeption in die Realität umzusetzen.

Die ausgreifende und zunehmend aggressive «Grenzpolitik» Ludwigs XIV. ist im Zusammenhang mit dem bereits angesprochenen französischen Sicherheitsbedürfnis zu sehen. Manches spricht für die Annahme, daß die in Reaktion auf die aggressive französische Außenpolitik gebildeten europäischen Koalitionen gegen Ludwig XIV. das subjektiv vorhandene französische Sicherheitsbedürfnis weiter verstärkt haben, was sich wiederum in aggressiven Akten Frankreichs äußerte. Das französische Sicherheitsstreben und die nicht zuletzt auch daraus resultierende Konfrontationspolitik nahmen zu, als zu dem traditionellen französisch-habsburgischen Gegensatz nach 1679 der französischenglische hinzutrat und den ersteren allmählich überlagerte. Der sich anbahnende französisch-englische Antagonismus sowie das Zustandekommen einer antifranzösischen Koalition während des französischen

Krieges gegen die Vereinigten Niederlande, einer Allianz, der neben Holland und Spanien schließlich auch der Kaiser und das Reich angehörten, hatte u. a. eine Veränderung der Methoden der bisherigen französischen «Grenz- und Sicherheitspolitik» im Osten zur Folge. Bis in die Gegenwart hinein ist die Ansicht vertreten worden, daß der Krieg Ludwigs XIV. gegen die Republik der Vereinigten Niederlande, ein Konflikt, der nicht nur zur Bildung einer größeren antifranzösischen Koalition, sondern auch zur ersten spürbaren inneren Belastung Frankreichs führte, von Colbert von Anfang an mitgewollt und geplant gewesen sei, um mit militärischen Mitteln den Handelskonkurrenten Holland auszuschalten. Neuere Forschungen haben erwiesen, daß diese Ansicht nicht mehr aufrechtzuerhalten ist. Bei seinen Untersuchungen über die Ursprünge des Holländischen Krieges konnte der amerikanische Historiker Paul Sonnino feststellen, daß Colbert aus wirtschaftlichen und finanziellen Gründen im «Conseil d'En Haut» nicht nur für die Beendigung des Devolutionskrieges durch den Kompromißfrieden von Aachen (2. 5. 1668) plädiert hat, sondern auch lange Zeit den Krieg gegen die Republik der Vereinigten Niederlande vermeiden wollte, auf den Ludwig XIV. und der junge Louvois zielstrebig hinarbeiteten. Ganz sicher war Colbert kein Kriegstreiber. Schon in den Jahren 1669 und 1670, als der König den Krieg diplomatisch und militärisch vorbereitete, versuchte der Minister, mit deutlichen Hinweisen auf die defizitäre Entwicklung der Staatsfinanzen seinen Herrn von einem militärischen Konflikt mit Holland abzuhalten. Er kämpfte um eine Reduzierung der Staatsausgaben und versuchte, den König davon zu überzeugen, daß Frankreich in zwölf bis dreizehn Jahren den holländischen Rivalen auch mit Mitteln der Wirtschafts- und Handelspolitik entscheidend schwächen könne. Die im Vertrag von Dover (1. 6. 1670) dem englischen König Karl II. zugesagten Subsidienzahlungen kritisierte er in einem Schreiben an den König, weil für den Staat nichts schädlicher sei, als jährlich eine so große Geldsumme zu exportieren. Schließlich hatte sich Colbert aber 1671 der Kriegsentscheidung des Königs zu beugen und mußte die im Verlauf des Konflikts stetig wachsenden Ausgaben aufbringen.

Die wachsenden finanziellen Schwierigkeiten Frankreichs, die Bauernrevolten und die Adelsverschwörungen des Jahres 1674 wurden von den Kriegsgegnern Ludwigs XIV. mit großem Interesse zur Kenntnis genommen. Aber die von Wilhelm III. von Oranien im August 1675 zum Ausdruck gebrachte Hoffnung, daß Ludwig XIV. wegen zunehmender wirtschaftlich-finanzieller Probleme und offenkundiger Sozialkonflikte im Innern der Monarchie gezwungen sein würde, größere Kompromißbereitschaft gegenüber den Friedensbedingungen der Koalition zu zeigen und einen baldigen Friedensschluß unter Preisgabe zentraler französischer Interessen anzustreben, war nicht berechtigt. Zweifellos wurden die inneren Vorgänge und Finanzprobleme von den zuständigen Ministern zur Kenntnis genommen, im «Conseil d'En Haut» erörtert und im Kalkül der Politik des Königs berücksichtigt. Und ganz allgemein wird man feststellen können, daß der wachsende Geldmangel bei allen Kriegsteilnehmern die Friedensbereitschaft letztlich gesteigert hat. Es scheint aber, daß die wirtschaftlichen Schwierigkeiten und Sozialkonflikte während jener Jahre die Außenpolitik des Königs sowie den Ablauf und die Ergebnisse der Friedensverhandlungen nicht unmittelbar und entscheidend beeinflußt haben.

Im Holländischen Krieg erwies sich Frankreich trotz aller inneren und äußeren Belastungen in militärischer und wirtschaftlicher Hinsicht als stark genug, um über mehrere Jahre hinweg einer europäischen Koalition standzuhalten. Dagegen zeigten sich Frankreichs Gegner den Belastungen des Krieges weniger gewachsen, so daß die antifranzösische Koalition bald Risse aufwies, die Frankreich für sich nutzen konnte. Aber auch Ludwig XIV. mußte erkennen, daß er auf Dauer den Kampf gegen die Koalition nicht siegreich beenden konnte. Diese Einsicht und die Erkenntnis, daß die während des Kongresses in Nimwegen immer sichtbarer werdenden Differenzen in der gegnerischen Koalition ihm die Möglichkeit eröffneten, einen für Frankreich in territorialer Hinsicht vorteilhaften Frieden zu erreichen, haben wohl letztlich bei Ludwig XIV. den Ausschlag für die Beendigung des Krieges (1678/79) gegeben. Demgegenüber haben die finanziellen und wirtschaftlichen Probleme Frankreichs sowie die Sozialkonflikte eher eine sekundäre Bedeutung für die Entscheidung des Königs gehabt. Für Ludwig XIV. rangierte damals noch Machtpolitik vor wirtschaftlichen und sozialen Erwägungen.

Das Jahrzehnt nach Nimwegen, in dem ein Teil der Staatsschuld getilgt, die «taille» wieder etwas reduziert und das Defizit in den Jahren 1686 und 1687 auf wenige Millionen «livres» gesenkt werden konnte, stand im Zeichen der schon erörterten expansiven und aggressiven «Grenz- und Sicherheitspolitik». Diese konzentrierte sich mit den Reunionen stärker auf den Osten. Ludwig XIV. ließ sich bei dieser Politik offenbar von der Intention leiten, jedes neuerworbene Gebiet möglichst durch die Schaffung eines vorgelagerten Glacis wieder abzusichern.

In diese Phase expansiver «Grenz- und Sicherheitspolitik», in der die bisher erreichten Machtpositionen zur Festigung und zum Ausbau einer französischen Hegemonialstellung in Europa genutzt werden sollten, ist auch der Pfälzische Erbfolgekrieg (1688–1697) einzuordnen. Ebenso wie der Devolutionskrieg (1667/68) bestätigt er die These, daß die an Erbfolgeregelungen und Fundamentalgesetzen ablesbare Systemrationalität des monarchischen Absolutismus ein außenpolitisches Konfliktpotential von eminenter Bedeutung dargestellt hat. Auf einen langen und umfassenden Krieg gegen eine europäische Koalition, an der sich nun auch England beteiligte, war Ludwig XIV. 1688 aber nicht vorbereitet. Angesichts des sich durch die Erfolge des Hauses Österreich im Türkenkrieg und durch die «Glorious Revolution» vollziehenden Wandels in der europäischen Mächtekonstellation wollte der französische König durch einen Präventivschlag den dauerhaften Besitz der ihm im Regensburger Stillstand nur auf zwanzig Jahre überlassenen Reunionen, Ansprüche auf Gebiete aus der pfälzischen Erbschaft sowie eine für Frankreich günstige Lösung des Konflikts anläßlich der Erzbischofswahl im Kurfürstentum Köln durchsetzen, das er als festen französischen Stützpunkt betrachtete. Ludwig XIV. hatte aber die Abwehrentschlossenheit der europäischen Mächte unterschätzt und nicht damit gerechnet, daß er durch sein Vorgehen die Bildung einer breiten gegnerischen Koalition provozieren würde, die ihn in einen neunjährigen Krieg verwickeln sollte.

Dieser Krieg brachte für Frankreich schwere Belastungen, die sich um so gravierender auswirkten, als sie zeitlich mit einer sich verschärfenden wirtschaftlichen Depression und mit «demographischen Krisen älteren Typs» zusammenfielen. Unmittelbar nach Kriegsbeginn stieg wieder das Staatsdefizit und erreichte 1698 mit 138 Millionen «livres» einen vorläufigen Höchststand. Das Land befand sich im Zustand allgemeiner Erschöpfung, die Monarchie war praktisch zahlungsunfähig.

Eine Verschärfung erfuhr die Lage in der Monarchie durch die große demographische Krise des Jahres 1693/94. Sie wurde durch die katastrophale Ernte des Jahres 1693 und durch den daraus resultierenden enormen Anstieg der Getreidepreise ausgelöst und erfaßte weite Teile des Landes. Diese Subsistenzkrise traf auf eine Bevölkerung, die unter den schweren kriegsbedingten fiskalischen Belastungen sowie unter den Auswirkungen der negativen Wirtschaftskonjunktur litt. Die aus dieser Krise resultierenden Bevölkerungsverluste waren gravierend. Auch im Handel waren während des Krieges große Einbrüche zu verzeichnen, die die Folgen der langfristigen Wirtschaftsdepression noch verschärften.

Der außerordentlich hohe Preis des langen Krieges, die fiskalische Erschöpfung, die Fragilität des monetären Systems, der Marasmus im Bereich des Handels, das Elend auf dem Land, der dramatische Rückgang bei der Bevölkerung, die oppositionellen Strömungen beim Adel und in bürgerlichen Gruppen, alle diese Faktoren sprachen für eine Beendigung des Kampfes. Vieles deutet darauf hin, daß Ludwig XIV. diesen Gegebenheiten in jener Phase seiner Regierung in größerem Maße Rechnung getragen hat als zuvor. Er bemühte sich seit 1696 nicht nur in verstärktem Maße um einen Friedensschluß, sondern machte in den im Mai 1697 in Rijswijk begonnenen Friedensverhandlungen erstmals auch beachtliche Konzessionen. Im Friedensvertrag (1697) verzichtete er bis auf das Elsaß und Straßburg auf den größten Teil der Reunionen der achtziger Jahre, räumte das Herzogtum Lothringen dem Sohn Karls V., Leopold, ein, gab seine Ambitionen auf Kurköln und Teile der

Pfalz auf und restituierte Plätze in den südlichen Niederlanden und Luxemburg an Spanien. Zur Zeit von Rijswijk, als die Basis für die Schaffung einer Balance der Mächte in West- und Zentraleuropa gelegt wurde, war Ludwig XIV. gezwungen, seine politischen Intentionen den ökonomischen Zwängen und sozialen Realitäten in der Monarchie anzupassen. Sie dürften für seine Friedensbereitschaft und die erheblichen Konzessionen letztlich den Ausschlag gegeben haben. Diesen in seiner Bedeutung nicht zu unterschätzenden Vorgang haben auch zeitgenössische Beobachter des Geschehens – zumindest in seinem Kern – durchaus erkannt.

Die Beendigung des Krieges brachte keine durchgreifende Erholung des Landes, denn der Frieden dauerte nicht einmal fünf Jahre. Zwar gab es durchaus Anzeichen für eine Verbesserung der wirtschaftlichen und finanziellen Verhältnisse der Monarchie – die enormen Staatsschulden konnten durch eine geschickte Rentenpolitik etwas reduziert und der Überseehandel mit den Antillen, mit Spanisch-Amerika und mit China wieder erfolgreich aufgenommen werden –, der Beginn des Spanischen Erbfolgekrieges (1701–1713/14) machte jedoch diese Ansätze zum großen Teil sehr schnell zunichte.

In der neueren Forschung wurde mit guten Gründen die These vertreten, daß ein Krieg wegen der spanischen Erbfolgeproblematik, die die europäischen Kabinette schon seit Anfang der sechziger Jahre immer wieder beschäftigte, seit dem Tod des vom spanischen König Karl II. (1665–1700) testamentarisch eingesetzten Universalerben, des bayerischen Kurprinzen Josef Ferdinand, am 6. 2. 1699 unvermeidbar geworden sei. Aber wie auch immer man diese These beurteilen mag, nicht zu leugnen ist, daß sich Ludwig XIV. in einem Dilemma befand, als er kurz nach dem am 1. 11. 1700 eingetretenen Tod Karls II. erfuhr, daß dieser Philipp von Anjou (1683–1746), den zweiten Sohn des Dauphins, zum Universalerben eingesetzt hatte. Der Verstorbene hatte außerdem verfügt, daß das spanische Erbe im Falle einer Ablehnung durch Ludwig XIV. an die österreichischen Habsburger fallen sollte. Akzeptierte der französische König, der in früheren Verhandlungen über verschiedene Teilungsprojekte eine bemerkenswerte Konzessions- und Kompromißbereitschaft gezeigt hatte, für seinen Enkel die spanische Erbschaft, dann brach er sein Wort, das er gerade im zweiten Teilungsvertrag (Juni 1699/März 1700) den Seemächten gegeben hatte. Lehnte Ludwig XIV. aber die Annahme ab und hielt am zweiten Teilungsvertrag fest, dann wurde das Angebot Kaiser Leopold I. unterbreitet, dessen positive Entscheidung, das Testament für seinen zweiten Sohn Karl anzunehmen, als sicher vorauszusetzen war. Eine solche Perspektive war aber mit der französischen Staatsräson unvereinbar. Hinzu kommt, daß Ludwig XIV. auch durch ein Festhalten am zweiten Teilungsvertrag einen Krieg nicht hätte vermeiden können. In diesem Fall war die militärische Auseinandersetzung mit Spanien und dem Kaiser vorprogrammiert. Es ist daher verständlich, daß Ludwig XIV. nach intensiven Beratungen das Testament Karls II. annahm und am 16. 11. 1700 Philipp von Anjou dem in Versailles versammelten Hof als «König von Spanien» präsentierte. In den folgenden Monaten verschärfte sich sowohl durch manche Maßnahme Ludwigs XIV. als auch des Kaisers und der Seemächte die internationale Lage. Der Ausbruch des Spanischen Erbfolgekrieges im Frühjahr 1701 war aber nicht allein das Resultat der Entscheidung des französischen Königs, das Testament Karls II. anzunehmen. Der Krieg begann, so stellte William Roosen kürzlich fest, weil «the various participants had opposing interests which were important enough to fight for – their bottom lines» (Roosen, Origins of the War of the Spanish Succession, 165).

In den finanziellen und wirtschaftlichen Verhältnissen trat kurz nach Kriegsbeginn eine erneute Verschlechterung ein, die bald ein bisher nicht gekanntes Ausmaß erreichte. Die jährlichen Defizite im Staatshaushalt stiegen von 72,9 Millionen «livres» auf 178,7 Millionen im Jahre 1701 an und erreichten mit 225 Millionen im Jahre 1711 ihre Höchstmarke. Zur Finanzierung der Kriegslasten mußte die Krone wiederum zu den traditionellen, bereits erwähnten Notstandsmaßnahmen greifen, auf die im einzelnen nicht eingegangen werden kann. Aber sämtliche Maßnahmen – unter ihnen die Wiedererrichtung der «Caisse des emprunts» (11. 3. 1702), der erneute Rückgriff auf die «capitation» (12. 3. 1701) und die in kurzen Abständen vorgenommenen Währungsmanipulationen – konnten nicht verhindern, daß die finanzielle Lage der Monarchie immer dramatischer wurde. Zu Pfingsten 1709 rettete nur die Ankunft einer mit 30 Millionen Piastern beladenen Flotte aus den spanischen Überseebesitzungen die Monarchie vor dem unmittelbaren Bankrott.

Im Bereich der Wirtschaft ergibt sich ein ähnlich düsteres Bild, das nur für die Gebiete im näheren Umfeld der Atlantikhäfen hellere Farben aufweist. In diesen Gebieten profitierten die Textilmanufakturen von den Exporten in die spanischen Kolonien, die sich dem französischen Überseehandel geöffnet hatten. In scharfem Kontrast dazu befand sich aber der Rest der Monarchie, die im Winter 1709/1710 von einer katastrophalen Hungersnot mit allen daraus resultierenden demographischen Folgen heimgesucht wurde.

Angesichts der Finanzkrise, der beunruhigenden Entwicklung im Innern der Monarchie und der schweren Niederlagen in den Schlachten von Höchstädt (1704), Turin (1706) und Oudenaarde (1708) war Ludwig XIV. entschlossen, durch sehr weitgehende Konzessionen den Frieden zu erreichen. Nachdem offiziöse Verhandlungen in den Jahren 1704 und 1706 wegen der unüberbrückbaren Differenzen der Parteien gescheitert waren, sandte der französische König im Mai 1709 seinen Außenminister Colbert de Torcy (1665–1746) mit sehr umfangreichen Vollmachten nach Den Haag. Dieser erklärte sich dort zur Annahme fast sämtlicher Punkte der hochgeschraubten Forderungen der Alliierten bereit. Er verzichtete für die Bourbonen nicht nur auf die spanische Krone, auf Straßburg, Kehl, Breisach, Landau und auf die elsässischen Reunionen, er stimmte nicht nur der Rückgabe der französischen Besitzungen in den Spanischen Niederlanden zu, sondern er erklärte sich auch bereit, mit Subventionen den Kampf der Koalition gegen den spanischen König Philipp V. (1700–1746) zu unterstützen. Trotz dieser äußerst weitreichenden Konzessionen scheiterten die Verhandlungen dennoch. Sie scheiterten daran, daß die Verbündeten die Zusicherung eines bewaffneten Vorgehens Ludwigs XIV. gegen seinen Enkel für den Fall eines Widerstandes gegen die Auslieferung Spaniens und aller seiner Nebenlande verlangten. Ein derartiges Ansinnen erachtete der französische König aber als unvereinbar mit seiner «Ehre» (honneur) und seinem «Ruf» (réputation).

Es kann kein Zweifel daran bestehen, daß die Alliierten damals mit ihrer überzogenen Forderung die Gunst der Stunde vertan haben. Die weitere Entwicklung des Krieges verbesserte die Lage Frankreichs, so daß es in den Friedensschlüssen von Utrecht (1713) und Rastatt (1714) günstigere Konditionen erreichen konnte. Daß sich aber Ludwig XIV. im Spanischen Erbfolgekrieg zu so weitreichenden Konzessionen verstand, ist ganz sicher auf die ökonomischen Zwänge und die katastrophale Lage im Innern Frankreichs zurückzuführen. Diese hatten zweifellos einen entscheidenden Einfluß auf die Außenpolitik des Königs in jener Phase seiner persönlichen Regierung.

Ebenso wie auf den vorangegangenen Friedenskongressen von Nimwegen und Rijswijk hatte es Frankreich auch bei den Friedensschlüssen von Utrecht, Rastatt und Baden vermocht, «die Ebenbürtigkeit oder sogar Überlegenheit der wenig kohärenten gegnerischen Koalitionen am Konferenztisch auszugleichen, sei es durch die Geschicklichkeit der eigenen Diplomaten, sei es durch das Entgegenkommen eines der Allianzpartner» (Duchhardt, Gleichgewicht der Kräfte, 76). Im Vergleich zu den gravierenden Bedingungen, die Ludwig XIV. während der schließlich gescheiterten Verhandlungen von 1709 anzunehmen bereit war, fiel der Kompromißfrieden von 1713/14 für Frankreich günstiger aus. Die Bourbonen blieben im Besitz von Spanien mit den Kolonien. Für Frankreich konnte Ludwig XIV. an der Ostgrenze im wesentlichen die Regelungen von Rijswijk gegenüber dem Kaiser durchsetzen. Im Norden mußte er aber auf einen Teil Französisch-Flanderns verzichten und die niederländische «Barriere» hinnehmen. Das bedeutete für längere Zeit das Ende der französischen Ambitionen, die Grenzen des Königreiches nach Norden und Osten möglichst weit entfernt von der Kapitale Paris vorzuverlegen.

## Lebensabend und Tod

Wie bereits in anderem Zusammenhang ausgeführt, vollzog sich zwischen 1683 und 1690 ein Wandel in der Bedeutung und Außenwirkung von Versailles. Der Hof begann, sich zunehmend von der Außenwelt abzuschließen. Paris gewann auch für die vornehme Gesellschaft wieder mehr an Anziehung, die es im übrigen nie ganz an Versailles verloren hatte. Bei dieser Entwicklung haben die aus den Kriegen resultierenden wirtschaftlichen Probleme, das wachsende Alter des Königs und nicht zuletzt der steigende Einfluß der Madame de Maintenon eine wesentliche Rolle gespielt. Dazu beigetragen hat aber sicherlich auch die Tatsache, daß der König sich in Angelegenheiten des Glaubens mehr und mehr den Positionen der «Devoten» annäherte und auf die Einhaltung unanstößiger Moral in seiner Umgebung achtete.

Madame Scarron, geborene Françoise d'Aubigné, Marquise de Maintenon (1635–1719), kam als Betreuerin der illegitim geborenen Kinder aus der Beziehung zwischen Ludwig XIV. und der Marquise de Montespan in näheren Kontakt zum König. Sie begleitete den König und dessen Mätresse auf mehreren Reisen. Als der älteste, überlebende Sohn der Montespan und Ludwigs XIV. im Dezember 1673 legitimiert worden war, kam Madame Scarron mit diesem an den Hof. Die Analyse ihrer Korrespondenz deutet darauf hin, daß diese sehr schöne Frau einige Monate später nach einigem Zögern und der Überwindung mancher Skrupel die Mätresse des Königs wurde. Auf jeden Fall wurde sie seit jener Zeit mit finanziellen Gratifikationen, mit Privilegien und Handelsmonopolen überschüttet. Außerdem verlieh ihr Ludwig XIV. den Titel einer «Madame de Maintenon» unter Verwendung des Namens des Schlosses, das sie im Dezember 1674 gekauft hatte. Das enge Verhältnis des Königs zu Madame de Maintenon, die die Erhebung in den Stand einer Herzogin ablehnte, wurde 1681 ganz offenkundig, als Ludwig XIV. ihr das seinen Gemächern am nächsten gelegene Appartement in Versailles zuwies. Als dann die Königin Maria-Theresia am 30.7. 1683 gestorben war, schlug der König seiner Favoritin bald danach die geheime Eheschließung vor. Aus der Korrespondenz zwischen Madame de Brinon mit Charles d'Aubigné ist zu schließen, daß diese geheimgehaltene Heirat am 9. oder 10. 10. 1683 stattfand. Spätestens seit jenem Zeitpunkt war Madame de Maintenon die «ungekrönte Königin von Versailles». Seit jener Zeit war ihr Leben eng verknüpft mit der Geschichte des Königreiches. Diese nicht zu bestreitende Tatsache darf aber nicht zu dem Trugschluß führen, daß sie seither im Verborgenen wesentlichen Einfluß auf die Politik des Königs genommen habe.

Ludwig XIV. hat sich zeitlebens in Staatsangelegenheiten von niemandem wirklich leiten bzw. bestimmen lassen. Gleichwohl blieb es in Anbetracht der besonders engen Beziehungen zwischen Madame de Maintenon und dem König nicht aus, daß die Meinung der «ungekrönten Königin von Versailles» auch in politischen Dingen nicht gänzlich ohne Gewicht war. Seit Ende 1683 sprachen beide täglich sehr lang über fast alle Angelegenheiten: über Bauten, über das Theater, über religiöse Probleme und vor allem über Personen. Es war daher fast unvermeidbar, daß ihre Gespräche nicht auch das Feld der Politik zumindest berührten. So weiß man, daß die Maintenon Louvois nicht schätzte und den Clan Colbert favorisierte. Außerdem ist bekannt, daß die Minister ganz am Ende der Regierung Ludwigs XIV. es vorzogen, den Zugang zum erschöpften König, den sie nicht über Gebühr ermüden wollten, über Madame de Maintenon zu suchen. Sie informierten sie und überließen es ihr, den Souverän mit den jeweiligen Staatsangelegenheiten zu befassen. Deshalb konnten böse Zungen 1714 behaupten, daß über dem Ministerrat das Triumvirat der Maintenon, des Beichtvaters Michel Tellier (1643–1719) und des Kanzlers Daniel-François Voysin de la Noiraye (1654–1717) herrsche. Das traf so sicherlich nicht zu. Zu leugnen ist aber nicht, daß der Kanzler Voysin seine Karriere im wesentlichen der Protektion der Maintenon verdankte. Wenn auch die Maintenon keine Politik machte, so war sie doch an einigen wichtigen politischen Entscheidungen des Königs, so z. B. an seinen Maßnahmen zur Sicherung der Thronfolge und an einigen Bestimmungen seines Testaments nicht unbeteiligt. Unstrittig ist auch, daß es dieser herausragenden Frau gelang, im Lebenswandel des Königs und im Hofleben eine Wende herbeizuführen. «Nicht nur wurden die libertinistischen und frivolen Unterhaltungen verpönt und wurde das Leben in Versailles ernster und nach Ansicht der Höflinge langweiliger. Unter ihrem Einfluß gewann der um vier Jahre jüngere König für die restlichen drei Jahrzehnte eine ernstere Lebensauffassung» (Weis, Frankreich von 1661 bis 1789, 177).

Nach dem Tod der Minister Seignelay (Jean-Baptiste Colbert, Marquis de Seignelay, 1651–1690) und Louvois (1641–1691) läßt sich eine weitere Zunahme der persönlichen Machtfülle des Königs beobachten, ohne daß man – wie manche Zeitgenossen – bereits von Despotismus sprechen kann. Das zeigt sich z. B. bei seinen verschiedenen strategischen, taktischen und administrativen Anstrengungen, um die verheerenden Folgen der Mißernten und Hungersnöte der Jahre 1693/94 zu begrenzen.

Sehr belastet und beunruhigt haben den alten König drei Todesfälle im engsten Familienkreis, die innerhalb weniger Monate eintraten und die direkte männliche Thronfolge der Dynastie bedrohten. Am 14. 4. 1711 starb der Sohn Ludwigs XIV., der Dauphin Ludwig von Frankreich (1661–1711), nach kurzer Krankheit an den Windpocken. Sein Tod hat den König und Vater sehr erschüttert. Kaum hatte sich dieser von dem Schicksalsschlag erholt, da verlor er am 18. 2. 1712 seinen Enkel, den zweiten Dauphin Ludwig von Frankreich, Herzog von Burgund (1682–1712). Weniger als drei Wochen später starb am 8. 3. 1712 der

*Ludwig XIV. (1643–1715)* 235

älteste Urenkel des Königs und dritte Dauphin, Ludwig von Frankreich, Herzog der Bretagne (1707–1712). Er war nur neunzehn Tage Dauphin. Um in dieser Situation die gefährdete Thronfolge für die Dynastie dauerhaft zu sichern, entschied sich der König für eine Maßnahme, die einen klaren Verstoß gegen das die Thronfolge regelnde «Fundamentalgesetz» der Monarchie, gegen das sogenannte «Salische Gesetz» (Loi salique), darstellte. Mit dem Edikt vom Juli 1714 dekretierte er, daß die aus der Liaison mit der Marquise de Montespan hervorgegangenen, also illegitim geborenen Söhne, der Herzog von Maine (1670–1736) und der Graf von Toulouse (1678–1723), zur Thronfolge zugelassen seien, falls keine anderen Prinzen von königlichem Geblüt mehr zur Verfügung stünden. Aber obwohl dieses Edikt, an dessen Zustandekommen die Madame de Maintenon nicht unbeteiligt war, klar gegen ein «Fundamentalgesetz» des Königreichs verstieß, wurde es vom Pariser Parlament am 2. 8. 1714 registriert.

Das von Ludwig XIV. unter Mitwirkung des Kanzlers Voysin abgefaßte und im August 1714 im Pariser Parlament hinterlegte Testament war ebensowenig mit den «Fundamentalgesetzen» der Krone konform. Mit diesem Testament wollte der König die zukünftige Regentschaft für seinen Urenkel, den Dauphin, regeln, indem er die Einrichtung eines Regentschaftsrates vorsah, bereits dessen personelle Zusammensetzung fixierte und auch festlegte, daß die Entscheidungen in diesem Gremium nach dem Mehrheitsprinzip getroffen werden sollten. Dieses Testament hatte dann aber keinen Bestand, denn das Pariser Parlament erklärte es am 2. 9. 1715 für nichtig, einen Tag nach dem Tode Ludwigs.

Am 9. 8. 1715 erkrankte der König und kehrte anderntags von Marly, wo er sich zur Jagd aufgehalten hatte, nach Versailles zurück. Obwohl er während der nächsten Tage noch so gut wie möglich den Staatsgeschäften nachging, war dennoch für jedermann erkennbar, daß sich sein Gesundheitszustand kontinuierlich verschlechterte. Am 24. 8. begannen der Hof, die Freunde des Königs und seine Ärzte, sich ernsthaft wegen des Krankheitsverlaufs zu beunruhigen. Am nächsten Tag empfing Ludwig XIV. die Letzte Ölung. Während der folgenden Tage nahm er Abschied vom Hof, von seinen Familienangehörigen und bereitete sich auf den Tod vor. «Er vollzog seine letzten Handlungen so gemessen, heiter und majestätisch, wie er in allen Dingen des Lebens verfahren war» (Gaxotte, Ludwig XIV., 310). Am 30. 8. verlor er das Bewußtsein, der Brand hatte sich bis zum Knie und den ganzen Oberschenkel ausgedehnt. Ludwig XIV. verstarb am 1. 9. 1715 morgens ein Viertel nach acht Uhr. Mit seinem Tod verlor Frankreich einen seiner größten, fähigsten und bedeutendsten Herrscher, dessen Regierung die französische Monarchie nach innen und außen nachhaltig geprägt und dessen Leistung weit über die französischen Grenzen hinaus vielfältige Nachahmung gefunden hat.

Die Staatsfinanzen befanden sich im Jahre 1715 in einem desolaten Zustand. Fast fünfundzwanzig Jahre Krieg hatten die Staatsschulden auf eine bisher nie erreichte Höhe anschwellen lassen. Treffen die überlieferten Angaben zu, hatten sich die Schulden auf die für damalige Verhältnisse riesige Summe von etwa zwei Milliarden «livres» akkumuliert. Gegenüber diesem alles in allem düsteren Erscheinungsbild der Lage Frankreichs im Jahre 1715 ist jedoch zu betonen, daß das Land dank seiner natürlichen Ressourcen, seiner vergleichsweise soliden Agrarökonomie, seiner manufakturiellen Aktivitäten und seines Überseehandels – wenn auch oft unter größten Schwierigkeiten – letztlich in der Lage gewesen ist, den Belastungen von fünfundzwanzig Jahren Krieg standzuhalten.

Frankreich blieb in dem im Utrechter Frieden (1713) ausgebildeten «System der ‹präponderierenden Mächte›, zwischen denen ein immer wieder ausbalanciertes politisches Kräfteverhältnis bestand» (Duchhardt, Gleichgewicht der Mächte, 70), eine Großmacht, deren politisches Gewicht auch nach 1715 von zentraler Bedeutung war. Wenn auch Ludwig XIV. in seinem Streben nach Hegemonie in Europa letztlich gescheitert war, so hinterließ er bei seinem Tode ein Land, das größer und besser zu verteidigen war als zu Beginn seiner Alleinherrschaft. Er hinterließ seinem Nachfolger eine Monarchie, die auch in den folgenden Jahrzehnten in der Lage war, eine erstrangige politische Rolle in Europa zu spielen. Voltaire ist zuzustimmen, der in der Rückschau über Ludwig XIV. treffend urteilte: «Trotz allem, was man wider ihn geschrieben hat, wird man seinen Namen nicht ohne Ehrfurcht aussprechen und mit diesem Namen die Idee eines Jahrhunderts verbinden, das für immer denkwürdig bleibt» (Gaxotte, Ludwig XIV., 311).

Peter Claus Hartmann

# LUDWIG XV.
## 1715–1774

*Ludwig XV., geb. 15. Februar 1710 in Versailles, 8. März 1712 Dauphin, 1. September 1715 König von Frankreich (bis 1723 Regentschaft), 25. Oktober 1722 Salbung und Krönung in Reims, gest. 10. Mai 1774 in Versailles, begraben 12. Mai in Saint-Denis, 1793 sterbl. Überreste entfernt.*
*Vater: Ludwig Duc de Bourgogne, 1711 Dauphin, ältester Enkel Ludwigs XIV. (geb. 6. August 1682, gest. 18. Februar 1712). Mutter: Marie-Adélaide von Savoyen (geb. 6. Dezember 1685, gest. 12. Februar 1712), Tochter von Viktor Amadeus II. (1666–1732), seit 1675 Herzog von Savoyen, seit 1713 König von Sizilien und seit 1720 König von Sardinien, und Anne Marie Prinzessin von Orléans (1669–1728). Bruder: Duc de Bretagne (1707–1712), 18 Tage lang Dauphin.*
*Heirat 5. September 1725 mit Marie Leszczynska (1703–1768), Tochter des entthronten polnischen Königs Stanislas I. Leszczynski (1677–1766), seit 1738 Herzog von Lothringen und Bar. Zwei Söhne und acht Töchter, darunter Louis, Dauphin de France (1729–1765), Vater Ludwigs XVI., und Marie Louise Elisabeth (1727–1759), Gemahlin des Infanten Don Philipp, ab 1748 Herzog von Parma.*

«Ich will in allem dem Beispiel des verstorbenen Königs, meines Urgroßvaters folgen», so erklärte der 16jährige Ludwig XV. nach dem Sturz des Premierministers Duc de Bourbon im Jahre 1726. War ihm dies möglich?

Unter seinem Urgroßvater Ludwig XIV. (1643–1715) hatte das System der «absolutistischen» Monarchie in Frankreich und Europa seinen Höhepunkt erreicht. Der Sonnenkönig war wie kein anderer in der Lage, die Souveränität des «absoluten» Monarchen und die Zentralgewalt des Königreiches auch in der Realität zu verkörpern und persönlich diese zentrale Position auszufüllen. Das eigentlich Charakteristische des Systems war die «Allgegenwart des Königs» (Mandrou). Dieser schwierigen Rolle eines «allgegenwärtigen» Königs konnte jedoch nur eine Persönlichkeit mit den Eigenschaften Ludwigs XIV. gerecht werden. Der Sonnenkönig machte aber dadurch «das Königtum zur Last, das menschliche Kräfte überstieg. Weil er den Staat in seiner Person zusammenfaßte, unterwarf er ihn den Schwächen der Natur» (Erlanger).

Gerade seine menschlichen Schwächen hinderten jedoch Ludwig XV., trotz aller positiven Eigenschaften, dem Beispiel seines Vorgängers zu folgen und den Staat als «allgegenwärtiger» König in seiner Person zusammenzufassen. Letztlich war er aufgrund seiner Natur den unmenschlichen Aufgaben des «absoluten» Königtums nicht gewachsen. So wurde er zur mißverstandenen, einsamen und tragischen Figur. Lange in der Literatur und Forschungsmeinung als fauler Schwächling mit Günstlings- und Mätressenwirtschaft verurteilt, werden erst neuere Biographien, vor allem die grundlegende von Michel Antoine, seiner komplexen Persönlichkeit und seinen Leistungen gerecht.

## Mensch, Persönlichkeit, Charakter

Geboren wurde Ludwig am 15.2.1710 als dritter Sohn des Duc de Bourgogne, des ältesten Sohns des großen Dauphin (Kronprinz) Louis und der Maria Anna von Bayern in Versailles. Er war somit Sohn des ältesten Enkels Ludwigs XIV. und der Marie-Adélaide von Savoyen, einer Cousine seines Vaters. Nichts schien zunächst den kleinen Ludwig dazu zu bestimmen, eines Tages den Thron des Sonnenkönigs zu besteigen. Dann kam das große Unglück über die Bourbonendynastie: innerhalb eines Jahres, vom 14.4.1711 bis zum 8.3.1712, raffte der Tod nacheinander den Dauphin († 14.4.1711 an Pocken), den als Dauphin nachgerückten Duc de Bourgogne († 18.2.1712 an Masern), dessen Gattin Marie-Adélaide († 12.2.1712) und den zum Dauphin gewordenen älteren Bruder († 8.3.1712) hinweg.

Da der Erstgeborene schon als Baby gestorben war, blieb nur noch der zweijährige Ludwig übrig, der zum Dauphin und zur Hoffnung der Dynastie wurde, als der regierende König und Urgroßvater Ludwig XIV. bereits 73½ Jahre alt war. Der kleine Kronprinz, ein schönes Kind, aufgeweckt, frühreif, schüchtern, sehr zart, feinfühlig, blaß, gebrechlich und verwöhnt, wuchs als Vollwaise ohne Familie, Geschwister oder Cousins sehr isoliert und einsam, und trotzdem von vielen Leuten umgeben, auf. Deshalb klammerte er sich stark an seine Gouvernante, die er «Maman Ventadour», und an seinen Urgroßvater, den er «papa Roi» nannte.

Dieser legte noch fest, daß sein ehemaliger Spielgefährte, der 73 Jahre alte Herzog von Villeroy Gouverneur, der 63jährige Bischof Fleury Erzieher und der Herzog von Maine, ein legitimierter Sohn, Vormund Ludwigs XV. werden solle, um den Einfluß des Duc d'Orléans, des Regenten und Großonkels des Kleinen, auf den minderjährigen König nicht zu stark werden zu lassen.

Als Ludwig XIV. am 1.9.1715 starb, wurde Ludwig XV. mit 5½ Jahren König von Frankreich. Selbstverständlich konnte er in diesem Alter noch nicht regieren, das tat der Regent mit dem Regentschaftsrat in seinem Namen. Aber trotzdem begann für den kleinen scheuen Jungen der Ernst des Lebens; denn er wurde mehr und mehr zu Aufgaben und Repräsentationspflichten herangezogen. Schon am 2.9.1715 mußte er als König zur Eröffnung des Testaments von Ludwig XIV., den «Lit de

## Ludwig XV. (1715–1774)

justice» präsidieren. Er eröffnete mit ein paar auswendig gelernten Worten die Sitzung und verwies dann auf den Kanzler. Es galt auch, in Anwesenheit des Regenten die Kondolenzbesuche der Botschafter und Minister wegen des Todes von Ludwig XIV. entgegenzunehmen, in der Folgezeit das diplomatische Korps regelmäßig zu empfangen, bei Vereidigungen anwesend zu sein und die religiösen Verpflichtungen als Allerchristlichster König zu erfüllen, d. h. an der Fronleichnamsprozession teilzunehmen und vieles mehr. Es war vor allem Villeroy, der den kleinen Jungen ab dem siebten Lebensjahr ohne rechte Abstufung und Schonung mit diesen protokollarischen Fronen überlud und dem von Natur aus schüchternen Kind eine nie wieder verlorene Angst vor der Menschenmenge und vor unbekannten Gesichtern einflößte. Unter dem Anschein von Ungezwungenheit und von vollendeten, überlegenen Manieren grub sich die angeborene Schüchternheit tief und zunehmend in die Seele und den Charakter des Monarchen ein. Während andere Kinder mit Gleichaltrigen spielen konnten, erfüllte er mit erstaunlichem Ernst die ihm aufgebürdeten unmenschlichen Verpflichtungen, die ihn allerdings schwer belasteten und bei ihm schon früh die Neigung zur Melancholie förderten. Ein besonderes Vertrauensverhältnis verband ihn bald mit seinem Erzieher und Hauslehrer, dem Bischof André Hercule de Fleury, einem Mann einfacher bürgerlicher Herkunft, der von 1699 bis 1715 das kleine Bistum Fréjus verwaltete, einem Geistlichen von sanftem Gemüt, der bescheiden, weise und fromm, sich aus den Hofintrigen heraushielt. Fleury gab dem jungen König, der ein fleißiger, vielseitig interessierter Schüler war, eine stark religiös geprägte Erziehung.

Schon im Alter von zehn Jahren wurde Ludwig XV. neben seinen bisherigen Repräsentationspflichten in weitere königliche Aufgaben eingeführt. Ab 18. 2. 1720 nahm er regelmäßig (als Zuhörer) an Sitzungen des Staatsrates teil. Außerdem wurde er jetzt zum vertieften Lernen und Studium aller für einen König wichtigen Fächer und Fähigkeiten angehalten.

Wie in anderen Monarchien gestaltete sich auch in Frankreich die Verheiratung des Königs als eine eminent politische Angelegenheit, bei der die Wünsche oder Sympathien der Betroffenen keine Rolle spielen durften. Trotzdem war die Heiratspolitik des Regenten und seines Premiers Kardinal Dubois, die zur Besiegelung guter und freundschaftlicher Beziehungen zu Spanien den 11jährigen Ludwig XV. mit der 3jährigen spanischen Infantin Maria Anna Victoria verband, besonders kraß. Der Heiratsvertrag wurde am 25. 11. 1721 unterzeichnet, und man ließ die kleine spanische Prinzessin nach Paris kommen, um sie dort erziehen zu lassen und abzuwarten, bis eine kirchliche Trauung möglich sein würde.

Den 11jährigen ließ seine Braut verständlicherweise weitgehend kalt, er schenkte ihr aber bei ihrer Ankunft eine Puppe. So wuchs Lud-

Ludwig XV. (1715-1774) 241

wig XV. auf in der Einsamkeit an der Spitze des Staates, ohne Familie und ohne intimen Freund. Seine einzigen Vertrauenspersonen waren die betagte «Maman Ventadour» und der ebenfalls relativ alte Fleury. Während man seine politische und militärische Erziehung verstärkte bzw. aufnahm, wurde er am 25. 10. 1722 mit großem Pomp nach alter Tradition in der Kathedrale von Reims gesalbt und gekrönt. Als der König am 15. 2. 1723 dreizehn Jahre alt wurde, war er laut «loi fondamentale» am 16. des Monats volljährig, und die Regentschaft ging zu Ende.

Bald sah der damalige Premierminister Duc de Bourbon eine rasche Verheiratung des öfters kranken Königs, auf dem die ganze Hoffnung der Dynastie ruhte, für dringend geboten an. Da die kleine «Infante-Reine» 1725 erst 6 Jahre alt war, glaubte man, nicht warten zu können und schickte sie zur großen Empörung der Spanier wieder nach Madrid zurück. Als neue Braut suchte Bourbon die polnische Prinzessin Marie Leszczynska aus, die Tochter des entthronten polnischen Königs Stanislas, die sieben Jahre älter als Ludwig war. Die Hochzeit des 15½jährigen Königs mit der 22jährigen fand am 5. 9. 1725 in Fontainebleau mit großem Gepränge und in Anwesenheit vieler Fürsten und Adeligen aus dem In- und Ausland statt.

Was war nun Ludwig XV., der nie Kind sein durfte, ohne Eltern und Familie aufwuchs und sich immer einsam fühlte, für ein Mensch? Welchen Charakter hatte er?

Alle Zeitzeugen, aber auch die erhaltenen Gemälde bestätigen bzw. zeigen, daß Ludwig XV. ein schöner, gut gebauter, kräftiger Mann war, eine stattliche Erscheinung mit harmonischen Gesichtszügen, anziehend für Frauen. Man sprach vom «schönsten Mann in seinem Königreich». Alles in allem war er eine majestätische, hoheitsvolle Erscheinung. Er liebte besonders das Reiten und die Jagd, die typischen Sportarten des damaligen Adels, und erfreute sich einer recht robusten Gesundheit. Allerdings neigte er zu Nasenschleimhaut- und Kehlkopfentzündungen, so daß er oft heiser war. Überhaupt entsprach seine Stimme nicht seiner imposanten Erscheinung. Das hinderte ihn nicht selten daran, öffentlich zu sprechen, sich stimmlich durchzusetzen, was häufig recht mißlich war für einen König, der repräsentieren, den Conseil leiten, widerspenstige Parlamentsräte bändigen und seine Hofadeligen beherrschen sollte. Deshalb mußten oft seine Minister für ihn seine Erklärungen verlesen, wodurch letztere an Gewicht verloren. Ludwig XV. lebte relativ enthaltsam, nahm – im Gegensatz zu Ludwig XIV. – wenig zu sich, trank in der Frühe meist etwas Milch, aß nach dem Conseil zwischen zwei und vier Uhr zu Mittag Fleisch und vielleicht eine Orange und speiste vor allem abends. Auch wenn es öffentliche Diners gab, nahm er wenig zu sich, so daß die Diener mit dem Verkauf der reichlichen Reste gute Geschäfte machten.

Eine wichtige positive Gabe des Königs war seine hohe Intelligenz. Er war «mit Heinrich IV. der intelligenteste der Bourbonen» (Antoine), besaß eine schnelle Auffassungsgabe und Scharfsinn, wie viele seiner Mitarbeiter so d'Argenson, l'Averdy, Croÿ u. a. betonten. So schreibt zum Beispiel der französische «Außenminister» Marquis d'Argenson: «Der König denkt schnell» und betont: «Seine Gedankenführung ist schneller als der Blitz... mit raschen und brüsken Einsichten».

Ludwig gehörte jedoch auch, wie der österreichische Botschafter Kaunitz mit Erstaunen nach Wien berichtete, zu den bestinformierten und allgemeingebildetsten Herrschern seiner Zeit. Seit seiner Erziehung durch Fleury zeigte der Monarch immer den Wunsch, seine Kenntnisse weiter zu bereichern und zu vertiefen und legte sich zu diesem Zweck eine ausgezeichnete, dauernd durch neue Werke ergänzte Privatbibliothek an. Neben Geschichte, Recht und Theologie interessierten ihn vor allem die Naturwissenschaften und Fragen des öffentlichen Gesundheitswesens. Deshalb förderte er persönlich die Gründung der «Académie de Chirurgie» und naturwissenschaftliche Projekte, wie die des Grafen La Garaye, der 1745 seine «Chimie hydraulique» veröffentlichte. Er war, wie der Zeitgenosse Croÿ hervorhob, «vor allem sehr gut beschlagen in der Astronomie, Physik, Chemie und Botanik».

Ludwig XV., ein hochintelligenter und gebildeter Mann, hatte einen «extrem komplexen und rätselhaften Charakter» (Antoine). Argenson und der Hofadelige Duc de Luynes beschrieben ihn als undurchschaubar, unzugänglich und undurchdringlich. Er neigte zu Nervenschwäche und war menschenscheu, oft in Schwermut verfallend und depressiv. Luynes schrieb dazu: «Diese Melancholieschübe kamen manchmal spontan, waren manchmal durch die Umstände verursacht.»

Während der Sonnenkönig, von allen wenigstens äußerlich respektiert und verehrt, den Hof und den Hofadel in Versailles beherrschte, gingen dem schüchternen, menschenscheuen Ludwig XV. die dortigen dauernden Schikanen, Rangstreitigkeiten, boshaften Schwätzereien und Verleumdungen, der an den Tag gelegte Haß und Stolz, kräftig auf die Nerven. Er sah ganz klar, wie jede seiner Gesten, das kleinste Wort von einer Menge von Intriganten in ihrem Sinne interpretiert und skrupellos ausgeschlachtet wurden, wie sie ihn täglich mit ihren Klagen, Forderungen, Umtrieben und Streitereien quälten. Der schon von Kindheit an zur Verschwiegenheit erzogene Monarch sah nur eine Möglichkeit, sich gegen all dies abzusichern: eine reservierte, rätselhafte, verschwiegene und immer geheimnisvolle und äußerlichen Einflüssen unzugänglich scheinende Haltung zu zeigen. Wie viele schüchterne Menschen scheute er sich, seine Gefühle zu offenbaren und wurde ein Meister der Verstellung und des Geheimhaltens. Recht bezeichnend ist sein Rat, den er 1771 seinem Enkel Ferdinand gab: «Vor allem beruhigt Euch und laßt nichts davon merken, was Ihr fühlt.»

Bei Ludwig XV. ging dieses Geheimhalten und Verbergen sogar so weit, daß er versuchte, zu verschleiern, was er plante, was er in Wirklichkeit tat und arbeitete. Dadurch entstand aber in der Öffentlichkeit der falsche Eindruck, er interessiere sich nicht für die Angelegenheiten des Königreiches, er sei faul; denn niemand kannte seine wirklichen Gedanken, «seine lobenswerten Absichten, seine Gewissensbisse, seinen Fleiß... die Richtigkeit seiner Urteile und Prognosen, seinen Weitblick» (Bordonove).

Im Gegensatz zu Ludwig XIV., dessen ganzes Leben vom Aufstehen in der Frühe bis zum «Coucher» am Abend in der Öffentlichkeit mit viel Zeremoniell zelebriert wurde, bis hin zur Anwesenheit besonders Privilegierter, wenn der König auf dem Nachtstuhl saß, hatte Ludwig XV. einen Horror vor all dem, suchte dem Hofleben zu entfliehen, wo er nur konnte und trachtete danach, sich einen Freiraum, ein bißchen Privatsphäre zu schaffen. Deshalb baute er sich in Versailles die kleinen Appartements, wo er schlief und arbeitete und zu denen nicht jeder Zutritt hatte, wie in den «grands appartements». Außerdem floh er, wenn er nur konnte, von Versailles in die kleinen Jagdschlösser der Umgebung: Rambouillet, La Muette, Choisy, Saint-Hubert u. a. Man hat festgestellt, daß er in manchen Jahren kaum 100 Nächte, also nicht einmal ein Drittel der Zeit, in Versailles verbrachte.

Während Ludwig XIV. sein ganzes Leben als Sonnenkönig in Versailles und den anderen Schlössern in der Öffentlichkeit als «allgegenwärtiger» König führte und dadurch die Privatperson von der öffentlichen nicht zu trennen war, vielmehr eine Einheit bildete, führte sein Nachfolger und Urenkel, der aufgrund seines Charakters die Lebensart seines Vorfahren nicht voll nachahmen konnte, «zwei Existenzen» (Antoine) und übte im Gegensatz zum Sonnenkönig die königlichen Funktionen nicht dauernd von früh bis spät am Tage in der Öffentlichkeit aus. Das monarchische Zeremoniell war für ihn nur eine harte Pflicht und schwere Last, eine «Fassade, hinter der er seine wirkliche Lebensweise versteckte» (Gaxotte).

Ludwig kam trotz seiner Menschenscheu und Angst vor der Masse und vor fremden Gesichtern nicht darum herum, seine Repräsentationspflichten zu erfüllen. Aber er liebte keine spektakulären Auftritte. Wenn er sich zur kriegführenden Armee begab, vermied er im Gegensatz zu seinen Vorgängern große Zeremonien, brach vielmehr diskret auf. Von Zeit zu Zeit ließ er das bei seinem Urgroßvater täglich praktizierte öffentliche Aufstehen oder Zubettgehen mit allem Hofzeremoniell im großen königlichen Appartement über sich ergehen.

Aber während Ludwig XIV. jeden Tag dort wirklich schlief und öffentlich geweckt wurde, nächtigte Ludwig XV. in seinem kleinen Appartement, stand früh auf und arbeitete schon stundenlang im Schlafrock an seinem Schreibtisch, bevor er sich zum offiziellen «Lever» in die großen

Appartements begab. Von dort berichtete dann z. B. Luynes 1743: «... der König steigt um halb elf Uhr aus dem Bett; er geht in die Messe; er nimmt normalerweise an der Sitzung des Staatsrats teil und arbeitet mit einigen Ministern bis zum Mittagessen um zwei Uhr.»

Ebenso zog Ludwig sich meist nach der Jagd am Abend in seine kleinen Gemächer zurück, um zu arbeiten, mit einigen Vertrauten zu speisen, und ging erst dann in das Paradezimmer, um das öffentliche Zubettgehen zu zelebrieren. Wenn der Vorhang des Himmelbettes zugezogen und die Höflinge verschwunden waren, begab er sich allerdings wieder zum Schlafen in sein eigentliches Zimmer. Privat war er «ein schlichter und gutherziger Mensch» (Levron).

Dieses Doppelleben führte jedoch dazu, daß der König kaum noch den Hof, das Hofleben und -zeremoniell als Instrument der Beherrschung und «Domestizierung» des Hofadels im Sinne der Thesen von Norbert Elias einsetzen konnte, wie Ludwig XIV. dies systematisch tat. Dadurch, daß er sich laufend dieser Öffentlichkeit entzog und so vieles im Geheimen diskret und unter Ausschluß des Publikums tat, auch seine positiven Aktionen nicht bekannt machte, leistete er dem Mißtrauen, der üblen Nachrede, fantastischen Gerüchten, erfundenen Kombinationen und falscher Beurteilung seiner Tätigkeiten Vorschub, und dies angesichts einer sehr kritischen Öffentlichkeit, die durch die Gedanken der Aufklärung, aber auch durch eine Skandalpresse geprägt war und sich nur zu gern ihre Opfer suchte; Ludwig XV. wurde ihr bevorzugtes Objekt, was zu einer allmählichen Schwächung des monarchischen Gedankens führte.

Aber auch eine andere Eigenschaft des Königs hinderte ihn, voll und ganz die Position eines «absoluten» Monarchen nach der Art seines Urgroßvaters auszufüllen: seine von Natur aus starke und durch seine Kindheit und Jugend noch gesteigerte Schüchternheit, Menschenscheu und Angst vor öffentlichen Auftritten. Bei diesen «war der König stets wie gelähmt» (Levron) und konnte, wie der Zeitgenosse Véri betonte, aufgrund seiner natürlichen Schüchternheit bei solchen Gelegenheiten «kaum vier Sätze vorlesen». So rang er sich nur selten durch, öffentliche Reden zu halten, den empfangenen Botschaftern mit gesetzten Worten zu erwidern, jovial am Hof oder anderswo mit diesem oder jenem ein kurzes Gespräch zu führen, aber auch einem Minister oder Spitzenbeamten sein Lob oder Mißfallen auszudrücken. Dazu kamen noch seine schon erwähnte häufige Heiserkeit und stimmliche Indispositionen. Der in der Öffentlichkeit gehemmte, kalt und steif erscheinende König konnte jedoch, wie Croÿ berichtet, im kleinen vertrauten Kreis «fröhlich, ungezwungen» und «überhaupt nicht mehr schüchtern, sondern ganz natürlich» sein.

Aber diese mangelnde Fähigkeit, sich in offizieller Funktion an die zu wenden, die seine Worte erwarteten, behinderte seine Aktion. Diese

## Ludwig XV. (1715-1774)

war, wie Antoine mit Recht bemerkt, für einen absoluten Monarchen vor allem die Rede, d. h. «sprechen um zu befehlen und zu entscheiden, um zu urteilen, verbieten oder erlauben, zu beglückwünschen, ermutigen, loben oder tadeln, bestrafen oder verzeihen». Als gehemmter Mensch hatte er Schwierigkeiten im Umgang mit seinen Ministern und hohen Beamten, vor allem, wenn neue Gesichter auftauchten, weshalb er sie nur ungern auswechselte. Diese wußten jedoch im allgemeinen nicht, wie sie bei dem eifersüchtig über seine Machtkompetenzen wachenden Monarchen daran waren, weil sie nie Ermunterung, Lob oder Mißbilligung zu hören bekamen. Sie erlebten ihn nur als schweigsamen, kühlen und rätselhaften König, der allerdings die sich bekämpfenden Minister und führenden Männer dadurch in Schach hielt. Sie wurden dann unter Umständen von Entlassungsschreiben Ludwigs oder seinen schriftlich angeordneten Strafen um so unerwarteter getroffen und empfanden diese als brutal und brüsk. Entweder konnten in dieser Atmosphäre keine wirklich bedeutenden Politiker hochkommen, oder es gab keine. Jedenfalls war die Zeit Ludwigs XV. nach Fleury arm an großen Politikerpersönlichkeiten, wenn es auch gute Verwaltungsbeamte gab.

Trotzdem erfüllte Ludwig XV. weitgehend seine Pflichten als oberster Repräsentant des Königreiches, als Verkörperung der obersten legislativen, exekutiven und judikativen Gewalt, allerdings weitgehend im Hintergrund und vor der Öffentlichkeit verborgen. Er hatte eine klare Konzeption von seiner unteilbaren souveränen Autorität, vom religiösen Charakter der Position des «Allerchristlichsten Königs», zeigte sich nicht als Despot und letztlich auch nicht als autoritär.

Er war ein Aktenmensch, der viel und gerne schrieb. Dies kam seiner introvertierten Natur entgegen. So leitete im Gegensatz zu Ludwig XIV., der gerne und gekonnt das gesprochene Wort als regierender König einsetzte und wenig zu Papier brachte, sein Urenkel die gleichen, vom Vorgänger überkommenen Institutionen im wesentlichen schriftlich. Wenn er auch häufig den Staatsratssitzungen vorstehen und regelmäßig mit Ministern im kleinen Kreis konferieren mußte, so erledigte er doch möglichst viel durch Korrespondenz. Da er leicht die Feder führte, fühlte er sich – im öffentlichen Reden gehemmt – im schriftlichen Bereich wesentlich sicherer. Er schrieb übrigens alles selbst und hatte nicht einmal einen Privatsekretär. Der Marquis d'Argenson bemerkte dazu: «Der König schreibt vieles mit seiner Hand, Briefe, Denkschriften, viele Auszüge dessen, was er liest...» Der Monarch regelte also möglichst viel schriftlich, forderte hier dies oder jenes an, versah Schriftstücke seiner Minister und Beamten mit Anmerkungen, Kritik oder billigenden Worten, regte Änderungen an usw.

Auf diese Weise konnte er durchaus seine Regierungspflichten erfüllen und die Fäden in der Hand behalten, obwohl er oft von Versailles abwesend war und von Jagdschloß zu Jagdschloß zog. Er besaß einen transportablen Schreibtisch mit abschließbarer Schublade, der gefüllt mit Briefen und Dossiers immer mitgeführt wurde, ebenso wie die wichtigsten Minister dauernd auf Wanderschaft gehen mußten, um mit ihrem König zu konferieren.

Trotz dieser Art des Regierens, die durchaus effizient sein konnte, wird von den Historikern meist seine geringe Fähigkeit festgestellt, die innen-, finanz- und außenpolitischen Probleme zu lösen. Neben seiner offensichtlich nicht sehr stark ausgeprägten Willenskraft ist hierfür eine weitere Eigenschaft des Königs ein wichtiger Grund, die in seiner Position zur fatalen Schwäche wurde: seine übertriebene Bescheidenheit und handfesten Selbstzweifel. Dieser intelligente, scharfsinnige Monarch mit schneller Auffassungsgabe zweifelte nämlich beständig an sich selbst. Dieser Mangel an Selbstvertrauen lähmte aber, wie Antoine mit Recht hervorhebt, seine wertvollen Eigenschaften; denn sehr oft erfaßte er sehr rasch das Wesentliche und Notwendige und auch die Tragweite und Konsequenzen der Ereignisse. Aber wenn seine Umgebung oder seine Minister eine andere Meinung vertraten, wurde er ratlos und unentschlossen und konnte sich erst sehr langsam zu einer Entscheidung durchringen. «Kühn im Geiste und beseelt vom sehr ehrlichen Wunsch, es gut zu machen, neutralisierte er diese Urteilsfähigkeit und diesen guten Willen, indem er an seinen Fähigkeiten zweifelte.» Der Zeitgenosse Herzog von Croÿ, der den König gut kannte, bemerkte dazu: «... die Bescheidenheit war eine Eigenschaft, die bei ihm zum Fehler wurde. Obwohl er die Angelegenheiten viel richtiger beurteilte als die anderen, glaubte er immer, unrecht zu haben.»

Der unmusikalische, aber sehr kunstsinnige Bourbone war trotz seiner später an den Tag gelegten, dauernden Mätressenwirtschaft ein tiefgläubiger, frommer Mensch und treuer Sohn seiner Kirche und des Papstes und ließ sich auch nicht von den vielen gottlosen Adeligen an seinem Hof von seinem Glauben abbringen, obwohl diese es emsig versuchten.

Nachdem er spätestens seit 1737 nicht mehr mit der Königin schlief, lebte er dauerhaft mit offiziellen Mätressen zusammen, zu denen sich noch zusätzlich vorübergehende Favoritinnen niederer Herkunft gesellten. Obwohl an sich das Mätressenwesen damals bei fast allen Monarchen üblich war – Katharina die Große hatte statt dessen ihre Adjutanten –, verursachte dem französischen König dieses beständige Übertreten der Sexualmoral der Kirche Gewissensbisse und Depressionen. Er war sich immer seines sündigen Zustandes bewußt, wollte ihn aber nicht ändern oder war nicht willensstark genug, dies zu tun. Er hoffte, als König immer umgeben von Priestern, in der Todesstunde durch eine Beichte das Problem zu bereinigen, wie Croÿ bemerkt.

Der Kardinal Bernis erklärte: «Seine Vorliebe für Frauen hat zwar über seine Liebe zur Religion gesiegt, aber sie hat niemals die Achtung vor

Ludwig XV. (1715-1774) 247

dieser... zu beeinträchtigen vermocht» und «Der König hat Religion... er enthielt sich lieber der Sakramente, als sie zu profanieren.»" Um die Sakramente nicht unwürdig zu empfangen, blieb er in seiner Regierungszeit insgesamt 38 Jahre dem Kommunionempfang fern, obwohl er ansonsten gewissenhaft seine religiösen Pflichten erfüllte und wie sein Vorgänger jeden Tag mit großer Andacht und immer kniend an der Messe teilnahm, an den gebotenen Tagen fastete und bei Prozessionen mitging. Wenn er auch in dieser Beziehung voll und ganz die religiösen Pflichten eines «Allerchristlichsten Königs» wahrnahm, stellte sich für ihn als Verkörperung eines sakralen Königtums doch ein schwerwiegendes Problem. Es war nämlich üblich, daß der König als Gesalbter Gottes bei an Skrofulose erkrankten Untertanen an hohen Feiertagen die Hände auflegte, um sie zu heilen. Dafür war es jedoch nach der damaligen Auffassung nötig, daß der König vorher beichtete und kommunizierte. Ludwig XV. hat dieses Berühren der Skrofulosen von 1722 bis 1738 immer gewissenhaft durchgeführt. Ab 1739 hörte er damit auf, da er nicht mehr die Sakramente empfing. Das löste einen großen Skandal aus. Es spricht jedoch für den Charakter des Königs, daß er allen guten Ratschlägen, trotz seiner Mätressenwirtschaft doch zu kommunizieren oder einfach ohne vorherigen Sakramentenempfang das «Toucher» zu praktizieren, schlicht als Heuchelei eine Absage erteilte. Obwohl durch die Aufklärung die sakrale Prägung des Königtums von den Oberschichten ohnehin in Zweifel gezogen wurde, trug Ludwig XV. durch die Beendigung des alten königlichen Ritus des Skrofulosenberührens selbst zur Entsakralisierung seiner Autorität und damit zu deren Schwächung bei.

Viel Autorität und Ansehen verlor Ludwig XV. auch durch seine exzessive Mätressenwirtschaft; er galt als «wollüstiger Sünder» (Méthivier). Dies verzieh man dem «Allerchristlichsten König» nicht, obwohl damals auch die Mehrzahl der Hofadeligen nicht mit ihrer Frau, sondern mit Mätressen zusammenlebten und es im gehobenen Bürgertum ebenfalls nicht viel besser bestellt war. Besonderer Anlaß zum Skandal, der das Ansehen des Königs ruinierte, war die berühmt-berüchtigte Pompadour, die als Sinnbild der königlichen Mätresse schlechthin in die Geschichte eingegangen ist.

Der junge König war anfangs ein verliebter, guter und treuer Ehemann, den die Heirat stark veränderte; er hatte mit seiner sieben Jahre älteren polnischen Gattin in den zwölf ersten Ehejahren zehn Kinder. Die erste Tochter kam, als er erst 17½ Jahre alt war, und die letzte, als er 27 Jahre und Marie 34 Jahre zählte. Neben zwei Jungen hatte das Paar acht Mädchen, die offiziell als «Mesdames de France» nach ihrem Alter (Madame Première, Madame Seconde usw.) durchnumeriert wurden. Von den Mädchen starb schon mit 4½ Jahren Madame Troisième (die Dritte) und von den Jungen der 1730 geborene Jüngere. So blieb nur als einziger Sohn der am 4. 9. 1729 geborene Dauphin Louis übrig, ein musikalischer Orgelspieler und Sänger, der weder Jagd noch Sport liebte, sehr fromm und häuslich war und nach dem Tod seiner geliebten ersten Gattin mit seiner zweiten Gemahlin Maria-Josepha von Sachsen eine eher bürgerlich anmutende glückliche Ehe führte. Aus ihr gingen die späteren Könige Ludwig XVI., Ludwig XVIII. und Karl X. hervor. Während das Verhältnis Ludwigs XV. zu seinem Sohn recht gespannt war, hing er sehr an seinen Töchtern, die er, als sie größer waren, gerne besuchte, mit ihnen sprach, ihre Musik anhörte und ihnen eigenhändig Kaffee zubereitete. Verheiratet wurde nur die Älteste, Elisabeth de France mit Don Philipp von Spanien, dem späteren Herzog von Parma. Die jüngste Tochter Louise wurde Karmeliterin.

Während Ludwig ein liebevoller Vater seiner Töchter war, gab es sehr bald in der Ehe mit Marie Leszczynska Schwierigkeiten. Die sieben Jahre ältere Gattin, sehr fromm, aber wenig anziehend, langweilig, apathisch, wenig anregend und nicht gerade fröhlich, hatte ganz andere Interessen als der König, begleitete ihn, zum Teil auch wegen ihrer vielen Schwangerschaften, selten und konnte ihm nicht diese private Sphäre bieten, nach der sich Ludwig sehnte. So entstand auch kein wirklich persönliches, enges Vertrauensverhältnis, ja der König «fand bei der Königin nur den trübsten Winkel des Hofes» (Antoine). Als die Königin nach einem Abgang auf Rat der Ärzte ihren Gatten abwies, ihm aber nicht zu sagen wagte warum, wandte sich dieser endgültig beleidigt von ihr ab. Nicht gewöhnt an Enthaltsamkeit und wahrscheinlich auch kaum fähig dazu, begann er ab 1738/39, sich intensiv und dauerhaft mit Mätressen zu liieren, nachdem er sich seit 1733 schon sporadisch darauf eingelassen hatte. Croÿ urteilte darüber: «Neben seiner übertriebenen Bescheidenheit war sein wichtigster und einziger Fehler die Leidenschaft für Frauen.» Die ersten offiziellen Mätressen kamen aus dem Adel und zwar aus einer Familie; denn Ludwig XV. nahm nacheinander vier Töchter des Marquis de Nesle zu Favoritinnen. Er genoß es, sich bei ihnen zu entspannen und «wie ein gewöhnlicher Mensch zu leben» (Levron).

Im Frühjahr 1745 stieg dann eine neue Dame zur «Maîtresse en titre» auf: Jeanne-Antoinette Poisson, eine uneheliche Tochter eines Finanziers, die in gut bürgerlicher Familie aufwuchs, mit 20 Jahren 1742 an den Finanzier Charles Guillaume Le Normant d'Étioles verheiratet wurde. Die verführerische, außergewöhnlich hübsche, ehrgeizige und gebildete junge Frau lernte Ludwig XV. bei dessen Jagdausflügen kennen und wollte unbedingt Mätresse werden, was sie im März 1745 erreichte. Sie ließ sich von ihrem Gatten trennen, erhielt von Ludwig einen Adelssitz und wurde nun als Marquise de Pompadour hoffähig, obwohl die Hofadeligen diese Aufsteigerin verachteten. Ihre «Kunst und Begabung» lag vor allem darin, «daß sie den König zerstreuen und seine Langeweile zu vertreiben verstand» (Levron). Die neue Mätresse, unerbittlich in ihrem Ehrgeiz und Machtstreben, spielte, wie wir sehen werden, von 1745 bis zu ihrem Tod 1764 eine sehr große Rolle. Die Öffentlichkeit sah es als besonders skandalös an, daß diese Frau ihre starke Stellung so konstant viele Jahre hindurch halten konnte. Sie verfuhr nämlich äußerst geschickt, um Rivalinnen abzuschlagen und sich die Gunst des Monarchen zu erhalten. Obwohl sie mit diesem nur bis 1750 ein Verhältnis hatte, blieb sie Mätresse als noch einflußreichere Freundin, bot ihm die private Sphäre, die er suchte, und besorgte bzw. duldete kleine Favoritinnen für den König aus einfachen Verhältnissen, die ihr nicht gefährlich werden konnten. Gerade diese kleinen Mätressen, die jeweils in einem Haus des Viertels «Le Parc-aux-Cerfs» wohnten, gaben Anlaß zu den phantastischsten Gerüchten, Erzählungen und üblen Verleumdungen. Man sprach von Massenorgien und der Entführung kleiner Mädchen und ähnlichem. In Wirklichkeit drängten sich die jungen Frauen im Heiratsalter dazu, oft geschoben von ihren ehrgeizigen Eltern. Wenn Ludwig XV. auch gut wußte, wie sehr sein Ansehen durch die Pompadour angeschlagen war, so ließ er als 58jähriger 1768 eine andere Bürgerliche, die 25jährige Jeanne Vaubernier zur Hauptmätresse aufsteigen, die mit einem Grafen du Barry verheiratet gewesen war. Die neue Mätresse, die Gräfin du Barry, eine lebhafte, schalkhafte, gutmütige, junge Frau, die nun von Höflingen, Künstlern und Philosophen umworben wurde, spielte nicht mehr die große politische Rolle wie einst die Marquise de Pompadour, trug aber durch ihre Verschwendung ebenfalls zum Ansehensverlust des Monarchen bei. Die Zahl der illegitimen Kinder Ludwigs wird recht unterschiedlich angegeben. Antoine betont jedoch, es seien nur acht gewesen, also weniger als die legitimen. Es handelte sich meistens um Mädchen, die man gut verheiratete; die beiden Söhne wurden Kleriker.

## Innere Entwicklung, Innenpolitik

Betrachtet man die 59 Jahre der Regierungszeit Ludwigs XV. näher, so präsentieren sie sich – bei allen Schwächen und Mißständen – als eine glanzvolle Epoche für Frankreich in den verschiedensten Bereichen, besonders in der Kunst, in Wissenschaft, Literatur und Geistesleben und auf wirtschaftlichem Gebiet. Dazu trug bei, daß Frankreich in diesen langen Jahren weitgehend von äußeren Invasionen frei und somit ohne direkte Kriegsverwüstungen blieb und auch keinen ernstlichen Bürgerkrieg kannte. Die Zeitgenossen Abbé de Véri und Duc de Croÿ schätzten die lange Regierungszeit als eine glückliche Epoche ein wegen ihres Friedens im Inneren und ihrer wirtschaftlichen und intellektuellen Kraft.

*Kunst, Architektur*

Da Ludwig XV. wenig musikalisch war, förderte er die Musik nicht besonders, obwohl in Frankreich Komponisten wie François Couperin (1668–1733) und Jean Philippe Rameau (1683–1764) wirkten. Skulptur und Malerei gefielen ihm, aber wirklich mit Leidenschaft widmete er sich der Architektur und förderte ganz persönlich die verschiedensten Projekte. Er hatte sich so gut in die Materie eingearbeitet, daß ihm seine Architekten nichts vormachen konnten und er sich durchaus fachmännisch einschaltete und an allen größeren Planungen als Bauherr bis hin zu Details ganz persönlichen Anteil nahm. Seine Regierungszeit bedeutete nochmals einen großen Aufschwung in Kunst und Architektur. Nicht von ungefähr erhielt der damals vor allem in der inneren Ausstattung charakteristische Louis-quinze-Stil mit seinen verfeinerten Rocaille-Ornamenten und phantasievollen Rokokodekorationen seinen Namen. Wenn er auch vor allem in seinen Schlössern Renovierungen und innere Ausgestaltungen im neuen Stil vornehmen ließ, so sind hier doch als besondere Werke das Bassin des Neptun und die 1770 von Gabriel erbaute Oper im Schloß von Versailles, einer der schönsten Opernräume der Welt, ferner die «Petits Appartements», zu nennen, die von 1735 bis 1738 geschaffen wurden. Das größte Bauprojekt, das auch vollendet wurde, war das von Robert de Cotte von 1751 bis 1755 wiederaufgebaute Schloß von Compiègne. Weitere kleine Schlösser entstanden damals: das Petit Trianon (Gabriel), Choisy-le-Roi, Saint-Hubert, Bellevue u. a. Unter Ludwigs XV. Ägide wurden außerdem die «Place Louis XV» (heute: de la Concorde), einer der größten und schönsten Plätze Europas, die öffentlichen Gebäude der «École militaire», der «Monnaie» und der «École de Chirurgie», die 1764 begonnene Kirche «Sainte-Geneviève» (heute Panthéon) und in Versailles die 1745 begonnene Kirche Saint-Louis (heutige Kathedrale), die Ministerienbauten u. a. errichtet.

Eine besondere Blüte erreichte damals die Kunst der Innenausstattung mit Künstlern wie Germain Boffrand und J. A. Rousseau. Damals entstanden ferner die zierlichen, prachtvollen Möbel, ebenso die meisterhaft komponierten, zarten und feinen Rokokobilder eines Antoine Watteau, François Boucher und Jean-Marc Nattier.

Ludwig XV. war, wie Antoine sowie Marie und Michel Verlet hervorheben, durch seine rege Bautätigkeit, sein Verlangen nach Erneuerung und Perfektionierung der Innenausstattung seiner Räume und durch seine Suche nach verfeinertem Luxus der oberste Motor in einer Blütezeit der französischen Architektur und eines «goldenen Zeitalters» des Kunstgewerbes. Dabei bildeten der Hof und die Stadt Versailles eine Symbiose. Der König gab den Ton an und in seinem Gefolge der Hofadel, der in Paris meist seine Stadtpalais besaß, in dieser riesigen Weltstadt, in der die Künstler, Kunsthandwerker und -händler wohnten und arbeiteten. Dieses Kunstgewerbe und die Künstler fanden hier finanzkräftige Käufer und Mäzene. Für Ludwigs Schlösser wurden z. B. von 1722 bis 1774 nicht weniger als 850 Bilder gekauft oder in Auftrag gegeben, ferner Tausende von feinen Möbeln, Aufträge, die einer großen Schar von bedeutenden Ebenisten ihren Lebensunterhalt garantierten. Da der französische Stil und Geschmack in Europa Vorbildcharakter besaß, belieferten die Meister aus Paris und Lyon (Seide) fast alle Höfe Europas bis ins russische St. Petersburg.

*Wissenschaft, Literatur und Geistesleben*
Aber nicht nur für die Kunst und Architektur bedeutete die Epoche Ludwigs XV. ein goldenes Zeitalter, sondern auch für die Wissenschaft, Literatur und das Geistesleben. Während Ludwig XV. aus persönlichem Interesse besonders die Naturwissenschaften und die Medizin förderte, scheint er sich viel weniger als Ludwig XIV. als Mäzen der Literatur und Philosophie betätigt zu haben. Immerhin war Voltaire mehrere Jahre als Hofdichter beschäftigt. Ludwig setzte die Literaten und Dichter auch nicht wie sein Urgroßvater gezielt ein, damit sie propagandistisch ihn und das Königtum verherrlichten, bot aber durch seine relativ liberale Regierung – trotz aller veralteten Zensurbestimmungen und auch Verfolgungen – ein weites Aktionsfeld, auch für ihre Angriffe und Ablehnung der traditionellen Autoritäten des Régimes: Monarchie und Kirche. So wurde seine Regierungszeit zur goldenen Epoche der französischen Aufklärung. Auf Frankreich als Zentrum und Vorbild dieser Geistesströmung blickte bald ganz Europa.

Gerade damals waren französische Mathematiker und Naturwissenschaftler wie d'Alembert, Cordorcet, Laplace, Monge, Lavoisier, Buffon, Montgolfier und viele andere führend in ihren Disziplinen und haben durch ihre Forschungen und Entdeckungen die Wissenschaft vorangebracht. Große Leistungen haben auch französische Historiker, Sprachwissenschaftler und Kunstgeschichtler, die sich mit fremden überseeischen Kulturen beschäftigten, vollbracht. Die Physiokraten veröffentlichten damals ihre Wirtschaftstheorien und gründeten eine Art erste nationalökonomische Schule, die als Verfechter von Rationalismus, Individualismus und Naturrecht als Vorläufer eines weitgehend liberalen Wirtschaftsdenkens bezeichnet wird. Auch die Agronomie machte große Fortschritte.

Von zentraler Bedeutung war auch die 35bändige, 1751–1780 von Diderot und d'Alembert herausgegebene «Encyclopédie». Hier wurde eine «Bestandsaufnahme der damaligen Kenntnisse» unter Mitarbeit führender Philosophen und Wissenschaftler, aber auch Techniker und Handwerker veröffentlicht. Die «Encyclopédie» wurde vor allem durch ihre antiklerikale und antiabsolutistische Tendenz ein «Standardwerk der französischen Aufklärung», eine «publizistische Angriffswaffe der ‹Philosophen» (Weis). Gerade diese Philosophen und Staatsdenker der Epoche veröffentlichten grundlegende Werke und Ideen, die geschichtsträchtig wurden und u. a. die Revolution vorbereitet haben.

Der fruchtbarste Geist unter den Philosophen war Voltaire (1694–1778), der sich von 1726 bis 1729 in England aufhielt und deshalb stark vom englischen Denken beeinflußt wurde. Er war Schriftsteller, Dramaturg, Dichter, Historiker, Philosoph und Popularisator der Aufklärungsideen. Eine große Wirkung erzielten auch Montesquieu mit seinem «Esprit des Lois», in dem er die Unabhängigkeit der Judikative und eine gewisse Gewaltenteilung forderte, ferner Jean-Jacques Rousseau (1712–1778), der als Kritiker der Zivilisation, Schriftsteller und Pädagoge viel Beachtung fand. Sein 1762 veröffentlichter «Contrat social» beeinflußte später die Revolutionäre, besonders die Jakobiner, sehr stark. Es war Rousseau, der forderte, man müsse die Staatsgewalt in die Hände des Volkes, d. h. der Bürger legen. Die später propagierte Volkssouveränität geht also auf die Ideen dieses Dichters und Denkers zurück.

Diese als Beispiele zitierten besonders wichtigen Aufklärungsphilosophen spielten auch in der Literatur der Zeit, für die in diesem Rahmen nur stichwortartig einige Namen und Gattungen genannt werden können, eine bedeutende Rolle, als man die traditionellen Autoritäten nicht mehr gelten ließ und die Vernunft zum universellen Richter aller Dinge erklärte. Die Komödie wurde damals vor allem von Pierre Carlet de Chamblain de Marivaux (1688–1763) erneuert, das Drama von Michel-Jean Sedaine (1719–1797), der realistische Roman von Alain-René Lesage (1668–1747), der philosophische Roman von Montesquieu, Voltaire, Diderot und Rousseau und der psychologische von Marivaux und dem Abbé Prévost (1697–1763).

Die lange Regierungszeit Ludwigs war nicht nur für die Entfaltung der «Lumières», der Aufklärungsphilosophie eine glückliche Zeit, sondern wenigstens teilweise ebenfalls für die innere Entwicklung und die Wirtschaft, wenn es auch nicht an schweren Spannungen und Konflikten mangelte, für die vielfach der Regent die Wurzeln gelegt hatte.

*Die Regentschaft (1715–1723). Zeit negativer Weichenstellungen*
In den Jahren der Regentschaft des Duc d'Orléans, in welcher der noch minderjährige König Ludwig XV. zwar schon zahlreiche Repräsentationspflichten als Souverän des Königreiches erfüllen mußte, aber auf die Politik keinen Einfluß hatte, wurden mehrere entscheidende, für die weitere Entwicklung der Monarchie negative und folgenschwere Weichen gestellt. Dafür verantwortlich war in erster Linie der Regent, in der älteren Forschung als «zynischer Hedonist» geschildert, während neuere Werke neben seinen sehr freien Sitten auch seine Intelligenz und positiven politischen Fähigkeiten herausarbeiten.

## Ludwig XV. (1715-1774)

Die Regierung des Sonnenkönigs Ludwig XIV. (1643-1715) hatte den Höhepunkt der «absoluten» Macht der Monarchie in Frankreich bedeutet, seine letzten 15 Jahre jedoch schon deren beginnenden Abstieg; denn im Spanischen Erbfolgekrieg (1701-1714) war das Ansehen des Monarchen im Inneren des Königreiches schon angekratzt, die hegemoniale Stellung Frankreichs in Europa wurde durch ein Gleichgewicht der Großmächte ersetzt, und die Finanzen des bourbonischen Königreiches waren erschöpft. Praktisch zeigte sich der französische Staat 1715 zahlungsunfähig. Der Regent sah sich also einer recht schwierigen politischen Erblast gegenüber. Er mußte Lösungen für die Probleme finden und weitreichende Entscheidungen treffen.

In seinem Testament von 1714 hatte Ludwig XIV. die Regentschaft für den damals 4jährigen Thronfolger und Urenkel Ludwig XV. geregelt. Der Sonnenkönig hatte hier festgelegt, daß sein einziger Neffe, Philipp Duc d'Orléans, der bei einem Tode Ludwigs XV. auch dessen Nachfolger gewesen wäre, nicht die volle Regentschaft und nicht zu viel Einfluß auf den kleinen minderjährigen König erhalten sollte. Als der Sonnenkönig gestorben war, wollte jedoch der ehrgeizige Duc d'Orléans die uneingeschränkte und volle Regentschaft, und zwar abweichend von den Testamentsbestimmungen, die nach dem Herkommen und den Grundgesetzen der Monarchie ohnehin nicht bindend waren. Um nun die volle Regentschaft ohne Konflikte anerkannt zu bekommen, glaubte Orléans, dem Pariser Parlament als dem Hüter des Testaments entgegenkommen zu müssen, und er traf in dieser Situation eine folgenreiche Entscheidung: Um dieses für Paris und den größten Teil Kernfrankreichs zuständige höchste Gericht günstig zu stimmen, erkannte er dem Pariser Parlament eine politische Rolle zu, die es seit einem halben Jahrhundert verloren hatte. Dies sollte für die Monarchie in den folgenden 74 Jahren recht negative Folgen haben, da dieses Pariser Parlament und die Provinzparlamente, d. h. die obersten Gerichte des Königreichs mit ihren amtsadeligen Richtern, die ihre Positionen erblich oder käuflich erwarben, eine beständige Oppositions-, z. T. auch Obstruktionshaltung gegen die notwendigen Reformen ausübten und diese praktisch als Interessenvertreter der Privilegierten immer wieder blockierten.

Eine weitere Weichenstellung des Regenten lag im religiösen Bereich, hing mit der gestärkten Stellung der Parlamente zusammen und sollte Ludwig XV. ebenfalls während seiner ganzen langen Regierungszeit zu schaffen machen: die Aufwertung der jansenistischen, richeristischen und gallikanischen Bewegungen. Der Jansenismus, ursprünglich eine religiös-sittliche Reformbewegung des 17. Jahrhunderts innerhalb der katholischen Kirche mit strengen, asketischen Moralgrundsätzen, wurde von Ludwig XIV., der eine einheitliche Religion aller Untertanen unter seiner Herrschaft erstrebte, deshalb so rigoros bekämpft, weil er sich mit der Zeit von einer rein religiösen Bewegung zu einer weitgehend politischen Parteiung mit religiösem Hintergrund entwickelte. Diese gewann dadurch eine besondere Bedeutung und Durchschlagskraft, daß sie sich mit dem Richerismus und Gallikanismus verband. Beim Richerismus handelte es sich um eine 1611 entstandene kirchliche Strömung, die sich auf die Thesen des Theologen der Sorbonne, Edmond Richer, stützte, die von den Jansenisten wieder aufgenommen wurden. Richer betonte die weitgehend gleichberechtigte Rolle aller Priester als Richter im Glauben und Ratgeber für die Kirchendisziplin und dementsprechend den Vorrang von Repräsentativversammlungen des Klerus (Synoden, Konzilien) gegenüber den Bischöfen und dem Papst. Diese Ideen fanden bei den Kaplänen und Pfarrern um so mehr Anhänger, als der vom französischen König ernannte Episkopat praktisch ein Monopol der Adeligen darstellte. Der Richerismus verband sich mit dem Gallikanismus, d. h. den Bestrebungen, die französische Kirche als vom Papst möglichst unabhängige Nationalkirche zu gestalten. Da der Gallikanismus über eine juristische Waffe verfügte, nämlich die Möglichkeit, gerichtlich Berufung wegen Mißbrauchs einzulegen, wurden diese Berufungsklagen nun gegen die kirchlichen Vorgesetzten (bis hin zum Papst und die Kirchengerichte) wegen Kompetenzüberschreitungen, die sich gegen die Freiheiten der gallikanischen Kirche richteten, bei den höchsten weltlichen Gerichten, den Parlamenten, geführt.

Die Parlamente entschieden somit über solche Berufungsklagen der Priester, die von ihren Bischöfen verurteilt oder gemaßregelt worden waren, die gegen Pastoralinstruktionen, Anordnungen und andere Schritte der Bischöfe opponierten, aber auch über Glaubensfragen, etwa Klagen gegen Bullen, Breven und Vorschriften des Papstes. So konnten die Priester auch gegen ihre Verurteilung wegen Ablehnung der Bulle Unigenitus, welche die Jansenisten verurteilt hatte, klagen. Die Parlamentsräte, meist dem Jansenismus nahestehend, nützten ihre Rechte aus, um die Autorität der vom König ernannten adeligen Bischöfe zugunsten des niederen Klerus zu schwächen. Dies führte zu vielen Zwistigkeiten und zu Unruhen in den Diözesen.

Ludwig XIV., der an sich als französischer König dem Gallikanismus sicherlich nicht ablehnend gegenüberstand, ihn zeitweilig sogar in besonders harter Form gegen das Papsttum durchzusetzen versuchte, sah in den sich gallikanisch gebenden Jansenisten eine Gefahr für die königliche Autorität. Er glaubte nicht zu Unrecht, daß die Jansenisten, die mit solcher Leidenschaft gegen die dogmatischen Entscheidungen und die Unfehlbarkeit des Papstes kämpften, ebenso die Autorität des Königs angreifen würden. Auf seine Bitte hin verurteilte Papst Clemens XI. nochmals 1713 in der «Bulle Unigenitus Dei» 101 Sätze aus dem Werk des französischen Jansenisten Quesnel. Die Bulle erhitzte hierauf die Gemüter. Trotzdem drückte Ludwig XIV. mit der ganzen Autorität seines Amtes durch, daß das Pariser Parlament am 15. 2. 1714 die päpstliche Urkunde einregistrierte, die somit eine Art Grundgesetz (constitution) der Monarchie wurde.

Nach einer nur äußerlichen Befriedung der Gemüter explodierten die Leidenschaften nach dem Tod des Sonnenkönigs im September 1715. Es kam zu harten und fanatischen Auseinandersetzungen zwischen den jansenistisch-richeristischen Gegnern der Bulle und den Befürwortern, und hier vor allem den Jesuiten.

Als das Pariser Parlament jetzt die «Constitution Unigenitus» als inakzeptabel und gegen die Freiheiten der gallikanischen Kirche gerichtet verurteilte, ließ der Regent, scheinbar angewiesen auf das Wohlwollen der Parlamente in der Testamentsfrage, die Sache geschehen. Persönlich an Glaubensfragen wenig interessiert, kam er den Gegnern der Bulle entgegen. Dadurch gewannen die Jansenisten aber Oberwasser und verhinderten den vom Regenten erhofften Ausgleich durch eine unversöhnliche Haltung. All dies führte zu einem mit Pamphleten ausgetragenen theologischen Kleinkrieg und zu einem schweren Konflikt mit dem Papsttum. Der Papst bestätigte nämlich nur noch die vom Regenten ernannten Bischöfe, welche die Bulle anerkannten, während Orléans diese Haltung des Papstes als unzulässige Einmischung in sein Ernennungsrecht zurückwies.

Während sich die Parlamente laufend in Fragen der Theologie und Kirchenzucht einmischten, erhitzten sich die Gemüter auf beiden Seiten immer mehr, so daß der Regent sich zur Herstellung der Ruhe gezwungen sah. Er befahl deshalb 1720, man müsse die Bulle respektieren und dürfe nicht mehr darüber diskutieren. Diese Anordnung hatte nur mäßige Erfolge, und die durch den Regenten 1715 geförderte Parteiung von Jansenisten, Richeristen und Gallikanern, die sehr stark die hohen Juristenkreise, aber auch Kleriker und die Pariser Bevölkerung beeinflußte, spielte in den späteren Jahrzehnten bis zur Revolution eine wichtige Rolle bei der Schwächung der Monarchie.

Unter dem Regenten begann auch der Autoritätsverfall der Monarchie durch dauerhafte, zersetzende Kritik und systematische Übertreibung von Fehlern und Schwächen des Monarchen und seiner Mitarbeiter durch eine vor allem von der Jansenistenparteiung gelenkte öffentliche Meinung. Konnte Ludwig XIV. bei allem Widerspruch doch immer mit einem gewissen Respekt rechnen, so nahm diese Kritik nach dem Tode des Monarchen unter dem Regenten wesentlich schärfere, aber auch unfairere und destruktivere Formen an. Damals entstand, wie Jean Meyer schreibt, «eine polito-erotische ‹Infra-Literatur›, die sich vor 1789 mit dem Schlamm der Schriften entfaltete, für die z. B. Marat Spezialist war». Gerade Ludwig XV., eine schüchterne, verschlossene, gerne im Verborgenen wirkende Persönlichkeit, wurde ein Opfer dieser «seltsamen Krankheit» des 18. Jahrhunderts, dieser «unersättlichen Vorliebe für Klatsch, leichte und leicht erzählte Geschichtchen, Bonmots, für Verleumdungen» (Gaxotte).

Schließlich hat der Regent auch im Bereich der Finanzpolitik einen folgenschweren Schritt getan. Angesichts der ungeheueren, von Ludwig XIV. vererbten Schuldenlast ließ er sich auf das Experiment des aus Edinburgh stammenden Finanzmannes John Law ein. Dieser installierte 1716 eine neuartige Bank für Wechseldiskont, Depositen und Banknotenemission, gründete 1717 seine «Compagnie d'Occident» für Französisch-Nordamerika und gab dafür Aktien aus. 1718 wurde das Geldinstitut von Law zur königlichen Bank umgewandelt, die Banknoten ausgab. Im Frühjahr 1720 erklärte er die Banknoten zum einzigen legalen Geldmittel für Zahlungen von über 100 l.t. Da aber die Deckung nicht gesichert war und Law der Versuchung erlag, massenweise die Druckerpressen zu betätigen und in zwei Monaten Banknoten für 1,5 Milliarden drucken ließ, öffnete er der Inflation Tür und Tor, die er auch durch Deflationsmaßnahmen nicht mehr in den Griff bekam. So wurde am 26. 12. 1720 die bankrotte königliche Bank aufgelöst, und Law floh ins Ausland. Durch sein Experiment verloren Hunderttausende ihr Vermögen, allerdings wurden durch diese Inflation die Staatsschulden erheblich vermindert, und der Staat erhielt dadurch einen Bewegungsspielraum zurück. Auch Teile der Wirtschaft erlebten einen gewissen Aufschwung.

Aber dieser Bankrott der königlichen Bank stürzte Frankreich in eine schwere Staatskrise, das Vertrauen in jede Art von staatlichen Papieren und Papiergeld war erschüttert, ebenso der Glaube an eine öffentliche Kreditanstalt. So dauerte es wegen des allgemeinen öffentlichen Mißtrauens gegen jegliche Staatsbank drei Generationen lang, bis unter Napoleon I. endlich die «Banque de France» gegründet werden konnte. Aber gerade das Fehlen einer öffentlichen Kreditanstalt, die etwa in Großbritannien im 18. Jahrhundert eine wichtige positive Rolle spielte, machte sich angesichts der immer größer werdenden Finanzprobleme und Schuldenberge der französischen Monarchie des Ancien Régime besonders schmerzlich und negativ bemerkbar.

*Die Epoche Kardinal Fleurys (1726–1743).*
*Friedenszeit und wirtschaftliche Blüte*
Als Ludwig XV. am 23. 2. 1723 mit 13 Jahren volljährig wurde, blieb zunächst neben dem ehrgeizigen Kardinal Dubois der Herzog von Orléans die vorherrschende Persönlichkeit des Königreiches. Er wurde sogar, für ein so hochgestelltes Mitglied der königlichen Familie ungewöhnlich, nach dem Tode des Kardinals im August 1723 offiziell Premierminister seines Neffen. Als der ehemalige Regent aber schon am 2. 12. des gleichen Jahres einem Schlaganfall erlag, übernahm für drei Jahre ein anderer Prinz von Geblüt, der «ziemlich durchtriebene» und «schreck-

lich aussehende» 31jährige Chef des Hauses Condé Duc de Bourbon, das Amt des Ersten Ministers. In dieser Übergangszeit des Duc, der sich durch das Experiment Laws schwer bereichert hatte, waren der Finanzier und Truppenlieferant Pâris-Duverney und die Mätresse des Duc, die Marquise de Prie, die dominierenden Gestalten. Als der Premierminister jedoch unter dem Einfluß dieser Madame auf einen Krieg gegen Österreich und Spanien zusteuerte, wurde er auf Betreiben des Bischofs Fleury, der Mitglied des Staatsrats war und als ehemaliger Erzieher sehr starken Einfluß auf den 16jährigen König besaß, von Ludwig XV. entlassen. Damit begann die für Frankreich so segensreiche, positive Rolle Fleurys, dessen wichtigstes Ziel die Erhaltung des Friedens im Inneren und nach außen hin bildete. Obwohl der junge König erklärte, er werde nun nach dem Vorbild seines Urgroßvaters Ludwig XIV. selbst regieren, wurde der damals 73jährige Fleury, «der weise alte Mann» (Bernier), der das uneingeschränkte und stets respektvolle Vertrauen des jungen Königs besaß, zur beherrschenden Figur Frankreichs. Fleury begnügte sich mit dem einfachen Titel eines Staatsministers und verzichtete auf die Position eines Premierministers, die er jedoch in der Praxis wie wenige andere ausübte.

Fleury, 1653 in Lodève (Languedoc) geboren, Sohn eines Steuereinnehmers, wurde zunächst Priester; trotz seiner relativ einfachen bürgerlichen Herkunft gelang ihm bald ein permanent anhaltender Aufstieg. 1698 wurde er Bischof der kleinen südfranzösischen Diözese Fréjus, dann Aumônier des Hofes in Versailles und 1714 – auf Empfehlung der Jesuiten – Erzieher Ludwigs XV., der ihm zeitlebens eine starke Anhänglichkeit und ein großes Vertrauen entgegenbrachte. Dadurch war der weitere Aufstieg Fleurys zur Macht gesichert. Von Natur gütig und sanftmütig und mit guten Manieren, verstand es dieser mit eisernem Willen und Hartnäckigkeit ausgestattete Mann doch, stets seinen Ehrgeiz zu verbergen. Da er sich aus den Hofintrigen heraushielt, blieb er lange ohne Feinde. Der zwar nicht geniale, aber weise, gemäßigte, fleißige und sehr fähige Staatsmann mit glänzendem Gedächtnis war geprägt von großer Sparsamkeit bei der Verwaltung der ihm anvertrauten öffentlichen Mittel und arbeitete deshalb mit einem extrem kleinen Beamtenapparat, der nicht mehr als drei bis vier Sekretäre mit je einem Angestellten umfaßte. Auch persönlich war der Kirchenmann sehr genügsam und sparsam, vermied es auch, wie es damals sonst üblich war, die eigene Familie zu bereichern, und entwickelte kein Mäzenatentum wie seine berühmten, durch ihre Ämter reich gewordenen Vorgänger, die Kardinäle Richelieu und Mazarin. Vielmehr zweigte Fleury einen großen Teil seiner Einkünfte für Almosen ab. Am liebsten zog er sich zur Erholung ins Seminar der «Sulpiciens» in Issy-lès-Moulineaux zurück.

Da die französische Krone ein entsprechendes Vorschlagsrecht besaß, konnte Ludwig XV. seinem vertrauten Staatsmann am 20. 8. 1726 die

Kardinalswürde verschaffen, wie das auch früher französische Monarchen z. B. bei ihren Ministern Richelieu und Mazarin getan hatten. Für den aus einfachen Verhältnissen kommenden Fleury bedeutete dies einen gewaltigen sozialen Aufstieg, galten Kardinäle doch als gleichrangig mit Prinzen von Geblüt, ja sogar mit Kronprinzen.

Da es Fleury gelang, seinem Lande weitgehend den äußeren und inneren Frieden zu erhalten und eine feindliche Invasion zumindest ins Königreich zu vermeiden, eröffnete er für Frankreich eine Epoche großen wirtschaftlichen Aufschwungs. Er förderte den Handel sehr erfolgreich, so daß sich in dieser Zeit und den dann folgenden Jahrzehnten der Regierung Ludwigs XV. der Außenhandel vervierfachte. Eine ganz wesentliche Voraussetzung für diese wirtschaftliche Prosperität war neben dem Frieden und dem Ende der großen Epidemien die Stabilisierung der französischen Währung. Nachdem nämlich unter Ludwig XIV. und in der Regentenzeit staatliche Währungsmanipulationen häufig als Mittel eingesetzt worden waren, um Gewinne abzuschöpfen, wurde nun am 15. 6. 1726 ein für alle Mal festgesetzt, daß ein Louis d'Or 24 Livres und ein Ecu sechs Livres gelten sollte. Auch die staatliche Finanzpolitik konnte sich damals erholen. Die Schulden wurden reduziert, und 1738 konnte der Generalkontrolleur (Finanzminister) Philibert Orry ein ausgeglichenes Budget ohne Defizit vorlegen, ein für das ganze französische 18. Jahrhundert außergewöhnliches Phänomen.

Auch bei den inneren religiösen und verfassungsrechtlichen Auseinandersetzungen konnte der Kardinal befriedend wirken. Er brachte die aufgeregte jansenistische Agitation zum Schweigen und mäßigte die «Ultra-Montanen», setzte durch, daß die Bulle Unigenitus am 24. 3. 1730 Staatsgesetz wurde und drängte den politischen Einfluß der opponierenden Parlamente zurück.

Um diese ausgleichende, aber mit starker Hand geführte Politik durchzusetzen und zu garantieren, konnte Fleury mit einer exzellenten Regierungsmannschaft zusammenarbeiten, die Ludwig XV. großenteils unter dem Einfluß des Kardinals ernannt hatte. Das Amt des Kanzlers hatte Henri-François d'Aguesseau, ein fähiger, dem Jansenismus nahestehender Jurist inne, das Außenressort Chauvelin, ein hartnäckiger, brillanter ehemaliger Präsident des Pariser Parlaments, das Finanzressort von 1726 bis 1730 Le Peletier und von 1730 bis 1745 Orry, «schwerfällig, brutal, massiv, sparsam», das Kriegsressort Le Blanc und dann von 1728 bis 1740 d'Angervilliers. Die wichtigsten Regierungsmitglieder stammten also aus dem Amts- und nicht aus dem Schwertadel. Außerdem verfügte die Regierung damals über sehr gute und fähige Provinzintendanten. Der Zeitgenosse Croÿ beurteilte diese Epoche Fleurys: «Er regierte immer mit großer Güte, und Frankreich war nie so friedlich wie unter seinem Ministerium.»

Somit bildete die Epoche Fleurys für Frankreich ein «goldenes Zeitalter», in dem das Land reich wurde, allerdings der Staat weitgehend arm blieb; denn die reichen und reich gewordenen Oberschichten, die Privilegierten, aber auch das gehobene Bürgertum wurden nicht entsprechend zur Kasse gebeten, da Fleury in diesem Bereich letztlich keine wirklich einschneidenden Reformen durchgeführt und so die Strukturen des Ancien Régime trotz aller Mißstände nicht verändert hat. Dies stellte, so kann man urteilend feststellen, zumindest wegen ihrer Folgewirkungen die Schwäche dieser ansonsten glücklichen Epoche dar.

### Die Selbstregierung Ludwigs XV.

#### Madame Pompadour und das Ministerium Choiseul

Die Jahrzehnte nach dem Tod Kardinal Fleurys ab 1743 gelten mit Recht als die Epoche der Selbstregierung Ludwigs XV. Er hatte, wie neuere Studien im Gegensatz zur älteren Forschungsmeinung betonen, die Fäden der Regierung in der Hand und erfüllte, wie Antoine besonders gut zeigt, als typischer Aktenmensch, der als schüchterner, öffentlichkeitsscheuer Mann am liebsten weitgehend im Geheimen von seinem Schreibtisch aus und auf schriftlichem Wege sein Königtum leitete, durchaus die Pflichten eines «absoluten» Monarchen. Die weitgehende Zurückhaltung dieses Aktenmenschen, der auch seine vielen positiven Aktionen und seine bei aller Mobilität, Jagdleidenschaft und Mätressenwirtschaft doch konstante und nicht ineffiziente Regierungstätigkeit nicht publik machte und auch keine Propaganda einsetzte, führte dazu, daß im Bewußtsein der Öffentlichkeit andere Personen, wie die Mätressen, besonders die Marquise de Pompadour, aber auch ein Minister wie der Herzog von Choiseul in den Vordergrund traten. Deren Rolle wird in der älteren Forschungsmeinung deshalb oft überschätzt, wenn auch ein starker Einfluß auf den schüchternen, von Selbstzweifeln geplagten Monarchen in vielen Bereichen durchaus nachzuweisen ist.

Dies gilt besonders für die Madame de Pompadour, so daß in der Literatur sogar da und dort von einer Epoche der Pompadour oder vom «Frankreich der Pompadour» (Méthivier) gesprochen wird. Sie ist als die «typische Personifikation» der königlichen Mätresse schlechthin in die Geschichte eingegangen. Die sehr ehrgeizige, machthungrige, verführerische, schöne, gebildete, junge Frau stieg zur Marquise de Pompadour auf und konnte auch offiziell im Hof als Hofadelige präsentiert werden. Wie kaum eine Vorgängerin oder Nachfolgerin war sie «wild entschlossen, sich von niemandem von ihrem einmal errungenen Platz verdrängen zu lassen». Sie war zwar nicht in der Lage, hohe Politik zu führen und deren große Linien zu konzipieren. Das behielt sich der in diesen Dingen viel kompetentere und erfahrenere Monarch selbst vor. Aber der königlichen Mätresse gelang es doch indirekt, durch starken Einfluß auf die Personalpolitik Ludwigs XV. eine wichtige politische Rolle zu spielen, die allerdings selten positiv und glücklich war. Die in ihrem Ehrgeiz und Machtstreben unerbittliche Schönheit erreichte es durch ihr enges Verhältnis mit dem zwar sehr intelligenten, aber menschenscheuen, unsicheren und willensschwachen König, systematisch ihre Günstlinge auf wichtige Posten zu hieven und ihnen Auszeichnungen, Beförderungen und Pensionen des Monarchen zu verschaffen. Da sie selbst nicht in der Lage war, deren Fähigkeiten zu beurteilen, förderte sie ohne Unterschied Schmeichler, Geeignete und Unfähige, die ihre Fürsprache als das beste Mittel ansahen, die Gunst des «absoluten» Monarchen zu erlangen. Auf diese Weise erhielten in Frankreich, in einer Zeit, wo man die Besten bitter nötig gehabt hätte, oft Leute wichtige Posten, die ihren Aufgaben nicht gewachsen waren, und es wurden kompetente und charakterfeste Männer durch die Interventionen der Pompadour entlassen. Somit erwiesen sich im Endeffekt diese indirekt durch Personalentscheidungen geführten politischen Aktionen der Marquise für die innere und äußere Entwicklung Frankreichs als sehr unheilvoll.

Schlimme Folgen hatte das enge Verhältnis des Königs mit dieser Mätresse und die offen gezeigte große Machtposition, die Ludwig XV. ihr einräumte, auch für das Ansehen des Königs und der Monarchie allgemein. Mätressen gab es bei den meisten Herrschern in ganz Europa, ohne daß dies jeweils einen allzu großen Skandal hervorgerufen hätte. Was jedoch hier in der Öffentlichkeit besonderen Anstoß erregte, war die Tatsache, daß damals eine Frau aus bürgerlichen Kreisen als Mätresse so dauerhaft Einfluß auf den König und seine Personalpolitik gewann. Dazu kamen ihr mit viel Prahlerei zur Schau gestellter üppiger und prächtiger Lebensstil, ihre große Verschwendungssucht, Bauwut und ihr großsprecherisches Mäzenatentum. So wird berichtet, daß die Pompadour für ihre Feste ca. vier Millionen und für Kunstförderung acht Millionen Livres ausgegeben habe. All dies mußte in einer Zeit, wo die Öffentlichkeit dem Monarchen argwöhnisch gegenüberstand und nur allzu leicht bereit war, ihn durch ätzende Kritik, durch üble Gerüchte und Verleumdungen zu verunglimpfen, dem Ansehen des Königs schaden und den spitzzüngigen Lästerern willkommene Angriffsflächen bieten.

Was half es da, daß der König, wie Levron und Gaxotte im einzelnen zeigen, die Pompadour finanziell recht kurz hielt und ihr teilweise nur ein paar tausend Livres pro Monat anwies, während sich die geschäftstüchtige Finanzierstochter aufgrund ihrer Beziehungen mit der Finanzwelt bedeutende eigene Mittel erwirtschaftet und hohe Kredite aufgenommen hatte. Kamen diese Einkünfte von gut verwaltetem Grundbesitz, von Erbschaften, Verkäufen, Schuldenaufnahmen, von Finanzmanipulationen oder aus Mitteln, die sie aus Korruption oder Belohnungen für ihre Dienste erhielt? In jedem Fall lastete man die Ver-

## Ludwig XV. (1715-1774)

schwendung und die hohen Ausgaben der Madame Pompadour dem König an, und das in einer Zeit, in der die Monarchie in großen finanziellen Schwierigkeiten stand und man dringend höhere Steuern erheben und einschneidende Finanzreformen hätte durchführen müssen.

Die Mätressenwirtschaft mit der Pompadour verdarb jedenfalls die politische Moral, obwohl die Marquise versuchte, sich bei den Literaten und Aufklärungsphilosophen beliebt zu machen, indem sie diese förderte. Sie unterstützte die Encyclopédie und die Partei der Philosophen gegen die Jesuiten, Jansenisten und die Sorbonne, verschaffte Voltaire seinen Posten als königlicher Geschichtsschreiber, Akademiemitglied und Kammerherr, regte verschiedene Bauten an und gab hierfür große Summen aus.

Zunächst war sie liiert mit einer Gruppierung, die, bestehend aus den Finanziers Pâris, den Geschwistern Tencin und dem Marschall Richelieu, auch starken Einfluß auf die wechselnde Zusammensetzung der Regierung hatte. Aber die allgemeine Autoritätskrise führte zu einer Regierungskrise und zunehmenden inneren Spannungen, Streitigkeiten und Unruhen. Die Versuche des «Finanzministers» Machault d'Arnouville (1745-1754), die Strukturen des ungenügenden und ungerechten Steuer- und Finanzsystems entscheidend zu reformieren, auch die Privilegierten stärker zu belasten und damit der Monarchie den nötigen finanziellen Spielraum zu verschaffen, stießen auf die Rebellion des Adels und den Widerstand des Klerus und scheiterten, da Ludwig XV. zurückwich. Besonders gefährlich wurde für diesen die dauernde, bis zur Obstruktion gehende Opposition der höchsten Gerichte, der Parlamente, ein Kampf, der an der verfassungsmäßigen Ordnung des Königreichs rührte und für die Krone ein Kampf um Leben und Tod wurde.

Die Räte der Parlamente und anderen höchsten Gerichte (Conseils soverains, Chambres des Comptes, Cours des Aides) bildeten eine geschlossene Schicht des hohen Amtsadels, der mit dem Schwertadel verschwägert war und selbst zu den reichsten Grundherren und vermögendsten Stadtbewohnern gehörte. Sie hatten ihre Posten entweder gekauft oder geerbt und konnten diese ab 20 Jahren mit geringen juristischen Kenntnissen einnehmen. Aufgrund ihrer Interessenlage wurden sie «ein Instrument adeliger und grundherrlicher Reaktion» (Méthivier). Trotzdem machten sich diese dem Jansenismus nahestehenden Richter als Opposition gegen den «Despotismus» des Königs und seiner Regierung und durch Agitation und Beeinflussung der öffentlichen Meinung bei weiten Schichten der Bevölkerung, besonders in Paris, populär. Die Parlamentsräte, die von einer «Regierung der Richter» in Frankreich träumten, versuchten systematisch, ihre Positionen gegen die Regierung durchzusetzen. Bestimmte Führungsgruppierungen übten dabei auch ihren Richterkollegen gegenüber einen «wahrhaften ideologischen Terrorismus» (Antoine) aus. Letztlich bildeten die Parlamente die stärkste der drei gegnerischen Kräfte, die sich damals im Königreich untereinander heftig bekämpften: Klerus-Jesuiten, Parlament-Jansenisten und die meist antikirchlichen, atheistischen Aufklärungsphilosophen. So schadete die Obstruktion der Parlamente dem Funktionieren und dem Ansehen der Monarchie am meisten.

Während der Streit der Jansenisten und Jesuiten eine moralische Krise hervorrief, die den Aufklärungsphilosophen nutzte, und während die sozialen Probleme mit Unruhen immer größer wurden, verstärkten sich auch die politischen Schwierigkeiten, als der Generalkontrolleur eine neue Steuer, eine zweite «Vingtième» einführen mußte, um die Staatsfinanzen zu retten. In dieser Situation einer allgemeinen Krise und einer systematisch von einer aufgehetzten öffentlichen Meinung gepflegten ätzenden Kritik, die sich gegen den Monarchen und seine Regierung richtete, verübte Robert François Damiens, der lange im Dienst jansenistisch gesinnter Parlamentsräte gestanden hatte, wohl als Einzelgänger ein Attentat auf Ludwig XV., bei dem dieser aber nur verletzt wurde.

In Reaktion auf dieses Attentat und unter dem Einfluß der Pompadour entließ der König sowohl seinen Finanzminister – ein Opfer an die Privilegierten – wie auch den Jesuitenfreund, den Comte d'Argenson, der mit hartem Griff die Pariser Polizei befehligt hatte – eine Konzession an die Jansenisten. Die Situation wurde jedoch durch die Entlassung der zwar verhaßten, aber fähigen Minister, der starken Männer in der Regierung, nur noch schwieriger und instabiler. Zur dominierenden Persönlichkeit stieg dort der hochadlige, aufgeklärte Freimaurer Herzog von Choiseul auf. Er war ein Günstling der Pompadour, eine anmaßende, energische, aber leichtfertige und widersprüchliche Persönlichkeit, die seit 1758 zwölf Jahre lang verschiedene Regierungsposten innegehabt hatte, so daß in der Literatur sogar vom Ministerium Choiseul gesprochen wird.

Für Ludwig XV. machten sich alle Konzessionen an die öffentliche Meinung und die opponierenden höchsten Gerichte nicht bezahlt, vielmehr nahm deren Widerstand gegen alle Reformen der in großen Finanznöten stehenden Monarchie noch zu. Obwohl fähige Generalkontrolleure wie Bertin (1759–1763) und L'Averdy (1763–1768) große Anstrengungen unternahmen, um Finanzreformen zu erreichen, obwohl sie sehr modern anmutende, von hoher Sachkompetenz zeugende Enqueten im ganzen Königreich und über die Diplomaten in allen größeren Staaten Europas durchführen ließen, um fundiertes Material als Grundlage für Reformen zu erhalten, verlief alles im Sande. Sie bereiteten aufgrund ihrer Untersuchungen ein Generalkataster für ganz Frankreich zur Vereinheitlichung des Steuerwesens vor und ließen sich sehr detailliert über die Steuersysteme der verschiedenen Staaten Europas informieren, um daraus für die eigenen Reformen ihre Lehren zu ziehen. Die Parlamente und die von ihnen gesteuerte öffentliche Meinung wandten sich jedoch vehement gegen den «ministeriellen Despotismus».

In diese Zeit fiel auch ein Ereignis, das Antoine als «eines der bedeutendsten und seltsamsten Ereignisse» der Regierung Ludwigs XV. bezeichnet: die Vernichtung der Jesuiten. Wie schon mehrmals angedeutet, waren die Jesuiten in Frankreich als die großen Gegner der Jansenisten, als «Agenten» des Papstes und Verteidiger der «absoluten» monarchischen Gewalt in Paris und bei der führenden, jansenistisch eingestellten Schicht wie auch bei Philosophen und Freimaurern verhaßt. So arbeiteten die Jansenisten systematisch auf die Vernichtung der Gesellschaft Jesu hin. Als 1758 nach einem Attentat auf den portugiesischen König dessen freimaurerischer Premierminister Pombal die Jesuiten dafür verantwortlich machte, wurde dies in Paris ungeheuer hochgespielt und mit harten Vorwürfen und Beschuldigungen gegen den Orden verbunden, der damals in Frankreich 111 Kollegien, 9 Noviziate und 21 Seminare unterhielt und die Wertschätzung Ludwigs XV. und der «frommen Partei» am Hof mit dem Dauphin an der Spitze besaß.

Der antireligiöse Choiseul, der «durch die Vernichtung der Jesuiten die Unterstützung des Parlaments für höhere Steuern erreichen» wollte, riet diesem Gericht, unterstützt von der Madame de Pompadour, die der Gesellschaft Jesu die harte Kritik an ihrem Lebenswandel nicht verzeihen konnte, Maßnahmen gegen die Jesuiten zu ergreifen.

Der Orden selbst bot dem Pariser Parlament dazu die Gelegenheit. Nachdem er einen Prozeß in einer wichtigen Schuldenangelegenheit verloren hatte, legte er nämlich bei der höheren Instanz, d. h. dem Pariser Parlament Berufung ein, obwohl er doch die feindliche, jansenistische Einstellung der dortigen Richter hätte kennen müssen. Die Jesuiten verloren nicht nur ihren Prozeß in höchster Instanz, sondern das Parlament beschäftigte sich nun auch auf Antrag eines Parlamentsrates mit der «Gefährlichkeit» dieses Ordens. Man scheute sich dabei nicht, schlecht übersetzte und gefälschte Zitate aus Werken von ausländischen Jesuiten als Beweismaterial zugrunde zu legen. Die Parlamente, die den Jesuiten Aufruf zum Königsmord vorwarfen, ordneten 1761 das Verbot der Kongregationen und die Schließung der Kollegien an.

Während der Kanzler Lamoignon, der Kronprinz, aber auch Ludwig XV. die Jesuiten retten wollten und mit dem Heiligen Stuhl über eine Änderung der Ordensregeln verhandelten, schufen die Parlamente vollendete Tatsachen. Als erstes erließ das Parlament von Rouen am 12. 2. 1762 ein «definitives Urteil», daraufhin schlossen sich die anderen höchsten Gerichte an und ordneten sofort die Schließung der Kollegien an. Ludwig XV., in die Enge getrieben, wich zurück. Da aber die Jesuiten immer besondere Verteidiger der Monarchie waren, bedeutete der Sieg ihrer Gegner, so betont Antoine, eine «schwere Niederlage für die königliche Autorität». Selbst die Jesuitenfeinde und Aufklärer Voltaire und d'Alembert kritisierten dieses Verbot als Frucht des «Fanatismus», und Voltaire, selbst Schüler der Jesuiten, betonte, diese hätten nie eine Lehre mit Aufruf zum Mord oder «ein gefährliches Prinzip» gelehrt. Wenn Choiseul und unter seinem Einfluß Ludwig XV. geglaubt hatten, durch Opferung der Jesuiten das Entgegenkommen der Parlamente bei Steuererhöhungen zu erreichen, so irrten sie sich gründlich. Vielmehr machte dieser Erfolg die Parlamente nur noch selbstbewußter.

Dies war um so schlimmer, da der 1763 beendete Siebenjährige Krieg, wie Riley zeigt, der französischen Monarchie nicht nur den Verlust von zahlreichen Territorien und von viel Prestige gebracht hat, sondern auch verheerende Schulden; denn die enorme Verschuldung nach 1763 (1764 immerhin 2325,5 Millionen l.t.) hatte katastrophale Folgen für den französischen Fiskus, der wegen des hohen Schuldendienstes praktisch seine Handlungsfreiheit verlor. Die erheblich verschärften Finanzprobleme, die aus diesem Krieg erwuchsen, wurden zur schweren Dauerkrise des Regimes mit unmittelbaren und langzeitlichen politischen und finanziellen Folgen. Letztlich heizten die Schulden auch die Inflation an und bewirkten hohe Zinsen, was schließlich zur Wirtschaftskrise führte.

Da jede Maßnahme der Regierung, Reformen einzuleiten, das Veto der obersten Gerichte hervorrief und zu Konfrontation und Aufruhr führte, wurde das Königreich «unregierbar» (Antoine); denn jede Maßnahme wurde zurückgewiesen als «despotisch» und als «Verletzung der Grundgesetze», so daß man von einem «permanenten Staatsstreich» sprechen kann. Dabei arbeitete der in den höchsten Gerichten sitzende Amtsadel mit den Prinzen und dem Schwertadel, unter Duldung von Choiseul, zusammen. Ein besonderes Problem war hier u. a. der Konflikt mit dem Parlament von Rennes.

Wenn der König sich nicht den Privilegierten unterwerfen und praktisch abdanken, sondern vielmehr seinen Staat durch die nötigen Reformen modernisieren und funktionstüchtig machen wollte, mußte er handeln. Der 60jährige Ludwig brachte jetzt endlich auch die Energie dazu auf, entließ Choiseul und unterstützte die Reformer.

*Die Zeit der Reformen 1770–1774*
Die starken Persönlichkeiten dieser Reformzeit waren der Generalkontrolleur (Finanzminister) Abbé Terray (1769–1774) und vor allem der Kanzler Réné N. Ch. A. de Maupeou (1770–1774). Als das Parlament der Bretagne sogar in einem Prozeß den dortigen Vertreter des Königs, den Gouverneur Duc d'Aiguillon unter Anklage stellte und ihm eigenmächtig die Pairswürde aberkannte, wandte sich dieses Parlament gegen den König und seine «absolute» monarchische Gewalt selbst und stellte dem die von den Richtern erstrebte Regierung der Parlamentsräte gegenüber. Der Konflikt wurde nun von beiden Seiten bis zur Spitze getrieben. Als

## Ludwig XV. (1715–1774)

der König und der Staatsrat die Aberkennung der Pairswürde als direkt gegen die königliche Autorität gerichtet kassierten und die Angelegenheit dem Parlament von Rennes entzogen, bestand dieses auf seinem Urteil, und es schlossen sich, unterstützt von den Prinzen von Geblüt, noch weitere Parlamente an. Es kam zum allgemeinen Aufruhr. Nach heftigen Auseinandersetzungen und mehrmaligen Gehorsamsverweigerungen gegenüber dem höchsten königlichen Gerichtsherrn durch die Parlamente und besonders das Pariser Parlament, verbannte Maupeou 130 Parlamentarier und ihre Familien in die Provinz. Ihre Ämter und ihr Eigentum wurden wegen ihres Ungehorsams und ihrer Arbeitsverweigerung beschlagnahmt. Auch in der Provinz wurden 100 Parlamentarier exiliert. Maupeou setzte anschließend eine durchgreifende Reform der höchsten Gerichte durch, schaffte die Käuflichkeit der Richterstellen ab und führte die kostenlose Anrufung der Gerichte ein. Die neuen Mitglieder der Parlamente erhielten Gehälter und waren abberufbar. Die Gerichtsorganisation wurde neu geregelt und funktionierte gut. Dennoch rief dieser, von vielen als revolutionär angesehene Akt des Königs, der in Wirklichkeit eine «Befreiung des Staates» von dem «permanenten Staatsstreich» war, den die Parlamente durchführten, eine äußerst heftige und gehässige Reaktion eines großen Teils der von den Parlamentsräten, Prinzen und Choiseul beeinflußten öffentlichen Meinung hervor, die mit wüsten Pamphleten den Kanzler und den König attackierten und diffamierten. Nicht viel anders erging es dem Finanzminister Abbé Terray, einem harten, energischen Mann, der mit allen Mitteln den Staat retten wollte. Er kürzte die Staatsrenten und reduzierte die der Krone gewährten Mittel, verlängerte trotz des einhelligen Widerstandes der Privilegierten 1771 die zwei Vingtièmes (Zwanzigsten) von 1749 und strebte an, eine gleiche, rational erhobene Grundsteuer mit Schaffung eines Generalkatasters einzuführen. Außerdem erhöhte er die Generalpacht.

Diese harten, aber für das Überleben des Staates notwendigen Maßnahmen der zwei Reformminister machten sie zur Zielscheibe von Beschimpfungen, Attacken und sarkastischer Kritik, und sie wurden «in den Dreck gezogen». Dabei konnten sie im wesentlichen nur auf die Unterstützung durch Ludwig XV. zählen, der damals in dieser aufgestachelten Atmosphäre seine letzte Popularität verlor und zum Mal Aimé (wenig Geliebten) wurde, da die jansenistischen Kreise, die den alten Feind, nämlich die Jesuiten, nicht mehr hatten, jetzt alle ihre Angriffe auf den neuen Feind, den «Despotismus» der Regierung und den König richteten. Trotzdem erklärte dieser: «Ich werde niemals von meinem Kurs abweichen.»

## Außenpolitik und Kriege

Nachdem Ludwig XIV. nach den Friedensschlüssen von 1713 und 1714 den Spanischen Erbfolgekrieg beendet hatte, strebte er eine Friedensordnung in Zusammenarbeit der Mächte des Festlandes gegen England an. Der Regent änderte jedoch 1716 den Kurs und schloß die Tripelallianz mit Großbritannien und den Niederlanden gegen Spanien, das wegen der Hausinteressen der ehrgeizigen Königin Elisabeth Farnese eine expansive Eroberungspolitik betrieb. 1718 schloß sich diesem Bündnis noch Österreich an (Quadrupelallianz). Im Krieg von 1718/19 wurden die spanischen Eroberungen gestoppt und im Frieden von 1720 das europäische Gleichgewicht erhalten, das bis zum Ausbruch des Polnischen Thronfolgekrieges zur Ausbildung eines «Kongreß-Europas» führte und unter starkem britischen Einfluß stand.

Während die Quadrupelallianz auseinanderfiel und sich das Verhältnis Österreichs zu den Seemächten abkühlte, verbündete sich 1721 Spanien durch einen Geheimvertrag mit Frankreich. Die iberische Monarchie fühlte sich allerdings 1724 durch die obenerwähnte Zurücksendung der als Gattin Ludwigs XV. vertraglich vorgesehenen 6jährigen Infantin vor den Kopf gestoßen. In dieser diplomatisch unruhigen Zeit ging der 1724 einberufene internationale Friedenskongreß von Cambrai ohne Ergebnis auseinander. Als am 1. 5. des gleichen Jahres Spanien und Österreich, für die ganze Welt überraschend, eine Allianz schlossen – in erster Linie wegen persönlicher und dynastischer Interessen der Herrscher – bildeten am 3. 9. 1725 England, die Niederlande, Frankreich und Preußen das Bündnis von Herrenhausen. Hierauf richteten Spanien und Österreich am 5. 11. 1725 ihre Allianz stärker auf einen eventuellen Krieg aus. So standen sich damals zwei große Mächtegruppierungen in Europa gegenüber. Das Bündnis von Wien erhielt noch 1726 durch eine Allianz mit Rußland und mit mehreren Reichsständen Zuwachs. In dieser Situation, als Europa «auf einem ungeheuer schmalen Grad zwischen Krieg und Frieden» (Duchhardt) wandelte und der französische Premierminister Bourbon auf einen Krieg gegen Österreich und Spanien hinarbeitete, wurde er gestürzt und, wie gesagt, durch Fleury als entscheidenden Minister ersetzt. Kardinal Fleury, der vor allem den Frieden erhalten wollte, erreichte unter Vermittlung der Kurie, daß alle Streitfragen von neuem in einem Friedenskongreß behandelt werden sollten, der 1728 in Soissons tagte und immerhin den Kriegsausbruch verhindern konnte.

Auch diesem Kongreß folgte wieder eine völlig neue Mächtekonstellation. Nach der Suspendierung der kaiserlichen Ostende-Kompanie schlossen nämlich Frankreich, Spanien und die Seemächte 1729 den Vertrag von Sevilla, dem ein Bündnis Österreichs mit Rußland und Preußen gegenüberstand.

## Ludwig XV. (1715-1774)

Nachdem die französisch-britische Zusammenarbeit auseinandergebrochen war, verbündeten sich Österreich und England 1731 im Wiener Vertrag, während Frankreich 1733 den ersten bourbonischen Familientraktat mit Spanien unterzeichnete. Im Reich betrieb Fleury, der vor allem die Ruhe und das Gleichgewicht in Europa erhalten wissen wollte, eine vorsichtige Bündnispolitik. Den traditionellen bayerischen Verbündeten, der dringend französische Hilfsgelder, aber auch die Unterstützung des Bourbonenreichs bei einem eventuellen Erbfall in der Habsburger Monarchie suchte, brachte er dazu, eine lockere Union der vier Wittelsbacher Kurfürsten von Bayern, Köln, der Pfalz und Trier zu bilden, der jedoch jede offensive Spitze fehlte. Fleury sah den Hauptzweck dieses Vertrages darin, im Reich die Grundlage für «eine frankreichfreundliche, neutrale, katholische dritte Partei unter bayerischer Führung zu bilden, die neben Österreich und Preußen agieren sollte». Frankreich schloß entsprechende Allianz- und Subsidienverträge mit Kurbayern (1727/28), Kurpfalz (1729) und Kurköln (1734) ab. Diese Wittelsbacher Territorien sollten ihn dann im Polnischen Thronfolgekrieg (1733-35/38) unterstützen, taten dies jedoch wegen ihrer Verpflichtungen als Reichsstände Kaiser und Reich gegenüber nur sehr zurückhaltend. Es ging damals nach dem Tode Augusts II. des Starken um dessen Thronfolge in Polen. Während der Kaiser und Rußland die Kandidatur von dessen Sohn Friedrich August betrieben, unterstützte Ludwig XV. die seines Schwiegervaters, des polnischen Exkönigs Stanislas I. Leszczynski. Obwohl dieser im September 1733 von von der polnischen Reichstagsmehrheit gewählt wurde, erzwangen 1734 sächsische und russische Truppen die Anerkennung Friedrich Augusts. Gleichzeitig führten Frankreich, Spanien und Sardinien gegen Kaiser Karl VI. in Italien einen Krieg, der vielfach durch taktische Truppenbewegungen, Belagerungen und Kampf gegen Nachschubwege geführt wurde, so daß man im Reich nur ein größeres Gefecht schlug. Da der Kaiser und Fleury möglichst bald Frieden wollten, beendeten sie den Krieg schon 1735, während Spanien und Sardinien dem Frieden erst 1738 beitraten. Für Frankreich war das wichtigste Ergebnis, daß Stanislas als Ersatz für seinen Verzicht auf die polnische Krone zugunsten Augusts III. von Franz Stephan von Lothringen die Herzogtümer Bar und Lothringen erhielt, die nach dem Tode von Stanislas an Frankreich fallen sollten, während Franz Stephan die Anwartschaft auf das Großherzogtum Toskana zugesprochen bekam. Es handelte sich damals, so kann man sagen, um eine klug berechnete, ausgleichende Politik Fleurys, die letztlich im Interesse aller beteiligten Mächte trotz des Ländertausches doch das Gleichgewicht wahrte und das französische Königreich keine allzu hohen Opfer kostete.

Diese waren im Österreichischen Erbfolgekrieg (1740-48) wesentlich höher. Als Kaiser Karl VI. am 20.10.1740 als letzter männlicher Habsburger überraschend ohne Sohn starb, erhoben Spanien, Sachsen und Bayern Ansprüche auf habsburgische Territorien. Trotzdem trat nach dem Willen des verstorbenen Kaisers und gemäß Pragmatischer Sanktion von 1713 die 23jährige Maria Theresia das Erbe des gewaltigen Länderkomplexes an und mußte ihn nun gegen diese Ansprüche verteidigen.

Der erste Angriff kam aber unerwartet von Friedrich II. von Preußen, der die bedrohte Position Maria Theresias nützte, um ihr das wirtschaftlich wertvolle und volkreiche Schlesien zu entreißen.

In dieser Situation war man sich in Frankreich zunächst noch nicht einig über den einzuschlagenden Kurs. Auf der einen Seite nahm der 87jährige Fleury, der immer noch auf eine friedliche Lösung hoffte, eine zweideutige Haltung ein, ließ Maria Theresia im Glauben, Frankreich werde sie anerkennen und machte gleichzeitig dem bayerischen Kurfürsten Hoffnungen auf das Kaisertum, ohne ihm allerdings die nötigen Hilfsgelder zu geben, damit er seine Ansprüche auch militärisch durchsetzen konnte. Auf der anderen Seite sah eine Kriegspartei, die sich um den Marschall Graf Belleisle scharte, für Frankreich die günstige Gelegenheit gekommen, den riesigen Länderkomplex des alten habsburgischen Rivalen zu zerschlagen, aufzuteilen und Europa im französischen Interesse neu zu ordnen. Bei Ludwig XV. konnte sich damals nach längerem Ringen die Kriegspartei gegen den Kardinal durchsetzen. Zunächst zeigte man sich trotz eigener finanzieller Nöte bereit, es dem ehrgeizigen bayerischen Kurfürsten Karl Albrecht durch hohe Subsidienzahlungen zu ermöglichen, gegen Österreich zu marschieren, um seine Ansprüche durchzusetzen. Auf Betreiben Belleisles wurde auch 1742 anstelle des ursprünglichen Favoriten Franz Stephan der bayerische Kurfürst einstimmig als Karl VII. zum Oberhaupt des Heiligen Römischen Reiches gewählt. Dieser war nun ein Kaiser von Ludwigs XV. Gnaden, der völlig auf dessen finanzielle und militärische Unterstützung angewiesen blieb. Obwohl Frankreich hohe Summen ausgab und beträchtliche Truppenstärken in dem militärischen Auf und Ab in Österreich, Böhmen, Bayern und Südwestdeutschland einsetzte, blieben die bleibenden Erfolge gering, da die völlig uneinigen französischen Befehlshaber eine klare Kriegsführung vermissen ließen. Verzweifelt forderte z. B. Karl VII. 1743 von Ludwig XV. die Abberufung des 70jährigen Marschalls Broglie, der sich mit einem beträchtlichen Truppenkorps nur laufend zurückzog, ohne einen ernstlichen militärischen Widerstand zu wagen.

Als der 65jährige Marschall Duc de Noailles am 25. 6. 1743 von Georg II. von England bei Dettingen geschlagen wurde, bestand die Gefahr einer englisch-österreichischen Invasion nach Frankreich, zu der jedoch England nicht bereit war. Immerhin schloß Georg II. am 13. 11. 1743 den Wormser Traktat mit Österreich und Sardinien ab, dem sich Sachsen,

## Ludwig XV. (1715-1774)

Rußland und Kurköln anschlossen. Ludwig XV., der sich hierdurch bedroht fühlte, erklärte Sardinien den Krieg und engagierte sich wieder für Karl VII., finanzierte einen großen Teil der Truppen der Frankfurter Union (22. 5. 1744) zum Schutz des Kaisers und der Reichsverfassung und schloß mit Friedrich II. den Pariser Allianzvertrag, der einen Doppelangriff gegen die österreichischen Lande vorsah. Aber nach dem Tod Kaiser Karls VII. am 20. 1. 1745 und der französischen Niederlage gegen österreichische Truppen bei Pfaffenhofen (15. 4. 1745) zogen sich die Franzosen weitgehend aus dem Reich zurück und konzentrierten ihre Aktionen auf Flandern, wo Moritz von Sachsen im Mai 1745 bei Fontenay englische und niederländische Truppen schlagen konnte, während die britische Flotte 1747 zweimal die französische besiegte. Schließlich brachte der Friede von Aachen 1748 den vorläufigen Ausgleich zwischen Großbritannien und Frankreich. Aber schon 1754 begann wieder der englisch-französische Kampf in den Kolonien. Als der alte Verbündete Friedrich II. von Preußen im Januar 1756 mit England die erste Konvention von Westminster abschloß, kam es zum berühmten «Renversement des Alliances»; denn Frankreich verbündete sich jetzt mit seinem Erbfeind Österreich durch den Vertrag von Versailles (1. 5. 1756). Dadurch wurde jedoch Frankreich in einen Doppelkrieg in den Kolonien in Amerika und Asien einerseits und in Deutschland andererseits verwickelt, der dem Bourbonenreich ungeheure Kosten verursachte.

Obwohl der französische Interessenschwerpunkt damals im Kampf gegen England in Übersee lag, band der Krieg, der den Franzosen wenig Vorteile bringen konnte, in Deutschland große Truppenkontingente, die in Kanada und Indien fehlten, was dort das englische Übergewicht ermöglichte. Obwohl der französische Außenminister Choiseul nach der preußischen Niederlage von Kunersdorf (12. 8. 1759) die Hand frei bekam, die französischen Truppen mit ganzer Wucht den Engländern in Übersee entgegenzuwerfen, verhinderten zwei englische Flottensiege diese französischen Einsätze. So mußten die ohne Verstärkung gelassenen französischen Korps in Nordamerika 1760 kapitulieren, während die entsprechenden Truppen im gleichen Jahr bei Madras in Indien geschlagen wurden. Dadurch verlor Ludwig XV. den größten Teil seines Kolonialreiches, während Großbritannien zur beherrschenden Weltmacht aufstieg.

Der für den Bourbonen so unglückliche, verlustreiche Krieg wurde schließlich durch den Frieden von Paris (10. 2. 1763) beendet, Frankreich «als kontinentale Großmacht ohne allzu große maritime Aspirationen bestätigt». Aber der Krieg hatte neben dem Verlust von Territorien und Prestige wegen der hohen Kosten katastrophale Folgen für die Finanzsituation in Frankreich, so daß es schon aus finanziellen Gründen dringend geboten war, jeden weiteren Krieg zu vermeiden. Als die Spannungen zwischen England und Spanien 1770 den Frieden gefährdeten und Außenminister Choiseul die Spanier in ihrem Kriegswillen bestärkte, erklärte ihm der Monarch, er wolle absolut keinen Krieg. Ludwig XV. schrieb in dieser Situation unter Umgehung des Außenministers heimlich am 21. 12. 1770 einen Brief an Karl III. von Spanien und erklärte, er sei angesichts der Obstruktion der Parlamente entschlossen, «sich mit allen nur möglichen Mitteln Gehorsam zu verschaffen». Da dies nur ohne äußeren Krieg möglich war, bat er seinen bourbonischen Vetter, doch «ein Opfer zu bringen, um den Frieden zu bewahren, ohne seine Ehre zu verlieren». Außerdem entließ er schon am 23. 12. Choiseul. Spanien suchte hierauf wirklich, sich mit England zu arrangieren, damit ein Krieg vermieden werden konnte. Dadurch hatte Ludwig die Hand frei für seinen «Kampf auf Leben und Tod» gegen seine höchsten Gerichte. Die gegen diese durchgesetzten Reformen Maupeous und die Reformpolitik des Generalkontrolleurs begannen zu greifen, als am 29. 4. 1774 der 64jährige König plötzlich an Pocken erkrankte und nach einigen Qualen am 10. 5. starb, nachdem er die Sterbesakramente erhalten und um Verzeihung für sein ausschweifendes Leben gebeten hatte. Der «schönste Mann» des Königreiches war durch seine Krankheit stark verändert. Sein Gesicht glich «einer Maske wie aus Bronze ... vergrößert durch den Schorf», dem «Kopf eines Mohren» (Croÿ).

«O Gott, der Ihr alles kennt», so schrieb Ludwig XV. im Postskriptum seines Testaments von 1766, «verzeiht mir von neuem alle Fehler, die ich gemacht und alle Sünden, die ich begangen habe! Ihr seid barmherzig und voll der Güte, ich erwarte, zitternd vor Angst und Hoffnung Ihr Gericht. Habt Mitleid mit meinem Volk und Königreich...»

Mit dem Tod des Königs, der das Volk gleichgültig ließ, waren auch sofort die Reformen, die er viel zu spät begonnen hatte, wieder gefährdet. So hinterließ Ludwig XV., der wie seine Vorfahren in Saint-Denis bestattet wurde, seinem Nachfolger einen ungeheuren Schuldenberg, viele ungelöste Probleme und ein Königreich in Dauerkrise. Durch eine gegnerische, gelenkte öffentliche Meinung hatte die Monarchie sehr viel an Ansehen eingebüßt. Außenpolitisch hatte Ludwig den Kampf gegen den alten Rivalen England um die Weltherrschaft in Übersee weitgehend verloren. Der schüchterne, gehemmte menschenscheue Aktenmensch, der erst am Ende seiner Regierung energisch durchgriff, der von Selbstzweifeln geplagte König war letztlich aufgrund seiner Anlagen dem Amt eines «absoluten» Monarchen trotz großer intellektueller Fähigkeiten nur bedingt gewachsen gewesen. Aber er besaß durchaus einen guten Willen. Trotz der Schwächen des Königs und der unterlassenen nötigen Reformen repräsentierten die 59 Jahre seiner Regierung doch großenteils eine glückliche Epoche für Frankreich. Nicht ohne Grund urteilte der glänzend informierte und ansonsten recht kritische

Zeitgenosse Abbé de Véri (1724–1799): «Niemals war Frankreich (vorher) so wohlhabend und so reich an Manufakturen, so ausgezeichnet durch eine Menge von Gelehrten, so gut bestückt mit angebauten Feldern und so vielen Einwohnern als unter der Regierung Ludwigs XV.»

Peter Claus Hartmann

# LUDWIG XVI.
## 1774–1789/92

Ludwig XVI., geb. 23. August 1754 in Versailles, 1765 Dauphin, 10. Mai 1774 König von Frankreich, 1775 Salbung und Krönung in Reims, 1791 König der Franzosen, 10. August 1792 gestürzt, 21. Januar 1793 hingerichtet, begr. im Massengrab in S$^{te}$ Madeleine.
Vater: Ludwig Dauphin de France (1729–1765). Mutter: Maria-Josepha von Sachsen (1731–1767), Tochter Kurfürst Friedrich Augusts II. von Sachsen, als August III. König von Polen (1696–1763). Brüder: Comte de Provence, der spätere Ludwig XVIII. (1755–1824), Comte d'Artois, der spätere Karl X. (1757–1836).
Heirat mit Marie-Antoinette (1755–1793), Tochter Maria Theresias und Kaiser Franz' I. 2 Söhne, darunter Ludwig XVII. (1785–1795), seit 1789 Dauphin; starb mit 10 Jahren in der Gefangenschaft; ferner zwei Töchter Maria Theresia (1778–1851), Gemahlin Ludwigs v. Angoulême (Sohn von Karl X.), und Sophie Helène.

Wohl selten war ein Monarch mit so vielen und schweren Problemen konfrontiert wie Ludwig XVI. Um in den äußerst schwierigen Zeiten die Situation zu meistern, wäre ein König vonnöten gewesen mit der Agilität, Wendigkeit, dem Scharfsinn und der Intelligenz eines Heinrich IV. und mit der Energie, Willensstärke und Beständigkeit eines Ludwig XIV. Der letzte König des Ancien Régime, Ludwig XVI., besaß zwar viel mehr gute Eigenschaften als von der aufklärerisch-freigeistigen, antimonarchischen, aber auch der aristokratischen Propaganda der Zeit behauptet und in der Folgezeit von vielen Historikern angenommen wurde; und der unglückliche Ludwig war keineswegs dieser Mann mit «nichts als Schwäche, Dummheit und Blindheit», aber er war angesichts der Schwierigkeiten und außergewöhnlichen Ereignisse trotz besten Willens überfordert.

### Mensch, Persönlichkeit, Charakter

Wie jeder Mensch war Ludwig XVI. geprägt durch seine Erbanlagen, seine Umgebung und Erziehung. Geboren am 23. 8. 1754 als drittes von insgesamt sieben Kindern – fünf Söhnen und zwei jüngeren Töchtern – des Dauphin Ludwig Ferdinand (1729–1765) und der Dauphine Maria Josepha von Sachsen (1731–1767), erhielt er nach alter Tradition den Titel eines Duc de Berry. Er wuchs in der fast bürgerlich anmutenden Dau-

# Ludwig XVI. (1774–1789/92)

phin-Familie auf, in der sich zum Erstaunen des Hofes das Prinzenpaar persönlich um die Kinder und deren Erziehung kümmerte. Der Vater Ludwig Ferdinand, von dem Berry manche Eigenschaften geerbt hatte, war, als Dauphin (Kronprinz) und einziger überlebender Sohn Ludwigs XV. und der Marie Leszczyńska (1703–1768), der zweite Mann im Königreich, stand jedoch in vielen Fragen in Opposition und ganz allgemein in gespanntem Verhältnis zum Vater. Als Haupt der Parteiung der Frommen am Hof verurteilte er dessen Mätressenwirtschaft und nannte die Pompadour despektierlich «Mama Hure». Wie viele Kronprinzen wartete er ungeduldig darauf, selbst die Politik bestimmen zu können.

In seinem Äußeren und in seinem Charakter war er von Ludwig XV. grundverschieden. Im Gegensatz zu diesem majestätischen «schönsten Mann im Königreich» war Ludwig Ferdinand übermäßig dick, recht gefräßig, wenig verführerisch, ein Gegner von frivolen Sitten, Spiel und Bällen; ja sogar die Jagd ließ ihn kalt. Dafür spielte der streng religiöse, anderen gegenüber nicht selten harte Mann gerne Orgel und sang Choräle.

Seine zweite Gattin, Maria Josepha von Sachsen, die dritte Tochter des sächsischen Kurfürsten und Königs von Polen, Augusts II. bzw. III., und der Maria Josepha, Tochter Kaiser Josephs I., hatte es am Anfang schwer mit ihrem Gatten; denn dieser, wegen des Todes seiner geliebten verstorbenen ersten Gemahlin untröstlich, empfing die 15jährige Sächsin mit großer Gleichgültigkeit. Aber diese junge Prinzessin mit etwas zu großer Nase und schlecht gepflegten Zähnen, laut Croÿ «von hübscher Häßlichkeit, nach der man sich den Hals verrenkte», verstand es, zuerst die Schwiegereltern, den Hof und schließlich auch den widerstrebenden Gatten zu gewinnen. Sie war sehr pflichtbewußt, taktvoll, fromm, kenntnisreich, voll Seelengröße, aber nicht ohne Strenge und glich sich bewußt dem Gatten an.

Berry, drei Jahre jünger als sein am 13. 9. 1751 geborener ältester Bruder Duc de Bourgogne kam sechs Monate nach dem frühen Tod seines Bruders Duc d'Aquitaine zur Welt als Baby, das «dicker und größer» war, als die anderen Kinder der Dauphine; er wurde, wie damals üblich, mit seinen Brüdern einer Gouvernante anvertraut. Das heranwachsende Kind, schweigsam, mürrisch, nicht gerade schön und charmant, litt bald als «ungeliebter Prinz» unter der Zurücksetzung gegenüber dem Ältesten und den jüngeren Brüdern. Der Duc de Bourgogne, ein aufgeweckter, lebhafter, aber auch launischer und sehr hochmütiger, von seiner zukünftigen Herrscherrolle überzeugter, schöner und charmanter Junge war der große Stolz der Eltern und des Hofes, so daß er «die gesamte Liebe seiner Eltern» auf sich zog. Der kleine Duc de Berry lebte demgegenüber in dessen Schatten und relativ isoliert. Als 1760 der Älteste schwer krank wurde und wegen Lungen- und Knochentuberkulose ans Bett gefesselt war, gab man ihm Berry als Spiel-

und Arbeitsgefährten. Der ältere Bruder behandelte den jüngeren, mit dem er den Hauslehrer teilte, «wie einen Untertan» (Lever). Während sich alles um den verwöhnten, selbstgerechten Kranken drehte, wurde Berry gleichsam zum Prügelknaben, dem dauernd das leuchtende Vorbild des Bourgogne vorgehalten und das Gefühl der eigenen Unterlegenheit eingeimpft wurde. Als der vielgeliebte älteste Sohn am 24. 3. 1761 starb, rückte Berry nicht zur Freude seiner Eltern mit sechs Jahren zum übernächsten Thronfolger nach seinem Vater auf. Er hatte sich aber bei seinem Bruder angesteckt und mußte deshalb während seiner ganzen Kindheit und Jugend gegen die Lungenkrankheit ankämpfen. In den Augen der Eltern, die sich jetzt vor allem den beiden Jüngsten (den späteren Ludwig XVIII. und Karl X.) zuwandten, gab Berry im Vergleich zu Bourgogne eine wenig vorteilhafte Figur ab. Irgendwie lastete man es ihm an, ohne es auszudrücken, daß er den Platz des bewunderten Ältesten eingenommen hatte. Unter persönlicher Überwachung der Eltern übernahm Graf von La Vauguyon die Erziehung der Prinzen. Hauslehrer wurde der Bischof von Limoges, Coëtlosquet. Als Vorbild für die Erziehung wurde dem kleinen Berry der große Bruder hingestellt.

Der fleißige, pflichtbewußte Schüler und spätere Ludwig XVI. wurde täglich sieben Stunden in Latein, Geschichte, Mathematik und lebenden Sprachen unterrichtet und zweimal in der Woche von seinen Eltern geprüft, die sich sehr streng und anspruchsvoll zeigten. Zur ethischen und politischen Ausbildung des Prinzen hielt man ihm die von Bossuet hervorgehobenen, für einen König nötigen Tugenden der Frömmigkeit, Güte, Gerechtigkeit und Entschlossenheit als Ideal vor. Als sein Vater am 20. 12. 1765 an Schwindsucht starb und die Mutter in untröstlichen Schmerz versank, wurde Ludwig mit elf Jahren als Dauphin zweiter Mann des Königreiches. Der kränkliche, linkische Prinz, dem jeglicher Charme zu fehlen schien, war dem eleganten, majestätischen Ludwig XV. etwas fremd. Andererseits wurde der schüchterne Junge letztlich von der Erscheinung und dem Auftreten des königlichen Großvaters eingeschüchtert und dadurch nur noch linkischer.

Unter seinem Erzieher La Vauguyon vertiefte er sich vor allem in die Schrift «Télémaque» von Fénelon. Dessen Grundsätze, wie die Forderung nach einem tugendhaften Leben des Monarchen, der seine Macht von Gott erhält, dessen Pflicht zur Liebe für die Untertanen und zum Streben nach deren Glück, haben den späteren König tief geprägt. Beeinflußt wurde er außerdem von Schriften, welche die natürliche Gleichheit der Menschen und ein patriarchalisches Königtum hervorhoben.

Mit zwölfeinhalb Jahren wurde am 2. 2. 1767 der Dauphin, der, wie Croÿ bemerkte, «sehr schwächlich und leider kurzsichtig», aber von «sanftmütigem Charakter» war, zum Ritter des St.-Michael-Ordens geschlagen. Als bald darauf am 13. 3. 1767 auch die Mutter an Schwindsucht starb, brach seine schwere Krankheit wieder aus, so daß man am

Hofe schon meinte, er werde seinem brillanteren jüngeren Bruder den Platz für die Nachfolge Ludwigs XV. frei machen.

1770, als er 16 Jahre alt wurde, war im Wesentlichen die Erziehung des wieder genesenen Dauphin abgeschlossen. Sie hatte ihm vor allem seine zukünftigen Pflichten eingeimpft, gleichzeitig aber Zweifel an seinen Fähigkeiten vermittelt und ihn gehindert, so urteilt Evelyne Lever, «die Realitäten seiner Zeit kennenzulernen und zu verstehen». Der Prinz träumte demnach von einem vagen goldenen Zeitalter, in dem er das Glück seiner Untertanen herbeiführen wollte. Während sich Lever, wenn auch gemäßigt, mehr der älteren Forschungsmeinung anschließt, welche die Erziehung Ludwig XVI. sehr negativ beurteilt und den Prinzen als charakterschwachen, wenig intelligenten Jungen darstellt, so kommt Pierette Girault de Coursac in ihrer 1972 veröffentlichen Thèse zu einem ganz anderen Ergebnis. Demnach bot der als Frömmler verschriene La Vauguyon eine sehr gute und in allen Bereichen auf der Höhe der Zeit stehende Erziehung. Ludwig zeigte sich, so weist sie durch viele Quellen nach, als sehr fleißiger, lernwilliger, verständiger und außerordentlich beharrlicher Schüler mit «einer vielseitigen Intelligenz». Er war ein konstanter, unerschütterlicher junger Mann, der gelernt hatte, seinen Egoismus zu überwinden und sich zu beherrschen.

Der spätere Ludwig XVI. war damals noch ein schmächtiger, kränklicher Jugendlicher, mit großen blauen Augen und unregelmäßigen Zähnen, mißtrauisch und schüchtern, meist mit unglücklicher Miene, watschelndem Gang und hoher näselnder Stimme. Zu seinem Großvater hatte der linkisch wirkende Jugendliche damals noch wenig Kontakt, führte mit ihm keine längeren Gespräche und zeigte sich in seiner Anwesenheit gehemmter als sonst. Lever bemerkt dazu: «Niemals geliebt, immer zurückgestoßen und auf Distanz gehalten, ist der Dauphin unfähig, das geringste Gefühl von Zuneigung für jemanden auszudrücken.»

Auf Betreiben des Ministers Choiseul wurde zur Festigung des französisch-österreichischen Bündnisses die Verheiratung des Dauphins mit einer Tochter Maria Theresias beschlossen. Man wählte hierfür Marie Antonia (in Frankreich Marie Antoinette) aus, die am 2. 11. 1755 geborene Prinzessin, deren Erziehung man bis 1768 etwas hatte schleifen lassen. Nun wurde sie aber intensiv unterrichtet und auf ihre Aufgaben als künftige französische Königin vorbereitet, obwohl sie viel mehr Interesse an Spielen und Festen zeigte. Am 19. 4. 1770 vollzog man in der Wiener Augustinerkirche die Prokura-Trauung, wobei ihr Bruder Erzherzog Ferdinand den Dauphin vertrat, und nach rauschenden Festen ging es am 21. 4. in Begleitung von 376 Reitern in Richtung Frankreich. Am 8. 5. überschritt sie den Rhein und wurde am 14. von der königlichen Familie in Compiègne in Empfang genommen. Während die 15jährige österreichische Prinzessin mit ihren blauen Augen, der scharfen gebogenen Nase und den blonden Haaren von Ludwig XV. galant empfangen

## Ludwig XVI. (1774–1789/92)

wurde, gab ihr der noch nicht 16jährige Bräutigam unbeholfen und verlegen den vom Protokoll verlangten Kuß auf die Wange, brachte jedoch kein Wort der Begrüßung heraus. Sein Großvater, gewöhnt an galante Damengesellschaft, bestritt statt seiner die Unterhaltung. Nach der prachtvollen kirchlichen Trauung in der wunderschönen Schloßkapelle von Versailles durch den Reimser Erzbischof und großen Festlichkeiten im Park und im neuen Opernsaal des Schlosses folgte die übliche Zeremonie des Zubettgehens der Neuvermählten. Aber der Kommentar des jungen Dauphin in seinem, nach den Jagdjournalen knapp in Stichworten abgefaßten Tagebuch lautete über diese Hochzeitsnacht nur kurz und lapidar: «Nichts».

Das junge Paar hatte auch in der Folgezeit große Schwierigkeiten, die Ehe zu vollziehen. Schon damals wurde viel darüber spekuliert, geredet und geschrieben, wie auch in der neueren Literatur. Offensichtlich hatte Ludwig XVI. Hemmungen, die zu einer vor allem psychisch bedingten Impotenz führten. Aber auch Marie Antoinette scheint ihm nicht bei deren Überwindung geholfen, sondern sich vielmehr gerne verweigert zu haben, was vor allem Faÿ betont. Sie amüsierte sich lieber auf Festen und in der Hofgesellschaft. Der kritische Beobachter Abbé de Véri schrieb, die Königin suche leider nicht «den König zu amüsieren, der nicht die Qualitäten hat, die in den Augen der Frauen verführerisch sind». Croÿ bemerkte zur Königin, sie sei «extrem vergnügungssüchtig» und sei dauernd «nur von den brillantesten jungen Leuten umgeben». Erst als der älteste Bruder der Königin, Kaiser Joseph II. (1765–1790), im Jahr 1777 incognito nach Versailles kam und die beiden Vermählten in langen Gesprächen ins Gebet nahm, gelang es diesen, die Ehe wirklich zu vollziehen, und Marie Antoinette wurde schwanger.

In der Kronprinzenzeit wuchsen Ludwig und Marie Antoinette also noch wenig zusammen. Entgegen der immer wieder verbreiteten Meinung bereitete sich Ludwig XVI. von 1770 bis 1774 mit großem Eifer, mit Lernbegierde, unter Hintansetzung seiner Jagdleidenschaft, auf seine Regentenaufgabe vor und wurde von seinem Großvater, mit dem ihn inzwischen ein freundschaftliches Verhältnis verband, in die Staatsgeschäfte eingeführt. «Durch seine Gradheit und Offenheit hatte er nun endlich einen Freund gefunden – den König» (Faÿ). So besaß er schon seit langem «die Gewohnheit, zu arbeiten, Selbstbeherrschung und Beharrlichkeit» (Girault de Coursac).

Der pflichtbewußte, ehrliche und redliche Dauphin, der manche Eigenschaft von seiner sächsischen Mutter geerbt hatte, war eine ziemlich bürgerliche Erscheinung. Er paßte deshalb nicht so recht in die damalige Hofgesellschaft, die von der Etikette, der äußeren Form und der so oft an den Tag gelegten Unaufrichtigkeit geprägt war. Was sollte man von einem Kronprinzen halten, der es liebte, seine Gemächer in Heimarbeit selbst zu gestalten, in einer Zeit, wo es für Adelige als nicht standesgemäß galt, körperlich zu arbeiten. Der kaiserliche Botschafter in Versailles Mercy berichtete z. B. recht erstaunt in einem Brief an Maria Theresia vom 17. 7. 1773: Der (19jährige) Dauphin «hat immer etwas im Inneren seines Appartements einzurichten; er legt selbst mit den Arbeitern Hand an, um das Material wegzuschaffen, die Balken, die Steine, und da er sich Stunden mit dieser mühsamen Arbeit beschäftigt, kommt er manchmal mehr ermüdet zurück, als wenn er an einem Manöver teilnehmen würde. Ich habe erlebt, daß die Madame Dauphine sich äußerst verzweifelt und verägert über diese Verhaltensweise zeigte.» Wahrscheinlich sah der junge, wohl auch wegen seiner Kurzsichtigkeit linkische Ludwig, der sich am Hof mit seinem Zeremoniell, wo jede seiner Gesten registriert und kritisch kommentiert wurde, nicht wohl fühlte, hier im Schaffen mit seinen Arbeitern eine Möglichkeit, diesem Hof zu entfliehen, um wirklich Mensch sein zu können.

Als Ludwig XV. am 10. 5. 1774 an Pocken starb, waren der 19jährige König und seine Gattin beim Volk durchaus beliebt und jedermann setzte große Hoffnungen auf Ludwig XVI. Da die Minister wegen Ansteckungsgefahr in Quarantäne waren, stand der junge Monarch zunächst allein. Er fühlte sich überfordert und noch nicht erfahren genug, um als «absoluter» König ohne Hilfe das Entscheidungszentrum der Regierung zu verkörpern. Deshalb suchte er sich nach dem Vorbild des von ihm so eifrig studierten «Télémaque» von Fénelon einen «Mentor». Zunächst wollte er den 73jährigen früheren Generalkontrolleur der Finanzen und Marinestaatssekretär Machault bitten, entschied sich dann jedoch, auf eine Intervention seiner Patentante Adélaïde hin, für den ebenso alten ehemaligen Staatssekretär Graf von Maurepas. Er schrieb diesem mit eigener Hand am 12. 5. 1774 folgenden Brief: «Monsieur, in der tiefen Trauer, die mich niederschmettert ... Ich bin der König. Allein dieses Wort enthält viele Verpflichtungen, aber ich bin erst zwanzig Jahre alt und ich glaube nicht, daß ich alle nötigen Kenntnisse für dieses Amt erworben habe. Außerdem kann ich keinen Minister treffen, da sie alle in Quarantäne sind wegen ihres Kontaktes mit dem kranken König. Ich habe immer von ihrer Gewissenhaftigkeit und ihrem guten Ruf gehört, den Sie sich durch Ihre profunden Kenntnisse der Staatsgeschäfte mit Recht erworben haben. Dies veranlaßt mich, Sie darum zu bitten, mir mit Ihrem Rat und Ihren Kenntnissen beizustehen ...»

Als dieser gerührt und erfreut nach einigem Zögern akzeptierte, war für die sieben Jahre bis zu seinem Tod 1781 eine wichtige Weichenstellung vorgenommen. Graf Maurepas, Enkel und Sohn von Staatssekretären war als Staatssekretär Ludwigs XV. 1749 auf Veranlassung der Marquise de Pompadour entlassen worden, scharte jedoch in seinem Schloß Pontchartrain einen Kreis bedeutender Physiokraten, Parlamentsmitglieder und aufgeklärter Geister um sich, wie Turgot, Malesherbes, Véri, und galt etwas als graue Eminenz im Hintergrund.

Maurepas, erfahren, mit sicherem Urteil und scharfem Verstand, beredt, rechtschaffen, hatte «keinen eisernen Willen», wie sein enger Vertrauter Abbé de Véri urteilte. «Seine Gedanken sind im allgemeinen richtig, wenn sie nicht bekämpft werden. Sie sind nicht solider als sein Wille.» War dieser erfahrene Höfling und Politiker, ein wendiger, einschmeichelnder, leichtfertiger, weicher, charakter- und willensschwacher Mann der Richtige, um den unerfahrenen jungen König zu lenken, die Politik zu leiten und den Monarchen allmählich in seine schwierige Aufgabe hineinwachsen zu lassen, wie dies bei Ludwig XV. einst der weise und zielstrebige Fleury zu tun verstand? Wohl kaum. Da hätte Ludwig XVI. ein anderer Mensch und Charakter sein müssen. Seine Eigenschaften werden uns im folgenden näher interessieren.

Im Gegensatz zu seinem schönen, gutgebauten, für Frauen verführerisch wirkenden Großvater war Ludwig XVI. wenig anziehend, eher eine unglückliche Figur. Da er sehr gerne und gut aß, wurde er bald dick und rundlich. Auch als König blieb er ungeschickt, schwerfällig und linkisch im Gegensatz zu seinem majestätisch wirkenden Großvater und dem würdig und feierlich dauernd im selbstgeschaffenen Zeremoniell lebenden Ludwig XIV. Die Marquise de la Tour du Pin schilderte recht plastisch den für dieses von der Etikette geprägte Leben so wenig geschaffenen Ludwig XVI.: «Nichts Hoheitsvolles, nichts Königliches im Auftreten, immer gehemmt durch seinen Degen, wußte er nicht recht, was er mit seinem Hut tun sollte.» Wenn man die erhaltenen Gemälde und Portraits betrachtet, so fallen die lange gebogene Nase in einem nicht unbedingt harmonischen Gesicht, aber auch die schönen, freundlichen blauen Augen auf, die Güte, inneren Halt und inneren Frieden ausstrahlten.

Dieser wenig höfisch und galant wirkende Mann fühlte sich am Hof mit all seinem unmenschlichen Zeremoniell, das seit dem Sonnenkönig in Versailles gepflegt wurde, ähnlich wie Ludwig XV. recht unwohl. Wie dieser liebte er es, zum Ausgleich zur Jagd auszureiten und sich dort körperlich auszutoben. Zog jener sich dann gerne zu seinen Mätressen zurück, die ihm eine Privatsphäre boten, so suchte der tugendhafte, bürgerlich-einfach anmutende Ludwig XVI. Entspannung bei handwerklicher Tätigkeit. Er beschäftigte sich besonders gerne in seiner Dachbodenwerkstatt mit Schlosser- und Uhrmacherarbeiten, schätzte jedoch auch andere körperliche Aktivitäten. Der sehr kritische Beobachter Abbé de Véri schrieb z. B. 1775: «Er beschäftigt sich oft damit, zu kehren, zu nageln und Nägel herauszuziehen.»

Außer diesen für die damalige Zeit unhöfischen und wenig königlichen Tätigkeiten, die von den Aristokraten nur mit Naserümpfen und Unverständnis betrachtet wurden, fanden auch der oft barsche und mürrische Ton und seine etwas ungehobelten Umgangsformen die Kritik der adeligen Gesellschaft. Véri kommentierte dies streng: «... linkisch und barsch im Ton und in den Manieren, fehlt es ihm an Würde und gibt er sich Arbeiten hin, die niedrig und mit dem Beruf eines Königs unvereinbar sind». Der von der natürlichen Gleichheit der Menschen überzeugte Monarch ließ es sich gefallen, daß ihn seine Brüder und andere wie ihresgleichen behandelten. Er ging oft im Schloß ohne Gefolge, erschien im Theater allein, ohne sich, wie es sich gehörte, vorher feierlich ankündigen zu lassen. All dies wurde vom Hof als ungehörig verurteilt. Aufsehen erregte auch, daß er sich ohne Leibwache allein unters Volk begab und sich gerne mit Bauern und Handwerkern unterhielt. Der bei der Bevölkerung und den einfachen Leuten sehr beliebte Monarch hatte somit schon viele Eigenschaften der späteren Bürgerkönige.

Wenn auch der Kronprinz oft wegen seines Lungenleidens als schwächlich geschildert wird, so hatte Ludwig XVI. als König wohl wegen seiner vielen Jagdausritte doch eine gesunde und gute Konstitution, wie aus seinem Journal hervorgeht. Demnach war er selten krank. Es handelte sich dann meist um kleinere Erkältungen. Als wichtigste negative Charaktereigenschaften des jungen Königs werden von Zeitzeugen seine mangelnde Energie und Willensstärke, seine Schüchternheit, Schwäche und vor allem sein Zögern und der Mangel an Entscheidungsfreudigkeit hervorgehoben: So lassen sich die verschiedensten Zeugnisse dafür zitieren: «Das Wesentliche seines Charakters war die Schwäche» (Saint-Priest); «er sah richtig, hatte einen offenen Geist, aber er fürchtete sich davor, zu entscheiden» (Croÿ); «der König ist immer schwach und mißtrauisch» (Fersen). Auch Véri sprach «vom unentschlossenen Charakter» und vom «wenig starken Willen» des Königs.

Als weiterer Charakterzug Ludwig XVI. wird häufig seine mittelmäßige Intelligenz genannt. Dabei sollte man sich jedoch vor Übertreibungen hüten, denn die oft sehr kritischen Memoirenschreiber, wie z. B. Véri, bezeichneten auch die meisten Minister oder etwa Papst Pius VI. als nur mittelmäßig intelligent. Hier dürfte bei dem Urteil dieser aufklärerischen Freigeister, wie Faÿ mit Recht hervorhebt, eine Rolle gespielt haben, daß Ludwig XVI. als überzeugter, gläubiger Christ anders dachte als sie.

Diesen negativen Eigenschaften standen jedoch auch viele positive gegenüber: die Aufrichtigkeit des Königs, sein guter Wille, sein Fleiß und sein Pflichtbewußtsein, seine Gutmütigkeit, Seelengröße, Tugendhaftigkeit und ehrliche Frömmigkeit, seine umfassende Bildung, seine klare Urteilsfähigkeit. Letztlich war er ein grundanständiger Mensch mit bestem Willen. Aber angesichts der enormen Aufgaben eines «absoluten» Königs, der als Entscheidungszentrum des ganzen Systems, als Verkörperung der obersten Judikative, Exekutive und Legislative vor allem rasche und klare Beschlüsse hätte fassen müssen, war er wenigstens teilweise überfordert.

Der Tagesablauf dieses rechtschaffenen, genügsamen, fleißigen und friedliebenden Monarchen war geprägt von viel Gebet und viel Arbeit. In der Frühe stand er zwischen 6 und 7 Uhr auf, trank ein wenig Zitronensaft, aß ein trockenes Brot und machte einen kurzen Spaziergang. Um 8 Uhr erfolgte hierauf das öffentliche Aufstehen. Dann begab er sich in den Kabinettssaal, um Audienzen zu halten und anschließend mit den Ministern zu arbeiten. Um 1 Uhr folgte eine (nur viertelstündige) stille Messe und dann ging es zum recht einfachen Mittagessen. Zu trinken gab es Wasser. Oft hatte der König nicht einmal die Zeit, sich dabei zu setzen. Nach einem kurzen Besuch bei seiner Familie nahm er die Arbeit wieder auf und hielt jeden Abend von 19 bis 21 Uhr eine Staatsratssitzung ab, gab hierauf den diensthabenden Offizieren seine Befehle und aß dann im Familienkreis zu Abend. Um 23 Uhr ging er meist schlafen. Seine Nachtruhe dauerte somit oft weniger als sechs Stunden. Zweimal in der Woche, an Jagd- bzw. Galatagen, wurde der Stundenplan des Königs geändert, dessen Leben sich in «Arbeit und Zurückgezogenheit» abspielte. Trotzdem zeigte er sich geduldig, als «ein heiteres Gemüt» (Faÿ), versuchte unentwegt die Streitigkeiten seiner Familie, der Höflinge und Minister zu schlichten und mußte laufend Spiel- und andere Schulden seiner Gattin und seiner Brüder begleichen.

Wahrscheinlich hätte er wenigstens am Anfang einen überragenden, willensstarken Premierminister gebraucht, der vertrauensvoll und eng mit ihm zusammengearbeitet und letztlich die meisten Entscheidungen für ihn getroffen oder sie ihm nahe gelegt hätte, wie dies Kardinal Fleury unter Ludwig XV. oder Kardinal Richelieu unter Ludwig XIII. getan hatten. Aber der von Ludwig XVI. als «Mentor» ausgesuchte Maurepas war willensschwach und wenig entscheidungsfreudig. So konnte und wollte dieser auch nicht die Rolle eines Richelieu oder Fleury spielen. Deshalb blieb der Entscheidungsmittelpunkt, auf dessen Aktivitäten das ganze System beruhte, wenigstens teilweise relativ schwach, was für die Politik vor allem im Inneren negative Folgen hatte.

Nach dem Tod von Maurepas Ende 1781 nahm Ludwig XVI. allerdings, wie Croÿ berichtete, zur Verblüffung aller das Ruder fest in die Hand und versuchte, seinen Ressortministern gegenüber die Rolle des Entscheidungszentrums und Koordinators zu übernehmen. Croÿ, der wiederholt die Schwäche und Unentschiedenheit des Königs betont hatte, schrieb im Januar 1782: «... ohne daß er jemandem zuneigte, regierte er wirklich selbst in den Grundfragen, denn jedes Departement hatte viele Kompetenzen in seinem Bereich, aber nicht mehr und sogar mit Einschränkung; denn bei jeder wichtigeren Angelegenheit, nahm der König den Auszug der Sache in seiner Tasche mit, und schickte, wenn er wollte, einige Tage später die zu erledigende Entscheidung dem Minister. Bei den Gnadenerweisen am Hof schien die Königin immer großen Einfluß zu haben, als ihre Angelegenheit, aber nicht mehr.»

Dieses Bild, das Croÿ von der Regierungsweise des inzwischen 28jährigen Königs zeichnete, zeigt zumindest, daß dieser sich nach einer Lehr- und Einarbeitungszeit redlich bemühte, den Anforderungen und Aufgaben gerecht zu werden, die er als «absoluter» Monarch zu erfüllen hatte. In diesem Sinne betont auch Chiappe in seiner vor kurzem erschienenen dreibändigen Biographie die Autorität und Kompetenz, mit der Ludwig XVI. nach Anfangsschwierigkeiten regierte. Er sieht die Bilanz dieser Regierungszeit durchaus positiv bis 1787, als angesichts der unüberwindlich scheinenden Probleme die Kraft und Begeisterung des Monarchen zu erlahmen begannen. Ludwig fehlten jedoch die Eigenschaften, vor allem auch die Härte und Durchsetzungskraft, eines Ludwig XIV.

Wichtige Charakterzüge Ludwigs XVI. waren auch seine Seelenruhe, Furchtlosigkeit und sein großer Mut, die er bei den verschiedensten Gelegenheiten, so beim «Mehlkrieg» und den damit zusammenhängenden Unruhen in Versailles 1775 oder während der Revolution auch unter Todesdrohung an den Tag legte. Aber, so betonte Véri, «der Mut Ludwigs XVI. ist der Mut der Märtyrer, und nicht der der Könige.»

Alle Zeitzeugen betonen die tiefe Religiosität und ehrliche Frömmigkeit des Königs, die ihm auch in den Zeiten der Not während seiner Gefangenschaft und bei seiner Hinrichtung inneren Halt und Seelengröße gaben. Wie seine Vorgänger besuchte er in einer Zeit, als der Hofadel und die Oberschichten, beeinflußt von den Ideen der Aufklärungsphilosophen zunehmend entchristlicht und ungläubig wurden, täglich die Messe. Außerdem beichtete und kommunizierte er regelmäßig. Wie kaum bei einem Monarchen seines Jahrhunderts war bei ihm das ganze Leben und Handeln von christlichen Grundsätzen durchdrungen. Ohne es an die große Glocke zu hängen, gab er aus Nächstenliebe meist einen großen Teil der ihm persönlich zustehenden Mittel für Almosen aus. Laut Necker verwendete er z. B. 1788 etwa 1 170 000 Livres (das sind etwa 70%) der ihm als «Cassette du Roi» persönlich zustehenden 1 652 000 l. t., um zahlreiche arme Familien zu unterstützen. Der tugendhafte, persönlich sehr genügsame Monarch konnte diese Mittel, die seine Vorgänger für ihren Luxus und ihre Mätressen benötigten, also für soziale Zwecke abzweigen. Ludwig XVI., nach den Worten seines den Philosophen nahestehenden Ministers Malesherbes «fromm und gläubig, wie man es nur sein kann», sorgte sich ehrlich und menschlich um das Wohl seiner Kirche, setzte die höhere Bezahlung für die oft in Armut lebenden einfachen Pfarrer und Vikare durch, ließ 1777 die Jesuiten als Einzelpersonen wieder ins Land kommen, nahm die von Joseph II. vertriebenen Ordensleute auf, war aber andererseits intoleranten klerikalen Einflüssen gegenüber wenig zugänglich und schätzte auch die damals häufig vertretenen Bischöfe und Abbés wenig, die in Anpassung an den aufklärerischen Zeitgeist praktisch Atheisten waren. Er stellte seine Frömmigkeit nicht zur Schau. Trotz seiner religiösen Überzeugung und seines Lebens als treuer, praktizierender Sohn seiner Kirche zeigte er doch relativ viel Toleranz gegenüber anderen, wie wir sehen werden. Allerdings kämpfte er auch in der Revolutionszeit für Toleranz und die Gewissensfreiheit seiner eigenen Glaubensgenossen.

Ludwigs XVI. wichtigstes Ziel war, für das Glück seiner Untertanen zu arbeiten. Letztlich unterschied er sich in dieser Gesinnung von einem großen Teil der damaligen, recht egoistisch nur auf ihren eigenen Vorteil und den Erhalt ihrer Privilegien bedachten Oberschichten. Da er sich als der christlich-nächstenliebende Vater seiner Untertanen betrachtete, verantwortlich für deren Glück, paßte er sich in vielen Bereichen nicht dem Zeitgeist an und erkannte die Tendenzen der Zeit wohl nicht richtig. Der Theorie nach verkörperte er als «absoluter» Monarch eines sakralen Königtums nach wie vor die oberste exekutive, legislative und judikative Gewalt, in der Praxis war seine Macht allerdings recht eingeschränkt, seine Regierung relativ liberal und tolerant.

Als Ludwig 1774 König wurde, lag es an ihm, als «absoluter König eine Regierung seines Vertrauens» zu ernennen und auch die Weichen für die Außenpolitik zu stellen.

### Außenpolitik, Kriegs-, Militär- und Marinepolitik

Für das auswärtige Ressort nahmen Ludwig XVI. und sein «Mentor» Maurepas zwei Fachleute in die engere Wahl: Baron de Breteuil (1730–1807), den französischen Botschafter in Neapel, und den Comte de Vergennes (1717–1787), den Botschafter in Schweden. Maurepas und sein König wollten zunächst dem brillanteren Breteuil den Vorzug geben. Offensichtlich gab dann aber ein Hinweis des Abbé de Véri auf den «ehrgeizigen und intriganten Charakter» des Barons den Ausschlag für den weniger glänzenden, aber sehr tüchtigen, fleißigen und redlichen Vergennes in der Erwartung, er werde sich kollegialer in die Regierungsmannschaft einfügen. Dieser «erfahrene Diplomat, Philosoph im Sinne der Zeit, vorsichtige und doch energische Politiker» (Weis), dem man laut Véri nur mittelmäßige intellektuelle Fähigkeiten zuschrieb, war eine gute Wahl. Der tüchtige Minister organisierte nämlich ausgezeichnet sein Ministerium, dessen Geschäftsgang und die Tätigkeit der Diplomaten und betrieb in guter Zusammenarbeit mit seinem König eine exzellente Außenpolitik.

Obwohl Ludwig XVI. die Bedeutung der Außenpolitik anfangs nicht sehr hoch einschätzte, arbeitete er sich gut in diese Materie ein und war auf diesem Gebiet erfolgreicher als Ludwig XV. Der von Natur aus friedliebende, nicht auf den Ruhm eines Eroberers und auch nicht auf Landgewinn erpichte Monarch ging als junger König 1774 an diese Materie mit der Grundeinstellung heran: «Da ich mich nicht in die Angelegenheiten anderer einmischen will, rechne ich auch nicht damit, daß sie mich bei mir beunruhigen.»

Dementsprechend betrieben er und sein Außenminister eine Politik des Ausgleichs und des Friedens, ähnlich wie einst Kardinal Fleury unter Ludwig XV. Wichtig war es dabei, Frankreich militärisch stark zu machen und auch die Marine genügend auszubauen, um den großen Konkurrenten England davon abzuhalten, sich an den verbliebenen französischen Kolonien zu vergreifen. Frankreich vermochte das Gleichgewicht in Europa durch die Bündnisse mit Spanien und Österreich aufrechtzuerhalten. Dabei wollte Ludwig auch der Verwirklichung der Interessen der Menschheit und des Völkerrechts dienen. Deshalb weigerte er sich, den österreichischen Alliierten bei dessen offensiven Bestrebungen im Donaufürstentum Moldau, in Italien, aber auch gegen Preußen zu unterstützen. Gegen die Pläne seines Schwagers Joseph II., Bayern gegen die Niederlande einzutauschen, wandte sich der König ebenfalls, da in einem solchen Fall das mühsam gehaltene Gleichgewicht gestört worden wäre und ein ernsthafter Konflikt gedroht hätte. Joseph II. war eigens incognito nach Versailles gekommen, um die französische Unterstützung für seine ehrgeizigen Pläne zu erbitten. Wenn der aufgeklärte Kaiser auch bei den «Philosophen» und bei der Bevölkerung sehr gut ankam und der König und die Königin ihm wegen seiner intimen Ratschläge für den Vollzug der Ehe dankbar waren, so überschätzte Joseph doch, wie Lever betont, «die Gefügigkeit des Königs und den Eifer der Königin.» Allerdings versuchte Marie Antoinette mehrmals, angestachelt und bedrängt von ihrer Mutter Maria Theresia, ihrem Bruder Joseph II. und dem kaiserlichen Botschafter in Versailles, ihren königlichen Gemahl umzustimmen und für eine Intervention zugunsten Österreichs zu bearbeiten. Aber alles war vergebens, der König blieb unbeugsam und bemerkte Marie Antoinette gegenüber nur kurz und bündig: «Die Bestrebungen Ihrer Verwandten werden noch alles auf den Kopf stellen; mit Polen haben sie begonnen, jetzt ist Bayern an der Reihe... Sie machen mich sehr böse.» Ludwig XVI. und sein tüchtiger Außenminister ließen sich also nicht von ihrer zurückhaltenden, vorsichtigen Ausgleichspolitik in Europa abhalten. Angesichts der ersten polnischen Teilung vom 8. 8. 1772 sprach Vergennes von der «räuberischen Politik der Großmächte» und weigerte sich auch, Österreich und Rußland gegen das Osmanische Reich Hilfe zu leisten, als Joseph II. 1781 und der Großfürst und spätere Zar Paul 1782 in Versailles einen Besuch machten. Ludwig XVI. wurde damals zu einer Art «Schiedsrichter Europas», pflegte zur Erhaltung des französischen Einflusses in Mitteleuropa gute Beziehungen mit Reichsterritorien wie Kurpfalz, Pfalz-Zweibrücken, Kursachsen, aber auch mit Savoyen, Schweden und zu den Eidgenossen. Hierfür ließ er hohe Subsidien überweisen.

Obwohl Ludwig mit Österreich verbündet war, suchte er auch ein gutes Einvernehmen mit Preußen. Das zeigte sich, wie gesagt, besonders während des Bayerischen Erbfolgekrieges, als Frankreich den expansiven Joseph II. nicht nur nicht unterstützte, sondern sogar öffentlich sein Mißfallen über das kaiserliche Vorgehen ausdrückte. Frankreich war es dann auch, das den Frieden von Teschen vom 13. 5. 1779 vermittelte. Dadurch blieb Bayern, reduziert um das Innviertel, als unabhängiger Staat im Rahmen des Reiches erhalten. Auch im Osten konnte Frankreich zwischen Rußland und dem Osmanischen Reich Frieden stiften.

Diese ausgleichende Friedenspolitik in Europa war für Ludwig XVI. wichtig, da er dadurch den Rücken frei hatte, um in Nordamerika zu intervenieren. Dort war es nach dem Sieg der Engländer über die Franzosen ab 1763 zu laufenden Konflikten der weißen Kolonialbevölkerung mit der englischen Kolonialmacht gekommen (Widerstand, Boykott britischer Waren, Volksaufstände, Bostoner «Tea Party» etc.), die zum Nordamerikanischen Unabhängigkeitskrieg (1775–1783) führten. Als die 13 Kolonien 1776 Boston einnahmen und ihre Unabhängigkeit erklärten, setzten die Briten zahlreiche Truppen gegen sie ein. Für die neu entstandenen, aber militärisch unterlegenen Vereinigten Staaten war es nun von entscheidender Bedeutung, in Europa Verbündete zu gewinnen. Hierfür bot sich vor allem Frankreich an, wo man den rebellischen Siedlern besonders in den von der Aufklärung durchdrungenen Oberschichten wegen ihrer feierlichen Bekenntnisse zu Gleichheit, Volkssouveränität und Menschenrechte große Sympathien entgegenbrachte und wo die schmähliche Niederlage gegen England in Nordamerika und der Verlust Kanadas noch nicht vergessen waren. Vergennens und mit ihm Ludwig XVI. sahen hier eine Möglichkeit, sich an Großbritannien zu rächen und den weltpolitischen Erzrivalen durch Unterstützung der Amerikaner wesentlich zu schwächen. Zunächst hielt man sich jedoch nach außen hin zurück, schickte aber über eine vom berühmten Schriftsteller Beaumarchais unter dem Decknamen Roderigo Hortalez geleitete Firma Geld (laut Bély eine Millionen Livres) und Waffen. Als am 6. 12. 1776 der Erfinder des Blitzableiters und Politiker Benjamin Franklin als Bevollmächtigter der USA nach Versailles kam, wurde er von der französischen Gesellschaft begeistert und von Vergennes wohlwollend empfangen. Noch schreckten Ludwig XVI., Maurepas und vor allem auch der Kriegsminister Montbarey vor einem offenen Eintritt in den Krieg gegen England wegen der katastrophalen finanziellen Folgen für Frankreich zurück. Der König haßte den Krieg und zögerte deshalb, obwohl ihm sein Außenminister die große Gefahr für das bourbonische Königreich und seine noch verbliebenen Kolonien drastisch vor Augen führte, falls die Amerikaner von den Engländern geschlagen würden. Außer dem König schwankte auch sein «Mentor» Maurepas, der den Krieg für eine Seuche hielt. Ludwig, der zumindest die Unterstützung Spaniens erreichen wollte, bevor er sich zum Krieg entschied, wurde schließlich nach längerem Drängen von Vergennes dazu gebracht, am 6.12.1777, wenn auch noch gleichsam geheim, die Unabhängigkeit der Vereinigten Staaten anzuerkennen. Während junge französische Adelige wie La Fayette, Noailles und Ségur als Freiwillige auf seiten der Amerikaner kämpften, wurde über einen Handels- und Freundschaftsvertrag beraten. Am 6. 2. 1778 schloß der König dann mit den Vereinigten Staaten, die dadurch auch offiziell anerkannt wurden, einen Handelsvertrag und eine Verteidigungsallianz. Letztlich verlangte Frankreich keine Gegenleistung und verzichtete auch auf die Rückerwerbung der 1763 verlorengegangenen Kolonien in Kanada.

Obwohl Maurepas wankend wurde, blieb Ludwig XVI. bei seiner einmal getroffenen Entscheidung und ließ sich «auf das amerikanische Abenteuer ein». Wenn dieser Krieg auch in der öffentlichen Meinung in Frankreich begeistert gebilligt, unterstützt und gefeiert wurde, so bedeutete er für den Monarchen doch ein gewaltiges Risiko. War es klug, wenn ein «absoluter» König rebellische Republikaner gegen ihren angestammten Monarchen unterstützte? Mußte dies nicht entsprechenden Bewegungen im eigenen Lande Vorschub leisten? Außerdem kam der Krieg sehr teuer; denn er war verlustreich für die Marine und es erwies sich als nötig, größere Truppenkontingente nach Amerika zu entsenden, so 1780 ca. 6000 Mann unter dem Oberbefehl des Generals Rochambeau und 1781 nochmals 4500 Mann. Nach dem Sieg des amerikanischen Oberbefehlshabers George Washington bei Yorktown, der wesentlich durch die Franzosen mit herbeigeführt wurde, kapitulierten die Engländer. Nach langen Friedensgesprächen schloß man 1783 den Pariser Frieden. Obwohl man in Frankreich die Niederlage der Engländer und die neue Republik mit ihren garantierten Grundrechten begeistert gefeiert hatte, sahen doch in Frankreich weite Kreise, wie Weis hervorhebt, die Ergebnisse des Krieges als ungenügend an. Ludwig hatte zwar den einzigen französischen Sieg gegen England im 18. Jahrhundert errungen, er hatte die britische Vormacht in Europa und Amerika brechen und sich die Sympathie und Freundschaft der USA auch auf weitere Sicht erwerben können, aber die Kriegskosten von mindestens einer Milliarde Livres trugen, wie wir noch sehen werden, wesentlich zum Untergang der «absoluten» Monarchie bei.

## Innenpolitik und innere Entwicklung

In den letzten Regierungsjahren Ludwigs XV. waren endlich vom sogenannten Triumvirat die dringend nötigen Reformen eingeleitet, die alten obersten Gerichte, d. h. die Parlamente, entmachtet und damit deren Obstruktionspolitik beendet, ein gerechteres Steuersystem angestrebt und eine sparsame Fiskalpolitik begonnen worden. Aber die Privilegierten, deren Vorrechte dadurch eingeschränkt wurden oder in Gefahr gerieten, entfachten durch Pamphlete u. a. eine wahre Hetzkampagne der öffentlichen Meinung gegen die entscheidenden Reformminister und den König, der nun vor seinem Tode vollends zum Mal-Aimé, zum Wenig-Geliebten wurde, nachdem er früher als der Viel-Geliebte gefeiert worden war.

Als der verhaßte König starb, richteten sich die Hoffnungen aller auf den gutmütigen, tugendhaften, aber unerfahrenen und noch nicht 20jährigen Ludwig XVI. Die öffentliche Meinung erwartete eine neue Politik, die Auflösung der unbeliebten, mit maßloser Hetze bedachten Regierung. Außerdem hoffte der 1770 entlassene Choiseul auf seine Stunde, ebenso ersehnten die in die Provinz verbannten, immer noch einflußreichen Parlamentsräte, die so viel Aufruhr geschürt hatten, ihre Rückkehr. In dieser Situation galt es für den jungen, noch entscheidungsschwachen König, eine Regierung seines Vertrauens zu ernennen und eine neue Innen- und Finanzpolitik einzuleiten. Die wichtigste Weichenstellung war die Wahl der Minister. Hierbei kam zunächst dem von ihm auf die Intervention seiner Patentante hin ausgesuchten «Mentor» und Staatsminister Maurepas eine zentrale Rolle zu. Dieser, trotz seiner 73 Jahre für den Zeitgeist aufgeschlossene Adelige erwies sich aber als wenig geeignet und auch nicht gewillt, für seinen König und in enger Zusammenarbeit mit ihm die Regierungsgeschäfte straff zu leiten und zu koordinieren. Er war dafür zu willens- und entscheidungsschwach, zu bequem und zu intrigant. Somit füllte er die für das System angesichts der Unerfahrenheit und Entscheidungsschwäche des Königs nötige Premierministerfunktion auch nicht inoffiziell aus, beeinflußte aber den Monarchen hinter den Kulissen sehr stark, wachte eifersüchtig darauf, dessen Vertrauen zu behalten und starke Persönlichkeiten in der Regierung, wie Turgot oder später Necker, nicht zu mächtig werden zu lassen, ja sie nach einiger Zeit aus ihren Ämtern zu verdrängen.

Trotz des Drucks der öffentlichen Meinung ließ sich Ludwig bei der Auswahl seiner Minister Zeit. Hierbei kam dem im Hintergrund agierenden Maurepas eine entscheidende Rolle zu, wenn auch der Monarch durchaus nicht immer mit dessen Vorschlägen einverstanden war und sie auch nicht alle akzeptierte. Relativ einfach ging die Entlassung des in der Öffentlichkeit weniger geschätzten Aiguillon vor sich, der von 1771–74 «Außen- bzw. Kriegsminister» war und jetzt mit allen Ehren verabschiedet wurde. Das Außenministerium übernahm, wie gesagt, Vergennes und das Kriegsministerium Graf von Muy, ein Jesuitenanhänger und Jugendfreund des Dauphin Ludwig Ferdinand. Das Marineressort erhielt auf Vorschlag Maurepas' dessen Freund Turgot, der berühmteste Wirtschaftstheoretiker seiner Zeit. Einige Schwierigkeiten hatte der «Mentor», beim schwankenden König die Entlassung der beiden sehr fähigen, aber verhaßten Reformpolitiker Maupeou (Kanzler) und Terray (Finanzen) durchzudrücken. Besonders die Ablösung Maupeous war ein Politikum, da dieser die radikale Justizreform mit der Ausschaltung der ehemaligen, alle Veränderungen blockierenden Parlamente durchgesetzt hatte und Ludwig an sich, beeinflußt von seinem Großvater und der Partei der Frommen, diesen alten jansenistisch eingestellten Parlamenten wenig positiv gegenüberstand.

Maurepas, der zusammen mit Turgot die Rückkehr der ehemaligen Parlamente vorbereitete und betrieb, mußte den jungen König stark und nachhaltig wochenlang immer wieder bedrängen, bis sie diesen dazu brachten, Maupeou und Terray zu entlassen und Miromesnil das Justiz-, Turgot jetzt das Finanz- und Sartine dafür das Marineressort zu übertragen. Damit war eine Regierung aus Männern recht heterogener Überzeugungen geschaffen, die vor allem aus Maurepas, einem «etwas reformerisch[en] .... Freund des leichten Weges», dem Choiseulisten Miromesnil, der den alten Parlamenten nahestand, den Anhängern des Absolutismus Du Muy, La Vrillière (Hofstaat, Inneres) und Vergennes, sowie dem «Philosophen» Turgot bestand. Dieses ungleichgewichtige «Kabinett» war, wie Lever betont, «von Anfang an zum Scheitern verurteilt»; denn der König war «zu jung, zu unerfahren und zu unentschieden, um eine solche Mannschaft in Schach zu halten; Maurepas hat[te] dazu nicht den geeigneten festen Willen...»

In Paris, wo man Strohpuppen, welche die verhaßten Finanz- und Justiz-«minister» Terray und Maupeou darstellten, verbrannte oder erhängte, und ganz allgemein in der öffentlichen Meinung wurden der König und seine neue Regierung begeistert gefeiert. Marktfrauen überhäuften den Zwanzigjährigen mit Blumen und die «aufgeklärte Meinung» bezeichnete ihn als «bahnbrechenden König». Métra sprach von «universeller Zustimmung» und Voltaire von «heiliger Freude».

Getragen von dieser Popularität und dem allgemeinen Beifall der Öffentlichkeit und im Bewußtsein, daß sein Großvater und dessen Minister wegen der Abschaffung der alten Parlamente und der Steuerreformen so verhaßt und der generellen Hetze und den Haßtiraden ausgesetzt gewesen waren, ließ Ludwig sich auch in der Parlamentsfrage zu einem Umdenken bewegen.

Nicht nur die öffentliche Meinung, sondern auch die Minister Maurepas, Turgot, Miromesnil und der nach dem Tod von La Vrillière zum Innen- und Hofstaatsminister ernannte Malesherbes de Lamoignon traten für die Wiederherstellung der ehemaligen höchsten Gerichtshöfe ein. Auch Sartine schloß sich diesen allgemeinen Forderungen an, die sogar von Marie Antoinette und dem jüngsten Bruder des Königs, Artois, befürwortet wurden. Außerdem gab es von Gerichtsschreibern angeführte Tumulte in Paris, die für die Rückkehr demonstrierten. Da der junge König, wie Chiappe betont, «seine persönliche Popularität als den

## Ludwig XVI. (1774–1789/92)

sichersten Garanten für ein gutes Funktionieren des Königtums» ansah, diese Popularität aber mit dem Schicksal der Parlamente verknüpft zu sein schien, begann er umzudenken.

So wurde der König schließlich nach langer Bearbeitung von allen Seiten dazu gebracht, die alten Parlamente zurückzurufen. In einem feierlichen «Lit de justice» erklärte er am 12.11.1774 den geladenen ehemaligen Parlamentsräten: «Ich berufe Sie heute wieder in Ihre Ämter ... Seien Sie ausschließlich darum besorgt, Ihre Aufgaben zu erfüllen und meinen Bemühungen um das Wohl meiner Untertanen zu genügen.» Der Monarch wurde hierauf im Justizpalast und auf den Straßen mit «endlosem Beifall» begleitet und Marie Antoinette konnte ihrer Mutter berichten, daß «die große Angelegenheit der Parlamentsgerichtshöfe endlich beendet» sei.

Es ist nur zu verständlich, daß sich der friedliebende Monarch, der die von all der Hetze vergiftete Atmosphäre der frühen 70er Jahre bereinigen wollte, der öffentlichen Meinung und dem Drängen der Mehrzahl seiner Minister, einschließlich des großen Turgot, fügte. Trotzdem sind sich die meisten Historiker einig, daß diese Rückberufung der alten Parlamente der entscheidende Fehler des Monarchen, die zentrale Weichenstellung für das Ende des Ancien Régime war; denn diese Restauration «der negativen Macht der Privilegierten» machte das Regime unfähig zu jeglicher Reform, da die Parlamente, die aus Räten bestanden, welche die Privilegien verteidigten, «jeden ernsthaften Versuch einer Reform der politisch-sozialen Strukturen, jede Anstrengung, den monarchischen Staat den neuen wirtschaftlichen und finanziellen Notwendigkeiten anzupassen, verhinderten» (Méthivier). Anstatt dem König dankbar zu sein, verfaßten die Parlamentsräte schon kurz nach ihrer Wiedereinsetzung auf Anregung des Herzogs von Orléans und des Prinzen von Conti Remonstranzen, die ein «gegen die königliche Macht gerichtetes Manifest» darstellten. Das bedeutete, daß der von Ludwig XV. 1770 schließlich ausgestandene Kampf der Monarchie um Leben und Tod gegen die Herrschaft der privilegierten Richterkaste von neuem begann.

Innenpolitisch erhoffte sich der fromme und kirchentreue König eine Reform des Staates und der Monarchie im Sinne einer religiösen Erneuerung, die von einem Teil der Geistlichkeit gefordert wurde. Für sie war nämlich das 18. Jahrhundert – nicht ohne Grund – eine Epoche der «Sittenlosigkeit, der Verweichlichung, der Frivolität, der Prinzipienlosigkeit, des Ungehorsams, der Gleichgültigkeit, der Mißachtung des Staates und der Autorität, und zwar dies alles, weil es sich von den Fundamenten der Religion gelöst hatte» (Weber). Ludwig träumte davon, «dieses christliche Frankreich, das Frankreich der kleinen Leute und des Volkes zu retten» (Faÿ). In diesem Sinne sah man auch die Wiedererweckung der sakralen Seite des Königtums als wichtig und den tugendhaften Ludwig XVI. als «Erneuerer der Sitten» (Beauvais) im Lande an. Deshalb ließ dieser mit voller Absicht trotz aller Kritik und Zweifel seiner Zeit seine Königsweihe in der traditionellen Form durchführen. Ihm war nur zu gut bekannt, daß die Aufklärungsphilosophen diese als zu teuer und nicht mehr zeitgemäß als «nutzloseste und lächerlichste von allen nutzlosen Ausgaben» (Condorcet), als «absurde Zeremonie» (Métra) bezeichneten. Sein wichtigster Minister, der aufgeklärte Philosoph Turgot, wollte den «Sacre» am liebsten abschaffen, der nicht nur teuer war, sondern dessen religiöser Gehalt von weiten Teilen der libertinistischen Oberschicht geleugnet wurde.

Während viele adelige Teilnehmer der Königsweihe recht gleichgültig und nachlässig dort ihre vorgeschriebenen Funktionen ausübten, ließ Ludwig XVI. diese «Manifestation des Sakralkönigtums» (Weber) nach übereinstimmenden Berichten der Zeitzeugen mit «großem Ernst über sich ergehen». Zum Erstaunen der skeptischen, aufgeklärten Oberschichten machte das religiöse Schauspiel auf das anwesende Volk, das kurz vorher im «Mehlkrieg» noch in hellem Aufruhr gestanden hatte, einen überwältigenden Eindruck. Verwundert berichtete z. B. Croÿ «.... nie habe ich eine ähnliche Begeisterung gesehen.» Alle seien in Freudentränen ausgebrochen, als sie den Monarchen, «ausgestattet mit allem Glanz des Königtums, auf dem wirklichen Thron» in der Kathedrale von Reims sitzen sahen. Wenn auch die Herrscherweihe und -krönung von der Oberschicht nur als kostspieliges Schauspiel vergangener Zeiten betrachtet wurde, so konnte es doch zur Stärkung des Ansehens der Monarchie im Volk beitragen, dessen Stimmungslage, wie gerade die Geschichte Ludwig XVI. zeigt, äußerst schwankend und beeinflußbar war. Nicht umsonst führten auch die Revolutionäre später theatralische Revolutionsfeste und einen entsprechenden Kult der Nation ein.

Im Sinne des Programmes der religiösen Erneuerung nahm Ludwig XVI. mit voller Absicht auch den überlieferten Ritus des Berührens der Skrofulosekranken wieder auf, um als «Roi thaumaturge», als wunderheilender König, zu wirken. Er tat dies im vollen Bewußtsein, daß dieser Ritus in der aufgeklärten Oberschicht als nicht mehr zeitgemäß und als eine Erscheinung einer «Zeit der Unwissenheit, heute nutzlos» (Voltaire) galt. Ludwig XVI. führte diese Handlung, die 1738 außer Gebrauch gekommen war, da Ludwig XV. wegen seiner Mätressenwirtschaft die für nötig erachteten Sakramente nicht mehr empfing, durchdrungen von der Überzeugung seiner religiösen, königlichen Mission durch. Bekleidet mit dem Mantel des Heilig-Geist-Ordens begab er sich zum Park gegenüber der altehrwürdigen Abteikirche S. Rémi, wo in der Hitze mehr als 2400 vorher von den Ärzten untersuchte Skrofulosekranke den König erwarteten. Angesichts des Gestanks und des unschönen Anblicks der Hautkranken mußte Ludwig viel Überwindung und innere Kraft aufbieten, um den Ritus durchzustehen. Croÿ, der ihm folgte und ihn voller

Skepsis aus nächster Nähe beobachtete, stellte fest, daß der König jeden Kranken «ganz wirklich zweimal» berührte und jedes Mal die Worte «Gott heile Dich, der König berührt Dich» mit einem Ausdruck «bemerkenswerter Güte» sprach. Er habe gleichsam die empfangene Gnade mit allen Kräften und von ganzem Herzen weitergegeben, während die Kranken ihm mit gläubiger Heilserwartung entgegengetreten seien. Solche Handlungen des Königs, der sich bei den verschiedensten Gelegenheiten unter das einfache Volk begab, haben mit Sicherheit seine Beliebtheit in diesen Schichten gesteigert.

Trotz seiner tiefen Religiosität und überzeugten Haltung als treuer Sohn seiner Kirche, zeigte er relativ viel Toleranz gegen andere. So ernannte er Minister wie Maurepas und Turgot, die den wenig kirchenfreundlichen Philosophen nahestanden. Ja er übertrug trotz katholischer Staatsreligion sogar einem ausländischen Protestanten wie Necker die Leitung der Finanzen in einer Zeit, in der es in Ländern mit protestantischer Staatsreligion wie Großbritannien, Schweden oder Dänemark wohl kaum möglich gewesen wäre, einen (ausländischen) Katholiken mit einer so wichtigen Position zu betrauen. Ganz allgemein verbesserte sich unter seiner Regierung die Lage der kleinen protestantischen Minderheit in Frankreich; auch wenn gegen die Widerstände des Pariser Parlaments, der Versammlung des Klerus und der Partei der Frommen das Toleranzedikt gegen alle Nichtkatholischen erst 1787 verkündet wurde. Ludwig lehnte konstant alle von katholischen Eiferern geforderten repressiven Maßnahmen gegen die Protestanten ab, wie P. und P. Girault de Coursac zeigen.

Trotz der Staatsform der «absoluten» Monarchie, die von den Philosophen und den Parlamenten vielfach als «Despotie» und «Tyrannei» bekämpft wurde, und trotz aller Zensur- und Strafbestimmungen, war die Regierungszeit Ludwigs XVI. in der Praxis recht liberal und relativ tolerant, so daß sich die Philosophen, die gegnerischen Journalisten und sonstigen Feinde des Regimes gut entfalten und öffentlich äußern konnten. Immerhin wurden in den 15 Regierungsjahren des «absoluten» Monarchen, der das Glück seiner Untertanen wünschte, nicht ein einziger politischer Gefangener hingerichtet. Beim Kampf der Monarchie um Leben und Tod wurden die aufsässigen Parlamentsräte lediglich in die Provinz verbannt. Wenn man demgegenüber sieht, daß in nur eineinhalb Jahren Republik zwischen 1792 und 1794 trotz der Erklärung der Menschenrechte, der Einführung der Volkssouveränität und der Verkündigung der Ideale «Freiheit, Gleichheit, Brüderlichkeit», wie neuere Forschungen betonen, in der damaligen Extremsituation 35 000 bis 40 000 Menschen hingerichtet wurden, so war die Zeit Ludwig XVI. eine liberale Zeit. Ähnliches gilt in der Praxis für die Toleranz; denn in der Revolutionszeit wurde nach der feierlichen Verkündigung der Gewissensfreiheit und Toleranz in der Realität das Christentum in besonders radikaler und brutaler Form unterdrückt und verfolgt. Ideal und Wirklichkeit können manchmal stark auseinanderklaffen.

Das wichtigste Problem, dem sich der König angesichts der katastrophalen Lage zuwenden mußte, war die «Neuorientierung in der Wirtschafts- und Finanzpolitik», die sein Generalkontrolleur Turgot, der «bedeutendste Wirtschafts- und Sozialpolitiker, den Frankreich im 18. Jahrhundert besaß» (Weis), konzipierte. Dem intellektuellen Theoretiker, Verfechter der individuellen Freiheit, Verteidiger des Privateigentums und des politischen und wirtschaftlichen Liberalismus, der als vorbildlicher Intendant in der Provinz viele seiner Gedanken in die Tat hatte umsetzen können, gelang es, den König von seinen Ideen und seiner politischen Marschrichtung zu überzeugen. Angesichts der desolaten Situation der Staatsfinanzen verkündete er dem König: «Kein Bankrott, keine Steuererhöhung, keine Anleihen». Statt dessen trat er für drakonische Sparmaßnahmen und bessere Ausschöpfung der bestehenden Einnahmen ein. Zu diesem Zweck setzte er durch, daß man die Macht der Steuerpächter brechen und die Ausgaben des Hofes erheblich einschränken wollte. Er selbst ging beim allgemeinen Sparen voran und halbierte sein eigenes Gehalt. Dadurch gelang es dem energischen «Finanzminister» schon 1775, einen Überschuß zu erwirtschaften und die drückende Schuldenlast zu reduzieren. Aber er schuf sich durch seine rigorose Sparpolitik viele mächtige Feinde: die Königin, die ein verschwenderisches Leben mit vielen Festen liebte und immer reichlich Gnadenpensionen an ihre Günstlinge vergeben hatte, die anderen Minister, deren Budgets gekürzt wurden, die Finanziers, deren Gewinn eingeschränkt war, die privilegierten Stände, die um ihre Steuervorrechte fürchteten und die einflußreichen Parlamente, die aufgrund ihrer Interessenlage hartnäckig jede Reform bekämpften. Obwohl der Minister ein «Bündnis zwischen Krone und Volk gegen die Privilegierten» (Weis) anstrebte, gelang es den höchsten Gerichten, angesichts einer durch Mißernten bedingten und durch die Freigabe des Getreidehandels verschärften Mehlpreiserhöhung, das Volk gegen die Minister aufzuwiegeln. Während die Massen die Mehllager stürmten und die Bäckereien plünderten, konnte der König nur mit Mühe vom Balkon des Versailler Schlosses aus durch eine Rede 8000 Demonstranten beruhigen. Véri schrieb dazu: Man müsse zugeben, daß «dieser Fürst bei dem Aufruhr in Versailles einen geistigen Mut und eine Kaltblütigkeit zeigte, die man nicht erwartete...» Während die Philosophen recht erstaunt waren, daß sich das Volk ausgerechnet gegen einen aufgeklärten, menschenfreundlichen Minister erhob, wurde Turgot zum Sündenbock der Massen.

Obwohl er allein stand und nur vom Vertrauen des Königs getragen wurde, blieb Turgot bei der Freiheit des Getreidehandels und seiner Politik. Auf dem Höhepunkt der Krise veröffentlichte der Bankier und «Gesandte der Republik Genf» Jacques Necker eine Schrift, in der er die

## Ludwig XVI. (1774-1789/92)

Politik Turgots und auch diesen persönlich scharf kritisierte und sich zum «Verteidiger der Unterdrückten» aufschwang. Lever bemerkt dazu: «Necker konnte sich kaum deutlicher als Nachfolger Turgots anbieten.» Obwohl dieses Buch heftige Kontroversen und Polemiken hervorrief, behielt Turgot das Vertrauen und die Unterstützung des Königs und konnte durch energische Schritte die Ordnung wiederherstellen.

Trotz allgemeiner erbitterter Widerstände und vieler Intrigen und Umtriebe seiner zahlreichen Gegner erreichte der Minister bei Ludwig XVI. die Verkündung von sechs Reformedikten, welche die Abschaffung der unbezahlten königlichen Wegefronen und ihre Ersetzung durch eine allgemeine Abgabe, die Aufhebung des Zunftzwanges, die Einführung der Gewerbefreiheit u. a. festlegten. Während diese Reformen von weiten Teilen der Bevölkerung freudig begrüßt wurden, legte sich, wie üblich, das Parlament quer. Die Richter sahen durch die Gewerbefreiheit wichtige Parlamentseinnahmen gefährdet und betrachteten die Reformen als Angriffe auf die Rechte des Adels und die Strukturen der Gesellschaft. Trotzdem gelang es Turgot, den König zu veranlassen, daß er gegen diese Widerstände in einem «Lit de justice» als oberster Gerichtsherr und «absoluter» Monarch am 12. 3. 1776 nach fünfstündiger Sitzung die Einregistrierung der Edikte erzwang. Voltaire schrieb begeistert darüber, Ludwig XVI. sei der erste einer langen Ahnenreihe, der «Partei für sein Volk» ergreife. Aber Ludwig XVI. war nicht der Mann, um auf Dauer dem allgemeinen Druck und Trommelfeuer der Privilegierten standzuhalten, obwohl Turgot den König warnte: «Vergessen Sie niemals, daß es die Schwäche war, welche das Haupt Karls I. unter das Beil des Henkers brachte.» Turgot wollte die religiöse Toleranz festschreiben, den Protestanten die Zivilehe zugestehen, das Unterrichtswesen und die Krankenhäuser verstaatlichen, den Klerus ohne Privilegien besteuern, den Bauern den Freikauf von grundherrlichen Rechten ermöglichen und Gemeinde-, Kantonal- und Provinzialversammlungen schaffen. All diese Projekte mußten den Sturz des idealistischen Ministers nur beschleunigen. Mit Recht bemerkt Weis dazu: «Diejenigen, welche das Werk des Ministers lobten: Arbeiter, Handwerker und Bauern, der niedere Klerus und die ‹Philosophen›, besaßen am Hof keine Stimme. Alles, was Rang und Einfluß besaß, verband sich, um vom König den Sturz des Ministers zu verlangen und ihm einzureden, Turgot verletze das Recht und bedrohe die gesellschaftliche Ordnung.» Schließlich wich Ludwig XVI. vor den Pamphleten und vor allem vor der feindlichen Koalition zurück, die sich, angefangen von der Königin bis hin zu den Parlamenten, gegen den Minister formiert hatte, und entließ diesen am 12. 5. 1776. Auch Maurepas, dem sein ehemaliger Freund Turgot zu mächtig geworden war, hatte emsig im Hintergrund den Sturz dieses Staatsmannes betrieben, der bei der Verfolgung seiner einmal für richtig befundenen Projekte «keine Geschmeidigkeit» kannte und nicht «verstehen konnte, daß jemand die Dinge anders sah als er», wie Véri bemerkte. Folgt man E. Weis, so hatte Ludwig mit der Entlassung Turgots die letzte echte Chance des Ancien Régime vertan. Nachfolger wurde der unbedeutende, wenig integere, ja verrufene Choiseul-Anhänger Clugny im Finanzressort. Er hatte nichts besseres zu tun, als «Turgots Werk zu zerstören und die Macht mit den souveränen Gerichtshöfen zu versöhnen.» Letztlich machte er alle dessen Reformen wieder rückgängig, starb schon am 18. 10. 1776 und hinterließ eine desolate Finanzsituation.

In dieser Lage, als man von der öffentlichen Meinung getragen, wie erwähnt, damit liebäugelte, die nordamerikanischen Rebellen gegen den Erzfeind England zu unterstützen, wurde dann der Protestant Necker, ein nichtadeliger, in Paris reich gewordener privater Bankier, der diplomatische Vertreter der Republik Genf in Frankreich, mit der Leitung der Finanzen betraut. Allerdings ernannte man ihn in dieser Monarchie mit katholischer Staatsreligion als Protestanten nicht zum Staatsminister, und er konnte deshalb auch nicht an den Sitzungen des Conseil d'Etat teilnehmen.

Necker, ein großer Mann mit dickem Bauch und schwammigem Gesicht, war als «vorsichtiger Opportunist» vor allem auf seinen guten Ruf in der öffentlichen Meinung bedacht; er liebte «mehr seinen Ruhm als seine Pflichten» (Chiappe). Der äußerst fleißige, von sich selbst überzeugte, hochmütige Bankier behandelte selbst den König «mit einer Art Herablassung». Da er anfangs geschickt allen gegenüber Zugeständnisse machte, war er bald allgemein populär. Um sich diese Popularität zu erhalten, finanzierte er auch die an sich von der öffentlichen Meinung begeistert gefeierte Teilnahme Frankreichs am Amerikanischen Unabhängigkeitskrieg gegen England nicht durch Steuererhöhungen, sondern durch Aufnahme von hohen Krediten. Begeistert schrieb Mirabeau: «Er hat den Krieg geführt ohne Steuern, das ist ein Gott!» Aber gerade die zusätzliche Kreditaufnahme für diesen Krieg, der Frankreich zwischen 1 und 1,3 Milliarden Livres kostete, stürzte die ohnehin schon stark verschuldete Monarchie nun vollends in den finanziellen Abgrund. Letztlich, so kann man sagen, war gerade diese Verschuldung eine wesentliche Ursache für den Zusammenbruch des Ancien Régime; denn jetzt kamen die neuen gewaltigen Schulden zu den früheren hinzu, die sich damit verdoppelten. So wurden immer höhere Anteile der Staatseinkünfte für die Zinszahlungen von vornherein blockiert. Damit war, wie Morineau betont, das «Gleichgewicht des ordentlichen Budgets ... so gründlich zerstört», daß keine Hoffnung mehr für eine Lösung der Finanzprobleme im Rahmen des Systems bestand.

Deshalb war die Wiederherstellung des Kredits der Monarchie durch Necker letztlich nur ein zwar populärer, aber doch kurzfristiger Notbehelf, da der Genfer es im Gegensatz zu Turgot nicht wagte, gewaltige

Abgabenerhöhungen und die nötigen Steuerreformen unter Abbau der Privilegien durchzuführen. Immerhin versuchte er, durch die Übernahme der Verwaltung der königlichen Domänen und diverser Zölle und Abgaben in staatliche Regie die Einnahmen des Fiskus zu steigern. Außerdem strebte er danach, die verschwenderischen Ausgaben des Hofes zu begrenzen. Zu diesem Zweck veröffentlichte er zum ersten Mal in Frankreich 1781 ein Staatsbudget, das allerdings die wirklichen Gesamtsummen falsch wiedergab. Besonderes Aufsehen erregte jedoch, daß Necker hier die Ausgaben für den Hof und dessen Gnadenpensionen offenlegte. Dadurch steigerte der Finanzdirektor, der auch da und dort Teilreformen (grundherrschaftliche Abgaben, Entlastung der Armen, Verbesserung von Gefängnissen) durchführte, seine Popularität. Aber wieder bildete sich jene mächtige Koalition, die jetzt auf seinen Sturz hinarbeitete. Sie bestand erneut aus der Königin, den Prinzen von Geblüt, den anderen Ministern, besonders im Hintergrund Maurepas, den Parlamenten, den Provinzialständen und den Intendanten. Wie so oft im 18. Jahrhundert erschienen unzählige Schmähschriften, der größte Teil der öffentlichen Meinung stand jedoch diesmal auf der Seite des «Finanzhelden», dessen «Compte rendu» von 1781 «die Stadt- und Hofgespräche» bestimmten. Die Parlamentsgerichtshöfe, deren Rolle Necker, wie er in einer vertraulichen, aber später publik gewordenen Denkschrift an den König darlegte, auf die reine Rechtsprechung beschränken wollte, sprachen nur noch von den «verbrecherischen Ansichten dieses Ausländers». Sie lehnten auch die Registrierung des Erlasses ab, der auf Vorschlag Neckers eine Provinzialversammlung im Bourbonnais festlegte. Es kam zum «regelrechten Aufstand», dem allerdings der König und sein Minister «verhältnismäßig gelassen die Stirn boten» (Lever). Die Forderungen Neckers, er möge zum Staatsminister ernannt werden, konnte Maurepas hintertreiben. Jedenfalls hielt der König, vielleicht «aus Erschöpfung oder Angst vor der Koalition der Privilegierten», auf längere Sicht der jetzt einsetzenden «Lawine von Haßtiraden» und der Bearbeitung durch Maurepas und die anderen Minister, ferner durch seine Brüder, nicht stand. So wurde Necker am 19. 5. 1781 unter Bedauern des Bürgertums entlassen. Es lag nun an seinem Nachfolger, dem Generalkontrolleur Joly de Fleury, Auswege aus der immer verzweifelteren Situation des Fiskus zu finden. Er führte noch 1781 neue Verbrauchssteuern ein, 1782 einen dritten Zwanzigsten und nahm wieder Schulden auf. Außerdem versuchte er, die Hofpensionen sowie das Militär- und Marinebudget zu kürzen, was ihm die heftige Gegnerschaft der Höflinge und der betroffenen Minister eintrug. Nach der Demission Fleurys am 30. 3. 1783 versuchte es sein Nachfolger Lefèvre d'Ormesson wieder mit Zusatzkrediten, mußte jedoch bereits im Oktober des gleichen Jahres das Handtuch werfen. Auf die Intervention Marie Antoinettes hin ernannte Ludwig XVI. hierauf den Intendanten von Lille, Calonne, zum neuen Generalkontrolleur der Finanzen. Dieser versuchte, zunächst die Königin und die Privilegierten durch weitgehendes Entgegenkommen für sich zu gewinnen. Der «Finanzminister», dem es gelang, durch Aufnahme neuer Kredite die Staatskasse flüssig zu halten, besorgte ansehnliche Mittel für die Vergabe von Gnadenpensionen durch die Königin, für den Kauf neuer Schlösser und für bedeutende öffentliche Arbeiten (Kanalbau, Häfen, Städtebau). Die ersten drei Jahre seiner Amtszeit waren, gefördert durch Handelsverträge und das Einströmen ausländischen Kapitals, eine Periode des Handelsaufschwungs und des wirtschaftlichen Wohlstandes. Sozial und politisch gesehen handelte es sich gleichzeitig um eine Periode der «aristokratischen Reaktion». Adelige Grund- und Gerichtsherren verlangten zunehmend wieder die Zahlung nicht mehr gebräuchlicher Abgaben und besetzten mehr und mehr die höchsten Stellen in Staat und Kirche, vielfach protegiert durch die Königin. Da Ludwig XVI. dies zuließ und z. T. auch förderte, wurde er trotz seines persönlich anspruchslosen Lebensstils und seines bürgerlichen Zuschnitts «immer eindeutiger zu einem König der 500 000 Privilegierten» (Weis). Aber gerade diese Privilegierten machten ihm das Leben schwer und blockierten konstant alle nötigen Reformen, die seine «absolute» Monarchie noch hätten retten können.

Als Calonne trotz der allgemeinen wirtschaftlichen Prosperität des Landes 1786 mit seiner Politik der bequemen Wege am Ende war und keine Kredite mehr auftrieb, mußte er das Ruder radikal herumreißen; denn das Defizit betrug 100 Millionen Livres und der Zinsendienst machte mit 310 Millionen jährlich 50% der Ausgaben aus. Mehr als ⅔ der Schulden stammten aus der kurzen Regierungszeit Ludwig XVI. Wollte Calonne nicht den Staatsbankrott erklären, blieb ihm nur die Alternative, eine einschneidende Steuerreform mit Abschaffung der Privilegien anzustreben. Da Calonne die Blockadehaltung der Parlamente kannte, wollte er diese umgehen und erreichte 1787 die Einberufung einer Versammlung von in der Mehrheit adeligen Notabeln, die jedoch die entscheidenden Projekte des Finanzministers ablehnten, da sie nicht auf ihre Privilegien verzichten wollten. Als sich der bedrängte Politiker an die Öffentlichkeit wandte, richtete sich der Zorn und die Polemik der Privilegierten, des Hofes und der Königin auch gegen diesen Generalkontrolleur; der König kapitulierte wieder und entließ am 9. 4. 1787 auch Calonne. Nach einer kurzen Übergangsregelung übernahm der 70jährige Erzbischof Lomenie de Brienne, ein ehrgeiziger, freigeistig aufgeklärter Adeliger, die äußerst schwierige Leitung der Finanzen. Da die Notabeln abgelehnt hatten, mußte der König die Reformedikte dem Parlament zur Registrierung vorlegen. Dort opponierten schon gleich der Herzog von Orléans, der spätere Philippe-Egalité, und die Herzöge, dann machten die Parlamentsräte Schwierigkeiten und lehnten schließlich ab. Ludwig XVI. war außer sich vor Wut und es begann, wie so oft in diesem Jahrhundert, wieder die Kraftprobe zwischen König und Richtern, die sich zu Repräsentanten der ganzen Nation erklärten. Lever schreibt dazu: «Ludwig XVI. war erschüttert: Er, der an die einfältige Liebe ‹seines guten Volkes› glaubte, entdeckte ein Monster, eine Nation, die von einer ungreifbaren Furie gesteuert wurde: der öffentlichen Meinung.» Der König, überzeugt von seiner ihm als «absoluten» Monarchen zukommenden Stellung als oberster Richter und Herr des Landes, hielt am 6.8.1787 ein «Lit de justice» ab, um die Registrierung zu erzwingen. Obwohl das Parlament letztlich nur im Interesse der Privilegierten die Reformgesetze blockierte, konnte es die Massen in Paris gegen den König mobilisieren. Als dieses oberste Gericht die erzwungene Registrierung am 7.8. vor einer riesigen begeisterten Menschenmenge widerrief und die Einberufung der Generalstände forderte, schickte der wütende König auf Rat Briennes am 14.8.1787 die Parlamentsräte nach Troyes in die Verbannung. Nun hetzten die Parlamente die Bevölkerung auf, die Pariser Juristen, die um ihre Einkommen fürchteten, agitierten und die Pamphletisten und Karikaturisten schossen sich emsig auf den König ein. Es kam zum planmäßig geschürten Aufruhr im ganzen Land.

Der durch Krankheit geschwächte Ludwig XVI. hinderte Brienne nicht daran, plötzlich das Parlament wieder zurückzurufen. Der Finanzminister, zum «principal ministre» befördert, versuchte jetzt, den Bankrott durch Einsparungen am Hof und durch Aufnahme wieder neuer Schulden zu vermeiden. Obwohl er die Richter vorher bearbeitet und sogar Bestechungsgelder locker gemacht hatte, lehnten sie auch die Registrierung der Kredite ab. Als Ludwig XVI. diese Einregistrierung befahl, erklärte das Gericht den königlichen Befehl für ungültig. Das von der öffentlichen Meinung unterstützte Parlament gab seinen Machtkampf nicht auf, während der König an verschiedenen Krankheiten litt, vor Frust immer dicker und schließlich ratlos, mit den Ereignissen nicht mehr fertig wurde. Damals gingen seine doch immer wieder gezeigte Energie, seine Begeisterung und sein Optimismus in die Brüche, wie Chiappe zeigt. Von jetzt an «regierte er nur noch, ohne wirklich die Regierung zu führen». Ludwig war ernüchtert, resigniert, verbittert und konnte dieser ausweglos erscheinenden Situation nicht mehr Herr werden. Für das von Turgot angestrebte Bündnis zwischen Krone und Volk gegen die Privilegierten war es zu spät. Außerdem lag dieser Gedanke dem konservativen, von der Notwendigkeit der Erhaltung der traditionellen ständischen Gesellschaft überzeugten Monarchen fern. Trotzdem versuchten die Minister, durch neue Edikte die Macht der Parlamente gewaltig einzuschränken, die daraufhin nur «einen Sturm der Entrüstung im Land» entfachten, wie Weis betont, und sogar durch die «von ihnen bezahlten Pamphletisten» die Revolution predigen ließen. Die mit dem Richteradel verschwägerten Schwertadeligen und der hohe Klerus schlossen sich weitgehend dieser «aristokratischen Revolution» an. Enttäuscht und ratlos stand der König, der immer auf seine Popularität und seine Liebe zum Volk gesetzt hatte, dieser Koalition der beiden ersten Stände, aber auch dem offenen Aufruhr und der Gewalt gegen die Vertreter der Staatsmacht gegenüber. In dieser verzweifelten Lage gab Ludwig XVI. der öffentlichen Meinung nach und berief für den 1. 5. 1789 zum ersten Mal nach 1614 wieder die Generalstände ein. Brienne wußte nicht mehr weiter und ließ den Staatsbankrott erklären. Noch einmal kam Necker zurück, während eine Strohpuppe in Gestalt von Brienne in einem Freudenfeuer verbrannt wurde. Der völlig niedergeschlagene König hat damals, so berichtet Necker, zu ihm gesagt: «Ach, Monsieur, schon seit einigen Jahren ist mir kein einziger Augenblick des Glücks mehr vergönnt.» Der Generaldirektor der Finanzen wurde diesmal schon am 27. 8. auch zum Staatsminister ernannt. Dank seiner Beziehungen zu den protestantischen Bankiers in Europa konnte er nochmals 82 Millionen Livres auftreiben, allerdings ein kurzfristiger Notbehelf. Den Parlamenten gegenüber gab der Genfer klein bei. So hatte Ludwig XVI. auf ganzer Linie vor den Privilegierten kapituliert und war praktisch den Beschlüssen der einberufenen Generalstände ausgeliefert. Letztlich hatten seine Nachsicht und Schwäche gegenüber den Privilegierten dazu geführt, daß er schon jetzt einen großen Teil seiner Macht als «absoluter» Monarch verloren hatte.

## König der Franzosen

Während die Wahlen für die Generalständeversammlung in großer Liberalität vorbereitet wurden, nahmen die Unruhen zu. Wegen des französisch-englischen Handelsvertrages war die Textilindustrie in eine Krise geraten, ferner verstärkten die Mißernten von 1788 und ein sehr strenger Winter 1788/89 die Notsituation. Die Angst vor dem Hunger ging um. In den Pariser Vororten gab es 80 000 Arbeitslose und die aufgehetzten Volksmassen fingen wieder an, sich durch Plünderungen, Gewalttaten und Revolten Luft zu machen. Durch die Zunahme der Bevölkerung seit 1740 drängten gerade jetzt massenweise junge Menschen auf den Arbeitsmarkt, ohne in der damaligen Rezessionszeit Beschäftigung zu finden. In dieser «revolutionären Situation» wurden die Deputierten der drei Stände gewählt, die Vertreter des Dritten Standes indirekt von allen Männern ab 25 Jahren mit festem Wohnsitz, die Steuern zahlten. Während des Wahlkampfes gab es viele Aktionen des Tiers état mit Tausenden von Flugschriften. Die aufsehenerregendste war die des Abbé Sieyès mit dem Titel «Was ist der Dritte Stand?» Da die Deputierten ein imperatives Mandat erhielten, verfaßten die Wähler Hunderttausende von Beschwerdeheften (cahiers de doléances), um sie den Abgeordne-

Ludwig XVI. (1774-1789/92)

ten mitzugeben. «Es gibt in der Geschichte», so betonen Furet und Richet, «kein ähnliches Beispiel für eine solche schriftliche Konsultation eines ganzen Volkes...»
Von den 1139 gewählten Deputierten gehörten 291 dem Klerus (245 Mitglieder des niederen Klerus), 270 dem Adel und 578 dem Dritten Stand an. Die meisten Vertreter dieses Tiers état waren Angehörige des typischen Bürgertums des Ancien Régime (allein 200 Advokaten). Am 5.5. 1789 war es dann soweit, der König und seine Familie und die Abgeordneten fuhren in feierlichem Zug zur Versailler St.-Ludwigskirche zum Eröffnungsgottesdienst. Der verlegen hinter dem Baldachin schreitende König wurde in diesem letzten großen Fest der Monarchie immerhin mit verhaltenem Beifall bedacht, während die Menge Marie Antoinette johlend empfing. Bei der eigentlichen Eröffnung der Sitzung im «Hôtel des Menus-Plaisirs» in Versailles hielt der König zunächst eine «feierlich und entschlossen» vorgetragene Rede, in der er versuchte, «alle Meinungen zu berücksichtigen» und in der er die Generalstände als «neue Glücksquelle» der Nation begrüßte. Immerhin wurde der sich selbstsicher gebende Monarch mehrmals durch Hochrufe und Klatschen unterbrochen. Als er sich wieder auf seinen Thron setzte, «erzitterten die Fenster unter dem Beifall» (Chiappe). Nach einer kurzen Ansprache des «Justizministers» Baretin, der so leise sprach, daß ihn niemand verstand, kam die mit Spannung erwartete Rede Neckers, der drei Stunden lang sprach bzw. seine Rede von einem jungen Arzt vorlesen ließ, die Delegierten mit ungeheuer vielen Details und Banalitäten langweilte und wegen der geringen Zugeständnisse und des Fehlens eines Programmes enttäuschte. Der König und sein Minister wünschten vor allem die Hilfe der Generalstände bei der Bewilligung neuer Finanzmittel, ließen die vom Tiers état angestrebte Abstimmung nach Köpfen jedoch in der Schwebe. Während von der geforderten Verfassung nicht die Rede war, akzeptierte Ludwig immerhin die steuerliche Gleichbehandlung aller Stände. Das war aber in dieser Situation zu wenig; so schwächte letztlich die Kompromißhaltung und Unentschlossenheit Ludwigs ihn selbst als König und stellte niemanden zufrieden. Gerade in dieser Zeit, als sich «das Schicksal der Nation und der Monarchie» entschied, wurde Ludwig durch einen tiefen Schmerz niedergedrückt: Der ältere Sohn, der Kronprinz Louis-Joseph, starb nach schwerer Krankheit am 4. 6. an der tuberkulosebedingten Skrofulose. Er hatte sich beim Sohn seiner Amme angesteckt.

Dieser Schmerz und diese Trauer trugen dazu bei, Ludwigs Tatkraft zu schwächen. Es verstärkte sich bei ihm die Haltung, die Dinge als weitere Schicksalsschläge passiv hinzunehmen. Schon am 17. 6. erklärte sich nämlich in einem ersten revolutionären Akt der durch Geistliche erweiterte Dritte Stand zur Nationalversammlung und erhob den Anspruch, einziger Repräsentant des Willens der Nation zu sein. Da nach alter Auffassung der König die alleinige Verkörperung der Souveränität darstellte, traf Ludwig diese Deklaration einer neuen Souveränität in Frankreich zutiefst. Er mußte reagieren, aber wie? Darüber waren sich die Minister uneinig. Inzwischen bekam der Dritte Stand noch weiteren Zuwachs, da sich am 19. 6. die Mehrheit der Geistlichen und immerhin 80 liberale Adelsdeputierte für den Zusammenschluß mit diesem Stand entschieden. Als man den Sitzungssaal verriegelte, begaben sich die Abgeordneten in das Ballspielhaus und leisteten vor ihrem gewählten Präsidenten Bailly am 20. 6. den berühmten Ballhausschwur.

Ludwig XVI., von allen Seiten bedrängt und vom «Justizminister» und seinen Brüdern aufgefordert, mit Härte zu reagieren, versuchte einen Mittelweg zu gehen. Mit seinem gesunden Menschenverstand erfaßte er nämlich sehr wohl, daß ihm hier «eine neue und nicht zu unterdrückende Macht» gegenüberstand. Gewaltmaßnahmen mit Blutvergießen und rigoroser Unterdrückung des Widerstandes lagen außerdem diesem gutmütigen, menschenfreundlichen Monarchen fern. Dafür wäre ein Mann von der Charakterstruktur Robespierres nötig gewesen, der 1793/94 durch sein Terrorregime letztlich den Aufruhr von zwei Dritteln der Provinzen gnadenlos unterdrückte. Ludwig machte damals dem Dritten Stand in feierlicher Sitzung am 23. 6. zahlreiche Zugeständnisse, wie Regelmäßigkeit der Steuerbewilligungen und Budgetkontrolle, individuelle Freiheit, Pressefreiheit u. a. Aber er lehnte die Abschaffung der Feudalrechte und die Konstituierung des Dritten Standes als Nationalversammlung als «nichtig, illegal und verfassungswidrig» ab. Diese Versammlung, welche die Zugeständnisse des Monarchen als ungenügend erachtete, beschloß, als Nationalversammlung notfalls Widerstand zu leisten. Vor die Wahl gestellt, Gewalt anzuwenden oder die Versammlung anzuerkennen, wich der König, gedrängt von Necker, zurück und erkannte am 27. 6. das Fait accompli an. Aber für eine wirkliche Einigung war es zu spät, denn jetzt hatte er sein Gesicht verloren, ja praktisch den Status eines «absoluten» Königs. Trotzdem ließ der geschwächte und schwankende Monarch auf Drängen einer aristokratischen Partei mit der Königin an der Spitze um die Hauptstadt herum Truppen, besonders zuverlässige schweizerische und deutsche Regimenter, zusammenziehen und entließ am 11. 7. Necker. In Paris fürchtete man jetzt ein «aristokratisches Komplott», wüste Gerüchte gingen um und es kam angesichts der Wirtschaftskrise erneut zu schweren Unruhen und Gewaltaktionen der Massen, besonders in Paris, wo die königliche Verwaltung schnell zusammenbrach. In dieser Situation stürmte am 14. 7. auch eine Menschenmenge das berühmt-berüchtigte Staatsgefängnis, die Bastille, weil man sich der dort lagernden Munition bemächtigen wollte. Obwohl die Aufrührer nur fünf adelige Schwerverbrecher und zwei Geistesgestörte befreiten, wurde dieser Sturm später als Symbol für den Sieg der Freiheit gefeiert. Das Wesentliche war nämlich, daß sich durch diese Gewaltaktion ohne durchschlagende Reaktion des Monarchen die Revolution endgültig durchsetzen konnte. Damals lehnte Ludwig eine Flucht aus Versailles ab, obwohl er von Marie Antoinette und Artois dazu gedrängt wurde. Ludwig, an Volksaufstände gewöhnt, erfaßte die Tragweite des Geschehens nicht und glaubte vielmehr, durch persönliches Auftreten in Paris die Lage beruhigen zu können. Trotz Morddrohung fuhr er dort durch die bewaffneten Menschenmassen und stieg sogar «ohne Leibwache und umringt von vielen Bürgern, die alle ein Schwert in der Hand hielten», die Stufen des Rathauses hinauf, wo er mit zunehmendem Beifall bedacht wurde. Ludwig, der, nach Versailles zurückgekehrt, erklärte, er wolle, «daß niemals ein Tropfen französisches Blut auf meinen Befehl hin vergossen wird», rettete durch sein mutiges Auftreten nochmals die Situation und damit sein Königtum kurzfristig. Aber er «konnte eine neue Macht nicht anerkennen ... ohne die eigene zu schwächen» (Chiappe). Sehr schnell griffen die Unruhen trotzdem auf die anderen Städte und das Land über, wo als massenpsychologisches Phänomen die eifrig geschürte Grande peur (große Furcht) umging. Massenweise wurden nun Schlösser geplündert und deren Archive verbrannt, in denen Nachweise der Feudallasten lagen.

Die Macht des Königs, der Hof und die Dienerschaft begannen sich weitgehend aufzulösen, in der Regierung herrschte Ratlosigkeit und beim König Niedergeschlagenheit. «Mir scheint, ich steige in einen Abgrund», so schrieb er damals. Währenddessen hob die Nationalversammlung in eigener Machtvollkommenheit die Privilegien und Feudalrechte auf und verhalf dadurch der sozialen Revolution zum Durchbruch. Schon am 26. 8. 1789 proklamierte sie dann die berühmte Erklärung der Menschen- und Bürgerrechte, welche die Freiheit und die Gleichheit an Rechten, die nationale Souveränität und Gewaltenteilung verkündete.

Ludwig XVI. ergriff nicht die Chance, sich an die Spitze dieser Ereignisse zu stellen oder sich zumindest aktiv anzuschließen, sondern er reagierte nur jeweils zögernd. Da er die alte Ordnung erhalten wissen wollte, wich er nur laufend vor den vollendeten Tatsachen und Zwängen resignierend und enttäuscht zurück. Andererseits war er nicht gewillt, einen Gewaltstreich zu führen.

Eine besondere Heimsuchung wurde für ihn der Zug der ca. 10000 Frauen nach Versailles, die Brot, die Entlassung der Truppen und den Umzug des Königs nach Paris forderten. Gedrängt vom Präsidenten der Nationalversammlung, gab er jetzt dem Druck der Menschenmassen nach und sanktionierte die August-Dekrete und die Menschenrechtserklärung. Ein militärisches Eingreifen und Blutvergießen lehnte er ab. So schien wieder einmal die Situation entspannt zu sein.

Aber am nächsten Morgen um 6 Uhr drangen die zur Überraschung des Königs in Versailles gebliebenen bewaffneten Volkshaufen in das

Schloß ein und stürmten zum Appartement der Königin mit dem Ruf: «Wir wollen ihr den Kopf abschneiden, das Herz ausreißen...» Gerade noch rechtzeitig gewarnt, konnte Marie Antoinette halbbekleidet über einen Geheimgang entweichen, während Ludwig XVI. im Morgenmantel persönlich den schlafenden Dauphin Louis-Charles rettete. Zur gleichen Zeit tobte draußen die Menge; Frauen und Männer «mit Piken und Flinten bewaffnet» machten «Jagd auf die Leibwachen».

Schließlich konnte Lafayette mit seiner Garde die Ruhe wiederherstellen und der König und die Königin beruhigten durch ihr Erscheinen auf dem Balkon die Menge, die ihnen sogar Ovationen entgegenbrachte. Das Königspaar mußte versprechen, mit nach Paris zu kommen, und wurde in einem gespenstischen Zug, angeführt von Leuten mit Spießen, auf denen blutige Köpfe von Leibgarden steckten, von der bewaffneten Menschenmenge praktisch als Gefangene ins Pariser Rathaus gebracht, dort mit Jubel empfangen und um 21 Uhr in die Tuilerien einquartiert. Der entmachtete König ertrug alles mit erstaunlichem Gleichmut. Nachdem man das seit 67 Jahren nicht mehr bewohnte Schloß provisorisch hergerichtet hatte, fühlte er sich, der er das Hofleben und die Etikette so wenig schätzte, dort trotz dauernder Bedrohungen recht wohl, da er das fast bürgerliche Leben mit seiner Familie liebte.

Den Beschlüssen der Constituante, die in der nahegelegenen Reitbahn tagte, machte er keine Schwierigkeiten, weder der Enteignung des Besitzes der katholischen Kirche als Nationalgüter noch der Ausgabe der durch diese Güter gesicherten Assignaten. Mehr Probleme bereitete ihm die ohne Konsultation der kirchlichen Autoritäten und unter Bruch des Konkordats von 1516 beschlossene Zivilkonstitution des Klerus vom 12. 7. 1790, die er unter Druck sanktionierte. Sie verstaatlichte die Kirche unter Leugnung jeglicher göttlicher Mission und machte die Priester zu «Beamten der Moral». Nachdem schon vorher viele Geistliche den Eid auf diese Konstitution verweigert hatten, verbot ihn der Papst durch ein Breve vom April 1791, wodurch sich die französische Kirche spaltete und bald der Religionskrieg ausbrach.

Immerhin nahm Ludwig, wenn auch freudlos und zurückhaltend, am 14. 7. 1790 am revolutionären Föderationsfest teil, leistete den Eid, der Nation und dem Gesetz treu zu bleiben und erhielt dafür Beifall. Der Revolutionsführer Barnave bemerkte sogar dazu: «Hätte Ludwig XVI. das Föderationsfest für sich zu nutzen gewußt, so wären wir verloren gewesen.» Aber der König schien immer noch auf die Rückkehr des Ancien Régime zu hoffen, wenn er auch einen Bürgerkrieg ablehnte. In dieser Situation unternahm die königliche Familie einen von Marie Antoinette vorbereiteten und durchgesetzten Fluchtversuch, der allerdings dilettantisch durchgeführt wurde. Als man in Paris das Verschwinden des Königs bemerkte, geriet man in helle Aufregung und sandte überallhin Boten aus. Bald wurde die schwerfällige und große Karosse gesich-

Ludwig XVI. (1774-1789/92) 303

tet, der dicke Mann mit brauner Leinenweste und großem runden Hut erkannt, mit seiner Familie in Varennes verhaftet und mit Schmach und unter Beschimpfungen zurückgebracht. Ludwig war so unvorsichtig gewesen, auch noch ein Manifest zu hinterlassen, in dem er betonte, er habe die Dekrete der Nationalversammlung nur unter Zwang ratifiziert, da er sich als Gefangener betrachte. Deshalb habe er beschlossen, «seine Freiheit wiederzuerlangen und sich mit seiner Familie in Sicherheit zu bringen». Unter diesen Umständen schadete der Fluchtversuch natürlich dem König und der Monarchie als solcher gewaltig. Während überall Forderungen nach Einführung der Republik ertönten, wurde der König bis zur Annahme der Verfassung seines Amtes enthoben und unter Hausarrest gestellt. Trotzdem setzte die Mehrheit der Constituante gegen Robespierre und den Jakobinerklub eine Verfassung mit konstitutioneller Monarchie durch. Als Ludwig die Konstitution am 13. 9. 1791 annahm und beschwor, wurde er «König der Franzosen», dem laut Verfassung die Exekutive und das Vetorecht zustand. In der Praxis wurde jedoch das Gewicht der Legislative politisch immer größer.

Trotzdem schien nun eine Lösung, ein auch für den König akzeptabler Kompromiß gefunden zu sein. In seiner neuen Rolle eröffnete er am 7. 10. 1791 feierlich die Sitzungsperiode der Volksvertreter und trat in seiner längeren Rede für die Rückkehr der Ordnung und die Sanierung von Wirtschaft und Finanzen ein. Dafür erhielt er Beifall und sogar Jubel brach aus. Schon bald trübte sich jedoch dieses äußerliche Einvernehmen und es kam zu Konflikten mit der Versammlung, die voll Mißtrauen die zwiespältige Haltung des Königspaares und die Agitation der von den Brüdern Ludwigs geführten Emigranten betrachteten. Zur ernsten Auseinandersetzung kam es jedoch, als Ludwig gegen zwei Dekrete der Legislative sein von der Verfassung garantiertes Veto einlegte. Dem tiefgläubigen Katholiken lag dabei als Wächter der Verfassung besonders am Herzen, das Gesetz zu Fall zu bringen, das die Deportation der eidverweigernden Priester anordnete und das den in die Konstitution von 1791 aufgenommenen Menschenrechten widersprach; P. und P. Girault de Coursac sehen dieses Veto als Ausdruck von Ludwigs Kampf «für die religiöse Toleranz». Außerdem entließ Ludwig, durchaus verfassungsgemäß, das Ministerium der Girondisten. Als Antwort setzten diese und die Pariser Kommune den Druck der Straße ein. So zogen am 20. 6. 1792 mehrere tausend Sansculotten zum Tuilerienschloß, brachen die Tore auf und stürmten in das Appartement des Königs. Dort defilierten die bewaffneten Massen mindestens vier Stunden lang am König und seiner Familie vorbei, bedrohten und beschimpften ihn als «Monsieur Veto». Ludwig XVI. setzte sich zwar, um der Menge zu gefallen, eine rote Mütze auf und trank aus einer ihm angebotenen Rotweinflasche auf das Wohl der Nation, aber er weigerte sich mit erstaunlichem Mut, sein Veto und die Entlassung des Girondi-

stenministeriums zurückzunehmen. Die Nationalgarde räumte erst um 10 Uhr abends das Schloß. Erschöpft schrieb Marie Antoinette an ihren Freund Fersen: «...Ich lebe noch, aber es ist ein Wunder. Der 20. 6. war ein grauenvoller Tag. Nicht mehr ich bin es, die am meisten gehaßt wird, es ist das Leben meines Gatten nach dem sie trachten, sie sagen es ganz offen. Er hat Entschlossenheit und Stärke bewiesen...»
Weil der König standhaft geblieben war, gingen die Pariser Sektionen unter der Federführung Robespierres daran, den Sturz des Königs vorzubereiten. Als die Legislative sich nicht unter Druck setzen ließ, schritten sie in der Nacht vom 9. auf den 10. 8. zur Gewalt. Sie rissen die Macht in Paris an sich. Hierauf zogen etwa 20 000 Menschen bewaffnet und mit Kanonen ausgerüstet zu den Tuilerien. Da die Nationalgarden nicht mehr loyal waren, blieben zur Verteidigung des Monarchen nur noch etwa 600 treue Schweizer Gardisten. Vor dem Ansturm der Massen und den Kanonen ließ sich der völlig gebrochene Ludwig überreden, mit seiner Familie in den Schutz der Versammlung zu flüchten, wo er versteckt wurde. Er hegte immerhin noch die Hoffnung, nach Herstellung der Ruhe ins Schloß zurückkehren zu können. Aber dort drangen die aufrührerischen Massen ein und wurden zu ihrer Überraschung mit Gewehrfeuer empfangen. Es gab 100 Tote und 270 Verletzte. Um in der aussichtslosen Situation ein weiteres Blutvergießen zu verhindern, gab Ludwig XVI. um 18 Uhr den Befehl, das Feuer einzustellen und die Waffen auszuliefern; es sollte sein letzter Befehl sein. Hierauf stürzten sich die empörten Massen, Männer und Frauen, auf die letzten treuen Verteidiger der Monarchie, um sie zu massakrieren und verstümmeln.

In diesem allgemeinen Aufruhr und Gemetzel flohen 60 Prozent der Deputierten voll Panik, während die verbliebene, weitgehend links stehende Restversammlung den König für abgesetzt erklärte und ihn und seine Angehörigen durch die Kommune im Temple, einem finsteren mittelalterlichen Wachturm, einkerkern ließ. Da fast alle Bediensteten entlassen waren, führte Ludwig dort mit den Seinen in sehr beengten Verhältnissen das Leben einer gebildeten Kleinbürgerfamilie, betete viel, las die wenigen Bücher, die er hatte, und unterrichtete seinen kleinen 7jährigen Sohn in Französisch, Latein, Geschichte und Geographie, während sich Marie Antoinette und ihre Schwägerin Elisabeth mit der Ausbildung der kleinen Marie-Thérèse beschäftigten.

Die Situation in der Ersten Republik wurde durch die Kriegs- und Krisenzeit immer radikaler, die antireligiösen Verfolgungen immer härter. Nach dem Aufruf Dantons, Robespierres und Marats zur Volksjustiz kam es vom 2. bis 6. 9. 1792 zum grausamen Massaker an 1300 Gefangenen, darunter 223 Priestern, aber auch Frauen und gewöhnlichen Häftlingen.

In der überall herrschenden Terrorsituation wurde der Nationalkonvent – zum ersten Mal nach allgemeinem Wahlrecht – bestimmt. Da

Ludwig XVI. (1774–1789/92) 305

jedoch das Votum nicht geheim war, nahmen aufgrund der Bedrohung nur 10% der Wahlberechtigten teil und zwar in erster Linie die Männer, welche die revolutionäre Entwicklung besonders befürworteten. Deshalb gab es im Nationalkonvent nur noch republikanische Deputierte. Dieser Konvent führte von Dezember 1792 an den Hochverratsprozeß gegen den abgesetzten König, dessen geheime Korrespondenzen mit dem Ausland man gefunden hatte. Damals betonte Robespierre nicht ohne Logik: «Wenn der König nicht schuldig ist, dann sind die es, die ihn abgesetzt haben.» Somit konnte der Konvent, der gleichzeitig Ankläger und Richter war, letztlich den König gar nicht freisprechen, da dies einer Selbstanklage gleichgekommen wäre. Trotzdem wurde Louis Capet, wie er nun genannt wurde, vor den Konvent geladen, um sich die langen Anklagereden anzuhören. Marat schrieb dazu im «Ami du Peuple»: «Er hat hundertmal hören müssen, wie man ihn Ludwig nannte und zeigte keinerlei Aufbegehren – er, der niemals etwas anderes als den Namen Majestät vernahm. Er zeigte nicht die geringste Ungeduld, als er die ganze Zeit über stehen mußte – er, vor dem kein Mensch sich hinsetzen durfte. Wäre er unschuldig, so wäre er in meinen Augen in dieser Demütigung groß gewesen!» Auf die Anschuldigungen hin verlegte sich Ludwig aufs Leugnen und Schweigen. Während er seine Familie nicht mehr sehen durfte, gelang es seinem Verteidiger, einen eidverweigernden Priester, verkleidet als Rechtsanwaltsgehilfen, einzuschleusen, der ihm die Beichte abnahm und die Kommunion reichte. Ludwig, der mit dem Leben abgeschlossen hatte, dachte von nun an «nur noch an sein Seelenheil» (Lever). Als tief gläubiger Katholik bereitete er sich bewußt durch Gebet und Lektüre auf seinen Tod vor. Dementsprechend empfahl er in seinem Testament vom 25. 12. 1792 seine geliebten Angehörigen dem Himmel, vergab allen seinen Peinigern und trug dem 7jährigen Kronprinzen auf, die Demütigungen zu vergessen, «falls er das Unglück haben sollte, König zu werden». Nach einem überzeugten Bekenntnis seines tiefen Glaubens beendete er das Testament: «Ich schließe, indem ich vor Gott, und bereit, vor ihm zu erscheinen, erkläre, daß ich mir keines der Verbrechen, deren ich beschuldigt werde, vorzuwerfen habe. In doppelter Ausfertigung, im Turm des Temple, am 25. 12. 1792 – Ludwig». Am folgenden Tag wurde dieser zum zweiten Mal vor den Konvent geladen, wo seine Anwälte ihre Plädoyers hielten. Am Schluß sprach er nochmals und betonte, sein Gewissen sei rein und er habe immer versucht, jedes Blutvergießen zu vermeiden. Während im Konvent heftig diskutiert wurde, gingen immer mehr Bittschriften und Anträge aus allen Teilen Frankreichs ein, die eine Volksbefragung über das Schicksal des Königs forderten. Trotzdem verurteilte eine knappe Mehrheit der Abgeordneten, darunter der Vetter des Königs, Herzog Philippe von Orléans, Ludwig zum Tode. Dieser erfuhr am 17. 1. 1793 den Urteilsspruch, nahm ihn mit großer Gelassenheit auf und tröstete seine Umgebung. Nachdem er noch von seiner Familie Abschied hatte nehmen können, wurde er am 21.1. 1793 zur Hinrichtung auf der heutigen Place de la Concorde abgeholt. Der Augenzeuge Philippe Pinel, ein bedeutender Arzt der Zeit, berichtete darüber: «Ludwig, der durch seine religiösen Grundsätze dem Tod äußerst ergeben zu sein schien, verließ sein Gefängnis, den Temple, gegen neun Uhr morgens... Beim Schafott angekommen, betrachtete er mit Festigkeit die Todesmaschine, und sofort ging der Henker an seine Arbeit. Er schnitt ihm die Haare ab, steckte sie in die Tasche und ließ ihn die Stufen zum Schafott hinaufsteigen.» Der deutsche Journalist und Augenzeuge Oelsner, schilderte das weitere Geschehen so: «Als sich Ludwig auf dem Schafott sah, betrachtete er die Maschine, trat zwei Schritte vorwärts bei ihr vorbei, in der Absicht... zu sprechen. Sogleich verstummte die Musik. Man hat ihn darauf mit starker Stimme äußern gehört, daß er unschuldig und mit der Überzeugung sterbe, nicht das französische Volk wolle seinen Tod, sondern seine persönlichen Feinde. Er verzeihe ihnen.» Daraufhin wurde er durch Trommelwirbel am weiteren Sprechen gehindert und von einem Scharfrichter gepackt. «Der König folgte nach einem leichten Widerstande ganz gelassen, stellte sich der Maschine gegenüber ... und legte sich hin. Das Messer fiel. Der Kopf blieb mit der Unterhaut des Halses am Rumpfe hängen und mußte abgerissen werden... Der abgeschlagene Kopf, bei den Haaren emporgehalten», so Oelsner, «wurde dem Volke vorgewiesen. Sogleich erscholl unter Waffengeklirre das Jubelgeschrei: «Es lebe die Nation, es lebe die Republik!»

Damit wurde Ludwig XVI. als einziger König in der französischen Geschichte hingerichtet, ausgerechnet der Mann, in dessen 15 Jahren «absoluter» Monarchie nicht ein politischer Häftling getötet wurde. Er war ein gutmütiger, tugendhafter Philanthrop, der zwar, wie neuere Forschungen zeigen, viel tatkräftiger und kompetenter regierte als vielfach angenommen, dessen Nachgiebigkeit ihm letztlich aber doch zum Verhängnis wurde. Dabei ließ er sich, überzeugt davon, seine Popularität erhalten zu müssen, von dem Druck der oft genug gelenkten öffentlichen Meinung zu sehr beeinflussen und sich von mehr oder minder bedeutenden Ministern zu Fehlentscheidungen drängen. Da es ihm nicht gelang, gegen die Privilegierten, angefangen von der Königin, den Prinzen von Geblüt und dem Hofadel bis hin zu den Parlamenten, den unerbittlichen Verteidigern der Privilegien, die nötigen Strukturreformen durchzusetzen, wäre wohl seine einzige Chance gewesen, sich mit den gemäßigten Reformkräften des Dritten Standes zu verbünden. Aber diese Verbindung mit den Tendenzen der Zeit lag dem konservativen Monarchen fern, der von der Erhaltungswürdigkeit der alten Ordnung überzeugt war. So ergriff er, obwohl der genügsame, volksverbundene Monarch mit gesundem Menschenverstand von Natur aus ein idealer

Bürgerkönig gewesen wäre, ab 1787 nicht die Flucht nach vorne, sondern beschränkte sich darauf, vor den revolutionären Neuerungen und Gewaltaktionen schrittweise zurückzuweichen und vollendete Tatsachen zu akzeptieren. Da für ihn, der jedes Blutvergießen vermeiden wollte, letztlich trotz drängender Ratschläge ein Gewaltstreich nicht in Frage kam, wurde er trotz seiner großen Beliebtheit bei einem beträchtlichen Teil der Bevölkerung, besonders in der Provinz, zum Spielball der Entwicklung und zum Opfer von organisierten Gewaltaktionen in Paris. Sein entschiedenes Veto vor allem gegen die Deportation der eidverweigernden Priester, die er nicht mit seinem Gewissen vereinbaren konnte, führte nur um so rascher zum gewaltsamen Ende, obwohl er wie Faÿ und Girault de Coursac hervorheben, hier als einziger für die Einhaltung der Verfassung und die dort garantierte Toleranz und Meinungsfreiheit mit seiner ganzen Kraft kämpfte und auch dadurch den Bürgerkrieg vermeiden wollte. Anderseits haben sein immer wieder auch bei Todesgefahr gezeigter großer persönlicher Mut, seine Seelenstärke und sein christlich gefaßtes Verhalten bei der Hinrichtung für die spätere Zeit das Ansehen der Monarchie gehoben, das sich vor allem nach den Erfahrungen der Schreckensherrschaft 1793/94 mit Zehntausenden von Hinrichtungen und dem «franco-französischen Genozid» (Secher, Chaunu) in der Vendée erheblich verstärkte. Letztlich war Ludwig eine tragische Figur: Durchdrungen von bestem Willen, war er von den Grundsätzen des Christentums geleitet. Da er aufgrund seiner Natur und seiner Gutmütigkeit, aber jede Gewaltanwendung und jedes Blutvergießen vermeiden wollte, wurde er angesichts seiner Nachgiebigkeit und Schwäche mit den außerordentlichen Schwierigkeiten und Ereignissen nicht fertig, und das obwohl er neben Heinrich IV. als einziger Bourbone während seiner ganzen Regierungszeit bei seinem Volk beliebt war.

Hans Schmidt

# NAPOLEON I.
## 1799/1804–1814/15

*Napoleon I, geb. 15. August 1769 in Ajaccio. 2. März 1796 Oberkommandierender der Italienarmee. 9.–10. November 1799 Staatsstreich. Erster Konsul. 4. August 1802 Konsul auf Lebenszeit. 18. Mai 1804 Napoleon wird zum Kaiser der Franzosen proklamiert. 2. Dezember 1804 Krönung in Notre Dame. 4. April 1814 Erste Abdankung. 4. Mai 1814 Einzug auf Elba. 1. März 1815 Landung in Frankreich und Herrschaft der 100 Tage. 22. Juni 1815 Zweite Abdankung. 16. Oktober 1815 Ankunft auf St. Helena. 5. Mai 1821 Tod Napoleons. 15. November 1840 Überführung des Leichnams Napoleons in den Invalidendom.*
*Vater: Carlo Buonaparte (29. 3, 1746–24. 2. 1785). Mutter: Laetite geb. Ramolino (24. 8. 1750–2. 2. 1836), ab 1804 «Madame Mère». Geschwister: Joseph (4. 1. 1768–28. 7. 1844), König von Neapel (1806–1808), König von Spanien (1808–1813); Lucian [Lucien] (21. 5. 1775–29. 6. 1804), Prinz, dann Prinz von Camino und Musignano; Elisa (3. 1. 1777–6. 8. 1820), 1805 Fürstin von Piombino und Lucca, 1806 Herzogin von Massa-Carrara, seit 1809 Großherzogin von Toskana. Verh. mit Felix Bacciochi (1762–1841); Louis (2. 9. 1778–25. 7. 1846), 1800–1810 König von Holland. Verh. 1802 mit Hortense Beauharnais (1783–1837), Sohn Prinz Louis = Napoleon III; Pauline [eigentlich Carlotta] (20. 10. 1780–9. 6. 1825), verh. 1803 mit Fürst Camillo Borghese (1775–1832), seit 1815 getrennt; Karoline [eigentlich Maria Annunciata] (25. 3. 1782–18. 5. 1839), verh. mit Joachim Murat (25. 3. 1767–13. 10. 1815), Marschall, 1806–1808 Großherzog von Kleve und Berg, seit 1808 König von Neapel; Jérôme (15. 11. 1784–24. 6. 1860), 1807–1813 König von Westfalen, 1850 Marschall von Frankreich, verh. mit Katharina, Prinzessin von Württemberg (21. 2. 1783–28. 11. 1835).*
*Gemahlin: 1. Josephine, geb. Tascher de la Pagerie (22. 6. 1763–29. 5. 1814), Kaiserin, Witwe von Alexander Vicomte Beauharnais (28. 3. 1760–23. 7. 1794). 2 Kinder aus dieser ersten Ehe: Eugen [Eugène] (3. 9. 1781–21. 2. 1824), Vizekönig von Italien, Herzog von Leuchtenberg, und Hortense (10. 4. 1783–3. 10. 1837), Königin von Holland, Gemahlin von Louis Bonaparte, Scheidung 1818.*
*2. Marie-Louise (12. 12. 1791–17. 12. 1847), Kaiserin. Tochter Kaiser Franz' II. dann Franz' I. von Österreich (2. 2. 1768–2. 3. 1835), und Maria Theresias von Neapel-Sizilien (1772–1807). Sohn: Napoleon (20. 3. 1811–22. 7. 1832), Herzog von Reichstadt.*

Gleichgültig läßt er keinen! Die Zeitgenossen kamen ohnehin nicht an ihm vorbei, aber auch heute noch zwingt er alle, die in seinen Bannkreis treten, zur Stellungnahme. So gewaltig war die Wirkung seiner Taten

und seiner Persönlichkeit in seiner Zeit, so bedeutend sind aber auch für uns heute noch die weiterwirkenden Folgen seines Handelns. Gewiß, die auf das Deutschland des 19. Jahrhunderts bezogene Formulierung «am Anfang war Napoleon» übertreibt so, wie sie blasphemisch ist. Denn natürlich gab es keine Stunde Null nach dem Untergang des Heiligen Römischen Reiches, so wenig, als es diese nach 1945 gegeben hat. Aber auch die deutsche Geschichte ist von Napoleons Wirken geprägt, wie diejenige West- und Mitteleuropas. Sein russischer Feldzug nicht zuletzt hat auch in diesem Lande Kräfte freigesetzt, die von zukunftsweisender Bedeutung wurden. Italien, Spanien, Portugal wurden durch ihn in neue Bahnen gedrängt. Mit einem Wort: Der Staatsmann und der Feldherr Bonaparte fordert die Historiker immer wieder zu einer neuen Auseinandersetzung heraus.

«Napoleon for or against» (Für und Wider Napoleon) nannte der hochangesehene Holländer Pieter Geyl denn auch sein Buch von 1949, das das Ringen der französischen Geschichtsschreibung um eine angemessene Würdigung des Korsen von den Zeitgenossen bis zu Georges Lefebvres bedeutendem Werk von 1935 beschrieb. Und was für die französische Napoleonbiographik gilt, das gilt auch für die anderssprachige. Die Napoleonliteratur ist mit einem Worte heute unüberschaubar geworden. Die Skala der Bewertung reicht dabei von höchster Bewunderung bis zu schärfster Ablehnung. Wer also war, so stellt sich immer wieder die Frage, dieser Napoleon? Sich mit ihr weiter auseinanderzusetzen, dazu möchte diese biographische Skizze anregen.

Ursprünglich war Napoleone Buonaparte, wie er eigentlich hieß, Korse. Als Sohn des aus korsischem Kleinadel stammenden Advokaten Carlo Buonaparte und der Letizia Ramolino wurde Napoleon am 15. 8. 1769 in Ajaccio geboren, in einem bewegten Augenblick der Geschichte Korsikas. Erst 15 Monate waren vergangen, seitdem Frankreich sich die Insel einverleibt hatte. Der Widerstand Pasquale Paolis, des gefeierten Freiheitskämpfers, war gebrochen, Paoli im englischen Exil. Sein ehemaliger Anhänger Carlo Buonaparte aber hatte sich mit den Franzosen arrangiert. Doch der Streit der Parteien hielt an. Er sollte Napoleon zu seinen ersten politischen und militärischen Erfahrungen verhelfen. «Ich wurde geboren, als mein Vaterland starb ... Die Schmerzensschreie der Sterbenden, die Klagen der Unterdrückten, Tränen und Verzweiflung umgaben meine Wiege.» So hat der Kaiser Napoleon die politische Umwelt geschildert, in die er hineingeboren wurde.

Und als es in den Wirren der Revolution sein Vaterland endgültig verlor, da wurde er zum Mann ohne Volk, zum Einsamen, der sich nur noch seiner Familie, aber keiner Nation mehr verbunden fühlte. Wohl hatte er sich nun endgültig für Frankreich entschieden, aber Frankreich war ihm nicht Mutter, vielmehr, wie er selbst sagte, seine Leidenschaft,

## Napoleon I. (1799/1804–1814/15)

seine Geliebte. «Mit ihr gehe ich schlafen, sie gibt für mich ihr Blut und Gut hin.» Frankreich war daher für ihn nur das Instrument für seinen Aufstieg. Und zeitlebens blieb Napoleon das Gefühl für die Kräfte, die in der nationalen Idee schlummerten, das Gefühl für nationale Identität selbst versagt. So ist er schließlich denn auch am Aufstand der Völker Europas gescheitert, die sich in sein zentralistisch organisiertes, französisch beherrschtes Reich, auch wenn es ihnen strukturelle Verbesserungen brachte, wie beispielsweise den Spaniern, nicht einfügen, sondern sie selbst sein wollten.

Bis zur großen Enttäuschung durch seine Landsleute allerdings war Napoleon bewußt und fast ausschließlich Korse. Der Vater, von dessen zwölf Kindern acht überlebten, hatte als Belohnung für sein Umschwenken auf die Seite Frankreichs seine beiden ältesten Söhne Joseph und Napoleone im Jahre 1779 als Stipendiaten im Collège von Autun untergebracht. Napoleon allerdings wechselte schon nach zwei Monaten, am 15.5, auf die Militärschule in Brienne. Der schwächlich wirkende, schlecht französisch sprechende Knabe litt unter den Hänseleien seiner Schulkameraden, erhielt aber eine gute Ausbildung. Schon in dieser Zeit wurde Cäsar, der Staatsmann und der Feldherr, sein großes Vorbild. 1784 wechselte er nach bestandenem Abschlußexamen als «cadet-gentilhomme» auf die Ecole Militaire in Paris. Zu seinen Lehrern gehörte unter anderem der berühmte Mathematiker Monge, dessen Wissenschaft Napoleon besonders anzog. Bereits nach einem Jahr – zwei galten als normal – erhielt Napoleon, 16½jährig, seine Ernennungsurkunde zum Leutnant der Artillerie und wurde dem angesehenen Regiment la Fère zugeteilt.

Das Garnisonsleben mit seiner öden Routine aber konnte den ehrgeizigen jungen Mann nicht befriedigen. An den üblichen Ausschweifungen seiner Kameraden fand er kein Vergnügen. Auch besaß er dafür zu wenig Geld. Durch die Lektüre militärischer Standardwerke wie der Memoiren des Marquis de Feuquières und des Essai général de Tactique (1773) Guiberts, wie der Briefe über den Gebrauch der Artillerie von Du Teil und der Instruktion des großen Artilleristen Gribeauval förderte er sein militärisches Wissen. Aber er las auch den Codex Justiniani und lernte die Werke der führenden Aufklärer kennen, von denen Raynal und Rousseau ihn besonders beeinflußten. Wenig Freude dagegen machte ihm der praktische Dienst. Und so nahm er Urlaub um Urlaub und überschritt diesen bis zur Gefahr der Entlassung aus der Armee. Zwischen dem 28.11.1785 und dem 30.9.1791 war er 38 Monate beurlaubt und nur 33 Monate bei seinem Regiment, das abwechselnd in Valence, Lyon, Douai, Auxonne und danach wieder in Valence lag. Die Urlaube verbrachte er immer in Korsika, da er sich nach dem Tode des Vaters im Februar 1785 vor seinem älteren Bruder Joseph als eigentliches Haupt der Familie empfand und auch, weil er zu dieser Zeit noch ein glühender Korse war und versuchte, eine Rolle in der korsischen Politik zu spielen.

Gelegenheit dazu und zu seiner ganzen Laufbahn schuf die Revolution. Ohne sie hätte er kaum die Fesseln zu sprengen vermocht, die seine Armut, sowie seine Abstammung aus korsischem Kleinadel einem Aufstieg entgegensetzten. Instinktiv hat Napoleon die Revolution daher von Anfang an begrüßt, ihre chaotischen und tumultuarischen Auswüchse aber, als Soldat, dem Disziplin und Ordnung hohe Tugenden waren, von Anfang an verabscheut. Bezeichnend und seine ganze Laufbahn charakterisierend ist sein Satz, den er 1789 bei der Wiederherstellung von Ruhe und Ordnung durch sein Regiment in Seurre sprach: «Die anständigen Leute mögen bitte heimgehen, ich schieße nur auf die Kanaille.»

Noch suchte der junge Korse aber seine Chance am falschen Ort, nämlich in Korsika. Im September 1789 war er erstmals seit seiner Ernennung zum Offizier dort. Nach kurzer Rückkehr nach Auxonne im Februar 1791, er schloß sich damals dem dortigen Jacobinerclub an, kehrte er im September 1791 nach Korsika zurück und wurde am 11. 1. 1792 wegen Abwesenheit von der Truppe aus dem Kader der aktiven Offiziere gestrichen. Im Sommer 1792 war er in Paris, wo er am 20. 6. Zeuge der Erstürmung der Tuilerien wurde. Zehn Tage vorher hatte ihn ein königliches Dekret wieder unter die aktiven Offiziere eingereiht. Aber noch einmal versuchte er sein Glück in Korsika, scheiterte im Februar 1793 mit einem Versuch, die sardische Insel Maddalena zu erobern und mußte schließlich als Gegner Paolis und der Familie Pozzo di Borgo mit seiner Mutter und seinen Geschwistern am 11. 6. 1793 nach Toulon und von dort nach Marseille fliehen. Korsika war eine Enttäuschung. Von Anfang an hatten die alten Parteistreitigkeiten dort weitergewütet und Paoli, obgleich Anhänger der Ideen der Revolution, hatte den ehrgeizigen Sohn seines ehemaligen Freundes und dann Gegners Buonaparte von Anfang an mit Ablehnung und Mißtrauen betrachtet. Jetzt war der korsische Traum ausgeträumt, von nun an war Napoleon nur noch er selbst.

Auch ein zweiter Jugendtraum endete zu dieser Zeit: Napoleons Schriftstellerehrgeiz, der ihn eine Geschichte Korsikas, die keinen Verleger fand, hatte schreiben lassen. Ebenso vergeblich hatte er sich 1791 um den Preis der Akademie von Lyon bemüht. Jetzt aber meinte er: «Ich habe diese armselige Autoreneitelkeit aufgegeben.» Dabei hatte er gerade in dieser Zeit des Wartens sein bestes literarisches Werk verfaßt: «Le souper de Beaucaire». Es ist datiert vom 29. 7. 1793. «Eine Propagandaschrift in Form eines Gesprächs zwischen einem Marseiller, einem Lehrer aus Nîmes, einem Fabrikanten aus Montpellier und einem Soldaten. Buonaparte verficht darin die Ideen der Jakobiner, tritt aber gleichzeitig für eine allgemeine Versöhnung ein», was er, wie Roger Dufraisse sagt, nach dem Staatsstreich des 18. Brumaire dann auch durchzuführen versuchte. So hatten die ersten Revolutionsjahre dem jungen Korsen nur Niederlagen beschert. Politisch war er gescheitert, zum Literaten fehlte ihm das Talent und die erste militärische Unternehmung des künftigen größten Soldaten seines Zeitalters war ein kläglicher Fehlschlag gewesen. Während der ein Jahr ältere Lazare Hoche als gefeierter General die Armeen der Republik zum Siege gegen die alten Mächte führte – denn seit 1792 befand sich Frankreich im Kriege mit Österreich, Preußen, Sardinien, England, um die Hauptgegner zu nennen – war Buonaparte froh, daß er sich als Hauptmann wieder der Armee anschließen durfte. Da aber gab ihm das Schicksal eine Chance und er nutzte sie.

Toulon, der wichtige Kriegshafen, hatte sich gegen die Jakobinerherrschaft erhoben und eine englische Besatzung aufgenommen. Eine Konventsarmee belagerte die Stadt. Am 16. 9. 1793 wurde Bonaparte, der in untergeordneter Stellung in Nizza saß, mit dem Kommando der Artillerie dieser Belagerungsarmee betraut. Betraut durch eine Kommission des Konvents, deren führende Köpfe Augustin Robespierre, der jüngere Bruder des Schreckensmanns und sein korsischer Landsmann Saliceti waren. Letzterer kannte Napoleon aus seiner korsischen Zeit und schätzte ihn. Bei den übrigen hatte das «Souper» den jungen Soldaten als Gesinnungsgenossen ausgewiesen.

Und Napoleon enttäuschte seine Gönner nicht. Mit scharfem Blick erkannte er die Schlüsselstelle, nach deren Fall die englische Flotte den Hafen räumen mußte. Mit großem Geschick setzte er die Artillerie gegen das diese beherrschende Fort – Kleingibraltar nannten es die Engländer – ein und mit persönlicher Tapferkeit führte er eine der Sturmkolonnen an, die dieses am 17. 12. erstürmten. Buonaparte wurde dabei verwundet. Am 18. 12. verließen die Engländer den Hafen, am 19. kapitulierte Toulon. Seine Vorgesetzten lobten den jungen Korsen über alle Maßen, «größte Kenntnisse, ebenso viel Einsicht und enorme Tapferkeit» bescheinigten sie ihm. Unmittelbar nach dem Sieg beförderte ihn die Kommission zum Brigadegeneral und am 6. 2. 1794 wurde die Beförderung bestätigt. Eine ganze Reihe junger Offiziere und einfacher Soldaten, die Napoleon vor Toulon als tüchtig erkannte wie Duroc, Marmont, Victor, Suchet, Leclerc, Desaix und Junot begegnen später als Generale oder Marschälle.

Dem jüngeren Robespierre verdankte der Brigadegeneral das Kommando über die Artillerie der Italienarmee – die ziemlich tatenlos den Österreichern und Sardiniern gegenüberstand. Bald schon entwarf er einen Feldzugsplan, der einen Vorstoß dieser Armee nach Oberitalien vorsah, um die österreichische Position in Deutschland von hinten aufzubrechen und zu erschüttern. Carnot, Kriegsminister und Organisator der neuen Wehrpflichtarmee, allerdings verschloß sich diesen Gedanken. Und der Sturz der Robespierres am 9. Thermidor (27.7.) 1794 schien noch einmal die Laufbahn des Helden von Toulon zu gefährden. Er wurde als Jakobinerfreund verhaftet, aber am 20. 8. wieder freigelassen. Sein Kommando allerdings war er los.

Im März 1795 bot man ihm aber dann die Stelle des Artilleriekommandeurs bei der Westarmee an, die dem Aufstand in der Vendée ein Ende machen sollte. Doch Bürgerkrieg war seine Sache nicht. Er weigerte sich, das Kommando zu übernehmen, ging nach Paris um dort eine bessere Verwendung zu suchen, aber ohne Erfolg. Ja, man versetzte ihn sogar zur Infanterie und setzte ihn auf Halbsold.

Erneut aber half ihm das Glück. Bei seinen Bemühungen um eine neue Verwendung hatte er den Abgeordneten Barras, einen korrupten Adeligen, kennengelernt, den der Konvent am 13. Vendémiaire (5.10.) 1795 an die Spitze der Armee des Inneren stellte, um den Aufstand der Royalisten niederzuschlagen. Barras, obwohl ehemaliger Offizier, fühlte sich aber diesem Kommando nicht gewachsen und ließ daher Buonaparte die Blutarbeit tun. Und dieser verrichtete sie virtuos. Die Aufständischen waren ohne Artillerie, ebenso die zahlenmäßig sehr schwachen Konventstruppen. Wer daher Kanonen besaß, der mußte siegen. Und außerhalb von Paris gab es einen Artilleriepark. Da war es das Verdienst Buonapartes, die dort stehenden Kanonen durch den jungen Reiteroffizier Murat – er wurde später sein Schwager, Marschall von Frankreich und König von Neapel – herbeischaffen zu lassen, sie sinnvoll einzusetzen und die Aufständischen zusammenzuschließen. Der Lohn blieb nicht aus. Barras wurde nun einer der fünf Direktoren, und der «Général Vendémiaire» sein Nachfolger im Kommando. Er wurde es aber auch noch in einem anderen Sinn. Er heiratete die ehemalige Mätresse Barras', Joséphine Beauharnais. Sein Verlöbnis mit der Weinhändlerstochter Desirée Clary, der Schwägerin seines Bruders Joseph, 1794 in Marsailles geschlossen, war bereits ein Jahr später, als er aus der Liste der Generale gestrichen worden war, gescheitert. Das gescheiterte Verlöbnis hatte ihn seinerzeit zu seiner letzten literarischen Arbeit, dem Roman «Clisson et Eugénie», veranlaßt. Nun aber fand er in Paris die Frau seines Lebens, die einzige, wie er später sagte, die er wirklich wenigstens zeitweise geliebt habe. Es war Joséphine, die er im Salon von Barras kennen und lieben gelernt hatte. Sie entstammte dem kreolischen Adel und war die Witwe eines während des Terrors hingerichteten Generals. Die schon etwas verblühende, aber immer noch schöne, sinnliche und raffinierte Frau hat den 6 Jahre jüngeren Leser von Goethes «Werther» rasch in ihren Bann gezogen. «Das Gefühl hat für einmal, bei diesem Realisten, eine nicht zu unterschätzende Rolle gespielt», sagt der heute wohl beste Napoleonkenner Jean Tulard. Und Roger Dufraisse, Autor einer meisterhaften kleinen Biographie Napoleons, meint: «Die Liebe Napoleons ... ertrug lange die Gleichgültigkeit und die Treulosigkeiten Joséphines;

aus Liebe geheiratet wird sie 13 Jahre später aus Staatsräson verstoßen werden.»

Am 9. 3. fand die Ziviltrauung statt, aber schon 7 Tage vorher hatte das Direktorium Napoleon auf Veranlassung Carnots, der nun endlich dessen Feldzugsplan für Italien angenommen hatte, zum Oberbefehlshaber der Italienarmee ernannt. Deren bisheriger Kommandeur, General Scherer, hatte den Plan abgelehnt, Lazare Hoche ihn ebenfalls verworfen, so sollte der Urheber nun selbst zeigen, was dieser wert war.

Bonaparte, wie er sich von jetzt an nannte, denn «als Sohn Frankreichs wollte er das Land betreten, das er für Frankreich erobern wollte» (Max Lenz), brach 3 Tage nach der Hochzeit auf. «Au déstin» hatte er, schon im Wissen um das ihm anvertraute Kommando, in den Trauring Joséphins eingravieren lassen, und es war tatsächlich ein gewaltiges Geschick, das ihn nun erwartete.

Mit Mißtrauen empfingen die Generale der Armee, die 40 000 Mann stark, schlecht ausgerüstet und miserabel verpflegt war, den Unbekannten, der als Protegé von Barras und dessen Weibern galt. Augereau, Masséna, Laharpe, Sérrurier, Kilmaine hatten schon einen Namen, die beiden erstgenannten wurden schließlich Marschälle Napoleons. Daneben gab es eine ganze Reihe begabter junger Offiziere, von denen einige wie Junot und Marmot Bonaparte schon vorher kannten. Neben diesen seien noch Berthier – sein späterer Stabschef – Murat, Lannes, Victor, Suchet und Desaix genannt, die außer Desaix, der zu früh fiel, alle die Marschallswürde erringen sollten. Doch das Mißtrauen der Generale schwand nach der ersten Besprechung. Die Klarheit, Energie und Zielbewußtheit Bonapartes beeindruckte die Skeptiker. Der nun folgende Siegeszug überzeugte sie dann völlig und gewann ihre Mehrzahl für ihn. Am 23. 3. war Bonaparte in Nizza eingetroffen, im April bereits schlug er zu. Die mittlere der drei Straßen, die über das Gebirge nach Oberitalien führten, wählte er aus. Diese sonderte im Gebirge zwei Arme aus, über Dego und Acqui nach Alessandria und Mailand den einen, über Millesimo und Ceva nach Turin den anderen. Sie traf die Nahtstelle zwischen Österreichern und Sarden, und genau hier wollte Bonaparte zuschlagen. Und er tat es mit einer Schnelligkeit und Entschlossenheit wie kein anderer vor ihm. Durch die Siege von Montenotte (12. 4.), Millesimo (13. 4.), Dego (14. 4.) und Mondovi (21. 4.) trennte er die Österreicher von ihren Verbündeten, stürzte sich mit Übermacht auf diese und zwang ihnen am 28. 4. den Waffenstillstand von Cherasco auf. Daß er damit gegen das Gesetz verstieß, das derartige Entscheidungen dem Direktorium vorbehielt, kümmerte ihn nicht. Zeitdruck habe ihn zu diesem Vorgehen gezwungen, entschuldigte er sich, und Paris stimmte zu, zumal der Friede, der am 3. 6. dann zwischen Sardinien-Piemont und der Republik Frankreich in Paris geschlossen wurde, drei Millionen an Kontribution sowie den Erwerb Savoyens und Nizzas brachte.

Inzwischen hatte Bonaparte seinen erstaunlichen Siegeszug fortgesetzt und war zur Eroberung der Lombardei angetreten. 35 000 Österreicher unter dem bewährten General Beaulieu verteidigten diese. Sie hatten den Po als natürlichen Schutzwall vor sich. Aber Napoleon umging Beaulieus Stellung im Süden, wobei er sich nicht scheute, die Neutralität des Herzogtums Parma zu verletzen. Wehrlose Neutralität wurde noch nie im Verlauf der Geschichte respektiert, wenn eine der kriegführenden Parteien sich einen Vorteil von ihrer Verletzung erhoffte, so wie Wehrlosigkeit überhaupt die Vergewaltigung eher herausfordert. Bonaparte zwang mit seinem Manöver den österreichischen General zur Aufgabe Mailands und zum Rückzug hinter die Adda. Am 10. 5. besiegte Bonaparte Beaulieu bei Lodi und zog am 16. 5. als Sieger in Mailand ein. Der Sturm auf die Brücke von Lodi wurde zur Legende. Napoleon selbst hat später gemeint, dieser Tag habe zuerst das Bewußtsein in ihm erweckt, zu Großem berufen zu sein.

Und nun machte er durch die Zahlung der Hälfte des ausstehenden Soldes in bar die Italienarmee zu «seiner Armee». Das Direktorium, das an sich allein zu dieser Maßnahme berechtigt gewesen wäre, fragte er schon gar nicht mehr. Seine Stellung war bereits so stark, nicht zuletzt auch durch ständige Pressebeeinflussung der Öffentlichkeit mit Hilfe eigens dazu geschaffener Zeitungen, daß er einen am 13. 5. eingetroffenen Befehl Carnots, er solle das Kommando in der Lombardei an General Kellermann, den Sieger von Valmy abgeben, um selbst Raubzüge mit der halben Armee gegen den Kirchenstaat und Neapel zu unternehmen durch die Drohung, er trete lieber zurück als daß er das Kommando teile, rückgängig machen konnte. Die Einheitlichkeit im Oberbefehl, so schrieb er, sei absolut notwendig, und besser kommandiere ein schlechter General als zwei gute.

Schon war er also ein politischer Faktor, mit dem die Machthaber in Paris rechnen mußten. Und er wurde dies um so mehr, als die Erfolge im weiteren Verlauf des Jahres nicht abrissen. So preßte er aus den eroberten Gebieten weitere 20 Millionen heraus, so schloß er ohne Paris zu fragen einen Waffenstillstand mit dem Herzog von Modena, der diesen zur Zahlung von siebeneinhalb Millionen Gulden und zur Herausgabe von 20 Gemälden alter Meister zwang. Aufstände im Rücken seiner Armee, durch die exorbitanten Kontributionen verursacht, brachten ihn von den Gedanken der Errichtung einer norditalienischen Republik ab. Er schuf statt dessen mehrere italienische Vasallenrepubliken. Als erste am 16. 5. 1796 in Mailand die Lombardische Republik.

Ein Vorstoß nach Mittelitalien brachte ihn am 20. 6. in den Besitz von Parma. Aber Bonaparte war vorsichtig, nahm auf religiöse Empfindlichkeiten Rücksicht und schloß am 22. 6. einen Waffenstillstand mit dem

Papst, der ihm 15 Millionen in Geld und Lieferungen an die Armee im Wert von weiteren vier Millionen eintrug. Anschließend wandte er sich wieder nach Norden, denn noch gaben die Österreicher das Spiel um Italien nicht verloren. Feldmarschall Wurmser, der Erstürmer der Weißenburger Linien im Elsaß, rückte aus Tirol in drei Kolonnen vor, um das von den Franzosen belagerte Mantua zu entsetzen. Bonaparte reagierte blitzschnell. Er hob die Belagerung von Mantua auf, schlug, obwohl insgesamt an Zahl der Streitkräfte Wurmser unterlegen, dessen drei Kolonnen, noch ehe sie sich vereinigen und einander beistehen konnten bei Lonato (31.7.), Castiglione (5.8.) und Bassano (8.9.). Nur schwache Überreste seiner Truppen brachte Wurmser nach Mantua, das in der Folge erneut von den Franzosen belagert wurde. Als schließlich im Oktober 1796 die Österreicher unter dem Feldzeugmeister Alvintzy, einem in Ehren ergrauten militärischen Methodiker, einen erneuten Versuch zur Rettung Mantuas unternahmen, gelang es Bonaparte, der inzwischen nach Kündigung des Waffenstillstands Modena erobert und dort am 16.10. die Transpadanische Republik gegründet hatte, aus einer schlechten und verzettelten Aufstellung seiner Truppen heraus durch eine kühne Umgehung, die ihn in die Flanke der Marschkolonnen Alvintzys brachte, diesen am 15.11.1796 bei Arcole nach schweren Kämpfen zu besiegen. Schnelligkeit des Manövers und Auftreten mit Übermacht am entscheidenden Punkt hatten ihm den Sieg gebracht. So standen am Schluß des Feldzugs von 1796 die Franzosen auf einer Linie, die von Etsch und Gardasee bis ins Venetianische reichte. Das unbezwungene Mantua lag allerdings noch in ihrem Rücken. Als schließlich ein erneuter Vorstoß der Österreicher am 14.1.1797 bei Rivoli siegreich abgewiesen wurde, war der Feldzug endgültig gewonnen. Am 3.2.1797 kapitulierte Mantua.

Bonaparte, in dem von Carnot als Nebenkriegsschauplatz gedachten Italien, hatte so der Republik Siege, Geld und andere Beute gebracht, während die unter großen Hoffnungen unternommenen Vorstöße der beiden Hauptarmeen unter Jourdan und Moreau in Deutschland von dem jungen Erzherzog Carl, dessen Feldherrnruhm hier erstmals aufleuchtete, schwer geschlagen und über den Rhein zurückgetrieben worden waren.

Man beeilte sich daher in Paris, dem immer selbstbewußter auftretenden General die von ihm schon lange angeforderten Verstärkungen zu schicken. Und Bonaparte verwendete diese richtig. Im Februar machte er sich durch einen Blitzfeldzug gegen den Kirchenstaat den Rücken frei. Am 19.2.1797 erzwang er vom Papst im Vertrag von Tolentino die Abtretung von Avignon und der Grafschaft Venaissin an Frankreich. Daneben erhielt er eine enorme Geld- und Kunstbeute. Anschließend wandte er sich gegen Österreich. Nun stand ihm Erzherzog Carl gegenüber. Aber auch dieser, mit schwachen und demoralisierten Truppen, vermochte nicht den Vormarsch Napoleons durch Friaul und die Kärntner und Steiermärkischen Alpen gegen Wien zu verhindern. Am 30. 3. 1797 zog Bonaparte in Klagenfurt ein. Von hier aus richtete er ein Friedensangebot an den Erzherzog, ließ aber gleichzeitig seine Truppen weiter vorstoßen, um dem Angebot Nachdruck zu verleihen. Am 17. 4. erreichte die französische Armee Leoben, sechzehn Meilen von Wien entfernt. Hier empfing Bonaparte die österreichischen Abgesandten und schloß mit diesen am 18. 4. den Vorfrieden von Leoben. Österreich trat darin Belgien und die Lombardei an Frankreich ab und erhielt dafür Dalmatien, Istrien und Venedig samt einem Teil des venetianischen Landbesitzes in Italien. Ganz im Stile der polnischen Teilungen war hier Österreich mit dem Eigentum eines unbeteiligten Neutralen, dessen Staat man deshalb von der politischen Landkarte verschwinden ließ, entschädigt worden. Im Mai 1797 hatte deshalb Bonaparte unter einem fadenscheinigen Vorwand Venedig erobert.

Am Tag des Abschlusses des Leobener Vorfriedens errang die Rheinarmee unter Hoche einen Sieg bei Neuwied – aber dieser kam zu spät, um die Entscheidung zu beeinflussen. Bonaparte war es, der durch seine Siege den Frieden erreicht hatte, nach dem sich Frankreich sehnte. Die Direktoren hatte er nicht um ihre Meinung befragt, geschweige denn sich von ihnen eine Verhandlungsvollmacht erteilen lassen. Ganz selbständig, im Stile eines absoluten Herrschers hatte er gehandelt, und zähneknirschend mußten sie sein Verhalten nachträglich billigen. Sie waren schon deshalb dazu gezwungen, weil die letzten Wahlen – diese hatten aufgrund der Verfassung jeden Frühling stattzufinden, wobei ein Drittel der Abgeordneten ergänzt wurde – eine Mehrheit für die Opposition der Gemäßigten und Royalisten gebracht hatten. Das Direktorium war unter sich uneins. Carnot stand auf Seiten der Opposition, General Pichegru, der jakobinische Revolutionsheld, stand in Verbindung mit dem späteren König Ludwig XVIII., General Hoche, den Barras und die übrigen Direktoren zu Hilfe gerufen hatten, hatte sich als unfähig für einen Putsch erwiesen. Nur Bonaparte konnte helfen. Dieser aber war klug und kam nicht etwa selbst. Denn keineswegs wollte er seinen eben erworbenen Ruhm und seine Popularität in Frankreich durch einen politischen Handstreich gefährden. Er hielt vielmehr wie ein Satrap in Montebello bei Mailand Hof, aber er schickte den brutalen, dabei geistig nicht gerade glänzenden Augereau mit seiner Division nach Paris, der die Blutarbeit leistete. Der Staatsstreich des 18. Fructidor (4. 9. 1797) rettete Barras und seinen Anhang. Bonaparte wurde nun offiziell mit dem Abschluß des Friedens vertraut. Dieser wurde am 18. 10. 1797 in Campo Formio in der Nähe von Udine geschlossen und brachte für Österreich und das Reich noch eine Verschlechterung der Bedingungen von Leoben. Mußte doch nun fast das ganze linke Rheinufer an Frankreich abgetreten werden, ebenso die ganze Lombardei. In den zum Teil stürmischen Verhandlungen mit dem österreichischen Minister Graf Cobenzl hatte sich Napoleon zum ersten Mal des Mittels bedient, durch einen fingierten Wutausbruch seinen Verhandlungspartner gefügig zu machen, ein Verfahren, das dann für ihn sehr bezeichnend werden sollte. Über Rastatt, wo er am 25. 11. 1797 eintraf und am 1. 12. Frieden mit dem Reich schloß, kehrte Napoleon am 5. 12. nach Paris zurück. Die komplizierten territorialen Detailfragen, die sich als Folge des Friedens ergaben, sollte ein in Rastatt weiter tagender Kongreß lösen. Aber mit Campo Formio und Rastatt hatte Napoleon im wesentlichen das Prinzip der «natürlichen Grenzen» für Frankreich durchgesetzt. Kein Wunder, daß man den erfolgreichen General feierte, der Frankreich und den Kontinent nach fünf langen und harten Kriegsjahren den Frieden beschert hatte. Dazu auch noch einen für Frankreich siegreichen Frieden. Nur mit England befand Frankreich sich noch im Kriegszustand, hatte doch die englische Regierung im Jahre 1796 Friedensgespräche in Lille und dann in Paris scheitern lassen, da sie auf der Räumung Belgiens bestand. Hier ging ein Kampf weiter, der, da beide Seiten den vollen Sieg erstrebten, erst nach weiteren 18 Jahren fast ununterbrochener Kriege in Europa mit der Niederlage Frankreichs beendet werden sollte. Aber kann man den Streit mit England wirklich als das bedrohlichste Erbe, das die Revolution hinterlassen habe, bezeichnen (Dufraisse)? Wurde hier nicht die Auseinandersetzung um die Beherrschung der überseeischen Welt und damit die Vormachtstellung in der Welt überhaupt fortgesetzt, die Frankreich und England seit den Tagen Ludwigs XIV. miteinander austrugen? Wurde hier nicht jede französische Regierung, die nicht von vorneherein zum Verzicht auf den überkommenen Machtanspruch zugunsten Englands bereit war, gezwungen, sich mit diesem auseinanderzusetzen? Denn auch England wollte Frankreich nicht eine ebenbürtige, sondern nur eine untergeordnete Stellung im Spiel der Mächte zubilligen. Wenn hier nicht beide Seiten zu größten Zugeständnissen bereit waren – und sie waren es beide nicht! – dann konnten nur die Waffen entscheiden.

Selbstverständlich sah der Durchschnitt der Zeitgenossen, sahen es vor allem die Franzosen des Jahres 1797 nicht, daß hier ein unlösbarer Konflikt noch weiter schwelte. Für sie hatte – alles aus einer aussichtslosen Ausgangslage heraus – dieser junge General den Frieden auf dem Kontinent gebracht, hatte nicht nur eine unmittelbare Bedrohung französischen Bodens und der revolutionären Errungenschaften verhindert, sondern überdies noch der Republik reichen Gewinn an Land, Geld und anderen Werten beschert. Warum also sollten sie ihn nicht mehr feiern als jene Pariser Politiker, die nichts zu diesem Erfolg beigetragen hatten? Bonaparte befand sich nach dem Italienfeldzug zweifellos auf einem ersten Höhepunkt seiner Laufbahn. Erreicht hatte er diesen hauptsächlich dank seiner militärischen Fähigkeiten, aber auch dank seines politischen Talents. Auch Napoleon selbst ist durch diesen Italienfeldzug und dessen Erfolg stark geprägt worden und die Gefährten seiner frühen Siege, die Murat, Marmont, Junot, Berthier, Augereau, Jourdan, Victor und Oudinot wurden auch später von ihm bevorzugt. Das, was die Militärgeschichtsschreibung als napoleonische Kriegführung bezeichnet, findet sich hier bereits mit allen seinen Elementen voll entwickelt.

Voll entwickelt aber findet man hier auch den Staatsmann, der alle Macht in seinen Händen hält, die Finanzen kontrolliert, den Gang der Außenpolitik bestimmt.

Grundlage seines Aufstieges zu dieser Höhe aber war sein militärischer Genius. Worin nun bestand dessen Geheimnis? Nicht in der Einführung technischer oder taktischer Neuheiten! «Es gibt bei ihm ... fast nichts, was nicht andere vor ihm auch gemacht hätten (ich meine natürlich Analysierbares).» Dies schrieb 1927 der bedeutende Münchner Musikkritiker Alexander Berrsche in einem Aufsatz über Mozart! Der Militärhistoriker kann den Satz unbesehen auf Napoleon als Feldherrn übertragen. Wenn Berrsche dann fortfährt «so daß die Leute, die das Wesentliche nicht hören, ihn für einen eminenten Nachahmer halten...», so könnte man auch dies sinngemäß auf Napoleons Feldherrentum anwenden. Aber weder im Falle Mozarts noch im Falle Napoleons kam je irgendwer auf eine derartige Idee. Was der Musikkritiker in seinem Aufsatz ansprach, ist das Geheimnis des Genius, das sich mit technisch-handwerklichen Kriterien nicht erfassen und mit rationalen Mitteln allein nicht analysieren läßt. Immerhin, bei der groben und blutigen Materie der Kriegführung, die den Vergleich fast ein wenig unzulässig macht, kann man leichter auch gewisse Elemente in der Art, wie Napoleon sie betrieb, als für diesen typisch analysieren – wenn auch der letzte Rest verborgen bleiben muß. Und so steht auch er «... ganz für sich allein als die einsamste Erscheinung», um noch einmal Berrsche zu zitieren.

Die Heere der Revolution und dann Napoleons waren im Prinzip bewaffnet und ausgerüstet wie die Heere des Ancien Régime. Infanterie, Kavallerie und Artillerie bildeten die drei Waffengattungen, von denen die Infanterie die zahlreichste war. Daß sich trotzdem unter dem Einfluß der Revolution die Kriegführung grundlegend geändert hatte, und zwar bereits in den Jahren 1793 bis 1794, so daß Bonaparte 1796 die neue Armee und die neue Kriegführung schon vorfand, hatte politische Gründe. Die Heere der alten Monarchien waren, vereinfacht gesagt, Söldnerheere. Der Soldat diente seinem Herrn um Geld, in der Regel lebenslang. Die Offiziere, die zeitlich befristete Verträge hatten, konnten nach deren Ablauf ihre Dienstherren wechseln. Darin lag nichts Ehrenrühriges. Da die Soldaten Berufssoldaten waren, waren die Heere wenig zahlreich, weil teuer. Sie fochten in den geschlossenen

Formen der Lineartaktik, deren lange und dünne, meist drei Glieder tiefe Linie die Feuerkraft der Infanterie am besten zum Tragen brachte. Schlachten vermied man, wenn man sein Ziel auch ohne sie erreichen konnte, denn man scheute hohe Verluste. Ersatz war ja nur schwer und für teueres Geld zu beschaffen. Sehr groß war die Desertionsgefahr, da ja nichts den Soldaten an seinen Herrn band. Das war auch der Grund, warum man mit diesen Heeren schlecht den geschlagenen Gegner verfolgen konnte. Denn bei der Verfolgung, die die Truppen ja aus ihrem Verband auflöste, wäre auch ein großer Teil der Verfolger davongelaufen. Dieselbe Gefahr bestand beim Plündern und Fouragieren, weshalb man die Truppen so weit es nur ging aus Magazinen verpflegte. Damit wurden sie aber vom Nachschub abhängig, konnten nur langsam vorrücken und durften sich nicht zu weit von ihren Magazinen entfernen. Der Verlust eines Magazins an den Feind zwang sie in der Regel zum Rückzug.

Weil aber die Kriege des Ancien Régime Auseinandersetzungen unter Fürsten um politische Machtfragen waren, wobei praktisch nie die Vernichtung des politischen Gegners vorgesehen war, hatte die Kriegführung im 18. Jahrhundert oft den Charakter einer Art von Schachspiel mit lebenden Figuren angenommen, wobei es genügte, durch geschickte Märsche den Gegner von seiner Verpflegungsbasis abzudrängen oder diese ihm gar wegzunehmen, um ihn zum Rückzug zu zwingen. Weiträumige Operationen waren mit derartigen Heeren also kaum möglich, und schon gar nicht ließen sie sich in kurzer Zeit durchführen.

Hier hatte die Revolution einen Wandel gebracht. Zum einen durch die nunmehr sich durchsetzende Idee der Wehrpflicht. Der Bürger, dem nun Rechte am Staat zugewachsen waren, hatte deshalb auch die Pflicht, die Nation und die Errungenschaften der Revolution zu verteidigen. Der Krieg wurde ideologisiert, der Gegner zum Feind, den man zu vernichten strebte. Die neuen Vaterlandsverteidiger waren nun zum einen billiger als die Söldner, zum anderen desertierten sie nicht mehr so häufig und zum dritten waren sie – im Vergleich zu den herkömmlichen Söldnerheeren – leicht und rasch zu ersetzen. Mit diesen fanatisierten Armeen, die den Feind nun hassen sollten – «Marschieren wir, damit ihr unreines Blut unsere Furchen fülle», gemeint sind natürlich die Feinde, heißt es bezeichnenderweise in der Marseillaise, die damals entstand – konnte man daher zahlreiche Schlachten schlagen, da sich die Verluste leicht ersetzen ließen, besonders solange der Gegner nicht dasselbe System übernahm. Diese Truppen ließen sich weiterhin durch Requisition aus dem Feindesland ernähren, denn die Soldaten liefen ja nicht im gleichen Maß davon wie die Söldner. Und somit konnte man den Troß verringern und die Beweglichkeit der Armee steigern. Man konnte mit diesen neuen Soldaten ferner den geschlagenen Feind verfolgen und also weitgehend vernichten. Und man konnte die Truppenkörper zum zerstreuten Gefecht auflösen und unbefangener bewegen als Heere des Ancien Régime. Weiträumige Operationen waren mit diesem neuen Heer der Revolutionszeit also möglich. Alles dieses erreichte man schon vor 1796. Aber konsequent praktiziert hat dieses neue System erst Napoleon Bonaparte. Was ihn über seine Zeitgenossen erhob war die eiserne Energie, mit der er seine Heere einsetzte, immer mit dem Ziel den Gegner völlig auszuschalten. «Vitesse, vitesse activité» lautete sein Wahlspruch. Die Offensive war sein Element. Auch die strategische Verteidigung – Lonato, Castiglione und Bassano hatten dies ebenso gezeigt, wie Arcole und Rivoli – führte er offensiv. In seinem letzten großen Feldzug, dem Feldzug von 1814, hat er dies noch einmal demonstriert. Immer suchte er die Initiative zu behaupten. Auf die Überlegenheit der Zahl legte er großen Wert. Alle erreichbaren Truppen suchte er vor einer Schlacht an sich zu ziehen um auch gegen Feinde, deren Heer zahlreicher als das seine war, am entscheidenden Punkt der stärkere zu sein. Getrennt gegen ihn vorrückende Heeresgruppen suchte er einzeln zu schlagen. «Die Grundsätze im Krieg sind die selben wie bei der Belagerung von Festungen: Man muß sein Feuer auf einen Punkt vereinigen. Ist die Bresche geschossen, so ist das Gleichgewicht aufgehoben, alles andere wird unnütz und die Festung ist gewonnen... Man muß seinen Angriff nicht zersplittern, sondern zusammenhalten.» So hat er selbst seine Methode charakterisiert. Bei der Trennung der Sarden von den Österreichern hatte er genau dieses Prinzip verfolgt. Die Übermacht am seiner Meinung nach entscheidenden Punkt suchte er entweder durch eine Umgehung oder durch die Konzentration seiner Hauptkräfte auf einen Flügel des Gegners zu erreichen oder durch den Durchbruch der feindlichen Front möglichst an einer Nahtstelle zwischen verbündeten Truppenteilen. Fast immer hat er den Gegner zunächst auf der ganzen Frontbreite in ein Abnützungsgefecht verwickelt, um dann überraschend mit seinen Reserven einen Schwerpunkt zu bilden und die Front der Feinde zu durchbrechen, um danach den abgespaltenen Flügel zu vernichten. Fast immer ließ er diesen entscheidenden Angriff durch massiertes Artilleriefeuer vorbereiten. Aber dies alles war nicht das Neue an seiner Kriegsführung, das hatten andere vor ihm auch schon so gemacht. «Die Kriegskunst ist eine einfache, alles ist eine Sache der Durchführung», so hat er gemeint. Aber Clausewitz, der größte Interpret dieser neuen Kriegskunst schrieb, wie um Napoleon zu ergänzen, den Satz «Es ist alles im Kriege sehr einfach, aber das Einfachste ist schwierig.» Und so war es denn Napoleons Fähigkeit, sein Handeln den Gegebenheiten anzupassen, neue Lagen blitzschnell zu beurteilen und auf sie zu reagieren, was ihn über seine Widersacher erhob. «Nicht so sehr was er unternahm oder versuchte macht den Unterschied aus, sondern wie er es machte...» hat Peter Paret gemeint, und der spätere General Erich

Marcks, der gleichnamige Sohn des bedeutenden Bismarck-Biographen, hat die «Grundlinie ... auf der Napoleons Politik und Strategie sich fanden...», so bezeichnet: «Es ist ihre aufs äußerste gerichtete Natur, ihr Willen um jeden Preis eine Entscheidung herbeizuführen.» Sein strategisches Grundkonzept, das er aber virtuos variierte, war letzten Endes sehr einfach. Er hielt seine Truppenkörper, später dann seine Armeekorps, die er erst einführte, in der Regel nahe beisammen in Form eines großen Vierecks, des «bataillon carrée», und ließ sie auf parallelen Straßen vorrücken. Sobald das erste Korps sich am Gegner festgebissen und diesen aufgehalten hatte, stürzte er sich entweder mit gesammelter Macht auf diesen oder aber er versuchte durch eine Umgehung dem Gegner in den Rücken zu kommen, oder durch Massenbildung einen der Flügel der gegnerischen Armee zu zertrümmern. Immer jedenfalls strebte er nach Massenbildung in der Schlacht. Denn dort «gilt nur die rohe Gewalt – das ‹Klotzen› sagen wir heute; nicht die Manövrierkunst. Um so wichtiger ist es, mit völliger Sicherheit den entscheidenden Punkt festzustellen, auf den der Stoß zu führen ist...» (E. Marcks). Solange die Gegner nicht über gleiche Massenheere von ähnlicher innerer Beschaffenheit wie Napoleon verfügen konnten, war er mit seiner Methode allen überlegen. Immer strebte er darum in seiner späteren Zeit einen raschen Vernichtungsschlag gegen das feindliche Heer an, um danach sofort einen Frieden diktieren zu können. In Mitteleuropa mit seinem guten Straßennetz bewährte sich dieses Verfahren glänzend. Schwieriger wurde es dann für ihn im unwegsamen Spanien und versagt hat sein System vor der ungeheuren Weite Rußlands mit ihren schlechten Wegen und noch schlechteren Verpflegungsmöglichkeiten, wobei letztere ein Leben aus dem Lande unmöglich machten. Gefährlich wurde für Napoleon schließlich auch der Umstand, daß in seiner späteren Phase auch seine mitteleuropäischen Gegner sich des neuen Rekrutierungssystems und des neuen Armeetyps bedienten, nachdem sie entsprechende Reformen in ihren Ländern durchgeführt hatten. Nur England blieb bei der traditionellen Heeresstruktur.

Was Napoleon schließlich noch über seine militärischen Zeitgenossen erhob, das war sein politischer Sinn, seine Erkenntnis, daß die Kriegführung ein Instrument der Politik sei, daß also nur derjenige größte Erfolge erringen konnte, der Politik und Kriegsführung verband. Dies hat er denn auch von Anfang an getan, und schon bald bestimmte er und nicht das Direktorium, wie das politische Ergebnis seiner militärischen Erfolge aussehen sollte, wie Leoben und Campo Formio beweisen. Als er schließlich das Amt des politischen Führers und des Heerführers in seiner Hand vereinigt hatte, da gab diese Verbindung von politischer und militärischer Führung ihm zusätzlich eine Überlegenheit über seine Gegner, da die sonst natürlichen Friktionen zwischen beiden in seiner Person aufgehoben wurden. Und doch ist er schließlich am Widerstand der Völker Europas gescheitert. Aber lange Jahre hindurch galt er allen seinen Gegnern als der unbesiegbare «Gott des Krieges». Noch einmal sei darauf hingewiesen: wenn hier versucht wurde das Feldherrntum Napoleons zu beschreiben und in seinem Wesen zu verstehen, so muß es am Schluß doch heißen: ein Rest bleibt ungesagt.

Als Bonaparte im Dezember 1797 nach Paris zurückkehrte, da war er bereits ein politischer Machtfaktor von bedeutendem Gewicht. Seine Popularität war enorm und sie wurde durch Presseorgane, aber auch durch Bildpropaganda unterstützt – so war schon 1796 das berühmte Bild des Barons Gros «Napoleon vor Arcole» entstanden, das den jungen General, die Fahne in der Hand und vorstürmend zeigt. Bonaparte aber, der spürte, daß die Zeit für einen neuen Staatsstreich noch nicht reif war, hielt sich zurück, gab sich als schlichter Bürgergeneral und besuchte in dieser Pose als neugewähltes Mitglied das National-Institut. Tatsächlich hegte er aber schon neue Pläne, denn «in Paris behält man nichts im Gedächtnis. Bleibe ich lange untätig, so bin ich verloren», meinte er zu seinem Freund Bourienne. Und noch war man ja im Kriege mit England, er selbst aber seit Oktober Chef der «Armée de l'Angleterre». Allein eine Invasion Englands, das erkannte er schnell, ließ sich nicht durchführen. So reifte der Plan zum ägyptischen Feldzug in ihm. Denn an dieser Stelle, davon war er überzeugt, konnte er England tödlich treffen. Talleyrand, mit dem er sich beraten hatte, hatte diesen Gedanken lebhaft befürwortet. Auch war Bonaparte vom Orient fasziniert. So hatte er 1796, ehe er das italienische Kommando erhielt, als Militärberater nach Konstantinopel gehen wollen. «Der Orient ist das Geburtsland jedes großen Ruhmes. Alles, der Himmel, die Horizonte, die Gestade, die Namen der Städte, die Sprachen der Völker sind weit und blendend. Ein Sterblicher kann dort zum Gott werden», hat er bereits 1795 geschrieben. Europa, so äußerte er sich zu Bourienne, sei «ein Maulwurfshügel».

Nach sorgfältiger Vorbereitung stach er am 13. 5. 1798 von Toulon aus in See. Aus Civitavecchia, Genua und Korsika stießen weitere Schiffe zu ihm. Insgesamt 280 Transportschiffe, von 65 Kriegsschiffen begleitet beförderten die 38 000 Infanteristen, 171 Kanonen und 1200 Reiter. Die Expedition wurde von 200 Gelehrten und Künstlern begleitet, darunter dem Mathematiker Monge, dem Chemiker Berthollet und dem Rosenmaler Redouté. Nelson, der englische Admiral, der ihm auflauerte, konnte Bonaparte nicht finden. Unterwegs nahmen die Franzosen Malta ein und landeten am 1. 7. 1798 in Alexandria. In einer Proklamation an die Araber und Kopten verkündete Bonaparte, er komme als Befreier von den Mameluken, Freund des Padischah und des Islam. Am 21. 7. schlug er die Mameluken vernichtend bei den Pyramiden und zog am 23. 7. in Kairo ein. Aber nun schlug Nelson zu. Er vernichtete am 1. 8. auf der Reede von Abukir die dort liegende französische Flotte. Napoleons Armee war damit vom Mutterland abgeschnitten.

Militärisch war die Expedition von diesem Augenblick an ein Fehlschlag. Tippu Sahib in Indien, den Bonaparte bei seinem Aufstand gegen die Engländer hatte unterstützen wollen, war nun nicht zu erreichen und überdies war er in der Zwischenzeit schon geschlagen worden und gefallen. Die Herrschaft über das Mittelmeer aber konnte Bonaparte mit seiner Armee den Engländern nicht entreißen. Schon bald, seit September 1798 befand sich Frankreich aber nun auch im Kriege mit der Türkei. Rußland, dessen Zar Paul I. Protektor des Malteserordens war, schickte eine Flotte ins Mittelmeer und verbündete sich mit England und Neapel. Österreich blieb der neuen Koalition zunächst fern, schloß sich aber im folgenden Jahr dann ebenfalls an.

In Ägypten gelang es Bonaparte indessen nicht, trotz guter Verwaltungsmaßnahmen, die er traf, die Oberschicht des Landes für sich zu gewinnen. Ein Vorstoß nach Syrien, den er 1799 unternahm, scheiterte nach Anfangserfolgen vor Akkon, das von dem Engländer Sidney Smith und Napoleons ehemaligem Mitschüler aus Brienne, Phélipaux, verteidigt wurde. Bei der Eroberung Jaffas hat Napoleon damals 3000 gefangene Türken, da er nicht wußte, was er mit ihnen machen sollte, erschießen lassen. Denn so wenig er unnötige Grausamkeiten liebte, so kaltblütig verfuhr er mit Menschen, wenn es die militärische oder politische Notwendigkeit seiner Meinung nach erforderte.

Er hat dies schon sehr bald wieder bewiesen, als er nämlich nach der gescheiterten Belagerung von Akkon sich wieder nach Ägypten zurückziehen mußte und die dabei hinderlichen eigenen Schwerverwundeten, damit sie nicht den Türken in die Hände fielen, vergiften ließ. Eine türkische Armee war nämlich inzwischen auf dem Schauplatz erschienen, doch schlug er sie am 25.7. 1799 bei Abukir. Aber dies war ein verlorener Sieg, weil die Armee ja abgeschnitten war. Und inzwischen hatte sich die Lage in Frankreich dramatisch verschlechtert. Seit dem 12.3. 1799 befand sich die Republik im Krieg mit England, Österreich und Rußland, und dieser Krieg brachte Niederlagen über Niederlagen. Suwarow, der russische Feldherr, vertrieb die Franzosen aus Italien, und in der Schweiz und Deutschland wurden sie ebenfalls geschlagen.

Nichts hielt Napoleon daher noch in Ägypten zurück. Am 22.8. 1799 übergab er das Kommando am Kléber, schiffte sich in Begleitung seiner besten Generale sowie der Gelehrten Monge und Berthollet auf einer Fregatte ein, entkam mit dieser tatsächlich den Engländern und landete am 9.10. in Fréjus. Das ägyptische Abenteuer war ausgestanden. Militärisch war es, trotz der spektakulären und bald romantisierten Siege Bonapartes ein Fehlschlag, zumal der fähige Kléber nach kurzer Zeit ermordet wurde und dessen Nachfolger Ménou schließlich kapitulieren und sich mit dem Rest der Armee von den Engländern nach Frankreich zurücktransportieren lassen mußte. Bleibende Erfolge hatte die Expedition nur auf wissenschaftlichem Gebiet gebracht. Die Ägyptologie als wissenschaftliche Diziplin ist durch sie begründet worden. Auch war viel Nützliches für die Entwicklung Ägyptens geschehen. Aber deswegen war der junge General nicht nach Ägypten gezogen.

Die Rückkehr Bonapartes war völlig gerechtfertigt, hatte doch das Direktorium ihm beim Aufbruch nach Ägypten schriftlich bestätigt, daß er jederzeit nach eigenem Ermessen zurückkommen und einen Stellvertreter für die im Land verbleibenden Streitkräfte ernennen dürfe. Überdies hatten die Direktoren ihm am 26.5. 1799 sogar den Befehl zur sofortigen Rückkehr geschickt, der ihn allerdings nicht erreicht hat.

Vom Jubel einer Bevölkerung begleitet, die Frankreich bedroht glaubte und in ihm den einzigen Retter sah, begab er sich in einer wahren Triumphfahrt nach Paris. Dort allerdings war die Reaktion auf seine Ankunft gemischt, denn inzwischen war es gelungen, die militärische Lage, vor allem am Rhein, zu stabilisieren. Auch hatten sich die Russen, unzufrieden über die Österreicher, vom Kriegsschauplatz zurückgezogen.

Die inneren Spannungen in Frankreich aber drängten zu einer Lösung, und mit Bonaparte erschien nun ein zusätzlicher Faktor in dem neu einsetzenden Spiel um die Macht. Von einem bevorstehenden Staatsstreich redete damals ganz Frankreich. Grund dazu gab die allgemeine Unzufriedenheit im Lande. Die Bourgeoisie, Nutznießerin der Revolution und wenig erpicht, deren Errungenschaften durch die ständigen Kriege und die Mißwirtschaft der Politiker gefährdet zu sehen, verlangte nach Ruhe und Ordnung. Auf Ablehnung stieß aber auch das neue Einberufungsgesetz, die Loi Jourdan vom 28.6. 1799, die mit der Wehrpflicht Ernst machen wollte und deshalb keine Ersatzgestellung vorsah. Hohe Sonderbesteuerung der Wohlhabenden schuf zusätzlichen Unmut. In der Vendée kam es zu neuen royalistischen und katholischen Unruhen, da das Vorgehen gegen die romtreuen Priester Widerstand hervorgerufen hatte. Nicht zuletzt wegen der Verfassung des Jahres III der Revolution (1795) war der Staat nahezu handlungsunfähig, da die Parteien sich in ständigem Wahlkampf befanden. Denn jedes Jahr mußte ein Drittel der Räte, sowie einer der fünf Direktoren neu gewählt werden. Royalisten auf der einen und Anhänger der radikalen Bergpartei auf der anderen Seite hatten nun die Wahlen des Frühjahrs 1799 gewonnen, verfügten deshalb über eine beträchtliche Anhängerschaft und bedrohten die Herrschaft des Direktoriums. Eine Verfassungsänderung, die Abhilfe bringen konnte, ließ sich legal jedoch nicht durchführen. Am 30. Prairial des Jahres VIII (18.6. 1799) hatte eine neojakobinische Mehrheit drei der Direktoren zum Rücktritt gezwungen. Die neben den neuen Direktoren Gohier, Moulin und Roger-Ducos verbliebenen Barras und Sieyès fürchteten um ihre Machtstellung. Vor allem der letztgenannte trug sich mit Putschplänen und wollte den General Joubert als militärischen Exekutor aufbauen. Allein dieser hatte am 13.8. bei Novi Schlacht und Leben verloren. Nun aber, nach dessen Rückkehr, konnte der Abbé an Bonaparte nicht vorbei. Sieyès, der als Ideologe für die praktische Politik völlig ungeeignet war, glaubte allen Ernstes, Bonaparte werde sich seinem Satz «Sie sind der Kopf, und für alles weitere bin ich der Arm» gemäß verhalten. Begünstigt wurde der Putschplan durch den Umstand, daß Lucien Bonaparte, ein jüngerer Bruder Napoleons, Präsident des Rates der Fünfhundert war. Barras und Roger-Ducos waren an der Verschwörung beteiligt, und ihnen allen war klar, daß nur Bonaparte, dessen Popularität so groß und dessen Einfluß auf die Armee, deren stark jakobinische Neigungen man kannte, so gewaltig war, die Truppen zum Vorgehen gegen das Parlament bewegen konnte. Ziel des Generals war es, eine Herrschaft der Gemäßigten bei Beibehaltung der revolutionären Errungenschaften zu errichten, beim Zustandekommen des Friedens entscheidend mitzuwirken und sich selbst eine starke Stellung in der neuen Regierung zu verschaffen. Ein Treffen Bonapartes mit Talleyrand, der im Hintergrund seine Fäden zog, und Sieyès brachte die Entscheidung. Am 18. Brumaire (9. 11. 1799) kam es zum Putsch. Als Schauplatz hatte man St. Cloud, damals noch außerhalb von Paris gelegen, gewählt, wohin Lucien Bonaparte die Fünfhundert wegen der angeblichen Gefahr eines Aufstandes in der Stadt verlegt hatte. Die Mehrheit des Senats, der zweiten Kammer, war schon im voraus gewonnen.

Man benötigte sie, da der Schein der Legalität gewahrt werden sollte. Beide Kammern sollten die Verfassungsänderung scheinbar aus freien Stücken beschließen, Bonaparte mit seinen Truppen das Parlament nur «schützen».

Trotz der glänzenden Vorbereitung wäre der Putsch um ein Haar gescheitert. Denn die Abgeordneten hatten sich zwar widerspruchslos nach St. Cloud führen lassen. Aber als hier am 19. Brumaire die Verfassungsänderung beschlossen werden sollte, erhob sich Widerspruch. Bonaparte wurde von den Abgeordneten als Verräter niedergeschrieen und mit der Ächtung bedroht. Da rettete Lucien die Situation. Er bog das Ächtungsdekret ab und führte die Truppen in den Saal, den er durch diese räumen ließ. Napoleon selbst hatte vor der Versammlung eine klägliche Figur abgegeben. Er war kein Debattenredner und er hat von da an parlamentarische Versammlungen auch immer gehaßt. Das Handeln, nicht das Verhandeln war seine Sache.

Und so handelte er denn auch nach dem Staatsstreich entschlossen, um sich den Löwenanteil an der Macht zu sichern, wenn er schon die ganze Macht immer noch nicht an sich reißen konnte. Wiederum suchte er auch dabei den Schein der Legalität zu wahren. Sieyès, Roger-Ducos und er ließen sich vom Rat der Alten zu provisorischen Konsuln ernennen. Sieyès' Versuch, durch die neuzuschaffende Verfassung Bonaparte mit dem Titel eines «Grand Electeur» zur machtlosen Galionsfigur zu machen, scheiterte an dessen Widerspruch. Dagegen wurde nunmehr binnen einer Woche eine ganz andere Verfassung geschaffen, nach Bonapartes Prinzip «Verfassungen müssen kurz und undurchsichtig sein».

An der Spitze des Staates standen nunmehr drei Konsuln, von denen der Premier Consul – und das war Bonaparte – fast diktatorische Vollmachten erhielt. Wie seine beiden Mitkonsuln wurde er auf zehn Jahre vom Senat erwählt. Die beiden Mitkonsuln – der Jurist und «Königsmörder» Cambacerès sowie der Finanzfachmann und Royalist Lebrun – hatten nur beratende Funktion. Durch ihre Hereinnahme in die Regierungsspitze wollte Bonaparte ganz offensichtlich die beiden bisher feindlichen Richtungen miteinander versöhnen. Nur die Entscheidung über Krieg und Frieden lag nicht beim Ersten Konsul, sondern bei den gesetzgebenden Organen. Gesetzesvorschläge allerdings konnte nur der Erste Konsul machen. Er allein ernannte Minister, Generale etc. Das allgemeine Wahlrecht blieb, aber es wurde durch den neuen Wahlmodus entschärft. Denn das Volk wählte nur auf kommunaler, departementaler und nationaler Basis «Vertrauensleute». Für acht Millionen Wähler wurden so kommunal 800 000, departemental 80 000 und national 8000 solcher Vertrauensleute gewählt. Aus dem Kreis dieser Notabeln wurden dann jeweils die Träger der kommunalen, departementalen und nationalen Ämter ernannt. Der Senat, bestehend aus 80 Mitgliedern, die auf Lebenszeit ihm angehörten und die mindestens 40 Jahre alt sein mußten, ergänzte sich selbst aus Zuwahllisten, die der Erste Konsul aussuchte und ihm vorlegte. Der Erste Konsul wählte aus der nationalen Vertrauensliste auch die 300 Mitglieder der gesetzgebenden Körperschaft aus. Diese durfte die Gesetze nicht beraten, sondern nur über sie abstimmen und hieß deshalb «das Korps der Stummen». Ebenso ernannte er die 100 Mitglieder des Tribunats, das die Gesetze beraten, aber nicht beschließen durfte. Der Erste Konsul war wiederwählbar. Die Konsularverfassung war daher eine pseudodemokratisch verbrämte Diktatur Bonapartes. So sicher war er sich seiner Sache, daß er die Verfassung im Januar 1800 durch ein Plebiszit bestätigen ließ. Das Ergebnis von drei Millionen Ja-Stimmen gegen 1562 Nein bestätigte eindrucksvoll seine Meinung. In einer Proklamation, die er am 15.12.1799 erlassen hatte, hatte Bonaparte denn auch kurz und bündig verkündet «die Revolution ist zu den Grundsätzen zurückgekehrt von denen sie ausging. Sie ist zu Ende.»

Ein kühner Satz, denn noch war Frankreich im Inneren nicht versöhnt, war die außenpolitische und militärische Lage nicht geklärt, herrschte Verwirrung in Verwaltung und Finanzen. Und auch das Ergebnis des Plebiszits vom Januar war zwar scheinbar sehr gut, aber die hohe Zahl der Enthaltungen bei rund fünf Millionen Wahlberechtigten stimmte bedenklich. Und schließlich war da noch die Eifersucht seiner Mitgenerale, der Augereau, Bernadotte und Moreau vor allem. Sie alle waren während des Putsches an Ort und Stelle gewesen und waren zumindest selbst davon überzeugt, daß sie den Staatsstreich ebenso gut hätten durchführen können. Nun fanden sie sich plötzlich ins zweite Glied zurückgestuft. Hier lag ein ungelöstes Problem. Das Land wollte den inneren und äußeren Frieden, bei Bewahrung der Errungenschaften der Revolution, in erster Linie der Gleichheit. Die Ideale der Freiheit und Brüderlichkeit waren schon bald in die zweite Reihe gedrängt worden. Den äußeren Frieden stellten die Franzosen sich so vor, daß die Eroberungen, die man im Laufe der Revolutionskriege gemacht hatte – Rheingrenze, Belgien, Alpengrenze – Frankreich erhalten bleiben sollten. Aber speziell die belgische Frage schuf Probleme mit England. Keinesfalls wollten die Franzosen fernerhin die durch Nationalisierung gewonnenen Kirchen- und Adelsgüter wieder herausrücken müssen. In diesem Punkte waren sich reichgewordene Bürger, Bauern und die neuen Amtsträger einig. Weder erstrebte man die Restauration der Krone, noch aber verlangte es die Mehrheit der Franzosen nach einer neuen Jakobinerherrschaft. So lag eine herkulische Aufgabe vor dem Ersten Konsul, der zum Erfolg verdammt war, wenn er sich halten wollte.

Zu all diesen Problemen kam ein weiteres, worauf Roger Dufraisse mit Nachdruck hinweist: Der Krieg war auch ein Wirtschaftskrieg mit dem Ziel, die wirtschaftliche Vorherrschaft Frankreichs in Europa zu begründen. Und die Wirtschaftsbourgeoisie hatte nicht die Absicht hier Abstriche hinnehmen zu müssen. Aber dies verschärfte den Gegensatz zu England. Es ist Napoleon im Laufe seines Wirkens schließlich doch nicht gelungen, alle diese Probleme zu lösen. Aber, so muß man fragen, war denn das überhaupt möglich und wenn ja, wollte er diese Probleme überhaupt alle lösen?

Der Gegensatz zu England hätte sich nur über ein Nachgeben in der Belgienfrage beheben lassen. Der Erste Konsul hätte also einen entsprechenden Frieden gegen den Mehrheitswillen der Franzosen schließen müssen, einen Frieden, den diese als Besiegelung einer Niederlage empfunden hätten. Und gerade das konnte sich Bonaparte, dessen Herrschaft ja nie unbestritten war und zu diesem Zeitpunkt noch kaum befestigt, nicht leisten. Von rechts und von links, von Monarchisten und Jakobinern gab es Widerspruch gegen ihn. Schon sehr früh hat er dies klar erkannt und ausgesprochen. «Ein Erster Konsul gleicht nicht jenen Königen von Gottes Gnaden die ihre Staaten als Erbteil betrachten. Er braucht spektakuläre Ereignisse und also den Krieg.» Am Ende seiner Laufbahn, 1813, hat er dies Metternich in der berühmten Dresdener Unterredung noch einmal gesagt: «Eure Herrscher, geboren auf dem Thron, können sich zwanzig Mal schlagen lassen und doch immer wieder in ihre Residenzen zurückkehren; das kann ich nicht, der Sohn des Glücks. Meine Herrschaft überdauert den Tag nicht, an dem ich aufgehört habe stark und folglich gefürchtet zu sein.» Bei der gleichen Gelegenheit soll auch der furchtbare Satz gefallen sein «.. ein Mann wie ich schert sich wenig um das Leben einer Million Menschen.» So sind die ständigen Kriege, die er bis zu seinem Ende führte, einerseits zwar durch den Konflikt mit England mitbedingt, aber doch auch Konsequenz seines Herrschaftsverständnisses und seines Ehrgeizes.

Zunächst allerdings erfüllte er die Hoffnungen, die die Nation auf ihn setzte. Er brachte den Frieden – durch energisches Weiterbetreiben des Krieges! Und er verstand es, Frankreich mit sich selbst auszusöhnen und durch eine fortschrittliche Gesetzgebung, sowie die Schaffung einer wirksamen Verwaltungsstruktur, durch den Aufbau eines elitefördernden Bildungssystems zur modernsten und schlagkräftigsten Nation auf dem Kontinent zu machen. Die positiven Errungenschaften der Revolution wußte er durch diese Maßnahmen, die fast alle in die ersten Jahre seines Konsulats fallen, zu erhalten und weiterzugeben. Das moderne Frankreich ist bis in unsere Tage hinein in hohem Maße von Napoleon geprägt.

Völlig bewußt war dem Ersten Konsul, daß von der siegreichen Beendigung des Krieges sein weiteres Geschick abhing. Propagandistisch geschickt richtete er daher am 25. 12. 1799 Friedensangebote an England und Österreich, die ohne Antwort blieben. Die Waffen mußten also entscheiden. Eine Reservearmee wurde in Burgund aufgestellt, die entweder in Italien oder in Deutschland eingreifen sollte. Denn wie 1796 wollte er auch diesmal die Österreicher von zwei Seiten packen. Da der Erste Konsul laut der Verfassung keine Armee kommandieren durfte, erhielt sein Stabschef Berthier nominell den Oberbefehl über diese Reservearmee. Statt der 60 000 Konskribierten kamen allerdings nur 49 000. So sah sich Bonaparte bereits am Beginn seiner Alleinherrschaft mit dem schon überwunden geglaubten Phänomen der Desertion konfrontiert.

Die Lage in Italien wurde bedrohlich. Masséna wurde in Genua von Österreichern und Engländern belagert und schließlich – aber erst so spät, daß Bonapartes Manöver wirksam werden konnten – zur Kapitulation gezwungen. Denn inzwischen hatte der Erste Konsul sein Heer über den Großen St. Bernhard – der für eine Armee als unpassierbar galt – in die Poebene geführt und am 2. 6. 1799 Mailand besetzt. Damit stand er im Rücken der Österreicher. Doch dann beging er den Fehler, ganz gegen seine sonstige Strategie, seine Truppen auf zu breiter Front und also zersplittert gegen die Österreicher zu führen, die ihn am 14. 6. bei Marengo stellten. Die viel zu schwachen Kräfte, die er dort zur Hand hatte, wurden geworfen. Am Spätnachmittag schien die Schlacht verloren. Der greise österreichische Befehlshaber Melas verließ ermüdet das Schlachtfeld, wo er seine Anwesenheit nicht mehr für notwendig hielt und sandte ein Siegesbulletin nach Wien. Doch da wendete der von Bonaparte herbeigerufene General Desaix mit seinem Korps, das jetzt erst eintraf, das Blatt. Er stürzte sich auf die schon in Marschkolonne vorrückenden Österreicher, warf sie und errang den Sieg. Daß er dabei fiel, kam Bonaparte gerade recht, denn in seinem Siegesbulletin konnte er nunmehr die entscheidende Rolle von Desaix verschweigen. Denn Bonaparte wollte und mußte selbst der Sieger und Friedensbringer sein. So richtete er deshalb auch ein neues Friedensangebot an den Kaiser, fand aber wiederum damit kein Gehör. Die endgültige Entscheidung zugunsten Frankreichs fiel daher erst am 3. 12. 1800 in Deutschland durch Moreaus Sieg bei Hohenlinden über Bayern und Österreicher. Napoleon hat Moreau diesen Sieg nie verziehen. Am 9. 2. 1801 beendete der Frieden von Lunéville den Krieg mit Österreich, am 6. 3. trat das Reich diesem bei. Belgien und das linke Rheinufer fielen an Frankreich. Die in Lunéville beschlossene Entschädigung der linksrheinischen Verluste der deutschen Fürsten aus rechtsrheinischem Kirchenbesitz, scheinbar durch die Reichsdeputation in Regensburg zu regeln, wobei die Entscheidungen in Wirklichkeit aber in Paris getroffen wurden, sicherte Bonaparte großen Einfluß in Deutschland und führte zu dem wenig erhebenden Schauspiel des Wettlaufs skrupelloser deutscher Fürsten und ihrer Diplomaten an die Seine, um sich von Frankreich – Außenminister Talleyrand kassierte dabei riesige Bestechungssummen – möglichst große Gebietsfetzen aus den ehemaligen Territorien ihrer geistlichen Nachbarn zusichern zu lassen. Auch die kleinen weltlichen Fürsten und die Reichsritter fielen der Gier ihrer größeren Standesgenossen zum Opfer. Der Reichsdeputationshauptschluß vom 26. 2. 1803 brachte so eine völlige Neuordnung der politischen Landkarte Deutschlands. Die Konturen jenes Deutschland, das von der Zeit Napoleons bis 1945 bestehen sollte, zeichneten sich hier schon ab. Ja die von Napoleon damals geschaffenen deutschen Mittelstaaten leben doch noch stark auch innerhalb des heutigen Deutschland im Bewußtsein ihrer Bewohner fort. 112 Reichsstände sind damals verschwunden. Durch die Vernichtung der geistlichen Staaten hatte Napoleon die traditionelle Klientel Österreichs im Reich weitgehend ausgemerzt. Auch mußten alle Gewinner des großen Raubes seine Anhänger werden, da nur er ihnen die Bewahrung der Beute garantieren konnte. Österreich mußte ferner im Friedensschluß von Lunéville die Batavische und die Helvetische Republik, aber auch die italienischen Vasallenstaaten Frankreichs anerkennen. Erzherzog Ferdinand von Toskana wurde zunächst das neugeschaffene Kurfürstentum Salzburg übertragen, dann mit den Preßburger Frieden wurde er schließlich in das neugeschaffene Großherzogtum Würzburg versetzt. Die Toskana mußte er dem Herzog von Parma überlassen. Ein Jahr nach Lunéville hat Bonaparte dann die Cisalpinische Republik zur Italienischen verwandelt und sich zu deren Präsidenten ernannt.

Die außenpolitische Generalbereinigung, die Bonaparte in diesen Jahren vornahm, ging weiter mit dem Friedensschluß mit Rußland, der am

8.10.1801 zustande kam. Auch die Ermordung Zar Pauls I. am 23. 3. 1801, die einen Augenblick lang die Befürchtung nährte, der neue Zar werde sich wieder eher England anschließen, veränderte die politische Situation nicht. Napoleon, von Talleyrand virtuos unterstützt, gelang es, eine Liga der Neutralen unter russischer Führung zustandezubringen, der Schweden, Dänemark und Preußen angehörten. Damit setzte er England weiter unter Druck, dessen Handel mit Deutschland und der Ostsee bedroht erschien. Als William Pitt der Jüngere, der zäheste Gegner französischer Hegemoniepolitik, im Februar 1801 als Premierminister zurücktreten mußte, bahnte sich auch ein Friedensschluß mit England an. Am 25. 3. 1802 wurde der Friede von Amiens unterzeichnet. Malta sollte dem Orden zurückerstattet werden, England versprach fast alle eroberten Kolonien an Frankreich zurückzugeben, Ägypten sollte wieder dem Sultan, Minorca Spanien überlassen werden. Aber der Friede war ein Kompromiß, der die Hauptprobleme ungelöst ließ. Über die wirtschaftlichen Beziehungen war nicht gesprochen worden und England hatte überdies weder die Rheingrenze noch die Vasallenrepubliken Frankreichs anerkannt. Immerhin, seit zehn Jahren herrschte zum ersten Mal wieder Friede in Europa. Die Franzosen hatten ihren Siegfrieden bekommen und Napoleon beanspruchte das alleinige Verdienst daran. Daß Amiens nur ein Waffenstillstand sein konnte, das wurde in der allgemeinen Euphorie von den meisten übersehen. Hatte der erste Konsul so im März 1802 einen allgemeinen äußeren Frieden erreicht, war es ihm bis dorthin auch noch gelungen, Frankreich den inneren Frieden zu geben. Denn vom Antritt seines Konsulats an hatte er mit großem Nachdruck dieses Ziel angestrebt. So hatte er noch im Dezember 1799 erste Maßnahmen zur Unterdrückung der «Straßenräuberei» und «Anarchie» eingeleitet. Gemeint war damit die neue royalistische und katholische Erhebung in der Vendée und der Bretagne. Durch eine geschickte Verbindung von hartem Durchgreifen und Zugeständnissen – so mußten die Geistlichen nicht mehr den Eid auf die Verfassung leisten, eine Erklärung diese zu respektieren genügte – gelang es ihm allmählich, die Gebiete zu beruhigen. Im Herbst 1800 ließ er 52000 Namen von der Liste der Emigranten streichen. Zahlreiche Geistliche und Adelige kehrten daraufhin nach Frankreich zurück und erhielten ihre Güter, soweit sie nicht schon veräußert waren.

Allerdings erregten diese Maßnahmen auch Widerspruch bei den alten Jakobinern. Doch nicht nur gegen diese, auch gegen royalistische Verschwörungen hatte sich Bonaparte zu wehren. Am 24. 12. 1800 entging er nur knapp einer Höllenmaschine, die 26 Opfer forderte. Obwohl eindeutig von Royalisten ausgeführt, schob er den Anschlag den Jakobinern in die Schuhe und ließ einige seiner jakobinischen Hauptgegner hinrichten. 130 weitere führende Jakobiner wurden ohne Gerichtsurteil auf die Seychellen verbannt.

Den bedeutendsten, ja entscheidenden Beitrag zur inneren Befriedung Frankreichs aber bildete die Aussöhnung mit der katholischen Kirche. In Italien und im Orient war Bonaparte die Bedeutung der Religion klargeworden. Besonders die Landbevölkerung hing am hergebrachten Glauben und dessen Dienern. Der Zwiespalt zwischen eidverweigernden und eidleistenden Priestern, den die Revolution gebracht hatte, als sie alle Geistlichen zum Schwur auf die «Zivilverfassung des Klerus» zwingen wollte, ein Gesetz, das der Papst mit dem Bann belegt hatte, dieser Gegensatz sollte nunmehr verschwinden. Nach Marengo setzten die Verhandlungen mit Papst Pius VII. ein, am 15. 7. 1801 wurde das Konkordat geschlossen.

Zwar erhob sich großer Widerspruch, besonders bei den Mitgliedern von Senat und Gesetzgebender Versammlung, deren Mitglieder überwiegend atheistische Revolutionäre waren, und ebenso in der Armee. Aber das Plebiszit, das das Konkordat mit Glanz bestätigte, brachte eine halbe Million Stimmen mehr im Vergleich zum Volksentscheid nach dem 18. Brumaire, bei nur einigen Tausend Nein-Stimmen. Der Erste Konsul behielt das Recht der Bischofsernennung. Der Papst konnte diese nur in ihre geistlichen Würden einsetzen. Vor ihrer Amtseinsetzung mußten Priester und Bischöfe die Verfassung beschwören. Die enteigneten Kirchengüter blieben enteignet. Zum Ausgleich dafür übernahm nun der Staat die Pflicht zur standesgemäßen Besoldung von Bischöfen und Priestern. Eigenmächtig fügte Bonaparte dem Konkordat noch die «Organischen Artikel» ein, die der Papst jedoch ablehnte. In diesen war der Vorrang der Zivilehe, die vor der kirchlichen Trauung geschlossen sein mußte, ebenso festgelegt, wie ein Placet der Regierung für alle päpstlichen und bischöflichen Verlautbarungen. Kirchliche Versammlungen bedurften ebenfalls der Genehmigung durch den Staat. Napoleon hatte auf diese Weise die Kirche sehr stark in den Dienst seines Staates gestellt. Am 18. 4. 1802 bekräftigte ein feierliches Te Deum in Notre Dame die Versöhnung von Staat und Kirche und damit die Rückkehr zur Tradition, galt doch der Katholizismus wie es im Konkordat hieß, nun wieder als «Religion der Mehrheit der Franzosen». Die Aussöhnung mit Rom hat Napoleons Rückhalt in der französischen Bevölkerung sehr verstärkt. Aber nicht den Katholizismus allein hat Napoleon gefördert, auch Protestanten und Juden gegenüber verhielt er sich sehr tolerant, was im Hinblick auf die Protestanten besonders wichtig wurde bei der Ausdehnung des Kaiserreichs nach 1804. Nicht Gläubigkeit hat ihn bei seiner Kirchenpolitik geleitet – er war ein reiner Agnostiker – sondern Nützlichkeitserwägungen. Die Kirche mit ihrer Lehre war für ihn ein sozialstabilisierender Faktor, geeignet die Menschen die Ungerechtigkeiten der Welt in Erwartung der ewigen Seligkeit besser ertragen zu lassen.

Im Jahre 1802 konnte der Erste Konsul mit Recht von sich sagen, er habe Frankreich den inneren und äußeren Frieden gebracht, den speziell die Bürger so lange schon ersehnt hatten. Und er hatte überdies bei seiner Aussöhnung mit der Kirche den Erwerbern des ehemaligen Kirchenbesitzes diesen belassen! Die Gewinner der revolutionären Veränderungen hatten ihren Gewinn also nicht bedroht gefunden. Arbeitslosigkeit und Teuerung blieben nun noch als soziale Probleme zurück. Aber auch diese gelang es Bonaparte mit Hilfe ausgesprochen merkantilistischer Maßnahmen bis zum Ende des Jahres 1802 zu lösen. Eine Welle der Zustimmung bei Notabeln und der breiten Volksmasse schlug Napoleon daher entgegen. Die parlamentarische Opposition hatte er durch eine willkürliche vom Senat vorgenommene Ergänzung der Körperschaften ausgeschaltet. Die Generale allerdings, neidisch auf den unter ihnen, der sie nun alle überrundet hatte, planten zwischen April und Juni 1802 vier Verschwörungen, sei es um ihn zu ermorden, sei es um ihn «nur» abzusetzen. Bernadotte, Augereau, Mac Donald, Masséna, Lecourbe, Brune, Lannes – der ihm besonders nahe stand – waren darin verwickelt. Alle diese Verschwörungen wurden aufgedeckt und Bonaparte reagierte recht milde darauf, schickte sie z. T. als Diplomaten in entlegene Länder oder stellte sie kalt. Mac Donald etwa fand erst 1809 wieder eine Verwendung. Trotzdem zählten die meisten unter ihnen später zu seinen Marschällen. Daß seine Alleinherrschaft immer ausgeprägter wurde, war unverkennbar. Die Gründung des Ordens der Ehrenlegion am 18. 5. 1802, durch den er auch die in ihn Aufgenommenen an sich zu binden hoffte, ist eine bezeichnende Maßnahme dafür. Doch hatte sie auch einen weiteren Sinn, sollte damit doch ein nicht erblicher Verdienstorden geschaffen werden, dessen Mitglieder sich durch einen Eid zur Verteidigung des Staates und der Gesellschaft verpflichteten. Eine ähnliche Zielsetzung verfolgte auch das 14 Tage vorher erlassene Gesetz über die Errichtung staatlicher Grund- und Sekundarschulen. 32 Lyceen mit Freiplätzen für die Söhne von Offizieren und Beamten sowie für Hochbegabte sollten danach errichtet werden. Von 6400 dieser Freiplätze waren 4000 für die Hochbegabten reserviert. Mittellosen Talenten wollte man damit das Gefühl vermitteln, daß der Staat – und das hieß nun schon Bonaparte – für sie sorge.

Am 2. 8. 1802 gab der Senat das Ergebnis einer Volksabstimmung bekannt, deren Frage gelautet hatte «Soll Napoleon Bonaparte Konsul auf Lebenszeit sein?» 3 508 895 Ja standen 8394 Nein gegenüber. Der Schritt zur Alleinherrschaft war damit getan. Und er wurde durch einen Senatskonsult vom 4. 8., der die Verfassung des Jahres VIII entsprechend umgestaltete, noch bestätigt. Man nannte ihn auch Verfassung des Jahres X. Der erste Konsul erhielt darin das Recht, seinen Nachfolger zu bestimmen und seine beiden Mitkonsulen auszuwählen. Er unterschrieb Verträge ohne vorher die Assembleen befragen zu müssen und wie ein Monarch verfügte er nun über das Begnadigungsrecht. Von hoher symbolischer Bedeutung wurde ferner, daß seit dem Jahre 1802 nun nicht mehr der 10. 8. 1792 und damit der Sturz der Monarchie als offizieller Feiertag galt, sondern der 15. 8., der Napoleons-Tag. Unübertrefflich charakterisieren die Verse Victor Hugos auf sein Geburtsjahr 1802 den sich anbahnenden Wandel: «Ce siècle avait deux ans, / Rome remplaçait Sparte // Déjà Napoléon / perçait sous Bonaparte. (Dies Jahrhundert zählte zwei Jahre, Rom ersetzte Sparta. Schon spitzte Napoleon unter Bonaparte hervor).

Die Jahre zwischen 1799 und 1804 sahen auch Napoleons dauerhafteste Leistungen: den Aufbau der Verwaltung und das Zivilgesetzbuch. Beide betrafen also in erster Linie die Innenpolitik, beide sind aber nicht nur innerfranzösische Ereignisse, da sie auch die Nachbarstaaten Frankreichs beeinflußten, vor allem in den Regionen, die schließlich zum Grand Empire gehören sollten. Beide dienten dem gleichen Zweck: Erhaltung der Revolutionserrungenschaften bei Stabilisierung der sozialen Verhältnisse und – das gilt für die Verwaltungsorganisation in erster Linie – Stärkung des Zentralstaates.

Es begann mit der Einsetzung des Staatsrates am 25. 12. 1799. Dieser bestand aus rund 50 Mitgliedern, die Napoleon selbst auswählte, hauptsächlich aus der juristischen Elite des Landes. Die politische Vergangenheit zählte nicht. In diesem Gremium saß der Royalist neben dem Königsmörder. Denn auch diese neue Institution sollte ja der inneren Aussöhnung Frankreichs dienen. Sie war nur dem Staatschef verantwortlich. Dem Staatsrat allein gelang es übrigens in Folgezeit, sich gegenüber Bonaparte eine gewisse Unabhängigkeit zu bewahren. Seit 1803 gab es zusätzlich Auditeurs des Staatsrats, junge aufstrebende Leute, die an den Sitzungen teilnehmen durften, um zu lernen, und die Napoleon gerne zu Missionen verwendete.

Der Staatsrat bereitete die Gesetzesvorlagen vor, ehe sie vor das Tribunat kamen. Auch diente er als Verwaltungsgericht. Im Staatsrat entstand der Code Civil, später dann «Code Napoléon» genannt. Napoleon nahm häufig an Sitzungen des Staatsrates teil und hat vor allem mehr als einem Paragraphen des neuen Gesetzbuches seine Endfassung gegeben. Seine Fähigkeit, rasch das Wesentliche zu erkennen und in leicht verständliche Form zu bringen, kam hier zum Tragen.

Der Code Civil war das erste für ganz Frankreich verbindliche Gesetzbuch. Im Ancien Régime hatten die überkommenen Lokalrechte sich noch behauptet. Die Revolution hatte vor dem Problem der Rechtsvereinheitlichung versagt. Eine Kommission von vier der ersten Juristen Frankreichs schuf den Entwurf, den der Staatsrat dann in 102 Sitzungen diskutierte. 57 davon hat Bonaparte selbst geleitet. Im Jahre 1804 wurde das Gesetz in Kraft gesetzt gegen Widerspruch des Tribunals. Diesem war der Code Civil zu konservativ. Persönliche Freiheit, Freiheit des Eigentums, d. h. Mobilisation des Grundbesitzes, Freiheit der Arbeit –

die Zunftgrenzen fielen – Freiheit des Gewissens garantierte der Code ebenso wie die Gleichheit der Bürger vor dem Gesetz. Das heißt, es gab keine Feudalprivilegien mehr. Der weltliche Charakter des Staates wurde betont, das Eigentum garantiert und damit Rückforderungen der Kirche und des Adels an die Käufer der in der Revolution nationalisierten Güter vereitelt. Die Frau wurde dem Manne gleichgestellt. Als Konsequenz daraus und weil, wie Bonaparte zynisch meinte, dies die schwache Tugend der Frauen stärken werde, gab es keine Vaterschaftsklage. Die Ehescheidung wurde möglich gemacht.

Dieses Gesetz, das bis 1815 dann weit in Europa verbreitet war, kam den Interessen des aufstrebenden Bürgertums dermaßen entgegen, daß es auch nach der napoleonischen Epoche vielerorts beibehalten wurde. In Deutschland z. B. blieb der Code Napoléon in der bayerischen Rheinpfalz, aber auch im linksrheinischen Preußen und im ehemaligen Großherzogtum Berg – dem späteren Ruhrpott – bis zur Einführung des B. G. B. im Jahre 1900 in Kraft. Ebenso nach 1870 in Elsaß-Lothringen. Handel und Industrie konnten mit diesem Recht besonders gut gedeihen. Völlig zutreffend hat Eberhard Weis gerade den Code als Beispiel dafür angeführt, das Napoleon «nicht bloß ein Eroberer und Diktator gewesen ist, sondern ein Staatsmann, der auch Bleibendes geschaffen hat». In Frankreich ist der Code, natürlich den veränderten Verhältnissen angepaßt, bis heute geltendes Recht. Und immer noch, sieht man von den durch Mitterand beseitigten Präfekten ab, ist die Verwaltungsstruktur Frankreichs die napoleonische. Auch dabei knüpfte Napoleon an das Werk der Revolution an und veränderte es in bezeichnender Weise. Die alten Provinzen wurden nicht wieder belebt, die Departementseinteilung blieb. Ja diese wurde auch auf die eroberten und Frankreich einverleibten Gebiete übertragen, so daß 1812 aus ursprünglich 83 Departements im Jahre 1790 nun 134 geworden waren. Napoleons Zutat war dann die Untergliederung der Departements in Arrondissements, die er wiederum in Kantone gliederte. An der Spitze des Departements stand der Präfekt, die Arrondissements wurden von Unterpräfekten, «Sous-préfets», geleitet. Der Präfekt wurde von der Zentralregierung ernannt und war nun ihr verantwortlich. Somit war alles straff zentralisiert. Der Conseil général, bestehend aus Honorationen des Departements, der die Steuergelder zuteilte und der Conseil de préfecture, eine Art von Verwaltungsgericht, konnte ihm nicht in seine Tätigkeit hineinreden. Die Präfekten unterstanden Napoleon direkt bzw. dem Innenminister. Mit Hilfe des optischen Telegraphensystems konnten sie sich sehr schnell mit der Zentrale verbinden. So gab es keine Selbstverwaltung, weder in Gemeinden noch in den Arrondissements, von den Departements ganz zu schweigen. Aber die Verwaltung war schnell handlungsfähig. Die Präfekten waren in der Regel gut ausgewählt – Napoléon berücksichtigte auch hier wiederum bei der Berufung alle

Parteien von den Royalisten bis hin zu den Jakobinern. Einige der Präfekten, wie Lezay-Marnésia und Jean Bon-Saint-André, die im linksrheinischen, französisch gewordenen Deutschland tätig waren, haben Hervorragendes geleistet. Das System hat, besonders in Süddeutschland, Schule gemacht.

Umorganisiert wurde in diesen Jahren auch das Justizwesen. Dabei wurden die Richter nunmehr wieder, wie vor der Revolution, vom Staate ernannt. Die Geschworenengerichte büßten zahlreiche Kompetenzen ein. Die Richter wurden zwar zu unabsetzbaren Beamten, aber Napoleon hielt sich nicht immer an dieses Prinzip. Auch diese Organisation des Rechtswesens hat die Nachbarstaaten beeinflußt und ist in Frankreich mehr oder weniger heute noch so vorhanden.

Das durch Napoleon geschaffene Finanzverwaltungssystem war ebenfalls von großer Dauer und von großem Einfluß auf die Nachbarn, vor allem wiederum auf die zum napoleonischen Imperium gehörenden Gebiete. So gab es z. B. in der ehemals bayerischen Pfalz bis lange nach dem Zweiten Weltkrieg den staatlichen Steuereinnehmer, den percepteur, der als Staatsbeamter die Finanzen einer Gemeinde erhob und verwaltete. Der «Herr Einnehmer» war in diesem Gebiet eine dörfliche Respektsperson.

Zweifellos hatte sich Napoleon, wenn man sein innenpolitisches Neuordnungswerk betrachtet, als weitblickender und zukunftsweisender Staatsmann erwiesen. Doch muß man sich fragen, ob das auch in seiner Absicht lag? Denn das ist gewiß, alle diese Maßnahmen dienten in erster Linie dem Zweck, den Staat zu stärken, um so die Führung weiterer Kriege zu ermöglichen. An den Freiheiten, die Napoleon durch seine Gesetze den Menschen gewährte, lag ihm selbst wenig, und sie sollten sich ihrer ja auch nur unter der Willkür seines Willens erfreuen. Worauf es ihm ankam war, daß die Verwaltung schnell und zügig arbeitete, daß die Finanzen geordnet waren und Geld einging, das er für die Armee benötigte. Zumindest legt die weitere Geschichte Napoleons die Vermutung nahe, daß dies so gewesen ist. War er also auf dem Gebiete der Innenpolitik daher nicht eher ein Staatsmann wider Willen?

Soviel steht fest, die von ihm vorgenommenen Reformen hatten Erfolg. Schon in Jahre X des Revolutionskalenders, d. h. 1801–1802 gelang es dem ersten Konsul, das Budget auszugleichen – die Kriegskosten bürdete er den Besiegten auf. Die Gründung der Banque de France am 13. 2. 1800 hatte sich dabei als Stabilierungsfaktor erwiesen, da sie dem Staat Verbindungen zur Finanzwelt schuf. Mit den Gesetzen vom 7. Germinal des Jahres XI (22. 3. 1803) schuf Bonaparte ein neues Zahlungsmittel, den Franc, der seinen damals festgesetzten Edelmetallwert bis 1914 behielt. Das Gesetz vom 18. 4. 1803 schließlich gab der Banque de France das Recht zur Ausgabe von Banknoten. Innerhalb weniger Jahre hatte Bonaparte somit Frankreich die Institutionen geschaffen, auf die es seit 1791 wartete und die die Vorherrschaft des revolutionären Bürgertums bekräftigten, wie Roger Dufraisse ausführt. Es waren diese Jahre zwischen 1802 und 1804 – praktisch zwischen 1801 und 1805 – die längste Ruhezeit für Europa in der napoleonischen Epoche. Dabei dauerte aber der offizielle Friede zwischen England und Frankreich nur vom Abschluß des Vertrages von Amiens bis zum Herbst des Jahres 1803.

Die Wirtschaft blühte auf, die Bevölkerung freute sich ihres Daseins, feierte Feste und nahm keinen Anstoß daran, daß der erste Konsul seine Alleinherrschaft immer stärker ausbaute. Ihr war nur wichtig, das zumindest in der Theorie es jedem möglich war, zu den höchsten Würden aufzusteigen, daß religiöse Toleranz herrschte, daß es keine Vorrechte mehr gab und Besitz und Eigentum sicher waren.

Und doch sahen Weiterblickende durchaus voraus, daß dies nur ein Waffenstillstand war. Denn der Konflikt mit England war ja noch keineswegs ausgetragen, und die Art, wie Napoleon im Reichsdeputationshauptschluß den Einfluß des Kaisers im Reich zurückgedrängt hatte, mußte in Wien Besorgnis erregen. Geistliche Fürsten, Reichsritter und kleine weltliche Fürsten waren von der politischen Landkarte verschwunden, ebenso die Reichsstädte bis auf sechs. Dies aber war die Klientel der Habsburger gewesen. Gestärkt und vergrößert waren nun dagegen eine Reihe mittlerer Staaten wie Bayern, Baden, Württemberg, Hessen-Kassel. Frankreich allein, das ihnen zur neuen Größe verholfen hatte, da es sie als Glacis gegenüber Österreich benötigte, konnte ihnen ihren Raub sichern. Preußen hatte ebenfalls von der Neuordnung in Deutschland profitiert, war der traditionelle Rivale der Habsburger und hatte überdies den Neutralisierungsvertrag von Basel abgeschlossen.

Darüber hinaus zeigte Bonapartes brutale Machtpolitik in Italien der Wiener Hofburg, daß dem ersten Konsul nicht zu trauen war. Hatte er doch beispielsweise der Cisalpinischen Republik mit der Hauptstadt Mailand eine Verfassung nach seinem Geschmack diktiert, wobei er sie in «Italienische Republik» umtaufte und sich selbst zu deren Präsidenten machte. Die Bezeichnung des neuen Satellitenstaates war überdies ein Programm, das man in Wien nur als Bedrohung empfinden konnte. Am 15. 12. 1802 annektierte Bonaparte Piemont, das nun Frankreich eingegliedert wurde. Ebenso zog er nach dem Tod des Herzogs von Parma im Oktober 1802 in dessen Staat ein, der jetzt von einem französischen Kommissar verwaltet wurde. Die Schweiz erhielt im Februar 1803 eine neue Verfassung, die sie in eine Konförderation von gleichberechtigten 19 Kantonen umformte. Zum Garanten der neuen Verfassung wurde Bonaparte gemacht, die Schweiz zu einem 50jährigen Defensivbündnis mit Frankreich gezwungen. Auch Holland ließ der erste Konsul von den französischen Truppen nicht räumen. Er zwang es vielmehr zu einer Offensiv- und Defensivallianz und oktroyierte den Holländern eine neue Verfassung. Die Abstimmung darüber ergab mehr Nein-Stimmen als Ja-Stimmen, aber Bonaparte zählte die Enthaltungen als Ja-Stimmen und hielt das Land weiterhin besetzt. 1805 hat er dann eine weitere Verfassungsänderung in den Niederlanden durchgesetzt, die diese völlig zum Vasallenstaat machte. Friedrich Gentz hatte schon 1801 geschrieben: «Die Wahrheit ist, daß Frankreich in seiner jetzigen Lage eigentlich gar keine Grenzen mehr kennt, daß alles, was Frankreich umgibt schon jetzt ... sein Eigentum ist, oder ... in sein Gebiet verwandelt werden kann.» Darüber hinaus betrieb Bonaparte, Merkantilist der er war, eine Kolonialpolitik, die in Westindien, dem vorderen Orient, Ostindien und kurzfristig sogar in Louisiana aktiv wurde. Das Letztere verkaufte er allerdings 1803 schon an die Vereinigten Staaten. England mußte diese Politik als Bedrohung empfinden.

Und schon begann Bonaparte auch mit seinen europäischen Partnern Handelsverträge abzuschließen, deren Spitze gegen England gerichtet war und die die französische Industrie begünstigten. Durch hohe Schutzzölle gegen die englischen Konkurrenzwaren bemühte er sich, diese auch weiter abzusichern. Mit einem Wort, der Korse begann bereits jetzt mit ersten Schritten in Richtung auf das spätere Kontinentalsystem. So hatten sich die Briten den Frieden nicht vorgestellt. Eine Pressekampagne gegen Bonaparte begann. England, das sich den Beistand Rußlands in dieser Frage versichert hatte, weigerte sich, Malta zu räumen und verlangte am 15. 3. 1803 von Frankreich, daß es diese Insel als Ausgleich für die französischen Eroberungen behalten dürfe. Das war praktisch die Kriegserklärung. Aber auch Napoleon sah den Krieg nicht ungern kommen, denn nur durch dauernde Kriege, bei denen die Besiegten die Kosten für seine Armee trugen, vermochte er diese auf ihrem furchtgebietenden Stand zu halten, worauf Jean Tulard hinweist.

Am 12. 5. verließ der englische Gesandte Paris, am 16. 5. beschlagnahmten die Engländer alle französischen und holländischen Schiffe in englischen Häfen, doch erst am 23. 5. erfolgte die offizielle Kriegserklärung. Es war zunächst ein Krieg zwischen Walfisch und Löwe. Denn keiner konnte den anderen in seinem Element fassen. Die Engländer eroberten zwar rasch den Großteil der französischen Kolonien und beherrschten das Meer. Frankreich aber schloß, soweit es konnte, die Häfen Europas für die englischen Waren, besetzte im Juni 1803 das englische Hannover, Vlissingen, den holländischen Teil Brabants und in Italien Otranto, Brindisi und Tarent. Portugal, Spanien und Holland verpflichteten sich auf Druck Bonapartes hin, englische Waren zu boykottieren.

Napoleon zog Truppen an der Kanalküste zusammen, die 1804 schließlich als Grande Armée in Boulogne eine Invasion vorbereiten sollten. England seinerseits suchte Verbündete auf dem Kontinent. Und es schmiedete mit Hilfe des Royalistenführers Georges Cadoudal, der im August heimlich in der Normandie landete, ein Komplott, um den ersten Konsul zu beseitigen und eine Restauration der Bourbonen herbeizuführen. Mit im Komplott war General Pichegru, einer der ersten Revolutionshelden, der nun zu den Royalisten umgeschwenkt war. Auch Moreau wußte höchstwahrscheinlich um die Sache. Aber das Komplott wurde entdeckt, die Rädelsführer verhaftet, Cadoudal hingerichtet. Pichegru fand man erhängt in seiner Zelle, vermutlich hat er Selbstmord begangen. Moreau, dem nichts zu beweisen war und der in der Armee sehr populär war, wurde verbannt. Aber Bonaparte wollte auch einen Bourbonen als Verschwörer bestrafen. So ließ er sich den eindeutig unschuldigen Herzog von Enghien in der Nacht vom 14. zum 15. 3. 1804 aus dem neutralen badischen Ettenheim entführen – er war eben das einzig greifbare Mitglied der französischen Königsfamilie –, nach Vincennes schaffen und am 21. 3. nach kurzem Scheinprozeß erschießen. Damit stand nun Blut zwischen ihm und den Bourbonen – nie konnte fortan Napoleon in den Verdacht geraten, er betreibe deren Restauration. Aber gerade die Nutznießer der Revolution suchten nach einem Erbmonarchen, damit dieser die Revolutionserrungenschaften bewahre. Und so schlug am 30. 4. 1804 der ehemalige Königsmörder Curée vor, man möge den Ersten Konsul Bonaparte zum «Kaiser der Republik» ernennen und diese Würde in seiner Familie erblich machen. Nur Carnot stimmte gegen diesen Antrag und so wurde durch einen Senatsbeschluß vom 18. 5. 1804 – der auch als Verfassung des Jahres XII bezeichnet wird – Napoleon Bonaparte zum Kaiser der Franzosen erhoben. Die Erbfrage wurde geregelt, eine neue Aristokratie bestehend aus sechs Großwürdenträgern, sechs Großoffizieren der Krone und Würdenträgern des Kaiserreiches, zu denen die Marschälle zählten, die Napoleon kurz vorher ernannt hatte, wurde geschaffen. Napoleon erhielt nun das Recht, Senatoren nach Belieben ohne Beschränkung der Zahl zu ernennen. Ein Plebiszit – bei dem nur die Erblichkeit, nicht aber der Kaisertitel bestätigt wurde – ergab 3 572 329 Ja – bei 2579 Nein-Stimmen. Im November 1804 wurde das Plebiszit bestätigt, und am 2. 12. – so wollte es Napoleon – erfolgte in Notre-Dame eine dreifache Zeremonie: die Weihe Napoleons durch den Papst, Napoleons Selbstkrönung zum Kaiser und der Schwur Napoleons auf die Verfassung. Letzterer in Abwesenheit des Papstes, da Napoleon ja auch die von diesem abgelehnten organischen Artikel beschwor. Vor der Zeremonie hatten Napoleon und Joséphine noch schnell die kirchliche Trauung nachgeholt, auf die der Jakobiner Bonaparte seinerzeit verzichtet hatte.

Mit der Annahme des Kaisertitels «durch die Gnade Gottes und die Verfassung der Republik» – erst ab 1. 1. 1809 ersetzte die Bezeichnung «Empire français» auf den Münzen die Formel «Republique française. Napoléon empereur», zog Napoleon die logische Konsequenz aus seiner Politik. Ein Kaisertum von Volkes Gnaden, so schien es, war damit errichtet, zugleich eine Herausforderung aller überkommener Monarchien. Die Distanz zum Hause Bourbon, dessen Königstitel noch dazu von geringerem Rang war, ist unverkennbar. Aber nicht nur das. Durch die Wahl und Annahme des Kaisertitels gab Napoleon, wie er sich nunmehr nannte, seinen Anspruch auf die Vorherrschaft in Europa deutlich zu erkennen. Bisher hatte es im Abendland nur einen Kaiser gegeben, der den Vorrang vor allen übrigen Herrschern beanspruchte. Der orthodoxe Zar, dem Orient zugerechnet, der sich als Nachfahre der byzantinischen Kaiser verstand, war in seinem Anspruch nie ernst genommen worden. Noch Kaiser Joseph II., der 1790 starb, hatte sich in den letzten Jahren des Ancien Régime geweigert, Katharina die Große als gleichrangig anzuerkennen. Aber nun befand sich das Heilige Römische Reich in offensichtlichem Zerfall. Durch die neue, im Reichsdeputationshauptschluß geschaffene protestantische Mehrheit der Kurfürsten fühlte Franz II. die Erhaltung der traditionellen Kaiserwürde in seinem Hause bedroht. Und so schuf er am 10.8.1804 ebenfalls eine neue, österreichische Kaiserwürde. Verbunden mit diesem Schritt war die gegenseitige Anerkennung dieser neuen Titel durch Napoleon und Franz I. von Österreich, wie sich der Kaiser nunmehr auch nannte, bis er 1806 die Reichskrone niederlegte und damit das Heilige Römische Reich endgültig sterben ließ.

Napoleon, der sein Kaisertum auf Karl den Großen und in letzter Konsequenz auf Rom zurückführte, hat dennoch keinesfalls nach der «Deutschen Kaiserkrone» gestrebt, wie behauptet wurde. Ihm kam es nicht auf eine direkte Kontinuität der Staatsform an, ihm ging es zweifellos in erster Linie darum, den höchsten Titel für sich zu beanspruchen, verbunden auf lange Sicht mit dem Ziel zum «Kaiser des Okzidents» zu werden. Daß er diesen hier zitierten Titel anstrebe, hat er selbst gesagt. Das altersschwache Heilige Römische Reich Deutscher Nation hat er nur verachtet. Aber er hat im September 1804 in Aachen am Karlstag die Gruft Karls des Großen im Dom besucht, um seinem großen Vorbild zu huldigen. Wenn die moderne Geschichtsschreibung (Tulard) zwei Phasen seines Empires unterscheidet, die karolingische bis 1808, die dann von der des Grand Empire abgelöst worden sei, so trifft das sicherlich faktisch zu. Aber der universale Anspruch war zumindest bei Napoleon selbst schon vorher gegeben. Ein Kaiser – selbst der der «Republique Française» – konnte schlecht gleichzeitig bloßer Präsident der italienischen Republik sein. So war es nur konsequent, daß sich die Republik in ein Königreich Italien umwandelte und sich Napoleon am 26.5.1805 in Mailand dann die Eiserne Krone der Lombarden selbst aufs Haupt setzte. «Gott gab sie mir, wehe dem, der sie anrührt» – die bei diesem Akt gesprochene Formel läßt nicht mehr allzu sehr an den ehemaligen Jakobinergeneral denken. Sein Stiefsohn Eugène Beauharnais wurde als Vize-König Regent in Italien.

Ein Kaiser bedurfte eines Hofes und eines Adels. Und so hat Napoleon denn auch einen Hofstaat geschaffen, der immer steifer und zeremonieller wurde. Er überschüttete seine hohen Würdenträger mit Fürstentiteln und mit Geld, er schuf Grafen und Barone, die allerdings weder rechtliche noch finanzielle Privilegien erhielten. Er beabsichtigte mit dieser Maßnahme eine erneute Hierarchisierung der Gesellschaft, wobei er hoffte, daß dieser Neuadel die revolutionäre Bourgeoisie und den alten Adel, dem er ja schon 1800 die Rückkehr nach Frankreich ermöglicht hatte, zu einer Einheit verschmelzen werde. Wohl ein Erbadel, aber offen für Aufsteiger und Notable sollte es ein. 1806, am 30. 3., verlieh er allen Mitgliedern seiner Familie den Titel «Prince». Gleichzeitig ließ er in Italien 30 große Lehen schaffen, aus denen deren Inhaber allerdings nur Einkünfte und Titel erhielten, und ließ sie an die Großwürdenträger verteilen. Ab 1807 erhielten die Marschälle Herzogs- und Fürstentitel nach den Schlachtstätten auf denen sie sich ausgezeichnet hatten. Am 1. 3. 1808 schuf schließlich ein Senatsbeschluß einen Amtsadel und einen persönlichen Adel – letzteren verlieh der Kaiser. Diese neuen Würden konnten nur vererbt werden, wenn ihr Träger sich ein Majorat verschaffen konnte, das eine standesgemäße Lebensführung erlaubte. Insgesamt hat Napoleon 1509 neue Adelige ernannt, in der Mehrzahl Soldaten.

Der Krieg mit England, bis 1804 ohne große militärische Ereignisse, erhielt 1805 einen neuen Charakter, da es England nun gelungen war, sich durch den Abschluß der dritten Koalition mit Österreich und Rußland starke Verbündete auf dem Kontinent zu sichern. Zar Alexander I. wurde dann die treibende Kraft gegen Napoleon, da ihm ebenfalls eine Neuordnung Europas vorschwebte. Ferdinand IV. von Neapel-Sizilien, den Bourbonenkönig, konnte der Zar mit Hilfe von dessen energischer Gattin Marie-Caroline, einer Tochter Maria Theresias, ebenso gewinnen wie den Schwedenkönig Gustav IV. Hannover sollte zurückerobert, Holland befreit, Frankreich in seinem Expansionsdrang eingedämmt werden.

Napoleon reagierte blitzschnell. Die im Lager von Boulogne seit 1804 versammelte Armee wurde umdirigiert. Der Plan einer Invasion Englands aufgegeben, da er sich doch nicht verwirklichen ließ, solange die englische Flotte nicht durch eine Diversion der französischen so abgelenkt war, daß mit den in Frankreich verbliebenen Schiffen man mindestens 14 Tage lang die Seeherrschaft im Kanal ausüben konnte. Doch dies war fast ein Ding der Unmöglichkeit. Und so setzte der Kaiser die Grande Armée wie sie nunmehr genannt wurde gegen seine kontinentalen Feinde ein. Der Feldzug von 1805 wurde der bis dahin erfolgreichste Napoleons. Im Verständnis der Zeitgenossen war er ein Blitzkrieg. In knapp vier Wochen, bei einer durchschnittlichen Marschleistung von etwa 50 Kilometern am Tag führte er seine 200 000 Mann an die Donau,

Napoleon I. (1799/1804–1814/15) 343

umschloß mit der Hauptmacht das Heer des österreichischen Generals Mack, der die ihm drohende Gefahr nicht erkannt hatte, und zwang es, nach einigen scharfen Gefechten, so besonders bei Elchingen, aber ohne eigentliche Schlacht, zur Kapitulation. 49 000 Österreicher waren damit ausgeschaltet. Bayern, Baden und Württemberg hatten sich von vornherein auf die Seite Napoleons geschlagen, nicht zuletzt auch auf Vorschlag Preußens, das selbst neutral blieb und zwar auch dann noch, als das in Hannover stehende Armeekorps Bernadottes auf seinem Marsch nach Süden die preußische Neutralität verletzte, indem es durch Ansbach zog.

In großem Stil und sehr geschickt setzte Napoleon in diesem Krieg auch die Waffe der Propaganda ein. So ließ er fast täglich Armeeberichte veröffentlichen, von denen Metternich gemeint hat, sie seien für Napoleon ebenso wertvoll wie eine weitere Armee von 300 000 Mann. Tatsächlich gelang es etwa, die Nachricht vom entscheidenden Seesieg Lord Nelsons bei Kap Trafalgar am 21. 10. 1805, der Napoleon aller Chancen auf einen direkten Erfolg gegen seinen Hauptgegner England beraubte, als eine unbedeutende Notiz erscheinen zu lassen. Europa starrte gebannt auf den Triumphator von Ulm. Und dieser gab den Europäern auch noch weiteren Grund zur Bewunderung.

Denn in Eilmärschen führte er nun sein Heer gegen Wien, und am 13. 11. zog er in der Kaiserstadt ein. Aber noch war die russische Armee nicht ins Gefecht gekommen, standen starke österreichische Truppen in Mähren und zog Erzherzog Carl, nachdem er in Italien bei Caldiero Masséna in seine Schranken verwiesen hatte, seinem kaiserlichen Bruder und den Russen zu Hilfe. Von seiner eigenen Basis weit entfernt, bei einer Vereinigung der genannten Heeresteile von großer Übermacht bedroht, schien Napoleons Lage höchst bedenklich zu sein. Die langen Nachschubwege banden zahlreiche Truppen und so hatte er schließlich, noch ehe Erzherzog Carl herangekommen war, nur rund 75 000 Mann gegen die 90 000 Russen und Österreicher, die in Mähren standen, zur Verfügung. Mit der Armee Erzherzog Carls, der überdies als der einzige europäische General galt, der Napoleon einigermaßen gewachsen war, mußte die Übermacht erdrückend werden. Zu allem Unglück war es in Berlin der Patriotenpartei um Königin Luise gelungen, den König, der die Armee mobilisiert hatte, wenigstens zur bewaffneten Vermittlung zu bewegen. Bei einem Besuch Zar Alexanders in Berlin zu Anfang November hatte man am Sarge Friedrichs des Großen mit Handschlag die traditionelle russisch-preußische Freundschaft erneuert. Zum Kriegseintritt allerdings konnte sich der schwunglose Friedrich Wilhelm III. nicht entscheiden. Ja schon die bewaffnete Vermittlung erschien ihm als zu riskant. Sein Minister Haugwitz, den er nun als Vermittler ins Lager Napoleons schickte, ein Mann der Freundschaft mit Frankreich, hatte den König in seinen Bedenken noch bestärkt. Napoleon, der über die Lage am Berliner Hof gut unterrichtet war, verwies den Grafen an Talleyrand, der in Wien saß, um Zeit zu gewinnen. Dieser hielt Haugwitz denn auch so lange hin, bis die Entscheidung gefallen war. Denn Napoleon suchte diese nun mit allen Mitteln noch vor dem Eintreffen des Erzherzogs zu erreichen. Tatsächlich gelang es ihm auch, Alexander I., der Feldherrnehrgeiz hatte, ohne jedoch ein Feldherr zu sein, durch einen Brief, der Verhandlungen anbot, und den Anschein erweckte, Napoleon wolle sich zurückziehen – entsprechende Truppenbewegungen der Grande Armée verstärkten diesen Eindruck – zum Angriff zu provozieren. Der Zar plante eine Umgehung der Franzosen und ging Napoleon damit in die Falle. Am 2.12.1805 begann die Schlacht in der Frühe, als sich die Sonne hob und den Nebel zerteilte – die «Sonne von Austerlitz». Napoleon hatte die Verbündeten zu einer weitausholenden Umgehungsbewegung verlockt, weil er hoffte, daß diese dann in Folge der Schwerfälligkeit ihrer Truppenbewegungen nicht mehr zur Zusammenarbeit kommen könnten. Er setzte auf die weit überlegene Manövrierfähigkeit seiner Soldaten. Und er hatte richtig gerechnet. Von den Höhe von Pratzen aus durchbrach er das feindliche Zentrum, umfaßte zuerst den einen und dann den anderen Flügel der Verbündeten und errang einen vernichtenden Sieg. Die Russen verloren rund 20000 Mann, die Österreicher von 15000 etwa 6000. Die Grande Armee aber hatte «nur» 8000–9000 Soldaten verloren. Napoleon rief in einer Proklamation, die zeigt, wie er den Ton traf, der seine Krieger ansprach, diesen zu: «Soldaten! Ich bin mit euch zufrieden... Ihr habt eure Adler mit unvergänglichem Ruhm geschmückt... Falls mir einer von euch sagt, ‹ich bin in Austerlitz dabei gewesen›, wird jeder sofort erwidern ‹dort steht ein tapferer Mann›.» Genau am ersten Jahrestag seiner Krönung in Notre-Dame hatte er diesen Sieg erfochten!

Der Krieg war damit entschieden. Die Russen, verstimmt über die Österreicher, denen sie die Hauptschuld an der Niederlage beimaßen, strömten nach Osten zurück. Kaiser Franz bat Napoleon um Frieden. Napoleon hatte, obwohl der Krieg mit Rußland und England weiterging, nach seinem Erfolg die Möglichkeit, Europa neu zu ordnen. Um so mehr, als Haugwitz am 15.12. den Vertrag von Schönbrunn einging, in dem Preußen alle Eroberungen Napoleons in Italien garantierte, ebenso den Besitz des Empire. Ansbach, Cleve und die Grafschaft Neuchâtel in der Schweiz trat es an Frankreich ab. Dieses entschädige Preußen mit dem zu England gehörenden Hannover. Geschickt hatte Talleyrand so auch noch einen Zankapfel zwischen England und Preußen geworfen und letzteres politisch völlig isoliert. Das nächste Opfer der napoleonischen Gewaltpolitik, die nur noch Vasallen in Europa dulden wollte, war so bestens präpariert. Napoleon hatte sich mit diesem Vertrag – und der Friede von Preßburg mit Österreich bestätigte dies nur noch – gegen die Ideen seines Außenministers Talleyrand, die dieser schon am 17.10.

in einem Brief aus Straßburg entwickelt hatte, entschieden. Talleyrand, der Preußen darin nicht mehr als vollwertige Großmacht bezeichnete, ging von vier bestehenden Großmächten in Europa aus: Frankreich, Österreich, Rußland und England. Um Frankreichs Vormachtstellung zu sichern, sei es daher notwendig, einen Gegensatz zwischen Österreich und Rußland zu schaffen, dadurch, daß man Österreich für seine Verluste in Italien und Süddeutschland auf dem Balkan entschädigte. Die Moldau, die Walachei, Bessarabien und den ganzen Donauraum wollte Talleyrand den Österreichern überlassen. Die Russen seien nämlich jetzt, anstelle der Türken, die Gefahr, die Europa bedrohe. Österreich müsse daher gegen Osten gewendet und als Bollwerk gegen diese Gefahr aufgebaut werden. Aber Napoleon ging auf diese Vorstellungen seines Außenministers nicht ein. Er diktierte Österreich vielmehr einen demütigenden Frieden, der am 26. 12. 1805 in Preßburg geschlossen wurde. Österreich verlor alle seine Besitzungen in Italien und Dalmatien. Es mußte Tirol und Vorarlberg an Bayern abtreten. Damit war es von der Adria abgeschnitten, von der Schweiz getrennt und aus dem Reich hinausgedrückt. Für seine Gebietsverluste hatte es so gut wie keine Entschädigung erhalten. Lediglich die seitherigen Bistümer Salzburg und Würzburg fielen an die Habsburger.

Im März 1806 folgte als nächster Schritt zur napoleonischen Neuordnung Europas die Vertreibung der Bourbonen aus Neapel. Napoleons Bruder Joseph wurde dort zum König ernannt. Nur Sizilien, das die englische Flotte deckte, konnte der Korse nicht erobern. Louis Bonaparte wurde neuer König von Holland, das damit dem napoleonischen System nun völlig eingegliedert wurde. Der jüngste seiner Brüder, Jérôme, erhielt 1807, nach dem Sieg über Preußen, das neugeschaffene Königreich Westfalen und Joachim Murat, Napoleons Schwager, wurde im selben Jahr Großherzog von Berg, das mit Teilen von Cleve und Mark vereinigt wurde. Letztere waren preußisch gewesen, das Herzogtum Berg dagegen hatte bis dahin zu Bayern gehört. Die Art, in der Napoleon seinen Tributärstaaten Gebiete zusprach, wieder abnahm und durch andere ersetzte – falls überhaupt – spricht für sich selbst. Seiner Schwester Elise hatte er das Fürstentum Lucca zugewiesen, denn als echter Angehöriger des italienischen Kulturkreises dachte er zuvorderst im Rahmen der Familie. Diese war die einzige Institution, der er sich seit seinem Bruch mit Korsika und den Korsen wirklich verpflichtet fühlte. Mit Hilfe seiner Familie, deren Mitglieder er, wie gezeigt wurde, auf alle möglichen Throne setzte, hoffte er auch, sich in den Kreis der europäischen Fürstenhäuser als Ebenbürtiger Eingang zu verschaffen, und so war es für ihn ein großer Erfolg, als er seinen Stiefsohn, Eugène Beauharnais, mit Auguste, einer Tochter König Max I. von Bayern, und seine Adoptivtochter Stephanie Beauharnais mit dem Thronerben Badens, Karl, verheiraten konnte. Jérôme erhielt schließlich eine württembergische Prinzessin. Höhepunkt dieser Politik war dann seine eigene zweite Heirat 1809 mit der Kaisertochter Marie-Louise von Österreich, nachdem er sich wegen Unfruchtbarkeit in der Ehe von Josephine Beauharnais hatte scheiden lassen. Nur einer seiner Brüder hat sich ihm bei dieser Politik versagt: Lucien, der einst den Putsch des Brumaire für Napoleon gerettet hatte. Er blieb Republikaner, verwarf alle ihm angebotenen Kronen und ging schließlich über Rom im Jahre 1808 nach England, um erst 1815 dem Bruder wieder seine Dienste anzubieten.

Doch zurück zum Preßburger Frieden. In diesem hat Napoleon für sich selbst keine Eroberungen in Deutschland gemacht. Die dortige Beute fiel an seine Vasallen. Überdies wurden die neugeschaffenen Königreiche Bayern und Württemberg nun als Souveräne anerkannt, und die Verfassung des offiziell ja noch existierenden Reiches gebrochen. Napoleons Politik der Neuordnung Deutschlands, die anstelle der Kleinstaaten leistungsfähige, aber von Frankreich abhängige Mittelstaaten als Gegengewichte gegen Preußen und Österreich vorsah, gipfelte schließlich in der Gründung des Rheinbundes am 20.7.1806. 16 deutsche Fürsten schlossen sich hier zusammen, erkannten Napoleon als Protektor des Bundes an und versprachen im Kriegsfall 63 000 Mann für ihn zu stellen. Im Gegenzug garantierte Napoleon die «deutsche Unabhängigkeit» mit 200 000 Mann und schuf sich so einen Vorwand, große Verbände in Deutschland belassen zu können. Vorsitzender des Bundeskongresses wurde der Fürstprimas Dalberg, Großherzog von Frankfurt, der Napoleons Onkel, den Kardinal Fesch, zu seinem Koadjutor machte. Am 1.8.1806 traten die Rheinbundmitglieder aus dem Verband des Reiches aus. Im Gegenzug legte am 6.8. Franz II. die deutsche Kaiserkrone nieder und nannte sich von nun an nur noch Franz I. von Österreich. Das Heilige Römische Reich war damit endgültig gestorben. In Mitteleuropa gab es von jetzt an zwei Kaiser. Der, der sich auf die älteste Tradition berief und der die größte Macht besaß, war Napoleon!

In Süddeutschland war er völlig der Herr, wie der Fall des Buchhändlers Palm aus Nürnberg beweist. Dieser hatte ein antinapoleonisches Pamphlet «Deutschland in seiner tiefsten Erniedrigung» vertrieben. Auf Befehl Napoleons wurde er vor ein französisches Kriegsgericht gestellt und am 26.8.1806 in Braunau am Inn erschossen. «Was die Hinrichtung Enghiens für die Fürsten gewesen war, das wurde die Ermordung Palms für das Volk» (A. Fournier).

Auch der Friede von Preßburg war nur ein Zwischenspiel, denn der Krieg ging weiter. Friedensverhandlungen mit England und Rußland scheiterten, und als Napoleon in den Verhandlungen mit England diesem die Rückgabe des doch von Preußen nun besetzten Hannover anbot, da war selbst für Friedrich Wilhelm III. das Maß voll. Preußen machte mobil und forderte Napoleon ultimativ zur Räumung Süddeutschlands auf. Das war der Krieg, den Preußen am 9.10.1806 offiziell erklärte. Der 4. Koalitionskrieg zeigte ein Janusgesicht. In seiner ersten Phase kam es zu einem erstaunlich raschen Zusammenbruch der preußischen Armee und fast auch des preußischen Staates. Fünf Tage nach der Kriegserklärung, am 14. 10. 1806, wurde das preußische Heer, das vom Ruhm Friedrichs des Großen zehrend in taktischer und organisatorischer Hinsicht veraltet und von überalterten Generalen schlecht geführt war, in der Doppelschlacht von Jena und Auerstedt vernichtend geschlagen. Dabei hatte Marschall Davout, der fähigste von Napoleons Unterführern, bei Auerstedt das doppelt so starke Hauptheer der Preußen vernichtet, während Napoleon bei Jena die Armeeabteilung des Prinzen Hohenlohe mit Übermacht erdrückte. Eine für die Begriffe der Zeit unerhört scharfe Verfolgung ließ auch die geretteten Überreste bald kapitulieren. Die Festungen öffneten ohne Widerstand zu leisten den Franzosen ihre Tore. Am 27. 10. zog Napoleon bereits in Berlin ein. Das preußische Königspaar hatte sich nach Königsberg in Ostpreußen geflüchtet. Der preußische Staat schien am Ende zu sein, die Widerstandskraft seiner Truppen gebrochen. Aber noch galt es ja, Rußland zu besiegen.

Am 21. 11. 1806 verhängte Napoleon von Berlin aus die Kontinentalsperre über England und erklärte, wie er sich den Wirtschaftskrieg mit der Inselmacht vorstelle. Alle preußischen Häfen wurden jetzt für englische Waren geschlossen, alle englischen Waren im Lande beschlagnahmt. Napoleon beschloß sich der gesamten deutschen Küste zu bemächtigen. Ganz Europa sollte, so sah es Napoleons Plan vor, entweder freiwillig oder von ihm dazu gezwungen, sich an diesem Boykott beteiligen und tatsächlich galt die Kontinentalsperre sofort für Holland, das napoleonische Italien und das mit Frankreich verbündete Spanien. Die Verhängung der Kontinentalsperre rief aber umgehend einen ausgiebigen Schmuggel ins Leben. Die Engländer betrieben den Schleichhandel von Helgoland aus nach Hamburg, weiterhin über Tönningen sowie im Mittelmeer über Malta und Gibraltar. Der Ausbau des Kontinentalsystems wurde zum Hauptinhalt von Napoleons Außenpolitik in den folgenden Jahren. Auch Rußland trat nach Tilsit dem Kontinentalsystem bei, ebenso die nordischen Staaten und zeitweilig sogar Portugal. Tatsächlich kam es denn auch im Jahre 1808 zu einer Wirtschaftskrise und in Folge der Arbeitslosigkeit zu lokalen Unruhen in England. Im August 1808 ließen sich erste Abwertungserscheinungen des Pfundes beobachten. Vielleicht hätte die Lage Englands kritisch werden können, aber nur dann, wenn es gelang, den Kontinent dauernd für englische Waren geschlossen zu halten. Doch dies ließ sich nicht durchführen. Ja Napoleon selbst mußte in den Jahren ab 1809, um einen Kollaps der französischen Industrie zu vermeiden, zu einem System der Lizenzen übergehen, das die Einfuhr englischer Waren nach Frankreich und die Ausfuhr französischer Produkte nach England gestattete. Allerdings gab es diese

Lizenzen nur für Franzosen, was bei den Satelliten böses Blut schuf. Letzten Endes also wurde das Kontinentalsystem, so wie es Napoléon am 21.11. von Berlin aus ins Leben rief, ein Fehlschlag.

Aber das konnte er dort noch nicht ahnen. Nicht ahnen konnte er auch, daß jetzt nach den Blitzerfolgen über das preußische Heer noch ein ebenso mühsamer, als verlustreicher Feldzug im Osten folgen sollte. Ein Winterfeldzug in West- und Ostpreußen, sowie in Polen stellte Napoleons Armee vor bisher ungekannte Probleme. Erstmals nämlich bewegte sie sich in einem armen Lande, aus dem sie wenig für die eigene Verpflegung holen konnte. Regen, Schnee, Schlamm, wenige schlechte Quartiere in dem dünn besiedelten weiten Land, das hatten Napoleon und seine Soldaten noch nicht erlebt.

Das Land selbst stand der napoleonischen Kriegführung mit ihren schnellen Märschen und rasch herbeigeführten Entscheidungen entgegen. Am 8.2. konnte Napoleon die Russen und Preußen endlich bei Preußisch-Eylau stellen. Es wurde ein schreckliches Gemetzel, das schließlich unentschieden endete. 25 000 tote Russen und Preußen sowie 18 000 Franzosen-Leichen bedeckten die Eiswüste des Schlachtfeldes. Der Krieg verfiel danach in den Winterschlaf. Die Armee begann zu murren, selbst die Marschälle zeigten, daß dies nicht ihr Krieg war. Aber im Frühjahr ging der Krieg trotzdem weiter. 80 000 Konskribierte des Jahrgangs 1808 verstärkten die Grande Armée und am 14.6. 1807 schlug Napoleon die Russen entscheidend bei Friedland. Der Zar war friedensreif.

In Tilsit kam es am 7.7. 1807 zum Friedensschluß mit Rußland dem sich ein Bündnisvertrag anschloß. Rußland trat dem Kontinentalsystem bei. Mit Preußen, dessen Armee lediglich durch die tapfere Verteidigung der kleinen Festung Kolberg bis zum Waffenstillstand – hier zeichnete sich erstmals Gneisenau, später der große militärische Gegenspieler Napoleons, aus – sowie den langen Widerstand der Festung Graudenz sich hervorgetan hatte, verfuhr Napoleon im Friedensschluß vom 9.7. 1807 wesentlich härter. Auch der persönliche Einsatz der Königin Luise hatte nichts zu ändern vermocht. Preußen verlor alle Gebiete westlich der Elbe – aus ihnen schuf Napoleon für seinen Bruder Jérôme das Königreich Westfalen – und den größten Teil seiner polnischen Provinzen, die zum Herzogtum Warschau wurden, das der König von Sachsen in Personalunion erhielt. Eine enorme Kontribution wurde Preußen auferlegt. Bis zu deren Bezahlung blieb das Land besetzt. Es war dies einer der brutalsten Friedensschlüsse Napoleons. Aber er provozierte auch Haß und eine Reform des Staates, deren Folgen er 1813–1815 zu spüren bekam.

Tilsit stellt zweifellos den Höhepunkt von Napoleons Macht dar, wie schon Max Lenz festgestellt hat, und auch Jean Tulard meint. Von hier an begann der Abstieg, zunächst noch kaum bemerkbar, ja durch scheinbar eklatante Siege in den Jahren 1808 und 1809 den Zeitgenossen eher das Gegenteil suggerierend. In Wahrheit aber war es doch so, daß der Versuch, das in Tilsit Erreichte zu behaupten, nun immer größere Schwierigkeiten und neue Kriege brachte, das Ausbleiben des so lang ersehnten Dauerfriedens aber die Unzufriedenheit in Frankreich immer stärker werden ließ. Und je länger versucht wurde, die Kontinentalsperre zu praktizieren, desto mehr erwies sie sich als Bumerang, der auf die französische Wirtschaft zurückschlug. Wie anders aber sollte Napoleon angesichts der absoluten Seeherrschaft der Engländer diese zu fassen versuchen?

Eine Landung in England war nach Trafalgar unmöglich, England aber nicht bereit, Frieden zu schließen, solange Frankreich den Kontinent beherrschte und besonders so lange es die gesamte Kanalküste kontrollierte. Und während die Engländer durch überraschende Schläge, z. B. den Überfall und das dreitägige Bombardement des neutralen dänischen Kopenhagen vom 2. bis 5. 9 1807, bei dem 2000 Zivilisten ihr Leben lassen mußten, aber die 35 Schiffe der dänischen Flotte in englische Hand fielen, während also die Engländer ihn derart herausfordern konnten, hatte er keine Möglichkeit, mit militärischen Mitteln diese direkt zu treffen. England, das nach den Worten eines Unterhausmitglieds – sie wurden 1803 gesprochen – «for the cause of justice, good, faith, and freedom throughout the civilized world» (die Sache der Gerechtigkeit, des Guten, des Glaubens und der Freiheit in der ganzen zivilisierten Welt) kämpfte, hatte mit diesem Überfall mitten im Frieden auf ein noch neutrales Land, Napoleons Absicht, mit Hilfe der dänischen Flotte den Engländern den Zugang zur Ostsee zu sperren, vereitelt. Zweifelsohne hat die Erkenntnis, daß es mit England keinen Frieden geben könne, solange er auf seiner errungenen Position beharre, Napoleon zu den verhängnisvollen außenpolitischen Maßnahmen verleitet, die mit ihren militärischen Folgen die Kräfte Frankreichs überspannten und in die Katastrophe führten. Denn der Kaiser versuchte in den Jahren nach Tilsit tatsächlich alle europäischen Küsten den Engländern zu verschließen. Wer sich weigerte dabei mitzumachen, den versuchte er dazu zu zwingen.

Nicht zuletzt aus diesem Grund ließ er sich 1808 in das spanische Abenteuer ziehen, das die iberische Halbinsel in der Folge zu einem Kriegsschauplatz werden ließ, der nicht zur Ruhe kam, seine Armeen große Verluste kostete und die Welt lehrte, daß ein entschlossenes, zu jedem Opfer bereites Volk auch einem napoleonischen Heer große Schwierigkeiten bereiten konnte. Spanien zeigte aber auch, «daß der nationale Gedanke nicht nur mit revolutionären Stürmen, wie in Frankreich, daherzukommen brauchte, sondern daß er sich gerade mit der tiefen Anhänglichkeit an das angestammte Königshaus und an die von den Vätern ererbte Religion verbinden konnte» (F. Schnabel). Hier hatte man also ein Mittel zur Bekämpfung Napoleons gefunden, das auf die Dauer auch diesen überforderte.

Spanien hatte 1807 durch seinen Minister Godoy französischen Truppen den Durchzug gestattet, damit diese Portugal in das Kontinentalsystem hineinzwingen könnten, ein Land, das seit dem 17. Jahrhundert mit England verbündet und wirtschaftlich von England abhängig war. General Andoche Junot konnte im Oktober 1807 tatsächlich auch Portugal besetzen. Die königliche Familie floh nach Brasilien. Godoy, der Geliebte der spanischen Königin, hatte gehofft, für sich selbst ein Stück aus der portugiesischen Beute zu erlangen. Aber Napoleon hatte ganz anderes vor. Er zielte – auch beeinflußt von Talleyrand – auf eine Einbeziehung Spaniens in sein System durch indirekte Angliederung an Frankreich ab. Für ihn war Spanien ein schlecht verwaltetes, rückständiges Land, dessen Bewohner von einer korrupten, in sich unheilbar zerstrittenen Monarchen-Familie und dumpfen, abergläubischen Priestern und Mönchen bewußt vom Fortschritt abgehalten wurden. Er hielt das Land auch für reicher als es war. Als echter Aufklärer war er überzeugt, daß die Spanier von den Segnungen der revolutionären Errungenschaften, die sein Regime ihnen verschaffen würde, begeistert sein müßten und also seine Herrschaft begrüßen würden. Aber nur eine ganz kleine intellektuelle Schicht, die Französlinge «Afrancescados», tat ihm diesen Gefallen. Die Mehrzahl der Spanier aber lehnten seine Herrschaft ab, gerade weil sie die überkommenen Strukturen zerstörte und weil sie sich gegen die herkömmliche starke Stellung der Religion wendete. Und also sperrten sie sich – hierin den Tirolern gleich – gegen die ihnen von außen aufgezwungenen Neuerungen.

Napoleon verstärkte die in Spanien stehenden Truppen immer mehr, angeblich zur Sicherung der Verbindungswege nach Portugal. Am 18. 3. 1808 kam es in Madrid zu einem Aufstand. Man zwang Karl IV. zur Abdankung. Der Thronerbe Ferdinand bestieg als Ferdinand VII. den Thron.

Aber am 23. 3. besetzte Murat Madrid. Napoleon, der Ferdinand nicht als König sehen wollte – obwohl dieser bereit gewesen wäre, eine Verwandte des Kaisers zu heiraten –, berief, unter dem Vorwand in Spanien herrsche Anarchie, die königliche Familie zu einem Treffen nach Bayonne. Am 2. 5. erhob sich die Bevölkerung Madrids gegen Godoy und die Franzosen. Murat schlug den Aufstand blutig nieder. Goya hat ihn und die kommenden Ereignisse in unvergeßlichen Bildern festgehalten. Am 5. 5. zwang Napoleon in Bayonne die beiden spanischen Könige zur Abdankung, um am 15. 7. seinen Bruder Joseph zum neuen König von Spanien durch Dekret zu ernennen. Spanien erhielt eine freiheitliche Verfassung.

Aber Napoleons Rechnung ging nicht auf. Die Spanier spielten dabei nicht mit. Ihre Antwort auf Bayonne war ein Aufstand unter der Führung von Geistlichen und Adeligen gegen die «hündischen» Franzosen, die «Verfolger des Papstes». Schließlich hatte Napoleon ja auch am 2. 2. 1808 durch den General Miottis Rom besetzen lassen. Die volle Annektion des Kirchenstaates erfolgte dann allerdings erst am 16. 5. 1809, die Verhaftung des Papstes in der Nacht vom 5. auf den 6. 7. desselben Jahres.

Spanien wurde, begünstigt durch seine Natur, die dem Guerillakrieg – der Ausdruck ist damals entstanden – günstig war, zu einer ständig schwärenden Wunde im Leib des Empire. Zum ersten Mal mußte Napoleon einen Gegner bekämpfen, der sich den Gesetzen seiner Kriegsführung nicht unterwarf. Am 12. 7. 1808 zwangen die Spanier den General Dupont mit 20 000 Mann bei Baylen zur Kapitulation. Gewiß Duponts Soldaten waren überwiegend ungeübte Rekruten, aber es war doch das erste Mal, daß derartiges einer napoleonischen Armee widerfuhr. Der Aufstand erhielt dadurch Auftrieb. Joseph mußte am 30. 7. Madrid aufgeben. In Portugal landeten nun englische Truppen unter Arthur Wellesley – bald schon Herzog von Wellington – zur Unterstützung der Aufständischen. Ende August mußte Napoleons alter Waffengefährte Andoche Junot mit 9000 Soldaten bei Cintra ebenfalls kapitulieren. Noch waren es seine Generale, die hier geschlagen wurden. Aber das spanische Problem bedurfte einer Lösung, die nur der Kaiser bringen konnte.

Aber war er dazu auch in der Lage angesichts bedrohlicher Rüstungen in Österreich, wo man den Preßburger Frieden noch nicht verziehen hatte, angesichts auch eines Reformen betreibenden Preußen, das die Schmach von Tilsit ebenfalls brennend im Gedächtnis trug? Und wie würde der Zar sich verhalten? Mit diesem vor allem mußte er sich einigen, ehe er in Spanien eingreifen konnte. Ihm machte er daher durch seinen Gesandten Caulaincourt phantastische Angebote. Von einem zweiten Zug nach Indien war da die Rede. Tatsächlich brachte er den Zaren auch dazu, England und Schweden, dem Alexander Finnland abnehmen wollte, den Krieg zu erklären. Allerdings brachte dieser Krieg den Russen nicht die erhofften raschen Erfolge. Um mit Alexander völlig ins reine zu kommen, traf Napoleon sich mit diesem vom 27. 9. bis zum 14. 10. in Erfurt – das als Enklave Teil des Empire français war.

Hier hat Talleyrand, dem vor der Maßlosigkeit Napoleons inzwischen schauderte, den Zaren beschworen, Europa zu retten, indem er Napoleon Widerstand leiste. Auch die Österreicher informierte Tallyerand, der damit seinen Herrn verriet, über Napoleons Absichten. Und der Kaiser der Franzosen zeigte durch die Behandlung der Rheinbundfürsten, die samt und sonders nach Erfurt gekommen waren, nur zu deutlich, was Abhängige von ihm zu erwarten hatten. Dabei drängten sich alle in würdeloser Weise um ihn. Nur Kaiser Franz von Österreich und König Friedrich Wilhelm III. von Preußen waren nicht in Erfurt anwesend. Hier, auf dem Erfurter Fürstenkongreß, kam es auch zu den Gesprächen Napoleons mit Goethe und Wieland. Hier trat die Comédie Française mit dem großen Talma auf – Napoleon wollte die Deutschen, vor allen Dingen aber auch den Zaren, beeindrucken. Politisch aber brachte ihm Erfurt nicht viel. Der Zar wich ihm aus und versagte dem nach einer gebärfähigen Prinzessin Suchenden, der seit seiner Affaire mit der polnischen Gräfin Walewska im Winter 1806/07 wußte, daß er Nachkommen zeugen konnte, die Hand einer russischen Prinzessin. Napoleon mußte dem Zaren den Erwerb der Moldau und der Walachei, sowie Finnlands zugestehen und sich verpflichten, seine Truppen aus Deutschland abzuziehen. Damit war er zweifellos der Verlierer von Erfurt, trotz des äußeren Glanzes. Einen Erfolg vermochte er allerdings zu verbuchen: Am 8. 9. nötigte er Preußen zur Zahlung von 140 Millionen Talern Kriegsentschädigung und zur Beschränkung seiner Armee auf die Stärke von 42 000 Mann. Den Vorwand hatte ihm ein kompromittierender Brief des Ministers Stein an den Fürsten Wittgenstein gegeben, der seinen Spionen in die Hände gefallen war. Auf Bitten des Zaren ließ Napoleon die Kontribution dann zwar um 20 Millionen verringern, aber Preußen blieb dennoch geschwächt und erneut gedemütigt.

Napoleon hatte schon deshalb der Räumung Deutschlands durch die Franzosen bis auf einen Rest von 100 000 Mann zugestimmt, weil er ja nun in Spanien eingreifen mußte. Mit 180 000 Soldaten, alles bewährte Kerntruppen und tüchtige deutsche Kontingente, fiel er im Oktober 1808 in Spanien ein. Anfang Dezember war er in Madrid, allen Widerstand unterwegs hatte er gebrochen. Joseph war wieder König. Noch schlug Napoleon im Dezember die Engländer unter Sir John Moore, der dabei fiel, aber es war kein Vernichtungssieg, denn die Engländer retteten sich auf Schiffe. Und im Januar 1809 bereits mußte er Spanien wieder verlassen. Er hatte Nachrichten von gefährlichen Rüstungen Österreichs erhalten. So blieb das Problem Spanien ungelöst. Der Krieg der Guerillas, bald gestützt auf das Heer Wellingtons in Portugal, ging weiter, schwächte die Franzosen und band starke Kräfte bis zum Zusammenbruch des Napoleonischen Empire.

Im April 1809 schlug Österreich los. Eine Woge patriotischer Begeisterung trug es. Friedrich Schlegel schrieb einen Aufruf an die Deutschen für Erzherzog Carl, Heinrich von Kleist feierte den Erzherzog – besonders nach seinem Sieg über Napoleon bei Aspern – und schrieb seinen «Katechismus der Deutschen» sowie seine grauenhafte Haßtirade «Germania an ihre Kinder», in der es heißt: «Alle Triften, alle Stätten / färbt mit ihren Knochen weiß / welchen Raab und Fuchs verschmähten, / gebet ihn den Fischen preis; / dämmt den Rhein mit ihren Leichen; / laßt gestäuft von ihrem Bein, / schäumend um die Pfalz ihn weichen, / und ihn dann die Grenze sein! /... schlagt ihn tot! das Weltgericht / fragt euch nach den Gründen nicht», Fichte schrieb zur selben Zeit seine

«Reden an die deutsche Nation». Mit einem Wort, die führenden Geister der deutschen Romantik ergriffen Partei gegen den Kaiser, der alle nationale Individualität in seinem französisch beherrschten, aufgeklärten Universalstaat zu ersticken drohte.

Österreich hatte von 1806 bis 1809 durch Erzherzog Carl eine Armeereform durchführen lassen, die dieser allerdings noch nicht für abgeschlossen hielt. Carl hatte auch vom Kriege abgeraten, den er aber nun als Generalissimus führen mußte. Und der Verlauf des Krieges gab Carls Pessimismus recht. Zunächst blieb der erhoffte große Volksaufstand gegen Napoleon aus. Die Erhebung des Obersten Dörnberg in Westfalen blieb ebenso Episode wie der Zug des Herzogs von Braunschweig, den und seine «Schwarze Schar» trieb Napoleon auf englische Schiffe als letzte Rettung. Diese braunschweigischen Truppen kamen später Wellington in Spanien zugute. Die Unternehmung des preußischen Husarenmajors Schill, die in Stralsund mit Schills Tod, der Auflösung seiner Truppe und anschließend der Erschießung von elf seiner Offiziere in Wesel endete, hatte Friedrich Wilhelm III., der sie als Insubordination verabscheute, nicht in den Krieg mitzureißen vermocht. Preußen blieb neutral.

Der Feldzug von 1809 begann mit einem zaghaften Vorstoß der Österreicher nach Bayern. Carl versäumte hier einen möglichen Erfolg. Marschall Davout – dieser bedeutendste Feldherr unter Napoleons Generalen – leitete das entscheidende Manöver ein, das die anfänglich gefährdete Lage der Franzosen aufhob. Der herbeigeeilte Napoleon baute es zu den Siegen von Eckmühl und Abensberg aus. Am 12. 5. stand Napoleon in Wien. Und wenn auch in Polen und Italien die Franzosen in Bedrängnis geraten waren, die Entscheidung mußte in Österreich fallen. Doch zunächst gab es hier einen herben Rückschlag. Beim Versuch, über die Donau in das Marchfeld vorzustoßen, mußte Napoleon in der Schlacht von Aspern am 21. und 22. 5. eine Niederlage erleiden. Marschall Lannes fiel. Aspern war kein strahlender Sieg, aber es war ein eindeutiger Abwehrerfolg des Erzherzogs und es war Napoleons erste unbestreitbare Niederlage in offener Feldschlacht. Auch er war also nicht unbesiegbar! Am 10. 6. exkommunizierte überdies der Papst – inzwischen von Napoleon gefangengesetzt – den Kaiser. In Tirol hatten sich schon zu Beginn des Krieges die Bauern unter der Führung Andreas Hofers erhoben – sie lehnten die aufgeklärte bayerische Herrschaft der Regierung Montgelas ebenso ab wie die Spanier diejenige Joseph Bonapartes und zwar aus ähnlichen Gründen. Die Tiroler errangen in den Berg-Isel-Schlachten beträchtliche Erfolge gegen Bayern und Franzosen und konnten diese fast völlig aus dem Lande verjagen.

Doch dann kam die Wende. In Italien brachte Mac Donald im Verein mit Eugène Beauharnais den Umschwung zugunsten der Franzosen, und am 5. und 6. 7. gelang es Napoleon nach erneutem Übergang über die Donau, die Österreicher bei Wagram zurückzuwerfen. Aber auch Wagram war kein neues Austerlitz, vielmehr ein blutiges Gemetzel gewesen, und die österreichische Armee hat sich voll kampfkräftig zurückziehen können. Trotzdem kam es am 12. 7. zum Waffenstillstand von Znaim. In den folgenden Wochen konnte auch Tirol wieder erobert werden, doch blieb dieses Land immer noch unruhig. Der Friede von Schönbrunn vom 14. 10. 1809 war ein echt napoleonisches Diktat. Er reduzierte Österreich zur Mittelmacht. Dreieinhalb Millionen Einwohner und 2150 Quadratmeilen Land mußte es abtreten. Unter anderem Görz, Friaul, Kärnten und Triest, die zusammen nun das Gouvernement Illyrien bildeten. Rußland, das pro forma ebenfalls Krieg gegen Österreich begonnen hatte, und das Herzogtum Warschau erhielten gleichfalls ehemals österreichischen Besitz zugesprochen. Die Tiroler setzten den Aufstand auch über den Friedensschluß hinaus fort, doch wurde dieser von der französisch-bayerischen Übermacht erbarmungslos unterdrückt. Andreas Hofer, der sich auf eine Alm geflüchtet hatte, wurde durch Verrat gefangen, nach Mantua in Haft gebracht und dort am 20. 2. 1810 auf persönliche Weisung Napoleons erschossen.

Wiederum schien somit der Kaiser – sieht man von Spanien ab, wo Wellington den Marschall Soult aus Portugal vertrieben hatte – alles zu dominieren. Aber nur mit Mühe hatte er diesmal sein Übergewicht wiederherzustellen vermocht und erstmals war er mit der Kraft eines nationalen, von breiten Volksgeschichten getragenen Widerstandes gegen sein Herrschaftssysten nun auch in Deutschland, der Südschweiz und Italien, wo es in Kalabrien und Apulien, aber auch in Norditalien und im Kirchenstaat zu Erhebungen gekommen war, konfrontiert worden. Und in Frankreich selbst mehrten sich die Zeichen der Unzufriedenheit mit der ständigen Kriegspolitik. Eine Landung der Engländer am 30. 7. bei Walcheren, die zur vorübergehenden Besetzung Vlissingens führte, war zwar dank der entschlossenen Gegenmaßnahmen Fouchés, der Nationalgarden ausgehoben und den seit Wagram in Ungnade gefallenen Bernadotte mit der Verteidigung Antwerpens beauftragt hatte, abgewehrt worden, aber im Departement Saar kam es zu einer Revolte.

Mit einem Wort: Krisensymptome waren unübersehbar, insbesondere auf dem Gebiet der Wirtschaft. Während England inzwischen durch die Erschließung neuer Märkte in Südamerika sowie durch den Umstand, daß Portugal und Spanien für britische Waren offen blieben und der Ostseehandel nicht unterbunden werden konnte, seine Produktion steigerte, machte sich auf dem Kontinent ein Mangel an Kolonialwaren, auf die die Europäer nicht verzichten konnten und wollten, bemerkbar. Die Begünstigung Frankreichs durch einseitige Zollgesetze und das schließlich 1809 eingeführte Lizenzsystem schufen bei den Vasallen böses Blut. Ja, 1810 verzichtete schließlich Napoleons Bruder Louis auf den holländischen Thron, weil er die französische Politik gegenüber seinem Land mißbilligte. Napoleon verleibte die Niederlande daraufhin dem Empire ein.

Die Schaffung eines neuen Adels hatte den Gleichheitssinn der Franzosen verletzt, den alten Adel aber keineswegs Napoleon näher gebracht und überdies bei vielen der neugeschaffenen und hochdotierten Würdenträgern dazu geführt, daß diese nun mehr daran dachten, die neuen Reichtümer und Positionen zu behaupten, als sie durch weitere Kriege wieder aufs Spiel zu setzen. Napoleon glaubte daher zur Festigung seiner Dynastie unbedingt eines Thronerbens zu bedürfen. Josephine war dazu nicht mehr imstande, so ließ er sich durch einen Senatsbeschluß vom 16.12.1809 von ihr scheiden – es war schwer gewesen, ihre Zustimmung zu erhalten. Nur eine Kaisertochter däuchte ihm ebenbürtig zu sein. Aber die Zarenfamilie hatte sich seinem Werben schon 1808 versagt, und Zar Alexander hatte seine ältere Schwester sehr schnell nach dem Erfurter Treffen mit dem Erbprinzen von Oldenburg verheiratet. Die zweite Zarentochter war erst 14 Jahre alt. Der Zar stellte überdies politische Bedingungen wie die Garantie Napoleons, dieser werde das Königreich Polen nicht wiederherstellen, als Voraussetzung für eventuelle Heiratsverhandlungen.

Da entschied sich Napoleon rasch für die österreichische Kaisertochter Marie-Louise. Metternich hatte die Achtzehnjährige ins Spiel gebracht, um so die russisch-französische Allianz zu zerbrechen. Die Prokurationstrauung fand am 15.3. in der Wiener Augustinerkirche statt. Erzherzog Carl vertrat dabei Napoleon. Am 2.4.1810 fand die feierliche Trauung in Nôtre-Dame statt. Napoleon aber hatte die Ehe schon vorher vollzogen, und pünktlich am 20.3.1811 wurde der Thronerbe, der König von Rom, wie Napoleon ihn bezeichnenderweise titulieren ließ, geboren. Ob Napoleon durch die Einheirat in eine der ältesten Monarchenfamilien wirklich den Frieden hatte sicherer machen wollen? Erreicht hat er dieses Ziel jedenfalls nicht, aber sein politisches Handeln in den Jahren 1810 bis 1812 deutet auch nicht darauf hin, daß er es ernstlich erstrebt habe.

Den in Spanien fortschwelenden Krieg gegen die Engländer Wellingtons, die spanische Armee, das portugiesische Heer und nicht zuletzt die äußerst lästigen Guerillas konnten seine Marschälle, die sich ihre Arbeit durch Eifersüchteleien auch noch erschwerten, nicht beenden. Er selbst aber hat diesen Kriegsschauplatz nicht mehr betreten. Aber er hat doch auch eine Auseinandersetzung mit Rußland in diesen Jahren bewußt angestrebt, deren siegreiches Ende ihm zum Alleinherrscher Europas machen sollte. Im Inneren brach er nun gänzlich mit den Revolutionären. Symptomatisch ist hier die Entlassung des Polizeiministers Fouché im Juni 1810.

Seine Alleinherrschaft wurde nun immer despotischer. Durch die Abschaffung des Tribunats bereits 1807 war ohnedies jede öffentliche Diskussion unterbunden, aber auch die Sitzungen des Corps-législatif wurden immer seltener. Der Kaiser dekretierte nurmehr die neuen Gesetze, der Code pénal von 1810 brachte eine Rebarbarisierung der Strafen. Die Justiz wurde von den kaiserlichen Organen abhängig und die Pressefreiheit immer stärker eingeschränkt. Seit 1810 durfte es in jedem Departement nur noch eine Zeitung geben, in Paris immerhin deren vier. Der «Moniteur», das offizielle Verkündigungsorgan Napoleons, gab dabei den Ton an. Einzig auf den Gebieten der Religion und der Wirtschaft herrschte noch einigermaßen Freiheit. Eine allgemeine Kriegsmüdigkeit griff um sich, die Zahl der Deserteure stieg ins Ungemessene – eine Amnestie nach Wagram betraf mehr als 100000!

In den Vasallenstaaten verhielten sich die Dinge ganz ähnlich. In ihnen wuchs die Abneigung gegen die französische Gewaltherrschaft, die durch das oft arrogante und brutale Vorgehen der napoleonischen Soldaten in diesen Ländern noch verstärkt wurde. Der Schmuggel blühte jetzt groß auf. Denn für die wirtschaftlichen Entbehrungen bei Einhaltung der Kontinentalsperre fehlte ja jegliche Gegenleistung von seiten Frankreichs, außer daß man seine Landeskinder dem Usurpator zur Verfügung stellen mußte. Und daß bei den Besiegten und Gedemütigten der letzten Kriege der Wunsch nach Rache immer stärker wurde, war offensichtlich. Gerade in den Jahren 1807 bis 1812 erfolgten etwa in Preußen Reformen, die mit den Namen Stein, Hardenberg, Scharnhorst und Gneisenau in erster Linie verbunden sind, die es diesem Staat dann 1813 ermöglichten, eine Hauptrolle bei der Befreiung vom Joch des Korsen zu spielen.

Schon bald trieb alles auf die große Entscheidung mit dem Zaren zu. Denn Alexander, auch wenn er in Tilsit und Erfurt sich dem Kontinentalsystem angeschlossen hatte, verfolgte natürlich seine eigenen, russischen Großmachtinteressen. Daß einer seiner wichtigsten Berater der Korse Pozzo di Borgo war, verhieß für Napoleon nichts Gutes. Denn dieser war ein Feind Napoleons seit dessen korsischen Aktivitäten in den Jahren 1789 bis 1792. So ließ der Zar zum Beispiel neutrale Schiffe, die mit englischen Waren beladen waren, in russischen Häfen zu. Als nun Napoleon, um die Küste Norddeutschlands besser kontrollieren zu können, gegen Ende 1810 die Hansestädte, das Herzogtum Osnabrück, die Herrschaft Ravenstein und das Großherzogtum Oldenburg – also den Staat von Alexanders Schwager – seinem Reich einverleibte, da kam dies schon fast einer Kriegserklärung gleich. Wohl bot er dem Zaren die französische Enklave Erfurt als Entschädigung für den Oldenburger an, aber dies wurde durch den Herzog brüsk zurückgewiesen. Alexander aber protestierte gegen Napoleons eklatanten Bruch des Völkerrechts. Als der Zar überdies durch einen Ukas die Einfuhr französischer Luxuswaren nach Rußland untersagte und den Handel mit England wieder erlaubte, da stand es für Napoleon fest, daß jetzt der Krieg kommen müsse. Auch in Nordeuropa ging nicht alles nach Napoleons Wunsch. Zwar war auf Wunsch des kinderlosen schwedischen Königs am 21. 8. 1810 Bernadotte, mit dem Napoleon sich nicht besonders gut verstand, auch wenn er mit ihm verschwägert war, zum Kronprinzen von Schweden ernannt worden. Und obwohl Schweden nunmehr am 17. 11. 1810 England den Krieg erklärte, war dies kein Erfolg für Napoleon. Denn gerade Bernadotte sollte sich bald gegen ihn wenden.

Die russisch-französische Auseinandersetzung wurde von beiden Seiten als unvermeidlich empfunden und daher im Jahre 1811 sorgfältig vorbereitet. Der Zar warb in Berlin, Warschau und Wien um Verbündete, aber ohne Erfolg. Noch war das Gefühl der Unbesiegbarkeit Napoleons zu stark und noch fürchteten die Höfe von Wien und Berlin zumindest, daß sich die Erfahrungen von 1805 und 1807 dann wiederholen müßten. Wohl aber schloß Bernadotte ein Bündnis mit Alexander, da er sich ein skandinavisches Großreich schaffen wollte. Napoleon hatte den neuen schwedischen Kronprinzen im Frühjahr 1812 durch die Besetzung von Schwedisch-Pommern sehr verärgert. Gefährdete dies doch seine Stellung, da die Schweden natürlich durch die Wahl eines napoleonischen Marschalls zum Kronprinzen sich vor derartigen Gewalttaten sicher geglaubt hatten.

Preußen und Österreich aber gingen zur gleichen Zeit Bündnisse mit Napoleon ein und verpflichteten sich zu militärischer Hilfe. Preußen stellte 20 000 Mann, Österreich 30 000. Preußen mußte der Grande Armée freien Durchzug bei Stellung der Verpflegung gewähren.

Mit großer Sorgfalt bereitete Napoleon den Feldzug vor. Insgesamt hatte er 1812, wie Roger Dufraisse ausführt, 1 100 000 Mann unter Waffen. Davon standen 200 000 in Spanien, die gleiche Zahl in Frankreich und Italien, der Rest in Deutschland und Polen. Nur die Hälfte der Soldaten kam aus Frankreich, aus dem alten Frankreich sogar nur zwischen 125 000 und 140 000. Zwanzig Nationen mit zwölf Sprachen fanden sich in der Grande Armée vereinigt, die Napoleon an der Grenze Rußlands zusammenzog. Die Schwierigkeiten eines Feldzugs im Osten waren Napoleon durchaus bewußt – noch war der Winter von 1806/1807 nicht gänzlich vergessen. Aber durch Anlage großer Magazine, den Bau leichter Transportfahrzeuge und ähnliche Maßnahmen glaubte er die Schwierigkeiten überwinden zu können. Doch Napoleon sollte sich täuschen, denn die logistischen Probleme eines Feldzuges, der tief ins Landesinnere Rußlands führte, waren mit den Mitteln der damaligen Zeit nicht zu lösen. Im Rahmen seiner Vorbereitungen ließ Napoleon im März 1812 sogar noch den in Savona gefangen sitzenden Papst nach Fontainebleau bringen, um ihn sicherer unter Kontrolle zu haben. Er wollte vermeiden, daß dieser die Katholiken gegen ihn aufbringe.

Am 24. 6. 1812 – ein russisches Ultimatum, das den Rückzug der Grande Armée hinter die Elbe forderte, war von ihm abgelehnt worden

– überschritten Napoleons Truppen den Njemen. Der Marsch in den Untergang begann. Die Russen, geführt von Barclay de Tolly, machten den Raum zu ihrem Verbündeten und mißgönnten Napoleon die so heiß ersehnte schnelle Schlacht. Nicht zuletzt auch weil seine Unterführer, besonders Ney, sein Bruder Jérôme und Eugène Beauharnais versagten, gelang es den Russen immer wieder, der französischen Zange zu entschlüpfen. Und sie wandten die Taktik der verbrannten Erde an, so daß in dem ohnedies dünn besiedelten Land mit wenig Ressourcen die Franzosen und ihre Verbündeten schon bald große Not litten. Vor allem die mitteleuropäischen Pferde, die das Grünfutter, das allein vorhanden war, nicht vertrugen, fielen massenweise schon während des Vormarsches aus. Diese Erfahrungen mußten auch die Armeen des 20. Jahrhunderts beim Kriege in Rußland noch machen. Aber auch die Zahl der Soldaten nahm ständig durch Marschverluste und Desertion ab, sowie durch die Verbände, die man zur Sicherung der rückwärtigen Verbindungen zurücklassen mußte. Die russischen Bauern massakrierten schon beim Vormarsch der Franzosen jeden Marodeur, den sie erwischen konnten. Am 12. 8. schien es bei Smolensk endlich doch zur Schlacht zu kommen. Aber wieder gelang es dem russischen Feldherrn, diese zu vermeiden. Barclays Nachfolger Kutusow aber stellte sich dann Napoleon, dessen Armee inzwischen auf rund 130 000 Mann geschrumpft war, am 7. 9. in einer verschanzten Stellung bei Borodino vor den Toren Moskaus. Der Nationalrusse, der auf Betreiben der Fremdenfeinde am Hofe Alexanders Barclay ersetzt hatte, wollte diese Stadt doch nicht kampflos preisgeben.

Napoleon, der endlich seine Schlacht hatte, verzichtete aus Angst, die Russen könnten ihm erneut entschlüpfen, auf alle kunstvollen Manöver. So kämpften 120 000 Russen mit verzweifelter Tapferkeit gegen die in brutalen Frontalangriffen vorgehenden Franzosen. Tatsächlich konnten diese auch die Russen schlagen, doch war die Armee Kutusows nicht vernichtet, sie zog sich vielmehr geordnet hinter Moskau zurück. Etwa 30 000 tote Russen und 20 000 tote Franzosen lagen auf dem Schlachtfeld. Am 15. 9. zog Napoleon in Moskau ein. Nach all seinen Erfahrungen mußte dieses Ereignis zum siegreichen Friedensschluß führen. Aber der Osten war der napoleonischen Kriegsführung kein günstiger Raum. Der Zar verweigerte Verhandlungen, die Russen zündeten Moskau an und die nicht mehr ganz 100 000 Soldaten Napoleons begannen unter Lebensmittelmangel zu leiden. Viel zu lange blieb der Kaiser in Moskau stehen. Der ersehnte Frieden kam nicht zustande. Die rückwärtigen Verbindungen dagegen gerieten in Gefahr. Am 19. 10. begann endlich der Rückzug. Da Kutusow den Weg über Kaluga nach Smolensk – er war der bessere und führte durch vom Kriege bisher verschontes Gebiet – in der Schlacht von Malojaroslawetz am 25. 10. versperrte, mußte die Armee auf derselben Straße zurück, auf der sie gekommen war. Regen, Schlamm und ab dem 5.11. Schnee und Eis, Kosaken und bewaffnete Bauern, sowie die nachstoßende russische Armee setzten der Grande Armée zu. Hunger, Durst, Schwäche und Erschöpfung, dann auch die Kälte – obwohl der Winter für russische Begriffe nicht streng war – und als Folge davon Krankheiten dezimierten sie. Bis Smolensk war die Ordnung noch bewahrt worden, dann aber kam der Zusammenbruch. Die entsetzlichsten Szenen spielten sich beim Übergang über die Beresina ab (25. bis 29.11. 1812). Am 5.12. verließ Napoleon sein Heer, nachdem er vom Aufstand des Generals Malet erfahren hatte, der am 25.10. in Paris das Gerücht verbreitet hatte, Napoleon sei tot, alsdann eine neue Verfassung verkündet und General Moreau zum Leiter der provisorischen Regierung erklärt hatte. Die Erhebung wurde allerdings rasch niedergeschlagen, Malet am 29.10. erschossen. Aber der Vorfall zeigte, auf welch schwankendem Grund Napoleons Herrschaft stand. Vor seinem Eintreffen in Paris erschien am 16.12. im Moniteur das Armeebulletin vom 3.12., in dem die Katastrophe angedeutet wurde. Der Winter habe der Armee schwer zugesetzt, aber «die Gesundheit seiner Majestät ist nie besser gewesen». Nur noch rund 10 000 Mann erreichten einigermaßen geordnet über Wilna Königsberg. Weitere 40 000 Versprengte trafen nach und nach ebenfalls dort ein. 100 000 Mann waren in Rußland gefangen, den Rest, etwa 400 000 Soldaten, deckte die russische Erde. Franzosen waren nicht allzuviele dabei. Aber von rund 35 000 Bayern kehrten noch etwa 5000 zurück, von 12 000 Württembergern waren es bis zum Januar 1813 gerade noch 900, 400 bis 500 weitere waren in russischer Gefangenschaft. Von den 27 000 Italienern, die nach Rußland gezogen waren, meldeten sich beim Appell noch 223.

Der Eindruck der Katastrophe auf die Europäer und nicht zuletzt auf die Ost-, Nord- und Mitteldeutschen war ungeheuerlich. Napoleon hatte den Nimbus der Unbesiegbarkeit nun endgültig verloren. Die Ereignisse im damals für die meisten Mitteleuropäer noch sehr fernen Spanien verstärkten diese Erkenntnis zusätzlich, denn hier hatte es für die Franzosen ebenfalls Niederlagen gesetzt. Am Jahresende war Andalusien verloren, im Verlauf des Feldzugs hatten die Engländer sogar vorübergehend Madrid eingenommen, das Jahr 1813 brachte hier dann die fast völlige Vertreibung der Franzosen aus Spanien und sah am 21.6. 1813 Wellingtons großen Sieg bei Vittoria, der nicht nur Beethoven zu einer kuriosen Komposition, einem musikalischen Schlachtgemälde, veranlaßte, sondern zweifellos auch den Entschluß Österreichs, sich der Koalition gegen den Kaiser anzuschließen, beschleunigt hat.

Die «Erhebung der Völker» (W. Andreas), der Napoleon in den Jahren 1813 bis 1815 zum Opfer fiel, ist ein äußerst komplexer und keineswegs einheitlicher Vorgang. Politisch bestimmend und in vielerlei Hinsicht frei von nationaler Leidenschaft blieben die Kabinette. Dies gilt auch für

Preußen. Aber, in Preußen und den norddeutschen Territorien sehr stark, in Österreich weniger, kaum in den Rheinbundstaaten, machte sich doch auch der Druck allgemeiner Empörung über die französische Fremdherrschaft, über die von außen aufgezwungene Vereinheitlichung bemerkbar. Schon der Wiener Historiker August Fournier, nach wie vor der klassische deutsche Napoleonbiograph, hat bereits im Hinblick auf 1809 – und wieviel mehr gilt dies für 1813 – gemeint «so war es denn kein Krieg von Staat gegen Staat ... vielmehr ein Streiten für die Selbständigkeit der Völker wider eine Gewalt, die längst die Schranken staatlicher Grenzen nicht mehr anerkannte, sondern sie möglichst zu vermischen und das revolutionäre System zentralisierter Gleichheit auf die Nationen zu übertragen strebte.» Der Geist Europas, der immer ein Geist kultureller und staatlicher Vielfalt war, wehrte sich gegen die Gleichmacherei des nur aus dem kalten Verstand heraus handelnden Aufklärers, des Heimatlosen ohne Vaterland, der Napoleon seinen eigenen Bekenntnissen nach ja war. Und so konnte Theodor Körner denn auch mit Recht dichten «Dies ist kein Krieg, von dem die Kronen wissen, / es ist ein Kreuzzug, ist ein heiliger Krieg!» Der Nationalismus, der durch die französische Revolution erst politisch virulent geworden war und dessen sich auch Napoleon bedient hatte, ohne seine Gefahren ganz zu durchschauen, schlug nun mit Vehemenz auf seine Urheber zurück.

Daß König Friedrich Wilhelm III. von Preußen, dieser schwunglos nüchterne Mensch, sich endlich doch entschloß, dem Krieg gegen Frankreich beizutreten, wäre ohne den Druck von unten zweifellos nicht geschehen. Das begann mit der Konvention von Tauroggen, die der Führer des preußischen Hilfskorps, General Yorck, am 30. 12. 1812 mit dem russischen General Diebitsch schloß. Er erklärte darin sein Korps für neutral und überließ damit seinen französischen Befehlshaber Marschall Mac Donald mit dem Rest seiner Truppen seinem Schicksal. Das zeigte sich dann weiterhin im Verhalten der ostpreußischen Stände, die Yorck unterstützten.

Alexander I. war durch den Freiherren vom Stein für den Gedanken der Befreiung Europas rasch gewonnen worden, und am 27. 2. kam es zum russisch-preußischen Bündnis von Kalisch. Der Preußenkönig, der, um sich dem Zugriff der Franzosen zu entziehen von Berlin nach Breslau gegangen war, erließ dort am 17. 2. den Aufruf «An mein Volk», der an das preußische und deutsche Nationalgefühl appellierte. Praktisch bedeutete dies die Kriegserklärung. Die Errichtung der Landwehr, freiwilliger Jägerkorps, die Möglichkeit für alle, Offizier werden zu können, womit in Preußen ein lange gehütetes Adelsprivileg fiel, die Stiftung des Eisernen Kreuzes am 10. 3. 1813, dies alles zeigt, daß selbst ein ultrakonservativer Monarch wie Friedrich Wilhelm III. den neuen Ideen seinen Tribut zollen mußte. Österreich allerdings hielt sich vorsichtig zurück, dagegen schwenkte Bernadotte nun völlig in das Lager der Napoleongegner um. Als Entschädigung für das an Rußland verlorengegangene Finnland versprach man ihm das dänische Norwegen, weil Dänemark im Bund mit Napoleon geblieben war. Dieser hat, in Erwartung einer derartigen politischen Entwicklung, in Frankreich aus dem Jahrgang 1813 – rund 120000 Mann – aus 100000 bisher Freigestellten der Jahrgänge 1805 bis 1812 sowie 180000 Nationalgardisten, die er aus Spanien abzog, ein Heer von 450000 Soldaten aufgestellt, mit dem er Deutschland behaupten wollte. Die Rheinbund-Verbündeten und auch der König von Sachsen blieben ihm vorläufig treu. Das neue Heer Napoleons, so eindrucksvoll es von der Zahl her wirkte, bestand aber überwiegend aus ungeübten Rekruten. Und diesen fehlten Offiziere – hier ließen sich die großen Verluste des russischen Feldzuges nicht so leicht ersetzen – und besonders auch Pferde. Der absolute Mangel an Kavallerie und die Mängel bei der vorhandenen, sollten sich im nun kommenden Feldzug als die größten Schwächen der neuen Armee des Kaisers erweisen. In keinem seiner bisherigen Feldzüge war Napoleon so schlecht über die Feindlage unterrichtet gewesen, wie diesmal. Volksaufstände in den Hansestädten im Februar 1813 und in Holland zeigten, daß diesmal ein anderer Wind wehte. In Spanien mußte König Joseph am 17.3. endgültig Madrid aufgeben. Um sich wenigstens mit den Katholiken auszusöhnen, versuchte Napoleon nun, einen Ausgleich mit dem Papst durch das Konkordat von Fontainebleau vom 25.1.1813 zustandezubringen. Aber Pius VII. versagte sich ihm.

Der Frühjahrsfeldzug in Sachsen von 1813 sah Napoleon am 2.5. bei Großgörschen oder Lützen, am 21.5. bei Bautzen siegreich. Seine jungen Truppen, während des Heranmarsches nach Deutschland ausgebildet, schlugen sich gut. Aber Kavallerie ließ sich nicht so rasch schulen, weder die Reiter, noch die Pferde. Und so konnte er die Siege nicht durch scharfe Verfolgung ausnützen. Vor allem bei Bautzen, wo Zar Alexander sich wie bei Austerlitz selbst als Feldherr versuchte und katastrophale Fehler machte, entging das Heer der Verbündeten nur dank des Versagens des Marschalls Ney einer drohenden Umfassung. Aber in beiden Schlachten zogen sich die Verbündeten in guter Ordnung zurück. «Diese Tiere haben etwas gelernt» rief Napoleon in wütender Bewunderung aus. Am 4.6. schloß er mit Preußen und Russen einen Waffenstillstand auf sechs Wochen. Das bisher neutrale Österreich hatte seine Vermittlung angeboten.

Aber am 14.6. schlossen Preußen, Rußland und England den Vertrag von Reichenbach, in dem sie sich verpflichteten, erst dann einen Frieden zu schließen, wenn Frankreich auf die Grenzen von 1792 zurückgeführt sei. Die Verhandlungen in Prag, in denen Metternich Napoleon immerhin das linke Rheinufer als Grenze und die Beibehaltung Norditaliens zusicherte, scheiterten schließlich doch. Ein Ultimatum vom 2.8., das die Österreicher an Napoleon richteten, forderte die Grenze von 1800. Das bedeutete Krieg, da Napoleon sich weigerte, darauf einzugehen. Bei früheren Verhandlungen in Dresden hatte Napoleon am 26. 6. Metternich erklärt, daß er sich keine Niederlage erlauben könne.

Der Herbstfeldzug von 1813, den nunmehr Österreicher, Preußen, Russen und Schweden gegen Napoleon führten, ergab, daß sich dieser der fast doppelten Übermacht gegenüber nicht behaupten konnte. Vor allem dort, wo er nicht selbst befehligte, erlitten seine Marschälle Niederlagen. So siegte er zwar noch am 26. 8. in der Schlacht von Dresden über die österreichisch-preußische Hauptarmee des Fürsten Schwarzenberg. Hier fiel Napoleons alter Gegenspieler Moreau. Als im September russische Streifscharen vor Kassel auftauchten, kam es zu Auflösungserscheinungen im Königreich Westfalen. König Jérôme mußte fliehen. Die Entscheidung gegen Napoleon fiel schließlich vom 16. bis zum 18. 10. in der Ebene von Leipzig. Napoleon erlitt gegen die Übermacht der Verbündeten eine verheerende Niederlage. Mit Mühe rettete er die Trümmer seines Heeres vor der Vernichtung, aber er konnte sich nun in Deutschland nicht mehr behaupten. Und jetzt kam es zum Abfall seiner deutschen Vasallen. Hatten in der Leipziger Schlacht sowohl Sachsen als Württemberger spontan die französische Schlachtlinie verlassen, so schlossen nun am 8. 10. Bayern und Österreich den Vertrag von Ried. Württemberg schloß am 2. 11. den Vertrag von Fulda mit den Alliierten, die sowohl ihm als auch vorher schon Bayern den Bestand ihrer Königreiche garantierten. Im November überschritten Napoleons Truppen den Rhein. Deutschland, zumindest rechts des Rheins, war befreit. Nun begann der Endkampf in Frankreich.

In der Zwischenzeit war auch Holland von Frankreich abgefallen, die Schweiz hatte sich den Verbündeten geöffnet und selbst Napoleons Schwager Murat, der noch bei Leipzig die große Kavallerieattacke gegen die Verbündeten geführt hatte, fiel nun vom ihm ab. Gemeinsam mit den Österreichern drängten seine Truppen die Franzosen des Vizekönigs Eugène, die sich auch mit aufständischen Bauern herumschlagen mußten, aus Oberitalien hinaus.

Trotz ihrer großen Erfolge boten im Winter die Alliierten unter Einfluß Metternichs, dem an einem ausgeglichenen Mächteverhältnis in Europa gelegen war, dem Kaiser den Frieden auf der Basis der «natürlichen Grenzen» an, das heißt des Rheins, der Pyrenäen und der Alpen. Dies hätte Frankreich immer noch einen Teil seiner Beute gelassen. Aber Napoleon hielt mit seiner Antwort zurück und suchte die Verhandlungen zu verzögern, wobei er sich mit Macht für den kommenden Feldzug rüstete.

Dabei regte sich jetzt aber auch in Frankreich der Widerspruch gegen seine Politik des Alles oder Nichts immer mehr. Zwar berief Napoleon die Jahrgänge 1814 und 1815 der Konskription ein und Freigestellte der

Jahrgänge IX der Republik bis 1804, insgesamt 540 000 Mann. Aber die Einberufenen desertierten in Massen und zogen zum Teil als marodierende Banden durch die Wälder. Das Corps législatif verlangte die Garantie der bürgerlichen und politischen Freiheit und ersuchte den Kaiser, den Krieg zu beenden, außer es seien Freiheit und Sicherheit Frankreichs bedroht. Ja, im Westen regte sich sogar wieder der Royalismus. Frankreich war des Krieges müde. Aber Napoleon vertraute immer noch auf seinen Stern. Objektiv betrachtet hielten sich seine Aushebungen durchaus in Grenzen, betrafen sie doch zwischen 1800 und 1814 nur 5,77 % der Gesamtbevölkerung, verglichen mit 20 % im ersten Weltkrieg! Allein für Menschen, die zum Teil ja noch ein Leben ohne Wehrpflicht gekannt hatten, war die Zahl der Einberufenen viel zu hoch.

Über all diesem aber hatte Napoleon zuviel Zeit vertan. Nach dem Abfall Hollands am 17. 12. 1813 war nun England keineswegs mehr mit der Gewährung der natürlichen Grenzen – die ja Holland und Belgien bei Frankreich gelassen hätten – einverstanden. So nahm der Krieg seinen Fortgang. Metternich erließ ein Manifest, in welchem nun zum ersten Mal zwischen Napoleon und Frankreich unterschieden wurde. Nur dem Usurpator, der den Frieden Europas blockiere, nicht Frankreich gelte er Krieg.

Im Frühjahrsfeldzug von 1814 wuchs Napoleon noch einmal zur vollen militärischen Größe empor. Neben dem Italienfeldzug von 1796 ist der Feldzug von 1814 vielleicht Napoleons genialste militärische Leistung. An Zahl hoffnungslos unterlegen verstand er es, sich zwischen die getrennt vorrückenden Heere der Verbündeten zu schieben und sie einzeln anzugreifen. Nach einem Sieg über Blücher bei Brienne und einer Schlappe gegen denselben, nun durch die Hauptarmee verstärkt, bei La Rothière, war Napoleon zu neuen Verhandlungen bereit. Chatillon diente als Konferenzort. Napoleon erteilte zunächst seinem Unterhändler Coulaincourt alle Vollmachten. Aber inzwischen hatte er sich auf die allein in die Champagne vorgestoßene Armee Blüchers gestürzt, sich mit seinem Heer zwischen deren einzelne Armeekorps geschoben und diese nacheinander in scharfen Treffen geschlagen, so bei Champaubert und Montmirail (10. und 14. 2.). Danach hatte er sich wieder den Österreichern entgegengestellt und diesen am 18. 2. bei Montereau den Meister gezeigt. Unerhörte Marschleistungen zwang er dabei seinen Soldaten ab. Und der Erfolg ließ ihn sofort seine Vollmachten für Coulaincourt widerrufen. Tatsächlich gaben die alliierten Monarchen auch schon zu erkennen, daß sie sogar zu einem Frieden auf der Basis der Vorschläge von Frankfurt bereit seien. Eine Intervention Castlereaghs verhinderte dies noch einmal, und dann änderte sich auch wiederum die militärische Lage. Bei Laon nämlich besiegte die Übermacht Blüchers den Kaiser am 9. 3. Nun rückte auch die Hauptarmee wieder vor und schlug ihn bei Arcis sur Aube am 25. 3. Blüchers Armee war inzwischen auf Paris zugerückt. Am 30. 3. kapitulierte die französische Hauptstadt. Am 31. 3. zogen die verbündeten Monarchen in Paris ein, am 2. 4. setzte der Senat Napoleon ab. Talleyrand wurde zum einflußreichsten Mann in der provisorischen Regierung.

Auch an den anderen Fronten waren die französischen Heere geschlagen. Am 14. 3. bereits hatte Wellington Bordeaux erreicht, und der dortige royalistische Maire mit dem Duc d'Angoulême die Restauration der Bourbonen verkündet. Napoleon wollte sein Spiel immer noch nicht verloren geben. Er stand am 3. 4. mit seiner Armee bei Fontainebleau, bereit, die Schlacht um Paris zu wagen. Doch da versagten sich ihm seine Marschälle, sie hatten genug. Am 4. 4. dankte Napoleon zugunsten seines Sohnes ab.

Als General wollte er diesem dienen. Dabei dachte er durchaus noch an die Rückeroberung der Hauptstadt. Der Abzug des Marschalls Marmont in der Nacht vom 4. zum 5. 4., der sein Korps zu den Alliierten führte, machte allem ein Ende. Das Spiel war aus. Am 6. 4. erzwangen die Alliierten Napoleons bedingungslose Abdankung und am selben Tag berief der Senat Ludwig XVIII. auf den Thron. Die Monarchie war wiederhergestellt.

Immerhin ließen die Alliierten Napoleon den Kaisertitel und machten ihn zum Herrn über die Insel Elba. Eine Garde von 400 Mann wurde ihm zugestanden. Napoleon mußte dies als Hohn empfinden. Schwer traf ihn die Weigerung Marie-Louises, ihm nach Elba zu folgen. Sie und seinen Sohn hat er nie wieder gesehen. Am 29. 4. nahm er Abschied von der alten Garde, am 4. 5. landete er in Porto Ferraio.

Am 30. 5. 1814 unterzeichneten die Mächte den Pariser Frieden, der Frankreich sehr schonte, es zwar auf seine alten Grenzen reduzierte, aber ihm das Elsaß ließ, das von deutschen Patrioten wie Arndt und Görres stürmisch gefordert wurde, und Frankreich keinerlei Zahlungen auferlegte. Selbst die geraubten Kunstschätze durfte Frankreich behalten. Und doch empfanden viele Franzosen diesen Frieden als hart, bedeutete er doch das Ende von Kaisertum und Weltmachttraum. Talleyrand hatte den Frieden zustandegebracht. Die endgültig letzten Regelungen sollte ein Kongreß in Wien erbringen. Doch der zog sich hin.

Unterdessen langweilte sich Napoleon, trotz rastloser Tätigkeit, auf Elba zu Tode. Und aus Frankreich erfuhr er, daß es viel Unzufriedenheit mit der Bourbonenherrschaft gab, so daß Stimmen laut wurden, die seine Rückkehr forderten. Aus Wien andererseits vernahm er, daß es zwischen den Alliierten fast zum Krieg gekommen sei wegen der sächsischen Frage, darüber hinaus, daß man seine Entfernung von Elba an einen weiter von Europa abgelegenen Platz fordere.

So entschloß er sich zum Versuch, seine Herrschaft über Frankreich zurückzuerobern. Am 25. 2. 1815 schiffte er sich mit 1100 Mann ein. Am

1. 3. landete er bei Cannes, 20 Tage später hielt er einen triumphalen Einzug in Paris. Die ihm entgegengeschickten Truppen waren zu ihm übergelaufen. Napoleon gab sich als Verteidiger der von den Bourbonen bedrohten Errungenschaften der Revolution aus. Dabei setzte er auf die Notabeln und ließ durch Benjamin Constant eine liberale Verfassung ausarbeiten, die 1 300 000 Ja-Stimmen erhielt bei 4000 Nein-, aber 4 750 000 Enthaltungen! Und in der Vendée, in Bourdeaux, in Toulon brachen royalistische Aufstände los.

Daß Krieg kommen werde, stand für ihn fest, obwohl er seine Friedensbereitschaft laut verkündete. Die Alliierten bannten ihn denn auch im Namen Europas am 13. 3. 1815 und begannen ihre Truppen zu mobilisieren. Angesichts der Kräfteverhältnisse konnten ihn nur rasche Anfangserfolge vielleicht noch retten. So ergriff er sofort die Initiative. Mit einer Armee von 125 000 Mann, überwiegend aus bewährten Veteranen bestehend, rückte er gegen seine gefährlichsten Feinde, Engländer und Preußen, die sich in Belgien sammelten, los. Er schob sich wieder zwischen beide Heere, die er einzeln nacheinander zu schlagen hoffte. Fast wäre es ihm auch gelungen. Am 16. 6. besiegte er Blücher bei Ligny. Aber dessen Armee war nur erschüttert, nicht vernichtet. Napoleon, der sich nun gegen Wellington wandte, ließ die Preußen durch zu schwache Kräfte unter dem Marschall Grouchy verfolgen, noch dazu in falscher Richtung, nämlich nach Osten. Dorthin verlief die Rückzugsstraße der Preußen. Aber diese waren nach Norden geschwenkt, hatten ihre Basis aufgegeben, um sich mit den Engländern zu vereinen. Und ihr Erscheinen am 18. 6. 1815 in der Flanke des kaiserlichen Heeres entschied am Abend dieses Tages die Schlacht von Waterloo. Sie bedeutete die endgültige Vernichtung. Napoleon floh nach Rochefort und bestieg dort ein englisches Kriegsschiff. Er bat um Asyl, aber dieses wurde ihm verwehrt. Mit kleinem Gefolge verbannten ihn die Siegermächte nach St. Helena. Er hat diese Insel nie mehr verlassen, lebte dort noch sechs Jahre und starb am 5. 5. 1821 an Magenkrebs.

Auch in St. Helena hat er immer noch auf einen Umschwung gehofft, der ihn nach Frankreich zurückbringen könne. Und er hat auf St. Helena die Legende geschaffen, die für seinen Nachruhm so hohe Bedeutung erlangen sollte. In seinem Mémorial de St. Hélène hat er sich zum großen Europäer stilisiert, der diesem Kontinent die Errungenschaften der Revolution und damit die Brechung des Jochs des Feudalismus habe bringen wollen. Und um dieses Ziel zu erreichen, seien eben auch grausame Taten erforderlich gewesen, für die er durchaus die Verantwortung übernehme. Die «Napoleonischen Ideen», die er so schuf, wurden dann im 19. Jahrhundert noch einmal virulent und brachten seinen Neffen Louis als Napoleon III. auf den neuen Kaiserthron in Frankreich.

Als General hat Napoleon den Aufstieg zur Höhe der Macht geschafft, als General hat er die Macht wieder verspielt. Der Krieg war das

Element, das ihn trug. Mit Ausnahme einer kleinen Zeitspanne bestand seine Herrschaft in Frankreich nur aus Kriegen. Ohne den Feldherrn Napoleon zu kennen, kann man daher Napoleon nicht verstehen. Aber er war von Anfang an mehr als bloßer General, er war von Anfang an auch Politiker. Der Politiker Napoleon nun war es in erster Linie, der in den 15 Jahren seiner Herrschaft weiten Teile Europas seinen Stempel aufgedrückt hat. Das bürgerliche Zeitalter, dessen wichtigste Maximen im Code Napoléon Gesetz geworden sind, wäre ohne die Vollendung der Revolution und ihrer Prinzipien durch den Korsen nicht so rasch und wohl in anderer Form gekommen. Daß überall dort, wo das Grand Empire oder dessen Vasallenstaaten bestanden hatten, die Ideen der Freiheit, der Gleichheit vor dem Gesetz, der Wahrung des Besitzes mächtig wurden, ist nicht zu leugnen. Als Politiker hat Napoleon daher Bleibendes geschaffen. Aber schuf er dies nicht doch ohne letzte Absicht, ohne tieferen Willen? Hat dieser Despot die Freiheit wirklich geschätzt? Ermöglichte ihm nicht die Umsetzung der Errungenschaften der Revolution eine Straffung des Staatsapparats, die ihm militärische Machtmittel in die Hände gab wie das Ancien Régime sie nie gekannt hatte? Und war seine Außenpolitik nicht doch vom Streben nach Krieg und Eroberung getragen, solange auch nur noch eine unabhängige Macht in Europa einigermaßen gleich mächtig neben ihm stand? Sein Verhalten läßt uns diese Fragen mit ja beantworten. Hätte er nach einer geglückten Niederwerfung Rußlands und Errichtung eines europäischen Großreiches Ruhe gehalten, sich damit begnügt, Wohlstand und Sicherheit der Bewohner dieses Reiches zu fördern? Napoleon hatte nie Gelegenheit, uns diese Fragen zu beantworten. Soviel steht fest: Er war ein Mann des Krieges, der den Krieg zumindest so lange wollte, als England nicht besiegt war. Aber er war kein bloß destruktiver Geist, er hat Bleibendes geschaffen und dem Europa des 19. und 20. Jahrhunderts die Grundlagen gegeben, auf denen es immer noch beruht.

Hans-Ulrich Thamer

# LUDWIG XVIII.
## 1814–1824

*Ludwig XVIII. (Louis-Stanislas-Xavier), geb. 17. November 1755 in Versailles, Comte de Provence; nach der Hinrichtung seines älteren Bruders Ludwig XVI. im Januar 1793 rief er den Dauphin als Ludwig XVII. zum König aus und ernannte sich selbst zum Regenten, 1795 nahm er den Königstitel an. Nach Napoleons Abdankung zog er am 3. Mai 1814 als König von Frankreich in Paris ein. Gest. am 16. September 1824 in Paris, begr. in St. Denis.*
*Vierter Sohn des Dauphin Ludwig, dem ältesten Sohn von Ludwig XV. Mutter Maria Josepha von Sachsen. Brüder: Duc de Berry (Ludwig XVI.) und Comte d'Artois (Karl X.).*
*Heirat mit Louise-Marie-Josephine von Savoyen am 14. Mai 1771 in Versailles, Tochter von Victor-Amadeus III., König von Sardinien. Keine Kinder.*

Ludwig XVIII., so schrieb Chateaubriand wenige Tage nach des Königs Tod 1824, verstand sein Zeitalter und war ein Mann seiner Zeit. Es war ein Zeitalter der Umbrüche und Widersprüche, und einer doppelgesichtigen Janusgestalt glich Ludwigs Biographie. Sein Leben war die Geschichte des dynastischen Anspruches eines Prinzen aus dem Hause Bourbon, zunächst als Comte de Provence inmitten der «Süße des Lebens» im Ancien Régime, dann als Thronprätendent im Exil und schließlich als König von Frankreich. Geschichtliche Erfahrungen und politische Notwendigkeiten brachten ihn zu Einsichten und Zugeständnissen, die ihm nicht vorhergegeben waren. Aufgewachsen an dem prächtigsten Hof Alteuropas und dem europäischen katholisch-monarchischen Milieu verbunden, von den Erfahrungen und Niederlagen von über zwanzig Jahren Revolution und Exil geprägt, begründete er in Frankreich eine Verfassungsordnung, die das monarchische mit dem liberalen Prinzip zu verbinden suchte und zum Vorbild für die konstitutionellen Monarchien Europas wurde. Herrscher über ein Frankreich, das nach den Turbulenzen der Revolution und des napoleonischen Kaiserreichs wieder zutiefst monarchistisch geworden oder geblieben war oder zumindest die Monarchie als stabilisierendes Element hinnahm, war seine Regierung weder ein Anachronismus noch ein Fremdkörper in der Welt des frühen 19. Jahrhunderts. Und sie war weit davon entfernt, eine bloße Restauration (der vorrevolutionären Zustände) herbeizuführen, auch wenn sich im Zeitalter der Ideologien dieser Sprachgebrauch einbürgerte. Und noch ein Paradoxon kennzeichnete die politische Biographie Ludwigs XVIII. im Zeitalter der Revolutionen. Er war der erste französische Herrscher seit Ludwig XV., der auf seinem Thron starb. Und er sollte auch der letzte sein: Sein älterer Bruder Ludwig XVI. war in der Revolution 1793 hingerichtet worden, sein jüngerer, der ihm nachfolgte, flüchtete 1830 vor dem Ausbruch einer neuen Revolution ins Exil und sein Cousin Orléans sollte 1848 dasselbe Schicksal erleben. War Ludwig XVIII. also ein «glücklicher» Monarch, einer der sich für ein Jahrzehnt in Übereinstimmung mit dem Zeitgeist einer Notabelngesellschaft befand?

## Ein Prinz aus dem Hause Bourbon und seine Welt

Geboren wurde der spätere König Ludwig XVIII. am 17. 11. 1755, sechs Jahre später erhielt er den Namen Louis Stanislas Xavier. Das entsprach einer Tradition des Hauses Bourbon, das seine Kinder in den ersten fünf Lebensjahren ohne einen offiziellen Namen heranwachsen ließ. Der Name Louis schickte sich für einen französischen Prinzen; Stanislas erinnerte an seinen Großvater, Stanislas Leczynski, den früheren König von Polen, und Xavier kam von einem Heiligen, der in der Familie seiner Mutter, Maria-Josepha von Sachsen, eine besondere Verehrung genoß. Mit seiner Geburt erhielt er den Titel des Comte de Provence und war Mitglied nicht nur einer der bedeutendsten Familien Alteuropas, sondern auch Teil eines exklusiven dynastischen Netzwerkes, das das gesamte katholische Europa umfaßte: neben den Bourbonen die Häuser Habsburg, Savoyen, Wittelsbach und die Wettiner.

Mit sieben Jahren wurde der Comte de Provence, wie seine Brüder, der Duc de Berry (der spätere Ludwig XVI.) und der Comte d'Artois (der spätere Karl X.) der Obhut des Duc de La Vauguyon, einem frommen und sehr traditionalistischen Freund ihres Vaters, übergeben. Unter seiner Aufsicht und der des Bischofs von Limoges erhielten die Prinzen eine umfassende Erziehung und Unterweisung in den wichtigsten Wissensgebieten der Zeit: in die Religion, in das Altertum, die Mathematik und in die Geschichte. Vater und Mutter des jungen Prinzen, die für die Strenge ihrer religiösen Grundsätze bekannt waren, überwachten bis zu ihrem frühen Tod (1765 bzw. 1767) selbst die Erziehung und waren erfreut über die Intelligenz des jungen Comte de Provence, der darin seine Brüder weit übertraf.

Noch vor seinem 16. Geburtstag, im April 1771, erhielt er einen eigenen Haushalt und einen Monat später eine Ehefrau, Louise-Marie-Joséphine von Savoyen, Tochter von Victor Amadeus, König von Sardinien. Das bedeutete den endgültigen Eintritt in die höfische Gesellschaft mit ihren Intrigen und Vergnügungen. Spiele, Theater und Bälle, fast jeden Abend in Versailles oder in Paris, erfüllten die Jahre vor allem bis zum Tode von Ludwig XV., dem Großvater, im Jahre 1774. Politischen Ein-

fluß oder Macht hatte der Prinz nicht, auch wenn sein Tageslauf eingebunden war in die höfischen Pflichten und Zeremonien, in die Empfänge, Audienzen, die Levers und Couchers des Prinzen umgeben von seinem Haushalt. Zu den Pflichten auf der öffentlichen Bühne gehörten überdies Reisen in die Provinz. Den größten Teil des Tages verbrachte der Prinz in seinem Kabinett mit Lektüre oder der Führung seiner Geschäfte. Er besaß nicht nur eine ungewöhnlich große Bibliothek mit über 11 000 Bänden, sondern zeigte einen ebenso außergewöhnlichen Geschäftssinn, der ihn im Überseehandel und in Manufakturen aktiv werden ließ sowie in der Grundstücksspekulation. Neben der Zeit, die er finanziellen Transaktionen widmete, verbrachte er viele Stunden mit einer Leidenschaft vieler Prinzen, dem Bauen und Sammeln. Daneben galt dem Essen eine andere Leidenschaft des Prinzen, von dem man schon 1777 sagte, er sei dick wie eine Tonne. Das hatte schließlich zur Folge, daß der Prinz sich immer weniger der Jagd widmete und einer der wenigen Bourbonen wurde, von denen man nicht sagen konnte, daß sie die Hälfte ihres Lebens im Sattel eines Pferdes verbrachten.

Mit dem Regierungsantritt Ludwigs XVI., des älteren Bruders, am 10. 5. 1774, hatten politische Bewegungen und Konflikte auch das Leben der Prinzen berührt. Louis und seine Ehefrau, die nun Monsieur und Madame genannt wurden, wie das dem ältesten Bruder des Königs zustand, hatten – vergeblich – gehofft, daß er zum Mitglied des Ministerrates ernannt würde. Was ihm eingeräumt wurde, war die Möglichkeit der Mitsprache bei der Wiederzulassung der Parlamente, der ersten wichtigen und folgenreichen Entscheidung Ludwigs XVI. Monsieur teilte die Meinung der Gruppe um den Herzog von Aiguillon und sah in der Entscheidung ein fatales Zurückweichen der Krone. Nachdem dieser Dissens publik geworden war, blieben dem Prinzen nur der Glanz und die Würde seines Ranges, aber es mangelte ihm an jedweder politischen Macht oder Einflußmöglichkeit. Die Tatsache, daß seine Ehe nach zwei Fehlgeburten kinderlos blieb, mußte seine Stellung in einer patriarchalischen Gesellschaft noch weiter schwächen. Ohne die Hoffnung, seine politischen Ambitionen befriedigen zu können, blieb ihm der neidische Blick auf die Macht des älteren Bruders, mit dem ihm hinter aller Etikette ein Verhältnis der kühlen Distanz und Abneigung verband, waren die beiden Brüder doch in Temperament, Esprit und Geschmack sehr verschieden.

## Revolution und Emigration

Mit der Finanz- und Staatskrise des Ancien Régime und der Pre-Révolution kam die ersehnte Chance, endlich eine politische Rolle spielen und in den Staatsrat einziehen zu können. Seit der Einberufung der Notabelnversammlung am 22. 2. 1787 saß er den Treffen der vereinten Ausschüsse der Notabeln vor und war Präsident des ersten Büros, während sein jüngerer Bruder, der Comte d'Artois sowie fünf weitere Prinzen von Geblüt den übrigen Büros vorstanden. Es schien, als hätten im Moment der Krise alle männlichen Mitglieder des Hauses Bourbon von der Regierung Besitz ergriffen. Was sie dabei bewirkten, war einzig die Demontage der absoluten Monarchie und deren Repräsentanten. So attackierte Monsieur unter öffentlichem Beifall die Macht der Intendanten und trug mit zum Sturz des Generalkontrolleurs Calonne bei, der zum Ausgleich des defizitären Staatshaushaltes auch die Steuerfreiheit der Privilegierten antasten wollte. In der Notabelnversammlung setzte der Comte de Provence sich für die Rechte des Adels ein, verstand er doch im traditionellen Sinne die königliche Familie vor allem als die Spitze einer aristokratischen Gesellschaft. Daß er dem Dritten Stand Stimmrecht zubilligen wollte und daß in der zweiten Notabelnversammlung vom November 1788 sein Büro das einzige war, das einer Verdoppelung der Zahl der Deputierten des Dritten Standes zustimmte, verschaffte ihm zwar den Ruf, Anhänger einer gemäßigten Reform zu sein, gab ihm aber wenig politischen Einfluß, denn die politische Entwicklung hatte sich mittlerweile radikalisiert und polarisiert.

Louis saß neben dem König bei der Eröffnung der Generalstände am 3. 5. 1789 und erlebte den revolutionären Sommer von 1789 in Versailles, als der Konflikt der Stände in einen Konflikt der Parteien und in einen offenen Kampf um die Macht und ihre Legitimation mündete. Im Staatsrat vom 21. und 22. 6. 1789 wandte er sich zusammen mit Artois gegen den Plan von Minister Necker, die drei Stände zu vereinigen. In der königlichen Sitzung am 23. 6. ließ der König, unterstützt von seinen beiden Brüdern, schließlich zwei Erklärungen verlesen, die die Grenzen seiner Reformbereitschaft markierten. Sie lagen dort, wo die traditionelle Rangordnung der aristokratischen Gesellschaftsordnung berührt wurde. Sie wollten nur die Reformen akzeptieren, die auch die Aristokratie akzeptierte. Mit der Weigerung des Dritten Standes, weiter nach Ständen getrennt zu verhandeln und der trotzigen Feststellung des Deputierten Bailly, die versammelte Nation habe keine Befehle entgegenzunehmen, begann eine neue Zeit und innerhalb eines Monats war die glänzende Fassade der königlichen Autorität eingestürzt.

Nach dem Sturm auf die Bastille verließen der Comte d'Artois und der Prinz von Condé das Land, während der Comte de Provence blieb, unschlüssig über den Weg, die Idee einer gemäßigten Monarchie zu bewahren. Dem König hatte er nach dem 17. 7. ein Schriftstück vorgelegt, in dem dieser gegen alle Maßnahmen protestierte, denen er seine Zustimmung nur unter Zwang gegeben hätte, und in dem er – sollte es zu Gewalt kommen – seinen Bruder zum lieutenant-général des Königreiches erklärte. Sein Ehrgeiz trieb ihn, auch nachdem er am 5. 10. 1789 mit dem gesamten Hof unter dem Druck der Revolutionäre nach Paris gegangen war und im Palais Luxembourg unter Kontrolle der Nationalgarde lebte, zu Aktivitäten, die den König trafen und ihn selbst kompromittierten. Zugleich öffnete sich damit eine politische Welt der Intrigen und Komplotte, der illusionären Hoffnungen und Angstträume, die für die nächsten 25 Jahre sein Leben bestimmen sollten. Dazu gehörten Fluchtpläne für den König, die er mit Mirabeau ausheckte; vor allem das abenteuerliche Komplott des nicht weniger abenteuerlichen Marquis de Favras vom Dezember 1789, der mit 30 000 Mann La Fayette und Bailly verhaften und umbringen, den König hingegen entführen und nach Peronne bringen wollte. Dieser Handstreich sollte in Absprache mit Monsieur geplant worden sein, der aber am 26. 12. auf Anraten Mirabeaus in einer Rede vor der Versammlung der revolutionären Pariser Commune dies alles bestritt und sich dabei, inspiriert von Mirabeau, als Citoyen und Anhänger einer Revolution bekannte, die die königliche Autorität mit der nationalen Freiheit verbinden sollte. Auch wenn die Zusammenhänge der Favras-Affäre immer im geheimnisvollen Zwielicht bleiben dürften, so hat der Vorfall den Prinzen als illoyal gegenüber seinem Bruder und als schwach und feige in seinem politischen Handeln erscheinen lassen; ein Vorwurf, der schließlich von Mirabeau erhoben wurde und Zeit seines Lebens wiederholt werden sollte. So änderte Louis im Laufe der ersten Jahre der Revolution nicht nur immer wieder seine Meinung und taktische Einstellung, sondern er blieb, allen ehrgeizigen Bemühungen zum Trotz, auch eine politisch unbedeutende Figur, sei es aus eigener Unfähigkeit, sei es auf Grund der Umstände.

So blieb ihm nur noch der Rückzug in die Routine seines Hoflebens, das nur durch eine Demonstration vor dem Palais Luxembourg am 22. 2. 1791 unterbrochen wurde, als eine aufgebrachte Menge ihm vorwarf, zusammen mit den Tanten des Königs die Flucht vorbereitet zu haben. Zwar konnte er die Menge mit der Versicherung beruhigen, daß er treu zur Verfassung und zum König stünde, doch sollte bald offenkundig werden, daß dies bloß der Verstellung diente. Im Juni 1791 floh er zur selben Zeit wie der König aus dem Land, nur daß seine Flucht erfolgreicher verlief und ihn in die österreichischen Niederlande und bald nach Koblenz führte. Es begannen die Jahre der Emigration, eines unsteten Lebens von einem Unterschlupf zum andern, das nur noch wenig von dem einstigen Glanz zu bieten hatte. Zugleich überquerte er damit die Grenze zwischen der Welt der Revolution und der der Gegenrevolution.

In Brüssel traf Louis am 27. 6. 1791 seinen jüngeren Bruder, den Comte d'Artois, den Führer der Gegenrevolution und dessen Anhänger. Der Empfang war kühl und Provence sah sich gezwungen, sich zu den politischen Positionen seines Bruders Artois zu bekennen, die er selbst während seiner Gefangenschaft in Paris nicht habe äußern können. Damit nahm er zurück, was er im Dezember 1789 im Pariser Rathaus feierlich verkündet hatte. Zweifellos eine Demütigung für einen Prinzen, der so viel auf seinen Stolz und seine Würde gab. Am 7. 7. traf Monsieur in Koblenz ein, dem Hauptquartier der gegenrevolutionären politischen, diplomatischen und militärischen Aktivitäten während der kommenden 12 Monate.

Koblenz war in vielerlei Hinsicht eine neue Welt. Der Haushalt des Prinzen veränderte sich; in der radikalen Ablehnung der Revolution trafen sich Angehörige von sozialen Gruppen, die früher weniger Berührung hatten, Angehörige des Provinz- und Militäradels, des Robenadels und des früheren Dritten Standes. Außerdem verstand man sich als Soldat und trug – so auch Louis – Uniform. Und auch der Hof, den die beiden Prinzen sonntags und donnerstags im kurfürstlichen Palais hielten, hatte einen militärischen Charakter. Politische Bekenntnisse und Loyalitäten sowie militärische Ränge wurden allmählich wichtiger als der soziale Status. Das mußte auch der Comte de Provence spüren, der in der Welt der Emigration bald von seinem jüngeren Bruder überragt wurde: Was jetzt zählte waren Energie, Selbstbewußtsein und Überzeugungskraft und nicht Würde, Mäßigung und Bildung. Denn nun war man Prinz und Parteiführer zugleich. Bei politischen Verhandlungen, wie dem Treffen mit dem österreichischen Kaiser und dem preußischen König in Pillnitz im September 1791, und bei den alltäglichen Entscheidungen in Koblenz, überall und immer sah sich Louis gegenüber seinem Bruder im Hintertreffen, was keinem Beobachter verborgen blieb.

Gegenüber dem königlichen Bruder, der auch trotz der Deklaration von Pillnitz, dem eigenen Land und seiner Verfassung treu bleiben wollte, gingen die Brüder in Koblenz auf Distanz. Das machten sie in einem offenen Brief vom September 1791 deutlich, in dem sie nicht nur an traditionellen Vorstellungen von monarchischer Herrschaft und ihrer Legitimation, sondern auch an ihrem intransigenten Kurs, ungeachtet des persönlichen Schicksals der königlichen Familie festhielten. Sie meinten, einzig im Interesse der französischen Monarchie zu handeln und dies stellvertretend für den königlichen Bruder, der ihr Vorgehen billigen würde, wäre er nur frei.

Ihre Aktivitäten in Koblenz, die alles andere als gut organisiert waren, richteten sich auf zwei Dinge: die Aufstellung einer Armee und die immer ungeduldigeren diplomatischen Versuche und Pressionen, die europäischen Mächte zu einer Invasion in Frankreich zu bewegen. Für beides brauchte man Geld, und so waren die Prinzen während der gesamten Jahre der Emigration damit beschäftigt, von den europäischen monarchischen Mächten finanzielle Unterstützung zu bekommen. Da das Geld trotz beträchtlicher Subsidien – so erhielt man 1791 immerhin 6,84 Millionen livres – nicht reichte, griff man auch zur Fälschung: Falsche Assignaten und andere ausländische Währungen wurden in Umlauf gebracht, und das Beispiel der beiden Prinzen machte Schule. Der politische Zweck heiligte die Mittel, das Ansehen der Monarchie litt freilich dadurch ganz beträchtlich.

Der Haß auf die Revolution ging so weit, daß die beiden Prinzen, die gerade auf Beschluß der Pariser Nationalversammlung enteignet worden waren, mit Erleichterung und Freude auf die französische Kriegserklärung an den «König von Ungarn» reagierten; denn den Krieg gegen das eigene Vaterland hatte man schon längst eröffnen wollen, nur fehlten bislang die Mittel. Die Revolutionäre waren der Emigration zuvorgekommen, die nun ihrerseits hoffte, durch den Krieg der Revolution ein Ende bereiten zu können.

Monsieur nahm am Feldzug in der Armee des Prinzen von Condé teil. Im August 1792 verließ er Koblenz, einen Berg von Schulden hinterlassend, an der Spitze von 6000 Mann, um sich mit der preußischen Armee zu treffen, der das Heer der Emigranten militärisch untergeordnet war. Die Prinzen schlugen ihr neues Hauptquartier in Verdun auf und sahen sich dort im Nordosten Frankreichs mit einer neuen politischen Realität konfrontiert, die sie weit weniger gründlich zurückverwandeln konnten als sie dies in ihrer gegenrevolutionären Rhetorik angekündigt hatten. Man beschränkte sich einstweilen darauf, die Symbole der Revolution zu zerstören: die Uniformen der Nationalgarde, die Kokarden und Freiheitsbäume. Nach der Schlacht von Valmy, an der sich die Emigrantenarmee wieder nicht beteiligen durfte, ordnete die preußische Heerführung den Rückzug an, und die Prinzen mit ihrer Truppe mußten ihnen folgen. Sie mußten nicht nur ihre Hoffnungen aufgeben, sondern Louis hatte bei seinem überstürzten Aufbruch überdies noch viele seiner Papiere verloren, die in die Hände der Revolutionstruppen fielen. Darunter war auch ein Brief an seinen Bruder Ludwig XVI., der bald im Prozeß gegen den König ein wichtiges Beweisstück darstellen sollte.

Nach einem Rückzug voller Demütigungen erhielten die Prinzen schließlich Ende Dezember 1792 vom preußischen König Asyl im westfälischen Hamm. Dort erwartete sie nicht nur ein tristes Dasein mit wenig Höflingen und in beinahe völliger Zurückgezogenheit, sondern sie erhielten zudem bald nach ihrer Ankunft am 26. 1. 1793 die Nachricht von der Hinrichtung Ludwigs XVI. in Paris. Mehr noch, die beiden Prinzen mußten sich hinfort sagen lassen, daß sie mit ihrer starren und skrupellosen Politik eine gewisse Mitschuld am Tode des Bruders trugen. Unmittelbar nach der traurigen Nachricht aus Paris proklamierte der Comte de Provence den Dauphin zum neuen König Ludwig XVII., nahm selbst den Titel eines Regenten an und ernannte Artois zum lieutenant-générale des Königreiches.

Eine neue Phase im Exil begann, gekennzeichnet durch Resignation, Isolation und Geldnot. Eine Zeit des erneuten Wanderlebens quer durch Europa und der ständigen Notwendigkeit, fremde Regierungen um Aufenthaltserlaubnis und Unterstützung ersuchen zu müssen. Selbst am Hof seines Schwiegervaters in Turin war er ein unwillkommener und kompromittierender Gast. Und auch um seine persönliche Sicherheit mußte er immer wieder fürchten. Die monarchische Solidarität der europäischen Fürstenhöfe fing letztendlich die beiden Prinzen immer wieder auf, politisch-kulturell und finanziell. Der dynastische Stolz war die Triebkraft, die Louis in den tristen Jahren des Exils aufrecht erhielt.

Nach dem Tod seines Neffen Ludwig XVII. im Juni 1795 ließ sich der Comte de Provence von wenigen Getreuen in einem bescheidenen Salon in Verona zum König Ludwig XVIII. proklamieren. Fortan betrachtete er sich nicht mehr als Prinz oder Politiker mit privaten und individuellen Neigungen, sondern als König und damit als Institution, auch wenn nur die wenigsten europäischen Fürsten aus machtpolitischer Vorsicht bereit waren, dieses für den Augenblick anzuerkennen. Immerhin verfügte er damit über ein größeres Gefolge, hatte zwei Minister und war Mittelpunkt der Familie.

Zu den wichtigsten Beschäftigungen im Exil gehörte – und auch das war Beleg dafür, daß man sich auf neue Zeiten einstellen mußte – die Erarbeitung eines politischen Programmes, das bei der Rückkehr nach Frankreich zur Richtlinie des Handelns werden sollte. Und Chancen zu einer solchen Rückkehr schien es zwischen 1795 und 1800 mehr denn vorher und nachher zu geben. Ein erstes Manifest verfaßte Louis in Hamm schon im Januar 1793; es folgte die Erklärung von Verona vom Juli 1795. War die erste Verlautbarung voller bitterer Attacken gegen die Revolution, die er als Block behandelte und verurteilte, und durch sehr allgemeine, aber entschiedene Forderungen nach der Rückkehr zur alten Ordnung bzw. die radikale Absage an alle Reformmaßnahmen charakterisierte, so zeigte Verona schon einen Fortschritt: Der König im Exil versprach, die Gleichheit vor dem Gesetz und das Recht auf freien Zugang zu allen Ämtern anzuerkennen, und er drohte nur den Königsmördern mit Vergeltung.

Seit 1796 begann Ludwig XVIII., sich von Extrempositionen der Jahre 1793–1795 allmählich zurückzuziehen und sich jener Mäßigung zu verschreiben, die dann im Verfassungskompromiß der Charte von 1814 enden sollte. Allmählich begriff er, welche abstoßenden Folgen auf die öffentliche Meinung in Frankreich seine Forderungen nach Vergeltung und Wiederherstellung der alten Ordnung der Monarchie haben mußten. Zumindest die materiellen und rechtlichen Ergebnisse der Revolution mußte man anerkennen, wollte man die neuen sozialen Machtgruppen für sich gewinnen. 1797 gab er in der Erklärung von Blankenburg den Gedanken der Vergeltung, auch gegen die Königsmörder, völlig auf und auch eine Mitwirkung des Landes, freilich noch immer in Generalständen organisiert, schien denkbar. 1799 schlug er vor, die administrativen und judikativen Strukturen der Revolution beizubehalten; ein Jahr später war er bereit, auch vom restaurativen Traum der «Alten Verfassung des Königreiches» Abschied zu nehmen. Als er schließlich 1805 nach einer monarchischen Alternative zur von ihm als Farce verspotteten Krönung Napoleons suchte, versprach er, die neuen Realitäten und den Willen der Nation bei der Wiedereinführung einer Monarchie anzuerkennen, d. h. Verwaltung, Justiz und auch die Armee; ferner eine allgemeine Amnestie für alle, die sich nicht gegen eine Restauration stellten.

Wie sich eine Rückkehr der Bourbonen auf ihren Thron bewerkstelligen könnte, dazu gab es verschiedene Wege und Hoffnungen. Ludwig setzte auf alle von ihnen, je nach politischer Großwetterlage, und mußte schließlich ihr Scheitern erleben. Das gilt sowohl für den Weg über einen europäischen Krieg und eine Invasion der europäischen Monarchien wie für die Hoffnung auf Gewaltanwendung und Bürgerkrieg im Inneren. Zwischen 1793 und 1801 war Frankreich fast ununterbrochen im Krieg mit anderen europäischen Mächten, doch deren Unterstützung für die Sache der Restauration der Bourbonen hielt sich in Grenzen. Mit der Niederlage des gegenrevolutionären Aufstandes in der Vendée Ende 1793 und dem Desaster der Landung von Emigrantentruppen bei Quiberon 1795 waren die Hoffnungen auf einen Umsturz von innen gescheitert, und Ludwig schwor allen zukünftigen Abenteuern dieser Art ab. Die royalistische Gewalt war ein Fehlschlag, und es war zu keiner Zeit sicher, daß die Aufständischen wirklich eine Restauration im Sinne der Bourbonen und Ludwigs wollten.

So blieb die Hoffnung auf den parlamentarischen friedlichen Weg zurück zur Macht, und zwischen 1796 und 1797 gab es einige Hoffnungsschimmer, zumal die Stimmung im Land sich immer stärker gegen die Revolution richtete und einer Rückkehr zur Monarchie immer geneigter schien. Das war auch der Hintergrund für die gemäßigteren Programme dieser Jahre, mit denen der König seine Agenten nach Frankreich schickte. Tatsächlich verliefen die Wahlen recht erfolgreich, doch das Direktorium besaß weiterhin die Macht und die Kontrolle vor allem über die Hauptstadt. Ende 1799 riß der siegreiche General Napoleon Bonaparte die Macht an sich und verband auf erfolgreiche Weise die Errungenschaften der Revolution mit dem Bedürfnis nach Ordnung, Autorität und Grandeur. Die Hoffnungen der Royalisten waren dahin, und auch die Versuche Ludwigs, sich mit schmeichlerischen Briefen an die erfolgreichen Generäle der Republik, vor allem an die Adresse Bonapartes, zu wenden, um diese von der Notwendigkeit einer monarchischen Restauration zu überzeugen, blieben ohne Ressonanz. Er möge sein eigenes Interesse der Ruhe und dem Glück Frankreichs opfern, antwortete der Erste Konsul im Frühjahr 1800 dem glücklosen Bourbonen im Exil. Politische Mißerfolge und Fehleinschätzungen hatten den Weg der beiden Prinzen in der Emigration begleitet, und so konnte Napoleon spotten, daß die beiden unfähig zur Tugend und zur Tatkraft seien. Friedfertigkeit und Mäßigung waren erst wieder politisch gefragt, als der charismatische Kaiser, auf Erfolge als Mittel der Legitimation angewiesen, der Nation nur Krieg, Blutvergießen und Tyrannei brachte. Dann fand die Stimme Ludwigs XVIII. wieder Gehör, der das napoleonische Empire als ein System der Heimtücke, der Gewalt und des schrankenlosen Ehrgeizes anprangerte.

Darum hatte er 1803 das Angebot Napoleons abgelehnt, als Gegenleistung für seinen Thronverzicht ein eigenes Territorium zu erhalten. «Wir haben alles verloren», antwortete Ludwig auf diese Offerte, «außer unserer Ehre.» Sein feierlicher Protest gegen die Proklamation des Kaiserreichs, den er von Warschau aus an alle europäischen Fürsten schickte, verhallte freilich ungehört.

Die militärischen Eroberungen des Korsen trieben Ludwig immer weiter von Frankreich weg, und der Frieden von Tilsit im Juli 1807 veranlaßte ihn, auch sein Refugium im kurländischen Mitau aufzugeben. Es blieb der Weg nach England, das von Napoleons imperialem Zugriff verschont war und mehr denn je zum Zentrum aller antinapoleonischen Aktivitäten geworden war. Schließlich gestattete die britische Regierung Ludwig die Einreise auf die Insel unter der Bedingung, daß er nicht als König von Frankreich aufträte und sein Aufenthaltsort wenigstens 50 Meilen von London entfernt läge. Noch war er nicht in völlige Vergessenheit geraten und stellte einen politischen Faktor bzw. eine Institution dar. Nach seiner Landung am 2.11.1807 hielt er sich für einige Zeit in Gosfield, danach in Wanstead und schließlich auf Schloß Hartwell auf, finanziell sehr großzügig von der britischen Regierung unterstützt. Im englischen Exil nahm das private Leben notgedrungen einen größeren Raum ein als das offizielle, auch wenn sich hier aus der übergroßen Schar der Emigranten, die in England lebten, die personellen Konturen des späteren Hofes herausbildeten. Seine Spuren hinterließ der siebenjährige Aufenthalt in England auch in vielen privaten und persönlichen Dingen: Ludwig verlor seine Frau, die am 10.11.1810 starb, danach seinen engsten Vertrauten, den Duc d'Avaray, der 1813 verstarb. In England erreichte Ludwig aber auch jene Korpulenz, die ihm das statuarische Aussehen eines veritablen Souveräns verlieh; zugleich wurde er von Krankheiten heimgesucht, die ihn zeitweise an den Rollstuhl fesselten und ihn auch während und nach seiner Rückkehr nach Frankreich erheblich behinderten.

Voraussetzung für die Rückkehr der Bourbonen waren die militärischen Niederlagen Napoleons und das Vorrücken der Alliierten 1813 ebenso wie eine wachsende Abneigung und Verachtung der Franzosen für das Empire, begleitet von verschiedenen Manifestationen royalistischer Überzeugungen. Nun erschien die Wiederherstellung der Monarchie wie die Hoffnung auf Frieden, Gleichgewicht und Ordnung. Dem kam Ludwig mit einer Erklärung vom 1.2.1813 entgegen, in der er

Einheit, Frieden und Glück sowie die Beibehaltung aller administrativen und judikativen Strukturen und den Verzicht auf Vergeltung und Verfolgung versprach. Unterstützt wurde die Rückkehr der Bourbonen schließlich auch von der britischen Regierung, der Ludwig versicherte, daß die Bourbonen-Herrschaft im Einvernehmen mit dem Willen der Nation wieder eingeführt werden könnte. Im Januar 1814 verständigten sich Ludwig, Artois und seine beiden Söhne in Hartwell über das weitere Vorgehen: Man rechtfertigte die Restauration der Monarchie mit dem Willen der Nation und bat die britische Regierung um finanzielle und logistische Unterstützung bei der Rückkehr von Artois und seinen Söhnen, denen Ludwig später folgen sollte.

## Die erste Restauration

Am 3.2.1814 trafen die Prinzen auf britischen Kriegsschiffen in Frankreich ein und mußten feststellen, daß man sie mit wenig Begeisterung empfing. Das hatte sicherlich mit den militärischen Zwischenerfolgen Napoleons zu tun, war aber wohl ein Hinweis darauf, daß Ludwigs Behauptung, die Restauration basiere auf dem Willen der gesamten Nation, eine kühne Unterstellung war. Einzig der Empfang des Duc d'Angoulême in Bordeaux am 12.3. war ein großer Erfolg, was den Bourbonen neuen Auftrieb gab. Am 31.3. eroberten die alliierten Truppen Paris, eine provisorische Regierung unter dem wendigen Talleyrand unter Einbeziehung des Abbé de Montesquiou, eines Vertrauten Ludwigs XVIII., wurde gebildet, der Senat erklärte Napoleon für abgesetzt und proklamierte am 7.4.1814 Louis-Stanislas-Xavier zum König der Franzosen, wenn er bereit war, ihre Verfassung zu akzeptieren.

Es war die Idee einer liberalen Monarchie, die der Senat entwickelte, die Rückkehr zur Verfassung der Monarchie von 1791/92, das Konzept eines Herrschaftsvertrages zwischen König und souveränem Volk. Der russische Zar und Talleyrand traten für diese Verfassung ein. Alles hing nun von Ludwig XVIII. ab.

Der König selbst war durch sein Gichtleiden zunächst noch reiseunfähig und konnte erst am 20.4. Hartwell verlassen, um dann über London und Dover mit Unterstützung der britischen Regierung am 24.4. nach Frankreich aufzubrechen. Der triumphale Empfang in Calais hat seine starre Haltung vielleicht noch unterstützt, auf jeden Fall wollte er von einer Inthronisierung nichts wissen und behauptete statt dessen eine Kontinuität, die nur durch äußere Ereignisse unterbrochen worden war. Bei seiner Ankunft bekräftigte er das: «Nach zwanzig Jahren der Abwesenheit gibt mir der Himmel meine Kinder wieder.» Er wollte nicht «Louis-Stanislas-Xavier» sein, sondern «Louis XVIII par la grace de Dieu Roi de France et de Navarre» und betrachtete den Senat, der ihm die Königswürde angetragen hatte, als Komplizen der Verbrechen

Bonapartes. Die Fahne von Ludwigs Monarchie sollte darum auch die weiße Fahne der Legitimität und nicht die Trikolore von Revolution und Empire sein.

Es ging mithin um den Charakter der Monarchie und damit auch die Funktion der Verfassung und ihrer Organe. Sollte Ludwig XVIII. als Nachfolger Napoleons, als Erbe Ludwigs XVI. oder als Mandatar der provisorischen Regierung herrschen? Sollte er das Ancien Régime wiederherstellen, ganz ohne Verfassung und so, als ob nichts gewesen wäre? Wenn schon eine Verfassung notwendig war – und dazu hatte sich Ludwig seit 1804 wiederholt bekannt –, dann sollte sie vom Monarchen kraft eigener Autorität gewährt werden. Der Verfassungsentwurf des Senats war mit der Erklärung von Saint-Ouen vom Tisch; eine Verfassungskommission aus Vertretern des Senats, der Gesetzgebenden Körperschaft und drei Vertrauten des Monarchen erarbeitete einen Entwurf, der die Versöhnung der beiden Frankreich gewährleisten sollte. Ludwig hat an der Ausarbeitung selbst keinen Anteil gehabt, aber er machte die neue Verfassungsordnung zu seiner Sache, als am 4. 6. 1814 der Text feierlich verkündet wurde. Nun war nicht mehr von «Verfassung», sondern von einer «Verfassungsurkunde» (Charte constitutionelle) die Rede, die der König erließ. Ludwig XVIII. lenkte zwar nicht ein bei seiner Legitimation aus göttlichem Recht, um sich vom Prinzip der Revolution zu distanzieren. Aber er berücksichtigte die politischen, rechtlichen, administrativen und sozialen Veränderungen, die Revolution und Empire herbeigeführt hatten.

Die ersten Artikel der Charte über das öffentliche Recht der Franzosen bekräftigten die Grundsätze der bürgerlichen Gleichheit und Freiheit, anerkannten den Verkauf der Nationalgüter und versprachen Nachsicht für das Verhalten bei Abstimmungen während der Revolution, was auch die sogenannten «Königsmörder» aus der Zeit des Konvents einbezog. Der König besaß die Exekutivgewalt und das Recht, die Abgeordnetenkammer aufzulösen bzw. die Pairskammer zu ergänzen. Charakteristisch für den Verfassungskompromiß war die Ausgestaltung der nationalen Repräsentation. Die gesetzgebende Gewalt wurde auf zwei Kammern verteilt. Einerseits die Versammlung der Pairs, die auf Lebenszeit gewählt wurden oder ihre Würde geerbt hatten und vom König ernannt wurden, andererseits die Abgeordnetenkammer, die durch eine doppelte Sperre vor radikalen Tendenzen gesichert war: durch die indirekte Wahl mittels eines Wahlmännerkollegiums und durch einen hohen Wahlzensus, der nur die Reichen, die über 300 Francs direkte Steuern zahlten, an der Abstimmung teilnehmen ließ. Mehr noch, um gewählt werden zu können, mußte man mindestens 1000 Francs direkte Steuern bezahlen und ab vierzig Jahre alt sein. Die Minister waren dem König verantwortlich, konnten jedoch aus den beiden Kammern stammen, was die Tendenz zur Parlamentarisierung der Entscheidungen förderte.

Wichtigstes Recht der Kammern war die Entscheidung über den Haushalt.

Auch die Mäßigung bei den personalpolitischen Säuberungen, die den Regimewechsel begleiteten, demonstrierte den Willen zum Ausgleich. Die Mehrzahl der Präfekten blieb im Amt, auch in der organisatorisch veränderten Polizei wurden nur die entlassen, die als besonders kompromittiert galten. Der oberste Staatsanwalt wurde entlassen, die bonapartistischen Mitglieder des Staatsrates durch eine institutionelle Umbildung ausgeschaltet, ohne daß man sie förmlich entlassen mußte. Die Politik der Mäßigung und des Vergessens war nach einem Diktum Chateaubriands darauf ausgerichtet, diejenigen, die dem König gedient hatten, nicht von denen zu trennen, die der Nation gedient hatten. Nur die Extremisten jedes Lagers sollten ausgeschlossen bleiben; wirklich unzufrieden waren nur die entschiedenen Gegenrevolutionäre, aber auch die Armee blieb bonapartistisch, während das liberale Bürgertum sich vor allem an der Charte und nicht an der Dynastie orientierte.

Die fragile Basis der Versöhnungspolitik wurde bald durch ein ungeschicktes und vom Nicht-Vergessen-Wollen geleitetes Verhalten der royalistischen Anhänger des Königs in Frage gestellt. Die Verbitterung über die Bestimmungen des ersten Friedens von Paris vom 30. 5. 1814, der Frankreich in die Grenzen von 1792 zurückversetzte und es zur Übergabe zahlreicher Festungen und von Kriegsgerät zwang, trieb die Nationalisten in die Arme Bonapartes. Die Entlassung bzw. Zurückstufung von zahlreichen napoleonischen Offizieren sowie ihre Ersetzung durch Offiziere aus dem Lager der Emigranten taten ein übriges. Schließlich sahen sich die Erwerber von Nationalgütern Drohungen von früheren Besitzern ausgesetzt. Unzuträglichkeiten und Unzufriedenheiten im Alltagsleben, beispielsweise über die Steuerpolitik, häuften sich. Die neue Freiheit brachte mehr Unsicherheit und Beunruhigung, und es gab weder die Möglichkeit, davon durch Krieg und nationale Anspannung abzulenken, noch war der König energisch und überzeugend genug, um diese kritische Situation durch neue Impulse zu überwinden. Statt dessen tat er alles, um die Ambitionen der zurückgekehrten Emigranten und das eigene selbstgefällige Bedürfnis nach Würde und Rang zu befriedigen.

Die Rückkehr Napoleons und die «Hundert Tage» seiner erneuten Herrschaft sollten die Schwächen der sich liberal gebenden Monarchie aufdecken, aber auch ihre Vorzüge. Der König hatte am 18./19. 3. zu mitternächtlicher Stunde Hals über Kopf und in großer Furcht vor einer möglichen Gefangenschaft Paris verlassen. Das Scheitern seiner Politik und seine eigene Wankelmütigkeit waren offenkundig; weder hatte er den Mut, für seine Sache einzutreten, noch hatte er eine Vorstellung davon, wie und wohin er seinen Rückzug organisieren sollte. In seiner Resignation zog es ihn, wie einer seiner Vertrauten beobachtete, geradewegs zurück nach Hartwell, um aber schließlich doch in Ostende haltzumachen. Andererseits hatte ein großer Teil der Bevölkerung genug von dem Empire und den militärischen Belastungen, die die Rückkehr des Kaisers wieder mit sich brachte. Viele Beamte blieben überdies dem König treu. Das Plebiszit von 1815, mit dem Napoleon sich seine liberale, aber keineswegs demokratische Verfassungsänderung absegnen lassen wollte, brachte eine hohe Zahl von Stimmenthaltungen. Die Begeisterung für den Kaiser war dahin. Das Bürgertum blieb mißtrauisch. Napoleon konnte sich nur auf die Armee, auf einige Arbeiter in den Städten sowie auf die Bauern in Ostfrankreich stützen. Im Süden, Westen und Teilen des Nordens stieß er auf offene Ablehnung. Es häuften sich die royalistischen Aufrufe, schließlich kam es am 3. 5. 1815 im Westen zur offenen Revolte. Der Aufstand band wichtige Truppenteile, die dem Kaiser beim Feldzug gegen die alliierten Truppen in Belgien fehlten. Die Alliierten benötigten einen Feldzug von vier Tagen, um Napoleon am 18. 6. bei Waterloo militärisch zu schlagen.

Der starke Mann der provisorischen Regierung, Fouché, war entschlossen, Ludwig XVIII. wieder einzusetzen und Napoleon zum Verlassen des Landes zu bewegen. Für die einen noch immer der Roi désiré war Ludwig für noch mehr Franzosen L'Inévitable, verkörperte er doch das Prinzip der Legitimität, und so hatten ihn auch die europäischen Mächte, trotz aller Bedenken gegen seine persönlichen Schwächen, auch während der «Hundert Tage» behandelt.

Von seinem vorübergehenden Exil in Gent kommend, traf er am Abend des 6. 7. 1815 in Saint-Denis Talleyrand und Fouché, zwei Männer mit Vergangenheit, oder wie es Chateaubriand formulierte, «das Laster auf den Arm des Verbrechens gestützt». Die «Hundert Tage» hatten den Versuch der Versöhnung (und des eigenen Machterhalts) zusätzlich erschwert, den die beiden im Bündnis mit dem Monarchen anstrebten. Nun belastete eine doppelte Erinnerung den Neuanfang, was Chateaubriand in einem berühmten Bild zum Ausdruck brachte: «Der getreue Königsmörder auf Knien legte die Hände, die den Kopf Ludwigs XVI. hatten rollen lassen, in die Hände des Bruders des Märtyrerkönigs; der abtrünnige Bischof war der Bürge des Eides.»

## Die zweite Restauration

Die zweite Restauration hatte Elend und Schrecken in ihrem Gefolge. Besatzung und Plünderung Frankreichs durch alliierte Truppen konnten in einer Atmosphäre aufgewühlter nationaler Gefühle dem zurückkehrenden Monarchen angelastet werden. Der König war in der Wahrnehmung der Bevölkerung mit dem Fouragewagen der ausländischen Soldaten gekommen – ein Makel, von dem er sich nicht befreien konnte. Und für Ludwig selbst war die Erfahrung, daß seine eigenen Verbündeten Frankreich nun wie ein feindliches Territorium behandelten, ein schwerer politischer Schlag.

Auch wenn es der zweiten Restauration gelang, die Ansprüche der Alliierten zu begrenzen und das Land vor der Verstümmelung zu bewahren, so geriet diese Leistung, die sich freilich auf die am Erhalt des europäischen Gleichgewichts interessierten Mächte England und Rußland stützen konnte, bald in Vergessenheit. Insgesamt war der ausländische Einfluß auf die Politik Ludwigs ganz erheblich gewachsen, und daran sollte sich in den folgenden Jahren erst einmal wenig ändern. Die «Hundert Tage», d. h. der Abfall der eigenen Armee und eines großen Teils der französischen Bevölkerung, hatten Ludwigs politisches Gewicht ganz beträchtlich gemindert.

Folgenreicher für die innere Konsolidierung war die Tatsache, daß es dem König nicht gelang, die nach Vergeltung rufenden Ultra-Royalisten zurückzuhalten. Um einer solchen Reaktion vorzubeugen hatte Ludwig ein Kabinett unter Talleyrand mit Fouché als Polizeiminister und anderen Politikern des Kaiserreichs eingesetzt, was die Bürokratie beruhigte, die Royalisten hingegen aufbrachte. Bei den Wahlen im August 1815, die nach dem Zensussystem durchgeführt wurden und den Präfekten zusätzliche Manipulationsmöglichkeiten boten, kam nicht die erwartete liberale Mehrheit zustande. Im Gegenteil, die Behauptung der royalistischen Organisation der «Glaubensritter», die Regierungskandidaten seien nicht die wahren Kandidaten des Königs, setzte eine «Flut des Ultra-Royalismus» (Tulard) frei, die dazu führte, daß fast ausschließlich Royalisten gewählt wurden. Eine «unvergleichliche Kammer» nannte Ludwig XVIII. das neue royalistische Parlament, das den Rachegelüsten seiner Anhänger neuen Auftrieb gab. Prominente Heerführer Napoleons wurden vor Gericht gestellt und zu längeren Strafen, teilweise aber auch zu Todesstrafen (z. B. Ney) verurteilt. Daneben wütete vor allem in Südfrankreich der wilde «Weiße Terror». Es kam zu Massakern, alte Rechnungen aus der Revolutionszeit wurden auf eigene Faust beglichen. In der Verwaltung kam es zu Säuberungen: 38 Präfekten und 115 Unterpräfekten wurden entlassen, meistens waren auch die Bediensteten einbezogen. Insgesamt waren etwa 50000 Beamte und Bedienstete davon betroffen. Die öffentlichen Kampagnen gegen die Königsmörder zwangen auch Fouché zum Rückzug aus der Politik und ins Exil. Sogar Talleyrand, der so viele politische Regime überlebt hatte, nahm die harten Forderungen der Alliierten zum Anlaß, um am 19. 9. 1815 seinen Rücktritt einzureichen.

Es herrschte eine Atmosphäre der Rache und des politischen Kampfes, die tiefe Spuren in der sich immer stärker polarisierenden politischen Kultur hinterlassen sollte. Das politische Frankreich spaltete sich in zwei Lager, deren Gegensatz immer wieder aufbrach und so heftig wurde, daß er schließlich in die Revolution von 1830 mündete. Während die Ultras die Stärkung der königlichen Autorität forderten, verteidigten die Liberalen die Rechte des Parlaments und die Freiheit der Presse. Am 24. 9. 1815 wurde eine Regierung unter Richelieu gebildet, die aus Royalisten bestand, die aber auch unter dem Kaiserreich gedient hatten. Diese Gemäßigten gerieten in einen Gegensatz zu den Ultra-Royalisten, die sich politisch enger zusammenschlossen und die ein festes ideologisches Programm miteinander verband. Neben der Abschaffung der Charte und des Konkordates von 1801 die Wiederherstellung des alten Großgrundbesitzes und die Bestrafung aller Revolutionäre. Die Rückkehr zur Tradition wurde zum Parteiprogramm, aus dem Royalismus eine politische Ideologie. Ihre Erwartungen richteten die Ultras auf Artois, den Bruder des Königs, der überdies noch in der Nationalgarde eine Machtbasis hatte und sich von seinem Bruder immer weiter entfernte. Was den König und seine Regierung von den Ultras, unabhängig von allen tagespolitischen Konflikten, trennte, war ein fundamentaler Gegensatz über den Charakter des Staates und seine Verfassung. Meinten die Ultras aus den Erfahrungen der «Hundert Tage» schließen zu können, daß die Monarchie nur mit einer parteipolitischen Instrumentalisierung royalistischer Gefühle und mit harter Hand gegen alle oppositionellen Strömungen zu sichern sei, so setzte Ludwig XVIII. weiterhin auf einen friedlichen Ausgleich, auf eine Beruhigung der Gemüter und eine Sicherung der Existenz. Was der Monarch seinem Königreich wünschte, das wünschte er auch für sich selbst. Das Bedürfnis nach Ruhe und die Abneigung gegen den Parteiengeist entsprachen zweifellos seinem persönlichen Naturell. Er achtete die Verfassung, vermied den Bürgerkrieg und spielte mit Erfolg die Rolle eines konstitutionellen Königs, indem er die politische Initiative seinem Ministerium überließ, das ihm verantwortlich war. Seine Einflußnahme auf die Politik vollzog sich eher diskret, auch wenn die Politik sein Leben bestimmte.

Der Gegensatz zwischen königlicher Regierung und der «Unvergleichlichen Kammer», deren Programm in der Forderung nach Reaktion und Rache bestand, spitzte sich zu und führte zu der paradoxen Situation, daß ausgerechnet die Reaktionäre sich zu den Vorkämpfern der parlamentarischen Freiheiten machten, indem sie eine Regierung forderten, die der Mehrheit in der Kammer entspräche. Sie reklamierten das Recht auf Gesetzesänderung und -initiative. Damit konnte die Kammer im Oktober 1815 mit einem Gesetz über allgemeine Sicherheit die persönliche Freiheit temporär aufheben, bald darauf ein Gesetz gegen aufrührerische Schriften und die Errichtung von Sondergerichten beschließen. Im Jahr 1816 kam es zum erneuten Konflikt zwischen Regierung und Kammer über das Wahlgesetz, in dem die Kammer eine komplette Erneuerung der Kammer statt des jährlichen Wechsels eines Fünftels der Abgeordneten sowie die Erweiterung des Wahlrechts forderte. Bei den Budgetberatungen bzw. der Anerkennung der Staatsschulden aus napoleonischer Zeit kam es schließlich zum Eklat. Während die Abgeordneten der Ultras in ihren Departements gefeiert wurden, löste der König, von seinem Lieblingsminister Elie Decazes und ausländischen Botschaftern bestärkt, die Kammer auf und schrieb Neuwahlen aus. Immerhin hatte es die «Unvergleichliche Kammer» in der Zwischenzeit noch geschafft, mit dem Recht auf Gesetzesänderung und der Kontrolle der Regierungsmaßnahmen Verfahren einzuführen, die den Weg zum parlamentarischen System weiter öffnen sollten.

## Die liberalen Jahre 1816–1820

So heftig die Auseinandersetzungen vor der Auflösung der «Unvergleichlichen Kammer» waren, so lebhaft verlief die Kampagne für die Neuwahlen. Decazes, Chef des Ministeriums für allgemeine Polizei, forderte die Polizeikommissare dazu auf, Kandidaten zu protegieren, «die in die neue Kammer die Prinzipien der Mäßigung einbringen, die für die Regierung und ihre Politik die Regel sind, die keiner Partei, keiner Geheimgesellschaft angehören, die keinerlei Hintergedanken haben und die die Charte offen respektieren». Das war gegen die Ultras gerichtet, und diesmal hatte die Regierung eine glücklichere Hand. Ihre Anhänger waren im Norden und im Osten in der Mehrheit, während die Ultras wieder im Süden gewannen. Im Westen und in Zentralfrankreich gab es ein Patt. Die Regierung konnte zwischen 110 bis 130 Deputierte auf ihrer Seite zählen, zu den Ultras ließen sich 80 bis 90 Mitglieder der Kammer rechnen. Das gab dem König die Möglichkeit, seine Politik der «mittleren Linie» fortzuführen und mit den Gemäßigten, die sich allmählich als konstitutionelle Partei herausbildeten, eine Integrationspolitik zu betreiben, die der Bourgeoisie entgegenkam. Das war auch der Sinn des neuen Wahlgesetzes vom Februar 1817, das dem Bürgertum einen Vorteil gegenüber der ländlichen Aristokratie verschaffte, indem die Wahl über mehrere Tage verteilt direkt in dem Wählerkollegium der jeweiligen Departementsmetropole stattfinden sollte. Freilich förderte das Gesetz, indem es wieder die jährliche Rotation je eines Fünftels der Abgeordneten einführte, die politische Instabilität, wo der König doch Ruhe wollte. Die heftige Kritik der Ultras forderte noch ein Militärgesetz der Regierung heraus, das die Ernennung zum Offizier von einem vorherigen zweijährigen Dienst als Unteroffizier und von einem Abschlußwettbewerb an einer Militärschule abhängig machte. Das bedeutete für den Adel den endgültigen Verlust eines Privilegs auf die höheren militärischen Ränge. Als die konstitutionelle Partei den Entwurf eines neuen Konkordates, das Schenkungen für die Kirche Frankreichs vorsah, ablehnte, verlangte Artois 1818 von seinem Bruder vergeblich die Entlassung seines Ministers Richelieu.

Dieser hatte zur selben Zeit einen großen politischen Erfolg erzielt, als er nach Zahlung der letzten Rate der Kriegsentschädigungen von 265

Millionen Francs auf dem Kongreß von Aachen am 9.10. 1818 die vorzeitige und vollständige Räumung Frankreichs von alliierten Truppen erreichte. Als Richelieu nach Paris zurückkehrte, erwartete ihn nicht der Beifall des Landes, sondern eine der heftigsten politischen Krisen in der Regierungszeit Ludwigs XVIII., die die Schwierigkeiten einer Politik des mittleren Wegs verdeutlichte und mit der Resignation Richelieus endete. Dieser hatte seit den Ergänzungswahlen vom Oktober 1818, bei denen mehrere «Unabhängige», d. h. Männer der politischen Linken wie La Fayette gewählt worden waren, aus Furcht vor einem weiteren Vordringen «demokratischer Tendenzen» einer Annäherung an die Ultras und einer Neugestaltung des Wahlgesetzes das Wort geredet. Dabei kam es zum Konflikt mit Decazes, doch behielt zunächst der rechte Flügel des Regierungslagers und damit Richelieu die Oberhand. Bei den Verhandlungen mit den Ultras verlangten diese die Entlassung von Decazes, doch der hatte sich längst beim König so beliebt gemacht, daß dieser an ihm festhielt. Decazes besaß nicht nur die Gunst des Königs, der ihn seinen «teuren Sohn» nannte, sondern auch große Fähigkeiten im Geschäft der politischen Intrige, was schließlich Richelieu am 26.12. veranlaßte, beim König seinen Rücktritt einzureichen.

Das neue Kabinett stand zwar noch nicht unter der Leitung von Decazes, wohl aber unter dessen Einfluß, nachdem er nun zum Innen- und Polizeiminister aufgestiegen war. Er betrieb eine Politik, die weiter nach links wies. Um sich deren Unterstützung zu versichern, wurden von Guizot, der zum Generaldirektor für die Verwaltung der Departements ernannt worden war, die 23 Präfekten und 30 Unterpräfekten entlassen, die zu den Ultras tendierten und durch Liberale ersetzt. Auch aus dem Staatsrat wurden Ultras entlassen und in Erste Kammer wurden 68 neue, liberale Pairs berufen, um die Regierungsmehrheit zu sichern. Außerdem wurde im Mai das Presserecht liberalisiert, und Decazes bereitete eine große Verwaltungsreform vor, die das von Napoleon übernommene autoritäre System durch mehr Freiheit und Mitsprache der Betroffenen ersetzen sollte. Auch wenn Ludwig diesen liberalen Kurs genauso wenig schätzte wie die Royalisten dies taten, vertraute er doch seinem Minister Decazes, nicht nur aus persönlicher Sympathie, sondern auch aus der Überlegung, daß dies der richtige Weg sei, um Frankreichs politische Probleme zu lösen. Überdies stärkte diese Politik die Akzeptanz der Monarchie auch außerhalb des royalistischen Lagers. So ließen auch die gemäßigteren unter den Ultras von ihrem Konfrontationskurs gegenüber Decazes allmählich ab. Diesen suchte sich Decazes wieder mehr anzunähern, als der Liberalismus erstarkte und sich radikalisierte, bis bei den Wahlen von 1819 die Linke 35 Sitze errang und die Wahl des ehemaligen Konventsabgeordneten Abbé Grégoire in Grenoble die Regierung und die politische Rechte in helle Aufregung versetzte. Am 20.11.1819 war Decazes am Ziel und übernahm das Amt des Ministerpräsidenten. Das Ministerium bewegte sich nun wieder mehr nach rechts und auch Richelieu versuchte man – vergeblich – zum Wiedereintritt in die Regierung zu bewegen. Ein neues Wahlgesetz war in Vorbereitung, das auch der Bruder des Königs, Artois, unterstützte. Das liberale Experiment fand jedoch ein jähes Ende, als am 14. 2. 1820 der Herzog von Berry, ein Sohn des Grafen von Artois, auf den Stufen der Oper von einem Sattlergesellen namens Louvel ermordet wurde. Mit seinem Attentat wollte Louvel die Dynastie auslöschen, aber die Herzogin von Berry war bereits schwanger und brachte später den Herzog von Bordeaux zur Welt, «das Kind des Wunders». Decazes' liberale Politik wurde vor allem in der royalistischen Presse für den Mord verantwortlich gemacht, und sein Rücktritt am 20. 2. markierte das Scheitern einer Versöhnungspolitik unter den Auspizien des monarchischen Prinzips.

*Die dritte Restauration (1820–1824)*
Das Attentat Louvels war der Beginn einer Phase politischer Gewalttätigkeit und einer illiberalen Politik des Regimes. Am Ende sollte sich jedoch herausstellen, daß dieser Illiberalismus für die Monarchie gefährlicher war als der Liberalismus von Decazes (Mansell). Der alternde König, der nun ganz unter dem Einfluß seiner Mätresse, Madame du Cayla, stand, hatte schweren Herzens Decazes opfern müssen und Richelieu dazu überreden können, noch einmal die Leitung des Ministeriums zu übernehmen. Unter dem Einfluß ihrer gemäßigten Führer Villèle und Corbière waren nun auch die Ultras bereit, die Regierung Richelieu zu unterstützen. Tatsächlich wurde das Ministerium immer mehr zum «Gefangenen der Ultras» (Tulard), da man auf ihre Hilfe in der Auseinandersetzung mit der Linken angewiesen war.

Wieder wurden die Kernpunkte der Liberalisierung rückgängig gemacht: Am 31. 3. wurde die Zensur wieder eingeführt, vor allem aber ein neues Wahlgesetz verkündet, das den 23 000 reichsten Bürgern eine doppelte Stimme verlieh. Die Debatten in der Kammer verliefen stürmisch und der Ton der Opposition wurde schärfer. Mehr noch, es kam zu heftigen Demonstrationen auf der Straße und die Opposition suchte die Agitation ins ganze Land zu tragen. Es folgte die Zeit der Geheimbünde und der Militärerhebungen, getragen von unzufriedenen ehemaligen Offizieren und Beamten. In diesem Klima konnten die Rechten bei den Wahlen von 1820 – dank des neuen Wahlrechts – einen Sieg erringen und ihre Führer Villèle und Corbière in die Regierung bringen. Als schließlich verschiedene Komplotte aufgedeckt, deren Anführer mit größter Härte verfolgt und hingerichtet wurden, war zwar die Tendenz zur revolutionären Gewalt zunächst gebremst, doch auch die gemäßigte Politik Richelieus war zum Scheitern verurteilt. Er war immer mehr in die Zange der politischen Gegensätze geraten und mußte sich von den Linken eine falsche Außenpolitik, von den radikalen Ultras (den sog.

Maßlosen) schwächliches Verhalten vorwerfen lassen. Als Richelieu die Kammer auflösen wollte, fand er dafür nicht die Unterstützung des Königs, «der dem politischen Spiel zunehmend gleichgültig zusah» (Tulard). Am 13.12.1821 trat Richelieu zurück, eine wichtige Zäsur in der Regierungszeit Ludwigs XVIII.

Das neue Ministerium unter Villèle, der zwischen 1822 und 1828 das politische Leben Frankreichs dominieren sollte, war sicherlich das stärkste und im Sinne der Monarchie auch das zuverlässigste. Nach den Wahlen vom November 1822 hatte der neue starke Mann eine starke parlamentarische Mehrheit und ein Jahr später ernannte ein königlicher Erlaß 27 neue Pairs, die alle aus dem Lager der äußersten Rechten kamen, unter ihnen auch der Chefdenker der Gegenrevolution Bonald. Auf dieser gesicherten politischen Basis modifizierte Villèle das Presserecht, das die Freiheit der Presse ganz wesentlich beschnitt; er ließ Schulen schließen, die von Studenten viel besuchten Vorlesungen der «Doktrinäre» Guizot und Royer-Collard aussetzen; ein Vertreter des katholischen Traditionalismus, Monsignore Frayssinous, wurde zum Großmeister der Universität ernannt.

Schließlich wurde der zögerliche Villèle von seinen Ministern, vor allem von Chateaubriand, zu einer Intervention in Spanien getrieben, mit dem das Ansehen der Monarchie durch einen militärischen Erfolg wiederhergestellt werden sollte. Die militärische Expedition unter Führung des Herzogs von Angoulême, am 28.1.1823 beschlossen, brachte nicht nur den erwarteten militärischen Erfolg. Auch die politischen Erwartungen wurden vorerst eingelöst, denn nach der erneuten Auflösung der Kammer am 24.12.1823 brachten die Wahlen vom März 1824 einen großen Erfolg der Rechten, was den König veranlaßte, die neue Kammer die «wiedergefundene Kammer» zu nennen. Die Blätter der Rechten feierten den Sieg als «Reinigung» des Parlaments von einer «widernatürlichen Opposition», und die Regierung ging sofort daran, den Erfolg durch ein neues Wahlgesetz zu befestigen, das die Dauer einer Legislaturperiode auf sieben Jahre festsetzte und die jährliche Erneuerung von einem Fünftel der Kammer aufhob.

Auch wenn die Kurse der Rentenpapiere danach stark anstiegen, Ausdruck eines gewachsenen Vertrauens in eine politische Stabilität, auch wenn die liberale Opposition einstweilen geschwächt, Dynastie wie Verfassungssystem hingegen gefestigt schienen, blieb Ludwig XVIII. doch das, was er stets gefürchtet hatte, nämlich ein König der zwei Frankreichs. Es war ein labiler Triumph der Monarchie, der von der unklugen Politik seines Bruders und Thronnachfolgers bald aufs Spiel gesetzt werden sollte.

Im letzten Jahr seiner Regierung war Ludwig XVIII. immer mehr von seiner Krankheit belastet und gezeichnet, sein Siechtum war für jedermann sichtbar. Bei der Eröffnung der Kammer am 24.3.1824, die als

Zeichen der neuen Stärke der Monarchie im königlichen Louvre stattfand, schlief der König ein, während er seine Rede verlas. Eine Umbildung des Ministeriums im August 1824 war die letzte Amtshandlung des todgeweihten Monarchen, der schließlich am 16. 9. starb. Ludwig XVIII. hatte die Rückkehr zum Ancien Régime stets zu verhindern gesucht und trotz seiner schließlichen Verhärtung blieb sein Regime so gemäßigt, daß die Dynastie und die Charte eine breite Zustimmung in der Notabelngesellschaft fanden. Mit dem Tode Ludwigs war das letzte Hindernis verschwunden, mit dem die Ultras noch rechnen mußten. «Das Werk der Royalisten ist nicht beendet; es beginnt», kommentierte eines ihrer Blätter den Tod des Königs und die Nachfolge durch den Comte d'Artois, nun König Karl X.

Hans-Ulrich Thamer

# KARL X.
## 1824–1830

*Karl X. (Charles-Philippe), geb. 9. Oktober 1757 in Versailles, Comte d'Artois; nachdem sein Bruder Louis, Comte de Provence 1795 den Königstitel als Ludwig XVIII. angenommen hatte, wurde der Comte d'Artois nach bourbonischer Tradition nun Monsieur genannt. Nach dem Tod seines Bruders bestieg er am 16. September 1824 den Thron, bis er am 2. August 1830 als Folge der Julirevolution abdanken mußte. Gestorben in Görz am 6. November 1836, dort am 11. November begraben.*
*Sohn des Dauphin Ludwig, dem ältesten Sohn von Ludwig XV. Mutter Maria Josepha von Sachsen. Brüder: Duc de Berry (Ludwig XVI.) und Comte de Provence (Ludwig XVIII.).*
*Heirat mit Marie-Thérèse von Savoyen am 16. November 1773 in Versailles, der Tochter von Victor-Amadeus III., König von Sardinien. Kinder: Duc d'Angoulême (1775–1844) und Duc de Berry (1778–1820).*

Sein Name steht für den Untergang einer Welt und für ihre Widersprüche. Karl X. war der Inbegriff von höfischer Eleganz und Ritterlichkeit, zugleich war er Chef und politischer Führer der Rechten, die Verkörperung der Restauration. Karl X. war ganz das Gegenteil von seinem Bruder, Ludwig XVIII.: nicht korpulent, krank und unbeweglich im Lehnstuhl oder in der Kutsche, sondern hoch zu Pferde, eine große, schlanke und elegante Gestalt, im Habitus jung geblieben. Auch weniger wohlwollende Beobachter mußten eingestehen, daß kaum jemand die Formen, die Haltung und die Sprache des Hofes besser verkörperte als der Comte d'Artois, der spätere König Karl X. Im Unterschied zu seinem Bruder sollte er jedoch nichts aus der Emigration lernen und die Veränderungen, die sich seit 1789 in Frankreich durchgesetzt hatten, nicht begreifen. Was er nach seiner Rückkehr nach Frankreich 1814 wollte, war die Gegenrevolution, nämlich das Gegenteil von der Revolution, die Rückkehr zur alten Ordnung. Aus seiner Abneigung gegen parlamentarische Mitsprache machte er keinen Hehl: «Lieber Holz sägen», hatte er wiederholt geäußert, «als nach der Art eines Königs von England regieren.» Bekenntnisse zur Charte waren bloße Lippenbekenntnisse; die Forderungen der von ihm angeführten Ultras zu Zeiten ihrer Parlamentsmehrheit, König Ludwig XVIII. solle die Verantwortung der Regierung vor den Kammern respektieren, pure Taktik. Sein Regierungsantritt 1824 beflügelte die Royalisten, war er doch ein König nach ihrem Geschmack. Sechs Jahre später, nach dem Scheitern seiner Politik in der Julirevolution von 1830, mußte einer der entschiedenen Fürsprecher der Restauration, Chateaubriand, enttäuscht feststellen: «Als Kämpfer für das alte Königtum beraubte mich gerade dieses Königtum meiner Waffen und überließ mich nackt und bloß meinen Feinden.»

Die äußeren Umstände, die Positionen und Stationen seines Lebens von der Jugend am Hofe in Versailles über die Erfahrung der Revolution und das Leben in der Emigration bis zur Rückkehr der Bourbonen 1814 verliefen in deutlicher Parallele zu der Biographie von Ludwig XVIII.; nur in der Persönlichkeit, in Bildung und Verhalten, in den politischen Wahrnehmungen und Einstellungen gab es Unterschiede zwischen den beiden Brüdern. Auf diese Unterschiede werden sich die folgenden Ausführungen konzentrieren, nachdem die historischen Rahmenbedingungen in der Skizze über Ludwig XVIII. schon ausführlicher dargestellt wurden.

## Ein Mann des Ancien Régime

Wenn ein Prinz aus dem Hause Bourbon die «Süße des Lebens» im ausgehenden Ancien Régime auskostete, dann war es Charles-Philippe, der seit seiner Geburt am 9. 10. 1757 den Titel eines Comte d'Artois trug. Wie seine älteren Brüder unter der tugendhaften, aber weichen und unbesorgten Erziehung des Duc de la Vauguyon aufgewachsen, verlebte der Prinz die ersten Jahrzehnte seines Lebens in prunkvoller Verschwendung und im Nichtstun. Er zeigte zunächst wenig Ehrgeiz und konnte auch kaum hoffen, einmal selbst den Thron besteigen zu können. Für geistige Anstrengungen und Arbeit hatte er, ganz im Unterschied zu seinem Bruder, dem Comte de Provence, wenig übrig, und der Stand seiner Bildung spiegelte diese Indifferenz. Gleichwohl umgab er sich gerne mit Schriftstellern, die er förderte, und auch seine Auffassungsgabe und Intelligenz waren weit besser ausgebildet, als man ihm dies gelegentlich zubilligen wollte.

Am 16. 11. 1773 heiratete Artois Marie-Thérèse von Savoyen, die jüngere Schwester der Comtesse de Provence und Frau seines Bruders. Gleich nach dem Ende der Trauungsfeiern verließ der junge Prinz Versailles, um sich in Paris mit einer seiner Mätressen zu treffen. Die amourösen Abenteuer und Seitensprünge des Comte d'Artois sollten in einer Zeit, in der das Leben am Hofe zunehmend der öffentlichen Nachforschung unterlag, immer wieder Aufsehen erregen und zum Gegenstand des Spottes wie der Kritik werden. Sein Verhältnis zu seinem älteren Bruder, dem Dauphin und späteren König Ludwig XVI., war schlecht. Achtung zeigte er darum auch weniger vor dem König als vor der jungen Königin Marie-Antoinette. Gleichwohl ließ sich Artois nach dem Regierungsantritt seines Bruders von diesem mit gewaltigen Summen

finanziell unterstützen, was ihm einen verschwenderischen Lebensstil erlaubte, ihn aber zugleich von möglichen Ansprüchen auf politische Mitwirkung abhielt. Hatten die beiden Prinzen anfangs noch Hoffnungen auf eine Thronfolge, so zerschlugen sich diese, als endlich am 22. 10. 1781 ein Kronprinz geboren wurde. Artois war nach dieser Nachricht offensichtlich noch enttäuschter als sein Bruder Louis, und er stürzte sich um so mehr in Luxus und Vergnügen. Einzig die leidenschaftliche Liebe, die Artois für viele Jahre an die Comtesse de Polastron band, gab seinem unsteten Leben eine größere Stetigkeit und Ernsthaftigkeit. Sein militärischer Einsatz bei der gescheiterten Belagerung von Gibraltar im englisch-französischen Krieg 1782 sollte seinem Verlust an öffentlichem Ansehen, der Artois nicht verborgen geblieben war, entgegenwirken.

Ohne politische Erfahrung gaben ihm die Krise des Ancien Régime und die nahende Revolution die Chance der politischen Betätigung. Mit großer Begeisterung, aber geringer Weitsicht hatte er die Wiedereinberufung der Parlamente begrüßt, um im August 1787 bei dem Versuch, vom Pariser Parlament die Steueredikte der Krone einregistrieren zu lassen, den eigenen Popularitätsverlust wie den Legitimationsschwund der Monarchie am eigenen Leibe zu erfahren, als er beim Betreten des Justizpalastes von einer zehntausendköpfigen Menge nur mit höhnischem Geschrei begrüßt wurde. In der Notabelnversammlung vom Februar 1787, die als Maßnahme gegen die wachsende Opposition der Parlamente einberufen worden war und deren 6. Büro unter dem Vorsitz von Artois tagte, hatte er zuvor gegen alle Reformmaßnahmen gestimmt, die von der öffentlichen Meinung gefordert wurden. Seine Haltung verhärtete sich noch mehr, als es um die Einberufung der Generalstände und deren Abstimmungsmodalitäten ging. Artois widersetzte sich in der zweiten Notabelnversammlung – im Unterschied zu seinem Bruder, dem Comte de Provence – einer Verdoppelung der Vertreter des Dritten Standes. Dies war zugleich der Anfang des Dissenses zwischen den beiden jüngeren Brüdern des Königs, der sich in der Emigration und Restauration vertiefen sollte.

Unbeirrbar bekannte Artois sich zu den Prinzipien der alten Monarchie und sah in einem Memorandum vom 12. 12. 1788 das Regierungssystem und die überkommene Eigentumsordnung von einer Revolution bedroht. Als er im Frühjahr 1789 erklärte, er bliebe immer ein Aristokrat, riet ihm der «Moniteur», er solle sich besser als «citoyen français» bekennen. Damit hatte er sich um den letzten Rest an öffentlicher Popularität gebracht; ähnlich wie die Königin Marie Antoinette, mit der er sich in den dramatischen Wochen des Sommers 1789 politisch in völliger Übereinstimmung befand. Mit einer Denkschrift vom 21. 6. 1789, in der er sich gegen die Forderungen des Dritten Standes aussprach, nahm er einen entscheidenden Einfluß auf die Haltung des Monarchen, der schließlich in der königlichen Sitzung vom 23. 6. 1789 eine Gleichberechtigung des Dritten Standes entschieden ablehnte, damit aber die Revolution nur vorantreiben sollte. Auch in den folgenden Tagen und Wochen war Artois einer derjenigen am Hofe, die den König zu einem energischen Gegenschlag bewegen wollten. Der Sturm auf die Bastille machte seine Position um so schwieriger, bis er sich – im Unterschied zu seinen älteren Brüdern – am 16. 7. zur Emigration entschloß und die französische Aristokratie aufforderte, seinem Beispiel zu folgen. Mit ihm gingen die Prinzen von Condé und Conti, der Marschall von Broglie, Barentin, Breteuil und die Polignacs. Die ersten Flügel des Schlosses von Versailles wurden geschlossen.

## Die langen Jahre der Emigration

Erste Station seiner Emigration war, nachdem er mit seinen beiden Söhnen die französische Grenze unbehelligt in Richtung Brüssel überschritten hatte, Turin, wo dann auch die Comtesse d'Artois eintraf. Damit begann ein bewegtes Wanderleben quer durch Europa, das von enttäuschten Hoffnungen und mancherlei Mißgeschick bestimmt sein sollte. Zunächst trat Artois so auf, wie er es gewohnt war: als ein Bourbonenprinz, der nicht nur seine Gastgeber in Turin von oben herab behandelte, sondern der sich auch gegenüber anderen europäischen Fürstenhäusern entsprechend selbst- und machtbewußt verhielt. Bald mußte er feststellen, daß es mit der monarchischen Solidarität der anderen Herrscher nicht weit her war und daß diese vielmehr ihrem eigenen machtpolitischen Kalkül folgten.

Artois verstand sich von Anfang an als Chef des politisierenden, subversiven Teils der Emigration und bildete in Turin so etwas wie ein Schattenkabinett; der eigentliche politische Kopf des Turiner Komitees, Calonne, aber saß in London. Beider Ziel für das Jahr 1790 war, die Flucht des Königs zu organisieren und in Frankreich den bewaffneten Aufstand in den Provinzen zu provozieren. Doch beide Pläne scheiterten, was als Beweis für die Schwäche der Gegenrevolution angesehen werden kann. Als auch erste diplomatische Schritte gescheitert waren und Artois im Mai 1791 in Mantua vergeblich Kaiser Leopold zu einer Unterstützung des französischen Königspaares zu bewegen versucht hatte, begab er sich, mittlerweile von Pessimismus erfüllt, nach Koblenz, wo er schließlich mit seinem Bruder, dem Comte de Provence, dessen Flucht im Unterschied zu der des Königs erfolgreich verlaufen war, um die Führung in der Emigration stritt. In Koblenz, wie schon beim ersten Treffen der beiden Brüder in Brüssel, waren die Meinungsverschiedenheiten im Hause Bourbon und die Gegensätze zwischen ihren Beratern offensichtlich geworden, was der Sache der Emigration nicht förderlich war. Auch die Sorglosigkeit, mit der man in Koblenz auf Kosten des Kurfürsten von Trier Hof hielt und sich weiterhin vornehmlich über die Einhaltung von Standesunterschieden ereiferte oder in maßlosen Ambitionen schwelgte, befremdete Besucher, die aus Frankreich oder den anderen Zentren der Emigration kamen.

Trotz dieser inneren Gegensätze gelang es Artois, der als der dynamischere der beiden Brüder die politische Führung der Emigration weiterhin beanspruchte, die europäischen Mächte zu diplomatischen Drohgebärden wie der Deklaration von Pillnitz zu bewegen, was die politische Eskalation und den Weg in den Krieg beschleunigen sollte. Nach dem Feldzug von 1792, in dem die Truppen der Emigranten unter dem Befehl von Artois zu Hilfstruppen degradiert waren, verschlechterte sich die Sache der Emigration. Artois begab sich enttäuscht ins westfälische Hamm, wo Provence bereits Zuflucht gefunden hatte. Nach der Hinrichtung von Ludwig XVI. versuchten die beiden Brüder künftig besser zusammenzuarbeiten: Provence übernahm selbst die Regentschaft für den unmündigen Ludwig XVII. und ernannte Artois zum Lieutenant-général des Königreichs. Auch dessen Reise zur russischen Zarin Katharina nach St. Petersburg brachte außer einer großzügigen finanziellen Unterstützung und vielen Ehrenbezeigungen politisch wenig Konkretes. Die Hoffnungen, die der Aufstand in der Vendée weckte, wurden bald wieder enttäuscht, und der Versuch, mit Hilfe der Engländer und unter der aktiven Beteiligung von Artois 1795 in der Bretagne zu landen, mißlang ebenfalls. Der Rückzug aus der Bucht von Quiberon bedeutete nicht nur das Ende des Aufstandes der Vendée, sondern ließ bei dessen Führer Charette auch heftige Zweifel an der Entschlossenheit von Artois aufkommen.

Es blieb Monsieur, wie er nach dem Bekanntwerden des Todes des Dauphin im Juni 1795 als Bruder des nunmehrigen Königs Ludwig XVIII. genannt wurde, nur noch der Weg ins Exil nach England. Das schottische Schloß Holyrood wurde zum Inbegriff für die triste Lage des Prinzen. Daran konnten auch die zahlreichen Pläne zu einem Aufstand oder einer Verschwörung nichts ändern, zumal man den entscheidenden Schritt nicht wagen konnte. Voller Neid blickte Artois auf seinen Bruder, der als Ludwig XVIII. sich in dem Auf und Ab des Exils immerhin Hoffnungen auf die Thronübernahme machen konnte. Neue Streitigkeiten zwischen den Brüdern konnten darum nicht ausbleiben. Schließlich teilten sie untereinander Frankreich in Einflußzonen auf, um sich dadurch etwas aus dem Weg zu gehen. Einen großen Erfolg konnte Artois im Wettstreit mit dem Bruder erzielen, als er Madame Elisabeth, die Tochter von Ludwig XVI. und Marie Antoinette, mit seinem Sohn, dem Duc d'Angoulême, vermählte. Zu einer vorübergehenden Verständigung kamen die Erben der Monarchie, als sich die europäischen Machtverhältnisse und die Stimmung der von den Kriegen erschöpften Franzosen gegen den erfolglosen Napoleon wandten und eine Rückkehr der Bourbonen nach Frankreich, ja die Wiedererrichtung der Monarchie im Januar 1814 in greifbare Nähe rückte.

## Restauration und Royalismus

Ende Januar 1814 hatte Artois in Absprache mit seinem Bruder England in Richtung Frankreich verlassen, und es war in Nancy, wo er von Vitrolles von der Proklamation des Senates vom 1.4.1814 erfuhr, mit der Napoleon die Treue aufgekündigt und die Wiederherstellung einer monarchischen Regierung unter Ludwig XVIII. und seinen legitimen Nachfolgern gewünscht wurde. Artois begab sich sofort nach Paris, wo er am 12.4. an den Toren der Stadt von der Provisorischen Regierung, an ihrer Spitze Talleyrand, empfangen wurde. Die Begeisterung, mit der sein Einzug in die Stadt begleitet wurde, war Ausdruck einer tiefen Sehnsucht nach Frieden und Stabilität, was sich große Teile der Bevölkerung nun von einer Monarchie erhofften. Es sollte von der wiederhergestellten Monarchie abhängig sein, ob die Gräben zwischen den beiden Frankreich sich schließen ließen. Daß sie weiterhin bestanden und sich angesichts der nationalen Frustrationen und vieler sozialer Enttäuschungen vertieften, mußte Monsieur schon bald auf Rundreisen durch Frankreich feststellen, wo er nur in einigen Departements im Osten und im Midi auf Zustimmung stieß.

Mit der Rückkehr seines Bruders Ende April 1814 hatte Artois, der sich bislang als politischer Führer der Emigration verstanden hatte, die Wiedereinsetzung der alten Rangfolgen anerkannt, nachdem er in den kurzen Übergangswochen des April als Lieutenant-Générale du Royaume den Vorsitz in der Provisorischen Regierung und damit den ersten Platz eingenommen hatte. Diese Präsenz und die Tatsache, daß sein Sohn, der Duc d'Angoulême am 12.3. als erster in Bordeaux eingezogen war und damit großes Prestige besaß, gaben Artois einen politischen Einfluß, wie ihn seit 1700 kein Mitglied der königlichen Familie besessen hatte: Artois und seine Söhne wurden Pairs und in den Jahren 1814/15 Mitglieder des Ministerrates und waren damit an den Regierungsgeschäften beteiligt. Ganz in der Tradition des Hauses Bourbon lag es, daß die Prinzen, besonders aber Artois, im Pavillon de Marsan des Tuilerien-Schlosses nun wieder einen eigenen, aufwendigen Haushalt führten, in dem ehrgeizige Männer der politischen Reaktion aus und ein gingen. Der König, der überdies kinderlos war und damit allen Prinzen die Chance auf eine Thronfolge öffnete, hatte mit diesem Schachzug gehofft, seinen ehrgeizigen Bruder, den er für borniert und unklug hielt, in der Regierung besser unter Kontrolle behalten zu können als außerhalb. Dies sollte in der kurzen Ersten Restauration auch gelingen, aber nicht mehr in der langen Zweiten.

Artois' politische Position in den Jahren 1814/15 blieb unklar. Neben versöhnlichen Tönen gab es deutliche Signale der Distanz und Kritik an der moderaten Politik des Königs: So war er der feierlichen Verkündung der Charte am 4.6.1814 ferngeblieben und hatte bei verschiedenen

Gelegenheiten keinen Zweifel daran gelassen, daß er sich selbst für die bessere Lösung für die Familie und das Land hielt. Doch blieb sein Einfluß im Rat gering und keine der «alten Institutionen», für die er sich eingesetzt hatte, wurde wiedereingeführt. In den langen Debatten des Rates achtete der König darauf, daß er immer das letzte Wort behielt. Dafür akzeptierte er nicht wenige der Personalvorschläge von Monsieur und konsultierte ihn auch bei außenpolitischen Entscheidungen, um diesen ruhig zu halten.

Das Drama der «Hundert Tage» belastete die Ausgleichspolitik des Königs und gab der royalistischen Mehrheit der Kammer von 1815 Auftrieb, welche jede Konzession an die Gegner der Monarchie verhindern und damit den Krater der Revolution für immer verschließen wollte. Dies war auch die Politik von Artois, der nach außen zum wirkungsvollsten Repräsentanten der Ultras werden sollte, ohne daß er deren Politik kontrollieren konnte. Hatte er unmittelbar nach den «Hundert Tagen» einen nicht unbeträchtlichen Einfluß auf seinen Bruder im Sinne eines härteren Kurses ausüben können, so sollten die kommenden Jahre bis zum Tode des Duc de Berry von immer neuen Konflikten der beiden Brüder geprägt sein. Ludwigs gemäßigter Kurs brachte dem Monarchen allmählich die Unterstützung von Männern, die bislang in der Opposition standen, wie er umgekehrt zum Bruch mit denen führte, deren Intransigenz seiner Ausgleichspolitik entgegenstand. Das führte schließlich dazu, daß Monsieur sein Kommando über die Nationalgarde, die für ihn eine wichtige Machtbasis bedeutet hatte, verlor und seine beiden Söhne vorübergehend aus der Pairskammer ausgeschlossen wurden. In einem Memorandum vom 23. 1. 1818 meinte Artois gegen die Verfolgung der Anhänger der Monarchie und gegen die Aushöhlung von monarchischen Institutionen protestieren und vor dem Vordringen revolutionären Denkens warnen zu müssen.

Das tödliche Attentat auf den Duc de Berry vom 13. 2. 1820 veränderte das politische Klima, und in der nun folgenden Phase der sogenannten Dritten Restauration wuchs der politische Einfluß von Artois, der nach dem Rücktritt Richelieus einen seiner Vertrauten, Mathieu de Montmorency, 1822 als Außenminister in das Kabinett Villèle bringen konnte. Konnte die neue Regierung mit dem siegreichen Feldzug nach Spanien sich Prestige und auch die Unterstützung der Armee sichern, so hatte sie diese durch ihre reaktionäre Kirchen- und Kulturpolitik sowie ihre restriktive Pressepolitik wieder gefährdet. Doch waren die Mehrheitsverhältnisse nach den Kammerwahlen von 1824 so eindeutig zugunsten der Rechten ausgefallen, und die Liberalen hatten sich der Monarchie so weit angenähert, daß beim Tode Ludwigs XVIII. im September 1824 die Nachfolge eines Bourbonen unangefochten war.

Karl X. (1824–1830) 397

## Die Regierungszeit oder der prekäre Sieg der Reaktion

Der Comte d'Artois war im 67. Lebensjahr, als er am 16. 9. als Karl X. den Thron bestieg. Erste Maßnahmen, wie die Lockerung der Pressezensur, sollten seinen guten Willen beweisen, doch zeigte sich bald, daß dies in schwierigen Zeiten nicht ausreichte, um ein guter König zu sein. Überdies fehlte dem neuen König das Verständnis für eine veränderte Welt und die Mentalität einer nachrevolutionären Generation völlig. Bereits die Krönung Karls X. am 29. 5. 1825 nach altem Ritus in der Kathedrale von Reims zeigte die Richtung an. Der Hof und der Klerus bestimmten die politischen Entscheidungen in einem Ausmaß, das unter Ludwig XVIII. undenkbar gewesen war. Der Klerus nahm den alten Platz wieder ein, den er im Ancien Régime besessen hatte, und die Liberalen konnten mit guten Argumenten die wachsende Macht einer «Priesterpartei» anprangern. Im Unterrichtswesen wurden im großen Umfange Geistliche eingesetzt, so daß schließlich ein Drittel aller Lehrer aus dem Klerus kam und in der Schulverwaltung von 32 Direktoren 22 Priester waren. Gegen den Widerstand des Regierungschefs Villèle beschloß das Kabinett, dem ausdrücklichen Willen des Königs folgend, daß religiöse Kongregationen wieder zugelassen wurden und der Tatbestand der Gotteslästerung in das Strafrecht aufgenommen wurde.

Noch größere Kontroversen in der Kammer und in der politischen Öffentlichkeit als diese beiden Gesetzentwürfe lösten die Pläne der Regierung zur Entschädigung der früheren Eigentümer von Nationalgütern aus, die unter dem Namen der «Emigrantenmilliarde» die Gemüter erregten und zum Symbol für den restaurativen Charakter der Politik des Monarchen und seiner Regierung wurden. Nicht die tatsächliche Regelung selbst, die mit der Gewährung eines Betrages von 988 Millionen die Entschädigung in Form einer Übergabe von dreiprozentigen Rentenpapieren lösen wollte, stand im Zentrum der Debatte; vielmehr wurde die Frage der Entschädigung zum Schauplatz für eine grundsätzliche Auseinandersetzung zwischen Revolution und Restauration. Während die Linke der Emigration den Prozeß machte, geißelte umgekehrt die Rechte die Revolution – ein Thema, das die politische Kultur Frankreichs noch für das ganze Jahrhundert (und darüber hinaus) bestimmen sollte.

Zu einer schweren Niederlage für die Regierung und den Monarchen sollte schließlich der Gesetzentwurf über das Erstgeburtsrecht führen, der nicht weniger vorsah, als die Aufhebung einer der Essentials der bürgerlichen Gesellschaft, das bislang garantiert worden war, nämlich das Erbrecht der Revolution. Damit drohte die Veränderung der gesellschaftlichen Grundlagen im Sinne einer tatsächlichen Restauration. Das sprach die Präambel deutlich aus, die die Aristokratie wieder einführen und das bürgerliche Gleichheitsprinzip aufheben wollte. Der Gesetzentwurf betraf zwar erst Grundstücke, deren Besteuerung 300 Francs überschritt, aber er wurde von einer breiten Opposition als ein Vorspiel nur für weitere Maßnahmen verstanden, die den gesellschaftlichen Frieden erschüttern mußten.

Als der Entwurf am 7.4.1826 in der Kammer abgelehnt wurde, machte die Regierung sofort die Presse für diese Oppositionsstimmung verantwortlich und drohte damit, der «zügellosesten Freizügigkeit» der Presse ein Ende bereiten zu wollen. Ein Entwurf sah die Vorlage aller Broschüren und Bücher im Innenministerium, eine erhöhte Stempelgebühr zur Verhinderung ihrer Verbreitung und die erweiterte Verantwortlichkeit der Verleger und Drucker vor. Selbst Chateaubriand sprach von einem «Vandalengesetz» und auch die ehrwürdige Académie française legte mit großer Mehrheit Protest ein. Dem folgten auch die Kammern, indem die äußerste Rechte mit der Linken gegen die Regierung stimmte und unter dem Beifall von Paris das Gesetz zum Scheitern brachte.

Die Entfremdung zwischen König und Hauptstadt wuchs, als eine Parade der Nationalgarde am 29.4.1827 aus Anlaß des Jahrestages der Rückkehr Karls nach Paris mit den Rufen «Nieder mit den Jesuiten! Nieder mit den Ministern!» aus der Menge begleitet wurde. Während der König dem zunächst wenig Beachtung schenkte, mußte der Premier Villèle erleben, daß er von zwei vorbeimarschierenden Legionen verhöhnt wurde, worauf er die Auflösung der Nationalgarde verlangte. Als es in der Stadt daraufhin zu Unruhen kam, reagierte Villèle erneut scharf und verhängte nun auch die Pressezensur. Gleichzeitig wurde die Kammer aufgelöst und 88 neue Pairs wurden ernannt, um die politische Mehrheit in deren Kammer im Sinne der Regierung zu ändern. Wollte Villèle mit diesen Maßnahmen die Opposition einschüchtern, so erreichte er damit nur das Gegenteil.

Politische Klubs zur Verteidigung der Pressefreiheit entstanden und bewirkten eine politische Mobilisierung, die im Verbund mit den sozialen Auswirkungen einer heftigen Wirtschafts- und Finanzkrise die Stabilität des politischen Systems erschüttern sollten. Obwohl Villèle noch durch einen frühen Wahltermin der organisatorischen Festigung der Opposition, die Gruppen der Rechten mit denen der Linken zeitweilig vereinte, zuvorkommen wollte, konnte er sich damit nicht retten. Die Regierungsanhänger erhielten bei den Wahlen am 17.11.1827 nur 180 Sitze, die Liberalen errangen ebenfalls 180 Sitze und die Rechtsopposition noch einmal 75 Sitze. Villèle mußte angesichts dieser Mehrheitsverhältnisse aufgeben, nachdem er umgekehrt nicht bereit war, den Mann des Königs, seinen Jugendfreund Polignac, der als noch extremer galt als die Ultras, in sein Kabinett aufzunehmen. Andererseits hatte der Monarch sich geweigert, Chateaubriand in die Regierung zu holen, der Villèle immerhin die Stimmen der rechten Opposition, der «Maßlosen» gebracht hätte.

So blieb als Zwischenlösung ein Kabinett der rechten Mitte, politisch sehr heterogen unter der Leitung von einem Anwalt aus Bordeaux, Martignac, der nach dem Willen des Königs von Polignac abgelöst werden sollte, wenn die Zeit dafür reif wäre. Martignac suchte hingegen mit kleinen Schritten noch einmal Dynastie und liberale Ideen miteinander in Einklang zu bringen, indem er die Pressegesetze lockerte, einige Jesuitenkollegien schließen ließ und auch die Polizei personell veränderte. Martignac scheiterte an der Verwaltungsreform, mit der er den Bürgern auf der lokalen Ebene eine Mitsprachemöglichkeit geben wollte. Während sich der König diesem Entwurf nur halbherzig anschloß, lehnten ihn die Liberalen ab, weil er noch zu sehr an den zentralistischen Grundsätzen orientiert blieb und weiterhin die Ernennung von Präfekten, Unterpräfekten und letztlich auch der Bürgermeister durch die Regierung festschrieb. Martignacs Anlauf scheiterte, da kein Lager mit seiner Politik der Mitte zufrieden war, so daß der König ihn am 8. 8. 1829 entließ.

## Das Scheitern

Nun meinte Karl X. seinen Vertrauten, den Prinzen von Polignac, an die Spitze eines neuen Kabinetts berufen zu können, in der Hoffnung, damit seine Herrschaft stabilisieren zu können. Tatsächlich förderte er damit nur den Aufschwung des Liberalismus und läutete das Ende der eigenen Regierung und das seiner Dynastie ein. Die Opposition wußte die Unpopularität Polignacs propagandistisch zu nutzen und dessen Halsstarrigkeit verschärfte die politische Krise. Schon die Zusammensetzung des neuen Kabinetts bedeutete einen so eindeutigen Ruck nach rechts, wie dies nie zuvor der Fall gewesen war. Der Konflikt mit der Deputiertenkammer war vorprogrammiert und einige führende Beamte traten von sich aus zurück. Der oppositionelle Liberalismus fand verstärkt die Unterstützung der Notabelngesellschaft, für die die Ernennung Polignacs im August 1829 und schließlich seine verfassungsändernden Ordonnanzen vom Juli 1830 eine offene Kriegserklärung gegen die politische Nation bedeuteten.

Auch auf Seiten der Opposition bildeten sich neue Gruppierungen, auf der Linken eine antidynastische republikanische Partei, auf dem rechten Flügel eine orleanistische Partei. Der Herzog von Orléans bot sich angesichts dieser neuen Konstellationen als Ausweg an, nachdem die Bourbonen von sich aus den Weg des Ausgleichs verlassen hatten und sich auf der Linken wie in der hauptstädtischen Bevölkerung ein Protestpotential anhäufte, das an die Exzesse der Großen Revolution erinnerte. In den Salons der bürgerlich-liberalen Opposition und in ihren Zeitungen, wie dem neugegründeten «National», dachte man an eine englische Lösung, d. h. an die Auswechselung der Personen, aber die

Beibehaltung der Institutionen, an eine parlamentarische Monarchie, in der der König herrschen, aber nicht regieren sollte.

Daß es zu dieser Situation und, mehr noch, zu einer revolutionären Entladung kam, hatte vor allem mit der intransigenten Politik von Karl X. und seinem Regierungschef zu tun. Bei der Eröffnung der Parlamentsperiode im März 1830 kam es zum offenen politischen Konflikt, als 221 Abgeordnete auf die Thronrede des Königs mit einer Adresse antworteten, in der sie der Krone vorwarfen, den Kompromiß der Charte verlassen zu haben und dem König lediglich die Rolle eines Schiedsrichters zwischen Regierung und Kammer zuwiesen. Als Karl X. dieses Ansinnen ablehnte, suchten Regierung und Monarch ihr Heil in einer erneuten Auflösung der Kammer. Die Hoffnungen des Hofes, angesichts der Besserung der wirtschaftlichen Lage und einer außenpolitischen Krisen- bzw. Drohsituation (am 3.3. hatte der Monarch eine Strafexpedition nach Algier angedroht, die vom 14.6. bis 4.7. ausgeführt wurde) werde sich ein ähnlich günstiges Wahlergebnis einstellen als bei den Wahlen von 1824, erwies sich als Irrtum.

Der König hatte selbst in den Wahlkampf eingegriffen und am 14.6. öffentlich erklärt: «Die Natur der Regierung wäre verändert, wenn schuldhafte Verletzungen meine Vorrechte schwächten. Erfüllt eure Pflichten; ich werde die meinen zu erfüllen wissen.» Das war eine unvorsichtige Kühnheit, die mit der Regierung Polignac eingezogen war und die ihr Scheitern bringen sollte. Die Wähler ließen sich von der drohenden Aufforderung des Königs nicht beeindrucken und wählten 274 Abgeordnete der Opposition in die neue Kammer, während die Anhänger Polignacs nur 143 Sitze bekamen.

Das war noch kein Votum gegen den König, sondern zunächst nur gegen die Regierung und niemand sprach von Revolution. Wieder war es der König, von dem die weitere Entwicklung abhing und der sich selbst sein politisches Ende bereitete. Karl X. war nicht bereit, den parlamentarischen Charakter der Monarchie anzuerkennen, sondern sah in den Forderungen der Liberalen nur den Geist der Revolution. Ein erstes Nachgeben, das meinte er aus dem Schicksal seines Bruders Ludwig XVI. gelernt zu haben, wäre das Signal für den eigenen Untergang. Nicht seine Minister wollte er darum entlassen, sondern die für «die Ausführung der Gesetze und die Sicherheit des Staates erforderlichen Maßnahmen und Verordnungen» nach Art. 14 der Charte verkünden.

Polignac bereitete den Text der folgenreichen vier Ordonnanzen vor, die wieder einmal das Presserecht einschränkten, zweitens die erneute Auflösung der Kammer dekretierten, obwohl diese noch gar nicht zusammengetreten war, ferner das Wahlgesetz veränderten, um die liberale Geschäftswelt von der Wahl auszuschließen und in der vierten Verordnung das Datum der Neuwahlen festlegten.

Das war eine offene Kampfansage an die Opposition und ein Verstoß gegen den Geist der Charte, worauf deren Sprecher sofort hinwiesen. Als der Polizeipräfekt von Paris am 27. 7. drei Blätter der Opposition beschlagnahmen ließ, kam es in Paris zu Demonstrationen und die Ereignisse schaukelten sich hoch. Die Ernennung von Marmont zum Oberkommandierenden der Pariser Garnison wirkte auf die Hauptstadt als Provokation, es wurden Barrikaden errichtet, ein Aufständischer wurde getötet, der Belagerungszustand verhängt. Am nächsten Tag, dem 28. 7., besetzten die aufständischen Studenten, Handwerker, ehemaligen Soldaten und Nationalgardisten das Rathaus. Zwar widerrief Karl X. nun seine Erlasse, doch das war viel zu spät. Aus Furcht vor einer Revolution eröffnete Marmont die Gegenoffensive und ließ auf die Aufständischen schießen. Als am nächsten Tag die Aufständischen ihrerseits zurückschlugen und viele der Soldaten die Flucht ergriffen, soll Talleyrand auf seine Uhr geschaut haben: «Um zwölf Uhr fünf hat der ältere Zweig der Bourbonen aufgehört zu regieren.» Tatsächlich war die Hauptstadt in den Händen der Aufständischen, doch die Opposition war uneinig und der König in Saint-Cloud gab sich selbstsicher; allenfalls an eine vorzeitige Abdankung zugunsten des Duc de Bordeaux dachte er und an einen Regentschaftsrat mit einigen führenden Liberalen. Doch die favorisierten mittlerweile eine andere Lösung, nämlich die Ernennung des Herzogs von Orléans zum neuen König.

Als dieser tatsächlich am 31. 7. durch die Akklamation der Pariser Menge vor dem Rathaus in sein Amt gesetzt wurde, meinte Karl X., der nach Rambouillet geflüchtet war, die Monarchie dadurch zu retten, daß er zugunsten seines Enkels abdankte und den Herzog von Orléans zum Lieutenant-Général des Königreiches ernannte und ihm die Regentschaft anvertraute. Der Herzog von Orléans wollte sich aber nur auf die Legitimation durch die Volksvertreter berufen und keine andere Investitur akzeptieren.

Damit war der letzte Schachzug Karls X. gescheitert, und er entschied sich für die Flucht und nicht für Widerstand, als sich eine Gruppe von Demonstranten Rambouillet näherte. Wieder blieb nur der Weg nach England, wohin er, eskortiert von zwei französischen Fregatten, am 16. 8. 1830 aufbrach. Die britische Regierung gewährte ihm und seinem kleinen Gefolge zwar das Aufenthaltsrecht, aber behandelte ihn als Privatmann und verweigerte ihm alle königlichen Ehren. Artois, der sich nun Comte de Ponthieu nannte, zog sich wieder nach Holyrood zurück, wo er sechs Jahre lebte, bis er 1836 sich entschloß, sich zurück auf den Kontinent zu begeben, wo er in der Nähe von Budweis ein Gut erworben hatte. Auf dem Wege dorthin infizierte er sich an der Cholera, an der er sechs Tage nach den ersten Anzeichen der Krankheit am 6. 11. 1836 im habsburgischen Görz starb. Am 11. 11. wurde er dort in der Kirche eines Franziskanerkonvents begraben.

Michael Erbe

# LOUIS-PHILIPPE
# 1830–1848

*Louis-Philippe, geb. 6. Oktober 1773 in Paris, 1793 Herzog von Orléans, 9. August 1830 König der Franzosen, 24. Februar 1848 Abdankung zugunsten seines Enkels Louis-Philippe, Graf von Paris, 3. März 1848 Einschiffung nach England, gest. 26. August 1850 Claremont (Grafschaft Surrey), bestattet in der katholischen Kirche von Weybridge (Surrey), 1876 überführt in die königliche Kapelle (chapelle royale) St. Louis in Dreux (Département Eure-et-Loir).*

*Vater: Louis Philippe Herzog von Orléans (1747–1793). Mutter: Adélaïde, Tochter von Louis Jean Herzog von Bourbon-Penthièvre (1753–1821). Geschwister: Antoine Philippe Herzog von Montpensier (1775–1807), Adélaïde (1777–1847), Louis Charles Graf von Beaujolais (1779–1808).*

*Heirat 1809 mit Maria Amelia (1782–1866), Tochter König Ferdinands I. von Sizilien und Karolines von Habsburg (Schwester Marie Antoinettes, Gemahlin Ludwigs XVI.). 10 Kinder, darunter: Ferdinand Herzog von Orléans (1842 tödlich verunglückt), – Louise, Gemahlin Leopolds I., König der Belgier, – Louis, Herzog von Nemours, – François, prince de Joinville, – Henri, Herzog von Aumale, – Antoine, Herzog von Montpensier (verh. mit Louise, Schwester der Königin Isabella II. von Spanien).*

Er entstammte einem Geschlecht, dessen Vertreter sich als Angehörige des jüngsten Seitenzweigs der Bourbonen seit Beginn des 18. Jahrhunderts immer wieder Hoffnungen auf die Krone Frankreichs gemacht, sie aber nie erlangt hatten. Die Hoffnungen waren fast aufgegeben, da fiel sie dem bereits Sechsundfünfzigjährigen beinahe unerwartet zu. Fast zwei Jahrzehnte lang trug er den Titel «König der Franzosen» und versuchte damit, eine der neuen Zeit angepaßte Form der altehrwürdigen Königswürde zu praktizieren. Doch die Monarchie geriet ihm lediglich zum «Bürgerkönigtum», und das war zu wenig, um *alle* Franzosen davon zu überzeugen, daß er sie als Staatsoberhaupt wirklich repräsentierte. Die Krone, die ihm das Bürgertum geschenkt hatte, wurde ihm vom Volk durch die Revolution 1848 wieder entrissen. Damit war der Traum vom Königtum in seiner Familie ausgeträumt, auch wenn er nach 1871 noch einmal auflebte und sich Chancen zu seiner Verwirklichung abzuzeichnen schienen. Immerhin: da die Bourbonen 1883 ausstarben, sind es *seine* Nachfahren, die als «Grafen von Paris» heute noch für den – allerdings recht unwahrscheinlichen – Fall, daß Frankreich wieder in ein Königreich umgewandelt werden sollte, den Anspruch auf den Thron aufrecht erhalten.

Louis-Philippe, *duc de Valois*, ab 1783 *duc de Chartres* und seit 1793 *duc d'Orléans*, wurde am 6.10. 1773 im Sitz seiner Familie, dem einst von Richelieu errichteten und 1672 von Ludwig XIV. seinem Bruder Philipp von Orléans geschenkten Palais-Royal zu Paris geboren. Er war der älteste Sohn des Herzogs Louis Philippe Joseph von Chartres (*1747, †1793), der seit dem Tod seines Vaters im Jahre 1783 den Titel eines Herzogs von Orléans führte, und von dessen Frau Marie Louise Adélaïde de Bourbon-Penthièvre (*1753, †1821). Beide waren seit 1769 miteinander verheiratet; ihre Verbindung, aus der vier Kinder hervorgingen, war unglücklich und endete 1792 mit Trennung. Sie war jedoch für den Herzog, einem Urenkel des Regenten Philipp von Orléans, finanziell äußerst lukrativ. Denn seine Frau war die Tochter eines der reichsten Männer Frankreichs, nämlich von Louis Jean Marie de Bourbon, Herzog von Penthièvre, einem Enkel Ludwigs XIV. aus dessen Verbindung mit der Marquise de Montespan, deren Kinder der Sonnenkönig einst legitimiert hatte. Eine Schwester des Grafen war bereits mit dem Regenten Philipp von Orléans verheiratet gewesen, und so floß in den Adern Louis-Philippes nicht nur das Blut Ludwigs XIII., sondern auch das von dessen Sohn «Louis le Grand». Nachdem er den Thron Frankreichs erklommen hatte, wurde ihm von Schmeichlern sogar nachgesagt, daß seine Gesichtszüge denen des Sonnenkönigs entfernt ähnelten.

Louis-Philippes Vater war eine recht schillernde Gestalt. Hochgebildet, tapfer als Offizier, zugleich ein Lebemann mit zahlreichen Affären, gefiel er sich bereits in der Opposition zu Ludwig XV., bekämpfte die Reformpolitik des Kanzlers Maupeou auf das heftigste und wurde 1771/72 des Hofes verwiesen. Als eher unkritischer Bewunderer des britischen Regierungssystems ließ er unter Ludwig XVI. keine Gelegenheit aus, um sich – u. a. durch seinen betont unhöfischen Lebensstil – gegen den relativ unerfahrenen und politisch ungeschickt operierenden Monarchen als Alternative zu profilieren. 1789, in der Generalständeversammlung, zählte er zu den wenigen prominenten Mitgliedern des Adels, die ein Zusammengehen mit dem Dritten Stand befürworteten. Er trat dem Jakobinerklub bei und nahm nach dem Sturz des Königs 1792 den Namen *Philippe Égalité* an, um seine revolutionäre Gesinnung zu beweisen. Als Abgeordneter der Bergpartei im Nationalkonvent ging er sogar so weit, im Januar 1793 für die Hinrichtung Ludwigs XVI. zu stimmen. Anschließend jedoch wurde er wegen des Verdachts, eine Verschwörung zur Erlangung des Königtums anzetteln zu wollen, verhaftet, zum Tode verurteilt und im November 1793 hingerichtet.

Während des Gerichtsverfahrens wurde ihm auch das Verhalten seines Sohnes zur Last gelegt, der Anfang April gemeinsam mit dem General Dumouriez nach dessen Niederlage bei Neerwinden zu den Österreichern übergetreten war. Louis-Philippe befand sich damals seit sieben Monaten im Feld und hatte als Adjutant unter Dumouriez bei dessen siegreichen Gefechten von Valmy und Jemappes (Sept. und Nov. 1792) Dienst getan. Zuvor war auch er, von der Revolution begeistert, dem Jakobinerklub beigetreten. Dies war sicherlich kein Zufall, hatte er doch eine für einen Hochadligen jener Zeit ungewöhnliche, ganz auf die Ideen der Aufklärung hin ausgerichtete Erziehung genossen. Sie erscheint uns heute als noch ungewöhnlicher, da sie von seinem Vater in die Hand einer Frau gelegt wurde, die zu den bedeutendsten Gestalten des französischen Geisteslebens um die Wende des 18. zum 19. Jahrhundert zählt und sich sowohl durch zahlreiche Romane wie durch ihr pädagogisches Werk *Théâtre d'éducation* (1779) einen Namen gemacht hat: die Gräfin Stéphanie Félicité de Genlis (*1746, †1830). Zunächst Ehrendame im Hause der Orléans und zeitweilig Geliebte von Louis-Philippes Vater, leitete sie 1782 die Ausbildung des jungen Prinzen und seiner Geschwister. Dabei legte sie als glühende Anhängerin Rousseaus ebenso Wert auf Gewöhnung an eine einfache Lebensführung wie auf gründliche Ausbildung im Griechischen und Lateinischen sowie in den wichtigsten modernen Fremdsprachen (Louis-Philippe sprach später sehr gut Englisch, dazu recht geläufig Italienisch, Spanisch und Deutsch). Außerdem durften Mathematik und Naturwissenschaften sowie die Musik nicht zu kurz kommen, und schließlich wurden ihm als jungem Adligen Fertigkeiten im Reiten, Fechten und Tanzen beigebracht. Bemerkenswert ist, daß nicht nur die drei Söhne des Herzogs von Orléans, sondern zum großen Teil auch ihre Schwester Adélaïde Eugénie Louise (*1777, †1847) diese vielseitige Erziehung erhielt. Sie sollte als einzige der Geschwister die Königserhebung ihres ältesten Bruders erleben (an der sie im übrigen, im Hintergrund wirkend, beteiligt war) und ihm während seiner Regierung als «Madame Adélaïde» eine wichtige Ratgeberin sein. Bereits 1792 war sie, gemeinsam mit ihrer Erzieherin, nach England emigriert. Madame de Genlis bereiste bis 1800 Mitteleuropa, kehrte dann nach Frankreich zurück, wo sie vom Ersten Konsul zur Inspektorin für das Grundschulwesen ernannt wurde. Später zahlte ihr Louis-Philippe, dessen Erhebung zum König sie noch erlebte, eine Ehrenpension.

Er selbst war 1793 zwar zum Feind übergelaufen, doch lehnte er es ab, wie andere Emigranten gegen sein Land zu kämpfen. Von den Machthabern in Frankreich verfolgt und auf der Suche nach einem Asyl, reiste er kreuz und quer durch die Schweiz und nahm schließlich im graubündischen Reichenau unter dem Namen Chabaud-Latour eine Stelle als Lehrer für Fremdsprachen, Mathematik und Naturwissenschaften an. 1795 bereiste er Nordwestdeutschland und Skandinavien. Im Herbst 1796 ging er nach Nordamerika und erfüllte damit die seit längerer Zeit gestellte Bedingung des Direktoriums für die Freilassung seiner Mutter und seiner beiden Brüder, die als Mitglieder der königlichen Familie in Frankreich immer noch in Haft waren. Im Januar 1800 begab er sich nach

England, wo ihm der Graf von Artois, der jüngste Bruder des hingerichteten Ludwig XVI. (und spätere König Karl X.) und die Emigranten in dessen Gefolge wegen seiner anfänglichen Revolutionsbegeisterung und wegen der Haltung seines Vaters beim Prozeß gegen Ludwig XVI. zunächst mit Ablehnung begegneten. Schließlich kam es aber zur Aussöhnung, in die auch der seit 1798 unter dem Schutz des Zaren im kurländischen Mitau residierende Graf der Provence einwilligte, der seit 1795 den französischen Königstitel mit dem Namen «Ludwig XVIII.» führte und 1814, nach der Niederlage und Absetzung Napoleons, die Restauration seines Hauses in Frankreich feiern sollte.

Louis-Philippe erlebte den Sturz des Kaisers von Sizilien aus, wohin er sich 1808 begeben hatte. Im November 1809 hatte er dort Maria Amelia (*1782, †1866) geheiratet, die Tochter seines Vetters Ferdinand IV. (der unter britischem Schutz nur noch über diesen Teil des Königreichs Neapel regierte) und der eigentlichen Lenkerin der in Palermo betriebenen Politik (soweit sie nicht von London aus bestimmt wurde) Maria Carolina (einer Schwester der unglücklichen Marie Antoinette). Aus dieser, durchaus auf gegenseitiger Zuneigung beruhenden Ehe sollten zwischen 1810 und 1824 insgesamt zehn Kinder hervorgehen, von denen acht das Erwachsenenalter erreichten. Louis-Philippes «Bourbonenheirat» war gegenüber den Brüdern Ludwigs XVI. kein ungeschickter Schachzug, legitimierte sie doch gewissermaßen den Sohn des «Régicide» Philippe Égalité. In Sizilien spielte Louis-Philippe eine gewisse Rolle bei der Vermittlung der politischen Zielvorgaben des britischen Botschafters Lord William Bentinck (und erhielt mit dafür von der Regierung in London eine Erhöhung seiner bereits seit 1800 gewährten jährlichen Pension auf insgesamt 4000 Pfund Sterling), versuchte sich kurz, aber ohne Erfolg, in Spanien gegen die napoleonischen Truppen militärisch zu betätigen und widmete sich schließlich, von Natur aus ohnehin mehr zu beschaulicher Bequemlichkeit neigend, vor allem seiner wachsenden Familie. Dieses Leben erfuhr jedoch mit den Ereignissen des Frühjahrs 1814 eine jähe Änderung.

Da Ludwig XVIII. keine Kinder besaß, war Louis-Philippe nach dem Grafen von Artois und dessen beiden gleichfalls kinderlosen Söhnen unmittelbar thronfolgeberechtigt. Deswegen konnte er, als im Mai in Frankreich die Restauration der Bourbonen erfolgte, Paris schlecht fernbleiben. Am 3.5. hielt Ludwig XVIII. dort seinen Einzug, und bereits zwei Wochen später kam Louis-Philippe in der französischen Hauptstadt an. Der König setzte ihn sogleich wieder in die ehemaligen Güter der Familie ein, so daß er Ende September gemeinsam mit Frau und Kindern das Palais-Royal beziehen konnte. Als Prinzen von Geblüt stand ihm ein erblicher Sitz in der Pairskammer, dem «Oberhaus» des französischen Parlaments zu, das gemäß der «Charte constitutionnelle» Ludwigs XVIII. vom 4.6. 1814 aus dieser und der in den Départments aufgrund eines rigiden Zensussystems gewählten Deputiertenkammer bestand. Das Besondere an der Pairskammer war, daß sich hier infolge der Übernahme zahlreicher Mitglieder aus dem napoleonischen Senat und dem kaiserlichen Adel eher die liberale Opposition konzentrierte, während in der Deputiertenkammer lange Zeit mehrheitlich konservative, wenn nicht gar «ultra»-royalistische Abgeordnete saßen. Louis-Philippe, der während der «Hundert Tage» Napoleons mit seiner Familie nach England entwich, hielt sich jedoch politisch weitgehend zurück. Während der Zeit des sogenannten «Weißen Terrors», den er von seiner Grundeinstellung her nur mißbilligen konnte, war sein Hauptwohnsitz das westlich von London an der Themse gelegene Twickenham, den er bis zum Sommer 1817 beibehielt. Ludwig XVIII., der im übrigen darüber verärgert war, daß sogar unter den Monarchen Europas sein Vetter für eine bessere Besetzung des französischen Throns gehalten wurde, die eine Rückkehr Napoleons verhindert hätte, ließ ihn dies alles, soweit es im Rahmen des wieder eingeführten strengen Hofzeremoniells zu rechtfertigen war, durch deutliche Herabsetzung entgelten. Dies wiederum löste in Louis-Philippe tiefe Verbitterung aus. Die Ermordung des Herzogs von Berry im Februar 1820 brachte ihn zwar der möglichen Thronfolge noch näher, doch die Ende September erfolgte Geburt von dessen posthumen Sohn Henri (*«L'enfant du miracle»*), der den Titel eines Herzogs von Bordeaux erhielt, bedeutete faktisch den endgültigen Ausschluß.

Der Herzog von Orléans, dessen liberale Neigungen seitens des Königs mit der Tragödie von 1820 in Zusammenhang gebracht wurden, blieb notgedrungen bis zum Tod Ludwigs XVIII. im September 1824 dem Hof weitgehend fern. Mit dem Regierungsantritt Karls X., zu dem Louis-Philippe persönlich ein gutes Verhältnis besaß, besserten sich die Beziehungen zwischen den Tuilerien und dem Palais-Royal. Dennoch widmete sich der Herzog weniger dem Hofleben und der Politik als der Mehrung seines Besitzes. Beraten durch zum bourbonischen Regime in Opposition stehende Bankiers wie Jacques Lafitte, ordnete er seine trotz der Wiederherstellung des früheren Familieneigentums zerrütteten Vermögensverhältnisse und verbesserte sie – vor allem, nachdem er 1821 seine Mutter beerbt hatte – durch geschickte Wirtschaftsführung so weit, daß er auch ohne die ab 1825 erfolgenden Entschädigungen für die ehemaligen Emigranten zu einem der reichsten Grund- und Immobilienbesitzer Frankreichs aufstieg. Dabei pflegte er – in bewußtem Kontrast zum Gebahren bei Hofe (*«Je me moque absolument de l'étiquette»*) – einen wenig aufwendigen, betont bürgerlichen Lebensstil, bei dem Fragen des Zeremoniells keinerlei Rolle spielten. Bezeichnend war, daß er sich erst ein Jahr nach seiner Erhebung zum König dazu bereit finden sollte, vom Palais-Royal in die Tuilerien umzuziehen. Seine Söhne schickte er auf eine öffentliche Schule, das *Lycée Henri IV*. Überhaupt erhielten seine Kinder, ganz wie einst er selbst, eine vielseitige Ausbildung, in die er sich z. T. persönlich, u. a. durch Unterricht in Geschichte, einmischte. Alles dies ließ ihn immer mehr zum Hoffnungsträger von Teilen der liberalen Opposition werden, ohne daß er dem Hof Anlaß zum Verdacht wegen politischer Unzuverlässigkeit gab. Diese Haltung – abzuwarten und sich zugleich für kommende Veränderungen als Alternative zu empfehlen – sollte sich 1830 auszahlen.

Bereits Ende Mai – Karl X. hatte vierzehn Tage zuvor die Deputiertenkammer aufgelöst, und man wartete gespannt auf das Ergebnis der Neuwahlen – waren anläßlich eines auch der Öffentlichkeit zugänglichen Festes, das Louis-Philippe zu Ehren seines Schwagers, des Königs «Beider Sizilien» Franz' I. im Palais-Royal gegeben hatte, lautstarke Demonstrationen für den Herzog von Orléans erfolgt. Als Karl X. am 25. 7. seine berühmten Ordonnanzen erließ, die zur Erhebung des Volks von Paris führten, weilte Louis-Philippe mit seiner Familie auf seinem Sommersitz in Neuilly.

Ein großer Teil der Barrikadenkämpfer aus dem Volk wollte die Republik ausrufen und als Präsidenten den greisen La Fayette einsetzen, dessen Hauptquartier das von den Aufständischen erstürmte Hôtel de Ville bildete. Dagegen setzte die Mehrheit der oppositionellen Parlamentarier auf die Fortsetzung des Königtums durch den Chef des Hauses Orléans. Sie gruppierten sich vor allem um Laffitte, von dessen Pariser Haus aus die entsprechenden Maßnahmen eingeleitet wurden. Dazu gehörte, daß der junge Journalist und Mitbegründer des Oppositionsblatts «*Le National*» Adolphe Thiers am 29. 7. in Neuilly, da Louis Philippe gerade abwesend war, dessen Schwester Adélaïde das Angebot unterbreitete, daß der Herzog zunächst das Amt des Reichsverwesers *(lieutenant général du royaume)* übernehmen solle (dazu ernannte ihn am 2. 8. auch Karl X., der nach Rambouillet ausgewichen war und an diesem Tag zugunsten seines noch nicht zehnjährigen Enkels abdankte). Louis-Philippe nahm das Angebot, das faktisch von der Mehrheit der Deputiertenkammer kam, nach einigem Zögern an. Am 31. 7. verkündete er in einer an das Volk von Paris gerichteten Proklamation, daß er fest auf dem Boden der Verfassung stehe (*«La Charte sera désormais une vérité»*) und begab sich in Begleitung einiger prominenter Abgeordneter – darunter Laffitte und Benjamin Constant – ins Pariser Hôtel de Ville, um dort La Fayette seine Aufwartung zu machen. Dies war ein kluger Schritt, durch den der betagte, eitle Held von 1789 vollkommen für die orléanistische Sache gewonnen wurde. Beide umarmten sich demonstrativ auf dem Balkon des Rathauses, und das anwesende Volk umjubelte seinen neuen Herrscher oder, wie es Chateaubriand in seiner Erbitterung treffend formulierte: *«Le baiser républicain de La Fayette fit un roi.»*

Am 3. 8. versammelten sich die beiden Kammern des Parlaments. Zwar waren von 430 Abgeordneten der Deputiertenkammer nur 252 und von 365 Pairs sogar nur 114 anwesend, aber jeweils mehr als vier Fünftel der Anwesenden stimmten für eine Revision der «Charte constitutionelle». Sie betraf vor allem den Wegfall der Präambel Ludwigs XVIII. und des Artikels 14, der die rechtliche Grundlage für die Juli-Ordonnanzen gebildet hatte, ferner die Weichenstellung zu entscheidenden Veränderungen in der Zusammensetzung der Pairskammer, die allerdings erst im Dezember 1831 vorgenommen wurden. Seitdem gab es hier keine erblichen Pairien mehr, sondern nur noch vom König auf Lebenszeit vorwiegend an verdiente Beamte und Vertreter des Großbürgertums auf Lebenszeit vergebene Sitze. Nachdem Louis-Philippe sich mit allem einverstanden erklärt hatte, wurde der Thron am 7. 8. für vakant erklärt und dem Herzog von Orléans angeboten, welcher auf die neue «Charte» einen Eid ablegte. Die offizielle Inthronisation erfolgte zwei Tage später bezeichnenderweise im Palais-Bourbon, dem Sitz der Deputiertenkammer. Louis-Philippe nannte sich nicht mehr – wie noch seine beiden Vorgänger – *«Roi de France et de Navarre»*, sondern *«Roi des Français»*, betonte also die Volksverbundenheit des neuen Regimes. Dies sollte ebenso die Hinwendung zu einer den Erfordernissen der neuen Zeit angepaßten Monarchie dokumentieren wie die Tatsache, daß das Lilienbanner der Bourbonen als Staatsflagge durch die Trikolore ersetzt wurde.

Die «orléanistische» Lösung war für Frankreich damals sicherlich der richtige Weg, um aus der durch Karl X. ausgelösten Staatskrise herauszukommen: innenpolitisch, weil damit jene Kreise des Bürgertums wieder an die Schalthebel der Macht gelangten, mit denen bereits Napoleon I. zusammengearbeitet hatte und die auch wirtschaftlich die entscheidende Kraft bildeten; außenpolitisch, weil die Absetzung des «legitimen» Herrschers und die Schaffung einer Republik ein Akt gewesen wäre, der die Heilige Allianz auf den Plan gerufen hätte (in deren Sinne Frankreich ja selbst in den zwanziger Jahren in Spanien interveniert hatte). Louis-Philippe verkörperte nach innen die Versöhnung des alten Königshauses mit den Prinzipien von 1789. Man sah in ihm den Garanten sowohl gegen die Reaktion der Kräfte des *Ancien Régime* wie auch gegen den Radikalismus des Jakobinertums. Und nach außen galt er als Abkömmling der rechtmäßig zur Herrschaft berufenen französischen Dynastie, von dem man überdies eine Politik im Sinne der Gleichgewichtsidee des Wiener Kongresses, d. h. eine gegen die Grenzrevisionswünsche vieler Franzosen gerichtete Haltung erwarten durfte. So wurde seine Regierung denn auch bis zum September 1830 von den übrigen Großmächten offiziell anerkannt. Jedoch wurde Louis-Philippe hinsichtlich der Ehrlichkeit seiner Außenpolitik gerade um diese Zeit durch die belgische Krise auf die Probe gestellt.

Mit angeregt durch die Ereignisse in Paris, kam es Ende August 1830 in Brüssel zu einer Erhebung gegen die Herrschaft des niederländischen

Königs, die schließlich zur Loslösung Belgiens aus dem 1815 vor allem auf britischen Wunsch hin gebildeten Königreich der Vereinten Niederlande führte. Der im November in Brüssel zusammengetretene belgische Nationalkongreß beschloß, daß das Land künftig eine parlamentarische Monarchie sein sollte. Anfang Februar 1831 wählte man, mit allerdings sehr knapper Mehrheit (97 von 192 Stimmen), Louis-Philippes zweiten Sohn, Herzog Ludwig von Nemours (*1814, †1896), zum neuen König. Einerseits war dies dem französischen König nicht unlieb, wäre doch sonst der Stiefenkel Napoleons, der junge Herzog von Leuchtenberg, zum König der Belgier gewählt worden, und ein «Napoleonide» auf dem Thron von Brüssel hätte sich – ganz abgesehen davon, daß er womöglich eine Intervention der Großmächte heraufbeschworen und dies zur Beunruhigung der französischen Nordgrenze geführt hätte – sehr wohl zu einer Bedrohung der inneren Stabilität Frankreichs entwickeln können. Auf der anderen Seite wäre die Annahme der Wahl für den gerade sechzehnjährigen Prinzen einer französischen Expansion nach Belgien gleichgekommen, was vor allem den Londoner Interessen zuwidergelaufen wäre. Es war daher nur folgerichtig, daß Louis-Philippe am 17. 2. 1831 das von einer Delegation des belgischen Kongresses unterbreitete Angebot ablehnte. Dieser wählte daraufhin den mit dem britischen Königshaus eng verwandten Leopold von Sachsen-Coburg-Gotha, der sich im August 1832 mit Louis-Philippes ältester Tochter Luise (*1812, †1850) verheiratete. Auf diese Weise wurde sowohl den britischen Interessen im niederländischen Raum Genüge getan als auch das neue belgische Königshaus mit dem der Orléans eng verbunden. Im übrigen konnte Frankreich im Sommer 1831 durch militärisches Eingreifen den gewaltsamen Versuch Den Haags, die Einheit zwischen den Niederlanden und Belgien wiederherzustellen, vereiteln, ohne daß bei den Regierungen der übrigen Großmächte der Verdacht entstand, es wolle seine Grenze wieder nach Norden verschieben.

Diese umsichtige Politik war zu einem nicht unerheblichen Teil auf den Rat des alten Talleyrand zurückzuführen, der Anfang September 1830 als französischer Botschafter nach London ging und dort bis 1834 blieb. Mit auf seine Initiative hin kam es im November 1830 zur Londoner Konferenz der Großmächte, auf der diese die Unabhängigkeit Belgiens anerkannten und zugleich eine Neutralisierung des Landes vorsahen, ferner im Oktober 1831 zur Verkündigung der sogenannten 24 Artikel, in denen weitere Streitfragen zwischen Brüssel und Den Haag geregelt wurden. Dies war – ganz im Sinne Louis-Philippes, der seit jeher ein Bewunderer Großbritanniens gewesen war – der Beginn einer von Talleyrand wie von dem zwischen Oktober 1832 und Februar 1836 amtierenden Außenminister, dem Herzog Achille Léon de Broglie, getragenen anglo-französischen Zusammenarbeit, wobei Paris wie London gemeinsame Interessen einmal hinsichtlich ihrer Orientpolitik und zum anderen bei der Begünstigung der liberalen Bewegungen in Deutschland, Italien und Spanien verfolgten. Diese Kooperation führte zu Reibungen mit den konservativen Großmächten Österreich, Preußen und Rußland, die ihrerseits die auf den Ideen der Heiligen Allianz beruhenden Prinzipien und ihre Bereitschaft zur Intervention im Falle von inneren Wirren und der Gefährdung legitimer Monarchien 1833 im böhmischen Münchengrätz bekräftigen.

Im August 1834 einigten sich dagegen London, Madrid, Lissabon und Paris darauf, keine Einmischungen in die inneren Angelegenheiten Portugals wie Spaniens zu dulden, wo sich «Legitimisten» unter Don Miguel bzw. Don Carlos und «Konstitutionalisten» unter den Königinnen Maria bzw. Isabella gerade heftig bekämpften. Vorteile brachte diese Politik jedoch hauptsächlich den Briten, da sich beide Länder nun enger an London anlehnten und sich vor allem englischen Exporten öffneten, während der französische Einfluß sich immer mehr abschwächte. Eine Annäherung an Österreich sollte ab 1835 eine Neuorientierung der französischen Außenpolitik ermöglichen. Da aber Pläne einer Heirat zwischen dem Kronprinzen Ferdinand Philippe (*1810, †1842) und einer habsburgischen Prinzessin am Veto Metternichs scheiterten, kam es zu keiner Übereinkunft mit Wien, während sich das Verhältnis zu London – nicht zuletzt wegen gegenseitiger Unstimmigkeiten in der Handelspolitik – abkühlte. Als 1839 Europa im Zuge der sog. Orientkrise auf einen allgemeinen Krieg zusteuerte, stand Frankreich daher allein.

Die Krise im Nahen Osten war vor allem auf innere Gegensätze im Osmanischen Reich, zwischen dem Sultan und seinem überaus effizienten, der europäischen Modernisierung aufgeschlossenen ägyptischen Vizekönig Muhammad-'Ali, zurückzuführen, der bereits 1832 bis nach Istanbul vorgedrungen und erst auf eine Intervention der europäischen Großmächte hin wieder abgezogen war. Angesichts der zunehmenden Schwäche des «kranken Manns am Bosporus» – die Hohe Pforte hatte sich 1832 unter den Schutz des Zaren stellen und im Juli 1833 den Vertrag von Hünkar Iskelesi unterzeichnen müssen, der allen fremden Kriegsschiffen die Durchfahrt der Meerengen am Bosporus und an den Dardanellen verbot – plante Muhammad-'Ali die Errichtung eines Ägypten, den Sudan, die Heiligen Stätten Arabiens sowie Palästina und Syrien umfassenden Reichs, eine Politik, die von Paris aus wegen der wirtschaftlichen Interessen Frankreichs im Nahen Osten unterstützt wurde. Als Muhammad-'Ali 1839 erneut gegen Syrien vorrückte und die osmanischen Truppen vernichtend schlug, fand die Hohe Pforte allerdings die Unterstützung Londons und der übrigen Großmächte, die beschlossen, das Osmanische Reich unter ihren gemeinsamen Schutz zu stellen. Da Muhammad-'Ali jedoch fast das gesamte Syrien räumen sollte, widersetzte sich Paris dem Ansinnen, daß seinem Schützling fast sämtliche Eroberungen wieder abgenommen werden sollten. Die Pariser

Linie verschärfte sich noch, als im März 1840 das Außenministerium von dem ehemaligen napoleonischen Marschall Soult auf Adolphe Thiers überging, der – in der Hoffnung, daß eine Koalition der vier übrigen Großmächte gegen Frankreich nicht lange halten würde – auch einen allgemeinen Krieg nicht scheute, um die Orientfrage im Sinne Frankreichs zu lösen.

Der Höhepunkt der «Orientkrise» war erreicht, als der britische Außenminister Lord Palmerston, ohne den französischen Botschafter davon in Kenntnis zu setzen, am 15.7.1840 mit den Vertretern der übrigen Großmächte in London eine Konvention abschloß, in der Muhammad-'Ali ultimativ zur Räumung der von ihm eroberten Gebiete aufgefordert wurde. Dieser Affront rief in Frankreich große Erregung hervor. Der Ruf nach Krieg, nun auch zwecks Revision der Grenzen im Norden und Osten, wurde immer lauter, was wiederum deutscherseits zu nationalen Aufwallungen führte: damals entstanden die berühmten «Rheinlieder» von Nikolaus Becker, Max Schneckenburger, Alfred de Musset u. a. Auf der Woge der öffentlichen Erregung schwimmend, war Thiers bereit, einen Krieg zu riskieren, zumal man den ägyptischen Verbündeten für unbesiegbar hielt. Im September 1840 wurde dieser jedoch durch eine britische Flottenintervention zum Rückzug gezwungen (1841 freilich wurde seine Herrschaft über Ägypten offiziell anerkannt, während die Hohe Pforte im sog. Dardanellenvertrag wieder die Souveränität über die Meerengen erhielt). Louis-Philippe schreckte nun vor dem Risiko eines Krieges zurück, in dem Frankreich allein hätte kämpfen müssen, und ersetzte Thiers im Oktober durch den bisherigen Botschafter in London, François Guizot. Die Kriegsgefahr war damit zwar abgewendet, aber der Preis dieser Risikopolitik war, daß Frankreich im Mittelmeer – abgesehen vom Ausbau seiner Erwerbungen in Algerien – vorläufig keine Rolle mehr spielte. Es hatte sich zudem international völlig isoliert und stand erneut als Störer des allgemeinen Friedens da. Diese Isolation sollte bis zum Krimkrieg 1854/55 anhalten. Die übrige Regierungszeit Louis-Philippes verlief ohne nennenswerte außenpolitische Ereignisse.

Dem Hin und Her in der Außenpolitik entsprachen z. T. innere Richtungsstreitigkeiten und Auseinandersetzungen. Zu Beginn der dreißiger Jahre waren es die zwischen den zwei großen Parteigruppen des «Widerstands» *(Résistance)* und der «Bewegung» *(Mouvement)*. *In Bewegung* war Frankreich durch die Julirevolution geraten. In Paris wie in der Provinz erhofften sich viele den Anbruch einer neuen Epoche der Freiheit und die Wiederkehr der Prosperität, wie man sie vor allem zur Zeit Napoleons gekannt hatte. Das Ende der Wirtschaftskrise, die mit zur Unzufriedenheit vor der Julirevolution beigetragen hatte, war aber noch keineswegs in Sicht. In Bewegung geraten war überdies durch die verschiedenen Erhebungen und Revolutionen des Jahres 1830 die politische Großwetterlage in Europa. In Frankreich hofften nicht wenige darauf, daß damit das Signal zum Aufbrechen der verkrusteten Strukturen des Metternich'schen Staatensystems sowie der autoritären Verfassungsverhältnisse in den verschiedenen Ländern ohne echte parlamentarische Vertretung bzw. Mitsprache gegeben worden sei. Der erste, der von einer «Partei der Bewegung» in Frankreich sprach, war im November 1830 der Deputierte Odilon Barrot. Zu ihr zählte neben La Fayette, der allerdings infolge seines Alters keine bedeutende politische Rolle mehr spielen konnte und 1833 durch Rücktritt seiner Absetzung vom Posten des Oberkommandierenden der Nationalgarde zuvorkam, vor allem der Drahtzieher der orléanistischen Königserhebung Jacques Laffitte. Als Louis-Philippe ihn Anfang November zum Minister ohne Portefeuille und zugleich zum Premierminister seines Kabinetts berief, trug er damit den Erwartungen im Land nach gravierenden Veränderungen Rechnung, obwohl es außenpolitisch eigentlich geraten war, mit gemäßigteren Politikern zusammenzuarbeiten. Da Laffitte ein aktives Eingreifen in die Erhebungen in Belgien und Italien im Sinne der Ausdehnung des französischen Einflusses befürwortete, war der König genötigt, ihn bereits im März 1831 zu entlassen.

Im wesentlichen hat seitdem – wenn man von der Episode der Orientkrise 1839/40 absieht – die «Partei des Widerstands» die Geschicke Frankreichs geleitet. Am 13. 3. berief Louis-Philippe den Bankier Casimir Périer zum Premierminister, dessen Programm kurz lautete: «*Il faut que la sécurité et la tranquillité renaissent*». Périer war ein Politiker von unbändiger Willensstärke, der es – gemäß dem von Thiers formulierten Prinzip «*Le roi règne, mais ne gouverne pas*» – zunächst einmal durchsetzte, daß der König die Kabinettssitzungen nicht mehr leitete, d. h., von ihnen ausgeschlossen blieb, was die Unabhängigkeit der Regierung von der monarchischen Gewalt unter Beweis stellen sollte. Um die immer noch in Gärung befindliche innere Lage zu beruhigen, brachte er im März und April drei noch von seinem Vorgänger vorbereitete Gesetze durchs Parlament. Das erste führte Wahlen für die Gemeinderäte ein und kam damit den Wünschen des Bürgertums nach mehr kommunaler Autonomie entgegen. Das zweite öffnete die Nationalgarde, deren Offiziere gewählt werden mußten, sämtlichen Steuerzahlern. Das dritte senkte den Zensus für das aktive Wahlrecht um ein Drittel (von 300 auf 200 Francs Jahressteuern) und das passive um die Hälfte (von 1000 auf 500 Francs), d. h. so weit, daß es künftig statt 90 000 etwa 166 000 Wahlberechtigte für die Deputiertenkammer gab, eine Zahl, die bis 1848 auf rund 250 000 steigen sollte. Dies alles kam vor allem den Interessen des großen, aber auch Teilen des mittleren Bürgertums entgegen, das sich neben der Polizei in der Nationalgarde eifrig an der Unterdrückung von Arbeiterprotesten um die Schaffung von Arbeitsplätzen und bessere Entlohnung beteiligte. Solche Erhebungen gab es in Paris und vor allem im November 1831 in Lyon, wo der erste echte Arbeiteraufstand in der

Geschichte Frankreichs sogar nur mit Hilfe von Heereseinheiten unter dem Marschall Soult niedergeschlagen werden konnte. Die Folge war, daß es auf die Dauer nicht gelang, die republikanisch Gesinnten, die sich viel für die Herstellung völliger politischer Freiheit, für demokratische Verhältnisse und für eine aktive Sozialpolitik versprochen hatten, in das neue Regime zu integrieren. Statt dessen bildete sich eine immer stärkere Opposition heraus, in der nun auch die Sozialisten eine größere Rolle zu spielen begannen.

Périer starb im Mai 1832 an der damals in Frankreich wütenden Cholera, welche das Bewußtsein der allgemeinen Misere noch verschärfte. Anfang Juni kam es in Paris anläßlich der Begräbnisfeier für den äußerst populären, republikanisch gesinnten General Lamarque – einem ehemaligen Anhänger Napoleons, der unter der Restauration starken Repressalien ausgesetzt gewesen war – zu einem Aufstand, der von der Nationalgarde durch ein regelrechtes, von Victor Hugo dreißig Jahre später in seinem Roman «*Les misérables*» eindringlich beschriebenes Blutbad beendet wurde. Die allgemeine politische Lage wurde zugleich dadurch belastet, daß die Schwiegertochter Karls X., die Herzogin von Berry, Ende April in Marseille landete und versuchte, in der Provence einen Aufstand zugunsten ihres Sohnes, des Herzogs von Bordeaux, in Gang zu bringen. Da dies mißlang, begab sie sich unter abenteuerlichen Umständen in die traditionell royalistisch gesinnte Vendée. Es gelang ihr jedoch auch hier nicht, eine allgemeine Erhebung zu bewirken. Nach Verrat durch einen ihrer Vertrauten wurde sie Anfang November in Nantes verhaftet. Ihre Sache war aber auch bei den Legitimisten bald dadurch diskreditiert, daß sie in der Haft ein uneheliches Kind gebar. Nach der Entbindung konnte die Regierung sie daher, ohne weitere Umtriebe befürchten zu müssen, in Freiheit setzen. Damit war die legitimistische Opposition vorerst zum Schweigen gebracht. Sie in das neue Regime zu integrieren, gelang indes ebenfalls nicht. Als Glücksumstand für das Julikönigtum erwies sich zudem der Tod des einzigen legitimen Sohns Napoleons I., des Herzogs von Reichstadt, am 22. 7. 1832 in Schönbrunn, womit auch den Anhängern des ehemaligen Kaiserreichs vorerst die Integrationsfigur fehlte.

Louis-Philippe, der nach Périers Tod den Vorsitz im Ministerrat wieder selbst übernommen hatte, bildete im Oktober ein neues Ministerium, mit dem Herzog von Broglie als Außen-, dem relativ populären Thiers als Innen-, Soult als Kriegs- sowie dem Historiker Guizot, der später zum führenden Politiker der Julimonarchie aufsteigen sollte, als Erziehungsminister. Sie nahmen ihrerseits das Heft wieder fest in die Hand und verwiesen den König auf seine laut Verfassung eher repräsentative Rolle. Doch auch dieses Kabinett sah sich angesichts der allgemeinen, immer wieder zu Revolten führenden Mißstimmung genötigt, sich mit Gewalt durchzusetzen.

Anlaß dazu boten zunächst die Vereinigung der «Amis du peuple», aus der 1832 die «Société des droits de l'homme et du citoyen» hervorging, die aus vereinsrechtlichen Gründen in zahlreiche Sektionen mit unter zwanzig Mitgliedern aufgeteilt war. Sie schien der Regierung dermaßen gefährlich, daß sie presserechtlich und durch Vorbereitung eines Gesetzes zum Verbot auch winziger Vereine gegen sie vorging. Das führte am 13. 4. 1834 im Viertel um die Rue Beaubourg zur Errichtung von Barrikaden und zur Tötung völlig Unbeteiligter, die man als Hekkenschützen verdächtigte. Die Situation war ohnehin angespannt, weil seit Februar, als es einen Generalstreik der Seidenarbeiter von Lyon gegeben, der sich gleichfalls zum Aufstand ausgeweitet hatte, die Zeichen auf Sturm zu stehen schienen. Mit politischen Prozessen gegen die Führung der Republikaner, die sich bis 1836 hinzogen, wurde ihre Bewegung schließlich völlig unterdrückt.

So blieb, da das Lager der Gegner – Sozialisten, Republikaner und Legitimisten – in sich gespalten war, das Julikönigtum auf der ganzen Linie siegreich. Es bot sich dem «pays légal», d. h. der durchweg recht wohlhabenden Wählerschaft, als einzige politische Lösung in einem Land dar, das angesichts seiner wirtschaftlichen Schwierigkeiten und einer angespannten außenpolitischen Lage auf die bestehenden Machtverhältnisse angewiesen blieb. Die Folge war jedoch die schwindende Popularität des neuen Königs, auf dessen Reformwilligkeit man infolge seiner «revolutionären» Vergangenheit in weiten Kreisen des Volkes gesetzt hatte und von dem man sogar geglaubt hatte, ihn als Vollstrecker von Napoleons politischem Vermächtnis feiern zu können, hatte doch kein Geringerer als der volkstümliche Dichter und Verherrlicher des Kaisers Pierre Jean de Béranger sich in dieser Form zu ihm bekannt. Wie wenig volkstümlich er schon nach wenigen Jahren seiner Herrschaft war, zeigten auch mehrere Attentate auf den König – darunter ein äußerst schweres mit Hilfe einer sogenannten Höllenmaschine im Juli 1835 –, bei denen Louis-Philippe allerdings unverletzt blieb.

Als wachsende Hypothek der Julimonarchie erwies sich also, daß die Integration jener Kreise mißlang, die schließlich die Revolution von 1830 getragen und für sie geblutet hatten. So entwickelte sich das orléanistische Königtum zu einem rein plutokratischen Regime bzw. zur Herrschaft der sog. Notablen, d. h. jener politischen Elite, die eng mit dem hohen Beamtentum, mit der Welt der Bankiers und Großkaufleute sowie einiger Großindustrieller verflochten war und zu der schließlich auch eine Handvoll Intellektueller gehörte, die mit diesen Kreisen verschwägert waren. Alles in allem handelte es sich um eine plutokratische Oligarchie, die sich selbst als das innere Gleichgewicht erhaltende *«juste-milieu»* betrachtete, die jedoch – je länger das Regime währte, desto mehr – nur noch sich selbst bediente und den Staat gewissermaßen als ihr Eigentum ansah.

Louis-Philippe hat sich in dieses Notabeln-Regime nicht ungern gefügt, da es im Grunde seinen eigenen Neigungen weitgehend entgegenkam. Denn von seinem ganzen Werdegang her war er eher ein Befürworter eben jener großbürgerlichen Schichten, die bereits die Veränderungen unmittelbar nach 1789 bewirkt und sowohl das Direktorium wie auch das Konsulat und die napoleonische Militärdiktatur getragen hatten. Seine Verbindungen zu den Kreisen der großen Bankiers hatte er schon während der Restauration gepflegt. Als König mußte er sich mit einer Zivilliste von nur 12 Mio. (gegenüber der Karls X. in Höhe von 40 Mio.) Francs begnügen. Da er aus Furcht, ihm könne es ähnlich wie den Bourbonen ergehen und er würde im Exil wie einst fast mittellos dastehen, sein Vermögen – das Ende 1830 durch die Erbschaft der Condé-Güter enorm vermehrt worden war – seinen Kindern überlassen hatte, lebte er weiterhin relativ bescheiden, was jedoch nunmehr eher lächerlich wirkte. Als bevorzugtes Objekt für bissige Karikaturen – am bekanntesten (und Vorbild für viele weitere) ist jene von Charles Philipon aus dem Jahr 1831, in der sich Kopf und Physiognomie des Königs durch Weglassen und Verändern einiger Striche allmählich in eine Birne verwandeln – hatte er es schwer, die monarchische Würde nach außen hin überzeugend aufrechtzuerhalten. Dabei gab er sich besondere Mühe, um an die früheren Größen auf dem französischen Thron anzuknüpfen. 1832 stellte er aus Mitteln seiner Zivilliste das seit der Großen Revolution weitgehend verwahrloste Schloß von Versailles wieder her, ließ es mit Kunstwerken versehen und richtete es als nationales Museum ein. 1836 wurde der zur Kaiserzeit begonnene, aber nicht fertiggestellte *Arc de Triomphe* Napoleons vollendet. 1840 stimmte der König bereitwillig seinem Minister Thiers zu und ließ mit britischer Genehmigung durch seinen Sohn François de Joinville die sterblichen Überreste des Kaisers von St. Helena nach Paris bringen, im Invalidendom Ludwigs XIV. beisetzen und die von Ennio Quirino Visconti entworfene Grabstätte selbst durch zwölf Victoria-Statuen von Jean-Jacques Pradier schmücken, der bereits die Reliefs am Triumphbogen gestaltet hatte. Es gelang ihm allerdings nicht, die von ihm mitentfachte Napoleonbegeisterung für sich selbst zu nutzen: Auf der Woge der Verklärung des großen Kaisers versuchte dagegen dessen Neffe Louis-Napoleon Bonaparte zu schwimmen, dessen Putschversuch 1840 freilich scheiterte.

Die letzten acht Jahre der Herrschaft Louis-Philippes sind vor allem durch das Wirken desjenigen seiner zahlreichen Minister geprägt worden, zu dem der König anfänglich ein eher schlechtes Verhältnis besaß: François Guizot (*1787, †1874), dessen politischer Stern – anders als der seines 1840 brüsk fallengelassenen Rivalen Adolphe Thiers – mit dem Ende der Julimonarchie auf immer erlöschen sollte. Der aus Nîmes stammende Protestant mit seinen bis zum Starrsinn reichenden festen Grundsätzen gewann allerdings zunehmend das Vertrauen des altern-

Louis-Philippe (1830–1848) 417

den Monarchen, seitdem er im Oktober 1840 das Amt des Außenministers in dem formell von Marschall Soult geleiteten Kabinett übernommen hatte (erst nach dessen Rücktritt im September 1847 sollte er selbst offiziell Premierminister werden). Was die Pflege des Verhältnisses zu Großbritannien betraf, so befand er sich mit Louis-Philippe, der besonders gute persönliche Beziehungen zur jungen Königin Viktoria pflegte, völlig im Einklang. Ein gedeihliches Miteinander zwischen Paris und London (nach dem Ersten Weltkrieg wurde es sogar als die erste «*Entente cordiale*» bezeichnet) war schon deswegen angezeigt, weil die französische Wirtschaft, vor allem im Bereich des in den vierziger Jahren boomenden Eisenbahnbaus, dringend auf britisches Kapital angewiesen war. Pläne, eine Zollunion mit Belgien und den Niederlanden als Gegengewicht zum von Preußen geleiteten Deutschen Zollverein zustande zu bringen, mußten deshalb aufgegeben werden. Allerdings stellte sich die britische Außenpolitik nach der Demütigung Frankreichs während der Orientkrise der französischen Expansion in Algerien nicht entgegen: die Unterwerfung der Atlasregion und ihres Hinterlands war nach harten, verlustreichen Kämpfen, in denen sich auch die Söhne Louis-Philippes mehrfach auszeichneten, schließlich im Oktober 1847 beendet, als sich der inzwischen schon fast legendäre Araberführer Abd el Kader dem zweitjüngsten der Prinzen, duc Henri d'Aumale, ergab und ihm symbolträchtig seine Lieblingsstute aushändigte. Lediglich im Spätsommer 1846 kam es zwischen Paris und London noch einmal zu Unstimmigkeiten, als Guizot versuchte, einen der Söhne des Königs mit der Schwester der spanischen Königin Isabella zu verheiraten. Doch auch dieser Konflikt konnte beigelegt werden.

Dafür geriet das Julikönigtum im Innern erneut in eine Krise. Während die Wahlen von 1831, 1834, 1837, 1839 und 1842 selten deutliche Mehrheiten für die königlichen Parteigänger gebracht hatten, war Guizot im August 1846 noch ein überzeugender Wahlsieg gelungen. Seine strikt reformfeindliche Linie schien damit bestätigt und das Zensusregime endgültig gefestigt zu sein. In der Tat war die Julimonarchie infolge der ab 1840 einsetzenden Hochkonjunktur etwas populärer geworden. Dabei übersahen jedoch sowohl der König wie auch sein wichtigster Minister, daß inzwischen selbst in den Kreisen des Bürgertums ein nicht zu unterschätzendes Ausmaß an Unzufriedenheit bestand. Nicht allein, daß sich immer mehr sozialer Zündstoff ansammelte, da die günstige Wirtschaftslage den Abstand zwischen Arm und Reich vergrößerte, sondern es herrschte jetzt verbreitet die Überzeugung, daß das Wahlsystem erheblich gelockert werden mußte, um eine breitere Akzeptanz der Julimonarchie zu gewährleisten.

Als Warnsignal war 1841 bei einer Nachwahl für die Deputiertenkammer der Erfolg eines erklärten Regimegegners, des Rechtsanwalts Alexandre-Auguste Ledru-Rollin, zu werten. In der Kammer war nun immer öfter die Forderung nach Änderung des Wahlrechts – bis hin zu seiner Ausdehnung auf sämtliche Steuerzahler – zu vernehmen. Innerhalb der königlichen Familie unterstützte dies vor allem der überaus populäre Kronprinz, Herzog Ferdinand von Orléans. Nachdem dieser jedoch Mitte Juli 1842 durch Sturz von seiner Kutsche, deren Pferde durchgegangen waren, einen tödlichen Unfall erlitten hatte, fehlte in der unmittelbaren Umgebung Louis-Philippes ein Fürsprecher für Reformen, der sich Gehör zu verschaffen wußte. 1847 starb auch «Madame Adélaïde», deren meistens vernünftigen Ratschlägen sich Louis-Philippe selten verschlossen hatte. Der König war seitdem nurmehr auf Machterhalt für sich und seine Dynastie bedacht und verschloß sich zunehmend jeglicher Einsicht in die Notwendigkeit politischer Veränderungen. Er übersah dabei, daß der Wahlsieg von 1846 nur ein scheinbarer Triumph war und daß sich weite Teile des Landes vom bestehenden, zunehmend von Finanz- und Bestechungsskandalen sowohl in Parlamentarier- wie auch in Regierungskreisen gekennzeichneten System nicht mehr vertreten fühlten. Bezeichnend ist eine Karikatur aus den späten vierziger Jahren, welche die Abgeordneten der Deputierten an dicken Schläuchen saugend darstellt, durch die Geld gepumpt wird. Ein kritischer Anhänger Louis-Philippes wie der spätere erste bedeutende Historiograph des frühen französischen Parlamentarismus Prosper Duvergier de Hauranne äußerte sich dazu resigniert mit den Worten: «*On ne brise plus les institutions, on les fausse; on ne violente plus les consciences, on les achète.*» Auf die Forderungen nach Senkung des Wahlzensus wußte denn auch Guizot nicht anders als mit der zynischen Bemerkung «*Enrichissez-vous!*» zu antworten. Nicht einmal die Senkung des Wahlzensus auf 100 Francs, wie sie Duvergier im Frühjahr 1847 vergeblich dem Parlament unterbreitete, kam für den Premierminister in Frage.

Die durch den Starrsinn des mittlerweile im achten Lebensjahrzehnt stehenden Königs und seines Kabinetts weitgehend mitverursachte politische Krise des Julikönigtums verschärfte sich durch die mit dem Winter 1846/47 einsetzende Wirtschaftskrise. Sie war – wie jene beiden von 1826–1829 und von 1837–1839 – zunächst auf schwere Einbrüche bei der Getreide- wie bei der Kartoffelernte zurückzuführen. Durch staatliche Getreideimporte aus Osteuropa wurde der Kapitalmarkt vorübergehend erheblich belastet, der ohnehin durch den Eisenbahnbau der vergangenen Jahre stark in Anspruch genommen worden war. Viele kurzfristig gewährte Kredite platzten oder wurden nicht verlängert. Die Folgen waren Pleiten, Massenentlassungen und verbreitete Arbeitslosigkeit. Die Unzufriedenheit in den notleidenden unteren Schichten nahm dermaßen zu, daß in den herrschenden Kreisen die Angst umging, die Regierung würde beim Ausbruch von Unruhen die Lage nicht mehr unter Kontrolle behalten. Der einzige Ausweg schien der, das Regime auf eine breitere Wählergrundlage zu stellen. So kam es seit dem Som-

## Louis-Philippe (1830–1848) 419

mer 1847 – getragen in erster Linie von kritischen Regimeanhängern, teilweise auch von republikanisch gesinnten Gegnern des Julikönigtums – zur Bewegung der sogenannten Bankette: Um Reformen, vor allem in der Wahlrechtsfrage, zu propagieren und um dabei die strengen vereins- und versammlungsrechtlichen Bestimmungen zu umgehen, wurden – zunächst in Paris, dann in den bedeutendsten Städten der Provinz – Essen organisiert, für die allerdings so hohe Beiträge erhoben wurden, daß nur verhältnismäßig Wohlhabende daran teilnehmen konnten, das einfache Volk also ausgeschlossen blieb. In den dabei gehaltenen Tischreden wurden die Reformforderungen erhoben, von deren Notwendigkeit inzwischen auch ein erheblicher Teil des «pays légal» überzeugt war, z. T. aber auch heftige Angriffe gegen die Regierung und ihr Versagen vorgebracht. Insgesamt gab es nur etwa fünfzig solcher Bankette, an denen kaum mehr als 20 000 Gäste teilnahmen. Sie stellten sicherlich keine so große Bedrohung dar, daß der König es nötig gehabt hätte, darauf in seiner Thronrede anläßlich der Eröffnung der neuen Sitzungsperiode der beiden Kammern Ende Dezember 1847 überaus heftig zu reagieren. Als Alarmzeichen war zu werten, daß ein die erregten Äußerungen mildernder Änderungsantrag, den ein konservativer Abgeordneter stellte, am 12. 2. 1848 nur mit der relativ knappen Mehrheit von 222 gegen 189 Stimmen abgelehnt wurde. Dies sollte Guizots letzter politischer Erfolg sein. Immerhin fühlte er sich stark genug, um ein für den 22. 2. 1848 in Paris angekündigtes Reformbankett kurzerhand zu verbieten.

Dieses Verbot führte am 22. 2. jedoch zu ersten Unruhen und zur Errichtung von Barrikaden. Als Guizot am nächsten Tag dagegen die Nationalgarde mobilisierte, verweigerte sie z. T. den Gehorsam. Louis-Philippe erkannte nun, wie unpopulär sein erster Minister wirklich war, und entließ ihn noch am selben Nachmittag. Die Revolution war dennoch nicht aufzuhalten. Als Guizot das Außenministerium am Boulevard des Capucines verließ, wurde er von den dort Versammelten angespien. Daraufhin eröffneten Mitglieder der Nationalgarde das Feuer und töteten sechzehn Demonstranten, die als Märtyrer auf Karren durch die Straßen gezogen wurden. Louis-Philippe versuchte noch eine neue Kabinettsbildung, um die Lage zu retten, doch selbst von den Politikern, die in den letzten Jahren aus Sorge um den Bestand des Regimes zu Reformen geraten hatten, war niemand bereit, dem König in der sich immer mehr zuspitzenden Situation beizuspringen. Am Vormittag des 24. 2. dankte er deshalb zugunsten seines Enkels, des erst neunjährigen Grafen Louis-Philippe von Paris, ab. Seine Begründung, er wolle nicht *unnütz* französisches Blut vergießen, überzeugte – so human sie gemeint sein mochte – allerdings niemanden. Immerhin war er im letzten Augenblick davor zurückgeschreckt, bereits zur Niederschlagung des Aufstands zusammengezogene reguläre Truppenverbände gegen das Volk einzusetzen. Als er – bereits im Exil – von der blutigen Unterdrückung des Pariser Volksaufstands im Juni 1848 erfuhr, äußerte er resigniert: «*La république a de la chance! Elle peut tirer sur le peuple.*» Die Erwartung, mit der Abdankung noch die Monarchie für das Haus Orléans retten zu können, erfüllte sich nicht. In Paris wurde die Republik ausgerufen und – mit Billigung der Deputiertenkammer – eine provisorische Regierung etabliert. Louis-Philippe, der sich zunächst nach Dreux (einem Familiensitz im Département Eure-et-Loir, an dem 1816 eine Kapelle als Grablege des Hauses Orléans errichtet worden war) zurückgezogen hatte, schiffte sich am 3. 3. von Le Havre aus mit Billigung der britischen Regierung nach England ein und bezog das südlich von London bei Esher in der Grafschaft Surrey gelegene Schloß Claremont. Die Hoffnung, die Ende April gewählte, mehrheitlich aus gemäßigten Abgeordneten bestehende Verfassungsgebende Nationalversammlung würde das Haus Orléans angesichts der die junge Republik bereits jetzt belastenden inneren Konflikte auf den Königsthron zurückrufen, erwies sich als Trugbild. Der Lebenswille des Fünfundsiebzigjährigen war allerdings ohnehin gebrochen. Zwar empfing er noch Besuche von Politikern, die ihm während seiner Regierungszeit zur Seite gestanden hatten, darunter zweimal von Guizot, doch schwanden seine Kräfte zunehmend dahin. Zu Beginn des Jahres 1850 wurde offenbar, daß er an einer unheilbaren Erkrankung der Leber litt. Am Morgen des 26. 8. erlag er diesem Leiden.

Er wurde in der Gruft der katholischen Kirche von Weybridge (Surrey) beigesetzt, wo auch seine Frau, die ihn um sechzehn Jahre überlebte, ihre vorläufige Ruhestätte fand. 1876 – als die Wiedereinführung des Königtums in Frankreich noch ernsthaft zur Debatte stand – wurden die sterblichen Überreste des Königspaares in die Grablege von Dreux überführt.

Mit dem Scheitern Louis-Philippes ist in Frankreich die historische Chance verpaßt worden, das Ancien Régime mit seinen tief verwurzelten Traditionen mit modernen, von den Ideen der Großen Revolution geprägten parlamentarisch-demokratischen Regierungsformen zu versöhnen. Louis-Philippe schien anfänglich dafür durchaus der geeignete Mann zu sein. Der Monarch, der sich – als er noch im Palais-Royal residierte – bereitwillig von Volksansammlungen auf den Balkon rufen ließ und mit ihnen gemeinsam die «*Marseillaise*» sang, blieb jedoch letztlich einer Auffassung von der Bedeutung des Königtums verhaftet, die nicht mehr in seine Zeit paßte. Zudem verkannte er, daß der Ersatzadel, mit dessen Hilfe er politische Macht ausübte – die großbürgerlichen «Notabeln» –, eine im Volk ebenso verhaßte Oligarchie darstellten wie der Adel vor 1789. In der glänzenden Charakterbeschreibung Louis-Philippes, die Victor Hugo in seinen Roman «*Les misérables*» eingefügt hat (Teil IV, 1. Buch, 3. Kapitel), heißt es zutreffend: «Von der Oberfläche anerkannt, aber nur wenig im Einklang mit dem Frankreich darunter, half er sich listig aus den Schwierigkeiten, regierte zuviel, herrschte nicht genug und war selbst sein Premierminister (...). Louis-Philippe (...) könnte unter die erlauchtesten Herrscher der Geschichte eingereiht werden, wenn er den Ruhm nur ein wenig geliebt und ebenso ein Gefühl für das Große wie für das Nützliche gehabt hätte.»

So versäumte er es, das *Bürger*königtum rechtzeitig in ein *Volks*königtum umzuwandeln und sich zugleich als integrierender Faktor des staatlichen Lebens über die Parteiungen im Land zu erheben, d. h., ausgleichend statt polarisierend zu wirken. Da er aber im Grunde in ähnlicher Weise «Partei» war wie seine beiden Vorgänger, hat er gemeinsam mit ihnen der überkommenen Form der Königsherrschaft in Frankreich den Todesstoß versetzt.

Michael Erbe

# NAPOLEON III.
## 1848/52–1870

Charles Louis Napoléon Bonaparte, geb. 20. April 1808 in Paris, 10. Dezember 1848 Präsident der französischen Republik, 2. Dezember 1851 Staatsstreich, 2. Dezember 1852 Kaiser der Franzosen (Napoleon III.), kriegsgefangen in Sedan am 2. September, Thronverlust am 4. September 1870 (offizieller Beschluß durch die Nationalversammlung am 1. März 1871), Kriegsgefangenschaft in Kassel-Wilhelmshöhe bis zum 19. März 1871, gest. 9. Januar 1873 auf dem Landsitz Camden-House in Chislehurst (Grafschaft Kent), auf dem dortigen Friedhof begraben, Gebeine 1888 überführt in das Mausoleum in der St.-Michaels-Kirche in Farnborough (Hampshire).

Vater: Louis, Bruder Napoleons I., 1806–1810 König von Holland (1778–1846). Mutter: Hortense Beauharnais, Stieftochter Napoleons I. (1783–1837). Halbbruder (aus der Verbindung zwischen Hortense Beauharnais und General Auguste Charles, comte de Flahaut, einem natürlichen Sohn Talleyrands): Charles Auguste Louis Joseph, Graf, später Herzog von Morny (1811–1865).

Heirat 1853 mit Eugénia (Eugénie) María de Montijo de Guzman, Gräfin von Teba (1826–1920); Sohn Louis Napoléon (1856–1879), ohne Nachkommen.

Im historischen Bewußtsein gilt er seit seiner Verhöhnung durch Victor Hugo als Napoléon le Petit. Er steht damit im Schatten des «großen» Napoleon und gibt im Vergleich zu dessen weltgeschichtlichem Gewicht sowie angesichts des eigenen kläglichen Scheiterns am Ende eine beinahe traurige Gestalt ab. Karl Marx meinte im Hinblick auf seinen Staatsstreich im Dezember 1851, daß er sich gegenüber dem «18. Brumaire» im Jahr 1799 wie eine Farce ausnehme. Die Geschichtswissenschaft sieht den «dritten» Napoleon differenzierter. Einer seiner Biographen schrieb 1934: «Wäre er zu Beginn des Jahres 1870 gestorben, so könnte man ihn ohne Zweifel zu den größten Herrschern Frankreichs zählen...» In der Tat hat er nicht nur sein Land länger regiert, sondern er hat auch in einer entscheidenden Phase von dessen innerer Entwicklung wesentlich mehr Anstöße für die Modernisierung gegeben als sein Onkel. Anders als der korsische Feldherr hat er Frankreich aus großen, blutigen und kostspieligen Kriegen weitgehend herausgehalten und es dennoch wieder als entscheidende Großmacht auf dem europäischen Kontinent etabliert. Durch ihn ist Frankreich mindestens ebenso nachhaltig geprägt worden wie durch den ersten Kaiser, dessen Bedeutung vor allem europäische Dimension aufweist. Napoleon III. ist aber noch

Napoleon III. (1848/52–1870)

in einer ganz anderen Hinsicht eine der faszinierendsten Gestalten der neuen Geschichte. Denn sein Regime weist fast sämtliche Züge jener modernen Diktaturen auf, welche die Entwicklung unseres gerade zu Ende gehenden Jahrhunderts so entscheidend mitbestimmt haben, ja es steht gewissermaßen am Beginn dieser neuen Form autoritärer Herrschaftsausübung. Zugleich ist Napoleon III. aber der einzige Diktator modernen Zuschnitts, der sein Regime am Ende auf demokratisch-parlamentarische Grundlagen stellte. In der Deutung wie in der historischen Wirklichkeit ist er also ein Mann mit Zügen, deren Widersprüchlichkeit kaum größer sein könnte.

Der spätere französische Staatspräsident und Kaiser wurde am 20. 4. 1808 in Paris als Sohn von Napoleons jüngerem Bruder Ludwig (Louis, *1778, †1846), seit 1806 König von Holland, und der Stieftochter des Kaisers Hortense (geb. Beauharnais, *1783, †1837) geboren und auf den Namen *Charles Louis Napoléon* getauft. Er war der dritte Sohn aus dieser – im übrigen recht unglücklichen und ab 1809 nicht mehr aufrecht erhaltenen – Verbindung (der Älteste – Napoléon Charles – war 1802 geboren und bereits 1807 gestorben, die Geburt des Zweiten – Napoléon Louis – war 1804 erfolgt) und zugleich der erste Sproß des Hauses Bonaparte, der das Licht der Welt nach der Proklamierung Napoleons zum Kaiser erblickte. Beide Prinzen rangierten in der Erbfolge des Kaisers ganz vorne, bis Napoleon 1811 aus seiner neuen Ehe mit Marie-Luise von Habsburg ein eigener Sohn (der *Roi de Rome* Napoléon François, †1832 als Herzog in Reichstadt) geboren wurde. Da dieser 1815 während der sogenannten Hundert Tage mit seiner Mutter nicht nach Frankreich zurückkehrte, hatte der Kaiser bei der Thronfolge erneut daran gedacht, die beiden Neffen vorzuziehen. Mit der Niederlage von Waterloo wurden derartige Pläne allerdings gegenstandslos. Später jedoch sollte man den einzigen ehelichen Sohn des Kaisers als *zweiten* Napoleon zählen, obwohl er nie zur Herrschaft gelangt war, und man folgte damit bewußt dem Beispiel der Bourbonen, die den 1795 unter unglücklichen Umständen in Paris gestorbenen Dauphin als «Ludwig XVII.» bezeichneten. Mit dem Tod des jungen Napoleon und mit dem Ableben seines älteren Bruders bereits im Jahre 1831 rückte Charles Louis Napoléon gewissermaßen in die Stellung eines Chefs des Hauses Bonaparte auf, welche die noch lebenden Brüder des Kaisers nicht wahrnehmen wollten oder konnten. Er nannte sich nur noch *Louis Napoléon* und betrachtete sich als Thronprätendent für ein erneuertes französisches Kaisertum. Daß sich seine Träume rund zwei Jahrzehnte später erfüllten, beruhte allerdings eher auf einer Reihe politischer Zufälle als – jedenfalls lange Zeit – auf einer planvollen und klugen Politik.

Denn den Aufstieg des Prinzen aus dem ehemaligen Kaiserhaus zu einem der mächtigsten Staatsmänner Europas hätte vor 1848 kaum jemand vorherzusagen gewagt. Die Bonapartes waren 1815 sämtlich aus

Frankreich vertrieben worden. Sie lebten, von den Machthabern der Restaurationszeit argwöhnisch beobachtet oder gar streng überwacht, in verschiedenen Ländern im Exil, und gerade Louis Napoléon schien mit seinen schwärmerisch-romantischen Neigungen kaum dazu geeignet zu sein, in die Fußstapfen des großen Kaisers zu treten. Seine Mutter hatte sich nach einigem Hin und Her auf die Fürsprache ihres Bruders Eugène Beauharnais hin, der als Schwiegersohn König Max Josephs in Bayern als Herzog von Leuchtenberg lebte, 1817 in Augsburg niederlassen dürfen, außerdem im Thurgau auf der Schweizer Seite des Bodensees unweit von Konstanz das Gut Arenenberg erworben. Während sein älterer Bruder beim Vater in Florenz aufwuchs, wurde Louis Napoléon von der Mutter großgezogen. Er erhielt zunächst von französischen Privatlehrern Unterricht und besuchte dann ab 1821 drei Jahre lang das renommierte St.-Annen-Gymnasium in Augsburg, wo er in den alten Sprachen, vor allem im Latein, eine gründliche Ausbildung erhielt und wo die Grundlagen für seine antikisierenden Neigungen mit gelegt worden sein dürften, wie sie sich etwa in seiner 1865/66 erschienenen *Histoire de Jules César* niedergeschlagen haben.

1825 siedelte seine Mutter ganz nach Arenenberg über. Die Familie verbrachte dort die Sommer, während man sich die Wintermonate über in Italien, vorwiegend in Rom und Florenz, aufhielt. In der toskanischen Hauptstadt lernte Louis Napoléon seinen älteren Bruder näher kennen, er faßte bald eine tiefe Zuneigung zu ihm und schloß sich ihm eng an. Napoléon Louis vermittelte ihm die Ideen der jungen italienischen Nationalbewegung und machte ihn mit den *Carbonari* bekannt. Louis Napoléon, der seit seiner Kindheit mit dem Geist des Napoleonkults geradezu durchtränkt worden war und dem Kaiser u. a. durch Absolvierung einer Artilleristenausbildung im Rahmen des eidgenössischen Militärdienstes nachzueifern trachtete, ließ sich von alledem nur zu gern begeistern. Pläne, unter russischem Kommando an der Befreiung Griechenlands vom osmanischen Joch mitzuwirken, konnte die Familie gerade noch vereiteln. Als es jedoch im Gefolge der Pariser Julirevolution 1830 auch in Italien zu gären begann und im Kirchenstaat wie in einigen kleineren benachbarten Territorien sogar Aufstände losbrachen, beteiligten sich die beiden Brüder Ende Februar 1831 an einem ziemlich abenteuerlichen Marsch der Carbonari von Florenz nach Rom, brachen ihre Mitwirkung auf eindringliche Bitten der Familie allerdings vorzeitig ab. Auf dem Rückweg erkrankte der zuvor durch einen Dolchstich verletzte Napoléon Louis an den Masern und starb am 17. 3. in Forlí. Louis Napoléon entkam mit Hilfe seiner Mutter und mit gefälschten britischen Pässen nach Frankreich und anschließend nach England. Von London aus sorgte der französische Botschafter (kein Geringerer als Talleyrand, der damals um den Rückhalt seines neuen Königs Louis-Philippe bei der britischen Regierung bemüht war und diplomatische Verwirrungen, wie sie von den Bonapartes ausgehen konnten, tunlichst vermeiden wollte) für seine Rückkehr in die Schweiz.

Für Louis Napoléon sollte dies nicht der letzte dilettantische Versuch eines Umsturzes sein. Immerhin gaben diese Ereignisse die Anregung, über ein politisches Programm nachzudenken, das er 1832 unter dem Titel *Rêveries politiques* niederschrieb. Es handelt sich hier um noch ziemlich unausgegorene Gedanken, die zum Teil aus Napoleons *Mémorial de St. Hélène* stammten. Jedoch werden hier bereits die Grundzüge des später von ihm in Frankreich eingeführten Verfassungssystems skizziert: Drei Gewalten, die sich gegenseitig die Waage halten, sollen das Staatswesen tragen, das Volk als – durch Wahlen oder Plebiszite – legitimierende, die Gesetzgebende Körperschaft als legislative und der Kaiser als exekutive, so daß sowohl demokratische wie auch parlamentarische und autoritäre Elemente das politische Leben bestimmen. Interessant ist zudem der Gedanke, daß der internationale Frieden am besten gesichert werden könne, wenn die Fürsten ihren Völkern die jeweils zu ihnen passende Verfassung, d. h. u. a. demokratische Rechte, gewähren. Mit diesem Programm und mit der durch den Tod des Herzogs von Reichstadt im Juli 1832 erfolgten Legitimierung als Prätendent um die französische Kaiserwürde gedachte Louis Napoléon nunmehr in die inneren Verhältnisse Frankreichs einzugreifen.

Beraten wurde er hierbei von einem jungen Exrepublikaner, Jean Victor Fialin (*1808, †1872), der sich den Namen Vicomte de Persigny beigelegt hatte (später im Dienst Napoleons III. sollte er bis zum Rang eines Herzogs gelangen) und seit seiner Entfernung aus dem Heer sich zum Haus Bonaparte bekannte. Vor allem auf ihn war es zurückzuführen, daß Louis Napoléon Ende Oktober 1836 in Straßburg versucht, ein Artillerieregiment zum Aufstand und zum Marsch auf Paris zu bewegen, bei dem er nach dem Vorbild von Napoleons «*Vol de l'aigle*» im Jahre 1815 auf weiteren Zulauf und die Möglichkeit der Machtübernahme hoffte. Das Unternehmen scheiterte allerdings so kläglich, daß die französische Regierung den gefangen genommenen Prinzen nicht einmal vor Gericht stellte, sondern nach den USA abschob. Von dort kehrte er im August 1837 nach Europa zurück und ließ sich in England nieder, dessen innere Verhältnisse er gründlich studierte und wo er sein 1839 publiziertes Buch *Des idées napoléoniennes* verfaßte. Diese Verteidigungsschrift seines Onkels war ein durchschlagender literarischer Erfolg und erlebte bis 1848 eine Auflage von nahezu 500 000 Exemplaren. Dies und die wachsende Unzufriedenheit in Frankreich bewegten den Verfasser zum Versuch eines erneuten Staatsstreichs, der Anfang August 1840 in Boulogne ebenso fehlschlug wie der erste. Diesmal allerdings verfuhr man mit Louis Napoléon, der vergeblich versucht hatte, das Schiff, mit dem er über den Kanal gekommen, zu erreichen, weniger glimpflich: Er wurde wegen Hochverrats zu lebenslänglicher Haft verurteilt und in der Festung Ham östlich von Amiens festgesetzt, hier allerdings großzügig untergebracht und behandelt. Obwohl streng bewacht, konnte er 1845, während Instandsetzungsarbeiten im Gange waren, als Maurer verkleidet aus dem Gewahrsam fliehen und nach England entkommen. Die Haftzeit hatte er zu intensiver Lektüre und zu naturwissenschaftlichen Experimenten genutzt. Außerdem waren weitere Bücher entstanden, so eine Abhandlung über den Anbau von Zuckerrüben (*Analyse de la question des sucres*, 1842) sowie die sozialpolitische Schrift *L'extinction du paupérisme*, die zunächst 1844 in Fortsetzungen in der Zeitung *Progrès du Pas-de-Calais* und dann selbständig als Buch erschien, das bis 1848 sieben Auflagen erlebte und auch im Ausland starke Beachtung fand.

Hierin forderte er vom Staat mehr finanzielle Unterstützung für die Arbeiter, denen er eigene Organisationen zugestehen wollte, dazu ein Programm zur Rückführung überzähliger Arbeitskräfte aus dem Elend des Stadtlebens aufs Land, wo sie ungenutzte, brachliegende Flächen bebauen sollten. Außerdem dachte er an eine gewählte Arbeitervertretung aus sogenannten *prud'hommes*, die als «Zwischenklasse» zwischen den Massen und dem Staat einerseits vermitteln, andererseits die Arbeiterschaft disziplinieren sollten. Ein Teil von ihnen sollte die Arbeiterkolonien auf dem Land leiten, von denen die Industrie nach Bedarf Kräfte anfordern könnte. Das Zusammenleben in den Siedlungsgemeinschaften außerhalb der Städte sollte weitgehend autonom sein, Pensionsfonds und Sparkassen hatten in finanziellen Notlagen dort für Abhilfe zu sorgen. Von den *prud'hommes* gewählte Gouverneure sollten ihrerseits eine Versammlung bilden, die den Innenminister sozial- und wirtschaftspolitisch zu beraten hätten. Die Schrift beruhte auf detaillierten Berechnungen. Sie spiegelte in ihren ökonomischen Grundannahmen einerseits das nach wie vor bestehende Gewicht des Agrarsektors in der Volkswirtschaft Frankreichs wider, andererseits vermengte sie durchaus moderne Ideen zur Arbeitsbeschaffung mit dem Gedankengut der frühsozialistischen Utopien jener Zeit, vor allem mit dem Saint-Simons, dessen «bürgerliche» Schüler in der Wirtschaftspolitik des zweiten Kaiserreichs eine wichtige Rolle spielen sollten. Jedenfalls begründete das Buch Louis Napoléons Ruf, ein sozial engagierter Politiker zu sein. Dies sollte vier Jahre später zu seinem einzigartigen Erfolg bei den Wahlen zum französischen Staatsoberhaupt beitragen.

Als der Prinz 1845 wieder in England anlangte, war kaum daran zu denken, daß sich ihm noch einmal die Gelegenheit bieten würde, in Frankreich die Macht zu erringen. Die 1846/47 einsetzende schwere Wirtschaftskrise und die allgemeine Unzufriedenheit mit dem bestehenden Zensuswahlrecht führten jedoch am 22. 2. 1848 in Paris zu einer Revolution, zur Abdankung König Louis-Philippes und zur Proklamation der Republik, die zunächst von einer provisorischen Regierung unter dem bekannten Dichter Alphonse de Lamartine, dem Republikaner Alexandre Auguste Ledru-Rollin und dem Sozialisten Louis Blanc geleitet wurde. Louis Napoléon begab sich eilends in die französische Hauptstadt, in der er bereits sechs Tage nach der Revolution ankam. Er wurde jedoch von der neuen Regierung gedrängt, nach London zurückzukehren. Da er trotz ihm deutlich entgegengebrachter Sympathien diesmal nichts überstürzen wollte, kam er dieser Aufforderung nach. Der in Paris zurückgebliebene Persigny mobilisierte nun die Anhänger des Hauses Bonaparte für die Wahlen zur Verfassunggebenden Nationalversammlung, die am 23. 4. – erstmals seit 1792, diesmal aber mit wesentlich höherer Wahlbeteiligung – auf der Grundlage des allgemeinen, gleichen und geheimen Stimmrechts stattfanden. Der Erfolg der Leute des Prinzen hielt sich in Grenzen, doch gab es zahlreiche für ungültig erklärte Stimmzettel, auf denen man den Namen Louis Napoléon notiert hatte, außerdem wurden der jüngste Bruder des Kaisers, der ehemalige König von Westfalen Jérôme, sowie zwei weitere Mitglieder des Hauses Bonaparte in die Versammlung gewählt, die im übrigen mit deutlicher Mehrheit Anfang Mai offiziell die Republik proklamierte.

Auch bei Nachwahlen zur Nationalversammlung am 4. 6. lehnte Louis Napoléon es ab zu kandidieren. Persigny ließ dennoch seinen Namen auf die Listen einzelner Départements setzen, und der Prinz gewann sowohl im Département Seine (d. h. Paris und engere Umgebung) – was eine echte Überraschung bedeutete, da man hier von einem Sieg der Sozialisten ausgegangen war – wie auch in drei Départements der Provinz, darunter in Korsika. Die Annahme des Mandats durch das Seine-Département führte zu einer kleinen politischen Krise: Während die Regierung plante, ihn bei seiner Ankunft in Paris in Haft zu nehmen, beschloß die Nationalversammlung am 13. 6. mit zwei Dritteln ihrer Stimmen, die das parlamentarisch-demokratische Prinzip höher stellten als die Furcht vor einem Staatsstreich durch den Chef des Hauses Bonaparte, daß die Wahl gültig sei und er seinen Abgeordnetensitz einnehmen könne. Louis Napoléon jedoch verzichtete und teilte drei Tage später in einem offenen Brief dem Präsidenten der Versammlung mit, daß er dies zur Erhaltung der Ordnung und der Republik tue.

Diese abwartende Haltung sollte sich als klug erweisen. Denn zehn Tage später erhoben sich die unzufriedenen Arbeiter der Hauptstadt, und ihr Aufstand wurde von dem mit Sondervollmachten ausgestatteten Kriegsminister Louis Eugène de Cavaignac in einem drei Tage währenden, bisher in Paris nie dagewesenen Gemetzel niedergeschlagen. Die zunächst von den breiten Massen in Stadt und Land gefeierte Republik war damit diskreditiert: Die weitgehend an der Kirche orientierten konservativen Bauern fürchteten das «linke», revolutionäre Paris und suchten ihr Heil woanders, und die Linke sah in dem neuen Regime nurmehr ein System des Verrats, während das Bürgertum vor der proletarischen Revolution und der klerikal-konservativen Reaktion zugleich zitterte. Militärisch schien die Republik zwar gerettet, doch die Nation, auf die sie sich berief, war tiefer in sich gespalten denn je. Die Zeit war reif für einen «starken Mann», und in dieser Rolle konnte man sich zunehmend nur einen vorstellen: Louis Napoléon Bonaparte. Dieser wartete die nächsten Nachwahlen am 18.9. ab und erhielt in fünf Départements der Provinz sowie erneut an der Seine – und hier mit einem Vorsprung von mehr als 100 000 Stimmen – den Zuschlag.

Diesmal nahm er die Wahl an, trat aber politisch kaum in Erscheinung, bis er plötzlich – für viele überraschend – Mitte Oktober seine Bereitschaft für die Kandidatur um das Amt des Präsidenten der Republik verkündete. Die Wahl am 10.12.1848 brachte ihm einen geradezu überwältigenden Sieg: bei einer Wahlbeteiligung von rund drei Vierteln der Wählerschaft erreichte er mit 5,4 Mio. Stimmen fast 75%, während auf seinen Gegner Cavaignac nur 1,4 Mio. und auf die übrigen Kandidaten zusammengenommen nicht einmal 500 000 entfielen.

Die Gründe für diesen Wahlerfolg sind vielfältig. Schon die Zeitgenossen erkannten, daß eigentlich der Mythos Napoleon gesiegt hatte. Die Legende des Volkskaisers, der ein Herz für die Armen gehabt habe, hatte sich im Laufe der Zeit immer mehr durchgesetzt. Ein Bonaparte stand zudem über den Parteiungen. Der offizielle Kandidat der Regierung, der amtierende Ministerpräsident Cavaignac, ein prinzipientreuer Republikaner, war dagegen für alle diejenigen nicht wählbar gewesen, die von dem Junimassaker in Paris betroffen bzw. darüber empört waren. Entscheidende Bedeutung für den Wahlausgang war dagegen dem durch die Februarrevolution seiner politischen Macht beraubten, aber immer noch einflußreichen «orléanistischen» Bürgertum sowie den konservativen Anhängern des Hauses Bourbon, den adligen und klerikalen Kreisen der «Legitimisten» zugekommen. Keine der beiden Gruppierungen verfügte über einen Politiker, der sich mit Aussicht auf Erfolg um das Präsidentenamt hätte bewerben können. Adolphe Thiers, der ehemalige Minister Louis-Philippes und in den letzten Jahren der führende Kopf der sogenannten dynastischen Opposition, hatte jedoch erreicht, daß sich die einflußreichsten Männer dieser Parteien zusammenfanden, um Louis Napoléon zu unterstützen. Sie hatten ein Komitee mit Sitz in der rue de Poitiers gebildet und im Hintergrund sowie durch Lancierung entsprechender Presseartikel für die Wahl des Bonapartesprosses gewirkt. In ihm glaubte man jemanden gefunden zu haben, der leicht beeinflußbar sein und außerdem einer Verwurzelung der Republik entgegenarbeiten würde. Nach seiner Amtszeit, so hoffte man, würde man die Wahl eines eigenen, monarchistisch gesinnten Kandidaten durchsetzen und mit dessen Hilfe das Königtum wieder einführen können. Bei alledem waren sich die einsichtigen Beobachter der damaligen politischen Szene sehr wohl darüber im klaren, daß mit Louis

Napoléon Bonaparte ein Mann in das höchste Staatsamt gelangt war, der von der Republik weg hin zur Wiederherstellung des napoleonischen Kaisertums strebte.

Dem schien freilich die am 4. 11. 1848 verabschiedete Verfassung einen Riegel vorzuschieben. Zwar hatte sie den Präsidenten der Republik mit großen Vollmachten ausgestattet und seine Stellung durch die direkte Wahl zusätzlich gestärkt, da er so die gleiche Legitimation durch das Volk besaß wie die Nationalversammlung, allein seine Amtszeit war auf vier Jahre begrenzt und seine unmittelbare Wiederwahl ausgeschlossen. Einen Artikel, der die Wahl eines Mitglieds derjenigen Familien, die bisher über das Land geherrscht hatten, verbot, hatte die Nationalversammlung in der Überzeugung, daß sich die Republik als stark genug erweisen würde, am 9. 10. verworfen. Auf der anderen Seite hatte man die Hürden für eine Verfassungsänderung – dahingehend etwa, daß einem Präsidenten mehrere Amtsperioden nacheinander erlaubt sein sollten – bewußt sehr hoch gesetzt. Um eine Verfassungsänderung einzuleiten, mußte die Nationalversammlung zuerst mit Dreiviertelmehrheit über deren Notwendigkeit befinden und anschließend eine eigens gewählte Verfassunggebende Versammlung sie mit Zweidrittelmehrheit beschließen. Man nahm daher republikanischerseits die kaum verhüllten Bestrebungen des neuen Staatsoberhauptes zwar durchaus ernst, glaubte jedoch nicht, daß der Präsident sich zu einem Staatsstreich hinreißen lassen und sich weigern würde, sein Amt – wie von der Nationalversammlung unmittelbar vor seiner Eidesleistung auf die Verfassung am 20. 12. dekretiert – am Ende des vierten Jahres der neuen Republik, d. h. am dritten Sonntag des Monats Mai 1852, niederzulegen.

Das Kabinett, das Louis Napoléon Bonaparte nach seiner Amtseinführung bildete, war zwar eine Verlegenheitslösung, da es ihm nicht gelungen war, eine Koalition sämtlicher republikanischer und fortschrittlich denkender orléanistischer Kräfte mit den eigenen Anhängern zustande zu bringen, es kam jedoch den Bestrebungen jener konservativen Kräfte, die zu seiner Wahl erheblich beigetragen hatten, und damit den Erwartungen weiter Teile des Landes entgegen. Die führenden Persönlichkeiten des neuen Ministeriums waren der «Links-Orléanist» Odilon Barrot als Justiz- und Premierminister sowie der Legitimist Albert Falloux als Unterrichtsminister (der denn auch das berühmte, im März 1850 verabschiedete Gesetz über die Freiheit des Unterrichts ausarbeiten ließ, das die Gründung konfessioneller Schulen und Hochschulen ermöglichte und somit vor allem den Einfluß der katholischen Kirche auf das Bildungswesen wiederherstellte). Der Präsident gab damit zunächst die politische Initiative gewissermaßen an die rue de Poitiers ab. Nur mit Schwierigkeiten vermochte er es durchzusetzen, daß er über die wichtigsten politischen Maßnahmen überhaupt informiert wurde. Lediglich im Bereich der Außenpolitik bestand für ihn etwas Spielraum, doch führten seine Initiativen für einen engen Zusammenschluß mit Großbritannien zunächst nicht weit. Sie betrafen nicht zuletzt ein gemeinsames Vorgehen zugunsten der liberalen Bewegungen in Italien, die im Laufe des Jahres dort in mehreren Staaten an die Macht gekommen waren und die gegen das österreichische Übergewicht auf der Apenninenhalbinsel zu unterstützen in Paris wie in London angezeigt erschien. Die im Frühjahr nach Rom, wo im November 1848 der Papst vertrieben und eine Republik errichtet worden war, entsandten Truppen sahen sich allerdings Anfang Juni 1849 genötigt, die Römische Republik aufzulösen und den Papst wiedereinzusetzen. Seitdem sorgte eine französische Schutztruppe dafür, daß er an der Macht und der Kirchenstaat in seinem Gebietsstand erhalten blieb.

Die Änderung der politischen Zielsetzungen in Italien hing mit dem innenpolitischen Umschwung zusammen, der sich – nach der Selbstauflösung der *Constituante* – Mitte Mai durch die Wahl der ersten Gesetzgebenden Nationalversammlung vollzogen hatte. In ihr errangen die der rue de Poitiers nahestehenden Gruppierungen, die unter der Sammelbezeichnung *Parti de l'Ordre* antraten, mit rund 450 von 750 Sitzen eine überwältigende Mehrheit. Für sie mit ihrem starken Anhang in der kirchlich gesinnten Landbevölkerung kam nur die Wiedereinsetzung des Heiligen Vaters in Frage. Die Wahlen bedeuteten eine schwere Niederlage der gemäßigten Republikaner wie im übrigen der «Bonapartisten», während auf der anderen Seite die Radikalen – linke Republikaner und Sozialisten, die sich als neue Bergpartei *(Montagne)* bezeichneten – mit rund 180 Mandaten ein zwar nicht entscheidendes, aber doch von den Wahlsiegern als äußerst bedrohlich empfundenes Gegengewicht bildeten. Ihr Führer Ledru-Rollin versuchte vergeblich, gegen die Italienpolitik der Regierung unter Berufung auf Art. V der Verfassungspräambel, der die Achtung der Eigenständigkeit fremder Nationen postulierte, in der Nationalversammlung eine Ministeranklage zustande zu bringen. Von der Linken Mitte Juni in Paris gleichzeitig initiierte Unruhen blieben begrenzt und wurden im Keim erstickt, Ledru-Rollin selbst mußte nach London fliehen. Dem Präsidenten kamen, obwohl er sich an die Ordnungspartei anlehnen mußte, diese Auseinandersetzungen zugute. Er nutzte die Zeit zu Rundreisen durch die Provinz, um seine Popularität zu steigern und sich als Staatsmann, der über den innenpolitischen Streitigkeiten stand, zu empfehlen. Ende Oktober 1849 fühlte er sich stark genug, um die Regierung Barrot/Falloux zu entlassen und ein Kabinett von unabhängigen, größtenteils auf ihn selbst eingeschworenen Fachleuten ohne einen Premierminister zu bilden. Herausragender Kopf der neuen Regierung war der Bankier Achille Fould, der das Finanzministerium übernahm: Anhänger Saint-Simons und als solcher auch sozialpolitisch engagiert, zugleich Befürworter einer liberalen Wirtschaftspolitik, sollte er während seiner bis zum Januar 1852 und erneut von 1861 bis 1867 währenden Amtszeit sowie dazwischen auch hinter den Kulissen der Politik entscheidende Impulse für die Entwicklung eines modernen Finanz- und Kreditwesens geben, ohne die der ökonomische Aufschwung des zweiten Kaiserreichs undenkbar gewesen wäre. Ansonsten nutzte Louis-Napoléon, der sich mittlerweile immer öfter die Bezeichnung *Prince-Président* gefallen ließ, seine Stellung als Staatsoberhaupt, um möglichst viele Offiziersstellen sowie wichtige Beamtenposten, vor allem die der Départementspräfekten und die des Pariser Polizeipräfekten, mit Gefolgsleuten zu besetzen.

Die Nationalversammlung mitsamt der teils von unterschiedlichen Interessen geleiteten, teils von Revolutionsfurcht erfüllten Ordnungspartei konnte dem allem nur mehr oder weniger tatenlos zusehen. Orléanisten und Legitimisten waren sich zwar darüber einig, daß nach der Wiedereinführung der Monarchie zuerst der Enkel Karls X., Graf Henri von Chambord, und danach, da dieser kinderlos war und bleiben würde, der Enkel Louis-Philippes König werden und sie bei den nächsten Präsidentschaftswahlen einen Übergangskandidaten durchbringen sollten, doch zerstritten sie sich über die Frage, ob die Revolution von 1830 rechtmäßig oder illegal gewesen war. Die Republikaner waren zwar nach wie vor erklärte Gegner des Präsidenten, standen aber auch gegen die Wiedereinführung der Monarchie. Doch schmolz ihr Anhang wie der der Monarchisten im Land immer mehr dahin: Der allmählich einsetzende Wiederaufschwung der Wirtschaft wurde vor allem dem Staatsoberhaupt zugeschrieben, und Louis-Napoléon wurde nicht müde, auf seinen Rundreisen zu betonen, daß er der Garant dafür sei und etwaige Hemmnisse, die noch bestanden, nur zu beseitigen seien, wenn er politisch freier und vor allem noch eine weitere Amtszeit hindurch agieren könne.

Im Frühjahr 1850 verzeichnete die Linke bei den Nachwahlen einen so durchschlagenden Erfolg, daß die Mehrheit beschloß, das Wahlgesetz zu ändern: Künftig sollten nur noch diejenigen wählen dürfen, die seit drei Jahren in derselben Gemeinde ihren Wohnsitz hatten. Dies schloß etwa ein Drittel der Wahlberechtigten – hauptsächlich Handwerker, Industrie- und Landarbeiter, die auf der Suche nach Beschäftigung im Land umherziehen mußten – vom Urnengang aus. Scheinbar halbherzig willigte Louis Napoléon, dessen Innenminister das Gesetz ausgearbeitet hatte, in die Unterzeichnung ein: Der Linken konnte er sich künftig dadurch empfehlen, daß er der Wiederherstellung des alten Wahlrechts zustimmte.

Die politische Lage des Jahres 1851 war einerseits durch die zunehmende Zersplitterung der maßgeblichen politischen Gruppierungen und damit durch eine Lähmung der Nationalversammlung, andererseits dadurch gekennzeichnet, daß der Präsident in seiner Stellung so weit gefestigt war, daß er für eine zweite Amtsperiode ohne weiteres erneut eine überwältigende Mehrheit errungen hätte. Dagegen mußten die meisten der Abgeordneten in der Nationalversammlung bei den gleichfalls im Frühjahr 1852 anstehenden Parlamentswahlen den Verlust ihrer Sitze befürchten. Angesichts dessen leitete Louis Napoléon ein Verfahren zur Verfassungsrevision mit dem Ziel ein, die unbegrenzte Wiederwahl des Staatsoberhaupts zu ermöglichen. Der entsprechende Antrag erhielt am 19.7. zwar die erdrückende Mehrheit von 446 gegen 278 Stimmen, jedoch nicht die von der Verfassung geforderte Dreiviertelmehrheit von 543. Damit blieb für ihn nur noch die Möglichkeit, sich durch einen Staatsstreich an der Macht zu halten.

Er wurde von Auguste de Morny (*1811, †1865) vorbereitet, einem Halbbruder Louis Napoléons aus einer Verbindung seiner Mutter mit einem napoleonischen General, der bereits während der Julimonarchie als Abgeordneter wie als Finanzmann Karriere gemacht und sich mit dem aufsteigenden Stern des jüngeren Bonaparte erst nach 1848 verbunden hatte. Mit Bedacht wurde der Staatsstreich für die Zeit der neuen Sitzungsperiode der Nationalversammlung vorgesehen, um die Abgeordneten in der Hauptstadt unter Kontrolle zu haben. Nach mehrfachen Verschiebungen wählte man als Termin die frühen Morgenstunden des 2.12., dem Jahrestag von Napoleons Kaiserkrönung und seines Sieges bei Austerlitz. Morny – zum neuen Innenminister ernannt – koordinierte das Vorgehen: Während rund 50000 Mann Truppen um Paris aufmarschierten, wurden strategisch wichtige Punkte sowie die Nationaldruckerei – aus der dann entsprechende Proklamationen ergingen – von zuverlässigen Polizeikräften besetzt und etwa 80 Abgeordnete, von denen man energischen Widerstand erwarten konnte, verhaftet. Die Nationalversammlung wurde aufgelöst, die Verfassung von 1848 außer kraft gesetzt. Dennoch kam es in der Nacht vom 3. zum 4.12. im Faubourg St. Antoine zur Errichtung von Barrikaden und zu blutigen Auseinandersetzungen, bei denen auch Unbeteiligte zu Tode kamen. Ebenso mußten in 27 Départements Truppen gegen Empörungen gewaltsam vorgehen. Schließlich wurde in 32 Départements der Belagerungszustand verkündet. Insgesamt wurden 30000 Personen in Haft genommen, von denen rund 3000 Gefängnisstrafen erhielten und etwa 10000 – davon rund 250 auf die berüchtigte Teufelsinsel von Guayana – aus Frankreich deportiert wurden. Nicht wenige Oppositionelle gingen in die Emigration, darunter der berühmte Dichter Victor Hugo, der künftig von den Kanalinseln Jersey und Guernsey aus «Napoleon den Kleinen» literarisch auf das heftigste bekämpfen sollte.

Doch obwohl der Staatsstreich keineswegs eine «Glorreiche» Revolution darstellte, war der Umsturz als solcher nicht unpopulär. In den Kreisen der Hochfinanz war man über die Stabilisierung der politischen Verhältnisse geradezu beglückt, und die Volksabstimmung, die über die

Grundzüge der vom Präsident auszuarbeitenden neuen Verfassung am 14. und 21. 12. 1851 aufgrund des vor der Wahlrechtsreform von 1850 geltenden Stimmrechts abgehalten wurde, erbrachte sieben Millionen Ja- gegen nur 700 000 Nein-Stimmen, bei allerdings zwei Millionen Enthaltungen, ein auch angesichts der Tatsache, daß in mehr als einem Drittel der Départements und in der Hauptstadt das Kriegsrecht herrschte, durchaus überzeugendes Ergebnis.

Die Verfassung, die Louis Napoleon am 14. 1. 1852 verkündete, war ganz und gar auf ihn zugeschnitten. Er selbst wurde, mit der Möglichkeit der unbegrenzten Widerwahl, zum Präsidenten auf zehn Jahre bestellt. Unterstützt wurde er zum einen von seinen Fachministern, die allerdings jeder für sich ausschließlich mit dem Staatsoberhaupt zu verkehren hatten und keinerlei Selbstversammlungsrecht bzw. Gremienkompetenz als Kabinett besaßen und denen demzufolge auch keiner der Minister als Premier vorsaß, zum anderen vom Staatsrat, der aus 40 bis 50 Fachleuten bestand und dem die Vorbereitung von Gesetzesvorhaben und deren Vertretung vor dem Parlament oblag. Minister und Staatsräte wurden ausschließlich vom Präsidenten ernannt. Dieser war zudem Oberkommandierender der Streitkräfte. Er besaß sogar das Recht, ähnlich wie es seinem Onkel als «erstem Konsul» 1802 eingeräumt worden war, seinen Nachfolger zu nominieren. Ebenso wie der Präsident wurde die «Gesetzgebende Körperschaft» (*Corps législatif*) als parlamentarische Vertretung direkt vom Volk gewählt, wobei auch hier das uneingeschränkte allgemeine Wahlrecht (für Männer ab 21 Jahren) galt. Die Gesetzgebende Körperschaft wurde allerdings gegenüber der Nationalversammlung erheblich verkleinert: Da lediglich ein Abgeordneter auf 35 000 Wähler kam, gab es in der Volksvertretung nur noch 216 (1869 bei den letzten Wahlen des zweiten Kaiserreichs 292) Sitze. Eine solche Versammlung ließ sich leichter kontrollieren als die fast dreimal so große, die bisher für die Gesetzgebung zuständig gewesen war. Im übrigen war dieses Parlament fast rechtlos: Es besaß weder die Gesetzesinitiative noch das Recht, an die Regierung Anfragen zu richten. Das Budgetrecht war dadurch eingeschränkt, daß das Parlament an den Einzeltiteln des vom Präsidenten vorgelegten Staatshaushalts keinerlei Änderungen vornehmen durfte, sondern nur befugt war, ihn ganz zu billigen oder zurückzuweisen. Es wählte seinen Vorstand nicht selbst, sondern dieser wurde vom Staatspräsidenten ernannt (Präsidenten des *Corps législatif* waren denn auch durchweg enge Vertraute Louis Napoléons, so von 1854–1865 sein Halbbruder Morny). Außerdem wurden die Debatten des Hauses nicht veröffentlicht, sondern ihr Hergang lediglich in einem Protokoll durch den Präsidenten festgehalten, der es dann den Zeitungen zur Verfügung stellte. Auf diese Weise war es über die – ohnehin streng kontrollierte – Presse äußerst schwer, über die parlamentarische Arbeit zu wachen.

Trotz des nur zum Schein bestehenden Parlamentarismus gab es eine Institution, die durchaus einen Machtfaktor darstellte, nämlich den – nach dem Vorbild der Konsulatsverfassung von 1799 eingerichteten – Senat. Er bestand aus 150 Mitgliedern, die zwar – sofern es sich um die höchsten Offiziere von Heer und Marine oder um die Kardinäle der katholischen Kirche Frankreichs handelte, die automatisch in das Gremium einrückten – indirekt oder direkt vom Präsidenten ernannt wurden, doch die Tatsache, daß sie ihr Mandat auf Lebenszeit wahrnahmen, verlieh ihnen doch eine gewisse Unabhängigkeit. Der Senat war sowohl eine Art parlamentarisches Oberhaus wie vor allem ein Kontrollorgan, das die Verfassungsmäßigkeit sämtlicher Gesetze zu überprüfen hatte und selbst Verfassungsänderungen vornehmen konnte. Diese unterlagen allerdings der Billigung durch den Präsidenten. Dennoch hat der Senat an den Verfassungsreformen in der letzten Phase des zweiten Kaiserreichs wesentlichen Anteil gehabt.

Von diesen Institutionen, welche die Zweite Republik im letzten Jahr ihres Bestehens regierten, war die des Präsidenten die eigentlich wichtige. Im Grunde war das Staatsoberhaupt mit diktatorischen Vollmachten ausgestattet. Die Begründung ergab sich daraus, daß es gewählt war, d. h. vom Volkswillen abhing, an den es sich stets durch das Mittel des Referendums über Angelegenheiten von besonderer Bedeutung direkt wenden konnte und dem es sich zudem durch die alle sechs Jahre stattfindenden Wahlen zur Gesetzgebenden Körperschaft in regelmäßigen Abständen zu stellen hatte. Damit enthielt die neue Verfassung auch ein demokratisches Element. Es ließ sich allerdings dadurch manipulieren, daß die Regierung nur offizielle Kandidaten unterstützte und die Wahlkreise so geschnitten wurden, daß oppositionell gesinnte Landesteile kaum Chancen besaßen, Abgeordnete nach Paris zu entsenden, die gegen das Régime eingestellt waren. Dennoch sollte sich am Ende zeigen, daß diese von Louis-Napoléon konstruierte enge Beziehung zwischen Staatsoberhaupt und Volk die Achillesferse des Regimes bildete.

Als die neue Verfassung verkündet wurde, war bereits klar, daß sie nichts als den Übergang für ein zu restaurierendes Kaisertum nach dem Vorbild Napoleons bilden würde. Das Jahr 1852 verging denn auch mit dem Werben für die Einrichtung eines neuen *Empire*, außenpolitisch wie vor allem innenpolitisch. Nach außen galt es klar zu machen, daß die Wiederherstellung des französischen Kaisertums keine Rückkehr zur expansiven Politik Napoleons I. bedeutete und keinerlei gewaltsame Grenzrevisionsansprüche beinhaltete. Mit den Worten *L'Empire c'est la paix!* beendete der Präsident eine am 9. 10. in Bordeaux gehaltene Rede, über die in der Presse des In- und Auslandes ausführlich berichtet wurde. Zu dieser Zeit befand er sich auf einer mehrwöchigen, als *Voyage d'interrogation* bezeichneten Rundreise durch Frankreich, auf der bei sorgfältig vom neuen Innenminister Persigny organisierten Kundgebungen eigens zur Akklamation bereitgestellte Personen immer wieder den Ruf *Vive l'Empereur!* erschallen ließen. Die Erneuerung des Kaiserreichs muß recht populär gewesen sein. Am 21. und 22. 11. fand über ein entsprechendes Verfassungsgesetz, das der Senat zwei Wochen zuvor verabschiedet hatte, eine Volksabstimmung statt: Sie brachte 7,8 Mio. Ja-gegen nur 253 000 Nein-Stimmen (allerdings enthielten sich die meisten Gegner, und die Zahl dieser Enthaltungen lag wie schon im Dezember des Vorjahres bei zwei Millionen). Am 2. 12. 1852 wurde daraufhin für das Staatsoberhaupt die Kaiserwürde wiederhergestellt, und der bisherige Präsident legte sich den Namen *Napoléon III* zu.

Achtzehn Jahre hat er als Kaiser Frankreich beherrscht. Wäre es 1870 nicht zum Krieg gegen Preußen-Deutschland gekommen oder hätte dieser mit einem Sieg geendet, so wäre Napoleon III. wohl auch bis zu seinem Tod Kaiser der Franzosen geblieben. Was war das für ein Mann, der damals als Vierundvierzigjähriger den Gipfel seiner politischen Laufbahn erklommen hatte und faktisch zum Alleinherrscher über einen der wichtigsten Staaten des Erdballs geworden war?

Ihn zu charakterisieren fällt schwer. Selbst den Zeitgenossen, die ihm wohl wollten, erschien der nur mittelgroße, etwas phlegmatische und mit zunehmendem Alter zu Schwammigkeit neigende Monarch als undurchdringlich und schwer durchschaubar – als «Sphinx», wie man ihn oft bezeichnete. Es fiel ihm schwer, Gesprächspartnern direkt in die Augen zu blicken, was den Eindruck der Rätselhaftigkeit und Verschlossenheit nur verstärkte. Dennoch erschien er als guter Zuhörer, und er konnte, z. B. wenn er am Kamin plauderte, sein Gegenüber geradezu bestricken. Dies galt nicht zuletzt für das schöne Geschlecht: Sein Leben lang, bis seine Nierenkrankheit ihm zunehmend die Lust raubte, hat er Liebesaffären nachgejagt – auch nach seiner 1853 erfolgten Heirat mit der spanischen Grafentochter Eugénie de Montijo (* 1826, † 1920), die ihm 1856 den für den Bestand der Monarchie so wichtigen Thronfolger Louis Napoléon († 1879) gebar, der das einzige Kind aus dieser Ehe bleiben sollte. Hervorstechende Züge seines Wesens waren sein ausgeprägter Familiensinn und seine unerschütterliche Dankbarkeit denen gegenüber, die ihm bei seinem politischen Aufstieg zur Seite gestanden hatten. Die Einbeziehung der «Napoleoniden» in die Staatslenkung zeugt von einem geradezu mediterran anmutenden Clangeist: Neben seinem – wie bereits betont, erst spät entdeckten – Halbbruder Morny erhielten Napoleons I. mit der polnischen Gräfin Maria Walewska gezeugter Sohn Graf Alexandre Florian Joseph Walewski (* 1810, † 1868) sowie sein Onkel Jérôme, der ehemalige König von Westfalen (* 1784, † 1860) mit der Präsidentschaft über das *Corps législatif* und den Senat wichtige Funktionen übertragen; Jérômes Sohn Napoléon-«Jérôme», wie er sich nannte (* 1822, † 1891), stieg zum Kolonialminister auf und durfte dennoch ungestraft den Kaiser kritisieren und seine republikanischen Neigungen bekunden. Ebenso hielt Napoleon III. an seinem alten Gefolgsmann Persigny fest: Er ernannte ihn zum Herzog, nachdem er ihn im Zuge der allmählichen Liberalisierung seines Régimes 1863 als Innenminister hatte entlassen müssen.

Was die Fähigkeiten des Kaisers als Staatsmann betrifft, so lagen seine Stärken vor allem auf diplomatischem Gebiet. Hier – bei der Einfädelung von Abmachungen und Bündnissen hat er – bis er auf den ihm in dieser Hinsicht weitaus überlegenen, dabei jedoch skrupelloseren Bismarck stieß – seine größten politischen Erfolge verbuchen können. Kennzeichen seines politischen Wollens war freilich die Zwiespältigkeit, oft auch Widersprüchlichkeit seiner Überzeugungen und Zielsetzungen. So war er einerseits als Staatschef autoritär und machtbewußt, begünstigte die wohlhabenden Schichten und schwelgte selbst im Luxus. Andererseits sah er sich als Demokrat im eigentlichen Sinne, entwickelte echtes soziales Engagement und bemühte sich vor allem um die Verbesserung des Loses der armen Klassen. Ähnliches gilt für die Außenpolitik. Auf der einen Seite war er, über dessen leichten deutschen Akzent sich viele amüsierten, leidenschaftlicher Franzose und tief von der Größe Frankreichs durchdrungen. Das hätte ihn an sich dazu veranlassen müssen, die Nationalbewegungen in Italien und Deutschland konsequent zu bekämpfen, da aus ihnen für sein Land nur mächtige Konkurrenten erwachsen konnten. Auf der anderen Seite aber hatte er zu lange in Deutschland und Italien gelebt, um sich über deren Daseinsberechtigung als Nationalstaaten hinwegsetzen zu können. So glaubte er, die nationalstaatlichen Bestrebungen in beiden Ländern befördern und zugleich dafür als Dank territoriale Konzessionen erhalten und Frankreichs Grenzen möglichst auf friedlichem Wege ausdehnen zu können. Denn der Neffe des großen Napoleon war alles andere als ein Mann des Krieges: Eines seiner furchtbarsten Erlebnisse war das Leid der Verwundeten und Sterbenden, das er im Juni 1859 nach der Schlacht von Solferino miterleben mußte. Bei aller Härte, mit der er sich durchzusetzen wußte, und bei allem Ideenreichtum, den er dabei entwickelt, hatte Bismarck sicherlich recht mit seiner Bemerkung, daß man den Verstand des Kaisers auf Kosten seines Herzens wohl überschätze.

Dieses Urteil fällte der preußische Ministerpräsident nach 1866, zu einer Zeit also, als Napoleons Stern bereits im Sinken begriffen war. Die fünfziger Jahre waren für ihn jedoch innen- wie außenpolitisch durchweg von Erfolg gekrönt. Im Innern profitierte sein Regime von der allgemeinen Erholung der Wirtschaftskonjunktur und einem bisher ungekannten ökonomischen Wachstum, das zwar vor allem die ohnehin Wohlhabenden begünstigte, aber auch den Bauern und Arbeitern zugute kam. Das Regierungssystem blieb daher faktisch unbestritten, und jegliche Opposition verharrte in der Minderheit, sofern sie nicht ohnehin durch polizeiliche Maßnahmen unterdrückt wurde. Nach außen setzte der Kaiser auf enges Zusammenwirken mit Großbritannien, so vor allem im Krimkrieg gegen Rußland. Die Tatsache, daß der Kongreß, der den Frieden in Europa wiederherstellte, 1856 in Paris stattfand, war nicht nur ein sichtbarer Prestigegewinn für Napoleon selbst, sondern bekundete auch, daß Frankreich nun wieder gleichberechtigt im Kreis der Großmächte über das Schicksal des europäischen Staatensystems mitentschied, ja daß nunmehr auch an der Seine und nicht nur in London die Hauptlinien der Politik in Europa vorgegeben wurden. Die Beteiligung am Konflikt zwischen Österreich und dem Königreich Sardinien-Piemont 1859 um die künftige Gestaltung der italienischen Landkarte machte Frankreich zudem erneut zum Schiedsrichter auf der Apenninenhalbinsel. Das Jahr 1860 markiert jedoch in vieler Hinsicht einen Wendepunkt in der Geschichte des «Zweiten Kaiserreichs». Die – von Napoleon III. nicht gewollte – Entstehung eines italienischen Nationalstaats, in dem die verschiedenen Fürstentümer zwischen den Alpen und Sizilien aufgingen und dem auch der größte Teil des Kirchenstaats angegliedert wurde, kostete den Kaiser fast sämtliche Sympathien in den konservativ gesinnten Wählerkreisen Frankreichs, welche die Einschränkung der weltlichen Macht des Papstes als unverzeihliche Beeinträchtigung des Oberhaupts der katholischen Christenheit betrachteten. Und als der Kaiser Ende Januar 1860 mit Großbritannien den sogenannten Cobden-Vertrag abschloß, der den Abbau der Handelszölle zwischen beiden Ländern vorsah, da entfremdete ihm dieser – ökonomisch gesehen an sich vernünftige Schritt, mit dem die bis in die siebziger Jahre währende Ära des Freihandels in Europa begann – die Sympathien eines erheblichen Teils jener bürgerlichen Unternehmer, die bislang von den hohen französischen Schutzzöllen profitiert hatten. Die Folge war, daß Napoleon III., dessen Außenpolitik in den späten sechziger Jahren zahlreiche Mißerfolge aufwies und seine Position im Innern kaum noch stärkte, sich das Wohlwollen neuer Wählerschichten erschließen mußte. Dies konnte kaum gelingen, ohne daß eine Liberalisierung des Regierungssystems stattfand. Sie wurde ab 1861 und vor allem ab 1866 in einzelnen Schritten vollzogen und mündete 1869/70 in jene Verfassungsänderungen ein, die zum nunmehr parlamentarischen Regierungssystem des *Empire libéral* führten. Die Volksabstimmung über die neue Verfassung im Mai 1870 brachte Napoleon erneut eine überwältigende Bestätigung: Der Kaiser schien sich wieder im Einklang mit dem Volk zu befinden...

Die Herrschaft Napoleons III. wurde bereits zu seiner Zeit als «bonapartistisch» bezeichnet. Unter «Bonapartismus» verstand und versteht man zunächst eine besondere, volksbezogene und immer wieder auf den «Volkswillen» rekurrierende Form der Diktatur im monarchischen

Gewand, den sogenannten «demokratischen Caesarismus», wie er z. T. schon durch den ersten Napoleon praktiziert oder aber durch die spätere Napoleonlegende ihm zugeschrieben worden ist. Der Kaiser ist letztlich dem Wahlvolk – wie immer er seine Abstimmungen manipulieren mag – verantwortlich. Dies vermindert das Gewicht der eigentlichen Volksvertretung. Die Beschränkungen, welche die Verfassung für die Rechte und die Tätigkeit des *Corps législatif* vorsah, leiteten sich aus dem besonderen Verhältnis ab, das zwischen Staatsoberhaupt und Volk bestand. Dies war aber nur die konstitutionelle Seite des Bonapartismus. Über diese hinaus verstand er sich als ein Regierungssystem, das den ökonomischen Aufschwung zum Wohle aller zu fördern hatte. Dieser Grundsatz stand nach Napoleons Auffassung keineswegs damit im Widerspruch, daß im Zweiten Kaiserreich vorwiegend den Reichen, d. h. den Unternehmern und Rentiers, die von Zinserträgen aus Staatsanleihen lebten, die Wirtschaftspolitik der Regierung zugute kam. Denn von der allgemeinen Wohlfahrt mußten notwendig auch die Ärmeren, insbesondere die Arbeiter, profitieren. Allerdings kann man den Bonapartismus keineswegs als eine in sich geschlossene Staats-, Gesellschafts- und Wirtschaftslehre bezeichnen, sondern lediglich als die weitgehende Praktizierung der genannten Prinzipien. Napoleon III. hat sich über den «Bonapartismus» seines Regimes eher ironisch geäußert: «*Quel gouvernement que le mien! L'Impératrice est légitimiste; Napoléon-Jérôme est républicain; Morny, orléaniste; je suis moi-même socialiste. Il n'y a de bonapartiste que Persigny, mais il est fou.*»

Zunächst war es ein Glücksumstand für das gerade wiedererrichtete Kaiserreich, daß die Weltwirtschaft zu Beginn der fünfziger Jahre einem neuen Aufschwung entgegensteuerte, der bis auf einige kurze Einbrüche bis hinaus über das Ende der Regierung Napoleons andauerte. Dieser Aufschwung war u. a. durch die Entdeckung neuer Goldvorkommen – in Kalifornien und in Australien – bedingt, wodurch sich der Umlauf des seinerzeit noch durchweg aus Edelmetall geprägten Geldes vermehren ließ. Nahezu die Hälfte des neugeförderten Golds floß nach Frankreich, und damit endete hier der chronische Kapitalmangel der letzten Jahrzehnte, da nunmehr der Vorrat an Silbermünzen durch den an gemünztem Gold ergänzt werden konnte. Das ökonomische Leben erhielt infolgedessen einen starken Anschub, zumal der Kaiser gegen die bremsenden Bestrebungen der noch dem ökonomischen Denken der Julimonarchie verhafteten Verwaltung auf eine expansive Wirtschaftspolitik setzte. Dabei stand ihm eine Reihe «saint-simonistisch» gesinnter Berater zur Seite – neben dem bereits genannten Fould vor allem die Gebrüder Emile und Isaac Péreire, die Begründer des Bankhauses *Crédit mobilier* (das 1867 spektakulär in Konkurs ging), der Ökonom Michel Chevalier, der 1860 den Freihandelsvertrag mit Großbritannien aushandelte, der Ingenieur Paulin Talabot, der sich um den Eisenbahnbau nicht nur in Frankreich selbst, sondern auch in Algerien und Italien verdient machte, sowie nicht zuletzt Georges Haussmann (* 1809, † 1891), der ab 1853 siebzehn Jahre hindurch als Präfekt des Départements Seine wirkte und für die Erweiterung wie für die bauliche Umgestaltung von Paris verantwortlich zeichnete, die das Bild der französischen Hauptstadt bis heute prägt.

Entscheidend war, daß der Geldumlauf durch ein neuartiges Bank- und Kreditwesen auch für diejenigen fruchtbar gemacht werden konnte, die Kapital für umfangreiche Investitionen benötigten. Dies wurde ermöglicht durch die ab 1852 erfolgende Neugründung von Banken, so den bereits erwähnten *Crédit mobilier* sowie den *Crédit foncier*, der Gelder für die Verbesserung der Landwirtschaft bereitstellen sollte. Hinzu kamen weitere, auf die großen Städte – darunter natürlich Paris – und bestimmte Regionen beschränkte Institute. Mit ihrer Hilfe konnten die notwendigen Modernisierungen im Agrarbereich, in der Industrie sowie für das Verkehrswesen in Angriff genommen werden. Vor allem der Eisenbahnbau kam jetzt erst richtig in Gang. Fast sämtliche heute noch bedeutenden französischen Bahnlinien sind während des Zweiten Kaiserreichs entstanden, darunter die Magistrale der Gesellschaft P[aris]-L[yon]-M[arseille]. Im industriellen Bereich profitierte besonders die Eisen- und Stahlerzeugung von dem neuen Kreditsystem, aber auch der Maschinen- und nicht zuletzt der Lokomotivenbau. Auf den Pariser Weltausstellungen von 1855 und 1867 zeigte sich Frankreich als die neben Großbritannien führende Industrienation, und dies zwar zugleich eine eindrucksvolle Präsentation des Zweiten Kaiserreichs. 1867 aber stellte sich der Öffentlichkeit auch die französische Metropole als eine der bedeutenden modernen Weltstädte vor, die hinsichtlich der Stadtplanung innerhalb wie außerhalb Europas unverrückbare Maßstäbe setzte.

Paris hatte nach der Orientkrise des Jahres 1840 einen Festungsring erhalten, der weit außerhalb des dicht bebauten Areals lag. Die bislang von Häusern weitgehend freien Flächen wurden 1861 eingemeindet, der bisher nahezu menschenleere Bereich durch neue Straßenzüge sowie durch eine innerhalb des Festungsgürtels verlaufende Ringbahn verkehrsmäßig erschlossen. Das gesamte Stadtgebiet durchzogen in den fünfziger und sechziger Jahren angelegte, z. T. von Plätzen unterbrochene, mit Bäumen bepflanzte «Avenuen» und «Boulevards». Durch sie wurde das zuvor verwirrende Straßensystem übersichtlicher. Man verfolgte damit aber auch den Zweck, bei etwaigen Aufständen Truppen rascher von Stadtteil zu Stadtteil verschieben und Barrikadenkämpfern leichter beikommen zu können. Der Abriß alter und die Errichtung neuer, den Bedürfnissen und Ansprüchen der besser gestellten Bevölkerungsschichten entsprechender Gebäude führte zur Umsetzung bzw. Vertreibung der Ärmeren in die umliegenden Orte und zu einer regen

Grundstücks- und Bauspekulation mit allen ihren Schattenseiten, an der sich zahlreiche Aufsteiger ebenso wie Mitglieder der bereits etablierten großbürgerlichen Schichten auf Kosten der Allgemeinheit beteiligten, darunter der Seinepräfekt Haussmann selbst, der deswegen 1869 seinen Dienst quittieren mußte. Die gespannte Situation in Paris während jener wilden Jahren der Umgestaltung hat Emile Zola in verschiedenen Bänden seines großen Romanwerkes *Les Rougon-Macquart*. *Histoire naturelle et sociale d'une famille sous le Second Empire* (1871–1893) eindrucksvoll beschrieben: Der soziale Zündstoff, der durch die innerhalb kürzester Zeit vorgenommene Neustrukturierung der Hauptstadt hervorgerufen wurde, erklärt die wachsende Opposition gegen den Kaiser gerade hier ebenso wie die Explosion während der *Commune* des Frühjahrs 1871 mit all ihren tragischen Folgen.

Währenddessen mußte der Kaiser es hinnehmen, daß er – auf freilich subtile Weise – in der Öffentlichkeit zunehmend als lächerliche Figur hingestellt wurde, wofür die Operetten des aus Deutschland eingewanderten Komponisten Jacques Offenbach, insbesondere *La belle Hélène* von 1864, ein deutliches Zeugnis ablegen. Die nach den damaligen Maßstäben verkommene, durch die kaiserliche Politik zusätzlich korrumpierte bürgerliche Moral kommt hierin zum Ausdruck, wobei Napoleon III. selbst mit dem liebestrunkenen Gockel Juppiter gleichgesetzt wird. Zugleich wird deutlich, daß – jedenfalls in Paris – sich eine geradezu klassenkämpferische Stimmung aufzubauen begann, welcher der Kaiser durch verschiedene Schritte des Entgegenkommens gegenüber der sich formierenden Arbeiterbewegung zu begegnen versuchte: 1862, als er die Reise einer Delegation französischer Sozialisten zu einer Konferenz der Ersten Internationale in London unterstützte, und 1864, als er das noch aus frühen Zeiten der Großen Revolution datierende Gesetz aufhob, das die Koalition von Arbeitern zur Durchsetzung von Lohnforderungen verbot. Beide Maßnahmen vermochten es freilich nicht, die Arbeiterschaft vollständig für das Zweite Kaiserreich zu gewinnen. Ebensowenig gelang dies mit dem kritischen Teil des liberalen Bürgertums, für den Adolphe Thiers, nun in der Opposition, bereits 1863 die «notwendigen Freiheiten», nämlich die Freiheit der Persönlichkeit, die der Presse und die des Parlaments zum Zweck der Regierungskontrolle einforderte. Dem kam der Kaiser durch seine schrittweise Liberalisierung erst in den späten sechziger Jahren entgegen.

Sie war durch die Einsicht bedingt, daß ohne innere Reformen der Bestand seines Kaiserreichs über kurz oder lang auf des Messers Schneide stehen müsse, wobei es zunehmend an auswärtigen Erfolgen mangelte, um sich nach Innen als Garant der Größe Frankreichs im Sinne des großen Napoleon darstellen zu können. In den fünfziger Jahren war dies anders. Als 1854 die über das künftige Schicksal des Osmanischen Reiches bestehenden Meinungsverschiedenheiten zwischen

St. Petersburg und London zu kriegerischen Verwicklungen führten, griff Napoleon III. in die Auseinandersetzungen mit dem Ziel ein, die bisherige Front der europäischen Großmächte gegen sein Land aufzubrechen und die Friedensordnung des Wiener Kongresses einer Revision zu unterziehen. Der Einsatz der französischen Flotte, die damals, dank intensiver Anstrengungen seit der bourbonischen Restauration einen besseren Standard aufwies als die britische, ermöglichte ganz wesentlich den Transport von Truppen auf die Kriegsschauplätze am Schwarzen Meer, und die kriegsentscheidende Eroberung der Krimfestung Sewastopol nach 350tägiger Belagerung durch 80 000 Franzosen und 50 000 Briten (dazu 15 000 Mann, die das Königreich Sardinien entsandt hatte) im September 1855 wäre ohne die Beteiligung Frankreichs sicherlich nicht gelungen. Trotz fürchterlicher Verluste (allein 55 000 Tote und Verwundete auf französischer Seite) war der Sieg der Westmächte im Krimkrieg, der das Zarenreich weiterhin vom Mittelmeer fernhielt, vor allem ein Triumph Napoleons III. So war es eine schiere Selbstverständlichkeit, daß der anschließende Friedenskongreß in der französischen Hauptstadt zusammentrat.

Der Kongreß von Paris (26. 2.–30. 3. 1856), an dem unter dem Vorsitz des Grafen Walewski neben Vertretern der kriegführenden auch die der neutral gebliebenen Staaten Österreich und Preußen teilnahmen, unterstrich, daß auf dem Kontinent nun wieder Frankreich die erste Großmacht war. Ein Wort aus Paris mußte jetzt in Wien und Berlin stärker beachtet werden, während der russische Einfluß in Mittel- und Südosteuropa vorerst dahin war. Der Kaiser erreichte dies – anders als sein Onkel, der am britisch-französischen Gegensatz gescheitert war – im Einklang mit London, dessen weltpolitisch entscheidende Rolle von Paris nicht mehr bestritten wurde. Entgegen den Warnungen seines Außenministers Edouard Drouyn de Lhuys vor der wachsenden – sich vorerst nur im ökonomischen Bereich auswirkenden – Macht Preußens und vor einem einigen Italien, wie es der sardische Ministerpräsident Graf Cavour forderte (der eigens deswegen sein Land am Krimkrieg hatte teilnehmen lassen), wünschte Napoleon jedoch kein enges Zusammengehen mit Wien. Österreich war und blieb für ihn der Hort der europäischen Ordnung von 1815, die Frankreich so lange isoliert hatte, und er glaubte seinen Einfluß nur dann begrenzen zu können, wenn er auf die nationalen Bewegungen in Deutschland und Italien setzte, deren Hoffnungen sich mehr und mehr auf Turin und Berlin richteten. Ebenso begünstigte er die Nationalstaatsbestrebungen auf dem Balkan, vor allem die der Rumänen und Serben, die ein Autonomiestatut unter der Herrschaft der Hohen Pforte zugestanden erhielten, um sowohl Wien wie auch Istanbul in Schach zu halten. Zugleich wurde Frankreich für einige Jahre zu einer Schiedsmacht im Vorderen Orient, als Wächterin über die Religionsfreiheit der Christen im Libanon und aufgrund der traditionell guten Beziehungen zum ägyptischen Königshaus. Hierdurch war es auch möglich, einen Plan zu verwirklichen, von dem man bereits seit Jahrhunderten träumte, nämlich den einer Schiffahrtsverbindung zwischen dem Roten und dem Mittelmeer. Unter den argwöhnischen Augen Londons, von wo aus man das französische Engagement im Nahen Osten mißtrauisch beobachtete, wurde ab 1859 unter der Leitung von Ferdinand de Lesseps der insgesamt 160 km lange Suez-Kanal in Angriff genommen. 1869 konnte er im Beisein der Kaiserin Eugénie sowie des österreichischen Kaisers und des preußischen Kronprinzen mit großem Pomp eröffnet werden. Die Feierlichkeiten markierten den letzten großen außenpolitischen Erfolg des Zweiten Kaiserreichs.

Als der Bau des Suez-Kanals begonnen wurde, hatte sich Napoleon III. gerade in die Auseinandersetzungen um die Einigung Italiens hineinziehen lassen, ein Konflikt, aus dem er zunächst als Triumphator hervorzugehen schien, der jedoch die französische Außen- wie Innenpolitik in den sechziger Jahren stark belastete. Am 14. 1. 1858 hatte eine Gruppe italienischer Exulanten unter dem Mazzini-Anhänger Felice Orsini auf den Kaiser, der mit seiner Familie auf dem Weg zur Oper war, ein Attentat verübt, bei dem Napoleon zwar unverletzt blieb, das jedoch acht Tote und 130 Verletzte zur Folge hatte. Das Motiv, das Orsini, bevor er hingerichtet wurde, in einem beredten Brief an den Kaiser noch einmal darlegte, war, die französische Politik für die Sache der italienischen Nationalbewegung zu gewinnen. Napoleon III. war von dem Vorfall tief erschüttert und ließ sich in der Tat dazu bewegen, sich nun der Einigung Italiens anzunehmen. Ohne seinen Außenminister zu informieren, traf er sich im Vogesenkurort Plombières, wo er seines beginnenden Nierenleidens wegen im Juli 1858 weilte, mit dem Ministerpräsidenten des Königreichs Sardinien, Graf Camillo Cavour. Beide kamen überein, Österreich zum Krieg zu provozieren, in dem Frankreich für Sardinien Partei ergreifen sollte. Das Kriegsziel bestand einerseits darin, dem österreichischen Kaiser seine italienischen Gebiete – die Lombardei und Venetien – abzunehmen, die dem König von Sardinien zufallen sollten, andererseits eine Föderation der italienischen Staaten nach dem Vorbild des Deutschen Bundes zu schaffen. Hierfür sollte es allerdings nur noch vier Staaten auf der Apenninenhalbinsel geben: neben dem Königreich Sardinien-Piemont im Norden, die um die mittelitalienischen Kleinstaaten und den größten Teil des Kirchenstaates vergrößerte und ebenfalls zum Königreich erhobene Toskana, das Königreich beider Sizilien sowie der nunmehr kleinere Kirchenstaat selbst, dessen Oberhaupt für den Gebietsverlust durch die Ehrenstellung eines Präsidenten des neuen Bundes entschädigt werden sollte. Für seine Hilfe sollte Frankreich Savoyen und Nizza – wo zuvor Volksabstimmungen vorgesehen waren – erhalten.

Tatsächlich gelang es im Frühjahr 1859, Wien zur Kriegserklärung gegen Turin zu provozieren. Da hiermit der Bündnisfall gegeben war, marschierten französische Truppen in Norditalien ein. Unter dem – freilich nur formalen – Kommando des Kaisers selbst wurden die Österreicher am 4. und am 24. 6. 1859 bei Magenta und Solferino besiegt. Bereits am 11. 7. jedoch schloß Napoleon III. mit dem österrischen Kaiser Franz Joseph zu Villafranca einen Waffenstillstand. Die Gründe hierfür waren vielfältig: Die französischen Truppen waren schwer zu versorgen und begannen an Seuchen zu leiden. In Mittelitalien war es zu Aufständen gekommen, die den Anschluß der Staaten dort an Sardinien-Piemont zum Ziel hatten. Preußen, daß über die Intervention Napoleons in Italien besorgt war, mobilisierte Truppen am Rhein. Und nicht zuletzt machte sich in Frankreich selbst Unmut darüber breit, daß dem Papst der Verlust des größten Teils seines Kirchenstaats drohte. Deshalb einigten sich die beiden Kaiser darauf, den italienischen Bund, an dessen Spitze nach wie vor der Papst stehen sollte, in veränderter Form einzurichten: Die Lombardei sollte an das Königreich Sardinien fallen, die übrigen Staaten Italiens in ihren bisherigen Grenzen verbleiben und Österreich mit Venetien der neuen Föderation beitreten. Diese wurde jedoch nie Wirklichkeit. Die Abmachungen von Villafranca stießen bei den meisten Italienern auf helle Empörung. Bereits als im November 1859 die kriegführenden Parteien in Zürich Frieden schlossen, waren die Vorbereitungen zur Angliederung der mittelitalienischen Fürstentümer sowie der zum Kirchenstaat gehörenden Romagna an Sardinien-Piemont im vollen Gange. Napoleon ließ den Dingen nun ihren Lauf, während die Abstimmungen in Savoyen und Nizza ein deutliches Votum für die Angliederung an Frankreich erbrachten. 1860 schloß sich Mittelitalien an Sardinien an, und man proklamierte das neue Königreich Italien, das folgende Jahr brachte die Angliederung des Königsreichs beider Sizilien und der Marken, was eine weitere Beeinträchtigung des Kirchenstaates bedeutete.

Dem Drängen der Italiener nach Einverleibung Roms als künftiger Hauptstadt vermochte der französische Kaiser allerdings nicht nachzukommen. Papst Pius IX. verweigerte hartnäckig jeden Kompromiß mit dem neuen Staat, und er mußte durch französische Truppen vor der Annexion des ihm noch verbliebenen Gebietes um die Ewige Stadt, der Provinz Lazio, geschützt werden. Den katholischen Kreisen in Frankreich war dies nicht genug, der italienischen Regierung zu wenig. Immerhin willigte sie mit der sog. Septemberkonvention 1864 darin ein, den Rest-Kirchenstaat nicht anzugreifen, woraufhin Napoleon III. seine Truppen zurückzog. Zwei Jahre später, als Preußen und Österreich ihren Konflikt über die Vorherrschaft in Deutschland austrugen und das neue Italien im Bündnis mit dem siegreichen Preußen vergeblich versuchte, Venetien zu erobern, kam es auch um Rom zu neuen Auseinandersetzungen. Wien trat schließlich Venetien an Napoleon III. ab, den man um Vermittlung in der Auseinandersetzung mit Italien angerufen hatte, und dieser übereignete die Provinz dem Königreich Italien. In der römischen Frage jedoch mußte er hart bleiben: erneut landeten französische Truppen an der Küste von Lazio und bewahrten den Kirchenstaat noch einmal vor der Annexion. Erst als sie Anfang September 1870 nach der Niederlage des Kaisers gegen Preußen abgezogen wurden, konnte das Königreich Italien sich den Rest des päpstlichen Staatsgebietes einverleiben und seine Hauptstadt nach Rom verlegen.

Die italienische Frage verquickte sich spätestens seit 1866 mit der deutschen, deren Lösung die französischen Interessen noch enger berührte. Hatte es Napoleon III. bei Sardinien-Piemont schon mit einem bedeutenden politischen Kopf, Cavour, zu tun gehabt, so erwuchs ihm in dem preußischen Ministerpräsidenten Otto von Bismarck ein schließlich überlegener Gegenspieler. Beide kannten sich seit Bismarcks kurzer Botschaftertätigkeit in Paris im Sommer 1862; sie sind sich auch später persönlich begegnet, und aus ihren Gesprächen scheint der französische Kaiser den Eindruck gewonnen zu haben, daß er in dem preußischen Regierungschef einen zuverlässigen Partner für die Realisierung der eigenen Pläne in Mitteleuropa gewonnen habe. Mit ihnen verfolgte er das Ziel, die deutsche Nationalbewegung als Hebel für Gebietserweiterungen westlich des Rheins zu benutzen. Dabei kam es ihm darauf an, die beiden deutschen Großmächte gegeneinander auszuspielen. 1864, im Konflikt um die Herzogtümer Schleswig und Holstein gelang dies nicht, doch verhinderte Napoleon eine bewaffnete Intervention der westlichen Großmächte zugunsten Dänemarks, indem er die Teilnahme Frankreichs verweigerte. Immerhin setzte er es durch, daß in dem Prager Friedensvertrag zwischen Österreich und Preußen im August 1866 ein Passus aufgenommen wurde, nach dem die dänische Minderheit in Schleswig nach einer Volksabstimmung in den dänischen Staatsverband zurückkehren dürfe, eine Regelung, die freilich erst 1920 realisiert werden konnte. Angesichts der sich seitdem zuspitzenden Auseinandersetzungen zwischen Berlin und Wien um die Vorherrschaft in Deutschland neigte der französische Kaiser eher Preußen zu, ohne Österreich jedoch ganz fallen zu lassen. Im Oktober 1865 suchte Bismarck ihn in Biarritz auf und gab ihm vage zu verstehen, daß im Kriegsfall die Neutralität Frankreichs Anlaß zu Gebietskompensationen geben könne. Napoleon III. vermittelte im Frühjahr 1866 ein preußisch-italienisches Bündnis, das wirksam werden sollte, wenn binnen drei Monaten zwischen den beiden deutschen Großmächten ein Krieg ausbrechen würde, und dem Königreich Italien das noch österreichische Venetien bringen sollte. Eben dies ließ sich der französische Kaiser aber auch von Wien – neben der Errichtung eines französischen Klientelstaats links des Rheins – für den Fall seiner Neutralität zusichern.

Er rechnete, als der Krieg im Juni ausbrach, mit langen Auseinandersetzungen, in die er als Schiedsrichter einzugreifen gedachte. Überraschenderweise war der Krieg aber nach sieben Wochen zu Ende: Die preußischen Armeen besiegten Anfang Juni die Österreicher nahe dem böhmischen Königgrätz (diese Schlacht wurde in Frankreich nach einem besonders umkämpften Dorf als die von «Sadowa» bezeichnet) und rückten rasch auf Wien vor. Bismarcks Befürchtung, daß Napoleon noch eingreifen und in die von Truppen entblößten Rheinlande einmarschieren könnte, führten zum raschen Abschluß des Vorfriedens von Nikolsburg (26. 7.) und schließlich zum Frieden von Prag (23. 8.): Während Preußen eine Reihe norddeutscher Staaten annektierte, kam Österreich (abgesehen von Venetien, das trotz eines siegreichen Kampfes gegen Italien abgetreten werden mußte) ohne Gebiets- und damit ohne wesentlichen Gesichtsverlust davon. Napoleon III. präsentierte seine Rechnung bereits am 5. 8.: Er erhob Anspruch auf die im ersten Pariser Frieden 1814 festgelegte deutsch-französische Grenze (d. h. auf den Besitz von Landau und Saarbrücken) und liebäugelte darüber hinaus mit der Angliederung der bayerischen Pfalz und Rheinhessens, ersatzweise mit der des Großherzogtums Luxemburg. Zugleich handelte sein Botschafter Graf Benedetti in Berlin am 16. 8. ein Abkommen aus, wonach Frankreich Belgien erwerben dürfe und dafür der Vereinigung der süddeutschen Staaten mit dem künftigen Norddeutschen Bund unter Preußens Führung nicht im Weg stehen würde. Bismarck gedachte allerdings keineswegs, sich an diese Absprachen zu halten. Er zögerte eine Bestätigung hinaus und mobilisierte zugleich die süddeutschen Ängste gegen eine französische Expansion, so daß es in der Folge zu «Schutz- und Trutz»-Bündnissen zwischen Bayern, Württemberg, Baden einerseits sowie Preußen andererseits kam, die 1870 wirksam werden sollten. Der Erwerb Luxemburgs, den Napoleon schon durch Kauf vom niederländischen König Wilhelm III. perfekt gemacht hatte, scheiterte – trotz großer Sympathien bei der Bevölkerung des Großherzogtums selbst – am Widerstand des niederländischen Parlaments, aber auch an der – von Bismarck wiederum geschickt manipulierten – öffentlichen Meinung im Norddeutschen Bund: Im Mai 1867 beschloß eine Konferenz der europäischen Großmächte in London die Neutralisierung des Landes, das im deutschen Zollverein verblieb, aus dessen Hauptstadt, bis 1866 Bundesfestung des Deutschen Bundes, die preußischen Truppen jedoch abzogen. Statt also aus den innerdeutschen Auseinandersetzungen Gewinn ziehen zu können, stand Napoleon III. nun international als Störenfried und zugleich als Blamierter da. Bismarck sollte 1870 schließlich den französischen Plan von 1866, Belgien zu erwerben, London zur Kenntnis geben. Da die Annexion des seit 1831 neutralisierten Staates die britischen Interessen empfindlich berühren mußte, trug dies wesentlich dazu bei, daß das Vereinigte Königreich im deutsch-französischen Krieg neutral blieb.

Daß die französischen Interessen durch die Ereignisse von 1866 derart beiseite geschoben wurden, erregte die öffentliche Meinung in Frankreich auf das heftigste. «*Vengeance pour Sadowa!*» war die Losung in der Presse. Der Kaiser konnte sich diese Niederlage ebenso wie die Demütigung in der Luxemburgfrage um so weniger leisten, als er damals auch auf einem anderen Gebiet in große Bedrängnis geraten war. Denn 1867 mußte er bei seinen Bestrebungen, Mexiko in einen französischen Satellitenstaat zu verwandeln, ebenfalls einen herben Rückschlag hinnehmen.

Das Engagement Frankreichs in Mexiko hatte in den frühen sechziger Jahren begonnen. Der dort nach etlichen inneren Wirren zur Macht gelangte Präsident Benito Juárez hatte, um die Finanzen seines Landes in Ordnung zu bringen, die Auslandsschulden liquidiert, was in den Finanzkreisen der größten Gläubigerstaaten – Großbritannien, Frankreich und Spanien – zu erheblicher Beunruhigung führte. In Frankreich drängten vor allem die Kaiserin, die mit reichen mexikanischen Emigranten in Verbindung stand, und der seit der Julimonarchie mit den Interessen der Bankiers und Kaufleute eng verquickte Morny auf eine bewaffnete Intervention. Sie erfolgte im Verein mit britischen und spanischen Kontingenten Ende 1861. Während jedoch London und Madrid ihre Truppen bald zurückzogen, wollte Napoleon III. die Gelegenheit nutzen, um in Mittelamerika einen von Frankreich abhängigen Staat zu schaffen, der gewissermaßen als Eingangspforte für die wirtschaftliche Durchdringung Lateinamerikas dienen sollte. Hierbei verbanden sich frühere Träume mit handfesten ökonomischen Interessen. Bereits während seiner Festungshaft in Ham hatte Louis Napoléon eine Denkschrift über den Bau eines Kanals zwischen dem Pazifischen und dem Atlantischen Ozean verfaßt, der durch Nicaragua verlaufen sollte. Jetzt träumte er vom Erwerb großer Territorien, der diesen Plan ermöglichen und ein blühendes Land romanischer Zunge unter der Leitung der führenden lateinischen Nation schaffen würde. Hiermit sollte vor allem dem immer stärker spürbaren wirtschaftlichen Übergewicht der USA in Mittelamerika Einhalt geboten werden. Mit erheblichem Truppeneinsatz gelang 1863 die Eroberung von Mexiko-Stadt. Das Land erhielt in der Person des Erzherzogs Maximilian von Österreich, einem Bruder Kaiser Franz Josephs, einen «Kaiser» von Napoleons Gnaden, der sich jedoch ebensowenig durchsetzen konnte, wie die französischen Verbände der immer intensiver geführten Guerilla des mexikanischen Präsidenten Herr zu werden vermochten. Hinter diesem stand die geballte Macht der zur Großmacht heranwachsenden USA, die seit dem im Frühjahr 1865 beendeten Sezessionskrieg wieder außenpolitisch handlungsfähig wurden. Zur Jahreswende 1865/66 war die französische Position in Mexiko unhaltbar geworden: Die letzten Truppen verließen das Land im Februar 1867. Maximilian von Habsburg weigerte sich jedoch, mit ihnen zu gehen, wurde gefangengenommen und im Juni standrechtlich erschossen. Dem Zweiten Kaiserreich brachte das mexikanische Abenteuer einen Verlust von mehr als 6000 Soldaten, Ausgaben in Höhe von 336 Mio. Francs und einen gewaltigen internationalen Prestigeverlust.

Er traf Napoleon III. zu einem Zeitpunkt, da er innenpolitisch auch im eigenen Lager mehr als umstritten war. Ein Satiriker konnte damals schreiben, von allen Bonapartes sei ihm «Napoleon II.» am liebsten, der nie den Thron bestiegen habe. Zudem war der Kaiser jetzt körperlich geschwächt und in seiner Handlungsfähigkeit stark eingeschränkt. Denn in der zweiten Hälfte der sechziger Jahre machte ihm zunehmend sein Nierensteinleiden zu schaffen, das ihn von Zeit zu Zeit durch Koliken außer Gefecht setzte. 1869 stellte man fest, daß sich ein Stein festgesetzt hatte und sowohl die Blase wie auch ein Ureter bis hin zum Nierenbecken vereitert waren. Man vermutete, daß seine Tage bereits gezählt seien. Die Kaiserin, die sich zunehmend in die Staatsgeschäfte einmischte und dabei einen konsequenten reformfeindlichen Standpunkt verfocht, ließ ihn, um zu demonstrieren, daß er noch aktionsfähig sei, am 7. 9. zu einer Sitzung des Staatsrats tragen, wo er jedoch sogleich in Ohnmacht fiel. Dennoch erholte er sich wieder. Hatte er seit 1866 dem *Corps législatif* mehr Rechte – so das auf parlamentarische Anfragen, Abstimmungen über Einzeltitel des Staatshaushalts und die eigenverantwortliche Abfassung der Sitzungsprotokolle – eingeräumt, so zwang ihn das Ergebnis der Wahlen Ende Mai 1869 zu einschneidenden Reformschritten. Denn die Kandidaten der Regierung erhielten zwar mit 4,4 Mio. gegen 3,4 Mio. Stimmen für die Opposition (2,3 Mio. Enthaltungen) noch die Mehrheit, allein auch im Regierungslager überwogen jetzt diejenigen, die für eine Liberalisierung der Verfassung eintraten. Napoleon berief daraufhin mit Emile Ollivier (*1825, †1913) einen Regimegegner zum Regierungschef, der sich in den letzten Jahren ihm gegenüber relativ kompromißbereit gezeigt hatte. Zum ersten Mal während des Zweiten Kaiserreichs wurde eine Regierung gebildet, die vom Vertrauen der Volksvertretung getragen war. Zudem nahm man eine grundlegende Verfassungsreform in Angriff, durch die der Senat in eine Art Oberhaus umgewandelt wurde und das *Corps législatif* im Verein mit ihm sowie mit dem Kaiser die Gesetzesinitiative erhielt. Die Regierung wurde zwar nach wie vor vom Kaiser ernannt, bedurfte aber nun des Vertrauens der gewählten Körperschaft. Auch wenn sich Napoleon III. das Recht vorbehielt, sich in für ihn wichtig erscheinenden Fragen direkt ans Volk zu wenden, war damit an die Stelle der bisherigen Diktatur faktisch ein parlamentarisch-demokratisches Regime getreten. Eine am 8. 5. 1870 abgehaltene Volksabstimmung brachte für die neue Verfassung mit 7,3 gegen 1,6 Mio. Stimmen (bei 1,9 Mio. Enthaltungen) eine geradezu überwältigende Bestätigung, und voll Freude sagte der Kaiser seinem Sohn, durch dieses Plebiszit sei er nunmehr gewissermaßen gekrönt worden.

Man hat die Einführung des *Empire libéral* nur als taktisches Manöver gesehen, mit dem Napoleon III. Zeit gewinnen und aus seinem innen- wie außenpolitischen Tief habe herauskommen wollen. Selbst wenn das richtig ist, wäre die Verfassungsreform nur schwer rückgängig zu machen gewesen, da die Opposition im Land zu stark angewachsen war. Man darf daher die aus der momentanen Schwäche der kaiserlichen Position geborene Verfassungsänderung, wenn schon nicht als ernst gemeint, so doch als potentiell dauerhaft ansehen. Der weitere Verlauf der Geschichte des Zweiten Kaiserreichs erlaubt allerdings hierüber kein abschließendes Urteil.

Denn unglücklicherweise ließen sich die maßgeblichen französischen Politiker – von Ollivier einmal abgesehen – dazu verleiten, die von Preußen angestrebte kriegerische Auseinandersetzung um die Vollendung des «klein»-deutschen Nationalstaats auf sich zu nehmen. Da Bismarck wußte, daß die Vereinigung der süddeutschen Staaten mit dem Norddeutschen Bund nur gegen den erbitterten Widerstand Frankreichs durchzusetzen sein würde, nahm er hierfür bewußt einen Krieg in Kauf. Ein solcher mußte damals jedoch das Zweite Kaiserreich zu einem denkbar ungünstigen Zeitpunkt treffen.

Aus dem innerdeutschen Krieg von 1866 hatte Napoleon III. selbst die richtigen Lehren gezogen und sie auch publizistisch verbreitet. Preußens allgemeine Wehrpflicht und seine Heeresorganisation machten das Land militärisch dem an Bevölkerung reicheren, wirtschaftlich potenteren und finanzkräftigeren Frankreich überlegen. Die vom Kaiser initiierte Heeresreform wurde jedoch verwässert: Es blieb im Grundsatz bei der Möglichkeit, daß sich Reichere im Fall der Einberufung einen Stellvertreter kauften, wodurch das Heeresaufgebot im Kriegsfall wesentlich geringer ausfallen mußte als in Preußen. Zudem starb der für die Neuorganisation der Armee verantwortliche Kriegsminister, Marschall Adolphe Niel, bereits 1869, so daß wirkungsvolle Maßnahmen in den Anfängen steckenblieben. Als sich daher die Beziehungen zwischen Paris und Berlin 1870 kritisch zuspitzten, war man in Frankreich zwar psychologisch, aber nicht praktisch und schon gar nicht diplomatisch auf eine kriegerische Auseinandersetzung vorbereitet. Denn weder war man in London bereit, der Hegemonialstellung Napoleons III. auf dem Kontinent weiterhin Vorschub zu leisten, noch brachten Fühlungnahmen mit Wien und Florenz, wo vorläufig die italienische Regierung residierte, eine Aussicht darauf, daß Berlin im Fall eines bewaffneten Konflikts isoliert dastehen würde.

Bismarcks diplomatisches Geschick tat ein übriges. Als Hebel diente ihm das Anfang Juli 1870 erfolgte spanische Angebot an den Erbprinzen von Hohenzollern-Sigmaringen, für den Thron in Madrid zu kandidieren. In Paris erinnerte man sich an das Trauma der habsburgischen Umklammerung, und es gab bei der Regierung sowie in der Presse einen Sturm der Entrüstung. König Wilhelm I. verbot als Chef seiner Dynastie daher seinem entfernten Vetter die Annahme der Thronkandidatur, die französische Regierung bestand jedoch auf Verlangen des anfänglich zögernden, dann von seiner Frau unter Druck gesetzten Kaisers auf weiteren Schritten. Der französische Botschafter Benedetti mußte beim preußischen König, der gerade in Bad Ems zur Kur weilte, mit der Forderung vorstellig werden, daß die Hohenzollern für immer einer solchen Kandidatur entsagen würden. Am 13. 7. beschied ihm Wilhelm I. eher zurückhaltend, seine nach Berlin telegraphierte Nachricht über die Unterredung wurde von Bismarck für die Presse jedoch so redigiert, daß der Anschein entstand, der König sei durch den Botschafter unhöflich und brüsk angegangen worden und daß Wilhelm es abgelehnt habe, diesen überhaupt noch einmal zu empfangen. Letzteres wurde als unerhörte Beleidigung Frankreichs aufgefaßt. Die Veröffentlichung der «Emser Depesche» trieb die Leidenschaften in Paris dermaßen hoch, daß daraufhin am 15. 7. 1870 die französische Kriegserklärung an Berlin erfolgte.

Frankreich hatte sich, statt den diplomatischen Erfolg des hohenzollernschen Kandidaturverzichts gelassen für sich zu verbuchen, durch dieses Vorgehen international völlig isoliert. Eher resigniert übernahm der kranke Kaiser den Oberbefehl über seine Truppen und begab sich am 28. 7. in das französische Hauptquartier nach Metz. Für ihn unerwartet kam es in Deutschland zu einer gewaltigen Solidarisierungswelle: Die süddeutschen Staaten schlugen sich auf die norddeutsch-preußische Seite, aus der preußisch-französischen Auseinandersetzung erwuchs ein «Deutsch-Französischer Krieg». Trotz einiger Überlegenheit bei der Bewaffnung verloren die französischen Truppen rasch die Initiative, während die Deutschen von der pfälzisch-elsässischen Grenze her ins Landesinnere vorstießen. Am 9. 8. wurde das Kabinett Ollivier gestürzt und ein Vertrauensmann der zur Regentin eingesetzten Kaiserin, Graf Palikao – ein bonapartistischer Heudegen –, übernahm die Regierung. Der von Koliken geplagte und von Schmerzmitteln halb betäubte Kaiser war nur noch ein Schatten seiner selbst und überließ das Kommando faktisch seinem Marschall Bazaine. Die kaiserlichen Armeen wurden Ende August in Metz und Sedan, wo Napoleon III. selbst weilte, eingeschlossen. Am 1. 9. gab der Kaiser, der zuvor mehrfach versucht hatte, bei Kampfhandlungen den Tod zu finden, den aussichtslos gewordenen Widerstand auf und erteilte den Befehl zur Kapitulation. Die Stadt wurde einen Tag später übergeben, Napoleon selbst begab sich in Kriegsgefangenschaft. Am 4. 9. fegte ein Aufruhr in Paris das Zweite Kaiserreich hinweg; während hier die Republik ausgerufen wurde, enteilte Kaiserin Eugénie nach England.

Bismarck hat in einem Brief an seine Frau vom 3. 9. (der mit weiterer deutscher Feldpost in französische Hände fiel, daher die Adressatin nie erreichte und zwei Jahre später in der Pariser Presse abgedruckt wurde) mit bewegenden Worten die Begegnung mit dem geschlagenen Kaiser geschildert, mit dem er in einem einfachen Arbeiterhaus «*in einer Kammer von 10 Fuß Gevierte, mit einem fichtnen Tische u. 2 Binsenstühlen*» eine einstündige Unterredung führte: «*Ein gewaltiger Contrast mit unserem letzten Beisammensein, 67 in den Tuilerien.*» Und er fährt fort: «*Unsere Unterhaltung war schwierig, wenn ich nicht Dinge berühren wollte, die den von Gottes gewaltiger Hand Niedergeworfenen schmerzlich berühren mußten.*» Napoleon wurde nach Wilhelmshöhe bei Kassel verbracht, von wo aus er im März 1871, nachdem die neugewählte französische Nationalversammlung seine Absetzung bekräftigt hatte, nach England übersiedelte. Dorthin brachte ihn eine Yacht des belgischen Königs.

Er nahm zusammen mit der Exkaiserin und dem jungen kaiserlichen Prinzen seinen Sitz in Camden-House, einem Landsitz in Chislehurst nahe London. Da er kaum Vermögen im Ausland besaß, war die Lebenshaltung der Familie spärlich. Nachdem Napoleon sich vorübergehend von seiner Nierenkrankheit erholt hatte, verschlimmerte sich Ende 1872 das Leiden erneut. Anfang Januar wurde vergeblich versucht, durch einen operativen Eingriff einen Stein in seiner Blase zu zertrümmern. Inzwischen war der Verfall der Nieren so weit fortgeschritten, daß der Exkaiser an Urämie litt. Ihr erlag er in den Morgenstunden des 9. 1. 1873. Seine Frau, mit der er sich nach einigen Spannungen in den letzten Lebensjahren einigermaßen versöhnt hatte, überlebte ihn um nahezu ein halbes Jahrhundert. Ihr einziger Sohn fiel 1879 in Afrika als Offizier im britischen Kolonialdienst. Sein Leichnam fand mit dem des Kaisers im 1888 eingerichteten Mausoleum der Kirche von Farnborough in Hampshire die letzte Ruhestätte. Erbfolge und Anspruch auf die französische Kaiserwürde gingen an die Nachkommen des Prinzen Napoléon-Jérôme über.

Der Bonapartismus lebte als Idee freilich in Frankreich weiter, auch wenn kein Mitglied des Hauses Bonaparte mehr in der Lage sein sollte, ihn zu verkörpern. Die Dritte Republik, die sich ab 1875 durchsetzte, verstand sich als Kompromiß zwischen den Traditionen der Julimonarchie, der Republik von 1848 und des Zweiten Kaiserreichs, d. h. als eher konservativ orientiertes bürgerliches Regime. Ende der achtziger Jahre setzte das Land vergeblich seine Hoffnungen auf den General Boulanger als neuen «Bonaparte». Angesichts der ständigen Kabinettskrisen der Dritten wie der Vierten Republik entstand immer wieder die Sehnsucht nach einem neuen demokratisch legitimierten «starken Mann». In der Endphase des Ersten Weltkriegs übernahm diese Rolle der Republikaner Georges Clemenceau, 1940 der eher monarchistisch gesinnte Marschall Philippe Pétain, 1958 schließlich der zwar konservative, aber doch demokratisch orientierte General Charles de Gaulle, der ebenso wie seine Nachfolger einen Regierungsstil praktizierte, wie er nach dem Mai 1870 auch von Napoleon III. hätte ausgeübt werden können. Der am Ende so sang- und klanglos seiner Macht beraubte Kaiser hat so die französische Geschichte viel länger beeinflußt, als er sich während der kurzen Lebensspanne, die ihm im britischen Exil noch vergönnt war, hätte träumen lassen.

# Anhang

# Bibliographie

Einleitung
(P. C. Hartmann)

Zur weiteren Information sollen hier nur einige deutschsprachige Überblicksdarstellungen gebracht werden, die auch die entsprechende weiterführende Fachliteratur auflisten: M. Erbe, *Geschichte Frankreichs von der Großen Revolution bis zur Dritten Republik 1789–1884* (1982); F. Furet/D. Richet, *Die Französische Revolution* (1968); K. Hammer/P. C. Hartmann (Hrsg.), *Le Bonapartisme. Der Bonapartismus* (1977) (Beihefte der Francia, 6); P. C. Hartmann, *Französische Verfassungsgeschichte der Neuzeit (1450–1980). Ein Überblick* (1985) (Grundzüge, 61); W. Mager, *Frankreich vom Ancien Régime zur Moderne 1630 bis 1830. Wirtschafts-, Gesellschafts- und politische Institutionsgeschichte* (1982); J. Meyer, *Frankreich im Zeitalter des Absolutismus, 1515–1789* (1990); I. Mieck, *Die Entstehung des modernen Frankreichs 1450–1610. Strukturen, Institutionen, Entwicklungen* (1982); Th. Schieder (Hrsg.), *Handbuch der europäischen Geschichte*, Bde. 3–5 (1971-68-81); dort die Frankreichbeiträge von André Bourde, Eberhard Weis und Gilbert Ziebura; E. Schulin, *Die Französische Revolution* ([2]1989); J. Voss, *Von der frühneuzeitlichen Monarchie zur Ersten Republik 1500–1800* (1980) (Geschichte Frankreichs, 2); M. Vovelle, *Die Französische Revolution. Soziale Bewegung und Umbruch der Mentalitäten* (1985); E. Weis, *Der Durchbruch des Bürgertums 1776–1847* ([2]1982) (Propyläen Geschichte Europas, 4).

Ludwig XII.
(N. Bulst)

Die beste Biographie ist die detaillierte und kenntnisreiche Darstellung von B. Quilliet, *Louis XII, Père du Peuple* (1986), die auch für weiterführende Fragen eine umfassende Bibliographie enthält.

Wichtige Quellen sind die zeitgenössischen historiographischen Werke von Claude de Seyssel, *Histoire singulière du roy Louis XII*, Paris 1558 (zuerst 1508 unter dem Titel *Louenges du Roy Louis XIIe* erschienen) und die sehr weitschweifige *Chronique de Louis XII* von Jean d'Auton (Bde. 1–4, 1889–95). Diese und andere Quellen sind gesammelt in Th. Godefroy, *Histoire de Louis XII, roi de France* (1615). Hinzuweisen ist auch auf Jean de Saint-Gelais, *Histoire de Louis XII*, hg. von Th. Godefroy (1622). Die Briefe Ludwigs sind bisher nur z. T. gedruckt: *Louis XII, roi de France. Lettres*, Annuaire-Bulletin de l'histoire de France (1915). An wichtigen Aktenpublikationen ist auf die *Ordonnances des rois de France de la troisième race*, hg. von J. M. Pardessus, Bd. 21 (1849) und die *Procédures politiques du règne de Louis XII*, hg. von R. de Maulde-la-Clavière (Coll. de doc. inéd.) (1885) hinzuweisen.

Als Gesamtdarstellung ist H. Lemonnier, *Les Guerres d'Italie – La France sous Charles VIII, Louis XII et François Ier (1492–1547)* (Histoire de La France V. 1), hg. von E. Lavisse (1911) noch immer unentbehrlich, wenn auch in manchen nationalen Urteilen überholt. Wichtige Ergänzungen sind J. A. Bridge, *History of France from the Death of Louis XI*, Bde. 1–5 (1921–36); W. P. Fuchs, *Das Zeitalter der Reformation*, in: B. Gebhardt, *Handbuch der deutschen Geschichte*, hg. von H. Grundmann, 9. Auflage (1970), Bd. 2, 1–117; H. Wies-

flecker, Kaiser Maximilian I., das Reich, Österreich und Europa an der Wende der Neuzeit, Bde. 1–5 (1971–86).
Die groß angelegte Biographie von R. de Maulde-la-Clavière, Histoire de Louis XII, 1. Teil, Louis d'Orléans, Bde. 1–3 (1889–91) konnte nicht vollendet werden. Zu Ludwig als Herzog von Orléans siehe auch Y. Labande-Mailfert, Charles VIII et son milieu (1470–1498). La jeunesse au pouvoir (1975). Ältere Biographien wie die von M. Darcy, Louis XII (1935) oder J.-A. Néret, Louis XII (1948) können durch die Arbeit von Quilliet als überholt gelten.
Einzelfragen: Zur Diskussion des Todestages Ludwigs am 1. Januar 1515 oder am 31.12.1514 siehe H. Hauser, La date exacte de la mort de Louis XII et de l'avènement de François I$^{er}$, Revue d'histoire moderne 5 (1903/04), 172–182, der m. E. überzeugend sich für den 31.12.1514 entscheidet. Das Itinerar findet sich zusammengestellt bei F. Maillard, Itinéraire de Louis XII, roi de France (1498–1515), Bulletin philologique et historique 1972 (1979), 171–206. Der Eheprozeß wird juristisch analysiert in A. Destefanis, Louis XII et Jeanne de France (1975). Die prosopographische Arbeit von M. Harsgor, Recherches sur le personnel du Conseil du roi sous Charles VIII et Louis XII, Bde. 1–4 (1980) gewährt Einblicke in den Herrschaftsapparat.

Franz I.
(A. Kohler)

An Gesamtbiographien besteht kein Mangel. Vgl. F. Hackett, Franz der Erste (1936); C. Terrasse, François I$^{er}$. Le roi et la règne, 2 Bde. (1945/48); D. Seward, Prince of the Renaissance. The Life of Francis I (1973); R. Guerdan, François I$^{er}$: le roi de la Renaissance (1976); R. Rudler, François I$^{er}$ (1980); J. Jacquart, François I$^{er}$ (1981); A. Castelot, François I$^{er}$ (1984); G. Bordonove, Les rois qui ont fait la France: François I$^{er}$, le roi-chevalier (1987). – Mit großem Gewinn heranzuziehen R. J. Knecht, Francis I and the Absolute Monarchy (1969); ders., French Renaissance Monarchy: Francis I and Henry II (1984). – Zur Thematik «Franz I. und die Frauen» vgl. G. Breton, Histoires d'amour de l'histoire de France 2 (1978); M. Heim, François I$^{er}$ et les femmes (1956).
Zur Epoche Franz' I. ist noch immer heranzuziehen E. Lavisse, Histoire de France illustrée depuis les origines jusqu'à la Revolution, Bd. 5/1: H. Lemonier, Les guerres d'Italie. La France sous Charles VIII, Louis XII et François I$^{er}$ (1492–1547) (1911); vgl. dazu auch A. Bourde, Frankreich vom Ende des Hundertjährigen Krieges bis zum Beginn der Selbstherrschaft Ludwigs XIV. (1453–1661), in: J. Engel (Hrsg.), Handbuch der europäischen Geschichte 3 (1971), 719–850. Besonders instruktiv H. Lapeyre, Les monarchies européennes de XVI$^e$ siècle. Les relations internationales (1973); Histoire de France Bd. 3: J. Meyer, La France Moderne de 1515 à 1789 (1985, dt. 1989).
Zur höfischen Kultur existiert eine umfangreiche Literatur; vgl. u. a. J. Chartrou, Les entrées solennelles et triomphales à la Renaissance, 1484–1551 (1928); R. Strong, Splendor and Courts (1973); J.-F. Solnon, La Cour de France (1987) und vor allem R. J. Knecht, Franz I., in: A. G. Dickens (Hrsg.), Europas Fürstenhöfe. Herrscher, Politiker und Mäzene, 1400–1800 (1978), 99–119. Vgl. dazu auch Leben des Benvenuto Cellini (1981).
Zu den maßgeblichen Familienmitgliedern und Beratern am Hofe Franz' I. vgl. P. Jourda, Marguerite d'Angoulême, 2 Bde. (1930); A. Buisson, Le chancelier Antoine Duprat (1935); M. François, Le cardinal de Tournon, homme d'Etat, diplomate, mécène et humaniste (1489–1562) (1951); F. Decrue, Anne de Monmorency, Grand-maître et Connétable de France à la cour de François I$^{er}$ (1885); V. L. Bourrilly, Guillaume du Bellay, Seigneur de Langey, 1491–1543 (1903).
Zum Mäzenatentum Franz' I. und zu seiner Förderung der Wissenschaften vgl. A. Bailly, François I$^{er}$. Restaurateur des lettres et des arts (1954); F. Gébelin, Les Châteaux de la Renaissance (1927); F. Herbet, Le Château de Fontainebleau (1937).

Zur Bekämpfung der reformatorischen Bewegung in Frankreich vgl. P. Imbart de la Tour, Les origines de la réforme, 4 Bde. (1905–1914); L. Febvre, Au cour religieux du XVI$^e$ siècle (1957); G. F. Münzer, Franz I. und die Anfänge der französischen Reformation (1935); K. J. Seidel, Frankreich und die deutschen Protestanten (1970). Zur inneren Reformtätigkeit des Königs siehe P. C. Hartmann, Französische Verfassungsgeschichte der Neuzeit (1450–1980). Ein Überblick (1985); G. Zeller, Les institutions de la France au XVI$^e$ siècle (1948); R. Doucet, Les institutions de la France au XVI$^e$ siècle (1948); S. Hanley, The Lit de Justice of the Kings of France. Constitutional Ideology in Legend, Ritual, and Discourse (1983).

Zum Konflikt mit Habsburg siehe H. Lutz, Kaiser Karl V., Frankreich und das Reich, in: Frankreich und das Reich im 16. und 17. Jh. (1968), 7–19; F. C. Spooner, The Habsburg-Valois Struggle, in: The New Cambridge Modern History 2 (1958), 334–358; K. Brandi, Kaiser Karl V. Werden und Schicksal einer Persönlichkeit und eines Weltreiches, Bd. 1 (7. Aufl., 1964), Bd. 2 (2. Aufl., 1967); E. Laubach, Wahlpropaganda im Wahlkampf um die deutsche Königswürde 1519, in: Archiv für Kulturgeschichte 53 (1971), 207–248; A. Kohler (Hrsg.), Quellen zur Geschichte Karls V. (1990); F. Mignet, Rivalité de François I$^{er}$ et de Charles Quint (1875); A. Champollion-Figeac, Captivité de François I$^{er}$ (Paris 1847); J. Duhamel, La captivité de François I$^{er}$ (1981); L. Cardauns, Von Nizza bis Crépy. Europäische Politik in den Jahren 1534 bis 1544 (1923); P. Rassow, Die Kaiser-Idee Karls V., dargestellt an der Politik der Jahre 1528–1540 (1932); A. Luttenberger, Karl V., Frankreich und der deutsche Reichstag, in: H. Lutz (Hrsg.), Das römisch-deutsche Reich im politischen System Karls V. (1982), 189–221; U. Baumann, Heinrich VIII. (1991).

Für die Kooperation mit dem Osmanischen Reich noch immer unentbehrlich J. Ursu, La politique orientale de François I$^{er}$ (1908) und E. Charrière, Négotiations de la France avec le Levant, 4 Bde. (1848–1860). Zur persönlichen Kriegführung des französischen Königs in Italien vgl. E. Usteri, Marignano. Die Schicksalsjahre 1515/1516 im Blickfeld der historischen Quellen (1974); J. Giono, Le Désastre de Pavie, 24 février 1525 (1963) und R. Guerdan, La bataille de Pavie (1976).

Zur Erschließung der Akten vgl. Catalogue des Actes de François I$^{er}$, 10 Bde. (1887–1908); Ordonnances des rois de France. Règne de François I$^{er}$, 7 Bde. (1902ff.). Am breitesten ediert ist die diplomatische Korrespondenz: G. Lefèvre-Pontalis (Hrsg.), Correspondance politique d'Odet de Selve, ambassadeur de France en Angleterre, 1546–1549 (1888); M. François (Hrsg.), Correspondance du cardinal de Tournon, 1521–1562 (1946); J. Kaulek (Hrsg.), Correspondance politique de MM. de Castillon et de Marillac, ambassadeurs de France de Angleterre, 1537–1542 (1885).

## Heinrich II.
### (R. Babel)

Wichtigste Literatur: Heinrich II. ist – im Vergleich zu anderen Herrschern – eher selten Gegenstand von Biographien gewesen, doch sind in jüngster Vergangenheit zwei entsprechende Arbeiten fast zeitgleich erschienen. Ivan Cloulas, Henri II, Paris 1985, gibt mit einer starken Neigung zum Deskriptiven ein erschöpfendes Tableau der ganzen Ära, verliert aber dabei die Persönlichkeit des Königs weitgehend aus den Augen; vorzuziehen ist zumindest in dieser Beziehung Frederic J. Baumgartner, Henry II, king of France, Durham und London 1988, der sich um ein ausgewogenes Urteil über seinen Protagonisten bemüht. Zu einseitig die «Modernität» von Heinrichs Zeitalter betonend und als Referenzwerk von den vorgenannten Titeln abgelöst ist die Arbeit von Henri Noell, Henri II et la naissance de la société moderne, Paris 1944.

Wichtige Detailinformationen zu Fragen der äußeren Politik finden sich in einer Reihe älterer biographischer Studien zu Persönlichkeiten der königlichen Umgebung, vor allem bei *Francis Decrue de Stoutz, Anne de Montmorency, connétable et pair de France, sous les rois Henri II, François II et Charles IX, Paris 1889,* ferner bei *Gustave Baguenault de Puchesse, Pierre de Vaissière, Charles des Marillac, ambassadeur et homme: politique, Paris 1896; Jean de Morvilliers, évêque d'Orléans (Paris 1577), Charles Marchand, Charles I<sup>er</sup> de Cossé, comte de Brissac et maréchal de France, Paris 1889, Lucien Romier, La carrière d'un favori: Jacques d'Albon de Sainte-André, Paris 1909* und in neuerer Zeit *Michel François, Le cardinal François de Tournon, Paris 1951.*

Für Vorgeschichte, Verlauf und Ergebnisse der «voyage d'Allemagne» ist grundlegend nach wie vor *Gaston Zeller, La réunion de Metz à la France, 2 Bde., Paris 1926,* der die vor allem von deutschen Historikern vertretene Ansicht, die Okkupation der drei lothringischen Städte Metz, Toul und Verdun sei Teil eines prämeditierten Ausdehnungsprogrammes mit dem Ziel der Rheingrenze gewesen, zu widerlegen versucht und die pointierte These einer von rein defensiven Gesichtspunkten bestimmten Ausrichtung der französischen Politik entwickelt. Vgl. ferner *ders., La siège de Metz par Charles Quint, Paris 1943* sowie: *Les relations de la France et de la Lorraine à la veille de l'occupation de Metz,* in: *Mém. de la Soc. d'Archéologie lorraine, 4. sér., t. XVI (1923–1925), S. 353ff.* Ein Tableau der Beziehungen zwischen Frankreich und den deutschen Fürsten findet sich bei *Jean-Daniel Pariset, Relations entre la France et l'Allemagne au milieu du seizième siècle, Straßburg 1983;* eine wichtige Quellenedition bietet ferner *ders., La France et les princes allemands,* in: *Francia 10 (1980), S. 229ff.* Speziell zum Vertrag von Chambord und zu den mit ihm zusammenhängenden Problemen *Hermann Weber, Le traité de Chambord (1552),* in: *Charles-Quint, le Rhin et la France (Ouvrage publié avec le concours et sous les auspices de l'Université des Sciences Humaines Strasbourg), Straßburg 1973, S. 81.*

Trotz des Titels weitgehend um Heinrichs Italienpolitik zentriert und zugleich die immer noch beste Abhandlung hierzu ist *Lucien Romier, Les origines politiques des guerres de réligion, 2 Bde., Paris 1913/14.*

Speziell zur Hugenottenpolitik siehe neben der älteren Arbeit von *N. Weiss, La chambre ardente, étude sur la liberté de conscience sous François I<sup>er</sup> et Henri II, 1540–1550, Paris 1889,* auch *N. M. Sutherland, The Huguenot Struggle for Recognition, New Haven 1980.*

Zu Steuersystem und Finanzpolitik im Zeitalter Heinrichs II. sind zunächst zu konsultieren *Martin Wolfe, The fiscal system of Renaissance France, New Haven 1972* sowie *Bernard Schnapper, Les rentes au XVI<sup>e</sup> siècle, Paris 1957,* zu den Fragen der Verwaltungsgeschichte gibt den besten Zugang *Michel Antoine, La genèse de l'institution des intendants,* in: *Journal des savants (1982), S. 283ff., ders., Institutions françaises en Italie sous le règne de Henri II: gouverneurs et intendants,* in: *Mélanges de l'école française de Rome 94 (1982), S. 759ff.,* zusammenfassend *ders., Un tournant dans l'histoire des institutions monarchiques: le règne de Henri II,* in: *Comité française des sciences historiques* (Hrsg.), *Colloque franco-suedois (Paris, 9–10 et 11 octobre 1978), Paris 1979, S. 53ff.*

Franz II.
(R. Babel)

Monographische Literatur ist aufgrund der ephemeren Herrschaft Franz II. so gut wie nicht vorhanden. Eine Ausnahme ist *Edouard de La Barre Duparcq, Histoire de François II, Paris 1869;* daneben *René (Marquis) de Belleval, Les fils de Henri II, Paris 1898.* Man wird viele Informationen aus der Fülle der Arbeiten zu Katharina von Medici ziehen, wobei am ehesten heranzuziehen wären *J. H. Mariejol, Cathérine de Médicis, 1519–1589, Paris 1920, Paul van Dyke, Cathérine de Médici, New York 1920, Jean Heritier, Cathérine de Médicis, Paris ²1959,* und jetzt *Ivan Cloulas, Cathérine de Médicis, Paris 1979* (gut lesbar, doch mit vielen Ausflügen in die «petite histoire»). Nach wie vor grundlegend zur Epoche sind jedoch die diversen Arbeiten von *Lucien Romier,* hier vor allem: *La conju-*

*ration d'Amboise, Paris 1923*, und *Le royaume de Cathérine de Médicis. La France à la veille des guerres de religion*, 2 Bde., *Paris 1922*. Vgl. ferner die für Karl IX. genannte Literatur.

### Karl IX.
### (R. Babel)

Vgl. neben *Emmanuel Bourassin, Charles IX, Paris 1986*, eine ältere Arbeit von *Edouard de La Barre Duparc', Histoire de Charles IX, Paris 1875*; grundlegend ist, trotz mancher Mängel im einzelnen, jedoch das Werk von *Pierre Champion, Charles IX, la France et le controle d'Espagne, Paris 1939*; vgl. daneben die diversen Biographien Katharinas von Medici im Artikel zu Franz II. sowie *Lucien Romier, Catholiques et huguenots à la cour de Charles IX, Paris 1924*; zu Karls IX. Reise durch Frankreich *Jean Boutier, Allain Dewerpe, Claude Nordmann, Un tour de France royal, Paris 1984*; eine bedeutende Literatur existiert zum französischen Protestantismus im allgemeinen und zur Bedeutung Colignys im besonderen, die neueste Biographie des Admirals stammt aus der Feder von *Liliane Crete, Coligny, 1985*, wichtig in diesem Zusammenhang auch: *Société de l'histoire du protestantisme francais, L'Amiral de Coligny et son temps (Actes du colloque, Paris 24–28 octobre 1972), Paris 1974*; grundlegend für die internationalen Verflechtungen der konfessionellen Frage *Nicola M. Sutherland, The massacre of St Bartholomew and the European conflict 1559–1572, London und Basingstoke 1973* sowie dies., *The huguenot struggle for recognition, New Haven und London 1980*; für Aspekte der Rückwirkung in Deutschland zu Beginn der Religionskriege jetzt *Andreas Wirsching, Konfessionalisierung der Außenpolitik: Die Kurpfalz und der Beginn der französischen Religionskriege (1559–1562)*, in: *Historisches Jahrbuch* 106 (1986), S. 333–360; zu den Problemen der Bartholomäusnacht siehe auf der Ebene der (politischen) Genese die genannten Arbeiten von *Sutherland*, die sozialgeschichtliche Perspektive öffnet *Ilja Mieck, Die Bartholomäusnacht als Forschungsproblem. Kritische Bestandsaufnahme und neue Aspekte*, in: *HZ* 216 (1973), S. 73–110 und ders., *Die Bartholomäusnacht als sozialer Konflikt*, in: *Soziale und politische Konflikte im Frankreich des Ancien Régime*, hg. v. K. Malettke, Berlin 1982 (dort auch jeweils die ältere Literatur); ferner ders. (Hg.), *Toleranzedikt und Bartholomäusnacht. Französische Politik und europäische Diplomatie 1570–1572*, Göttingen 1969; die letzte Stellungnahme der französischen Forschung ist *J. L. Bourgeon, Pour une histoire enfin, de la Saint-Barthélémy*, in: *RH* 113 (1989), 83–142; vgl. auch ders., *Les légendes ont la vie dure: à propos de la Saint-Barthélémy*, in: *Revue d' histoire moderne et contemporaine* 34 (1987), S. 102–116; zu den Vorgängen speziell in Paris auch *Jean-Pierre Babelon, Paris au XVI$^e$ siècle, Paris 1986*.

### Heinrich III.
### (I. Mieck)

Eine gute Einführung in die Geschichte Frankreichs im 16. Jh. bietet das unkonventionell aufgebaute Buch von *J. Meyer, Frankreich im Zeitalter des Absolutismus 1515–1789* (1990). Stärker strukturgeschichtlich angelegt ist die materialreiche Darstellung von *I. Mieck, Die Entstehung des modernen Frankreich 1450–1610* (1982). Für die Verfassungs- und Institutionengeschichte noch immer unentbehrlich ist die konzise Zusammenfassung von *G. Zeller, Les institutions de la France au XVI$^e$ siècle* (1948).

Ein Gesamtbild der Bürgerkriege entwirft *P. Miquel, Les guerres de religion* (1980). Ihre erste Phase behandelt im internationalen Kontext *N. M. Sutherland, The Massacre of St. Bartholomew and the European Conflict 1559–1572* (1973). Eine umfassende Darstellung der Hugenottenproblematik von den 1520er Jahren bis zum Edikt von Nantes bietet *N. M. Sutherland, The Huguenot Struggle for Recognition* (1980). Als Anhang enthält dieses Buch eine lückenlose Zusammenstellung der von 1525 bis 1598 erlassenen

Religionsedikte und einiger vergleichbarer Dokumente in Regestform. Eine spezielle Fragestellung untersucht D. *Crouzet, Les guerriers de Dieu. La violence au temps des troubles de religion, vers 1525-vers 1610* (2 Bde., 1990). Zur Vorgeschichte der Bartholomäusnacht gibt es eine Quellenauswahl von *I. Mieck,* Hrsg., *Toleranzedikt und Bartholomäusnacht. Französische Politik und Europäische Diplomatie 1570-1572* (1969). Die Gesamtdarstellung von P. *Erlanger, Bartholomäusnacht* (1960, dt. 1966) ist eher als populärwissenschaftlich einzustufen, während *I. Mieck, Die Bartholomäusnacht als Forschungsproblem,* HZ 216 (1973), 73-110, auf neue Aspekte aufmerksam macht. Eine generelle Neubewertung versucht, teilweise überzeugend, *J.-L. Bourgeon, L'assassinat de Coligny* (1992). Nicht mehr berücksichtigt werden konnte D. *Crouset, La nuit de la Saint-Barthélémy,* (1994).

Neuere Darstellungen zur Geschichte der Liga stammen von E. *Barnavi, Le Parti de Dieu. Etude sociale et politique des chefs de la Ligue parisienne 1584-1594* (1980), und von R. *Descimon, Qui étaient les Seize? Etude sociale... 1584-1594,* in: *Paris et Ile-de-France... 34* (1983), 7-300.

Von der biographischen Literatur im Umfeld der Henri-III-Forschung ist zuerst *J. Héritier, Catherine de Médicis* (²1959), zu nennen. Solide gearbeitet ist auch das Buch von *I. Cloulas, Catherine de Médicis* (1979), während sich die Werke von *I. Mahoney, Katharina von Medici* (1976, dt. 1977) und *J. Orieux, Katharina von Medici* (1985, dt. 1992), gelegentlich im Grenzbereich zum historischen Roman bewegen. Wichtig ist die biographische Studie von *M. P. Holt, The Duke of Anjou and the Politique Struggle during the Wars of Religion* (1986), die das herkömmliche Bild von Alençon/Anjou gründlich revidiert. Eine vergleichbare neuere Arbeit über Charles IX gibt es nicht.

Unter den zeitgenössischen Schriften, die fast lückenlos in dem Werk von *H. Hauser, Le XVI$^e$ siècle,* Bd. 3: *Les guerres de religion 1559-1589* (= *Les Sources de l'histoire de France,* Teil 2) (1912, ND 1967), aufgeführt sind, nehmen die Aufzeichnungen von Pierre de l'Estoile einen besonderen Rang ein. Von der Neuausgabe seines *Régistre journal* ist Band 1 (1574-1575) erschienen (1992). Eine gute Quellenauswahl bietet auch *J.-L. Flandrin,* Hrsg., *Journal d'un bourgeois de Paris sous HenriIII, par Pierre de l'Estoile* (Coll. 10/18, Nr. 315/316, 1966).

Die wichtigste Quellengattung für die Erforschung der Persönlichkeit von HenriIII stellt die private und diplomatische Korrespondenz dar. Anders als die abgeschlossenen, wenn auch lückenhaften Briefeditionen von *Catherine de Médicis* (10 Bde., 1880-1909) und *HenriIV* (9 Bde., 1843-1876), ist die Korrespondenz von HenriIII noch nicht vollständig ediert. Die Ausgabe von *M. François,* Hrsg., *Lettres de HenriIII,* umfaßt bisher 4 Bände (1959-1984) und reicht bis April 1580. Einen guten Überblick über die von P. Champion gesammelten und geordneten Briefe, die sich im Institut de France befinden, sowie über die nur teilweise edierten Gesandtenberichte gibt P. *Chevallier, HenriIII, roi shakespearien* (1985), 715-719. Dieses Werk, auf dessen Bedeutung schon hingewiesen wurde (s. oben S. 135), läßt den Menschen und den Herrscher in einem völlig neuen Licht erscheinen.

Die zweite Säule, auf der die moderne Henri-III-Forschung aufbaut, ist die Habilitationsschrift von *J. Boucher, Société et mentalités autour de HenriIII,* 4 Bde. (1977/1981). Auf diesem Werk beruht die konzentrierte Fassung: *J. Boucher, La Cour de HenriIII* (1986). Wie wertvoll auch auf Einzelprobleme konzentrierte Studien sein können, zeigt die ganz aus den Quellen gearbeitete Untersuchung von *A. Karcher, L'assemblée des Notables de Saint-Germain-en-Laye* (1583), in: *Bibliothèque de l'Ecole des Chartes* 114 (1956), 115-162. Neu aufgefundene Archivalien im Zusammenhang mit der Ermordung von HenriIII verarbeitete P. *Chevallier, Les Régicides. Clément, Ravaillac, Damiens* (1989).

Wegbereiter der Rehabilitation des jahrhundertelang negativ beurteilten HenriIII war P. *Champion,* der insgesamt vier Werke über diese Epoche verfaßt hat: *Catherine de*

*Médicis présente à Charles IX son royaume 1564–1566 (1937); Charles IX, la France et le contrôle de l'Espagne avant et après la Saint-Barthélemy (2 Bde., 1939); La jeunesse de Henri III (1941); Henri III roi de Pologne (1943).* Alle diese Werke zeichnen sich durch große Quellennähe aus, sind aber mehr der erzählenden als der analysierenden Geschichtsschreibung zuzuordnen. Dies gilt auch für die nicht immer ganz zuverlässige Studie von *G. Bordonove, Henri III (1988),* die in der 15bändigen, von einem einzigen Autor verfaßten Reihe ‹Les Rois qui ont fait la France› erschienen ist.

Daß die moderne französische Historiographie den von Pierre Champion vorbereiteten und von Jacqueline Boucher und Pierre Chevallier energisch beschrittenen Weg einer quellenkritisch begründeten Neuinterpretation des letzten Valois-Königs akzeptiert und in der gleichen Richtung weiterzuarbeiten bestrebt ist, zeigt schließlich ein Band, der die Ergebnisse einer 1989 in Tours veranstalteten internationalen Tagung präsentiert: *R. Sauzet, Hrsg., Henri III et son temps (1992).*

## Heinrich IV.
### (E. Hinrichs)

In der folgenden Kurzbibliographie wird zunächst (1) auf die wichtigsten Serien und Einzelveröffentlichungen mit gedruckten Dokumenten und Quellen zur Regierungszeit Heinrichs IV. hingewiesen, anschließend dann (2) auf eine Auswahl aus neueren Lebensbeschreibungen und schließlich (3) auf eine Reihe von Monographien und wichtigen Aufsätzen zu den einzelnen Lebensabschnitten des Königs bzw. zu den wichtigsten Schwerpunkten seiner Politik. Keinerlei auch nur annähernde Vollständigkeit ist möglich, und gewiß bleibt eine solche Auswahl ganz und gar abhängig von den Vorlieben desjenigen, der die Kurzbiographie geschrieben hat.

1. Jede Beschäftigung mit Heinrich IV. muß ausgehen von der großen Briefpublikation des 19. Jahrhunderts von *J. Berger de Xivrey u. J. Guadet, Hrsg., Recueil des Lettres missives de Henri IV, 7 Bde. u. 2 Suppl.-Bde. (1843–1876).* Trotz einer stattlichen Reihe von Fehlern und Lücken stellt sie immer noch den entscheidenden Zugang zum Verständnis dieses Königs auch vor seinem Regierungsantritt dar. Ergänzungen liegen u. a. vor in fünf Publikationen von *E. Halphen, Hrsg., Lettres inédites du roi Henri IV à Monsieur de Bellièvre, 1581–1605 (1872–1880)* und bei *J. Nouaillac, Hrsg., Henri IV, raconté par lui-même (1913).* Eine gut zugängliche und kommentierte Auswahl bietet jüngst *J.-P. Babelon, Hrsg., Henri IV: Lettres d'amour et écrits politiques (1988).* – Systematische Aktenpublikationen zur Regierungszeit Heinrichs IV. fehlen leider weitgehend; wichtig für die Ratsgremien *N. Valois, Hrsg., Inventaire des arrêts du Conseil d'Etat; règne de Henri IV, 2 Bde. (1886–1893)* u. *F. Dumont, Hrsg., Inventaire des arrêts du conseil privé; règnes de Henri III et de Henri IV, bisher 2 Bde. in zahlreichen Faszikeln (1969–1978).* – Besonders wichtig sind die autobiographischen Schriften der Minister, Ratgeber und Lebensgefährten, in denen sich manch wichtiger Brief an den König und von ihm verbirgt. *Ph. Duplessis-Mornay, Mémoires et Correspondance, 12 Bde. (1824–1825).* Solange die kritische Edition der «Œconomies Royales» von Sully, hrsg. v. B. Barbiche u. D. J. Buisseret (bislang 1 Bd., 1970) nicht abgeschlossen ist, muß immer noch eine ältere Ausgabe benutzt werden: *Michaud u. Poujoulat, Hrsg., Maximilien de Béthune, Duc de Sully, Mémoires des sages et royales œconomies d'estat, domestiques, politiques et militaires de Henry le Grand (Paris 1881); dies., Hrsg., Nicolas de Villeroy, Mémoires d'estat (1881).* Einige wichtige Briefe Sullys an den König und an Villeroy neuerdings bei *D. J. Buisseret u. B. Barbiche (Hrsg.), Lettres inédites de Sully à Henri IV et à Villeroy (1597–1608), Annuaire-Bulletin de la Société de l'Histoire de France 1976, 81–117.* Von außerordentlicher Bedeutung für die Alltagsgeschichte in der gesamten Zeit Heinrichs IV. sind die Berichte des Pariser Bürgers Pierre de l'Estoile, am besten greifbar bei *L.-R. Lefèvre u. H.*

Martin, Hrsg., *Journal de l'Estoile pour le règne de Henri IV et le début du règne de Louis XIII (1948-1960)*.

2. Biographien und Gesamtdarstellungen zur Regierungszeit Heinrichs IV. erscheinen jährlich mehrfach, nicht selten nur mit dem Anspruch, das Interesse eines immer noch breiten Publikums an diesem König zu nutzen. Die wenigsten genügen daher wissenschaftlichen Ansprüchen. Ausgangspunkt ist ein sehr altes, immer noch unentbehrliches Werk: *A. Poirson, Histoire du règne de Henri IV, 2. Aufl., 4 Bde. (1862-1867)*. Aus den früheren Lebensbeschreibungen sind zu erwähnen *Pierre de Vaissière, Henri IV (1928)* und *M. Andrieux, Henri IV (1955), deutsch 1961,* in jüngerer Zeit ragen heraus die beiden Bände von *Yves Cazaux, Henri IV ou la Grande victoire (1977)* und ders., *Henri IV: les horizons du règne (1986)*. Besonders beachtenswert *J.-P. Babelon, Henri IV (1982)*, m. E. die erste, in einem umfassenden Sinne kritische Biographie. Dieses gründlich gearbeitete Buch aus der Feder eines Absolventen der Ecole des Chartes stellt einen Meilenstein in der bislang wissenschaftlich wenig ergiebigen Henri-IV-Biographik dar. Sie beleuchtet alle Lebensabschnitte mit derselben Gründlichkeit und wahrt bei aller Sympathie des Autors für seinen Gegenstand eine wohltuende, kritische Distanz. Leider verzichtet sie, hélas!, auf Einzelnachweise in Anmerkungen und begnügt sich mit Sammelhinweisen auf die benutzten Archivalien. Einen Meilenstein anderer Art in der Literatur zu Henri IV stellte dar *R. Mousnier, L'assassinat d'Henri IV (1964), deutsch 1970,* weder eine Biographie noch eine Gesamtdarstellung der Regierungszeit, und doch von beidem etwas. Mousnieur nutzt die Ermordung des Königs zu einer Studie über die verbreitete Unzufriedenheit in seiner Zeit, über die Handlungen des Königs, die gleichsam zwangsläufig zu dieser Unzufriedenheit führen mußten und über die Nachwirkungen und die Legende Heinrichs IV., die erst das eigentliche Bild dieses Königs prägten und dauerhaft festlegten. Vom Blickpunkt des politischen Denkens in der Umgebung Heinrichs IV. aus, das sich auch in seinen Briefen widerspiegelt, erfaßt Aspekte einer innenpolitischen Gesamtdarstellung *E. Hinrichs, Fürstenlehre und politisches Denken im Frankreich Heinrichs IV. (1969)*. Unerläßlich für eine moderne Sicht Frankreichs in der Zeit Heinrichs IV. und danach sind alle Arbeiten von *Denis Richet,* der sich zeitlebens um eine strukturgeschichtliche Kombination von Verfassungs-, Sozial- und religiöser Mentalitätsgeschichte bemüht hat. Vgl. *D. Richet, La France moderne: L'Esprit des institutions (1973)* und seine umfassende Aufsatzsammlung: *De la Réforme à La Révolution (1991)*.

3. Was die Jugend, Familie und Verwandten Heinrichs von Narvarra angeht, so sei stellvertretend für viele andere nur auf die Schwester Cathérine hingewiesen, die eine gründliche Biographie gefunden hat durch *R. Ritter, Cathérine de Bourbon, 1559-1604, 2 Bde. (1985)*. Die Religionskriege samt Vorgeschichte haben jüngst eine unter dem Aspekt der Gewaltanalyse stehende, fundamentale Neubewertung erfahren durch das Werk von *D. Croucet, Les guerriers de Dieu, 2 Bde. (1990),* das die Zeit zwischen 1525 und 1610 auf mehr als 1500 Seiten erfaßt. Sehr viele ältere Werke erscheinen dadurch überholt. Zur Frage der dynastischen Rechte Heinrichs IV. und der langen Vorgeschichte sehr wichtig und lesenswert *R. A. Giesey, The Juristic Basis of Dynastic Right of the French Throne, Transactions of the American Philosophical Society 51 (1961),* während sich *R. Descimon, Henri III et Henri IV: le triomphe dynastique, in: L'élection du chef de l'Etat en France de Hugues Capet à nos jours. Entretiens d'Auxerre 1987 (1988), 45-61,* auf die Ereignisse von 1589 konzentriert. Hinsichtlich der katholischen Kirche auch wichtig *F. J. Baumgartner, Crisis in the French episcopacy, the bishops and the succession of Henry IV, Archiv für Reformationsgeschichte 70 (1979), 278-301.* - Die Zeit nach 1589 ist in den vergangenen Jahren vor allem durch Diskussionen über die «Liga», ihre politische Theorie und die «Seriosität» ihrer Protagonisten Gegenstand des Interesses gewesen. Vgl. vor allem *E. Barnavi, Le Parti de Dieu (1980); R. Descimon, Qui étaient les Seize? (1983)* und *E. Barnavi u. R.*

*Descimon, La Sainte Ligue, le juge et la potence (1985).* Dahinter steht das Interesse an Heinrich IV. zurück, obwohl sein von Babelon beobachtetes Zaudern in wichtigen politischen Fragen in dieser Zeit noch weiterer Aufhellung bedürfte. Vgl. zur Schlacht bei Ivry *R. S. Love, Henry IV and Ivry (1590) revisited: the king as a military leader,* in: *Proceedings of the XIth annual Meeting of the Western Society for French History (1984),* 65-77.
– Hingegen ist die Konversion von 1593 ein Thema der Forschung gewesen, seitdem es eine solche gibt. Aus der jüngeren Literatur nur zwei einschlägige Hinweise: *G. Schrenk, Livres du pouvoir et pouvoir du livre: l'historiographie royale et la conversion de Henri IV, R. franc. Hist. Livre 55 (1986),* 153-180 und *Michael Wolff, The conversion of Henri IV and the origins of Bourbon absolutism, Historical Reflections 4 (1987),* 287-309. – Krönung und Weihe Heinrichs IV. in Chartres haben in jüngster Zeit viel Aufmerksamkeit gefunden, u. a. bei *René Pillorget, Le sacre d'Henri IV, roi de France et de Navarre à Chartres, le 27 février 1594,* in: *H. Duchhardt, Hrsg., Herrscherweihe und Königskrönung im frühneuzeitlichen Europa (1983),* 103-117 und, in eine längere, «bourbonische» Tradition gestellt, bei *B. Stiefelhagen, Die Bedeutung der französischen Königskrönung von Heinrich IV. bis zum Sacre Ludwigs XIV. (1988).* Das Edikt von Nantes und die Protestantenpolitik haben in jüngster Zeit erstaunlich wenig Beachtung gefunden, ganz offensichtlich, weil die Situierung der Jubiläumsdaten – 1685 vor 1598 – einer Stimulierung der Forschung abträglich war. Vgl. immerhin *J. Garrisson, L'Edit de Nantes et sa révocation (1985)* und *F. J. Baumgartner, The catholic opposition to the edict of Nantes, Bibliothèque d'Humanisme et Renaissance 40 (1978),* 525-536. Unerläßlich ist aber immer noch eine Reihe von älteren Arbeiten, begonnen bei dem der protestantischen Kontrovershistoriographie entwachsenen, großartigen Werk von *E. Benoît, Histoire de l'édit de Nantes, 3 Bde. (1693-1695)* bis hin zu den positivistischen Studien von *L. Anquez, Histoire des assemblées politiques des réformés de France, 1573-1622 (1859), J. Pannier, L'Eglise réformée de Paris sous Henri IV (1911)* und *Fr. Garrisson, Essai sur les commissions d'application de l'édit de Nantes (1964).* – Was den Wiederaufbau Frankreichs und die Begründung des Absolutismus durch Heinrich IV. angeht, so ist in den letzten Jahren viel geschehen. Grundlegend aus der Sicht der Agrargeschichte *J. Jacquart, La crise rurale en Ile-de-France, 1560-1670 (1974);* zur Finanzpolitik Heinrichs IV. u. a. *D. Buisseret, Les budgets de Henri IV. Annales E.S.C. 39 (1984),* 30-34. Zur Durchsetzung des königlichen Willens in den Provinzen *J. Russel Major, Henry IV and the Guyenne: a study concerning origins of ryal absolutism, French Historical Studies 4 (1966),* 363-383 und *D. J. Buisseret, A stage in the development of the intendants: the reign of Henri IV, The Historical Journal 9 (1966),* 27-38. – Zur Baupolitik Heinrichs IV. vgl. *B. Barbiche, Henri IV et la surintendance des Bâtiments, Bâtiment monumental 142 (1984),* 19-39, zum künstlerischen und geistigen Leben *C.-A. Caruso, Arts and learning at the court of Henri IV. (1986).* – Hinsichtlich des Ausbaus der zentralstaatlichen Verwaltung ist naturgemäß die Literatur über Sully von besonderer Bedeutung. Im Zusammenhang mit dem Versuch, die Œconomies royales neu herauszubringen, haben sich vor allem *B. Barbiche* und *D. Buisseret* um den Minister bemüht. Vgl. u. a. *D. Buisseret, Sully and the growth of centralized government in France (1598-1610) (1968); B. Barbiche, Sully (1978).* Zu speziellen Problemen der Sully-Forschung vgl. *B. Barbiche, Les Œconomies royales de Sully: problèmes d'interprétation et de critique,* in: *Travaux de littérature offerts an hommage à Noémi Hepp (1990),* 261-275. Das zentrale Problem der Ämterkäuflichkeit scheint wie abschließend behandelt zu sein von *R. Mousnier, La vénalité des offices sous Henri IV et Louis XIII, 2. Aufl. (1971).* Zum Kampf um die Ämterpolitik vgl. *R. Mousnier, Sully et le conseil d'état et des finances. La lutte entre Bellièvre et Sully, Revue historique 192 (1941),* 68-86. Den frühen Nachweis der Übertreibungen und Stilisierungen, die Sully in seinem Erinnerungswerk vornahm, führte *Ch. Pfister, Les «économies royales» de Sully et le Grand dessein de Henri IV, Revue historique 54-56 (1894).* Zu den übrigen Beratern vgl. u. a. *R. Patry, Philippe Duplessis-Mornay (1933); R. F. Kierstead,*

*Pomponne de Bellèvre (1968)*. – Von den Frauen, Mätressen und Geliebten Heinrichs IV. hat vor allem Gabrielle d'Estrées viel Aufmerksamkeit gefunden, am besten bei *M. Ritter, Charmante Gabrielle (1947)*. – Zur Rebellion Birons gibt es nur eine sorgfältige neuere Studie von *A. Dufour, La paix de Lyon et la coniuration de Biron, Journal des Savants 1965, 428–455*. – Die Außenpolitik insgesamt gehörte in den letzten Jahren nicht zu den bevorzugten Themen der Forschung und bedürfte in nächster Zeit einer Neuaufarbeitung, vor allem unter mächtesystematischen Fragestellungen. Zu Vervins immer noch wichtig *A. E. Imhof, Der Friede von Vervins (1970)*. Zu Savoyen vgl. *A. Dufour, Politique et responsabilité du duc Charles-Emmanuel de Savoie, Schweizerische Zeitschrift für Geschichtswissenschaften 16 (1966), 20–33*. Zu England *M. Lee, James I and Henry IV (1970)*. Zu Jülich-Kleve neuerdings *E. H. Dickermann, Henry IV and the Juliers Cléves crisis: the psycho-historical aspects, French Historical Studies 8 (1974), 626–654*. Wichtig auch die synthetisch orientierte Studie von *J. M. Hayden, Continuity in the France of Henry IV and Louis XIII: French Foreign Policy, Journal of Modern History 45, 1973, 1–23*. – Zu Ravaillac scheint Literatur, die über *Mousnier (1964)* hinausgeht, zu fehlen. – Zu den Nachwirkungen Heinrichs IV. und den schon von Mousnier, früher auch schon einmal von *M. Reinhard, La légende de Henri IV (1935)* hervorgehobenen Zusammenhängen von Ermordung, Todesfeierlichkeiten und Mythenbildung um Heinrich IV. vgl. *J. Hennequin, Henri IV dans ses oraisons funèbres ou la naissance d'une légende (1977)* und *Jean Meyer, Mythes monarchiques: le cas Henri IV aux XVII$^e$ et XVIII$^e$ siècles, in: La monarchie absolutiste et l'histoire en France (1987), 169–196*.

Ludwig XIII.
(A. Cremer)

Die Historiographie hat sich nur äußerst widerstrebend mit Ludwig XIII. beschäftigt. Die erste Hälfte des 17. Jahrhunderts galt als die Epoche Richelieus, der als einer der Gestalter des Absolutismus und damit des «modernen» Frankreichs gefeiert wurde. Um den König in den Blick zu nehmen, ist es deshalb unerläßlich, die überreiche Literatur zum Kardinal-Minister zu berücksichtigen.

Einige wenige Gesamtdarstellungen zu Ludwig XIII. sind zu erwähnen. Neben dem älteren, aber immer noch unverzichtbaren Werk von *H. Griffet, Histoire du règne de Louis XIII, roi de France et de Navarre, 3 Bde. (1758)*, sind dies besonders *A. Lloyd Moote, Louis XIII, the Just (1989)*, und *P. Chevallier, Louis XIII, roi cornélien (1979, 1991)*. Für das Kind und den jungen König liegt in einer neuen voluminösen und ersten vollständigen Ausgabe das Tagebuch des königlichen Arztes vor: *M. Foisil, Hrsg., Journal de Jean Héroard, 2 Bde. (1989)*. Die täglichen ausschließlich den Dauphin bzw. den König betreffenden Eintragungen umfassen die Jahre von 1601 bis 1628, denen die Herausgeberin eine sehr umfangreiche und bedeutende Einleitung vorangestellt hat. *E. W. Marvick, Louis XIII: the Making of a King (1986)* hatte zuvor bereits wichtige Aspekte aufgegriffen. Zur Königin Anne d'Autriche liegt eine Monographie vor: *R. Kleinmann, Anne of Austria (1985)*. Zum Hof des Königs ist heranzuziehen *E. Griselle, Etat de la maison du roi Louis XIII et de celle de sa mère, Marie de Médicis (1600–1661)* und *Supplément à la maison du roi Louis XIII (beide 1912)*.

Die Regentschaft wurde untersucht von *S. Mastellone, La reggenza di Maria de' Medici (1962)*, speziell die Generalstände behandelten *R. Chartier* und *D. Richet, Représentation et vouloir politiques. Autour des Etats-généraux de 1614 (1982)*. Für die Entwicklung der Beziehungen zwischen dem König und dem Ersten Minister bleiben wichtig die alte Arbeit von *L. Batiffol, Richelieu et le roi Louis XIII. Les véritables rapports du Souverain et de son Ministre (1934)* sowie die schöne Gesamtschau von *V. L. Tapié, La France de Louis XIII et de Richelieu (1967)*.

Aus der sehr umfangreichen Literatur zu Richelieu sei lediglich auf die neueste und sehr eindringliche Darstellung verwiesen: R. Mousnier, *L'Homme rouge ou la vie du cardinal de Richelieu (1585–1642) (1992)*, sowie den Essay von Ch. Jouhaud, *La main de Richelieu ou le pouvoir cardinal (1991)*. Die wichtigsten Quellensammlungen sind D.-L.- M. Avenel, Hrsg., *Lettres, instructions diplomatiques et papiers d'Etat du cardinal de Richelieu*, 8 Bde. *(1853–77)*; P. Grillon, Hrsg., *Les papiers de Richelieu. Section de politique intérieure. Correspondance et papiers d'Etat*, 6 Bde. *(1975–85)*, die die Jahre 1624 bis 1631 erfassen. A. Wild, Hrsg., *Les papiers de Richelieu. Section Politique extérieure. Correspondance et papiers d'Etat. Empire allemand*, Bd. 1: *1616–1629 (1982)*; R. Mousnier, Hrsg., *Lettres et mémoires adressés au chancelier Séguier (1633–1649)*, 2 Bde. *(1964)*. Zu den «Kreaturen» liegt ein sehr schönes Buch vor von O. A. Ranum, *Richelieu and the Councillors of Louis XIII. A Study of the Secretaries of State and Superintendents of Finance in the Ministry of Richelieu, 1635–1645 (1963)*. Von den älteren materialreichen Werken sind noch unverzichtbar: G. Fagniez, *Le Père Joseph et Richelieu (1577–1638)*, 2 Bde. *(1894)*; L. Dedouvres, *Politique et apôtre. Le Père Joseph de Paris, capucin. L'Eminence grise*, 2 Bde. *(1932)*; G. Mongrédien, *Le bourreau du cardinal de Richelieu. Isaac de Laffemas (1584–1657) (1929)*.

Die soziale und wirtschaftliche Lage in Frankreich behandelte R. Bonney, *Political Change in France under Richelieu and Mazarin, 1624–1661 (1978)*, und ders., *Society and Government in France under Richelieu and Mazarin, 1624–61 (1988)*. Die Unruhen im Lande und die Volksaufstände waren Gegenstand einer heftigen Kontroverse: B. Porchnev, *Les soulèvements populaires en France de 1623 à 1648 (1963, dt. 1954)*; R. Mousnier, *Fureurs paysannes. Les paysans dans les révoltes du XVII<sup>e</sup> siècle (France, Russie, Chine) (1967)*; Y.-M. Bercé, *Histoire des Croquants. Etude des soulèvements populaires au XVII<sup>e</sup> siècle dans le sud-ouest de la France*, 2 Bde. *(1974)*; M. Foisil, *La révolte des Nu-pieds et les révoltes normandes de 1639 (1970)*.

Das Verständnis von der Position des Königs, des Staates und der Staatsinteressen wurde intensiv behandelt von E. Thuau, *Raison d'Etat et pensée politique à l'époque de Richelieu (1966)* und W. F. Church, *Richelieu and Reason of State (1972)*.

Ludwig XIV.
(K. Malettke)

1. Wichtigste gedruckte Quellen: Bodin, Jean, *Les six livres de la République (1576)*. Kritische französisch-deutsche Ausgabe, Mayer-Tasch, P. C. (Hrsg.), *Jean Bodin. Sechs Bücher über den Staat*, 2 Bde. *(1981, 1986)*. Boislisle, A. M. de (Hrsg.), *Correspondance des contrôleurs généraux des finances avec les intendants, 1683–1715*, 3 Bde. *(1874–1893)*. Wichtige Quellensammlung zum Komplex der Innenpolitik. Clement, P. (Hrsg.), *Lettres, instructions et mémoires de Colbert*, 10 Bde. *(1861–1888)*. Dangeau, Philippe de Courcillon, marquis de, *Journal...* hrsg. v. Soulié u. Dussieux, 19 Bde. *(1854–1860)*. Goubert, P. (Hrsg.), *L'avènement du roi-soleil 1661 (1967)*. Eine Quellenanthologie zum Beginn der persönlichen Regierung im Jahre 1661. Goubert, P. (Hrsg.), *Louis XIV, Mémoires pour l'instruction du Dauphin (1992)*. Die «Memoiren» Ludwigs XIV. (eigentlich Aufzeichnungen für den Thronfolger, der Titel stammt erst aus dem 19. Jh.) wurden nach Entwürfen und Diktaten des Königs verfaßt, zunächst für die Jahre von 1666 an, während die Ereignisse der ersten Regierungsjahre (von 1661 an) nachgetragen werden sollten. Weil die Arbeit an den Aufzeichnungen durch den Krieg gegen die Republik der Vereinigten Niederlande 1672 unterbrochen und später nicht wieder aufgenommen wurde, verfügen wir nur über die Aufzeichnungen für die Jahre 1661–62 und 1666–68. Die letzte Analyse der «Memoiren» und Erörterung ihres Quellenwerts lieferte J.-L. Thireau, *Les idées politiques de Louis XIV (1973)*. Die von P. Goubert besorgte und mit einer instruktiven Einleitung versehene Neuausgabe der «Memoi-

ren» stellt keine kritische Edition dar. *Louis XIV, Mémoires pour l'instruction du Dauphin. Molé, Mathieu, Mémoires*, hrsg. v. *Champollion-Figeac,* 4 Bde. *(1855–1857). Pomeau, R. (Hrsg.), Voltaire. Œuvres historiques (1957). Pufendorf, S., Die Verfassung des deutschen Reiches*, Übersetzung, Anmerkungen und Nachwort v. *H. Denzer (1976).*
2. Neuere allgemeine Darstellungen und Handbücher zur Geschichte Frankreichs unter Ludwig XIV.: *André, L., Louis XIV et l'Europe (1950). Bercé, Y.-M., La naissance dramatique de l'absolutisme, 1598–1661 (1992). Bluche, F., La vie quotidienne au temps de Louis XIV (1984).* Eine sehr gelungene Darstellung der Lebensverhältnisse unter Ludwig XIV. *Bluche, F. (Hrsg.), Dictionnaire du Grand Siècle (1990).* Ein hervorragendes Nachschlagewerk und Arbeitsinstrument. *Corvisier, A., La France de Louis XIV, 1643–1715. Ordre intérieur et place en Europe (1979). Goubert, P., Louis XIV et vingt millions de Français (1966);* deutsche Übersetzung: *Ludwig XIV. und zwanzig Millionen Franzosen (1973).* Eine glänzende Darstellung, die nach wie vor für die Zeit Ludwigs XIV. heranzuziehen ist. *Hatton, R., Europe in the Age of Louis XIV (1969). Hatton, R. (Hrsg.), Louis XIV and Europe (1976); dies. (Hrsg.), Louis XIV and absolutism (1976).* Beide Bände enthalten einschlägige Aufsätze amerikanischer, englischer und französischer Historiker. *Le Roy Ladurie, E., L'Ancien Régime de Louis XIII à Louis XV. 1610–1770 (1991).* Eine meisterhafte und mit reichhaltigem Karten- und Bildmaterial ausgestattete Gesamtdarstellung. *Mandrou, R., Louis XIV en son temps 1661–1715 (1973). Meyer, J., Frankreich im Zeitalter des Absolutismus 1515–1789 (1990).* Eine vorzügliche Gesamtdarstellung. *Weis, E., Frankreich von 1661 bis 1789, in: Wagner, F. (Hrsg.), Europa im Zeitalter des Absolutismus und der Aufklärung (= Handbuch der Europäischen Geschichte, Bd. 4) (1968).* Einer der besten deutschen Beiträge zur Geschichte Frankreichs während des Ancien Régime.
3. Neuere Biographien über Ludwig XIII., Ludwig XIV. und herausragende politische Persönlichkeiten seiner Zeit: *Bérenger, J., Turenne (1987). Bergin, J., The Rise of Richelieu (1991). Bertrand, L., Louis XIV (1924). Bluche, F., Louis XIV (1986).* Die neueste, sehr einfühlsam geschriebene, in manchen Passagen aber etwas unkritische Biographie. Dennoch eine große Leistung und ein Standardwerk. *Carré, H., L'enfance et la première jeunesse de Louis XIV, 1638–1661 (1944). Chevallier, P., Louis XIII, roi cornélien (1979). Corvisier, A., Louvois (1983). Dessert, D., Fouquet (1987).* Eine auf dem neuesten Stand der Forschung beruhende Biographie, mit der eine grundlegende Korrektur des traditionell sehr negativen Bildes des Oberintendanten Fouquet vorgenommen wurde. *Dulong, C., Anne d'Autriche (1980). Gaxotte, P., Ludwig XIV. Frankreichs Aufstieg in Europa (1951).* Eine durchaus noch brauchbare, aber in vielen Teilen von der Forschung überholte Studie. *Ferrier-Caverivière, N., L'image de Louis XIV dans la littérature française de 1660 à 1715 (1981). Goubert, P., Mazarin (1990). Labatut, J.-O., Louis XIV, roi de gloire (1984).* Diese Studie gehört mit zu den Standardwerken. *Malettke, K., Jean-Baptiste Colbert. Aufstieg im Dienste des Königs (1977). Meyer, J., Colbert (1981). Mousnier, R., L'homme rouge ou la vie du cardinal de Richelieu 1585–1642 (1992).* Eine Meisterleistung des 1993 verstorbenen großen französischen Historikers. *Murat, I., Colbert (1980).*
4. Politische Organisation und Innenpolitik: *Benedict, Ph., The Huguenot Population of France, 1600–1685 (1991). Blet, P., Louis XIV et le Saint-Siège, in: XVII$^e$ Siècle (1979), 137–154. Cole, C. W., Colbert and a Century of French Mercantilism,* 2 Bde. *(1964).* Nach wie vor die beste Darstellung über Colberts Leistung. *Dessert, D., Argent, pouvoir et société au Grand Siècle (1984).* Fundamentale Untersuchung des «Steuer- und Finanzsystems» unter Ludwig XIV., die erneut beweist, daß der monarchische Absolutismus nicht so absolutistisch war, wie oft behauptet wird. *François, E., Der Hof Ludwigs XIV.,* in: *Buck, A. u. a. (Hrsg.), Europäische Hofkultur im 16. und 17. Jahrhundert, Bd. 3 (1981), 725–733. Goubert, P., L'Ancien Régime, Bd. 2: Les pouvoirs (1973). Hartung, F., Mousnier, R. Quelques problèmes concernant la monarchie absolue, Relazioni del X Congresso Internazzionale di Scienze Storiche (1955), 3–55. Labrousse, E., La révocation de l'édit de Nantes (1985). Ligou,*

D., *Le protestantisme en France de 1598 à 1715* (1968). Mager, W., *Frankreich vom Ancien Régime zur Moderne*. *Wirtschafts-, Gesellschafts- und politische Institutionengeschichte 1630–1830* (1980). Die bisher beste deutsche Darstellung zu dem Fragenkomplex. Malettke, K., *Opposition und Konspiration unter Ludwig XIV.* (1976). Malettke, K., *Wirtschaftliche, soziale und politische Aspekte der Fronde (1648–1653)*, in: Malettke, K. (Hrsg.), *Soziale und politische Konflikte im Frankreich des Ancien Régime* (1982), 24–65. Moote, Lloyd A., *The Revolt of the Judges. The Parlement of Paris and the Fronde 1643–1652* (1971). Mousnier, R., *Les institutions de la France sous la monarchie absolue*, 2 Bde. (1974, 1980). Das beste Werk über die politische Organisation Frankreichs. Mousnier, R., *Paris capitale au temps de Richelieu et de Mazarin* (1978). Orcibal, J., *Louis XIV et les protestants* (1951). Richet, D., *La France moderne: L'esprit des institutions* (1973). Rothkrug, L., *Opposition to Louis XIV* (1965). Ein etwas irreführender Titel, denn in der Darstellung wird im wesentlichen nur die Opposition gegen die merkantilistische Politik Colberts behandelt. Taveneaux, R., *La vie quotidienne des jansénistes au XVII<sup>e</sup> et XVIII<sup>e</sup> siècles* (1973). Taveneaux, R., *Le catholicisme dans la France classique, 1610–1715*, 2 Bde. (1980). Thadden, R. v., Magdelaine, M. (Hrsg.), *Die Hugenotten* (1985). Verlet, P., *Le château de Versailles* (1985). Voß, J., *Mäzenatentum und Ansätze systematischer Kulturpolitik im Frankreich Ludwigs XIV.*, in: Buck, A. u. a. (Hrsg.), *Europäische Hofkultur im 16. und 17. Jahrhundert*, Bd. 2 (1981), 123–132. Van der Kemp, G., Levron, J., *Versailles, Trianons* (1957).

5. Außenpolitik: Bély, L., *Les relations internationales en Europe, XVII<sup>e</sup>–XVIII<sup>e</sup> siècles* (1992). Dickmann, F., *Der Westfälische Frieden* (<sup>6</sup>1992). Duchhardt, H., *Gleichgewicht der Kräfte, Convenance, Europäisches Konzert* (1976). Malettke, K., *Deutsch-französische Beziehungen in der Frühen Neuzeit: Stand der deutschen Forschung* (1989). Ein Forschungsbericht über die deutschen Publikationen nach 1945. Die einschlägige Literatur zur Außenpolitik Ludwigs XIV. ist aufgeführt bzw. zitiert in: Malettke, K., *Ludwigs XIV. Außenpolitik zwischen Staatsräson, ökonomischen Zwängen und Sozialkonflikten*, in: Duchhardt, H. (Hrsg.), *Rahmenbedingungen und Handlungsspielräume europäischer Außenpolitik im Zeitalter Ludwigs XIV.* (1991), 43–72. Roosen, W., *The Origins of the War of the Spanish Succession*, in: Black, J. (Hrsg.), *The Origins of War in Early Modern Europe* (1987). Weber, H., *Die französische Rheinpolitik zwischen dem Westfälischen Frieden und dem Renversement des Alliances*, in: Hermann, H.-W., Irsigler, F. (Hrsg.), *Beiträge zur Geschichte der frühneuzeitlichen Garnisons- und Festungsstadt* (1983), 74–89.

## Ludwig XV.
(P. C. Hartmann)

Wenn auch in verschiedenen Serien der Archives Nationales [E, F, G, H, O¹, Q¹ u. a.] eine Unmenge an Dokumenten aus der Zeit erhalten sind, z. B. mindestens 250000 «arrêts du Roi en son Conseil», so gibt es doch für die Epoche Ludwigs XV. durch Vernichtung und Verluste aller Art große Lücken, z. B. bei den Papieren der «Chancellerie de France» oder bei denen der «Contrôle générale des finances». Gewiß befinden sich auch umfangreiche einschlägige Bestände im Archiv des Quai d'Orsay, im Kriegsarchiv in Vincennes und in der Bibliothèque Nationale. Besonders schmerzlich ist jedoch für einen Biographen dieses Königs, daß nur noch wenige Schriftstücke existieren, die von ihm selbst stammen, obwohl gerade Ludwig XV. sehr gerne und viel schrieb, ein Aktenmensch war, ein Mann, der es liebte, geheim und diskret im Hintergrund zu wirken und seine Herrscherpflichten schriftlich zu erledigen. So ist man vielfach auf die Memoiren von Zeitgenossen und die wenigen erhaltenen Korrespondenzen angewiesen, will man der Persönlichkeit des Königs näherkommen und nicht einfach die Urteile der umfangreichen erotisch-politischen Klatschliteratur der Zeit mit all ihren maßlosen Übertreibungen und teilweise verleumderischen Skandalgeschichtchen übernehmen.

Unter den gedruckten Quellen sind von besonderem Wert das *Journal de Barbier, Chronique de la Régence et du règne de Louis XV*, 8 Bde. (1866), ferner die *Correspondence secrète du comte de Broglie avec Louis XV (1756–1774)*, hrsg. von D. Ozanam et M. Antoine, 2 Bde. (1956–1961), das *Journal du marquis de Dangeau*, hrsg. v. L. Dussieux, E. Soulié u. a., 19 Bde. (1854–1860); das *Journal et mémoires du Marquis d'Argenson*, hrsg. von E. J. B. Rathery, 9 Bde. (1859–1867); außerdem das *Journal inédit du duc de Croÿ.* 1718–1784, hrsg. von Vicomte de Grouchy et P. Cottin, 4 Bde. (1906–07); die *Mémoires de Saint-Simon*, hrsg. von A. de Boislisle et L. Lecestre, 43 Bände (1879–1930); das *Journal de l'abbé de Véri*, hrsg. v. J. de Witte, 2 Bde. (1928–30), die *Mémoires et lettres de François Joachim de Pierre, cardinal de Bernis* (1715–1758), hrsg. von F. Masson, 2 Bde. (1878); die *Mémoires du duc de Choiseul 1719–1785*, hrsg. von F. Calmettes, (³1904), die allerdings über die Persönlichkeit Ludwigs wenig aussagen. Manchen guten Einblick in das Denken des Königs geben auch die *Lettres de Louis XV à son petit-fils l'infant Ferdinand de Parme*, hrsg. von Ph. Amiguet (1938).

Von besonderem Interesse sind außerdem die *Mémoires du duc de Luynes sur la cour de Louis XV 1735–1758*, hrsg. von L. Dussieux et E. Soulié, 17 Bde., (1860–1865), da Luynes den König persönlich besonders gut kannte.

Das Bild, das die Historiographen seit dem Ende des 18. Jahrhunderts von Ludwig XV. zeichneten, war das eines typischen Despoten, der ein ausschweifendes, frivoles, faules Leben führte, während der Hof von Mätressen wie der berühmt-berüchtigten Marquise de Pompadour beherrscht wurde. Diese Historiographen, die sich unkritisch hauptsächlich auf die umfangreiche erotisch-politische «infra-litterature» (M. Antoine) stützten, prägten auch die Forschungsmeinung bis weit ins 20. Jahrhundert hinein. Vertreter dieser alten Richtung sind z. B. Ch. de Lacretelle, *Histoire de France pendant le dix-huitième siècle*, 14 Bde., (1808–1826) oder H. Martin, der in seiner *Histoire de France depuis les temps les plus reculés jusqu'en 1789*, 7 Bde. (1868–1885) dieses negative Bild undifferenziert vermittelte, das aber auch ein so berühmter Historiker wie J. Michelet, *Histoire de France*, 12 Bde., (1833–60), *Histoire de la Révolution Française*, 7 Bde. (1847–53), dt. 1929–30) übernahm. Recht negativ kommt Ludwig XV. auch in den Schriften von P. de Nolhac, z. B. in seinen Werken *Versailles et la Cour de France*, 10 Bde. (1925–1930), *Louis XV et Madame Pompadour* (1904) und in seinem in 16. Auflage (!) 1928 erschienenen Buch *Madame de Pompadour et la politique* weg. Ein wesentlich positiveres Bild vermittelte P. Gaxotte in seinem 1933 zum ersten Mal veröffentlichten Buch *Le siècle de Louis XV* (letzte Auflage 1974) und in seiner Biographie *Louis XV*, die zuletzt 1980 erschienen ist. Gaxotte konnte jedoch seine als apologetisch empfundene Sicht nur begrenzt durchsetzen. Positiv beurteilen ebenfalls den König P. Lafue, *Louis XV. La victoire de l'unité monarchique* (1952) und J. Levron, *Louis le Bien-Aimé* (1966, dt. 1967); wichtig auch: G. P. Gooch, *Louis XV, The Monarchy in Decline* (⁴1966). Gute Übersichten über die Zeit bieten: E. Weis, *Frankreich von 1661 bis 1789*, in: Th. Schieder (Hrsg.), *Handbuch der europäischen Geschichte*, Bd. 4 (1968), S. 164ff.; E. Préclin und V. L. Tapié, *Le XVIIIᵉ siècle*, Bd. 1: *La France et le monde 1715–1789* (1952); H. Méthivier (P. Thibault), *Le siècle de Louis XV* (Que sais-je? 1229) (⁷1991); H. Duchardt, *Das Zeitalter des Absolutismus* (Oldenbourg Grundriß der Geschichte 11) (²1992).

An neueren Biographien sind seit den 60er Jahren erschienen: von dem oben zitierten Levron, *Louis XV* (1973), *Louis XV. L'Homme et le roi* (²1977); dann von G. Ziegler, *Les coulisses de Versailles*, Bd. 2: *Louis XV et sa cour* (1965); P. Del Perugia, *Louis XV* (1976); G. Bordonove, *Les Rois qui ont fait la France. Louis XV le Bien-Aimé* (1982); N. Ferrier-Caverivière, *Le Grand Roi à l'aube des Lumières: 1715–1758* (1985).

Die grundlegende neue Biographie Ludwigs XV. ist jedoch 1989 erschienen: M. Antoine, *Louis XV*. Antoine, der seit Jahrzehnten über das Funktionieren und die Aktivitäten von Staatsrat und Regierung im Zeitalter Ludwigs XV. gearbeitet hat, bietet aufgrund seiner profunden Kenntnisse ein wesentlich positiveres Bild des Monar-

chen, der hochintelligent und bestens über alles informiert, Opfer seiner Schüchternheit und Einsamkeit wurde und durchaus seinen Verpflichtungen als «absoluter König» voll nachkam. Von dieser grundlegenden Biographie Antoines wird heute jede Beschäftigung mit Ludwig XV. ausgehen müssen.
Von *M. Antoine* stammen auch mehrere wichtige Werke über die Regierungs- und Verwaltungsgeschichte dieser Zeit, so u. a. *Le Conseil du Roi sous le règne de Louis XV (1970), Le gouvernement et l'administration sous Louis XV. Dictionnaire biographique (1978), Le dur métier de Roi, Etudes sur la civilisation politique de la France d'Ancien Régime (1986)*. Die Institutionen, Gewalten und ihre Träger analysieren besonders gut *R. Mousnier, Les Institutions de la France sous la monarchie absolue, 1598–1789*, 2 Bde. (1974/80); *F. Bluche, Les magistrats du Parlement de Paris au XVIII<sup>e</sup> siècle. 1715–1771* (²1986); *J. Egret, Louis XV et l'opposition parlementaire (1970); L. Laugier, Un ministère réformateur sous Louis XV: le Triumvirat 1770–1774 (1975); A. Corvisier, L'armée française de la fin du XVII<sup>e</sup> siècle à 1763. Le soldat*, 2 Bde. (1964). Für die Finanzgeschichte sind einschlägig: *Y. Durand, Les Fermiers généraux au XVIII<sup>e</sup> siècle (1971); H. Lüthy, La Banque protestante en France de la Révocation de l'Edit de Nantes à la Révolution*, 2 Bde. (1959–61); *P. C. Hartmann, Das Steuersystem der europäischen Staaten am Ende des Ancien Régime. Eine offizielle französische Enquete (1763–1768) (1979)*. Über die Gesellschafts-, Wirtschafts- und Mentalitätsgeschichte gibt es – gemäß den von der Annales-Schule propagierten Zielen – eine große Masse grundlegender Regionalmonographien über diese Zeit, die von den bedeutendsten Fachgelehrten stammen. Es würde aber den Rahmen dieses Beitrags sprengen, auch nur die wichtigsten hier zu zitieren. Genannt seien hier lediglich einige Überblickswerke: *F. Braudel/E. Labrousse (Hrsg.), Histoire économique et sociale de la France, Bd. 2 (1970); P. Léon, Economies et societés préindustrielles, Bd. 2: 1650–1780) (1970); W. Mager, Frankreich vom Ancien Régime zur Moderne. Wirtschafts-, Gesellschafts- und politische Institutionsgeschichte 1630–1830 (1980); R. Mandrou, De la culture populaire aux XVII<sup>e</sup> et XVIII<sup>e</sup> siècles* (²1985); *R. Muchembled, L'Invention de l'homme moderne: sensibilités, moeurs et comportements collectifs sous l'Ancien Régime (1988, dt. 1990); N. Elias, Die höfische Gesellschaft* (³1977).
Religiöse Streitigkeiten, Literatur, Wissenschaften, Aufklärungsphilosophie und Kunst prägten entscheidend das Zeitalter Ludwigs XV. Dementsprechend gibt es dazu eine fast unübersehbare Fachliteratur. Hier können nur ein paar Überblickswerke genannt werden: *B. Plongeron, La vie quotidienne du clergé français au XVIII<sup>e</sup> siècle (1974); J.-R. Palanque, Etienne Delaruelle u. a., Histoire du Catholicisme en France, Bd. II u. III (1963); R. Taveneaux, Jansénisme et politique (1965); D. K. Van Kley, The Jansenists and the Expulsion of the Jesuits from France (1975); R. Queneau (Hrsg.), Histoire des littératures, t. III: Littératures françaises connexes et marginales (1978); H.-J. Martin, Histoire et pouvoirs de l'Ecrit (1988); J. M. Goulemot u. M. Launoy, Le Siècle des Lumières (1968); D. Roche, Le Siècle des Lumières en province. Académies et académiciens provinciaux 1680–1789*, 2 Bde. (1989); *A. u. J. Marie, Versailles au temps de Louis XV 1715–1745 (1985); L. Hautecoeur, Histoire de l'architecture classique en France, Bd. 3: Le style Louis XV (1951); P. Verlet, Le style Louis XV (1942); ders., Le château de Versailles (1985); A. Braham, The Architecture of the French Enlightenment (1980)*.
Wichtige neuere Biographien bedeutender Persönlichkeiten der Zeit sind: *J. Meyer, Le Régent (1985); J. Levron, Secrète Mme de Pompadour (1961); ders., Madame de Pompadour. L'amour et la politique (1973); D. Gallet, Madame Pompadour ou le pouvoir féminin (1985)*.
Schließlich seien noch einige Werke zur Außenpolitik und zu den Kriegen genannt: *A. MacCandless Wilson, French Foreign Policy under the Administration of Cardinal Fleury 1726 to 1743. A Study in Diplomacy and Commercial Development (1936); P. Vaucher, Robert Walpole et la politique de Fleury (1731–1742) (1924); M. Braubach, Versailles und Wien von Ludwig XIV. bis Kaunitz. Die Vorstadien der diplomatischen Revolution im 18. Jahrhundert*

*(1952)*; *P. C. Hartmann, Geld als Instrument europäischer Machtpolitik im Zeitalter des Merkantilismus. Studien zu den finanziellen und politischen Beziehungen der Wittelsbacher Territorien Kurbayern, Kurpfalz und Kurköln mit Frankreich und dem Kaiser von 1715 bis 1740 (1978)*; ders., *Karl Albrecht – Karl VII. (1985)*; F. Wagner, *Kaiser Karl VII. und die großen Mächte 1740–1745 (1938)*; G. Zeller, *Les Temps modernes, Bd. 2: De Louis XIV à 1789 (1955)*; L. Bély, *Les relations internationales en Europe (XVII$^e$–XVIII$^e$ siècles) (1992)*; J. Black, *Natural and Necessary Enemies. Anglo-French Relations in the Eighteenth Century (1987)*. Die alte materialreiche Arbeit über den Siebenjährigen Krieg: R. Waddington, *La Guerre de Sept ans, 5 Bde. (1898–1908)*; J. J. Riley, *The Seven Years War and the Old Regime in France (1986)*, der vor allem die kurz- und langfristigen wirtschaftlichen und finanziellen Folgen dieses Krieges aufzeigt; ferner: V.-L. Tapié, *L'Europe de Marie-Thérèse. Du baroque aux Lumières (1973)*.

## Ludwig XVI.
### (P. C. Hartmann)

Wie für die Zeit Ludwigs XV. sind neben verschiedenen Serien der Archives Nationales umfangreiche Bestände in den Archives des Affaires étrangères (*Correspondance politique, Mémoires et Documents*), im Kriegsarchiv in Vincennes und im Département des manuscrits der Bibliothèque Nationale einschlägig. Zur Information ist die Veröffentlichung *Arrêts du Conseil du Roi. Règne de Louis XVI. Inventaire analytique des arrêts en commandement*, bearb. v. D. Gallet-Guerne, Bd. 1 (1978) von Nutzen.

Unter den zahlreichen gedruckten Quellen sind zunächst mehrere Korrespondenzbände zu nennen: *Correspondance entre Marie-Thérèse et Marie Antoinette*, hrsg. v. G. Girard (1933); *Correspondance secrète du comte de Mercy-Argenteau avec l'empereur Joseph II et le prince de Kaunitz*, hrsg. v. A. Arneth u. J. Flammermont, 2 Bde. (1889–91); *Marie Antoinette, correspondance secrète entre Marie-Thérèse et le comte de Mercy-Argenteau*, hrsg. v. A. Arneth u. A. Geffroy, 3 Bde. (1875); *Fersen et Marie Antoinette. Correspondance et journal intime inédits du comte Axel de Fersen*, hrsg. A. Söderhjelm (1930).

Von der in der Bibliographie unter Ludwig XV. aufgeführten Memoirenliteratur sind auch mehrere für Ludwig XVI. einschlägig, so das *Journal von Croÿ*, oder das des Abbé de Véri, die *Memoires des Duc de Choiseul*. Da der Abbé de Véri ein Vertrauter des Ersten Ministers Maurepas war, kommt dieser Quelle ein besonderer Aussagewert zu. Außerdem sind hier unter den zahlreichen veröffentlichten Memoiren der Zeit hervorzuheben: *Journal du marquis de Bombelles*, hrsg. v. J. Grassion et F. Durif, 2 Bde. (1977/82); J.-B. Cléry, *Journal de ce qui s'est passé à la Tour du Temple pendant la captivité de Louis XVI, roi de France* (1798); H. L. Dillon Marquise de La Tour du Pin-Gouvernet, *Journal d'une femme de cinquante ans 1778–1815*, hrsg. v. Comte Aymar de Liedekerke-Beaufort, 2 Bde. ($^2$1913); *Journal de Louis XVI*, hrsg. v. L. Nicolardot (1873); J. Mallet du Pan, *Journal historique et politique*, 12 Bde. (1784–87); G. E. Guignard Saint-Priest, *Mémoires*, 2 Bde. (1929); Abbé Soulavie, *Mémoires historiques et politiques du règne de Louis XVI*, 6 Bde. (1801). Schließlich bieten auch die vom König selbst überwachten Zeitungen «*Gazette de France*» und «*Mercure de France*», ab Dezember 1791 «*Mercure français*» viele Einzelheiten.

Ludwig XVI., der letzte König des Ancien Régime, angesichts der außerordentlichen Probleme und Ereignisse überfordert, hatte den besten Willen, war tugendhaft und besaß durchaus sympathische Eigenschaften. Er legte nach seiner Absetzung und bei seiner Hinrichtung viel Gleichmut, Würde und menschliche Größe an den Tag. So hat in der Literatur gerade dieses Ende und der Prozeß immer wieder die Gemüter erhitzt und die Auseinandersetzungen reichen in Frankreich bis in unsere Tage hinein. Deshalb fehlt es auch nicht an Biographien.

Unter der älteren Literatur haben das Bild des Königs geprägt: *Abbé L.-B. Proyart, LouisXVI et ses vertus aux prises avec la perversité de son siècle,* 5 Bde. *(1808);* G. B. *Capefigue, LouisXVI, son administration et ses relations diplomatiques avec l'Europe,* 4 Bde. *(1844);* H. *Carré, Ph. Sagnac, E. Lavisse, Le Règne de LouisXVI. (1774–1789) (1911);* M. *de La Fuye, LouisXVI (1937).* An neueren Werken sind hervorzuheben: S. K. *Padover, The life and death of LouisXVI. (1965);* J. *Bordonove, Les Rois qui ont fait la France. LouisXVI. (1983);* B. *Faÿ, LouisXVI ou la fin d'un monde (²1981, dt. 1956)* und *J. Hardman, LouisXVI (1992/93).* Grundlegend, wenn auch mit kleineren Schwächen, ist das Buch von *Evelyne Lever, LouisXVI (1985, dt. 1988);* ausführlicher behandelt den letzten König des Ancien Régime auch *J. F. Chiappe, LouisXVI, 3* Bde. *(1987–89).*

Mit Teilaspekten im Leben und Wirken LudwigsXVI. beschäftigen sich mehrere Autoren. Aufgrund systematischer Analysen der einschlägigen Quellen untersucht den Problemkreis der Erziehung LudwigsXVI. P. *Girault de Coursac, L'Education d'un roi: LouisXVI (1972);* mit Salbung und Krönung beschäftigt sich H. *Weber, Das «Sacre» LudwigsXVI. vom 11.Juni 1775 und die Krise des Ancien Régime, in:* E. Hinrichs u. a. (Hrsg.), *Vom Ancien Régime zur Französischen Revolution (1978), S. 539–65.* Auch der Fluchtversuch des Monarchen 1791 wird speziell untersucht: G. *Lenôtre, Le drame de Varennes, juin 1791 (1951);* M. *de Lombares, Enquête sur l'échec de Varennes (1988).* Angesichts der großen historischen Bedeutung des Sturzes der Monarchie und des damit verbundenen Prozesses und der Hinrichtung LudwigsXVI. sind diesem Problemkreis mehrere Arbeiten gewidmet. Zu nennen sind hier die Monographien von P. *Vassière, La Mort du Roi (1910);* D. P. *Jordan, The king's trial. The French Revolution versus LouisXVI (1979);* M. *Reinhard, La chute de la Royauté (1969);* P. *et* P. *Girault de Coursac, Enquête sur le procès du roi LouisXVI (1982)* und das grundlegende Werk von M. *Vovelle, La Chute de la Monarchie 1787–1792 (1972).*

Für die verschiedenen Bereiche der Verfassungs-, Gesellschafts-, Wirtschafts-, Finanz-, Mentalitäts-, Geistes-, Kirchen-, Literatur- und Kunstgeschichte ist hier auf die entsprechenden Werke zu verweisen, die in der Bibliographie zu LudwigXV. aufgeführt sind. Speziell sind zusätzlich zu nennen: E. *Hinrichs,* E. *Schmitt,* R. *Vierhaus* (Hrsg.), *Vom Ancien Régime zur Französischen Revolution (1978);* F. *Bluche, La Vie quotidienne au temps de LouisXVI (1980);* R. *Darnton, La Fin des Lumières (1984);* P. *et* P. *Girault de Coursac, LouisXVI et la question religieuse pendant la Révolution (1988).* Eine gute Synthese bietet neben E. *Weis (vgl. Bibl. LudwigXV.)* H. *Méthivier, La Fin de l'Ancien Régime (⁶1992).*

Da LudwigXVI. als «absoluter» Monarch relativ schwach war, kam seinen Ministern und seiner Umgebung eine wichtige Rolle zu. Es gibt eine ganze Reihe guter und profunder Biographien verschiedener wichtiger Persönlichkeiten der Zeit. Zu erwähnen sind hier vor allem: E. *Lever, Marie-Antoinette (1991, dt. 1992);* S. *Zweig, Marie-Antoinette (1982);* J.-F. *Labourdette, Vergennes. Ministre principal de LouisXVI (1990);* E. *Faure, La disgrace de Turgot (1961);* C. *Bordes et* J. *Morange, Turgot, économiste et administrateur (1983);* J. *Egret, Necker. Ministre de LouisXVI. (1975);* P. *Jolly, Necker (1951);* P. *Grosclaude, Malesherbes (1962);* R. *Lacour-Gayet, Calonne. Financier, réformateur, contrerévolutionnaire, 1734–1802 (1963);* R.-M. *Rampelberg, Aux origines du Ministère de l'Intérieur. Le ministre de la Maison du Roi, baron de Breteuil (1783–1788) (1975);* F. *Ribadeau Dumas, La destinée secrète de La Fayette, ou le messianisme révolutionnaire (1972);* J.-D. *Bredin, Sieyès, La clé de la Révolution française (1988);* K. M. *Baker, Condorcet. Raison et politique (1988);* R. *Derathé, J.-J. Rousseau et la science politique du son temps (1970).*

Für die durchaus erfolgreiche Außenpolitik LudwigsXVI. sind einschlägig: neben den unter LudwigXV. zitierten Werken von *Bély, Black* und *Tapié* vor allem G. *Grosjean, La politique rhénane de Vergennes (1925);* G. *Zeller, Le principe de l'équilibre dans la politique internationale avant 1789. Aspects de la politique française sous l'Ancien Régime (1964)*, S. 172ff.; J.-F. Noël, *Les problèmes de frontières entre la France et l'Empire dans la seconde moitié du XVIII$^e$ siècle*, in: RH 235 (1966), S. 333–346.

Die Rolle des Königs beim Amerikanischen Unabhängigkeitskrieg und seine Beziehungen zu Amerika findet besonderes Interesse bei: M. Trudel, *Louis XVI, le congrès américain et le Canada* (1949); *Le Règne de Louis XVI et la guerre d'indépendance américaine. Actes du Colloque intern. d. Sorèze 1976* (1977).

Unübersehbar ist die Literatur zur Geschichte der Revolution, in deren Anfangsjahren 1789 bis 1792 der König eine gewisse, allerdings meist passive Rolle spielte. Er beschränkte sich hauptsächlich darauf, vor den Revolutionären zurückzuweichen, hier und da Gegenmaßnahmen zu ergreifen, um dann doch wieder nachzugeben. Es seien hier einige neuere Überblickswerke genannt: J. Godechot, *Les Révolutions, 1770–1799* ($^2$1970); F. Furet et M. Ozouf, *Dictionnaire critique de la Révolution française* (1988); W. Doyle, *Des origines de la Révolution française* (1988); F. Furet et D. Richet, *La Révolution française* ($^2$1987, dt. $^2$1987); P. Gaxotte et J. Tulard, *La Révolution française* ($^2$1988); J. Tulard, *Les Révolutions de 1789 à 1851* (1985); J. Solé, *La Révolution en questions* (1988); E. Weis, *Der Durchbruch des Bürgertums 1776–1847* (1978); E. Schulin, *Die Französische Revolution* ($^2$1989); A. Soboul, *Die große Französische Revolution*, 2 Bde. (1973); M. Vovelle, *Die Französische Revolution – Soziale Bewegung und Umbruch der Mentalitäten* ($^2$1985); zum Bürgerkrieg in der Vendée: R. Secher, *Le génocide franco-français: La Vendée-Vengé* ($^2$1988); J.-Cl. Martin, *La Vendée et la France* (1987).

## Napoleon I.
(H. Schmidt)

Untersuchungen und Darstellungen zur Geschichte Napoleons gibt es wie Sand am Meer und auch die Zahl der veröffentlichten Quellen ist enorm. Bereits 1908 und 1911 gab *Friedrich Max Kircheisen* eine zweibändige «Bibliographie des napoleonischen Zeitalters» heraus. Seitdem ist die Fülle der Publikationen zu diesem Gegenstand weltweit gestiegen. So kann hier nur eine kleine Auswahl neuerer Titel, ergänzt um die eine oder andere klassische Biographie, geboten werden. Mit Rücksicht auf das deutschsprachige Publikum, an das dieses Buch sich in erster Linie wendet, werden deutschsprachige oder ins Deutsche übersetzte Werke bevorzugt.

Über die französische Napoleonliteratur von den Anfängen bis zu Georges Lefebvre (1935) unterrichtet spannend, geistreich und von einem entschieden liberalen, napoleonkritischen Standpunkt aus Pieter Geyl «Napoleon for and against» (1949. TB. 1965). Einen Überblick über die deutschsprachige Napoleonbiographik bis zur Gegenwart versucht *Hans Schmidt* zu bieten «Napoleon in der deutschen Geschichtsschreibung» in: «Francia. Forschungen zur westeuropäischen Geschichte» 14, 1987, S. 530–560. In diesen beiden Werken sind auch die Titel von im Text zitierten und in der Bibliographie nicht angegebenen Arbeiten über Napoleon zu finden.

Die wichtigste Quellensammlung zur Persönlichkeit und Geschichte des Korsen ist die «Correspondance de Napoleon I$^{er}$. Publiée par ordre de l'Empereur Napoléon III, sous la direction du Maréchal J. B. Ph. Vaillant, tome 1–15; et par le prince Napoléon (Joseph Charles Paul), tome 16–32; insgesamt also 32 Bde., Paris 1858–1870. Eine deutschsprachige Auswahl veröffentlichte *Friedrich M. Kircheisen* «Briefe Napoleons I. Auswahl aus der gesamten Korrespondenz des Kaisers», 3 Bde., $^3$1910.

Maßgeblich beigetragen zur Entstehung der napoleonischen Legende hat J. E de Las Casas «Mémorial de Sainte-Hélène, ou journal ou se trouve consigné, jour par jour, ce qu'a dit et fait Napoléon durant dix-huit mois», 8 Bde., 1822 bis 1832 – Moderne Ausg. hrsg. von Marcel Dunan, 2 Bde., 1951 und von André Fugier, 2 Bde., 1961. – Deutsche Ausgabe der

Erstfassung 9 Bde., 1822–1826. Seitdem mehrere deutsche Ausgaben. Las Casas könnte man als Napoleons Eckermann bezeichnen.

Von den zahlreichen Memoiren seien hier nur zwei genannt: Louis de Coulaincourt «*Mémoires du général Coulaincourt Duc de Vicence, grand écuyer de l'empereur*. Introduction et notes de Jean Hanoteau», *3 Bde., 1936–1938*. Eine deutsche Ausgabe erschien unter dem Titel «*Unter vier Augen mit Napoleon. Denkwürdigkeiten des Generals Coulaincourt.* Hg. v. *Friedrich Matthaesius*», 2 Bde., 1937, ND 1956; sowie Comtesse de Rémusat «*Mémoires (1802–1808), publ. avec une préface et des notes par son petit-fils P. de Rémusat*», 3 Bde. 1879–1880, die ein sehr kritisches Bild des Menschen Napoleon entwerfen.

Die heute weltweit als maßgebend betrachtete Napoleon-Darstellung stammt von Jean Tulard «*Napoléon ou le Mythe du Sauveur*», 1977, ²1986. Die deutsche Übersetzung «*Napoleon oder der Mythos des Retters. Eine Biographie*», 1978, TB-Ausgabe 1982. Tulard, der heute einer der bedeutendsten Kenner der Napoleonzeit ist, verdanken wir fernerhin einen «*Dictionnaire Napoléon*», 1987, dem 1989 ein «*Supplément au Dictionnaire Napoléon*» folgte. Ferner sei von den Werken dieses Autors noch sein Buch «*Le Grande Empire*», 1982, genannt. Klar und kenntnisreich, brillant geschrieben sieht dieses letztgenannte Werk das napoleonische Empire doch etwas zu stark mit französischen Augen. Daß die Unterworfenen das Empire auch als Bedrückung empfinden konnten, wird dem Leser nicht einsichtig gemacht. Auch die Biographie betrachtet die Geschichte Napoleons zu sehr aus dem Blickwinkel der französischen Innenpolitik – der Schatten de Gaulles fällt allzu stark auf sie. Die Persönlichkeit Napoleons bleibt blaß, die Betrachtung gesellschaftlicher Strukturen dominiert. Farbiger und den außenpolitischen Aspekt des napoleonischen Wirkens stärker berücksichtigend, ohne dabei die Innenpolitik zu vernachlässigen, kenntnisreich, glänzend zu lesen, klar und überlegen disponiert, ist die kleine Napoleonbiographie von Roger Dufraisse «*Napoleon*», 1987, ²1991, die in der Taschenbuchreihe «*Que-sais-je*» erschien. Deutsche Übersetzung München 1994.

Ebenfalls angenehm zu lesen, sehr sachkundig, mit gutem, ausgewogenem Urteil, die Bedeutung Rußlands für die Außenpolitik des Kaisers vielleicht etwas übertreibend, dafür ohne ideologische Scheuklappen, ist die Biographie des russischen Historikers Albert S. Manfred «*Napoleon*», Moskau 1977, dtsch. 1978, ²1986. Und ebenfalls höchst empfehlenswert, mit guten Literaturhinweisen, wichtige Probleme sachkundig diskutierend, ist R. Ben Jones «*Napoleon. Man and Myth*», 1977, repr. 1981.

Die letzte deutschsprachige Napoleonbiographie stammt von Martin Göhring «*Napoleon, Vom alten zum neuen Europa*», die 1959 in der Taschenbuchreihe «*Persönlichkeit und Geschichte*» erschien. Kenntnisreich, gut lesbar, übersichtlich, stammt sie von einem der damals besten Kenner der französischen Geschichte im Zeitalter der Revolution und Napoleons. Immer noch nicht ersetzt ist die deutsche Standardbiographie des Kaisers, die der Wiener Historiker August Fournier am Ende des 19. Jahrhunderts schrieb. «*Napoleon I.*», 3 Bde., 1886–1889, ⁴1922. Immer noch sehr lesenswert ist auch der große Essay von Max Lenz, «*Napoleon*», 1908. Eine sehr ausgewogene Darstellung der napoleonischen Epoche mit guter Charakteristik des Kaisers enthält schließlich Eberhard Weis «*Der Durchbruch des Bürgertums 1776–1847. Propyläen-Geschichte Europas, Bd. 4*», 1978. Hingewiesen sei in diesem Zusammenhang auch auf das ältere Werk von Willy Andreas «*Das Zeitalter Napoleons und die Erhebung der Völker*», 1955, sowie auf Franz Schnabels Beitrag «*Das Zeitalter Napoleons 1799–1815*», in: Walter Goetz (Hrsg.), *Propyläen-Weltgeschichte, Bd. 7*, Berlin 1929.

Den Feldherrn Napoleon charakterisiert kurz und glänzend Gilbert Bodinier in André Corvisier (Hrsg.) «*Histoire militaire de la France T. 2. De 1715 à 1871*», 1992. Die klassische deutschsprachige Untersuchung des napoleonischen Feldherrntums ist nach wie vor Maximilian Graf Yorck zu Wartburg «*Napoleon als Feldherr*», 2 in 1 Bd., 1884, ³1904. Großartig, weil knapp, kenntnisreich, originell und urteilssicher, charakterisiert das Feldherrentum des Korsen Major Erich Marcks «Napoleon» in: *Generalmajor von Cochenhausen (Hrsg.), Führertum. 25 Lebensbilder von Feldherren aller Zeiten.* Berlin ²1930, S. 245–264. Wichtig zu diesem Aspekt auch *Wolfgang von Groote u. Klaus-Jürgen Müller (Hrsg.) «Napoleon I. und das Militärwesen seiner Zeit»,* 1968, sowie die umfangreiche Darstellung des Engländers *David Chandler «The Campaigns of Napoleon»,* 1966, ⁵1978 und die glänzende Analyse des englischen Generals *Sir James Marshall – Cornwall «Napoleon as Military Commander»,* 1967. In die Probleme der modernen Napoleonforschung führt die geschickt zusammengestellte Auswahl von Texten ein, die *Heinz-Otto Sieburg* 1971 herausgab *«Napoleon und Europa».* Ganz besonders zu rühmen ist auch die nach Sachgebieten gegliederte, außerordentlich übersichtliche und ziemlich umfangreiche Bibliographie zu Napoleon, die Sieburg diesem Buch beigab.

## Ludwig XVIII.
(H.-U. Thamer)

Eine moderne wissenschaftliche Biographie von *Philip Mansel, Louis XVIII,* London 1981 (frz. Übers. 1982) löst alle älteren Biographien ab, die im 19. und 20. Jh. erschienen sind. Vorher *J. Lucas-Dubreton, Louis XVIII,* Paris 1952. Zu Mansels sehr differenzierter und die politischen Zusammenhänge jeweils einbeziehender Biographie, die den liberalen Grundzug von Ludwigs Regierung und eine tiefe monarchistische Grundstimmung in Frankreich seit 1814 herausarbeitet, die ausführliche Kommentierung von *Guy Chaussinand-Nogaret, Louis XVIII, Un libéral parmi les rois,* in: *L'histoire n. 55, April* 1983, S. 87–89.

Zur politischen Geschichte des Zeitalters der Restauration noch immer als Standardwerk *G. de Bertier de Sauvigny, La Restauration,* Paris 1963; ferner die knappe Darstellung von *J. Vidalenc, La Restauration,* Paris 1966; unter stärkerer Berücksichtigung der Sozial- und Wirtschaftsgeschichte und der Entwicklung der Regionen *A. Jardin/A. J. Tudesq, La France des notables 1815–1848,* 2 Bde., Paris 1973; zur Geschichte von Paris: *G. de Bertier de Sauvigny, Nouvelle Histoire de Paris: la Restauration,* Paris 1977. Als beste Gesamtdarstellung in deutscher Übersetzung *Jean Tulard, Frankreich im Zeitalter der Revolutionen 1789–1851,* Stuttgart 1989 sowie *Michael Erbe, Geschichte Frankreichs von der Großen Revolution bis zur Dritten Republik 1789–1884,* Stuttgart 1982, der einem stärker strukturgeschichtlichen Ansatz folgt.

Zur Verfassungsgeschichte der Restauration *P. Bastid, Les Institutions politiques de la monarchie parlementaire 1814–1848,* Paris 1954 sowie *R. von Thadden, Restauration und napoleonisches Erbe. Der Verwaltungszentralismus als politisches Problem in Frankreich 1814–1830,* Wiesbaden 1972; zur Verfassungstheorie und politischen Ideengeschichte *D. Bagge, Les idées politiques en France sous la Restauration,* Paris 1952 sowie *St. Holmes, Two Concepts of Legitimacy. France after the Revolution,* in: *Political Theory,* Bd. 10 (1982), S. 165–183, ferner *C. Piette, The Revolutionary Tradition during the Restoration,* in: *Proceedings of the 9th annual Meeting of the Western Society for French History 1981–82,* S. 290–307; zur politischen Sozialgeschichte *H. G. Haupt, Nationalismus und Demokratie. Zur Geschichte der Bourgeoisie im Frankreich der Restauration,* Frankfurt/Main 1974 sowie *W. Giesselmann, Die brumairianische Elite. Kontinuität und Wandel der französischen Führungsschicht zwischen Ancien Régime und Julimonarchie,* Stuttgart 1977. Zur politischen Kultur *G. de Bertier de Sauvigny, Aristocratie et Monarchie dans la vie culturelle au temps de Louis XVIII et Charles X,* in: *K. F. Werner (Hrsg.), Hof, Kultur und Politik im 19. Jahrhundert. Akten des 18. Deutsch-französischen Historikerkolloquiums Darmstadt 27.–30. 9. 1982,* Bonn 1985; zur Außenpolitik *Ch. H. Pouthas, La politique étrangère de la France sous la monarchie constitutionnelle,* Paris 1948.

## Karl X.
### (H.-U. Thamer)

Neben älteren Biographien wie *P. Védrenne, Vie de Charles X, 3 Bde. (1879)* und *J. Lucas-Dubreton, Le Comte d'Artois, Charles X, (1927)* neuerdings *J. Cabanis, Charles X, (1972)* und die populärwissenschaftliche, sehr anschauliche Biographie von *A. Castelot, Charles X. La fin d'un monde (1988)*.
Zur politischen Geschichte der Regierungszeit Karls X. sind dieselben Werke heranzuziehen wie für die Regierung von Ludwig XVIII., da diese in der Regel die gesamte Periode der Restauration behandeln. Zusätzlich der Aufsatz von *Pamela Pilbeam, The Growth of Liberalism and the Crisis of the Bourbon Restauration 1827–1830*, in: *Historical Journal 25 (1982), S. 351–366*. Dort auch weitere Literatur zu den Wahlen von 1827 sowie zur sozialen Zusammensetzung der Deputiertenkammer. Zur Krise der Restauration und ihrem Scheitern ferner die Literatur zu Ursachen und Verlauf der Julirevolution, vor allem *J. M. Merriman (Hrsg.), 1830 in France (1975)*.

## Louis-Philippe
### (M. Erbe)

Die Quellengrundlage zur Lebensgeschichte Louis-Philippes bilden seine eigenen Papiere – Briefe, verschiedene Erinnerungsschriften usw. –, die sich im Bankhaus Coutts in London sowie in Dreux (Dép. Eure-et-Loir), dem Ort der 1816 errichteten Grablege des Hauses Orléans befinden (vgl. die ausführliche Beschreibung dieser *Fonds Orléans* im unten zitierten Werk von *M. Castillon du Perron, Bd. 2, S. 361–372*). Hinzu kommen verstreute Aktenstücke im Pariser Nationalarchiv und der Nationalbibliothek sowie im Londoner British Museum (*ebd., S. 372–375*). Louis-Philippes *Mémoires 1773–1793* über seine Kindheit und Jugend sind in *zwei Bänden* in Paris 1973 publiziert worden. Für den kurzen Zeitabschnitt des Beginns der Restauration ist wichtig das Buch von *Michel Poniatowski, Louis-Philippe et Louis XVIII. Autour du journal de Louis-Philippe en Mars 1815 (1980)* (mit einer Neuedition des bereits 1816 publizierten Tagebuchs auf S. 229–348). Über die reichhaltige Memoirenliteratur, vor allem aus der Zeit der Julimonarchie informiert ebenfalls ausführlich *Castillon du Perron, Bd. 2, S. 375–385*.

Eine moderne, Leben und Zeit erschöpfend behandelnde Biographie über Louis-Philippe fehlt. Einen gewissen Ersatz bilden einmal die zwar etwas populärwissenschaftlich gehaltene, aber zuverlässige Darstellung von *J. Lucas-Dubreton, Louis-Philippe (1938, ND 1948)*, zum anderen *T. E. B. Howarth, Citizen King. The Life of Louis-Philippe, King of the French (1961)*, letzterer mit ausführlichen Literaturhinweisen. Kindheit, Jugend und Lebensschicksale bis 1809 behandeln eingehend *M. Castillon du Perron, Louis-Philippe et la Révolution française, Bd. 1: Le prince; Bd. 2: Le proscrit, (1963)* (mit umfassenden Quellen- und Literaturangaben), die Zeit bis zur Julirevolution *R. Recouly, Louis-Philippe, roi des Français. Le chemin vers le trône (1930)*, die Regierungszeit selbst *P. de la Gorce, Louis-Philippe (1830–1848) (1931)*. Nur partiell informativ sind *J. Bertaut, Le Roi bourgeois (1936)* sowie *ders., Louis-Philippe intime (1964)*. Einen bisweilen ins Romanhafte abgleitenden Überblick ohne Quellenhinweise und mit einer eher spärlichen Bibliographie bietet das in seiner Reihe ‹Les rois qui ont fait la France› erschienene Werk von *G. Bordonove, Louis-Philippe. Roi des Français, Paris 1990*. Louis-Philippe im Spiegel zeitgenössischer Karikaturen behandelt *E. Fuchs, Die Karikatur der europäischen Völker vom Altertum bis zur Neuzeit, Bd. 1 (1901,³1904)* (vgl. dort S. 362–381).

An Überblicksdarstellungen über die Julimonarchie sind neben der ausführlichen, aber veralteten von *P. Thureau-Dangin, Histoire de la monarchie de Juillet, 7 Bde.*

*(1884–1892)*, heranzuziehen Ph. Vigier, *La monarchie de juillet (1969)* (kurzer, aber prägnanter Abriß in der bekannten Reihe ‹*Que sais-je?*›, Bd. 1002) sowie die entsprechenden Teile der Übersicht von A. Jardin/A.-J. Tudesq, *La France des notables, 1815–1848*, Bd. 1: *L'évolution générale*; Bd. 2: *La vie de la nation (1973)* in der ‹*Nouvelle histoire de la France contemporaine*›, Bd. 6/7, ein sämtliche Aspekte der politischen, sozialen, wirtschaftlichen und kulturellen Entwicklung bis hin zur Regionalgeschichte behandelndes Werk mit erschöpfenden Literaturhinweisen.

Einzelaspekten der Lebensgeschichte und speziellen Themen sind folgende Werke gewidmet: A. Colling, *Louis-Philippe, homme d'argent (1977)*; H. Th. Deschamps, *La Belgique devant la France de Juillet. L'opinion et l'attitude françaises de 1839 à 1848 (1956)*; A. Dion-Tenenbaum, *Le style Louis-Philippe (1990)*; J. Duhamel, *Louis-Philippe et la première Entente cordiale (1951)*; R. Hayem, *Le conseil des ministres sous Louis-Philippe (1939)*; S. Kent, *Electoral Procedure under Louis-Philippe (1937)*; M. Morrinan, *Painting Politics for Louis-Philippe. Art and Ideology in Orleanist France, 1830–1848 (1988)*; A. Owzinska, *La politique de la France envers l'Allemagne à l'époque de la monarchie de Juillet (1979)*; M. Rousselet, *La Magistrature sous la monarchie de Juillet (1937)*; A.-J. Tudesq, *Les Grands Notables en France (1840–1849). Etude historique d'une psychologie sociale*, 2 Bde. (1964).

## Napoleon III.
### (M. Erbe)

Die Quellen zur Lebensgeschichte des Kaisers bilden einmal seine *Œuvres* (5 Bde. 1869) sowie ferner die *Papiers et correspondances de la famille impériale (1870)*, die *Papiers secrets du Second Empire* (2 Bde. 1870) und die *Papiers secrets des Tuileries* (3 Bde. 1870–1871).

Die Forschung ist vor allem in Frankreich und Großbritannien vorangetrieben worden. Von den älteren französischen Biographien sei hier vor allem auf das Werk von P. Gueriot, *Napoléon III*, 2 Bde. 1933, TB-Neuausgabe 1980, verwiesen, eine ausführliche, flüssig geschriebene Darstellung, die allerdings keine Anmerkungen und nur ein spärliches Literaturverzeichnis enthält. Wichtig sind ferner A. Castelot, *N. III*, 2 Bde. 1973–1974, und L. Girard, *N. III*, 1986, außerdem die beiden Bücher von A. Dansette, *Louis-Napoléon à la conquête du pouvoir*, 1961, und *Du 2 décembre au 4 septembre*, 1972. Einen guten Überblick in englischer Sprache liefert T. A. B. Corley, *Democratic Despot. A life of Napoleon III*, 1961 (dt. leicht gekürzt 1970). Vgl. ferner B. D. Gooch, *The Reign of N. III*, 1969 sowie ders. (Hrsg.), *Napoleon III. Man of Destiny*, 1963.

Eine umfassende Biographie in deutscher Sprache fehlt. Der Ansatz von H. Euler, *Napoleon III. in seiner Zeit. Der Aufstieg*, 1961, reicht nur bis zur Wiederherstellung des Kaiserreichs; das Buch ist quellennah und materialreich, jedoch in einem eher trivialen Erzählstil gehalten und verliert sich in Einzelheiten. Brauchbare Überblicke bieten dagegen H. Rieder, *N. III, Abenteurer und Imperator*, 1956, ND 1989 sowie F. Herre, *N. III. Glanz und Elend des Zweiten Kaiserreichs*, 1990, letzteres mit gutem Quellen- und Literaturverzeichnis.

Zur französischen Geschichte zwischen 1848 und 1870 vgl. die in der Reihe ‹*Histoire de la France contemporaine*› erschienenen Bände von M. Algulhon, *1848 ou l'apprentissage de la République, 1848–1852*, 1973 sowie von A. Plessis, *De la fête impériale au mur des fédérés, 1852–1871*, 1973, beide mit reichhaltigem Literaturverzeichnis. Von der älteren Literatur ist vor allem heranzuziehen C. Seignobos, *La Révolution de 1848. – Le Second Empire*, 1921 sowie ders., *Le déclin de l'Empire et l'établissement de la III$^e$ République*, 1921 (beide in dem Handbuch von E. Lavisse, *Histoire de la France contemporaine...*, Bd. 6/7).

An Einzeltiteln sind hervorzuheben: A.-J. Tudesq, *L'élection présidentielle de Louis Napoléon Bonaparte. 10 décembre 1848*, 1965; K. Hammer/P. C. Hartmann (Hrsg.), *Le Bona-*

*partisme. Phénomène historique et mythe politique/Der Bonapartismus. Historisches Phänomen und politischer Mythos, 1979;* W. Baumgart, *Der Friede von Paris 1856. Studien zum Verhältnis von Kriegführung, Politik und Friedensbewahrung, 1972;* S. Kracauer, *Jacques Offenbach und das Paris seiner Zeit, 1937,* ND 1976; M. Erbe (Hrsg.): *Vom Konsulat zum Empire libéral. Ausgewählte Texte zur französischen Verfassungsgeschichte 1799–1870, 1985* (hier für die Zeit ab 1848 auf S. 189–289).

# Abbildungsnachweis

Die Abbildungen auf den Seiten 25, 53, 93, 121, 145, 173, 191, 239, 273, 369, 391, 403, 423 wurden veröffentlicht mit freundlicher Genehmigung der Bibliotheque Nationale, Service Photographique, Paris; die Abbildungen auf den Seiten 73 und 101 mit freundlicher Genehmigung des Archivs für Kunst und Geschichte, Berlin; die Abbildung auf Seite 309: Michel do Lorenzo, Bonaparte par David, Museo Massena, Nizza

# Die Autoren

Rainer Babel, geb. 1955, Studium der Geschichte, Politischen Wissenschaften und Germanistik; Staatsexamen 1982, Promotion in München 1986. Seitdem als wissenschaftlicher Mitarbeiter und Referent für den Bereich Frühe Neuzeit am Deutschen Historischen Institut Paris; daneben Lehrtätigkeit im Fach Neuere Geschichte an der Universität Bonn.
Wichtigste Veröffentlichungen: *Zwischen Habsburg und Bourbon. Außenpolitik und europäische Stellung Herzog Karls IV. von Lothringen und Bar vom Regierungsantritt bis zum Exil (1624–1634)*; als Herausgeber: *Frankreich im europäischen Staatensystem der Frühen Neuzeit* (im Satz).

Neithard Bulst, geb. 1941, Studium: Geschichte, Romanistik und politische Wissenschaft in Heidelberg, Kiel, Lyon und Gießen, Staatsexamen 1965, Promotion Gießen 1968, Habilitation Heidelberg 1976, Universitätsprofessor für allgemeine Geschichte mit besonderer Berücksichtigung der Sozial- und Verfassungsgeschichte des Späten Mittelalters und der Frühen Neuzeit in Bielefeld 1978.
Veröffentlichungen: *Studien zu den Klosterreformen Wilhelms von Dijon* (1973); *die französischen Generalstände von 1468 und 1484* (1992); Hgg. *Medieval Lives and the Historian* (1986); *Maladies et société (XII$^e$–XVIII$^e$ siècle)* (1989); *Zwischen Schein und Sein. Kleidung und Identität in der ständischen Gesellschaft* (1993).

Albert Cremer, geb. 1941, seit 1976 wissenschaftlicher Referent am Max-Planck-Institut für Geschichte in Göttingen. Arbeitsschwerpunkt: Sozialgeschichte Frankreichs in der Frühen Neuzeit.
Veröffentlichung: *Der Adel in der Verfassung des Ancien Régime*. Bonn 1981.

Michael Erbe, Dr. phil., o. Prof. für Neuere Geschichte an der Universität Mannheim. Promotion 1967, Habilitation 1974 an der FU Berlin, Professor daselbst 1975–1989.
Veröffentlichungen u. a.: *Geschichte Frankreichs von der Großen Revolution bis zur Dritten Republik, 1789–1884* (1982); *Vom Konsulat zum Empire libéral. Texte zur französischen Verfassungsgeschichte 1799–1870* (1985); *Belgien – Niederlande – Luxemburg. Geschichte des Niederländischen Raumes* (1993); Aufsätze zur französischen Verfassungsgeschichte des 19. und 20. Jahrhunderts.

Peter Claus Hartmann, geb. 1940 in München; Studium der Geschichte und Romanistik, Promotion 1967 in München, 1969 Doctorat d'Université der Sorbonne, 1976 Habilitation in München, 1970–1981 wissenschaftlicher Mitarbeiter am Deutschen Historischen Institut in Paris, lehrte an den Universitäten Paris, Mainz, München und Regensburg, seit 1988 o. Professor für Allgemeine und Neuere Geschichte an der Universität Mainz.
Wichtigste Veröffentlichungen u.a.: *Karl Albrecht – Karl VII. Glücklicher Kurfürst. Unglücklicher Kaiser*. Regensburg 1985; *Französische Verfassungsgeschichte der Neuzeit (1450–1980)*. Darmstadt 1985; *Bayerns Weg in die Gegenwart. Vom Stammesherzogtum zum Freistaat heute*. Regensburg 1989.

# Die Autoren

ERNST HINRICHS, geb. 1937; 1966–1974 Referent am Max-Planck-Institut für Geschichte in Göttingen; 1974–1984: Professor für Geschichte der frühen Neuzeit Universität Oldenburg; 1984–1992: Direktor des Georg-Eckert-Instituts für internationale Schulbuchforschung in Braunschweig; seit 1992: Professor für Geschichte der frühen Neuzeit an der Technischen Universität Braunschweig.
Veröffentlichungen: *Fürstenlehre und politisches Handeln im Frankreich Heinrichs IV.* Göttingen 1969; *Einführung in die Geschichte der Frühen Neuzeit*, München 1980; *Regionalgeschichte – Probleme und Beispiele* (zusammen mit W. Norden). Hildesheim 1980; *Der Absolutismus*. Frankfurt 1986; *Ancien Régime und Revolution*. Frankfurt 1989. Zahlreiche Aufsätze zur Aufklärungsforschung, zur Alphabetisierungsforschung, zur norddeutschen Regionalgeschichte und zur internationalen Schulbuchforschung.

ALFRED KOHLER, geb. 1943 in Wien; Dr. phil., Professor für neuere Geschichte am Institut für Geschichte der Universität Wien.
Veröffentlichungen (u. a.): *Das Reich im Kampf um die Hegemonie in Europa 1521–1648* (1990); *Hispania-Austria. Die Katholischen Könige, Maximilian I. und die Anfänge der Casa de Austria in Spanien* (1993).

KLAUS MALETTKE, geb. 1936 in Rastenburg (Ostpr.) – Studium der Geschichte, Romanistik und Pädagogik an den Universitäten Marburg, Dijon und an der Sorbonne in Paris, von 1971–1980 Professor für Neuere Geschichte an der FU Berlin, seit 1980 Inhaber des Lehrstuhls für Neuere Geschichte an der Philipps-Universität Marburg, 1989/90 Gastprofessor an der Universität Paris X, 1992/93 «Professeur associé» an der Universität Paris IV – Sorbonne.
Veröffentlichungen u. a.: *Opposition und Konspiration unter Ludwig XIV.* (1976); *Jean-Baptiste Colbert* (1977); *Ämterkäuflichkeit* (1978); *Soz. u. polit. Konflikte im Frankreich des Ancien Régime* (1982); *Humanismus und höfisch-städtische Eliten* (²1990), *Frankreich, Deutschland und Europa im 17. und 18. Jahrhundert* (1994).

ILJA MIECK, geb. 1932 in Berlin, ist Professor für Neuere Geschichte an der Freien Universität Berlin. Schwerpunkte seiner Lehr- und Forschungstätigkeit sind die Geschichte Preußens und Frankreichs sowie die deutsch-französischen Beziehungen. Außerdem beschäftigt er sich seit mehr als zwei Jahrzehnten mit Problemen der Historischen Umweltforschung.
Veröffentlichungen u. a.: *Preußische Gewerbepolitik in Berlin 1806–1844*, Berlin 1965; *«Aerem corrumpere non licet». Luftverunreinigung und Immissionsschutz in Preußen bis zur Gewerbeordnung 1869*; in: Technikgeschichte 34 (1967), S. 35–78; *Europäische Geschichte der Frühen Neuzeit*, Stuttgart 1970, 4. Aufl. 1989; *Die Entstehung des modernen Frankreich 1450 bis 1610*, Stuttgart 1982; *Napoléon I$^{er}$ et les réformes en Allemagne*, in: Francia 15 (1987), S. 473–491; *Von der Reformzeit zur Revolution (1806–1847)*, in W. Ribbe (Hg.), *Geschichte Berlins*, Bd. 1: *Von der Frühgeschichte bis zur Industrialisierung*, München ²1988, S. 405–602; *Berliner Umweltprobleme im 19. Jahrhundert*, in: J. Lamprecht (Hg.), *Umweltprobleme einer Großstadt. Das Beispiel Berlin*, Berlin 1990, S. 1–26.

HANS SCHMIDT, geb. 1930 in Ludwigshafen/Rh.; von 1970 bis 1993 zuerst Privatdozent und dann Professor an der Univ. München.
Veröffentlichungen: *Kurfürst Karl Philipp von der Pfalz als Reichsfürst* (1963); *Philipp Wilhelm von Pfalz–Neuburg (1615–1690) als Gestalt der deutschen und europäischen Geschichte seiner Zeit*. Bd. 1: 1615–1658. (1973); *Zerfall und Untergang des Alten Reiches*, in: Rassow, *Deutsche Geschichte* (1987); Aufsätze und Rezensionen.

HANS-ULRICH THAMER, geb. 1943, Studium der Geschichte, Klassischen Philologie und Politikwissenschaft in Marburg und Berlin. 1968 Staatsexamen, 1971 Promotion in Marburg, 1980 Habilitation in Erlangen. Seit 1983 o. Professor für Neuere und Neueste Geschichte an der Universität Münster.

Veröffentlichungen: eine Reihe von Publikationen zur französischen Ideen- und Sozialgeschichte des 18. und 19. Jahrhunderts wie zur Geschichte des europäischen Faschismus und deutschen Nationalsozialismus, u.a.: *Verführung und Gewalt, Deutschland 1933 bis 1945* (1986).

# Personenregister

Alexander Begert

Zur Begrenzung des Umfanges mußte auf die Registrierung sowohl der Künstler, Wissenschaftler, Philosophen und Theologen verzichtet werden als auch auf den Vermerk solcher Personen, die ausschließlich in den vor jeder Biographie stehenden genealogischen Übersichten genannt werden.

Abd el Kader, Emir in Algerien 417
Adélaïde, Patentante Ludwigs XVI., Tochter Ludwigs XV. 278
Adélaïde Eugénie Louise, Schwester Kg. Louis-Philippes 402, 405, 408, 418
Aguesseau, Henri-François d', frz. Kanzler (1717–1750), Siegelbewahrer (1717/18, 1720–1722 und 1737–1750) 258
Aiguillon, Emmanuel Armand de Vignerod du Plessis de Richelieu, Hzg. v., frz. Staatssekretär des Äußeren (1771–1774), Kriegsstaatssekretär (1774) 264, 287, 370
Alba, Fernando Alvarez de Toledo y Pimentel, Hzg. v., span. Feldherr und Staatsmann 83f., 106, 108f., 113, 127
Albert, Charles d', Hzg. v. Luynes, Konnetabel v. Frankreich, frz. Siegelbewahrer (1621), Favori Ludwigs XIII. 171, 175f.
Albert, Charles Philippe d', Hzg. v. Luynes, Memorialist 242, 244
Albrecht von Habsburg (Alberto d'Austria), Sohn Ks. Maximilians II., Ebf. v. Toledo (1595–1598), Kardinal, Primas v. Spanien (1584–1598), Regent der span. Niederlande (1599–1621) 168
Albret, Alain d' («Alain le Grand») 29
Albret, Charlotte d', Gattin Cesare Borgias 35
Albret, Jeanne d' (siehe Johanna III.)
Alexander I., russ. Zar (1801–1825) 332, 342–344, 351f., 355–357, 360f., 378
Alexander VI. (Rodrigo de Borgia), Papst (1492–1503) 34f., 40–42, 44f.

Alexandre, Ritter von Vendôme, Großprior, unehel. Sohn Heinrichs IV. 171, 183
Aligre, Etienne d', Seigneur de Rivière, frz. Kanzler (1624–1635), Siegelbewahrer (1624–1626) 178
Alvintzy, Joseph, Freiherr von Berberek, Feldzeugmeister der österr. Armee 317
Amboise, Georges d', Ebf. v. Rouen (1493–1510), Kardinal, Berater Ludwigs XII. 33, 35, 37–39, 42, 44 f., 49
Amboise, Louis d', Bf. v. Albi (1473–1497/1503) 35, 39
Ancezune, Rostand d', Bf. v. Fréjus (1489–1494), Ebf. v. Embrun (1494–1510) 36
Andoins, Diane d', Mätresse Heinrichs IV. 163
Anna Jagiello, Schwester Sigismunds II. August v. Polen 130
Anna von Österreich (Anne d'Autriche), Gattin Ludwigs XIII. 171f., 177, 183f., 186, 189f., 193f., 196–198
Anna, Hzg. in der Bretagne (1488–1514), Gattin Karls VIII. und Ludwigs XII. (Anne de Bretagne) 24, 27–32, 34–36, 43, 46, 50
Anna, Tochter Ks. Ferdinands I. 68
Anna, Tochter Ludwigs XI. (Anne de Beaujeu) 27–29, 33
Annebaut, Claude d', Marschall und Admiral v. Frankreich, Oberintendant der Finanzen (1546–1552) 70, 76
Antoine de Bourbon, Hzg. v. Vendôme und v. Beaumont (siehe Anton, Kg. v. Navarra)

Antoine Philippe, Hzg. v. Montpensier, Bruder Kg. Louis-Philippes 402, 405
Antoine, Gf. v. Moret, unehel. Sohn Heinrichs IV. 171, 183
Antoine, Hzg. v. Montpensier, Sohn Kg. Louis-Philippes 402, 407
Anton, Kg. v. Navarra (1555–1562) 92, 94, 96 f., 100, 103 f., 110, 123, 125, 143, 146
Argenson, René Louis de Voyer de Paulmy, Marquis d', frz. Staatssekretär des Äußeren (1744–1747), Oberintendant der Post (1744–1757) 242, 245, 262
Aubigné, Charles d', Bruder der Marquise de Maintenon 233
Augereau, Pierre François Charles, Hzg. v. Castiglione, Marschall v. Frankreich 315, 318, 320, 328, 334
August II. der Starke (siehe Friedrich August I.)
Auguste, Gattin Eugène Beauharnais', Tochter Maximilians I. v. Bayern 345
Auvergne, Charles Gf. v., unehel. Sohn Karls IX. 166
Avaray, Antoine-Louis-François de Bésiade, Gf., dann Hzg. v., Vertrauter Ludwigs XVIII. 377

Bailly, Jean Sylvain, frz. Astronom, Bürgermeister v. Paris, Präsident des Parlaments 300, 371 f.
Barclay de Tolly, Michael Bogdanowitsch Fst., russ. General 358
Barentin, Charles Louis François de Paul de, frz. Siegelbewahrer (1788/89) 299, 393
Barnave, Antoine Pierre Joseph Marie, frz. Revolutionär 302
Barradat, François de, Erster Edelmann der kgl. Kammer Ludwigs XIII. 171, 177
Barras, Paul François Jean Nicolas Gf. v., Mgl. des Konvents und des Direktoriums (1795–1799) 314 f., 326 f.
Barrot, Camille Hyacinthe Odilon, frz. Président du conseil und Finanzminister (1848/49) 413, 430 f.
Barry, Jeanne Marquise du, Mätresse Ludwigs XV. 249
Bayard, Gilbert, Diplomat Franz' I. 70

Bazaine, François Achille, Marschall v. Frankreich 450
Beauharnais, Eugène, Stiefsohn Napoleons I., Vize-Kg. v. Italien und Hzg. v. Leuchtenberg 308, 341, 345, 353, 358, 362, 425
Beauharnais, Hortense, Schwägerin und Stieftochter Napoleons I., Mutter Napoleons III. 308 422, 424 f.
Beauharnais, Maximilien-Eugène-Auguste-Joseph-Napoléon, Hzg. v. Leuchtenberg, Kandidat für den belg. Thron (1831) 410
Beauharnais, Stephanie, Adoptivtochter Napoleons I., Gattin Karls v. Baden 345
Beaujeu, Pierre de Bourbon, Sire de, Schwiegersohn Ludwigs XI. 27 f., 33
Beaulieu, Jean Pierre Freiherr von, österr. General 316
Bellay, Guillaume du, Seigneur de Langey, Berater Franz' I. 58
Bellay, Jean du, Bf. v. Bayonne (1526–1532), Ebf. v. Paris (1532–1551), Bf. v. Le Mans (1546–1556), Kardinal 58, 70
Belle-Isle, Charles Louis August Fouquet, Marquis, dann Hzg. v., Hzg. v. Gisors, Marschall v. Frankreich, Kriegsstaatssekretär (1758–1761) 268
Bellièvre, Pomponne de, Seigneur de Grignon, frz. Oberintendant der Finanzen (1572–1577), Kanzler (1599–1607), Siegelbewahrer (1599–1605) 140, 157, 161
Benedetti, Vincent Gf. v., frz. Diplomat 446, 450
Bentinck, William (siehe Cavendish-Bentinck)
Bernadotte, Charles (siehe Karl XIV. v. Schweden)
Bernis, François Joachim de Pierre, Gf. v., Ebf. v. Albi (1764–1794), Kardinal, frz. Staatssekretär des Äußeren (1757/58) 246
Berthier, Louis-Alexandre, Hzg. v. Neuchâtel, Fst. v. Wagram, Marschall v. Frankreich 320, 330
Bertin, Henri Léonard Jean Baptist, Gf. v. Bourdeilles, Baron de Périgord, frz. Generalkontrolleur der Finanzen

(1759–1763), Staatssekretär des Äußeren (1774) 262
Blanc, Louis-Etienne, frz. Politiker und Poet 428
Bianca Maria, Gattin Ks. Maximilian I. 40
Biron, Charles de Gontaut, Hzg. v., Marschall und Admiral v. Frankreich 128, 165–167
Bismarck, Otto Fst. v. B.-Schönhausen, Hzg. v. Lauenburg, preuß. Ministerpräsident (1862–1873 und 1873–1890), dt. Reichskanzler (1871–1890) 437, 445f., 449–451
Blücher, Gebhard Leberecht von, Fst. v. Wahlstatt, pr. Feldmarschall 363, 365
Bochart, Jean, Seigneur de Champigny, Oberintendant der Finanzen (1624–1626) 178f.
Bon-Saint-André, Jean, frz. Präfekt 337
Borromeo, Carlo (Carolus Borromaeus), Ebf. v. Mailand (1560–1584), heilig 131
Bossuet, Jacques Bénigne, Bf. v. Condom (1668–1671), Bf. v. Meaux (1681–1704), frz. Staatstheoretiker, Erzieher des Grand Dauphin 16, 275
Bossut, Nicolas de, Seigneur de Longueval, Vizegouverneur der Champagne 70
Bouillon, Henri de la Tour d'Auvergne, Hzg. v., hugenott. Konspirateur gegen Heinrich IV. 166f.
Boulanger, Georges Ernest Jean Marie, frz. General, Kriegsminister (1886/87) 451
Bourbon, Charles II. Hzg. v., Konnetabel v. Frankreich 60f., 64, 146
Bourbon, Charles de, Onkel Heinrichs IV., Bf. v. Nevers (1540–1546), Bf. v. Saintes (1544–1550), Ebf. v. Rouen (1550–1582), Bf. v. Beauvais (1569–1575), Kardinal, frz. Gegen-Kg. (Karl [X.] 1589/90) 138
Bourbon, Louis Henri Hzg. v., frz. Premierminister (1723–1726) 241, 257, 266
Bourienne, Louis Antoine Fauvelet, Jugendfreund Napoleons I. 324
Bouthillier, Claude, Seigneur du Pont et de Fossigny, frz. Staatssekretär des Äußeren (1629–1632), Oberintendant der Finanzen (1632–1643) 179

Bouthillier, Léon, Gf. v. Chavigny, frz. Staatssekretär des Äußeren (1632–1643) 179
Breteuil, Louis Charles Auguste Le Tonnelier, Baron de, frz. Staatssekretär des kgl. Hauses (1783–1788), Kriegsstaatssekretär (1787), leitender Minister und Präsident des kgl. Finanzrates (1789) 283, 393
Brézé, Louis de, «Grand Sénéchall» der Normandie 74
Briconnet, Guillaume, Bf. v. Lodive (1489–1516), Bf. v. Meaux (1516–1534) 57
Brienne (siehe Lomenie de Brienne)
Brion, Chabot de, Admiral v. Frankreich 58
Broglie, Achille Charles Léon Victor Hzg. v., frz. Président du conseil (1830, 1835/36), Außenminister (1832–1834 und 1835/36) 410, 414
Broglie, François Marie, Hzg. v., Marschall v. Frankreich 268
Broglie, Victor François, Hzg. v., Marschall v. Frankreich 393
Browne, Anthony, Gesandter Heinrichs VIII. v. England 55, 57
Brûlart, Nicolas, Marquis de Sillery, Seigneur de Puisieux, frz. Siegelbewahrer (1605–1616), Kanzler (1607–1624) 157, 175, 178
Brûlart, Pierre, Seigneur de Genlis, frz. Staatssekretär des Äußeren (1569–1588) 113, 140
Brûlart, Pierre, Marquis de Sillery, Vicomte de Puisieux, frz. Staatssekretär des Äußeren und Kriegsstaatssekretär (1606–1616 und 1617–1624) 175, 178
Brune, Guillaume Marie Anne, Marschall v. Frankreich 334
Buckingham, Georg Villiers, Hzg. v., Günstling und Berater Jakobs I. und Karls I. v. England 180
Buffon, Georges Louis Leclerc, Gf. v., «Direktor des Gartens des Königs» Ludwigs XV. 251
Bullion, Claude de, frz. Oberintendant der Finanzen (1632–1640) 179
Buonaparte, Carlo, Vater Napoleons I. 308, 310f.
Buonaparte, Letizia, Mutter Napoleons I. 308, 310, 312

484  Personenregister

Cadoudal, Georges, frz. royalist. Verschwörer 339f.
Calonne, Charles Alexandre de, frz. Generalkontrolleur der Finanzen (1783–1787) 296, 371, 393
Cambacérès, Jean-Jacques Régis de, Hzg. v. Parma, 2. Konsul (1799–1802) 328
Capet, Hugo (siehe Hugo, Kg. v. Frankreich)
Carl Ludwig Johann, Hzg. v. Teschen, Ehzg. v. Österreich, österr. Feldmarschall 317, 343f., 352f., 355
Carlos, Don C. María Isidoro de Borbón, Hzg. v. Molina, span. Thronprätendent (Karl [V.] 1833–1844) 411
Carnot, Lazare Nicolas Marguérite Gf., Präsident des Nationalkonvents (1794), Mgl. des Direktoriums (1795–1797), frz. Kriegsminister (1800), Président du conseil (1815) 313, 315–318, 340
Castlereagh, Henry Robert Stewart, Marquis of Londonderry, brit. Staatssekretär für die Kolonien Amerikas (1802–1806), Kriegsstaatssekretär (1807–1809), Staatssekretär des Äußeren (1812–1822) 363
Caulaincourt, Armant Augustin Louis Gf. v., Hzg. v. Vincenza, frz. Diplomat 351, 363
Cavaignac, Louis Eugène de, frz. General, Kriegsminister und Militärdiktator (1848) 428f.
Cavalli, Marino, venez. Gesandter 54
Cavendish-Bentinck, William Henry, Hzg. v. Portland, brit. General, Premierminister (1783 u. 1807–1809) 406
Cavour, Camillo Gf. Benso di, sard. Premierminister (1852–1859 und 1860/61), sard. Außenminister (1860/61), ital. Ministerpräsident und Außenminister (1861) 442, 445
Cayla, Zoë Talon Gf.in v., Mätresse Ludwigs XVIII. 386
Caylus, Jacques Gf. v., Favori Heinrichs III. 135
César, Hzg. v. Vendôme, unehel. Sohn Heinrichs IV. 163, 166, 171, 174, 183
Chaireddin Barbarossa, Piratenfürst in Algerien, osm. Admiral 67
Chalais, Henri de Talleyrand, Gf. v., vermeintlicher Verschwörer gegen Ludwig XIII. 183
Charette, François Athanase C. de la Contrie, Anführer eines royalist. Aufstandes in der Vendée 394
Charles-Orland, Sohn Karls VIII. 31–33
Chateaubriand, Françoise de Foix, Gf.in v., Mätresse Franz' I. 56
Chateaubriand, François René Vicomte de, frz. Schriftsteller, Außenminister (1815 und 1822–1824) 367, 380f., 387, 390, 398, 408
Chateauneuf, Charles de l'Aubespine, Marquis de, frz. Siegelbewahrer (1630–1633 und 1650/51) 179
Chatillon, Odet de, calvinist. Führer 147
Chaumont, Charles d'Amboise, Seigneur de, frz. Feldherr 49
Chauvelin, Germain Louis de, Marquis de Grosbois, frz. Siegelbewahrer und Staatssekretär des Äußeren (1727–1737) 258
Cheverny, Philippe Hurault, Gf. v., frz. Siegelbewahrer (1578–1588 und 1590–1599), Kanzler (1583–1599) 140, 157
Choiseul, Etienne François de Choiseul-Beaupré, Hzg. v., frz. Staatssekretär des Äußeren (1758–1761 und 1766–1770) und Kriegsstaatssekretär (1761–1770) 259, 262–265, 269f., 276, 287, 294
Christoph, Hzg. v. Württemberg (1550–1568) 103
Clary, Desirée, Verlobte Napoleons I. 314
Claudia, Gattin Franz' I., Tochter Ludwigs XII. 24, 36, 45f., 50, 52, 56f., 71
Claudia, Tochter Heinrichs II. 71, 91, 99, 120, 139
Clausewitz, Carl von, preuß. General und Militärtheoretiker 322
Clemenceau, Georges, frz. Président du conseil (1906–1909 und 1917–1920) 451
Clemens VII. (Giulio di Medici), Papst (1523–1534) 64–66, 74
Clemens VIII. (Ippolito Aldobrandini), Papst (1592–1605) 154, 164
Clemens XI. (Gian Francesco Albani), Papst (1700–1721) 254f.
Clément, Jacques, Mörder Heinrichs III. 141, 151

Clugny de Nuis, Jean Etienne Bernard, frz. Generalkontrolleur der Finanzen (1776) 294
Cobenzl, Johann Ludwig Joseph Gf. v., österr. Hof- und Staatsvizekanzler (1801–1805) 319
Coëtlosquet, Jean Aegide de, Bf. v. Limoges (1740–1758), Hauslehrer von Ludwig XVI., Ludwig XVIII. und Karl X. 275, 368
Colbert, Jean Baptiste, Marquis de Seignelay, frz. Generalkontrolleur der Finanzen (1661–1683), Staatssekretär der Marine (1669–1681) und des kgl. Hauses (1669–1683) 159, 200, 204–208, 213, 215–218, 227
Colbert, Jean Baptiste, Marquis de Torcy et Sablé, frz. Staatssekretär des Äußeren (1679/1680 und 1696–1715), Oberintendant der Post (1699–1721) 232
Colbert, Jean Baptiste Antoine, Marquis de Seignelay et Chateauneuf, frz. Staatssekretär der Marine und des kgl. Hauses (1683–1690) 234
Coligny, Gaspard de, Admiral v. Frankreich, Hugenotten-Führer 82f., 95f., 105, 107–115, 117, 123, 126f., 146f., 151
Colonna, Lorenzo Onofrio, Hzg. v. Tagliacoli, Konetabel v. Neapel 199
Colonna, Prospero, ital. Feldherr 63
Comminges, Philippe Gf. v., Mgl. des kgl. Rats Ludwigs XII. 28
Concini, Concino, Marquis d'Acre, Marschall v. Frankreich, Ratgeber Marias von Medici 174f.
Condé, Henri I. Fst. v., Hugenotten-Führer 126, 132, 147–149
Condé, Henri II. Fst. v., Hugenotten-Führer 168, 174, 181
Condé, Louis I. Fst. v., Onkel Heinrichs IV., Hugenotten-Führer 92, 94, 96–98, 104f., 107–109, 123
Condé, Louis III. Hzg. v., Schwiegersohn Ludwigs XIV. 209
Condé, Louis Joseph Fst. v. 371, 374, 393
Constant de Rebecque, Benjamin, frz. Schriftsteller und Politiker 365, 408
Conti, Louis Armand Fst. v., Schwiegersohn Ludwigs XIV. 209
Conti, Louis François Fst. v. 289, 393

Corbière, Jacques Joseph Guillaume Pierre Gf. v., frz. Innenminister (1821–1827) 386
Cordoba, Gonzalo de, span. Großkapitän 44
Cosimo, Hzg. (1537–1569), dann Ghzg. (–1574) von Toskana 81, 111, 164
Cousin-Montauban, Charles Guillaume, Hzg. v. Palikao, frz. General, leitender Minister und Kriegsminister (1870) 450
Croÿ, Emmanuel Hzg. v., Memorialist 242, 244f., 248f., 258, 270, 274f., 277, 280–282, 290
Curée, Jean François, Mgl. des Tribunats 340

Dalberg, Karl Theodor Reichsfreiherr von, u. a. Kfst. (1802–1806), Ebf. v. Mainz (1802–1803), Fürstprimas des Rheinbundes (1806–1813) 346
Damiens, Robert François, Attentäter Ludwigs XV. 262
Damville, Henri Gf. v., dann Hzg. v. Montmorency, Marschall v. Frankreich, hugenott. Heerführer 116, 118, 131
Danton, George Jacques, frz. Revolutionär, Justizminister (1792), Präsident des Nationalkonvents (1793) 304
Davout, Louis Nicolas, Hzg. v. Auerstaedt, Marschall v. Frankreich, frz. Kriegsminister (1815) 347, 353
Déageant, Guichard de, Favori Ludwigs XIII. 175
Decazes, Elie Hzg. v., frz. Polizeiminister (1815–1818), Innenminister (1818–1820), Président du conseil (1819/20) 384–386
Desaix, Louis Charles Antoine des Aix, gen., Chevalier de Veygoux, frz. General 313, 315, 330f.
Desmaretz, Nicolas (siehe Maillebois)
Diana, unehel. Tochter Heinrichs II. 71, 79, 91, 99
Diebitsch, Iwan Iwanowitsch D.-Samalkanskij, russ. Feldmarschall 360
Dörnberg, Ferdinand Wilhelm Kaspar Freiherr von, preuß. General 353
Doria, Andrea, genues. Kapitän 65f.
Dubois, Guillaume, Ebf. v. Cambrai

(1720–1723), Kardinal, frz. Premierminister (1722/23) 240, 256
Ducos, Pierre Roger, Gf., Mgl. des Direktoriums und 3. Konsul (1799) 326 f.
Dumouriez, Charles François du Périer, gen., frz. General, Außenminister (1792) 404
Dunois, François Gf. v., Hzg. v. Longueville 28 f.
Duplessis-Mornay, Philippe, Berater Heinrichs IV. 152 f., 156
Dupont, Pierre, gen. Dupont de l'Etang, Gf., frz. General 351
Duprat, Antoine, Ebf. v. Sens (1525–1535), Bf. v. Albi (1528–1535), Bf. v. Meaux (1534/35), Kardinal, frz. Kanzler (1514–1535) 57, 63
Duroc, Gerard Christophe Michel du Roc, gen., Hzg. v. Friaul, frz. General und Staatsmann 313

Eduard VI., Kg. v. England (1547–1553) 77, 81
Effiat, Henri Coeffier de Ruzé d', Marquis de Cinq-Mars, Favori Ludwigs XIII. 171, 178 f., 183
Egmont, Lamoraal Gf. v., niederländ. Statthalter und Anführer der Adelsopposition 108
Eleonore, Gattin Franz' I., Schwester Ks. Karls V. 52, 57, 65 f., 69
Elisa, Ghzg.in v. Toskana (1809–1814), Schwester Napoleons I. 308, 345
Elisabeth I., Kg.in v. England (1558–1603) 85, 110–113, 125, 150, 166
Elisabeth, Gattin Karls IX., Tochter Ks. Maximilians II. 71, 91, 99, 110, 124, 131
Elisabeth, Schwester Ludwigs XVI., Ludwigs XVIII. und Karls X. 304
Elisabeth, Tochter Heinrichs II., Gattin Philipps II. v. Spanien 71 f., 85, 91, 99, 110, 120
Elisabeth, Tochter Heinrichs IV., Gattin Philipps IV. v. Spanien 143, 171 f.
Elisabeth, Tochter Ludwigs XVI., Gattin Ludwigs Hzg. v. Angoulême 394
Elisabeth-Maria, Tochter Karls IX. 99, 124
Emanuel Philibert «Eisenkopf», Hzg. v. Savoyen (1553/59–1580) 52, 57, 71 f., 81, 83, 85, 131

Enghien, Louis Antoine de Bourbon-Condé, Hzg. v. 340, 346
Entragues, Charlotte-Henriette de Balsac d', Marquise de Verneuil, Mätresse Heinrichs IV. 143, 164–166, 171
Entragues, François de Balsac, Seigneur d', Vater der Mätresse Heinrichs IV. 166
Epernon, Jean-Louis de Nogaret de la Valette, Hzg. v., Favori Heinrichs III. 135, 138 f., 175
Ercole II., Hzg. v. Ferrara (1534–1559) 24, 78, 82 f.
Ercole III. Rinaldo, Hzg. v. Modena (1780–1796) 316
Ernst von Habsburg, Erzherzog v. Österreich, Sohn Ks. Maximilians II. 116, 128
Essex, Robert Devereux, Gf. v., Günstling Elisabeths I. v. England 166
Estrees, Gabrielle d', Mätresse Heinrichs IV. 143, 163 f.
Etampes, Anne d'Heilly, Hzg.in v., Mätresse Franz' I. 56 f., 76
Eugénie, Gattin Napoleons III. 422, 436, 443, 447 f., 450 f.

Falloux, Frédéric Alfred Pierre Gf. v., frz. Erziehungs- und Kultusminister (1848/49) 430 f.
Favras, Thomas de Mahy, Marquis de, royalist. Verschwörer 372
Fénelon, François de Salignac de la Mothe, Ebf. v. Cambrai (1695–1715), Verfasser des «Telémaque» 16, 275, 278
Ferdinand I., röm. Kg. (1531–1556), Ks. (1556–1564) 66, 80, 82
Ferdinand I., Kg. beider Sizilien (1816–1825), als Ferdinand IV. Kg. v. Sizilien (1759–1816) und Kg. v. Neapel (1759–1799, 1799–1806 und 1815/16) 342, 402, 406
Ferdinand IV., Kg. v. Sizilien (siehe Ferdinand I., Kg. beider Sizilien)
Ferdinand V. (II.), Kg. v. Kastilien (1474–1504/16) und Aragon (1479–1516) 40 f., 43 f., 46–48, 50
Ferdinand VII., Kg. v. Spanien (1808 und 1813–1833) 350
Ferdinand I., Ghzg. v. Toskana (1587–1609) 164

Ferdinand III., Ghzg. v. Toskana (1790–1799 und 1814–1824), Kfst. (1803–1806), Hzg. v. Salzburg (1803–1805), Ghzg. v. Würzburg (1806–1814) 331
Ferdinand, Hzg. v. Parma (1765–1802), Enkel Ludwigs XV. 242, 331, 338
Ferdinand, Hzg. v. Orléans, Sohn Kg. Louis-Philippes 402, 407, 411, 418
Ferdinand, Ehzg. v. Österreich, Sohn Ks. Franz I. Stephan 276
Fersen, Axel Gf. v., Vertrauter Marie Antoinettes 280, 304
Fesch, Joseph, Ebf. v. Lyon (1802–1839), Kardinal, Onkel Napoleons I. 346
Filippo Maria, Hrzg. v. Mailand (1466–1476) 25
Fléchier, Esprit, Bf. v. Lavaur (1685–1687) und Nîmes (1687–1710) 190
Fleury, André Hercule de, Bf. v. Fréjus (1699–1715), Kardinal, leitender frz. Minister (1726–1743) 11, 14, 238, 240–242, 245, 257–259, 266–268, 279, 281, 284
Foix, Gaston de Grailly de, Hzg. v. Nemours, frz. Feldherr 49
Foix, Jean de Grailly de, Vicomte de Narbonne, Schwager Ludwigs XII. 24, 33
Foix, Odet de Grailly de, Seigneur de Lautrec, Marschall v. Frankreich 64
Fouché, Joseph, Hzg. v. Otranto, frz. Polizeimeister (1799–1802, 1809/10 und 1815) 354 f., 381 f.
Fouquet, Nicolas, Marquis de Belle-Isle, frz. Oberintendant der Finanzen (1653–1661) 214
Fould, Achille, frz. Finanzminister (1846–1851, 1851/52 und 1861–1867), Staatsminister und Minister des ksl. Hauses (1852–1860) 431, 439
Francesco II., Hzg. v. Mailand (1521–1524 und 1525 und 1529–1535) 63, 65 f., 68
Francesco Maria, Ghzg. v. Toskana (1574–1587) 85, 171
François, Fst. v. Joinville, Sohn Kg. Louis-Philippes 402, 407, 416
François-Hercule, Sohn Heinrichs II., Hzg. v. Alençon, dann v. Anjou, Dauphin 71, 91, 99, 112, 118, 120, 122, 125, 132 f., 137 f., 149

Françoise-Marie, unehel. Tochter Ludwigs XIV. 189, 209
Franklin, Benjamin, amerikan. Physiker, Schriftsteller und Politiker 285
Franz I. Stephan, Ks. (1745–1765) Hzg. v. Lothringen (1729–1736), Ghzg. v. Toskana (1737–1765) 267 f.
Franz II. (röm.) Ks. (1792–1806), als Franz I. Ks. v. Österreich (1804–1835) 308, 331, 341, 344, 346, 351
Franz I., Ks. v. Österreich (siehe Franz II., (röm.) Ks.)
Franz Joseph I., Ks. v. Österreich (1848–1916) 443 f., 447
Franz I., Kg. v. Frankreich (1515–1547) 9, 15, 24, 36, 39, 46, 50–72, 74–76, 78 f., 88, 91, 99, 122, 156, 159, 161
Franz II., Kg. v. Frankreich (1559/60) 71, 77, 91–100, 103, 120, 147, 169
Franz I., Kg. beider Sizilien (1825–1830) 408
Franz I., Hzg. v. Lothringen (1544–1545) 70
Franz II., Hzg. der Bretagne (1458–1488) 27–30
Franz, Sohn Franz' I., Dauphin 52, 71, 74 f.
Frayssinous, Denis-Luc, Monsignore, frz. Erziehungsminister (1824–1828) 387
Fregoso, Cesare, genues. Gesandter 68
Friedrich III., Kg. v. Preußen und dt. Ks. (1888) 443
Friedrich II. der Große, Kg. v. Preußen (1740–1786) 268 f., 343
Friedrich August I. der Starke, Kfst. v. Sachsen (1694–1733), als August II. Kg. v. Polen (1697–1706 und 1710–1733) 267
Friedrich August II., Kfst. v. Sachsen und als August III. Kg. v. Polen (1733–1763) 267, 272, 274
Friedrich August III., Kfst. v. Sachsen (1763–1806), dann als Friedrich August I. Kg. v. Sachsen (1806–1827), Hzg. v. Warschau (1807–1812/15) 348, 361
Friedrich Wilhelm II., Kg. v. Preußen (1786–1797) 373
Friedrich Wilhelm III., Kg. v. Preußen (1797–1840) 343, 346, 351, 353, 360

Friedrich (Federico), Kg. v. Neapel (1496–1501) 43f.
Friedrich III., Kfst. v. der Pfalz (1559–1576) 107

Galigaï, Leonora, Hofdame und Ratgeberin Marias von Medici 174f.
Gaston Jean Baptiste, Hzg. v. Anjou, dann v. Orléans, Sohn Heinrichs IV. 143, 171, 183, 187, 196
Gattinara, Mercurino Arborio di, Kardinal, Großkanzler Ks. Karls V. (1518–1530) 63, 65
Gaulle, Charles de, frz. General, u. a. Staatspräsident (1959–1969) 452
Genlis, Seigneur de (siehe Brûlart, Pierre)
Georg II., Kg. v. Großbritannien und Irland und Kfst. v. Hannover (1727–1760) 268
Georg, Prinz v. Oldenburg 355
Georg I. (Rákóczy), Fst. v. Siebenbürgen (1630–1648) 187
Germaine, Gattin Ferdinands V. v. Aragón 46f.
Gian Galeazzo, Hzg. v. Mailand (1395–1402) 24, 26
Gneisenau, August Wilhelm Anton Gf. Neidhardt von, preuß. Feldmarschall 348, 356
Godoy, Manuel de G. Alvarez de Faria Rios Sánchez Zarzosa, Hzg. v. Alcudia und Sueca, span. Premierminister (1792–1798 und 1801–1808) 350
Gohier, Louis Jérôme, Mgl. des Direktoriums (1799) 326
Gonzaga, Don Ferrante, span. Gouverneur v. Mailand 78f.
Granvelle, Nicolaus Perrenot, Seigneur de, Diplomat Ks. Karls V. 82
Grégoire, Abbé, frz. Abgeordneter 385
Gregor XIII. (Ugo Buoncompagni), Papst (1572–1585) 116
Gribeauval, Jean Baptiste Vaquette de, frz. General, Generalinspekteur der Artillerie unter Ludwig XVI. 311
Grouchy, Emmanuel Gf. v., Marschall v. Frankreich 365
Guglielmo, Hzg. v. Mantua (1550–1587) 85
Guise, Charles de, Kardinal v. Lothringen, Ebf. v. Reims (1538–1574), Chef der Liga, frz. Oberintendant der Finanzen (1559–1567) 76f., 82, 85, 91f., 94–98, 100, 102–104, 106–109, 111f., 115, 118
Guise, François de Lorraine, zunächst Hzg. v. Aumale, dann Chef der Liga 76f., 80, 82–85, 89, 91f., 94–98, 100, 102–104, 106, 108, 112
Guise, Henri de Lorraine, Hzg. v., Chef der Liga 106, 111f., 114f., 118, 133, 137–142, 150
Guise, Jean de, Kardinal v. Lothringen u. a. Bf. v. Metz (1518–1550), Ebf. v. Narbonne (1524–1550), Ebf. v. Reims (1533–1538), Bf. v. Albi (1535–1550) 58
Guise, Louis de, Kardinal v. Lothringen, Ebf. v. Reims (1574–1588), Chef der Liga 133, 138–142, 150
Guizot, François Pierre Guillaume, frz. Innenminister (1830), Außenminister (1840–1848), Président du conseil (1847–48) 385, 387, 412, 414, 416–420
Gustav II. Adolf, Kg. v. Schweden (1611–1632) 187
Gustav IV. Adolf, Kg. v. Schweden (1792–1809) 342, 357

Hadrian VI. (Adriaan Florensz d'Edel), Papst (1522/23) 64
Hans, Kg. v. Dänemark und Norwegen (1481–1513) und v. Schweden (1497–1501) 41
Hardenberg, Karl August Fst. von, preuß. Staatsminister und Großkanzler (1804–1806), Oberster Minister (1807), Staatskanzler und Präsident des Staatsrates (1810–1822), Außenminister (1804–1806, 1807 und 1814–1818) 356
Harlay, Nicolas du Seigneur de Sancy, Oberintendant der Finanzen (1594–1598) 157
Haugwitz, Christian Heinrich Kurt Gf. v., preuß. Staatsminister und Großkanzler (1792–1794 und 1806), Außenminister (1792–1804 und 1806) 343f.
Haussmann, Georges Eugène Baron, frz. Jurist, Präfekt v. Paris (1853–1870) 21, 440f.
Heinrich (siehe auch Henri)

Heinrich II., Kg. v. Frankreich
(1547–1559) 10, 52, 57f., 66, 68, 71–92,
94, 99f., 103, 120, 123f., 143, 164, 169
Heinrich III., Kg. v. Frankreich
(1574–1589), Kg. v. Polen (1573/74) 71,
91, 99, 108, 110f., 114, 116–143, 147,
149–151, 156, 164
Heinrich IV., Kg. v. Frankreich
(1589–1610), Kg. v. Navarra als Heinrich III. (1572–1610) 9f., 71, 90f., 99,
110, 112–114, 118, 120, 122, 125, 133,
138, 140–172, 174, 182, 186, 203, 210,
213, 242, 272, 307
Heinrich VII., Kg. v. England
(1485–1509) 29, 41, 47
Heinrich VIII., Kg. v. England (1509–
1547) 24, 41, 47–50, 55, 63f., 69f., 77
Henri, Hzg. v. Aumale, Sohn Kg. Louis-Philippes 402, 407, 417
Henri, Hzg. v. Bordeaux, Enkel
Karls X. 386, 401, 407f., 414, 432
Henriette-Marie, Tochter Heinrichs IV.,
Gattin Karls I. v. England 171, 180
Herbert, Godefroy, Bf. v. Coutances
(1478–1510) 28
Hercules (siehe Ercole)
Hoche, Louis Lazare, frz. General 313,
315, 318
Hofer, Andreas, tirol. Freiheitskämpfer 353f.
Hohenlohe-Ingelfingen, Friedrich Ludwig Fst. v., preuß. General 347
Horatio, Hzg. v. Castro (1547–1555),
Gatte Dianas von Frankreich 71, 79,
91, 99
Horn, Philipp II. von Montmorency-Nivelle, Gf. v., niederländ. Statthalter
und Anführer der Adelsopposition 108
Hugo, Kg. v. Frankreich (987–996) 144

Innozenz XII. (Antonio Pignatelli), Papst
(1691–1700) 221
Isabella I., Kg.in v. Kastilien
(1474–1505) 40f., 46
Isabella II., Kg.in v. Spanien
(1833–1868) 402, 411, 417
Isabella Klara Eugenia, Tochter
Philipps II., Erbin der span. Niederlande, Gattin Albrechts von Habsburg 168

Iwan IV. der Schreckliche, russ. Zar
(1547–1584) 116

Jakob IV., Kg. v. Schottland
(1488–1513) 41
Jakob V., Kg. v. Schottland
(1513–1542) 52, 71, 77, 92
Jeanne, Gattin Ludwigs XII., Tochter
Ludwigs XI. 24, 26f., 29f., 32, 34f.
Jeanne, Tochter Heinrichs II. 71, 91, 99,
122
Jeannin, Pierre, Baron de Montjeu, frz.
Oberintendant der Finanzen
(1616–1619) 157, 175
Jérôme, Kg. v. Westfalen (1807–1813),
Bruder Napoleons I. 19, 308, 345, 348,
358, 362, 428, 436
Johann I. Albrecht, Kg. v. Polen
(1492–1501) 42
Johann Friedrich I. Kfst. (1532–1547),
dann nurmehr Hzg. v. Sachsen
(–1554) 79
Johann, Infant v. Kastilien und Aragón
40f.
Johann Kasimier, Pfalzgf., Vormund und
Regent (1583–1592) von Kfst. Friedrich IV. 150
Johanna I. die Wahnsinnige, Kg.in v. Kastilien (1504–1555) 40f.
Johanna III., Kg.in v. Navarra (1555–
1562) 69, 92, 110, 125, 143, 146f., 149,
162
Joly de Fleury, Jean François, frz. Generalkontrolleur der Finanzen (1781–
1783) und Justizminister (1792) 295
Josef Ferdinand, Sohn Kfst. Maximilians
II. v. Bayern 230
Joseph I., röm. Kg. (1690–1705), Ks.
(1705–1711) 274
Joseph II., röm. Kg. (1764/65), Ks.
(1765–1790) 277, 282, 284f., 341
Joseph, Kg. v. Neapel (1806–1808), Kg. v.
Spanien (1808–1813), Bruder Napoleons I. 19, 308, 311, 314, 345, 350f.,
353, 361
Joseph, Kg. v. Portugal (1750–1777) 263
Joseph, Pater, Gehilfe Richelieus 186
Joséphine, Gattin Napoleons I. 308,
314f., 340, 346, 355
Joubert, Barthélmy Catharine, frz. General 326

Jourdan, Jean-Baptiste, Marschall v. Frankreich 317, 320
Joyeuse, Anne Hzg. v., Favori Heinrichs III. 135, 138
Juan d'Austria, Don, Vize-Kg. v. Aragon, unehel. Sohn Karls V., span. Feldherr 112
Juárez, Benito, Präsident v. Mexiko (1861–1872) 447
Julius II. (Guliano della Rovere), Papst (1503–1513) 45, 47–50
Julius III. (Giovanni Maria Ciocchi del Monte) Papst (1550–1555) 78f.
Junot, Andoche, Hzg. v. Abrantès, frz. General 313, 315, 320, 350f.

Karl der Große, fränk. Kg. (768–), langobard. Kg. (774–), Ks. (800–814) 19, 144, 341
Karl V., röm. Kg. (1519–1530), Ks. (1530–1556), Kg. v. Spanien als Karl I. (1516–1556) 9, 41, 45f., 52, 57f., 60, 62–69, 74–82
Karl VI., Ks. (1711–1740), Thronpräsident im span. Erbfolgestreit (Karl [III.]) 230, 232, 267
Karl VII., Ks. (1742–1745), Kfst. v. Bayern als Karl Albrecht (1726–1745) 268f.
Karl V., Kg. v. Frankreich (1364–1380) 26
Karl VIII., Kg. v. Frankreich (1483–1498) 24, 26–40, 43
Karl IX., Kg. v. Frankreich (1560–1574) 71, 91, 97, 99–120, 122–128, 130f., 147, 166
Karl X., Kg. v. Frankreich (1824–1830) 20f., 248, 272, 275, 280, 301, 303, 367f., 371, 373f., 376, 378, 383f., 386–401, 406–409, 414, 416, 432
Karl I., Kg. v. England (1625–1649) 171, 180, 293
Karl II., Kg. v. England (1660–1685) 227
Karl II., Kg. v. Spanien (1665–1700) 230f.
Karl III., Kg. v. Spanien (1759–1788) 270
Karl IV., Kg. v. Spanien (1788–1808) 350
Karl XIII., Kg. v. Schweden (1809–1818), Kg. v. Norwegen (1814–1818) 357
Karl XIV., Kg. v. Schweden und Norwegen (1818–1844), Marschall v. Frankreich, frz. Kriegsminister (1799) 328, 334, 343, 354, 357, 361
Karl, Ghzg. v. Baden (1811–1818) 345

Karl der Kühne, Hzg. v. Burgund (1467–1477) 27, 40, 49
Karl III., Hzg. v. Lotringen (1552–1608) 71, 78f., 91, 99, 120
Karl IV., Hzg. v. Lothringen (1625–1634 und 1659–1675) 187
Karl V., Leopold, Hzg. v. Lothringen (1675–1690) 229
Karl III., Hzg. v. Savoyen (1504–1553) 67
Karl, Hzg. v. Angoulême, unehel. Sohn Karls IX. 99, 125
Karl, Hzg. v. Angoulême, dann v. Orléans, Sohn Franz' I. 52, 68f., 71, 75f.
Karl, Hzg. v. Guyenne, Bruder Ludwigs XI. 27
Karl, Hzg. v. Orléans, Vater Ludwigs XII. 24, 26, 31
Karl Emmanuel I. der Große, Hzg. v. Savoyen (1580–1630) 166f.
Karl Ferdinand, Hzg. v. Berry, Sohn Karls X. 378, 386, 389, 393, 395f., 406f.
Karoline, Gattin Karl Ferdinands Hzg. v. Berry, Tochter Franz I. v. Sizilien 386, 414
Katharina II. die Große, russ. Zarin (1762–1796) 246, 341, 394
Katharina von Medici, Gattin Heinrichs II. 52, 58, 66, 71, 74f., 88, 91f., 95–100, 102–106, 108–118, 120, 122–127, 129–132, 138–141, 143, 146–148, 162
Katharina, Gattin Jérôme Bonapartes, Tochter Kg. Friedrichs I. v. Württemberg 308, 346
Katharina, Tochter Zar Pauls I. 355
Kaunitz-Rietberg, Wenzel Anton Gf. v., österr. Staatskanzler (1753–1792) 242
Kellermann, François Etienne Christophe, Hzg. v. Valmy, Marschall v. Frankreich 316
Kilmaine, Charles Édouard Saul Jennings de, frz. General 315
Kléber, Jean-Baptiste, frz. General 325
Klemens Wenzeslaus, Hzg. v. Sachsen, Kfst. (1768–1803), Ebf. v. Trier (1768–1802) 393
Kutusow, Michail Iliarionowitsch Fst., russ. Feldmarschall 358

Ladislaus (Wladislaw), Kg. v. Böhmen (1471–1516), Kg. v. Ungarn (1490–1516) 42, 47

La Fayette, Marie Jean Paul Roch Yves Gilbert de Motier, Marquis de, frz. General, Président du conseil (1830) 286, 302, 372, 385, 408, 413
Laffémas, Barthélmy de, Ratgeber Heinrichs IV. 159
Laffémas, Isaac de, «Henker des Kardinals» 182
Lafitte, Jacques, frz. Bankier, Président du conseil und Finanzminister (1830/31) 407f., 413
Laharpe, Amédée Emmanuel François, frz. General 315
Lainez, Jacobus, Jesuitengeneral 102
Lamarque, Maximilien, frz. General 414
Lamartine, Alphonse de, frz. Dichter, Außenminister und Mgl. des Exekutivkomitees (1848) 21, 427
Lamoignon de Malesherbes, Guillaume de, Seigneur de Blancmesnil, frz. Kanzler (1750–1768) 263
Lannes, Jean Louis, Hzg. v. Montebello, Marschall v. Frankreich 315, 334, 353
Lannoy, Charles de, Vize-Kg. v. Neapel 64
La Noue, François de, hugenott. Feldherr 118
Lansac, Françoise de Souvri, Marquise de, Gouvernante Ludwigs XIV. 190
La Renaudie, Jean du Barry, Seigneur de 94–96
La Roche-Aymon, Charles Antoine de, Bf. v. Tarbes (1729–1740), Bf. Ebf. v. Toulouse (1740–1752), Ebf. v. Narbonne (1752–1763), Ebf. v. Reims (1763–1777) 277
La Tour du Pin-Gouvernet, Henriette-Louise Dillon, Marquise de 279
La Tréaumont, Georges du Hamel, Seigneur de, Konspirateur gegen Ludwig XIV. 219
La Trémoille, Louis de, Gf. v. Benon und Guines, Marschall v. Frankreich 29, 33, 42
L'Aubespine, Claude de, Seigneur d'Hauterive, Staatssekretär des Äußeren (1547–1567) 70
Lautrec, Seigneur de (siehe Foix, Odet de)
La Vallière, Louise-Françoise de la Baume-le Blanc, Hzg.in v. Vaujours, Mätresse Ludwigs XIV. 189, 207, 209

La Vauguyon, Paul Jacques de Quélen, Hzg. v., Erzieher von Ludwig XVI., Ludwig XVIII. und Karl X. 275f., 368, 390
L'Averdy, Clément Charles François de, Marquis de Gabay, frz. Generalkontrolleur der Finanzen (1763–1768) 242, 262
La Vieuville, Charles Coskaer, Hzg. v., Oberintendant der Finanzen (1623/24 und 1651–1653) 178
La Vrillière, Louis Phélypeaux, Gf. v. Saint-Florentin, Hzg. v., frz. Staatssekretär des kgl. Hauses (1749–1775) und des Äußeren (1770/71) 288
Law, John, Bankier, frz. Generalkontrolleur der Finanzen (1720) 256f.
Le Blanc, Claude, frz. Kriegsstaatssekretär (1718–1723 und 1726–1728) 258
Lebrun, Charles François, Hzg. v. Plaisance, 3. Konsul (1799–1802) 328
Leclerc, Charles Victor-Emmanuel, General und Schwager Napoleons I. 313
Lecourbe, Claude Joseph, frz. General 334
Ledru-Rollin, Alexandre-Auguste, frz. Innenminister und Mgl. des Exekutivkomitees (1848) 417, 428, 431
Lefèvre d'Ormesson, Henri François de Paul, Marquis d'Amboile, frz. Generalkontrolleur der Finanzen (1783) 295
Le Jay, Nicolas, Parlamentspräsident v. Paris 179
Le Normant d'Étioles, Charles Guillaume, Gatte der Marquise de Pompadour 248
Le Nôtre, André, «Generalkontrolleur der Gebäude und Gärten des Königs» unter Ludwig XIV. 204
Leo X. (Giovanni di Medici), Papst (1513–1521) 49f., 58, 63
Leopold I., Ks. (1658–1705) 230f.
Leopold II., Ks. (1790–1792), Ghzg. v. Toskana (1765–1790) 373, 393
Leopold I., Kg. der Belgier (1831–1865) 402, 410
Leopold, Prinz von Hohenzollern-Sigmaringen, Prätendent für den span. Thron (1870) 449f.
Leopold Joseph, Hzg. v. Lothringen (1690–1729) 229

Le Peletier de Forts, Michel Robert, Gf. v. St. Fargeau, frz. Generalkontrolleur der Finanzen (1720 und 1726–1730) 258
Le Tellier, François-Michel, Marquis de Louvois, frz. Kriegsstaatssekretär (1662–1691), Oberintendant für Bauten (1683–1691) 206–208, 213, 215, 218f., 223, 227, 234
Le Tellier, Michel, Seigneur de Chaville, frz. Kriegsstaatssekretär (1643–1651 und 1651–1662), Kanzler und Siegelbewahrer (1677–1685) 213, 218f., 223
Leyva, Antonio de, span. General 64, 66
Lezay-Marnésia, Adrien, frz. Präfekt 337
L'Hôpital, Michel de, frz. Kanzler (1560–1573), Siegelbewahrer (1560–1568) 95, 97, 102, 105, 147
L'Huys, Édouard Drouyn de, frz. Außenminister (1848/49, 1851, 1852–1855 und 1862–1866) 442
Lomenie de Brienne, Etienne Charles, Bf. v. Condom (1761–1763), Ebf. v. Toulouse (1763–1788), Ebf. v. Sens (1788–1794), Kardinal, frz. Generalkontrolleur der Finanzen (1787/88) 296–298
Longueville, Anne-Geneviève, Hzg.in v. 221
Lorenzo II., Herr v. Florenz u. (Gegen-)Hzg. v. Urbino (1516–1519), Vater Katharinas von Medici 56, 71, 74, 91, 99
Louis, Hzg. v. Nemours, Sohn Kg. Louis-Philippes 402, 407, 409
Louis Charles, Gf. v. Beaujolais, Bruder Kg. Louis-Philippes 402, 405
Louis-Charles, Sohn Ludwigs XVI., Dauphin (siehe Ludwig [XVII.])
Louis Jean Marie, Hzg. v. Bourbon-Penthièvre, Großvater Kg. Louis-Philippes 402, 404
Louis-Joseph, Sohn Ludwigs XVI., Dauphin 299
Louis-Napoleon, Sohn Napoleons III., Kronprinz 422, 436, 449, 451
Louis-Philippe,. Gf. v. Paris, Enkel Kg. Louis Philippes 402, 419, 432
Louis-Philippe, Hzg. v. Orléans («Philippe Égalité»), Vater Kg. Louis-Philippes 289, 296, 305, 402, 404–406
Louis-Philippe, Kg. der Franzosen (1830–1848) 21, 368, 399, 401–421, 425, 427, 429, 432
Louise von Savoyen, Mutter Franz' I. 52, 57, 71
Louise de Vaudémont, Gattin Heinrichs III. 71, 91, 99, 120, 132f.
Louise, Tochter Franz I. 52, 62, 71
Louise, Tochter Kg. Louis-Philippes, Gattin Leopolds I. v. Belgien 402, 410
Louise, Tochter Ludwigs XV. 247f.
Louise-Françoise, unehel. Tochter Ludwigs XIV. 189, 209
Louise Marie, Tochter Ludwigs XV. 247
Louise-Marie-Joséphine, Gattin Ludwigs XVIII., Tochter Amadeus' III. v. Sardinien 367f., 377, 390
Louvel, Louis Pierre, Mörder Karl Ferdinands Hzg. v. Berry 386
Louvois, Marquis de (siehe Le Tellier, François-Michel)
Lucien, Fst. von Camino und Musignano, Bruder Napoleons I. 308, 327, 346
Ludovico Maria, Hzg. v. Mailand (1494–1499/1500) 31f., 40, 42, 49
Ludwig (siehe auch Louis)
Ludwig XI., Kg. v. Frankreich (1461–1483) 10, 24f., 27–29, 38, 54, 156
Ludwig XII., Kg. v. Frankreich (1498–1515) 7, 24–52, 61, 63, 71, 78
Ludwig XIII., Kg. v. Frankreich (1610–1643) 10, 143, 157, 164f., 171–190, 192f., 196, 203, 211, 214, 281, 404
Ludwig XIV., Kg. v. Frankreich (1643–1715) 9–11, 15f., 71, 156, 168, 170f., 185, 189–238, 240–245, 251, 253–258, 266, 279, 319, 404, 416
Ludwig XV., Kg. v. Frankreich (1715–1774) 9, 11, 235, 237–271, 274–279, 281, 283f., 286–290, 367f., 389, 404
Ludwig XVI., Kg. v. Frankreich (1774–1792), ab 1791 als «Kg. der Franzosen» 11, 17f., 237, 248, 272–307, 367f., 370–372, 374, 379, 381, 389f., 392–394, 400, 402, 404, 406
Ludwig (XVII.), Sohn Ludwigs XVI., Dauphin 272, 302, 304f., 367, 374f., 392, 394, 424
Ludwig XVIII., Kg. v. Frankreich (1814/15

–1824) 20f., 248, 272, 275f., 280, 303, 318, 364, 367–390, 392, 394–397, 406f., 409
Ludwig, Kg. v. Holland (1800–1810), Bruder Napoleons I., Vater Napoleons III. 308, 345, 354, 422, 424f.
Ludwig, Gf. v. Nassau (1559–1574), prot. Feldherr, Bruder Wilhelms v. Nassau-Oranien 111–113, 117f.
Ludwig, Hzg. v. Angoulême, Sohn Karls X. 272, 364, 378, 387, 389, 393–395, 406
Ludwig, Sohn Ludwigs XIV., «le Grand Dauphin» 189, 234, 238
Ludwig, Hzg. v. Burgund, Enkel Ludwigs XIV., Dauphin 189, 234, 237f.
Ludwig, Hzg. v. Burgund, Enkel Ludwigs XV., Dauphin 274f.
Ludwig, Hzg. der Bretagne, Urenkel Ludwigs XIV., Dauphin 189, 235, 238
Ludwig, Sohn Ludwigs XV., Vater Ludwigs XVI., Ludwigs XVIII. und Karls X., Dauphin 237, 248, 263, 272, 274f., 287, 367f., 389
Ludwig, Gf. v. Vermandois, unehel. Sohn Ludwigs XIV., Admiral v. Frankreich 209
Ludwig, Sohn Heinrichs II. 71, 91, 99, 120
Ludwig Alexander, Gf. v. Toulouse, Hzg. v. Damville, unehel. Sohn Ludwigs XIV., Admiral v. Frankreich 189, 209, 235
Ludwig August, Hzg. v. Maine, unehel. Sohn Ludwigs XIV. 189, 209, 233, 235, 238
Luise, Gattin Friedrich Wilhelms III. v. Preußen 343, 348
Lully, Jean-Baptiste, frz. Komponist, «Oberintendant für Musik» Ludwigs XIV., 16, 207
Luxembourg, Philippe de, Bf. v. Le Mans (1477–1506), Bf. v. Terouanne (1497–1512), Kardinal 35
Luynes, Hzg. v. (siehe Albert)

MacDonald, Jacques Etienne Joseph Alexandre, Hzg. v. Tarent, Marschall v. Frankreich 334, 353, 360
Machault d'Arnouville, Jean Baptiste de, frz. Generalkontrolleur der Finanzen (1745–1754), Siegelbewahrer (1750–1757), Marinestaatssekretär (1754–1757) 261f., 278
Mack, Karl, Baron von Leiberich, österr. General 343
MacMahon, Marie Edme Patrice Maurice Gf. v., Hzg. v. Magenta, Marschall v. Frankreich, Staatspräsident (1873–1879) 22
Magdalena, Mutter Katharinas von Medici 71, 74, 91, 99
Mahmud II., osm. Sultan und Kalif (1808–1839) 411
Maillebois, Nicolas des Maretz, Marquis de, Generalkontrolleur der Finanzen (1708–1715) 218
Maintenon, Françoise d'Aubigné, Marquise de, Gattin Ludwigs XIV. 189, 193, 205f., 233, 235
Malesherbes, Chrétien Guillaume de Lamoignon de, frz. Staatssekretär des kgl. Hauses (1775/76) 278, 282, 288
Malet, Claude Françoise de, frz. General 359
Mancini, Maria, Mätresse Ludwigs XIV. 198f.
Marat, Jean Paul, frz. Revolutionär, Präsident des Jakobinerclubs 255, 304f.
Marcel, Claude, Anführer der Miliz der Bartholomäusnacht 127
Margarete von Österreich, Tocher Ks. Maximilians I. 30, 40f., 46, 49f.
Margarete, Schwester Franz' I., Gattin Heinrichs II. v. Navarra 52, 57f., 65, 144, 146f.
Margarete, Tochter Franz' I., Gattin Emanuel Philiberts v. Savoyen 52, 57, 71f., 85
Margarete, Tochter Heinrichs II., Gattin Heinrichs IV. 71, 91, 99, 110, 112–114, 118, 120, 122, 125, 143, 162–164
Marguerite de Vaudémont, Schwester Karls IV. v. Lothringen, Gattin Gastons v. Orléans 183, 187
Maria II. la Gloria, Kg.in v. Portugal (1826–1828 und 1834–1853) 411
Maria Stuart, Kg.in v. Schottland (1542–1567), 1558–1560 Gattin Franz' II. 77, 91f., 102f.
Maria Tudor, Kg.in v. England (1553–1558) 81, 85

494  Personenregister

Maria, Gattin Ludwigs XII., Schwester Heinrichs VIII. v. England 24, 50, 63
Maria, Gattin Ludwigs XV., Tochter Stanislaus Leszczynskis, Kg. v. Polen und Hzg. v. Lothringen 237, 241, 246–248, 274
Maria, Schwester Ludwigs XII. 24, 33
Maria, Tochter Ks. Karls V. 68
Maria von Burgund, Gattin Ks. Maximilians I. 40
Maria de Guise, Gattin Jakobs V. v. Schottland 77, 92, 96
Maria von Kleve, Mutter Ludwigs XII. 24, 26
Maria von Kleve, Gattin von Henri I. de Condé 125f., 130–132
Maria von Medici, Gattin Heinrichs IV. 143, 164f., 169–172, 174–176, 178f., 182, 186
Maria Amelia, Gattin Kg. Louis-Philippes, Tochter Ferdinands I. v. Sizilien 402, 406, 420
Maria Anna, Großmutter Ludwigs XV., Tochter Ferdinand Marias v. Bayern 238
Maria Anna, unehel. Tochter Ludwigs XIV. 189, 209
Maria Anna Victoria, Infantin, Verlobte Ludwigs XV., 240f., 266
Maria Josepha, Tochter Friedrich Augusts II. v. Sachsen, Mutter Ludwigs XVI., Ludwigs XVIII. und Karls X. 248, 272, 274f., 367f., 389
Maria Josepha, Tochter Ks. Josephs I. 274
Maria Karoline, Gattin Ferdinands I. von Sizilien, Tochter Maria Theresias v. Österreich 342, 402, 406
Maria Theresia, Ehzg.in v. Österreich (1740–1780), Kg.in v. Ungarn (1741–1780), Kg.in v. Böhmen (1743–1780), Gattin Ks. Franz I. 268, 272, 276, 278, 284, 342
Maria Theresia, Gattin Ludwigs XIV. 189, 193, 198f., 208, 224, 233
Maria Theresia, Tochter Ludwigs XVI. 272, 304
Marie Adélaïde, Mutter Ludwigs XV. 237f.
Marie Antoinette, Gattin Ludwigs XVI., Tochter Maria Theresias v. Österreich 272, 276–278, 284, 288f., 292f., 295f., 299–302, 304, 390, 392, 394, 402, 406
Marie Louise, Gattin Napoleons I., Tochter Ks. Franz II (I.) 308, 346, 355, 364, 424
Marie Louise Adélaïde, Mutter Kg. Louis-Philippes 402, 404f.
Marie Louise Elisabeth, Tochter Ludwigs XV. 237, 247f.
Marie Thérèse, Gattin Karls X., Tochter Victor Amadeus' III. v. Sardinien 389f., 393
Marillac, Louis de, Marschall v. Frankreich 178f., 183
Marillac, Michel de, frz. Oberintendant der Finanzen (1624–1626), Siegelbewahrer (1626–1630) 178f., 182–184
Marmont, Frédéric-Louis Vesse de, Hzg. v. Ragusa, Marschall v. Frankreich 313, 315, 320, 364, 401
Martignac, Jean Baptist Gay, Vicomte de, frz. Président du conseil und Innenminister (1828/29) 399
Masséna, André, Hzg. v. Rivoli, Marschall v. Frankreich 315, 330, 334, 343
Maupeou, René Nicolas Charles Augustine, frz. Kanzler (1768–1790) und Siegelbewahrer (1768–1774) 264f., 270, 288, 404
Maurepas, Jean-Frédéric-Phélypeaux, Gf. v., Staatssekretär des kgl. Hauses (1718–1749). Marinestaatssekretär (1723–1749), leitender frz. Minister (1774–1778) 278f., 281, 285–288, 291, 293, 295
Maximilian I., röm. Kg. (1486–1508), Ks. (1508–1519) 29f., 40f., 43, 45–47, 50
Maximilian II., röm. Kg. (1562–1564), Ks. (1564–1576) 71, 91, 110f., 124, 128, 130, 131
Maximilian I., Ks. v. Mexiko (1864–1867), Ehzg. v. Österreich, Bruder Ks. Franz Josephs I. 447
Maximilian I., Kg. v. Bayern (1806–1825), als Maximilian IV. Josef Kfst. v. Pfalz-Bayern (1799–1805) 345, 425
Maximilian, Hzg. v. Mailand (1512–1515) 49
Mayenne, Charles de Lorraine, Hzg. v., Bruder v. Henri de Guise, Chef der «Seize» 141, 151, 154

Mazarin, Jules (Giulio Raimondo Mazzarino), Hzg. v. Nevers, Bf. v. Metz (1653–1658), Kardinal, frz. Premierminister (1643–1661) 10, 170, 192–199, 201, 203, 207, 211, 214, 221, 224f., 257f.
Melas, Michael Friedrich Benedikt Baron v., österr. Feldmarschall 330
Ménou, Jacques François Baron de, frz. General undf Diplomat 325
Mercoer, Philippe Emmanuel de Vaudémont, Hzg. v., Chef der Liga nach dem Tod der Guise 151, 154
Mercy-Argenteau, Claude Florimond Gf. v., österr. Botschafter am Hof Ludwigs XV. und Ludwigs XVI. 278, 284
Metternich, Clemens Wenzel Lothar Nepomuk Fst. v., österr. Außenminister und Hof- und Staatskanzler (1809–1848) 343, 355, 361–363, 411, 413
Miguel, Don, als Michael I. Kg. v. Portugal (1828–1834) 411
Miollis, Alexandre-François-Siste, frz. General 351
Mirabeau, Honoré Gabriel Riqueti, Gf. v. frz. Publizist und Politiker 294, 372
Miromesnil, Armand Thomas Hue de, frz. Siegelbewahrer (1774–1787) 288
Mitterrand, François, u. a. frz. Staatspräsident (1981–) 336
Molé de Champlâtreux, Mathieu, frz. Siegelbewahrer (1651–1656) 190
Monge, Gaspard, Gf. v. Pelusium, frz. Mathematiker, Marineminister (1792/93) 251, 311, 324f.
Monluc, Jean de, Bf. v. Valence (1553–1579) 129
Montbarey, Alexandre Marie Léonor de Saint-Mauris, Gf., dann Fst. v., frz. Kriegsstaatssekretär (1777–1780) 285
Montbazon, Hercule de Rohan, Hzg. v. 175
Montespan, Françoise-Athénais de Rochechouart, Marquise de, Mätresse Ludwigs XIV. 189, 207, 209, 233, 235, 404
Montesquiou-Fézensac, François Xavier Marc Antoine Abbé de, frz. Innenminister (1814/15) 378
Montgelas, Maximilian Joseph de Garnerin, Gf. v., bayr. Geheimer Staatsminister und Außenminister (1799–1817), Innenminister (1803–1817), Finanzminister (1803–1806 und 1809–1817) 353
Montmorency, Anne Hzg. v., Marschall v. Frankreich, Konnetabel v. Frankreich 58, 60, 64f., 67, 72, 76f., 81, 83f., 92, 95, 103–105
Montmorency, Charlotte-Marguerite de 168, 192
Montmorency, François Hzg. v., Marschall v. Frankreich 71, 91, 99, 118
Montmorency, Henri Hzg. v., Gouverneur des Languedoc 183
Montmorency, Mathieu Jean Félicité Vicomte de, frz. Außenminister (1821/22) 396
Montpensier, Catherine-Marie de, Schwester von Henri de Guise 140
Moore, Sir John, brit. General 352
Moreau, Jean-Victor, frz. General 317, 328, 331, 340, 359, 362
Moritz von Sachsen (Maréchal de Saxe), Marschall v. Frankreich 269
Moritz, Hzg. v. Sachsen (1541–1553) und Kfst. (1548–1553) 79f.
Morny, Charles Auguste Louis Joseph Hzg. v., Halbbruder Napoleons III., frz. Innenminister (1851/52) 422, 433f., 436, 447
Moulin, Jean François Auguste, General und Mgl. des Direktoriums (1799) 326
Muhammad-'Ali (Mehmet Ali), Statthalter von Ägypten (1805/1811–1848) 411f.
Murat, Joachim, Ghzg. v. Kleve und Berg (1806–1808), Kg. v. Neapel (1808–1815), Schwager Napoleons I. 19, 308, 314f., 320, 345, 350, 362
Muy, Louis Nicolas de Félix, Gf. v., Marschall v. Frankreich, Kriegsstaatssekretär (1774/75) 287f.

Napoleon I., Ks. der Franzosen (1804–1814/15), als Napoleon Bonaparte Erster Konsul (1799–1802) und Konsul auf Lebenszeit (1802–1804) 9, 19–21, 23, 256, 308–366, 376–382, 385, 394f., 406f., 409f., 412, 414–416, 422, 424, 426, 428f., 433–438, 441
Napoleon (II.), Kg. v. Rom (1811–1814),

Hzg. v. Reichstadt, Sohn Napoleons
  I. 308, 355, 364, 414, 424, 426
Napoleon III., Ks. der Franzosen
  (1852–1870), als Louis-Napoleon Bonaparte frz. Staatspräsident
  (1848–1852) 7, 9, 20–23, 308, 365, 416,
  422–452
Napoleon Charles, Bruder Napoleons
  III. 424
Napoleon Louis, Bruder Napoleons III.
  424 f.
Napoleon-Jérôme, Napoleon Joseph
  Charles Paul Bonaparte, gen., Sohn
  Jérômes Kg. v. Westfalen, frz. Kolonialminister (1858/59) 436, 451
Necker, Jacques, frz. Generaldirektor der
  Finanzen (1777–1781, 1788/89 und
  1789/90), leitender Minister (1788/89
  und 1789/90) 282, 287, 291–295,
  298–300, 371
Nesle, Louis de Mailly, Marquis de, Vater v. vier Mätressen Ludwigs XV. 248
Nevers, Charles de Gonzague et de Clèves, Hzg. v. 187
Ney, Michel, Hzg. v. Elchingen, Marschall v. Frankreich 358, 361, 382
Niel, Adolphe, Marschall v. Frankreich,
  Kriegsminister (1867–1869) 449
Nikolaus I., russ. Zar (1825–1855) 411
Noailles, Adrien Maurice Hzg. v., Marschall v. Frankreich, Vorsitzender des
  Finanzrates (1715–1718) 268
Noailles, Louis Marie Chevalier d'Arpajon, Vicomte de, frz. General 286
Noyers, François Sublet, Seigneur des,
  frz. Kriegsstaatssekretär
  (1636–1643) 179

Oelsner, Konrad Engelbert, dt. Journalist 306
O, François d', Marquis de Maillebois,
  frz. Generalkontrolleur der Finanzen
  (1578–1594), Favori Heinrichs III. 135
Ottavio, Hzg. v. Parma und Piacenza
  (1547–1549 und 1550/56–1586) 79, 83
Olivier, François, frz. Kanzler
  (1545–1560) und Siegelbewahrer
  (1545–1550 und 1559/60) 76, 95
Ollivier, Emile, frz. leitender Minister,
  Außen- und Justizminister
  (1870) 448–450

Orange, Jean de Chalon, Fst. v., Oppositioneller zu Ludwig XII. 29
Orléans, Hzg. v., Regent (siehe
  Philipp II., Hzg. v. Orléans)
Ornano, Jean Baptiste d', Marschall v.
  Frankreich 183
Orry, Philibert, Gf. v. Vigneroy, frz. Generalkontrolleur der Finanzen
  (1730–1745) und Generaldirektor für
  Bauten (1736–1745) 258
Orsini, Felice, Attentäter Napoleons III.
  443
Oudinot, Nicolas Charles, Hzg. v. Reggio, Marschall v. Frankreich 320

Palikao, (siehe Cousin-Montauban)
Palm, Johann Philipp, Nürnberger Buchhändler 346
Palmerston, Henry John Temple, Viscount, brit. Außenminister
  (1830–1834, 1835–1841 und 1846–1851),
  Premierminister (1855–1858 und
  1859–1865) 412
Paoli, Paquale, korsischer Freiheitskämpfer 310, 312
Pâris-Duverney, Joseph, frz. Finanzier 257, 261
Paul I., russ. Zar (1796–1801) 284, 332,
  406
Paul III. (Alessandro Farnese), Papst
  (1534–1549) 67 f., 78
Paul IV. (Gian Pietro Carafa), Papst
  (1555–1559) 72, 82, 84
Péréfixe, Hardouin de, Ebf. v. Paris
  (1664–1671), Erzieher Ludwigs XIV.
  193 f.
Périer, Casimir, Bankier, frz. Président
  du conseil (1831/32) 413 f.
Persigny, Jean Gilbert Victor Fialin, Hzg.
  v., frz. Innenminister (1852–1854 und
  1860–1863) 426, 428, 436 f.
Pescara, Ferdinando Francesco d'Avalos,
  Marchese di, span.-neapolit. Feldherr 63
Pétain, Henri Philippe, Marschall v.
  Frankreich, Kriegsminister (1934), Président du conseil (1940–1942), «Chef
  de l'Etat Français» (1940–1944/45) 451
Phélippeaux, Antoine Le Picard de, Mitschüler Napoleon I. 325
Philipp II., Kg. v. Spanien

(1556–1598) 68, 71f., 81f., 84f., 91, 96, 99, 103, 106, 110f., 120, 125, 127, 133, 154
Philipp IV., Kg. v. Spanien (1621–1665) 171f., 225
Philipp V., Kg. v. Spanien (1700–1746), Enkel Ludwigs XIV. 230–232
Philipp I. der Schöne, Kg. v. Kastilien (1504–1506) 40f., 46, 52
Philipp, Hzg. v. Parma (1748–1765) 237, 248
Philipp Christoph von Soetern, Kfst. und Erzbischof v. Trier (1623–1652) 187
Philipp der Großmütige, Lgf. v. Hessen (1509–1567) 79
Philipp, Gf. v. Ravenstein, Onkel Ludwigs XII. 43
Philipp II., Hzg. v. Orléans, Regent v. Frankreich (1715–1723) 52, 209, 252f., 255f., 266, 404
Philipp, Hzg. v. Anjou, dann v. Orléans, Sohn Ludwigs XIII. 171, 189, 192
Philipp, Sohn Ludwigs XV. 247
«Philippe Égalité», Hzg. v. Orléans (siehe Louis-Philippe)
Pichegru, Jean Charles, frz. General 318, 340
Pier Luigi, Hzg. v. Parma und Piacenza (1545–1547), natürlicher Sohn Papst Pauls III. 78
Pinart, Claude, Staatssekretär des Äußeren (1570–1588) 140
Pinel, Philippe, frz. Arzt 306
Pitt (der Jüngere), William, brit. Premierminister (1783–1801 und 1804–1806) 332
Pius III. (Francesco Todeschini-Piccolomini), Papst (1503) 45
Pius V. (Antonio Michele Ghislieri), Papst (1566–1572) 109, 111
Pius VI. (Gianangelo Marquese Braschi), Papst (1775–1799) 280, 302, 317
Pius VII. (Luigi Barnabao Conte di Chiaramonti), Papst (1800–1823) 19, 333, 340, 350, 353, 357, 361
Pius IX. (Giovanni Maria Gf. Mastai-Ferretti), Papst (1846–1878) 431, 444
Poitier, Diane de, Mätresse Heinrichs II. 72, 74f., 89, 92, 124
Polastron, Marie Louise Vicomtesse de, Geliebte Karls X. 392

Pole, Reginald, Ebf. v. Canterbury (1556–1558), Kardinal 81
Polignac, Jules Auguste Armand Marie Gf., dann Hzg. v., frz. Président du conseil und Außenminister (1829/30), Marineminister (1829) 393, 398–400
Pombal, Sebastião José de Carvalho e Melo, Gf. v. Oeiras, Marquês de, portug. Außenminister (1749/50), Premier- und Innenminister (1750–1777) 263
Pompadour, Godefroy de, Bf. v. Angoulême (1467–1470), Bf. v. Périgueux (1470–1486), Bf. v. Le Puy (1486–1514) 28
Pompadour, Jeanne Antoinette le Normant d'Étioles, Marquise de, Mätresse Ludwigs XV. 247–249, 259–263, 274, 278
Pomponne, Simon Arnauld, Marquis de, frz. Staatssekretär des Äußeren (1671–1679), Oberintendant der Post (1697–1699) 208, 221
Pont-à-Mousson, Henri Marquis de, später als Heinrich II. Hzg. v. Lothringen (1608–1624), ligist. Thronprätendent (1588/89) 139f.
Poyet, Guillaume, Baron de Beyne, frz. Kanzler (1538–1545), Siegelbewahrer (1538–1542) 60
Pozzo di Borgo, Charles André Gf. v., korsischer Politiker und Diplomat in russ. Diensten 312, 356
Praet, Louis de Flandre, Seigneur de, Diplomat Ks. Karls V. 65
Prie, Agnès Berthelot de Pléneuf, Marquise de, Mätresse von Louis Henri Hzg. v. Bourbon 257
Puisieux (siehe Brûlart, Pierre)

Rákóczy, (siehe Georg I., Fst. v. Siebenbürgen)
Ravaillac, François, Mörder Heinrichs IV. 143, 169
Renée, Tochter Ludwigs XII. 24, 36
Renée, Enkelin Ludwigs XII., Gattin Ercoles II. v. Ferrara 78
Richelieu, Armand du Plessis, Hzg. v., frz. Président du conseil (1815–1818 und 1820/21), Außenminister (1815–1818) 383–387, 396

Richelieu, Armand Jean du Plessis, Hzg. v., Bf. v. Luçon (1608–1624), Kardinal, Kriegsstaatssekretär und Staatssekretär des Äußeren (1616/17), leitender Minister (1624–1629), Premierminister (1629–1642) 10, 90, 157, 159f., 170, 172, 175–187, 195, 199, 219f., 224–226, 257f., 281, 404

Richelieu, Louis François Armand de Vignerot du Plessis, Hzg. v., Marschall v. Frankreich 261

Rincone (Rincon), Antonio, Diplomat Franz'I. 68

Robertet, Florimond, Notar von Anne de Bretagne 39

Robespierre, Augustine Bon Joseph de, frz. Revolutionär 313f.

Robespierre, Maximilien de, frz. Revolutionär, Präsident des Nationalkonvents (1793 und 1794) 17f., 300, 303–305, 313f.

Rochambeau, Jean-Baptiste Donatien de Vimeur, Gf. v. Marschall v. Frankreich 286

Rochefort, Guy de, frz. Kanzler (1497–1507) 39

Rohan, Henri Hzg. v., Hugenotten-Führer 176, 180, 181

Rohan, Marie de, Hzg.in v. Chevreuse, Gattin von Charles d'Albert 175, 183

Rohan, Pierre de, Seigneur de Gié, Marquis de Vasto-Ammone, Marschall v. Frankreich 39

Rohan-Guémené, Louis de, Konspirateur gegen Ludwig XIV. 219

Rouvroy, Claude de (siehe Saint-Simon)

Saint-Aignan, François-Honorat de Beauvillier, Hzg. v. 207

Saint-André, Jacques d'Albon, Seigneur de, Marschall v. Frankreich 103f.

Saint-Luc, François d'Espinay, Seigneur de, Favori Heinrichs III. 135

Saint-Mauris, Jean de, Diplomat Ks. Karls V. 70

Saint-Priest, Guillaume Emmanuel Guignard, Gf. v., frz. Kriegsminister (1789), Minister des kgl. Hauses bzw. des Inneren (1789–1791) 280

Saint-Simon, Claude de Rouvroy, Hzg. v., Favori Ludwigs XIII. 171, 177

Saint-Simon, Claude Henri de Rouvroy, Gf. v., Sozialphilosoph 21, 427, 431

Saint-Simon, Louis de Rouvroy, Hzg. v., frz. Memorialist 212

Saint-Sulpice, Henri d'Ebrard de, Favori Heinrichs III. 135

Saliceti, Antoine Christoph, frz. Revolutionär und Diplomat 313

Sardan de Paul (Jean François de Paule, Chevalier de Sardan), Konspirateur gegen Ludwig XIV. 220

Sartine, Antoine de, Gf. v. Alby, frz. Marinestaatssekretär (1774–1780) 288

Scharnhorst, Gerhard Johann David v., preuß. General 356

Scherer, Bartélemy Louis Joseph, frz. General und Kriegsminister (1797–1799) 315

Schill, Ferdinand v., preuß. Major 353

Schiner, Matthäus, Bf. v. Sitten (1499–1522), Bf. v. Novara (1511–1517), Kardinal 48

Schomberg, Henri de Marschall v. Frankreich, frz. Oberintendant der Finanzen (1619–1623) 178

Schwarzenberg, Karl Philipp Fst. zu, Hzg. v. Krumau, österr. Feldmarschall 362

Sebastian, Kg. v. Portugal (1557–1578) 110

Séguier, Dominique, Bf. v. Auxerre (1632–1637), Bf. v. Meaux (1637–1659) 190

Séguier, Pierre, Hzg. v. Villemor, frz. Siegelbewahrer (1633–1650, 1651 und 1656–1672), Kanzler (1635–1672) 179, 200

Ségur, Philipp Henri, Marquis de, Marschall v. Frankreich, frz. Kriegsstaatssekretär (1780–1787) 286

Selim III., Sultan und Kalif (1789–1807) 332

Selve, Jean de, Parlamentspräsident v. Paris 65

Semblançay, Jacques de Beaune, Seigneur de, Oberintendant der Finanzen (1518–1523) 60

Sérrurier, Jean Mathieu Philibert Gf., Marschall v. Frankreich 315

Servien, Abel, Marquis de Sablé, frz. Kriegsstaatssekretär (1630–1636),

Oberintendant der Finanzen (1653–1661) 179
Seyssel, Claude de, Hofhistoriograph Ludwigs XII. 38, 51
Sforza, Giovanni-Galeazzo, Schwager Ks. Maximilians I. 40
Sieyès, Emmanuel Joseph Gf., Abbé, Mgl. des Direktoriums und 2. Konsul (1799) 298, 326f.
Sigmismund II. August, Kg. v. Polen (1548–1572) 116, 128, 130
Sillery, Marquis de (siehe Brûlart, Nicolas)
Sixtus V. (Felice Peretti), Papst (1585–1590) 138, 141, 150
Smith, Sir William Sidney, brit. Admiral 325
Soderini, Francesco, Bf. v. Volterra (1478–1509), Bf. v. Saintes (1507–1524), Bf. v. Vicenza (1516–1524), Bf. v. Ostia (1523/24), Kardinal 64
Somerset, Eduard I. (Seymour) Gf. v. Hertford, Hzg. v., Protektor Englands (1547–1549) 77
Soubise, Benjamin de Rohan, Hzg. v., hugenott. Flottenbefehlshaber 180
Soult, Nicolas Jean de Dieu, Hzg. v. Dalmatien, Marschall v. Frankreich, frz. Kriegsminister (1814/15, 1830–1834 und 1840–1845), Président du conseil (1832–1834, 1839/40 und 1840–1847), Außenminister (1839/40) 354, 412, 414, 417
Stanislaus Leszczynski, Kg. v. Polen (1704–1709 und 1733–1736), Hzg. v. Lothringen (1736–1766) 237, 241, 267, 368
Stein, Heinrich Friedrich Karl Freiherr vom und zum, preuß. Staatsminister u. Großkanzler (1807/08) 352, 356, 360
Strozzi, Piero, Gouverneur v. Siena 81
Suchet, Louis, Gabriel, Hzg. v. Albufera, Marschall v. Frankreich 313, 315
Süleymann II. Kanuni, osm. Sultan und Kalif (1520–1566) 60, 62, 79
Sully, Maximilian de Béthune, Hzg. v., leitender frz. Minister (1598–1610), Oberintendant der Finanzen (1598–1611) 157–159, 161, 168f., 174
Suwarow, Alexander Wasiljewitsch Gf., russ. General 325

Talleyrand-Périgord, Charles Maurice Hzg. v., frz. Außenminister (1797–1799, 1799–1807, 1814 und 1815), Président du conseil (1815) 324, 327, 331f., 344f., 350f., 364, 378, 381f., 395, 401, 410, 422, 425
Teil, Jean-Pierre du, frz. General 311
Tellier, Michel, Beichtvater der Marquise de Maintenon 234
Tencin, Pierre Guérin de, Erzbischof v. Embrun (1724–1740) und Lyon (1740–1758), Kardinal 261
Tenczynski, Jan, Gf., poln. kgl. oberster Kammerherr 131
Terray, Joseph Marie, Abbé, frz. Generalkontrolleur der Finanzen (1769–1774) und Oberintendant für Bauten (1773/74) 264f., 288
Thiers, Marie Joseph Louis Adolphe, frz. Innenminister (1832, 1834 und 1834–1836), Président du conseil (1836, 1840 und 1848), Außenminister (1836 und 1840), Chef du Pouvoir exécutif bzw. Président du conseil (1871–1873), Staatspräsident (1871–1873) 408, 412–414, 416, 429, 441
Thou, Jacques-Auguste de, «maître de la librairie» (1593–1617) 157, 183
Tippu Sahib, ind. Aufständischer 325
Toiras, Jean du Caylar de Saint-Bonnet, Seigneur de, Marschall v. Frankreich 180
Touchet, Marie, Mätresse Karls IX. 99, 125
Tournon, François de, Ebf. v. Embrun (1517–1525), Ebf. v. Bourges (1525–1538), Ebf. v. Aux (1538–1551), Ebf. v. Lyon (1551–1562), Kardinal 57, 65, 102
Trivulzio, Gian Giacomo, ital. General 42
Turgot, Anne Robert Jacques, Baron de l'Aulne, frz. Generalkontrolleur der Finanzen (1774–1776) 278, 287–294, 297

Urban VIII. (Maffeo Barberini), Papst (1623–1644) 180

Vair, Guillaume du, Bf. v. Lisieux (1618–1621), frz. Siegelbewahrer (1616 und 1617–1621) 175

Vasto, Alfonso del Avalon, Marqués de, span. General 68
Vauban, Sébastien le Piestre de, Marschall v. Frankreich, Festungsbaumeister 226
Vendôme, César Hzg. v. (siehe César)
Ventadour, Charlotte Éléonore Madeleine de la Mothe-Houdancourt, Hzg.in v., Gouvernante Ludwigs XV. («Maman Ventadour») 238, 241
Vergennes, Charles Gravier Gf. v., frz. Staatssekretär des Äußeren (1774–1787) 283–288
Véri, Joseph Alphonse Abbé de 244, 249, 271, 277–280, 282f., 292, 294
Vervins, Jacques de Coucy, Seigneur de 70
Victor, Claude Victor Perrin, gen., Hzg. v. Belluno, Marschall v. Frankreich 313, 315, 320
Victor Amadeus III., Kg. v. Sardinien (1773–1796) 367f., 389
Victor Emmanuel II., Kg. von Sardinien (1849–1861), Kg. v. Italien (1861–1878) 443
Victoria, Kg.in v. Großbritannien (1837–1901), Ks.in v. Indien (1876–1901) 417
Victoria, Tochter Heinrichs II. 71, 91, 99, 122
Villèle, Joseph Gf. v., frz. Président du conseil und Finanzminister (1821–1828), Außenminister (1824), Innenminister (1827/28) 386f., 396–398
Villeroy, Nicolas de Neufville, Seigneur de, Staatssekretär des Äußeren (1567–1588 und 1594–1606) 140, 157, 166, 168
Villeroy, Nicolas de Neufville, Hzg. v., Marschall v. Frankreich 193, 238, 240
Visconti, Valentine, Großmutter Ludwigs XII. 24, 26
Vitrolles, Eugène François d'Arnauld, Baron v., frz. Politiker und Diplomat 395
Vitry, Nicolas de l'Hôpital, Hzg. v., Marschall v. Frankreich 175
Voysin de la Noiraye, Daniel-François, frz. Kriegsstaatssekretär (1709–1715), Kanzler und Siegelbewahrer (1714–1717) 234f.

Walewska, Maria Laczynska Gf.in, Geliebte Napoleons I. 352, 436
Walewski, Alexandre Florian Joseph, Gf., unehel. Sohn Napoleons I., frz. Außenminister (1855–1860), Staatsminister und Minister des ksl. Hauses (1860–1863), Polizeiminister (1860–1868) 436, 442
Washington, Georg, General, Präsident der USA (1789–1797) 286
Wellington, Arthur Wellesley, Hzg. v., brit. Feldmarschall, Premierminister (1828–1830) 351–355, 359, 364f.
Wilhelm I., preuß. Regent (1858–1861), Kg. v. Preußen (1861–1888), dt. Ks. (1871–1888) 450
Wilhelm III. von Oranien, Statthalter v. Holland, Seeland und Utrecht (1672–1702), Kg. v. England (1689–1702) 220, 227
Wilhelm I., «Souverän der Niederlande» (1813–1815), Kg. der Niederlande (1815–1840) 410
Wilhelm III., Kg. der Niederlande (1849–1890) 446
Wilhelm von Nassau-Oranien, Statthalter v. Holland und Seeland (1572–1584) 109, 111, 113
Wilhelm, Hzg. v. Oldenburg (1785–1810 und 1813–1823) 356
Wilhelm V., Hzg. v. Jülich und Kleve (1539–1592) 69
Witt, Johan de, niederländ. Staatsmann 225
Wittgenstein, Ludwig Adolf Peter Fst. v. Sayn-W.-Ludwigsburg, russ. Feldmarschall 352
Wolfgang, Pfalzgf. v. Zweibrücken (1532–1569) 109
Wolsey, Thomas, Ebf. v. York (1514–1530), Kardinal, engl. Lordkanzler (1515–1529) 63
Wurmser, Dagobert Siegmund Gf. v., österr. Feldmarschall 317

Xavier, Hzg. v. Aquitanien, Bruder Ludwigs XVI. 274

Yorck von Wartenburg, Johann David Ludwig Gf., preuß. Feldmarschall 360

Anzeigen

# Europäische Geschichte und Kultur

Anton Schindling/Walter Ziegler (Hrsg.)
*Die Kaiser der Neuzeit 1519–1918*
Heiliges Römisches Reich, Österreich, Deutschland
1990. 506 Seiten mit 26 Abbildungen.
Leinen

Gregor Schöllgen
*Die Macht in der Mitte Europas*
Stationen deutscher Außenpolitik
von Friedrich dem Großen bis zur Gegenwart
1992. 208 Seiten. Gebunden

Uwe Schultz (Hrsg.)
*Die Hauptstädte der Deutschen*
Von der Kaiserpfalz in Aachen zum Regierungssitz in Berlin
Unveränderter Nachdruck der 1. Auflage. 1994.
269 Seiten mit 22 Abbildungen.
Leinen

Ernst Schulin
*Die Französische Revolution*
3. Auflage. 1990. 285 Seiten. Gebunden

Charles Tilly
*Die europäischen Revolutionen*
Aus dem Englischen von Hans-Jürgen Baron von Koskull.
1993. 368 Seiten mit 2 Karten.
Leinen

Alexander Demandt (Hrsg.)
*Deutschlands Grenzen in der Geschichte*
Unter Mitarbeit von Reimer Hansen, Ilja Mieck,
Josef Riedmann, Hans-Dietrich Schultz, Helmut Wagner
und Klaus Zernack
3., durchgesehene Auflage. 1993. 304 Seiten.
Leinen

Verlag C. H. Beck München

# Europäische Geschichte und Kultur

Richard van Dülmen
*Kultur und Alltag in der Frühen Neuzeit*

Band 1
Das Haus und seine Menschen 16.–18. Jahrhundert
1990. 316 Seiten mit 64 Abbildungen.
Leinen

Band 2
Dorf und Stadt 16.–18. Jahrhundert
1992. 373 Seiten mit 68 Abbildungen im Text.
Leinen

Band 3
Religion, Magie, Aufklärung 16.–18. Jahrhundert
1994. 343 Seiten mit 63 Abbildungen im Text.
Leinen

Gerda Marko
*Das Ende der Sanftmut*
Frauen in Frankreich 1789–1795
1993. 392 Seiten mit 29 Abbildungen.
Leinen

Ulrich Im Hof
*Das Europa der Aufklärung*
1993. 270 Seiten. Leinen
Europa bauen

Jürgen Voss
*Geschichte Frankreichs*

Band II
Von der frühneuzeitlichen Monarchie zur Ersten Republik
1500–1800
1980. 249 Seiten mit 5 Karten.
Broschiert

Verlag C. H. Beck München